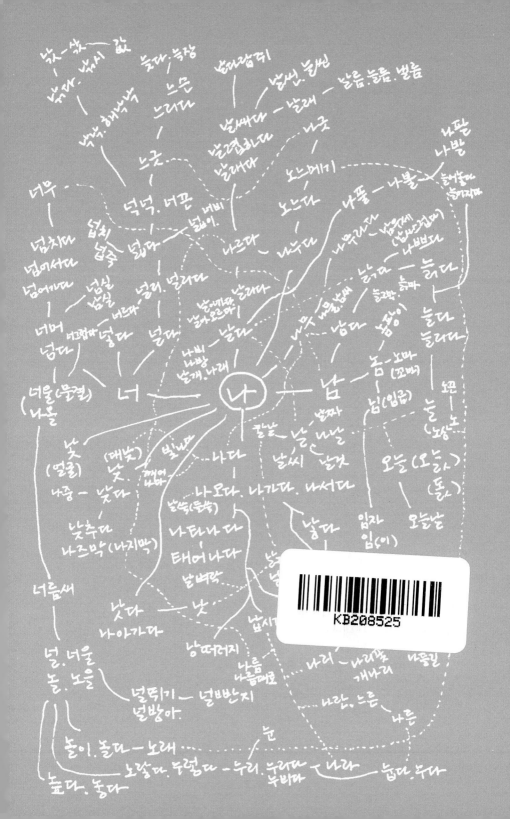

들

들입다
들이치다
들이켜다
들이마시다
들이쉬다
들이밀다
들이붓다
들이닥치다
들고나다
들고일어나다
들보. 대들보
들숨. 날숨
들쭉날쭉

귀담아듣다
귀여겨듣다
엿듣다

때다
(가락지)
귀여듣다
물어뜯다
뜯다
뜰채

듣그럽다
듣다
드잡이

드맑다
드날리다
드세다
드높다

들키다
들통나다
들쓰우다
들까부르다
들볶다
들부수다
들썩이다
집들이

들려주다. 덤사다
들주다. 들먹이다
나들이
드나들다

눈뜨다
부릅뜨다
얼뜨다
뜨락
뜬 거울
가욱 가볍
뜰

벌. 벌판
(산들에) 들에

들깨
들깨
들풀
들꽃
들쥐
들밥
들일
들녘
들판

들르다
들어앉다
들것
들다
들이
들어가다
들고나다
들어서다
들어오다
들뜨다
들꿈다

두들기다
두드리다
무덩실

들이다
받아들이다
맞아들이다
들이밀다

힘아다
힘들다

따지다
딸림
딸랑
달랑
매달다
딸딸. 달콤

틀

드리다 (주다)
드리없다
들이붓다
들러붙다
드리우다
들러붙다
들어맞다
손들다
받들다

드난
드티다

딸 아들

구들 - 들코 (들창고)

우두머리
우듬지
드러나다
떠들다

달다 딸리다
드레 덕
으뜸 윗뜸
뜸

드문드문 드물다
달리붙다
거들다
시들다

달 땅 달개비
(아시달) 응달
땅거미
뜸뿌기 듬성듬성
들여다보다
들여오다. 들여놓다
기어들다 숨어들다
들여보내다

달뜨다
뜸하다
들치다

비탈. 비알
달아오르다
뜸. 들이다
달구다
틈(틈새) 들들 후들후들 - 덜덜 후덜덜
흔들다
한들
선들
선들

뜨다. 띄우다
희우다 (트다)
따스

닫다. 내닫다
내달리다. 달음박질
뜨겁다 - 뜨뜻. 따뜻 - 다사롭다 - 다솝 - 다
[덥다 - 덮다]

달이걷다. 답. 닿다 - 닫다. 닳다
다시
디디다. 닫다 - 닫닫다
다치다

새로 쓰는 말밑 꾸러미 사전

새로 쓰는
말밑 꾸러미 사전

제1판 제1쇄 발행일 2025년 3월 28일

글 _ 최종규
기획 _ 숲노래, 책도둑(박정훈, 박정식, 김민호)
디자인 _ 토가 김선태
펴낸이 _ 김은지
펴낸곳 _ 철수와영희
등록번호 _ 제319-2005-42호
주소 _ 서울시 마포구 월드컵로 65, 302호(망원동, 양경회관)
전화 _ (02)332-0815
팩스 _ (02)6003-1958
전자우편 _ chulsu815@hanmail.net

ISBN 979-11-7153-027-4 01710

철수와영희 출판사는 '어린이' 철수와 영희, '어른' 철수와 영희에게
도움 되는 책을 펴내기 위해 노력합니다.

새롭게 살려낸 한국말사전 ❹

새로 쓰는

말밑 꾸러미 사전

우리말 어원사전

숲노래 기획 | 최종규 글

철수와영희

삶·살림을 읽으며
말밑·말뜻을 찾기

우리말이 어떤 뿌리인가 하고 찾는 어른들은 으레 두 가지 낱말을 씁니다. 하나는 오래도록 쉽게 쓰는 우리말로, '밑말'하고 '말뿌리· 말밑'입니다. 다른 하나는 중국한테서 받아들인 한자로 엮은 '어원 (語源/語原)'입니다.

　우리가 쓰는 말이 어떻게 태어났고 퍼졌는가를 알려면, 글이 아닌 말을 읽을 노릇입니다. 우리말을 담는 우리글은 세종 임금님 무렵에 '훈민정음'이란 이름으로 비로소 태어났으나 한힌샘 주시경 님이 '한글'로 새롭게 이름을 붙이던 무렵까지 제대로 쓰거나 널리 쓰지 못한 글씨였습니다. 그러나 '한글'이란 이름을 얻던 즈음은 일본이 총칼로 우리나라를 짓밟았고, 우리글은커녕 우리말도 제대로 쓰기 어렵도록 꽉 막혔지요.

　일본이 물러간 뒤에도 이 나라에는 총칼이 서슬퍼렇게 춤추었습니다. 이제 사람들을 억누르는 총칼은 없다지만, 아직 우리는 남녘·북녘이 총칼을 쥐고서 으르렁거리며 아슬아슬한 판입니다. 우리 자취를 곰곰이 보면 "말을 말답게 사랑스레 쓰고 뜻을 나누면서 생각을 밝히고 마음을 북돋우는 즐겁고 넉넉한 나날"을 아직 누리지 못한다고 할 만합니다.

우리나라에도 우리말꽃(국어사전)이 더러 있으나, 하나같이 일본 우두머리(일왕)가 이웃나라를 총칼로 짓밟으며 퍼뜨린 '국어(國語)'라는 이름에 얽매입니다. 적어도 '한국말사전'이나 '배달말사전' 같은 이름을 못 붙여요. 더 들여다보면 '사전(辭典·事典)'도 일본사람이 널리 퍼뜨린 말씨입니다.

'국어' 같은 일본말이나 '사전' 같은 일본스런 한자말을 쓰기에 나쁘거나 틀리다고 할 수는 없습니다. 우리가 이런 일본말·일본스런 한자말에 얽매이는 동안에는 우리말을 우리말답게 바라보거나 들여다보지 못할 뿐입니다. 우리가 주고받는 말을 '말'이라는 낱말로 쓰면, '말'이라는 낱말이 어떤 뿌리요 줄기로 흘렀는가를 헤아리겠지요. 그러나 '말'이 아닌 '언어' 같은 한자말을 쓰면 우리말 밑동이나 뿌리나 줄기나 잎이나 가지나 열매나 씨앗은 아예 생각조차 못 해요. 예전에는 '말'하고 '말씀'이 어떻게 다른가를 아는 어른이 많았고, 아이들한테 차근차근 들려주는 어른도 많았습니다만, 이제는 글밥을 먹는 사람들조차 '말'하고 '말씀'이 어떻게 비슷하면서 다른 말씨요 말빛이며 말결인가를 가르지 못 하기 일쑤입니다.

우리말 '생각'을 자꾸 한자 '生覺'에 끼워맞추려는 분이 있습니다만, '생생하다·새롭다·새록새록·새삼'이며 '샘·샘물·샘솟다'에 '생기다·새기다' 같은 낱말하고 맞물리는 '생각'인 줄 헤아린다면, 억지스레 한자를 붙일 일이 없을 뿐 아니라, 얽히고설키면서 이은 우리말 물줄기와 빛줄기와 숨줄기를 가만히 짚을 만해요. "새롭게 품어서 가는 빛"이 '생각'인 줄 깨닫는다면, 또 '깨닫다'가 '깨다 + 닫다(달리다)'인 얼거리인 줄 안다면, 그야말로 우리는 낡은 틀이나 굴레를 확 깨서 신나게 달릴 만합니다.

우리말 '닫다'를 쓸 적하고, 영어 '클로즈(close)'나 한자말 '폐·폐쇄'를 쓸 적은 사뭇 달라요. 우리말을 우리말대로 쓰기에 '닫다'가 '닫아걸다'로 그치지 않고, '내닫다·치닫다' 같은 '달리다·내달리다'로 잇는 줄 알아차려요. 이윽고 '달리다·달랑달랑'에 '달다·매달다'에 '달다·달콤하다'를 맞물려서 말밑을 돌아볼 만하고요. 여기에 '담'과 '담다'까지 살피고, '닮다'에 '다르다'로 말결과 생각을 이을 수 있습니다.

글은 말이 태어나고 나서야 나옵니다. 말이 없이 글이 있지 않습니다. 오늘날까지 우리나라에서는 말밑을 파거나 살필 적에 1400년대부터 나온 글(책)만 바탕으로 헤아립니다. 막상 훈민정음으로 남긴 글은 몇 없는데, 이 글에만 갇힌 채 1400년 앞서 누구나 쓰던 말씨를 잊는다면 말밑을 종잡지 못해요. 더구나 훈민정음으로 적힌 책은 하나같이 '서울말(표준말)'일 뿐, 사투리(마을말·고을말·고장말)가 아닙니다. 마을이며 고을이며 고장마다 다 다르게 말을 하며 살아온 우리나라인데, 훈민정음으로 적힌 옛책만 펼 적에는 정작 우리말이 흐르면서 뻗은 자취나 숨결을 크게 놓쳐요.

글은 배운 적 없이 말로만 살아온 사람이 숱합니다. 수수한 사람은 숲을 이루어 온누리를 푸르게 일구었습니다. 조선왕조실록에 이름이 오른 적 없는 수수한 사람들은 글이 없이 오롯이 말로 살림을 짓고 사랑을 나누며 삶을 가꾸었어요. 이제 우리는 수수하면서 쉬운 우리말을 처음으로 찾고서 느끼고 배우고 나누면서 노래할 때라고 생각해요. 널리 생각을 나누는 자리에서는 서울말(표준말)을 쓰되, 여느 자리에서는 저마다 수수하게 사투리(마을말·고을말·고장말)를 주고받으면서 말빛을 가꾸고 말결을 사랑하는 이야기꽃으로 나아가야지 싶습니다.

아직 글을 모르며 말로 살아가는 시골 할매 할배가 있어요. 아직 제주에는 제주말로 살림을 짓는 할매 할배가 있어요. '사투리'는 '방언'이 아닌 '사투리'입니다. '사투리'는 '지역어'가 아닌 '마을말·고을말·고장말'입니다. 삶을 스스로 사랑스레 가꾸던 사람들이 투박하게 지은 말인 '사투리'를 곰곰이 보면, 고장마다 시골사람 스스로 지은 숱한 말씨를 한가득 누릴 만해요.

흙을 만지고 풀을 돌보고 바다를 품고 숲에 깃든 사람들은 스스로 말을 지으면서 아기를 낳아 보살폈고 보금자리를 일구었습니다. 우리가 쓰는 수수하면서 쉽고 사랑스러운 모든 우리말(토박이말)은 "글을 배우거나 구경한 적 없는 수수한 시골사람·숲사람이 즐겁게 노래하며 지었"습니다. 그야말로 살림살이를 수북수북 담은 수수한 시골말이고 사투리입니다. 언제나 수더분하게 숲빛으로 스스럼없이 나누면서 피어나고 살찌워서 물려준 우리말입니다.

이런 얼거리하고 자취를 돌아보면서 우리 말밑을 '뜻'으로 엮고 묶고 가르면서 살피려고 합니다. '입말(구어口語)'이 아닌 '삶말'입니다. 삶으로 지은 말입니다. 살림으로 지어 '살림말'입니다. 아이를 사랑으로 낳아 돌보면서 물려준 말이기에 '사랑말'이기도 합니다.

우리나라에서 살아가는 우리는 누구나 아직 우리말을 배운 적이 없다고 느낍니다. 배움터(학교)에 들어가서 길든 말씨는 있을 테지만, 삶이며 살림이며 사랑을 들려주고 속삭이고 노래하는 우리말을 배운 적이 있는지, 이제는 우리 스스로 돌아보거나 물어볼 때로구나 싶어요.

한자말이나 영어를 안 써야 할 까닭이 없습니다. 한자말이나 영어는 이웃말(외국말)인 줄 알면서 알맞게 걸러서 쓰면 됩니다. 이웃말을 얼마나 다룰 줄 아느냐보다는, 우리 곁에서 사랑으로 마주하고 살림을 돌보면서 삶을 가꾸는 길에 즐겁게 펴고 누리고 나누면서 노래하는 우리말(삶말·살림말·사랑말)부터 신바람으로 아름답게 쓰는 하루로 나아가야지 싶어요.

이리하여 저는 구태여 한자말이나 영어를 쓸 마음이 없습니다. 그렇다고 '깨끗한 우리말(토박이말)'만 쓸 생각이 아니에요. 말밑을 하나하나 새롭게 읽으면서 생각을 깨우칠 우리말을 쓰려는 마음이고, 이 마음을 어린이부터 누구나 즐겁게 스스로 익혀서 꽃피우도록 징검다리 노릇을 하는 꾸러미인 낱말책을 여미려고 합니다. 또한, 먼 옛날부터 누구나 스스로 삶을 바탕으로 투박하게 '사투리'를 짓거나 엮어서 말살림을 일구었듯, 누구나 스스럼없이 새살림을 새말로 여미는 틀거리를 밝혀서 즐겁게 나누려고 합니다.

한자말 '창공'이나 영어 '스카이'가 아닌 우리말 '하늘'을 써야 옳거나 맞지 않습니다. 우리말 '하늘'이란 낱말을 손끝하고 혀끝에 얹으면서 '하·늘(한·울)'이란 낱말이 태어나고 거듭나면서 오늘에 이르기까지 어떠한 숨결을 씨앗처럼 이 땅에 흩뿌렸는가 하고 느끼려 합니다.

'땅'이라는 낱말을 쓰면서 '달·딸'에 '다·딱딱·탄탄' 같은 낱말을 나란히 떠올립니다. 시골자락에 흐르는 샘물을 두 손으로 떠서 마시면서 '샘·샘솟다'도 새삼스레 '새롭다'하고 얽힌다고 느낄 뿐 아니라, '솟다'라는 낱말이 흐르고 흘러 '솔'과 '쏠'로 피어난 수수께끼를 품니다.

제가 살아가는 두멧시골인 전남 고흥 곁에는 순천이 있어요. 순천에 마을책집 〈책방 심다〉가 있습니다. 곧잘 〈심다〉로 책마실을 다녀오는데 '심다'라는 이름을 떠올릴 적마다 '심·팔심'에 이어 '신다·실'이라든지 '씨·씨앗'으로도 말밑이 얽힌 실타래를 한 올씩 풀어냅니다. 그래요, '심다·심·힘·신다·실·씨·씨앗'은 모두 말밑이 같습니다.

우리나라 어린이하고 어른 모두 우리말을 즐겁게 쓰는 길을 걸어가면서 생각날개를 활짝 펴기를 바랍니다. 어린이는 꿈을 그리고 어른은 사랑을 그리기를 바라면서 우리말을 꽃피우기를 바랍니다. 그렇기에 '우리말꽃' 같은 이름을 지어서 '사전'이란 일본스런 한자말을 손질해 보기도 합니다.

　종이로 담는 낱말책에는 모든 이야기를 못 싣습니다. 말밑을 캐
내는 대로, 아니 말밑을 알아차리고 마음눈을 새롭게 뜨는 대로, 우
리말꽃을 하나씩 엮으려고 합니다.

　'새롭게 살려낸 한국말사전 4'로 여미는《새로 쓰는 말밑 꾸러미
사전》은 ㄱㄴㄷ 세 갈래로 나눕니다. ㄱ은 단출히 엮은 자리이고,
ㄴ은 조금 길고 넓게 낱말밭을 다룬 자리이고, ㄷ은 꽤 길고 넓게
낱말꾸러미를 하나로 묶은 자리입니다.

　어렵게 여기면 모두 어렵습니다. 수월히 마주하면 모두 수월합
니다. 우리 옛말에 "말이 씨가 된다"가 있습니다. 마음에 담은 말이
씨앗처럼 싹트고 자라서 영글기에 우리 생각을 이룹니다. '어렵네!'
하는 말을 심으니 어려워요. 그리고 '쉽네!' 하는 말을 심어도 어렵
습니다. '어렵다'거나 '쉽다'가 아닌, '즐겁다'나 '새롭다'나 '사랑스럽
다'라는 말을 마음에 심으면, 누구나 수월하게 말밑을 깨닫고 말빛
을 찾고 말넋을 살릴 만하다고 느낍니다. 고맙습니다.

　이오덕 어른이 태어난 지 100돌을 맞이하는 2025년에 이《말밑
꾸러미》를 매듭지어 선보일 수 있어서 여러모로 더 고맙습니다. 꾸
러미를 손질하고 고치고 보태고 다듬기까지 참으로 기나긴 해가
흘렀습니다. 그동안 기다려 주신 철수와영희 책지기님한테도 고맙
다는 말씀을 여쭙니다.

　　　　　　　　　'말꽃 짓는 책숲'에서, 숲노래 올림

일러두기

말밑을 살피면서 캐고 찾는 이야기를 들려주는 터라, 일부러 붙이거나 띄는 낱말이 있습니다. '보다'를 다루면서 '지켜보다'를 이야기하려고 '물샐틈'처럼 붙여서 씁니다. 삶과 살림을 살피면서 찾는 말밑 이야기란, 말을 새롭게 짓거나 엮는 얼거리를 찾는 길입니다. 굳이 붙여서 적는 말씨를 살피면서 먼 옛날부터 오늘에 이르기까지 이 땅에서 살아온 사람들이 어떻게 저마다 스스로 말을 짓고 나누었는가 하고 생각해 보시기를 바랍니다.

숱한 낱말은 말밑이 얽히고설킵니다. 그래서 '보다'를 바탕으로 얽히는 '품'을 다루기도 하지만, '풀'을 바탕으로 얽히는 '품'을 다루기도 합니다. '눈·비'에서 '빗·빛'을 다루기도 하고, '빛다'에서 '빗·빛'을 새삼스레 다루기도 하고요. '좀'을 다루는 자리에서 '좋다'를 다루다가 '풀'을 다루는 자리에서도 '좋다'가 나오지요. '알'이나 '어버이'를 다루는 자리에서 '아이·어른'이 나오고, '터무니·어이·어처구니'를 다루는 자리에서도 '아이·어른'이 나옵니다.

얽히고설키면서 뿌리와 가지를 짚는 얼거리인 터라, 때로는 낱말풀이를 알뜰히 붙이고, 때로는 낱말풀이를 간추려서 붙이고, 때로는 낱말풀이를 안 했습니다. 때로는 낱말풀이에 보기글까지 붙이면서 말빛과 말결을 살피도록 했습니다.

마치 꼬리물기처럼 이 낱말이 저 낱말로 닿고, 저 낱말로 그 낱말로 잇다가, 그 낱말이 새삼스레 이 낱말하고 얽힙니다. 모름지기 말길은 골이 아프거나 딱딱한 배움길이 아니라, 어른이 슬기롭게 살림을 짓는 자리에서 아이가 즐겁게 듣고 익히면서 놀이하는 이야깃길이라고 할 만합니다. 말빛마다 서린 사랑을 가만히 찾아보시기를 바랍니다. 말결마다 다 다르면서 하나로 이어가는 꿈을 하나씩 그려 보시기를 바라요. 가장 쉽고 수수한 낱말에서 가장 눈부시며 고운 말넋을 새롭게 살려 볼 수 있기를 빕니다.

책끝에 ㄱㄴㄷ으로 낱말찾기를 붙여놓습니다. 《새로 쓰는 말밑 꾸러미 사전》은 3700 낱말 남짓이 어떻게 맞물리는가를 짚었습니다.

벼리

ㄱ 첫걸음 떼기

ㄴ 두걸음 잇기

ㄷ 새걸음 펴기

ㄱ

첫걸음 떼기

가르치다

가르다 | 가리다 | 키우다

참으로 많구나 싶은 어른들이 '가르치다'랑 '가리키다'라는 두 낱말을 제대로 가르지 못합니다. 배움터에서 어린이하고 푸름이를 가르치는 어른조차 두 낱말을 아무렇게나 쓰기 일쑤입니다. 푸른배움터(중·고등학교)에서 우리말을 가르치는 길잡이(교사)마저 제대로 가누지 못하기도 하던데, 우리 삶터하고 배움터에서 우리말을 이처럼 말한다면, 무럭무럭 자라는 어린이하고 푸름이는 우리말을 처음부터 엉뚱하게 받아들이기 쉽겠지요.

두 낱말을 안 헷갈리는 사람은 헷갈릴 일이 하나도 없습니다. 두 낱말을 헷갈리는 사람은 두 낱말이 태어난 바탕을 모르니 그저 헷갈립니다. 이때에는 이렇게 쓰고 저때에는 저렇게 쓴다고 말한들, 똑똑히 가려서 쓰기는 어려워요.

* 가르치다

* 가르다·가로다

* 갈다

'가르치다'라는 낱말은 '가르다'하고 '가로다'를 생각하면서 풀어냅니다. 이쪽하고 저쪽이 다르거나 벌어진다고 하기에 '가르다'이지요. "둘로 가르다"처럼 말해요. 이쪽하고 저쪽이 같지 않다고 하는 모습이요, '나누다'인데요, 이러한 일이나 몸짓이란, 어느 쪽을 제대로 밝히거나 보여주거나 알려주는 셈이에요. '가르치다'는 우리가 제대로 알도록 하는 일이지요. '가르다'하고 맞물린다고 생각할 만합니다.

　그리고 '가르치다 = 가르다 + 치다'인 얼개예요. 둘로 가르는 결을 알려주기도 하면서 '치다 = 키우다'라서, "알려주면서 마음하고 생각을 키우는 길"을 뜻한다고 할 만해요.

　말을 할 적에 '가로다'를 쓰기도 합니다. "그분이 가로되" 꼴로 흔히 쓰는데요, '갈다'하고 맞물려요. "땅을 갈다"라든지 "새것으로 갈다"처럼 씁니다. 땅을 갈 적에는 흙을 뒤섞으면서 씨앗이 잘 자라도록 하려는 몸짓입니다. 헌것을 새것으로 간다고 할 적에는 쓰기에 좋도록 한다는 몸짓이지요. 무엇을 알도록 하는, 무엇을 받아들여서 잘 쓰도록 이끌려는 일인 '가르치다'예요.

＊ 가리키다
＊ 가리다·숨기다
＊ 가려내다·가려뽑다·뽑다
＊ 키·키우다·일으키다

'가리키다'는 '가리다'를 생각하면 됩니다. '가리다'는 안 보이도록 하는 '숨기다'랑, 어느 하나를 잡는다는 '뽑다'로 갈립니다. 소리는 같으면서 뜻이나 쓰임은 다른데요, '-키-'를 넣는 말씨를 생각해 봐요. '키·키우다'는 어떠한 높이가 있도록 한다는 얼개인데, 이는 돋보이거나 잘 보이도록 한다는, 잘 자라도록 한다는 뜻입니다.

'가리키다'는 어느 곳이나 쪽을 보도록 알려주는 일이에요. '일으키다'를 생각해 봐요. '키다'를 붙일 적에는 '보이도록' 하는 몸짓이지요. '감추다'로 쓰는 '가리다'라면 안 보이도록 한다는 몸짓인데, 안 보이도록 무엇을 콕 짚지요. 무엇을 뽑아서 쓴다고 하는 '가리다(가려뽑다)'라면 그야말로 잘 보이도록, 도드라지도록 하는 몸짓이에요.

* 가누다·가늠하다

이곳하고 저곳을 떨어뜨려서 알아볼 만하다는 '가르다'라면, 어떤 모습이나 결인지 알려고 하는 '가늠(가늠하다)'입니다. 맞는지 보고 나서야 하는 '가늠'이기에 '가늠쇠·가늠자'예요. 별자리를 '가늠'하면서 길을 찾고, 아직 잘 모르기에 '가늠'을 하면서 길을 봅니다.

몸을 가만히 가볍게 반듯하게 다루거나 돌보는 결인 '가누다'예요. 아기가 목을 가눕니다. 힘들어서 몸을 가누기 어렵다고 합니다. 일을 옳게 매만지거나 고르게 달래려고 '가누다'라고 합니다.

가시내 사내

가시내 | 갓 | 실 | 심다 | 씨앗 | 내 | 나 | 가 | 가다 | 감다 | 검다 | 가장자리
가장 | 가운데 | 머스마 | 머슴 | 멋 | 벗 | 메 | 사람 | 사랑 | 살다

오늘날에는 '가시내·머스마' 같은 말씨를 쓰는 분이 퍽 줄었습니다
만, 무척 오래된 우리말입니다. 그리 멀잖은 지난날까지 누구나 언
제나 이 말씨로 이야기를 했는데, 이웃나라가 총칼을 앞세워 쳐들
어오면서 그들이 쓰던 죽음말씨(군국주의 용어 : 일본말 + 일본 한자
말 + 일본 영어)가 나란히 들어왔어요. 이때부터 '여자·여성'하고 '남
자·남성'이란 말씨가 차츰 번졌습니다.

입으로 말을 하고 몸으로 살림을 짓는 수수한 사람들은 '가시
내·머스마'를 그대로 이었고, 손으로 글을 쓰고 몸으로 벼슬길을 누
리던 이름난 사람들은 '여자·남자'로 기울었어요. 배움터(학교)를
다니는 사람이 늘수록 어느새 '가시내·머스마'는 따돌림이나 놀림
을 받습니다. 사람들이 서울바라기(도시 중심)로 흐르면서 '가시내·
머스마'란 말을 쓰면 시골뜨기란 손가락질까지 받습니다.

❋ 가시내·가스나·각시

* 갓·멧갓·삿갓
* 시내·실·내·나·심다·씨앗

'가시내'라는 낱말은 '갓 + 시(실) + 내' 또는 '갓 + 이 + 내' 얼개입니다. 말꼴을 살며시 바꾸어 '각시'가 있으며, 사내하고 맞물려 '가시버시'가 있어요. 여기에서 '갓'이란 멧갓(메·멧자락)을 가리킵니다. 높은 곳이지요. 그래서 '갓'은 머리에 얹는 살림도 가리켜요. '삿갓'이란 이름에서 보듯 '갓'은 한자말 '모자'를 가리키는 우리말이에요. 우리 몸에서 머리가 가장 높은 자리이기에, 이를 빗댄 옷가지 이름입니다.

뾰족한 '가시'도 '갓'에서 갈린 낱말입니다. 멧갓을 보면 밑자락은 넓고 봉우리로 갈수록 좁아요. 찔레나무나 유자나무나 딸기덩굴에 돋는 가시가 '조그마한 메'로 볼 만하기에, 이 모습을 풀꽃나무 한켠을 가리키는 이름으로도 씁니다.

가시내를 '시(실) + 내'로 읽는다면 '시(실)'를 그릴 만합니다. 실이란 이어서 새로 짜는 바탕이에요. 사내는 몸에 씨앗을 품을 수 있어도 아기를 못 품어요. 가시내는 몸에 씨앗도 아기도 품지요. 아기라는 새 목숨을 잇는(실 노릇) 몸이라는 뜻으로 '시·실'이 깃든다고 할 만합니다. 끝말에 붙는 '내'는 졸졸 좁게 흐르는 물줄기인 '내·냇물'을 나타내는 이름이에요. 이는 '사내'에서도 매한가지입니다. '계집·사내'로 맞물리는 우리말 이름에서 사내도 '내'가 '냇물'입니다.

냇물이란 '내'이고 '나'입니다. 사람을 가리키면서 '-내'를 붙이기도 하고, '-네'를 붙이기도 합니다. '-내'하고 '-네'는 섞이는데, '나'하고 '집'이라는 말이랑 맞물립니다.

흐르는 숨결이요, 여기에 있는 나이며, 내가 깃드는 집입니다. 사람은 두 갈래로 나눈 몸을 다르게 입으면서 하나인 삶이자 살림이고 사랑이면서 씨앗입니다. '실'은 길게 잇는 살림이고, '시'는 '심다'로 잇는 말밑이고, '씨·씨앗'으로 퍼지는 말결입니다.

＊ 가·가다
＊ 감다·검다·고요
＊ 가장자리·가장·가운데

가시내 말밑을 이루는 '갓'은 '가'가 바탕이고 '가다'로 잇기도 해요. 이곳에서 저곳으로 몸을 옮기는 '가다'일 텐데, "눈을 감다"나 "머리를 감다"를 헤아리면 '검다'란 낱말로 이어요. '검다'란 "밤빛(까만 빛깔로 덮은 날)"이랍니다.

밤에는 무엇을 하나요? 낮에는 일을 한다면, 밤에는 몸을 눕혀서 쉬다가 잠들어서 꿈나라로 가요. '밤 = 쉼 = 잠 = 꿈'이면서 '고요'이고 '새길을 찾으며 기운을 차리는 그림'입니다. 가시내랑 사내는 아기씨를 몸에 담으며 살되, 아기를 몸으로 품으면서 돌보다가 낳는 몫은 가시내만 해요. 아기는 가시내(어머니) 품에서 열 달을 고요하게 어둠(밤)으로 살아가며 꿈을 그리다가 문득 빛을 보려고 태어납니다.

'가'는 '길가·냇가'처럼 어느 끝이나 '가장자리'를 나타낼 적에 씁니다. 그런데 '가장자리 = 가장(가) + 자리(녘)'인 얼개예요. '가장'은 어느 무엇보다 크거나 높거나 세거나 많다고 여기는, 첫째나 으뜸이나 꼭두로 꼽을 만한 결을 나타낼 적에 씁니다. 곰곰이 보면 '길가 = 길끝'입니다. '끝'은 '끄트머리'로 여길 수 있되, 더없이 멀거나 높거나 깊은 곳으로 여기기도 합니다. 우리나라에서 서울을 '가운데'로 치지만, 푸른별을 통틀어서 보면, 가운데라 할 곳은 따로 없습니다. 모든 곳이 가운데예요. 또한, 모든 곳은 가운데이자 가장자리입니다. '가'라는 낱말은 '가다 + 끝'이라는 서로 다른 듯하면서 나란한 숨결을 품습니다. 끝없이 하루가 가면서 삶이 흘러요. 땅에서 가장 높기에 '갓·메'입니다. 가장 세기에 '가시'입니다.

* 내·나

우리말에서 '내'랑 맞물리는 '나'는 물(냇물)과 같은 숨빛이라는 뜻을 품어요. 손바닥에 얹으면 작은 물방울 같은데, 이 물방울엔 크기가 없어요. 하나인 듯 덩이인 물입니다. 싱그러이 흐르는 냇물은 다 다른 나(사람)를 나타내지요. 서로 다르지만 하나인 아름답고 즐거우며 사랑스러운 숨결이라는 뜻을 바로 '-내'로 끝맺는 말씨에 담습니다.

가시내에도 사내에도 '내'를 붙이는 뜻이 있어요. '나·내'가 바라보면 '너·네'입니다. 둘은 서로 다르게 바라보지만, 자리를 바꾸면 '나·내'는 '너·네'이기도 합니다.

여러모로 본다면 '가시내 = 밤빛 = 꿈길 = 새롭게 나아가는 마음길'이란 속뜻을 품은 이름이에요. 가시내가 '가운데·가장·갓·감다·고요'를 품은 이름이기에 '밤'을 그리는 길이라면, 사내는 가시내하고 다르게 '낮'을 그리는 길이라고 여길 만합니다. 그러니까 '사내 = 낮빛 = 일·살림 = 사랑으로 가는 몸길'이란 속내를 품은 이름이라고 할 수 있습니다.

* 머스마·머시매
* 머슴·버시
* 멋·벗·머리·메

'머스마(머시매)'는 '머슴 + 아'나 '멋 + 으 + 마' 얼개입니다. 아기를 품으며 새 목숨하고 잇는 몸인 가시내라면, 몸에 기운을 끌어올려 씩씩하게 일하는 사내라고 할 만합니다. '머슴'이란 낱말은, 나중에 어느 곳에 몸을 맡겨서 일을 해주고서 돈이나 밥을 받는 사람을 가리키는 뜻으로도 퍼졌습니다만, 바탕은 "일하는 사람"이란 뜻입니다. 이쪽은 아기를 품으며 살고, 저쪽은 아기를 품은 짝꿍을 돌보는 일을 하면서 살아가는 얼거리입니다.

가시내로서는 새빛(새 목숨·숨결)이 크고, 사내로서는 새일(몸으로 살림짓기)이 크다는 뜻이에요. 지난날에 하던 새일(살림짓기)이란, 집밖에서 돈을 버는 일이 아닌, 논밭을 짓고 집을 지으며 여러 집안팎일(가사·가정 활동)을 도맡고 돌보는 자리입니다. 오랜 말밑과 말뜻이 이렇습니다. 그리고 '가시버시'에서 '버시'는 '벗 + 이'예요. 또한 '머스마·머시매'에서는 '멋 + 이'로 엮을 만하지요.

'벗'은 동무하고 비슷하면서 살짝 결이 다른 낱말입니다. 가시내하고 어울리면서 사랑을 나누는 짝(동무)인 사람이 바로 '버시(벗)'인 사내(머스마)란 뜻입니다. 가시내를 사랑으로 아낄 줄 아는 사람이어야 '벗'인 셈이지요. 동무는 가까이 지내며 동글동글할 뿐 아니라 둘레를 돌아볼 줄 아는 숨결로 어울리는 사이라면, '벗'은 가깝든 멀든 사랑으로 마음을 나눌 줄 아는 사이에서만 쓰는 낱말이에요. 그래서 '가시 + 버시'랍니다. 우리말에서는 '가시'가 앞에 서고, '버시'가 뒤따릅니다. 아기를 품는 가시가 살림을 앞장서고, 아기를 품은 가시를 사랑으로 돌아보면서 버시가 뒤따르는 삶이에요.

'멋'은 '머리'에 '메(뫼)'로 닿습니다. '머리'는 '마루'로 닿으면서 높고 넓은 곳을 나타내고, '메·뫼'도 '갓'처럼 봉우리를 나타내요.

생각해 보셔요. 머스마·사내라는 몸은 '새빛(새 목숨)'인 아기를 몸에 품은 짝(동무)을 사랑으로 아끼고 돌볼 줄 알면서 집안팎일을 즐겁게 도맡는 씩씩하고 듬직한 사람입니다. 이 길을 알뜰하게 가는 모습과 삶이야말로 '멋'입니다. 참사랑과 참살림을 펼 줄 알 적에 비로소 '멋'이니, 이 말결을 품은 머스마·사내란 참으로 놀라운 빛이에요. 가없이 놀랍도록 낮을 밝혀서 일하는 참한 사람길이니, "남달리 크거나 굵은 과일"이나 "가장 뛰어난 살림이나 사람"을 가리키는 '머드러기'하고 맞닿아요.

* 새빛·사랑
* 사람·살다

몸에 새빛을 품는 가시내도 대단하고 훌륭합니다. 몸에 사랑을
품는 사내도 대단하고 아름답습니다. 오늘을 살아가는 어린이하고
푸름이가 이러한 우리말 밑자락을 찬찬히 읽고 생각을 기울이기를
바랍니다. 하루를 사랑으로 살림하는 어른하고 어버이도 이러한
숨빛을 고스란히 품을 수 있기를 바라요.

스스로 새빛이 되고 스스로 사랑이 될 적에 우리는 즐겁게 만나
서 짝(가시버시)이 됩니다. 사람이라는 몸을 입되 이쪽은 가시내로,
저쪽은 머스마라는 모습입니다. 둘이 어떻게 어우러지면서 삶을
짓는 길이어야 참다운가 하는 대목을 두 사람을 가리키는 이름에
고요히 담았다고 하겠습니다.

우리말 '사람'은 바로 "사랑'을 하는 숨결"을 가리킵니다. '사랑'
으로 '살림'을 짓는 '삶'을 '새롭게' 나아가는 목숨붙이라는 뜻으로
'사람'이라는 이름이에요. 가시내도 사내도 모두 '사람'으로서 어깨
동무하면서 한마음으로 나아갈 적에 '사랑'을 즐겁고 곱게 꽃피운
답니다.

사람에서 '람'은 '라 + ㅁ'입니다. 또는 '사람 = 살다 + 암'으로 읽
을 수 있으니, '암 = 알 = 씨알·씨앗'입니다. '라(ㄹ)'는 '랍다·라온'이

라는 옛말로 헤아리듯 '즐거움'을 나타내요. 살아가며 즐겁게 씨앗을 품어서 펼 줄 아는 숨결이 '사람'이라는 밑뜻입니다. 그런데 이 '즐거움'은 겉이나 허울일 수 없어요. 오롯이 '사랑'을 바탕으로 펼 적에 '사람 = 즐거운 숨결'이라는 빛이라고 할 만합니다.

　사랑은 'ㅇ'으로 받침을 붙입니다. 'ㅇ'은 '알·씨알'이면서 '알다'이기도 합니다. 즐겁게 품어서 씨앗 한 톨을 맺는 살림을 지으면, 누구나 스스로 온누리를 알아보고 알아차리고 알아내게 마련입니다. 이제까지 모르다가 이제부터 알 적에는 마치 벼락이 치듯 눈을 번쩍 뜨고 생각을 환하게 터요. 눈뜨고 싹트는 '알다'입니다. 빛나는 숨결로 다시 태어나는 '알다'입니다. 그러니, '사랑'이란 낱말에 걸맞게 살림을 슬기롭게 짓는 사람이라면, 온몸과 온마음에 빛이 나지요. 빛나는 사람이기에 사랑입니다. 새빛으로 깨어났기에 사랑이에요.

같이 더불어 함께

비슷하다 ㅣ 비기다 ㅣ 닮다 ㅣ 처럼 ㅣ 같다 ㅣ 같히다 ㅣ 감다 ㅣ 갑갑 ㅣ 더불어
붙다 ㅣ 불다 ㅣ 불 ㅣ 붓 ㅣ 붇다 ㅣ 부피 ㅣ 함께 ㅣ 하늘 ㅣ 하나

어느 나라나 겨레가 쓰는 말에는 비슷한말이랑 맞말(대칭어·반대말)이 나란히 있습니다. 저마다 다른 삶터에 맞게 다 다른 비슷한말하고 맞말이 있어요. '비슷한말'이랑 '맞말'이라 했는데요, '비슷한말'은 이름대로 비슷하지만 다른 낱말을 나타내고, '맞말'은 이름대로 맞대거나 맞서는 낱말을 나타냅니다.

'좋다·싫다'는 맞말입니다. '싫다·꺼리다'는 비슷한말입니다. '곧바로·이내·곧바로·막바로'는 비슷한말입니다. '느리다·빠르다'는 맞말이지요.

비슷하다고 말할 적에는 "안 같다(같지 않다)"는 뜻이에요. '비길' 만하기에 '비슷'입니다. '비기다'는 서로 주고받다가 나란히 있는 모습을 나타내기도 하고, 어떠한지 헤아리려고 나란히 놓는 모습을 나타내기도 합니다.

같으면 그냥 '같다'고 하겠지요. 안 같은, 그러니까 비슷할 적에는 '닮다'라고도 합니다. '닮다'도 "안 같다(같지 않다)"를 나타냅니다. 담기는 하되 다른 결이라서 '닮다'입니다.

'어슷비슷·비금비금'이란 낱말이 있습니다. "안 같을" 적에, 그러니까 비슷할 적에는 '닮는다'고도 하고 '-처럼'을 붙여서 나타내요. "누나처럼 한다"나 "아버지처럼 한다"고 하는데, 이때에 '-처럼'은 누나나 아버지하고 같구나 싶도록 하지만, 막상 보면 같지 않다는, 그냥 비슷하다는 뜻이에요. 다른 쪽하고 견주거나 비기거나 대어 보는데, 아무래도 안 같다는 뜻이라고도 하겠습니다.

＊ 같이·같다
＊ 가다·갇히다·감다·갑갑

'가 + ㅌ' 얼개인 '같'입니다. 말밑은 '가다'입니다. "가는(나아가는) 틀"일 텐데, 갈 적에는 모두 가는구나 싶으나 다 다르게 가지요. 이러한 '같다·같이'는 "같이해 보자"라든지 "같이 먹자"라든지 "같이 놀자"로 써요. 바로 그대로 가는 결을 나타낼 적에 이 말씨를 씁니다.

"가는 틀"은 때때로 '갇히다·가두다'로 뻗습니다. 어느 곳에 뭉칠 적에도, 어느 곳으로 갈 적에도, 덩이를 이루어 움직이는데, 움직이지 못 하면서 그대로 머문다면 '갇히다·가두다'입니다. 안으로 돌돌 말려는 '감다'예요. 갇히는 듯하게 가는 틀인 '감다'라고 하겠습니다. 뭉치면서 갇히는구나 싶을 적에는 '갑갑하다'고 합니다. 덩이를 이루기만 하고 풀리지 않으니 갑갑합니다.

＊ 더불어·더불다
＊ 더·불다·붙다·불·붓
＊ 부풀다·붓다·붇다·부피

　더하거나 빼기를 합니다. 더 붙이거나 덜어요. 덧달거나 덧댑니다. '더불어·더불다'는 이런 결을 나타냅니다. 누가 있는 곳에 '더' 들어온다는, '더 + 붙는다'는 결을 그리지요. 더 '불어납'니다. '부풀다'라고 할 만한 모습입니다. 가만히 있거나 반반하게 있지 않고서 솟는구나 싶어서 '부풀다'이고, '붓다'라고도 합니다.

　글씨나 그림을 나타내려고 쓰는 '붓'은 끝을 몽툭하게 '부풀려' 놓아요. 활활 타오르는 '불'을 닮은 '붓'입니다. 불이 붙으니 따뜻하거나 뜨겁고, 불이 붙어서 안으로 더 들어갑니다.

　불 못지않게 물도 '붇'습니다. 물을 품어서 커다랗기에 '붇다'예요. '붇는' 결은 따로 '부피'라는 낱말로 나타냅니다. 붙이고 부풀고 붓고 붇으며 불어납니다. 힘을 '쏟아붓'습니다. 비가 '퍼붓'습니다. 확 '들이붓'습니다.

　"너랑 더불어 했어"라든지 "우리랑 더불어"라든지 "바람이랑 비랑 더불어"로 쓰지요. 더 있는, 더 다가오는, 더 찾아가는, 이러한 모습이며 몸짓을 이 말씨로 그립니다.

＊ 함께·하늘
＊ 하나·하나로·한·함박

하나로 있고 싶은 '함께'입니다. 하나로 끼고 싶어요. '하나·한'은 셈을 나타내는 '1'이기도 하면서, 바람이며 구름이 흐르는 '하늘'이기도 하고, 크기나 부피가 있다는 '크다'이기도 합니다. '하나·한'은 '함'으로도 이으니, '함박웃음·함박꽃·함박눈·함함하다'라는 말씨에도 깃듭니다.

하늘을 보며 생각해 봅니다. 하늘은 그야말로 '하나'일 뿐입니다. 둘로도 셋으로도 못 가릅니다. 바람을 가를 수 없어요. 바람은 늘 바람 그대로입니다. '함께' 있거나 가거나 할 적에는, 여럿이 마치 하나인 덩이처럼 끼거나 겹으로 어울린다는 결입니다.

여럿이 따로 있을 적에는 작아요. 여럿이 함께 있을 적에는 덩이를 하나로 이루니 저절로 '크다'고 여길 부피로 거듭나요. 그래서 '하나·한'에는 '크다'라는 밑뜻이 깃듭니다. '함께'라는 낱말도, 혼자서는 작거나 적어서 어렵거나 힘들지만, 여럿이 크게 뭉쳐서 힘도 슬기도 마음도 하나로 내자는 뜻이라고 하겠습니다.

"함께하니 좋구나"라든지 "함께 일하면 한결 쉬워"라든지 "함께 보니 더 재미나"로 쓰는데, 한덩이가 된다든지 하나로 모으거나 뭉친다든지 크게 어우러지는 모습이나 몸짓을 이 말씨로 들려줍니다.

다르면서 닮은 말이기에 비슷한말이에요. '같이·더불어·함께' 우리말을 새록새록 익히고 받아들여서 마음껏 쓰기를 바랍니다. 같이할까요? 함께할래요? 너랑 나랑 더불어 즐겨요.

고삭부리

골골 | 삭다 | 여리다

앓는 일이 없는 사람이 있습니다. 아픈 일이 없이 살아가는 사람이 있습니다. 돌림앓이에 쉽게 걸리거나 크고작게 앓으면서 고단한 사람이 있어요. 가벼운 일에도 아픈 사람이 있지요.

앓지도 않고 아프지도 않는 사람을 보면 '차돌' 같다고들 합니다. 일을 잘 해낼 뿐 아니라 야무질 적에도 '차돌'에 빗대어요. 그냥 '돌'이라고만 해도 단단할 텐데 '차돌'이라 하면 기운이 한결 찬(가득한) 모습이로구나 하고 느낄 만합니다.

으레 앓거나 툭하면 아프다 할 적에는 '여리다'고 해요. 여린 사람 같구나 싶어 '가녀리다'라 하는데, 가늘면서 여리다는 뜻입니다. '가냘프다'도 비슷한 낱말입니다.

＊ 여리다·가녀리다·가냘프다

여린 사람은 쉽게 앓는데, 쉽게 앓거나 자주 앓는 사람을 보며 '골골거리다·골골대다'란 낱말을 쓰기도 해요. 이 골골거림은 '고름·곪다'하고 맞물립니다. 속에서 썩으면서 망그러진다는 '곪다'예요. "곪은 데가 터진다"는 옛말이 있으니, 겉으로만 멀쩡한 척하면서 속을 안 살피면 스스로 무너진다는 이야기입니다.

참으로 그렇습니다. 우리 몸이며 마음이 튼튼하려면 속을 다스릴 노릇이에요. "허우대는 멀쩡한데"라는 오랜말이 있어요. 겉으로는 좋거나 튼튼해 보인다는 이야기예요. 이 '허우대'는 '허울'하고 맞물리니, 겉으로 바라보는 몸이나 모습입니다.

튼튼하려면 허우대가 아닌 속알(속알맹이)이 튼튼할 노릇이에요. 허울만 좋아서는 골골거리겠지요. 허우대만 멀쩡하다면 곪거나 곯았다는 뜻이고요.

단단하지 않은, 질기지 않은, 힘이 세지 않은, 그러니까 무르거나 부드럽거나 힘이 적거나 없어서 튼튼하지 않은 결이 '여리다'입니다. 가늘면서 힘이 없다고 하기에 '가냘프다'이고, 가늘면서 힘이 없는데, 소리도 작다고 하기에 '가녀리다'입니다.

＊ 골골대다·곪다·곯다
＊ 고약하다·괘씸하다

받침이 'ㄻ'하고 'ㅀ'으로 갈리는 '곪다'하고 '곯다'가 있어요. "배를 곯는다"고도 해요. 속이 비어서 곯는 모습이요, 속으로 물크러져서 썩어 가는 곯는 빛이지요.

곪거나 곯으면 어쩐지 고약한 냄새가 납니다. 사람이 착하거나 참하지 않을 적에도 '고약하다'고 해요. 예전 어른들은 "이런 고얀 놈을 봤나!" 하면서 나무라셨어요. 바르지 않거나 참하지 않기에 '고약하다·고얀'이에요. 이처럼 어그러지거나 엇나가는 모습은 '괘 씸하다'로도 나타냅니다.

＊ 삭다·썩다
＊ 설다·설치다·섣부르다·서툴다·서두르다

　김치가 맛이 들도록 하자면 '삭'입니다. 잘 먹으면 밥이 몸에서 천천히 '삭'아요. 오래되다 보니 어느새 '삭'아서 못 쓰곤 하고, 힘겨운 나머지 얼굴이 '삭'기도 하지요. 짜증이나 성이나 부아가 치밀 적에 차분히 다스리려 하면 '삭'인다고 합니다. 불길이 천천히 가라앉을 적에도 '삭'는다고 해요. 이 '삭-'이 붙은 말씨는 '썩다'하고 맞닿아요. '곪다·곯다'하고 비슷하면서 다른 낱말이에요.
　살릴 수 있는 기운이 없거나, 거의 부서지려고 하거나, 그저 버려졌다고 여길 만하면서, 숲을 이루는 흙빛하고 가까운 검은빛으로 바뀔 적에 '썩다'라고 합니다.
　가만히 보면 삭거나 썩는다고 하는 말씨에 깃드는 '사·서'라는 말밑은 여러 곳에서 찾아볼 만합니다. 낯이 설거나, 잘 익지 않은 설익은 모습이나, 좀 나대는 듯이 구는 설치는 몸짓이나, 너무 바쁘게 나서는 서두르는 빛, 또 아직 때가 아닌데 마구 해보려 하는 서툰 손놀림처럼, 단단하거나 야무지거나 튼튼하지 못한 숨결을 하나하나 생각해 봅니다.

* 고삭부리

골골거리면서 삭아 가는구나 싶은 몸이라면 더없이 여리다고 할 만합니다. 곯거나 곯듯이 몸에 기운이 적어 속으로 무너지거나 흔들린다면 그야말로 여리다고 하겠어요. '고삭부리(골골·곯다·곯 다 + 삭다 + 부리)'는 참으로 자주 앓거나 여린 사람을 가리키는 이름입니다. 밥을 잘 먹지 못하는 사람도 '고삭부리'로 가리킨다고 하니, 몸에 힘이 날 만한 길을 좀처럼 못 가는 사람을 가리키는구나 싶어요.

어버이 품에서 태어날 적부터 튼튼한 사람이 있다면, 어버이 품에서 태어나는 때부터 여리다 못해 고삭부리인 사람이 있어요. 저는 고삭부리인 몸이었습니다. 툭하면 앓고, 못 먹는 밥이 많아 으레 게우거나 아팠어요. 어릴 적부터 쉽게 앓거나 쓰러져 본 사람이라면 고삭부리 같은 이름을 듣자마자 확 와닿을 테고, 앓거나 아픈 일이 없거나 드물다면 말밑을 하나하나 짚으면서 이웃이 보내는 다른 삶결과 살림길을 찬찬히 생각해 볼 만합니다.

그림

줄 | 금 | 글 | 그릇

종이가 없던 때에도 흙바닥이나 바위에 금을 긋거나 줄을 치면서 놀았습니다. 손가락으로 하늘에 대고 그려도 그림입니다. 나뭇가지로 모래밭에서 그림을 그리면서 재미있습니다.

비가 오면 손바닥을 오므려서 빗물을 받아서 마시고, 흐르는 냇물도 손바닥을 옴폭하게 해서 가볍게 떠서 마십니다. 우리는 손수 하루를 그렸어요. 누구나 스스로 하루를 지었습니다.

* 금·긋다
* 빗금·실금

긋기에 '금'이라 하지요. 비가 내리듯 살짝 기운 듯하다면 '빗금'입니다. 실처럼 가늘구나 싶어 '실금'인데, 그은 듯이 벌어지려고 할 적에 "금이 간다"고 해요. 그릇이 깨지려고 죽죽 틈이 생기는 모습도 '금'입니다.

* 줄·밧줄·새끼줄
* 줄기·줄기차다·줄줄이·줄곧
* 주르르·주르륵·죽죽

금하고 닮은 '줄'인데, '죽죽' 이어가는 줄이에요. 세 가닥을 굵고 단단히 꼬는 '밧줄'이 있고, 짚(마른 풀줄기)을 꼬는 '새끼줄'이 있어요. 이어가고 덩이나 부피가 있는 살림이라면 '줄'일 테고, 바닥이나 어느 자리에 드러나도록 했다면 '금'이지요.

넘어가지 말라고 바닥에 금을 긋습니다. 들어가지 말라고 길 복판에 줄을 겁니다.

잇는 결을 담아 '줄기차다'라 하지요. 곧게 잇는 모습이에요. 곧게 이으니 '줄기'예요. 나무도 풀도 나무줄기에 풀줄기입니다. 잎도 잎줄기가 있고, 우리 몸에는 등줄기가 있어요. 물은 물줄기요, 멧골은 멧줄기입니다. 글을 가지런히 쓰니 글줄기를 이루고, 빗줄기에 눈줄기에 바람줄기에, 곳곳에 줄기가 흐릅니다.

물결이 흐르듯 '줄줄이' 간다고 해요. 우리는 '줄'을 서기도 하는데, 그치지 않고 하는 몸짓을 '줄곧'으로 나타내요. 비가 그칠 낌새가 없어 '죽죽'이라 하고, 구르거나 움직이는 몸짓이 안 멈추는구나 싶어 '주르르·주르륵'이라 합니다.

* 그림·그리다

처음에는 긋습니다. 이윽고 그립니다. 실이나 물줄기처럼 잇는 자국인 '금'이라면, 이 금을 잇고 이어 모습을 나타내는 '그림'입니다. 얼굴을 그리고, 풀꽃나무 모습을 그리다가, 어느새 하루나 꿈이나 오늘이나 빛을 그립니다.

'그리다(그림)'란 "삶이라는 이야기가 흐르는 모습·몸짓을 빛·빛깔로 담아내어 보이는 길"이지 싶어요. 땅바닥에도 하늘에도 담던 모습이나 몸짓이자 삶인 그림은, 어느덧 종이에도 담고 마음에도 담으며 생각에도 담으면서 한결 빛나는 길로 나아갑니다.

그래서 더 새롭게 바라봅니다. 그리기에 꾸준히 바라봅니다. 그리고서 함께 나누는 마음으로 자랍니다. 종이에는 '그림'이요, 마음에는 '그리움'입니다. '그리움'은 '그립다'요, 보고 싶거나 아쉽기에 그립습니다.

＊ 글·글씨

그림이 태어나고서 '글'이 태어납니다. 그리기만 할 적에는 누구나 말을 했고, 이 말로 이야기를 엮었어요. 입(말)에서 입(말)으로 "삶을 담은 이야기를 물려주고 물려받았"습니다.

이러다가 문득 "삶을 그릴 적에는 모습하고 빛깔로 담을 뿐 아니라, 말로 나타내는 소리도 담을 만하겠구나" 하고 깨닫습니다. 바야흐로 소리·노래·말을 눈으로도 알아보기 좋도록 그립니다. "삶이라는 이야기가 흐르는 모습·몸짓을 소리·노래·말로 나타내고서 담아내는 길"로 거듭납니다.

글을 씨앗(씨)으로 여기면서 돌보기에 '글씨'입니다. 글씨를 반
듯하게 가다듬는 뜻을 돌아봅니다. 글이라는 씨앗을 종이에 얹을
적에 "밭에 씨앗을 심듯" 고르게 다스려야, '글로 담아낸 말'을 정갈
하게 풀어낼 수 있다고 여기거든요.

＊ 그릇·그루

그릇에 밥을 담아서 먹습니다. 그릇에 물을 담아 퍽 오래 건사
합니다. 그릇을 마련하면 살림이며 세간이며 밥을 아늑하게 담아
서 누립니다. 글보다 그릇이 먼저인데, 그림하고 그릇 가운데 누가
먼저일까요? 어쩌면 그릇하고 그림은 나란히 태어났다고 할 만합
니다. 밥이며 물이며 살림을 담는 '그릇'은 "삶을 아늑히 누리거나
나누도록 살림·밥을 담는 길"이로구나 싶습니다.

나무를 '그루'로 셉니다. 풀과 나무가 서는 '줄기'에서 '밑동'을
따로 '그루'라 합니다. 밑이자 바탕이기에 "논밭에 심고 가꾸고 거
두는 일을 몇 벌 하는지 세는 말"로도 씁니다. '주식회사'에서 '주
(株)·주식'은 '그루'예요.

밑이 든든하니 그려서 담습니다. 빛도 모습도 말도 소리도 노래
도 마음그릇에 담습니다. 살림도 씨앗도 담고, 풀과 나무가 서는 줄
기를 받쳐요. 여러 얼거리로 보면, 낱말책은 말을 담는 '말그릇'이자
'말그루'입니다.

기름

기르다 | 길다 | 키우다 | 살찌우다

포도씨를 짜서 '포도씨기름'을 얻습니다. 아주까리씨를 짜니 '아주까리기름'을 얻어요. 판을 달구어서 기름을 두르면 '볶다'예요. 볶음밥이란 기름을 두르고 여러 가지를 곁들여서 익힌 밥입니다. 기름은 방울진 물 같지만, 물하고 달라요. 물하고 기름은 안 섞인다지요. 그러나 물을 펄펄 끓여서 기름을 녹일 뿐 아니라, 이 기름을 바탕으로 불을 때거나 자동차를 달리거나 여러 가지를 움직입니다.

태울 수 있는 힘이 깃든 방울진 숨결이 '기름'이라 할 만해요. 물로는 못 태우지만 기름으로는 태우거든요. 불을 태울 뿐 아니라, 몸에 기운이 솟도록 활활 일으켜서 기름이에요.

* 기름
* 참기름·들기름·콩기름·굳기름

참깨를 짜서 '참기름'이고, 들깨를 짜서 '들기름'이에요. 우리가 널리 쓰는 이 두 가지 기름을 굳이 '깨기름'이나 '참깨기름·들깨기름'이라 하지는 않아요. 워낙 오래도록 쓰면서 '-깨'를 덜었구나 싶습니다. 콩에서 얻는 '콩기름'인데, 여러 기름 가운데 '굳기름'도 있답니다. "굳은 기름"이나 "굳힌 기름"을 가리키는 이 낱말은 '지방(脂肪)'이라는 한자말을 나타내지요. 여느 기름이라면 방울이 지는데, 이 방울져서 흐르는 기름이 식으면 굳어요. 이렇게 굳은 모습을 보고는 '굳기름'이란 이름을 지었답니다.

* 기르다·길다
* 자라다
* 키우다·크다·키

'기름'이란 낱말은 '기르다 + ㅁ'입니다. 길러서 얻기에 '기름'이라 지은 낱말인데요, '기르다'는 열매를 기른다거나 풀꽃나무를 기른다거나 아이를 기른다거나 마음을 기른다거나 머리카락을 기른다거나 생각을 기른다거나 …… 무엇이 쭉쭉 뻗거나 넉넉하도록 이끄는 삶을 나타내요.

'기르다'는 '길다'하고 맞물리지요. 기르니까 '자라'겠지요. 자라면 예전보다 '클' 테니까, '길쭉한' 모습이 됩니다. 머리카락을 '기른' 모습을 보고는 "머리카락이 많이 자랐구나"처럼 말합니다.

기르니까 자라서 큰다고 했는데, "큰 모습이 되도록 하려"고 '키운'답니다. 키우니까 크는 셈인데, 키운 모습이 바로 '키'예요. '기르다·길다'로 맞물리는 낱말은 가로로 가는 모습을 나타내고, '키우다·크다'로 맞물리는 낱말은 세로로 서는 모습을 나타냅니다.

* 기름지다
* 가꾸다
* 살지다·살찌다·살찌우다

시골에서는 땅을 살피면서 '기름진' 흙인가 아닌가를 봅니다. '기름'이 진 땅이라면 쓰기에 좋도록 '가꾼' 곳이에요. '가꾸다'는 삶이며 살림이며 마음이며 여러 가지가 알맞으면서 알차게 나아가도록 힘을 기울일 적에 쓰는 낱말이에요. '기르다·키우다'하고 맞물리기도 하는 '가꾸다'인데요, "가꾼 땅 = 기른 땅"이요, 잘 길렀기에 '기름지다'라 하는데, '푸지다·푸짐하다'처럼 '-지다'를 붙일 적에는 넉넉하거나 많거나 좋다는 뜻을 나타내요.

기름진 땅을 보면 까무잡잡하면서 반들반들합니다. 기름지지 않은, 푸석푸석한 땅은 빛을 잃고 메마르지요. 빛나는 흙으로 가득한 기름진 땅은 온갖 씨앗이 잘 트고 풀꽃나무가 잘 자랄 만한 터전입니다. 이러한 모습은 '살찌우다'로도 담아내는데, 잘 크도록 하려고 살찌우지요. 열매나 고기를 넉넉하거나 많이 누리려고 살을 붙이는 셈이요, 이때에는 기름이 가득하다는 소리요, "잘 길렀다·잘 자랐다"는 이야기입니다.

꽃샘·잎샘

꽃샘바람 | 잎샘바람 | 시새움 | 시샘 | 샘 | 싫다 | 샘물 | 샘솟다 | 새롭다

겨울이 저물고 봄이 다가올 즈음을 헤아려 봅니다. 봄을 으레 3월로 아니까, 봄이 다가오려 할 즈음이라면 아직 겨울일 테고, 더 헤아려 본다면 겨울 한복판이 바로 '봄맞이철'이라 할 만합니다. 3월에 이르면 벌써 꽃이며 잎이 많이 돋습니다. 4월이면 흐드러진다고 할 테고요.

봄맞이꽃이라 일컫는 조그마한 들꽃은 3월이 아닌 2월이나 1월부터 고개를 내밀어요. 땅바닥에 납작하게 엎드리듯 살며시 고개를 내미는 이 봄맞이 들꽃은 아직 찬바람이 씽씽 부는 철에 돋지요. 겨울 한복판이란, 겨울 고빗사위에 이르러 추위가 한풀 꺾이려는 철인 터라, 이 철흐름을 읽고서 돋는구나 싶어요.

12월 끝자락은 밤이 가장 깊어요. 그때에 밤이 가장 깊다는 말은, 그때를 지나가면 다시 밤이 짧게 바뀌면서, 낮이 조금씩 기는 날로 접어든다는 뜻입니다. 길게 나아가는 결을 나타내는 '깊다'인 셈인데, 여름 한복판도 이와 같으니, 낮이 가장 긴 때란 바로 그날부터 낮이 조금씩 짧고 밤이 길다(깊다)는 뜻이에요.

여러모로 본다면 온누리는 1월이라는 겨울 한복판부터 봄맞이로 고물고물 깨어난다고 할 만합니다. 1월이 저물 즈음이면 어느새 포근한 볕이며 바람으로 피어난다고 할 만하지요. 꽃샘바람이나 잎샘바람은 바로 이즈음부터 살살 붑니다.

* 꽃샘바람·꽃샘추위
* 잎샘바람·잎샘추위

해가 바뀌어 새롭게 꽃이 필 즈음 부는 '꽃샘바람(꽃샘추위)'입니다. '꽃 + 샘 + 바람'으로 엮을 텐데, '꽃샘'이란 이름이 된 까닭을 흔히들 "꽃이 피는 봄을 시샘한다"로 여기더군요. 얼핏 보면 맞는구나 싶지만, 깊이 생각하면 고개를 갸우뚱할 만해요.

바람이 봄을 시샘할까요? 바람은 봄을 노래하지 않을까요? 겨울철은 이제 저물기에 서운하게 여길까요? 겨울이란 철을 온누리를 하얗게 잠재우면서 이제 포근히 쉰 다음 새봄에 기운차게 일어나도록 꿈꾸라고 이끄는 나날이지 않을까요?

'시새움'을 줄여 '시샘'이라 하고, 다시 줄여 '샘'이라 합니다. '시새움·시샘·샘 1'는 '싫다'하고 맞물립니다. 마음에 안 들기에 싫고, 마음에 안 차니 '시시하다'고 여깁니다. 겨울은 잠들어 쉬는 철이기에, 떠나는 겨울이 봄을 싫어하거나 시시하게 여길 까닭이 없습니다. 이제 봄이 기지개를 켤 즈음이니, 봄더러 깨어나라고 하는 늦겨울입니다.

철흐름을 헤아린다면, '꽃샘·잎샘'이란 이름은 '시샘하다'보다는 '샘물·샘 2'로 보아야지 싶습니다. 왜 그러한가 하면, 꽃샘바람이나 잎샘바람은 겨울을 녹이거나 풀려고 불거든요.

한겨울인 1월에 부는 꽃샘·잎샘바람은 가장 일찍 꽃송이랑 잎망울을 터뜨리는 푸나무를 살살 건드립니다. "자, 너희부터 봄을 노래하렴!" 하고 북돋우지요. 봄빛이 샘처럼 솟도록 간질이는 바람인 꽃샘·잎샘바람이에요. 봄이 샘물처럼 솟아나서 퍼지도록 가볍게 다가오는 꽃샘·잎샘추위라 할 만합니다.

2월에도 꽃샘·잎샘바람이 붑니다. "자, 그다음은 누가 깨어나겠니?" 하고 부릅니다. 3월에도 꽃샘·잎샘바람이 불지요. "자, 자, 이제 또 누가 깨어날 때일까?" 하고 불러요. 4월까지 꽃샘·잎샘바람이 부는데요, "자, 좀 늦잠을 자는 듯한걸. 그만 자고 일어나지?" 하고 흔들어요. 때로는 5월에도 꽃샘·잎샘추위랍니다. "아이구, 늦잠꾸러기! 이러다 봄이 다 지나가겠어!" 하면서 살짝 차갑게 휭휭 몰아칩니다.

* 꽃이 샘솟도록 건드리는 바람
* 잎이 샘솟도록 간질이는 바람

'꽃 + 샘 + 바람'에서 '샘'은 '새·새롭다'하고 맞물리는 '샘물·샘 2'이라고 느낍니다. 꽃망울하고 잎망울을 깨우는 바람 곁에는 '꽃샘비·잎샘비'가 내립니다. 꽃이 샘솟으라고 북돋우는 비입니다. 잎이 샘물처럼 새롭고 싱그럽게 돋으라고 알리는 비입니다. '시새움'은 싫거나 시시한 결을 드러낸다면, '샘물'은 새롭고 솟아나는 결을 밝힙니다. 생각이 뭉게뭉게 일어날 적에는 '새록새록'이라 합니다. 봄이란, 어느새 새롭게 찾아오는 철을 '새삼' 느끼고 반기는 무렵이기도 합니다.

춥다고 웅크리면 외려 더 추워요. 찬바람이 분다고 이불을 뒤집어쓰기만 하면 되레 더 춥습니다. 찬바람이 불 적에 이불을 걷어차고 일어나 봐요. "난 바람에 지지 않는다고! 난 바람이랑 논다고!" 하고 외치면서 마당으로 달려 나가요. 바람을 맞으면서 깔깔 웃고 춤추어 봐요. 이러다 보면 어느새 이마에 땀이 몽글몽글 맺힌답니다. 풀꽃나무도 이와 같아요. 잎눈이며 꽃눈을 꽁꽁 닫으면 푸나무도 더 시리답니다. 이제 그만 웅크리고 꽃눈이며 잎눈을 터뜨려서 봄노래를 부르면 바야흐로 푸나무는 싱그러이 푸른물결을 퍼뜨려요.

꽃눈을 건드려서 깨우고, 잎눈을 간질여서 일으키는 꽃샘바람이며 잎샘바람이랍니다. 겨울이 저물고 봄이 다가올 즈음, 꽃이 샘솟도록 마지막으로 찾아오는 추위인 꽃샘추위에 잎샘추위예요.

난날

난해달날 | **나** | **나이** | **낳다** | **나다** | **날다** | **날** | **나날** | **날것**
날카롭다 | **낡다** | **늙다** | **어른**

우리가 몸을 얻어 이곳으로 나온 날을 한자말로 '생일(生日)'이라 합니다. 가만히 보면 "나온 날 = 나온날"이라 하면 되고, "난 날 = 난날"이라 하면 됩니다. "태어난 날 = 태어난날"이라 하면 어울려요.

* 난날
* 난때·난무렵
* 난해·난해달날

난 때나 무렵을 헤아리면 '난때·난무렵'이라 할 만합니다. 난 해를 살필 적에는 '난해'라 할 수 있어요. 난 해랑 달이랑 날을 함께 짚을 적에는 '난해달날'이라 하면 어울립니다. 이른바 '생년월일'을 우리말로 옮기면 '난해달날'입니다.

* 나

몸을 입고서 이곳에 있기에 '나다·나오다·태어나다'요, "낳은 몸"이라서 '나이'를 먹는 '나'입니다. "나로 있을" 뿐 아니라, "나를 이어가는 길이자 하루"를 살아가는 '나'예요. 내가 나답게 살아가는 나날을 '나이'라고 여길 만합니다.

* 나이·나이테
* 나잇값·나잇살·낫값·낫살
* 낳다
* 나다·날다

한 해를 살아온 날을 '나이'로 셉니다. 사람이며 풀꽃나무를 바라보면서 "낳거나 나오거나 나서 살아온 해"를 '나이'라 합니다. "아이가 열 살이야"라든지 "나무가 즈믄 살이야"처럼 써요. "생기거나 짓거나 이루거나 숨을 받아서 이어온 해"도 '나이'라 해요. "나이가 제법 있는 책"이나 "이 집도 나이가 마흔 살을 넘었어"처럼 씁니다.

사람이나 짐승이라면 '나이'요, 나무는 따로 '나이테'라고 합니다. 나무줄기에 빙그르르 두르듯이 테가 생기기에 '나이 + 테'인 얼개입니다.

나이를 돌아보는 몸짓은 '나잇값·나잇살'이라 하고, 줄여서 '낫값·낫살'이라 합니다. 나이가 적든 많든 "슬기롭고 즐거우며 참하게 아름길을 어깨동무하도록 앞장설 줄 아는 몸짓"이기에 "나잇값을 톡톡히 한다"고 말합니다. 이와 달리 "나이를 앞세워 잘난 척하거나 우쭐거리는 바보짓"으로 기운다면 "어설프고 엉성하게 나잇값으로 동생을 괴롭히네" 하고 말해요.

'낳 + 이'인 얼개입니다. "낳은 이"라는 뜻이에요. '낳다'는 두 가지로 써요. 하나는 목숨이나 일이나 길을 새로 나오도록 하는 모습이나 몸짓을 가리키지요. "새 목숨이 나오도록 하다"라는 뜻으로 "어머니가 아기를 낳았어요"처럼 쓰고, "어떤 일·셈·길·살림이 새로 나오도록 하다"라는 뜻으로 "이야기는 이야기를 낳으며 흐른다"처럼 쓰며, "어떤 자리·터·곳에서 새롭게 살림을 짓거나 길을 펴는 사람이 나오거나 나타나다"라는 뜻으로 "마을이 낳은 훌륭한 사람"처럼 씁니다.

다른 '낳다'는 "실을 이루다. 삼·모시·솜·털을 다루어 실을 짓다"를 뜻해요. "모싯줄기로 실을 낳아서 쓰지"처럼 씁니다. "실로 천·옷감·피륙을 이루거나 짓다"를 뜻하기도 하며, "베를 낳아 베옷을 지을 생각이야"처럼 써요.

목숨이며 숨결이며 살림이 새로 나타나거나 나오도록 하는 '낳다'예요. '나다'도 비슷하게 쓰되 '나타나다·자라나다·태어나다·일어나다·솟아나다·피어나다'처럼 붙으면서 '나오'는 모습이나 몸짓이 어느 곳이나 터에서 처음으로 볼 수 있는 결을 밝혀요.

"싹이 나"고 "해가 나"고 "이름이 나"고 "길이 납"니다. "책에 이야기가 나"고 "구멍이 나"고 "조각이 나"고 "큰일이나 가뭄이 나"고 "일자리가 나"고 "피가 나"고 "짬이 납"니다. 나이를 셀 적에 "한 살 난 아기"처럼 말하고, "생각이 나"고 "멋이 나"고 "빛이 나"고 "여름을 나"고 "새로 살림을 난다"고 해요.

겉이나 밖으로 보도록 있는 '나다'입니다. 겉이나 밖으로 보도록 널리 있거나 밝게 있거나 환하게 있는 '나다'예요. 받침 ㄹ이 붙는 '날다'는 한결 즐겁구나 싶은 모습이나 빛을 가리킵니다. "하늘로 오르면서 움직이"는 '날다'일 뿐 아니라, "바람처럼 매우 빠르고 가볍게 움직이"는 '날다'예요. "높이 뛰다"라든지 "안 잡히려고 빠르고 힘차게 나가다"도 '날다'이고요. 때로는 "빛이나 빛깔이 빠지거나 사라지다"나 "물이 마르다"나 "냄새가 옅거나 사라지다"도 '날다'란 낱말로 가리킵니다.

* 날 ㄱ·나날·늘
* 날 ㄴ·날것·날바닥·날도둑·날밤
* 날 ㄷ·칼날·날카롭다

여러 '날다'를 이루는 바탕은 '날'입니다. '나이'는 푸른별(지구)이 해를 한 바퀴 도는 동안을 세면서 우리 몸이 "한 해"를 살아온 길을 가리킨다면, '날'은 푸른별이 스스로 한 바퀴를 도는 동안이나 길을 가리켜요. '날 ㄱ = 하루'입니다.

'날 + 날'을 '나날'이라 합니다. 여러 날을 가리키는데, '나날이'처럼 쓰면 '갈수록'하고 비슷한 "나날이 바뀌는 봄빛"이며, '빠짐없이'하고 비슷한 "나날이 하는 일"을 가리켜요. 어느 날도 안 빼고 하는 '나날이'라면 '늘'하고 맞물립니다.

'날 ㄴ'은 건드리거나 손대지 않은 것을 바탕으로 가리켜요. '날 것'은 하나도 손을 안 댄 그대로입니다. 다른 것이 없을 적에도 쓰니 '날바닥'은 아무것도 없는 바닥이에요. 그대로·오롯이 있다면 세겠지요. '날도둑'은 몹시 센(고약한) 도둑입니다. 안 건드리거나 안 손대었으면, 안 배웠다는 뜻이기도 하고, 아직 배우지 않았으면 쓸모가 없다고 여길 수도 있어서, '날밤'은 "그대로 새우는 밤"을 뜻하면서 "하는 일이 없이 그저 보내는 밤"을 뜻하기도 합니다.

'날 ㄷ'은 얇고 길면서 단단하여 자르거나 벨 만한 것을 가리켜요. '날카롭다'고도 하고, '칼날'이라고도 합니다.

'날개'는 '날'도록 단 가볍고 얇은 몸입니다. '나비' 날개를 옆에서 보면 널찍하지만, 앞뒤에서 보면 날카롭습니다.

* 낡다·늙다
* 늙은이·늙네
* 어른·어르신

새롭게 보도록 이곳에 있기에 '나다'이고, 새롭게 보도록 이곳에 있으면서 즐겁기에 '날다'라면, "오랫동안 많이 쓰거나 오래도록 비·바람·해에 바스러져서 더 쓸 만하지 않"을 적에는 '낡다'예요. "요즈음 흐름에 안 맞게 뒤떨어지다"를 가리키기도 하는 '낡다'입니다.

ㅏ 가 ㅡ로 바뀌는 '늙다'는 "나이가 들어 움직이기 힘들다"를 가

리킵니다. "기운·힘·빛·물이 반짝이도록 있던 때가 지나다"를 가리키기도 합니다. "열매가 지나치게 익을" 때에도 가리키니, '늙은오이·늙은호박'처럼 써요. "어떤 자리·이름·값·일을 할 만하거나 맞는 때가 지나다"를 가리키기도 하고, 이때에는 "배우기에는 늙었는지 모르겠는데"처럼 써요.

처음에는 이 땅에 낳아 몸을 입고서 날듯이 숱한 날을 살아가는 '나'는, 한창 놀고 난 삶을 마무리할 즈음에는 낡거나 늙는다고 하겠습니다. 또는 스스로 기운이나 빛을 잊기에, 나이가 많지 않아 겉보기로는 안 낡거나 안 늙은 몸이어도 생각이 낡거나 마음이 늙을 수 있어요.

늙은 사람이기에 '늙은이·늙네'입니다. '어른·어르신'은 나이가 많이 든 사람보다는 '어진' 사람을 가리킵니다. 철이 들어 눈이며 마음이 밝아 앞장서서 살림을 짓는 길을 갈 줄 알기에 '어른·어르신'이에요. 스스로 빛날 줄 모르면 '낡다·늙다'이고, 스스로 빛날 줄 알기에 '어른'이면서 '어질다'고 할 만해요.

내

내내 | 냇물 | 내처 | 내리다 | 줄기

물이 흐릅니다. 흐르는 물을 보면 풀줄기나 등줄기처럼 곧게 잇기
도 합니다. 물줄기라는 이름이 태어나요. 물줄기는 잇고 이어서 멧
골부터 바다로 나아갑니다. 물은 줄줄 흘러요. 시냇물은 졸졸 흐릅
니다. 골짜기에서는 골짝물이 촬촬 흐르지요.

　가만히 있을 적에는 고요히 있는 물방울이자 못(못물)이라면,
움직이기에 아지랑이가 되고 어느덧 구름으로 피어요. 이내 빗물
이 되고 빗줄기를 하늘에 그리면서 촥촥 내리니, 새삼스레 내(냇물)
가 되어요.

＊ 냇물·내·시내

　내를 이룬 물이라 냇물이고, 실처럼 가느다랗다고 여겨 시내(시
냇물)입니다. 이 냇물은 쉬지 않아요. 마르지 않고 흐르는 물줄기라
서 내(냇물)예요. 우리가 스스로 가리킬 적에 나(내)라고 하잖아요.
늘 빛나는 넋으로 스스로 삶을 이어가는 모습이기에 '나(내)'라면,

물방울 하나로 그치지 않고서 물줄기를 이루어 꾸준히 이어가는 (흘러가는) 모습이라서 '내(냇물)'로구나 싶어요.

* 내내·내리. 내처
* 내·내도록
* 봄내·여름내·하룻내

　내가 내로 꾸준히 갑니다. 쉬지 않고 갑니다. 이러한 결을 나타내는 '내내'란 '꾸준히'나 '자꾸'하고 비슷하면서 달라요. "아침부터 내리 했어"나 "저녁까지 내처 했어"라 할 적에는 꾸준하게 잇거나 자꾸 하는 몸짓을 나타내면서, 쉬지 않거나 거침없이 한다는 결을 담습니다. 말 그대로 냇물처럼 일을 하거나 몸을 썼다는 뜻이에요. '내도록'이라는 말씨도 그래요. 이런 '내'를 붙여 '봄내·여름내'라 하니, 봄에 고스란히 한다는, 봄에 늘 한다는, 봄을 통틀어 꾸준히 한다는, 봄이 흐르는 동안 언제나 한다는 뜻입니다.

　이런 '내'를 '하루'하고 붙여 '하룻내(하루 내내)'라 한다면, 하루를 통틀어 쉬지도 멈추지도 그치지도 않으면서 한다는 뜻이에요. 하루를 오롯이 어느 하나에 바쳐서 신나게 한다는 뜻이지요. 하루를 다 들여서 어떤 일이나 놀이를 한다는 소리입니다、

* 내리다
* 물줄기·빗줄기·줄기

* 줄기차다·줄곧·줄잇다
* 줄·줄줄·졸졸·좔좔

　빗방울이 하나 떨어진다고 해서 "비가 내린다"고 하지는 않아
요. 빗방울이 끊임없이 떨어지기에 비로소 "비가 내린다"고 합니
다. '내리다'라는 낱말은 '내'랑 '내리'하고도 얽히는군요. 내리는 비
라면 하늘에 빗줄기를 그어요. 뭍에서는 물방울이 서로 이어 물줄
기가 되는데, 이렇게 줄기를 이루어서 잇는 모습은 '줄기차다'로 뻗
습니다.
　생각해 보면 그렇지요. '줄'이란 "이은 조각"이거든요. 천이나 짚
이나 종이를 잇기에 '줄'인데, 사람이 길게 늘어뜨려서 선 모습도
"줄을 선다"고 해요. 무엇이든 이은 낱낱이라서 '줄'이니, 이 줄에서
'줄곧'도 태어나고 '줄기차다'에 '줄줄'도 깨어납니다. 말빛을 바꾸
어 '졸졸'도 '좔좔'도 뿌리가 같아요.
　줄이 곧게 갑니다. 줄기가 기운차게 갑니다. 줄을 이어서 갑니
다. 줄이 자꾸자꾸 가서 줄줄이 됩니다. 우리(내) 마음에는 어떤 이
야기가 줄줄이 흐를 적에 즐거울까요? 우리(내) 생각은 어떻게 가
꾸면서 줄기차게 빛내고 줄곧 노래하는 하루로 북돋울 만할까요?
가늘거나 굵게 내리는 빗방울을 온몸으로 맞아들이면서 조용히 눈
을 감고서 헤아려 봅니다.

너무

넘다 | 널뛰다 | 너머 | 너울 | 나무 | 숲

국립국어원에서 펴낸 낱말책을 보면, "너무하다 : 비위에 거슬리는 말이나 행동을 도에 지나치게 하다"로 풀이하고, "지나치다 : 일정한 한도를 넘어 정도가 심하다"로 풀이합니다. 얄궂습니다. '너무하다(너무)'를 '지나치다'란 낱말로 풀이하는데, '지나치다'를 '넘다(너무)'란 낱말로 풀이한다면 두 낱말은 무슨 뜻이요, 어떻게 다른 결이란 얘기일까요? 게다가 '심하다(甚 —) : 정도가 지나치다"로 풀이하니 참 엉성합니다.

　국립국어원은 여기서 안 그칩니다. '너무'라는 낱말을 "너무 좋다"나 "너무 반갑다"처럼 써도 된다고 밝힙니다. '너무'는 아무 데에나 안 쓰는 낱말인데, 이런 낱말책이라면 그야말로 너무하는 짓입니다. 우리말을 너무 안 살피고, 우리 숨결을 너무 모르며, 우리 삶자락을 너무 등진 셈입니다.

＊ 너무·너무하다·너무나

낱말책은 징검다리이자 길잡이입니다. 마음에 담을 생각을 소리로 밝히도록 말결하고 낱말을 가다듬어서 짚고 알려주기에 낱말책입니다. 사람들이 '너무'를 제대로 가려서 쓰지 못하는 까닭 가운데 하나는, 뜻풀이부터 얄궂게 갈무리하고서 너무나 못 알아채는 국립국어원 〈표준국어대사전〉 탓이 크리라 느낍니다.

다만 벼슬아치(공무원)하고 붓바치(지식인·학자)만 탓할 수 없습니다. 말은 벼슬아치나 붓바치가 짓지 않아요. 말은 우리가 누구나 저마다 스스로 짓습니다. 벼슬아치하고 붓바치는 우리가 스스로 지어서 쓰는 말을 살펴서 갈무리할 뿐입니다. 낱말책을 얄궂게 엮은 벼슬아치하고 붓바치는 이러한 모습대로 나무라되, 우리부터 스스로 생각하고 삶결을 즐겁고 아름답게 추스르도록 마음을 기울여야지 싶어요.

* 넘치다·넘다·넘어가다
* 너머·넘이

'너무'는 '넘다(넘어가다·넘어서다·넘어오다)'하고 말밑이 같습니다. '넘다'는 '넘치다'하고 맞물리지요. 넘을 만큼 있기에 '너머'로 간다고 해요. '해넘이'라든지 '고개넘이'도 '넘·넘다'에서 비롯합니다.

수수하게 "공이 울타리를 넘었어요"라든지 "저는 그 길이라면 벌써 넘었는걸요"처럼 쓰기도 하지요. 알맞게 있지 않으니 '넘다·넘치다'라고 합니다. "참지 못할 만큼 너무한 짓이야"라든지 "받아들이기 어렵도록 넘어섰어"처럼 쓰는 '너무·너무하다'요 '넘다·넘어가다'입니다.

* 너울·물결
* 너울거리다·넘실거리다
* 널뛰다·날뛰다

'너무·넘다'는 말밑이 '너'입니다. 이 '너'를 말밑으로 삼은 '너울'은 '물결'하고 비슷하지만 다릅니다. 물이 오르내리는 결을 수수하게 '물결'이라 하고, 물이 그저 오르내리는 결이 아니라 크거나 사납게 오르내리는 결을 따로 '너울'이라 합니다.

이리하여 '너울거리다'라든지 '넘실거리다'라 할 적에는 크게 일어나는 기운을 나타내요. 이런 뜻이며 결을 담아 '널뛰다'라 합니다.

'너·널'로 잇닿듯이 '나·날'로도 맞물려요. '날다·날아가다·날아오르다'예요. 물이 크게 오르내리는 '너울'이라면, 뭍(땅)에서 크게 떨어지며 나아가는 '날다'입니다. 그리고 좀 '너무하는'구나 싶은 빛, 마구마구로 보이는 빛을 '널뛰다'랑 '날뛰다'로 담아냅니다.

* 나무
* 남실거리다·나올거리다

물이나 바다에서는 '너울'이라면, 뭍에서는 '나무'가 있어요. '너'

를 '나'로 옮겨 나무를 살피듯 '넘실거리다·남실거리다'랑 '너울거리다·나울거리다'가 맞물립니다. 잘 보면, 나무는 줄기에 잎이 남실거립니다. 나무는 한 그루에도 잎을 어마어마하게 맺고, 꽃도 엄청나게 틔우지요. 나뭇잎이나 나무꽃은 그야말로 남실남실 나울나울이라 할 만합니다.

숲은 나무가 넘실거리는 터전이에요. 나무가 너울을 이루기에 숲이라 하겠습니다. 그러나 숲은 나무가 '넘친다'고 하지 않아요. 숲은 나무로 '물결(너울)'을 이루고, 바람이 일렁일 적에 나뭇잎이 쏴아쏴아 나는 소리란, 참말로 '물결소리(너울소리)'이기까지 합니다.

또한 숲을 이루는 나무가 너울너울·남실남실하듯 넉넉히 있고 넓게 있어요. '너'는 '나'하고 맞물리면서 주욱주욱 뻗습니다. 홀로 하나인 '나·나무'라면, 잔뜩 물결치는 '너·너울'이면서 숲으로 가는 얼거리입니다.

* 무척·매우·몹시·아주·제법·퍽·꽤·좀·참·대단히·
  엄청나다·어마어마하다

여러모로 본다면 '마구마구'라 할 만큼 '넘치'게 오르내리는구나 싶은 결을 나타내는 자리에 따로 쓰는 '너무'입니다. 이와 달리 안 달가운 자리뿐 아니라 달가운 자리에 고루 쓰는 낱말이 잔뜩 있어요. '무척'이든 '퍽'이든 두루 씁니다. 우리가 예부터 굳이 "너무 나쁘잖아" 같은 자리에만 '너무'를 쓴 숨결하고 발자취하고 말밑을 짚는 낱말책이기를 바랍니다. 삶터가 어수선하면서 말도 어수선하고 말아 '너무'를 너무너무 아무렇게나 쓰니까, 이렇게 널뛰는 말결을 함부로 낱말책에 싣기보다는, 너울대는 말씨를 찬찬히 추슬러서 푸른나무가 되도록 돌볼 낱말책으로 나아가기를 바랍니다.

우리 삶을 담아낸 엄청난 낱말 하나를 읽기를 바라요. 조금(좀) 만 더 바라보기로 해요. 아주 힘을 들이지 않아도 됩니다. 너무 서 두르기보다는, 매우 부드럽고 몹시 상냥한 손길이 되어 낱말 하나 를 꽤 살뜰히 풀어내기를 바랍니다.

동무

둘 | 가시버시 | 너나들이 | 너울가지 | 사귀다 | 동무 | 두레 | 둘레 | 또래

우리는 저마다 다르게 '살아가'는 '숨결'입니다. 살아가는 숨결 가운데 조그마한 빛줄기 하나는 '씨앗'이 되어 새롭게 태어나 '사람'이 됩니다. 사람은 '사내'하고 '가시내'로 갈려 '너'랑 '나'로 마주하는 냇물처럼 싱그러운 '사이'가 됩니다.

두 사람, 그러니까 '둘'은 따로 가른 사이였다가 한마음이 되고 싶어 '가시버시'가 됩니다. '가시버시'는 '가시 + 버시'요, '갓(가시내) + 벗'인 낱말입니다. '갓벗'인 사이가 되기 앞서는 여느 '어른'이었을 테고, 갓벗으로 '짝'을 이루면서 '어버이'란 자리로 나아가려 하며, 어느새 '어머니·아버지'란 이름을 새로 얻어요.

* 가시버시·어버이
* 아기·아이
* 어린이·어른

곰곰이 보면 사람도 껍데기를 깨고 나듯 두 씨앗이 맞물려서 태

어나요. 모든 숨결은 '알(씨앗)'로 태어나 '아기'란 조그마한 몸이었다가 '아이'라는 씩씩한 몸짓이 되고, 이윽고 '어린이'란 자리로 나아갑니다. 어린이는 철이 들면서 어른(얼찬이 : 얼이 들어찬 사람)이 되어요. 철이 안 들면 나이를 많이 먹어도 아직 어른이 아니요, 철이 제대로 들면 나이가 적어도 어른이랍니다. '어른어른한다'거나 '어른거린다'고 하는데, 조그맣게 태어난 빛이 맑게 반짝이는 빛으로 거듭나는 길이기에 '얼'이란 모습을 새삼스레 입어요.

우리는 왜 서로 빛나는 '얼'로 나아갈까요? 높지도 낮지도 않으며 위도 아래도 아닌, 고스란히 싱그러운 숨을 품었기 때문이겠지요. 그래서 너랑 나를 굳이 가르지 않는다면, 흉도 허물도 바라보지 않는다는 뜻이에요. 이렇게 흉허물없는 사이를 두고 '너나들이'라고 합니다. 너하고 나 사이를 오직 '얼'만 홀가분하게 드나든다는 뜻을 품는구나 싶어요. 누구하고라도 스스럼없이 사귀는 사람을 놓고서 '너울가지'라고 해요. 너울너울 물빛에다가 죽죽 뻗는 나뭇가지 같은 모습이라는 뜻을 품네 싶어요.

* 사귀다·동무·또래
* 동그라미·도란·두런·두레·둘레

서로 어떤 사이인가를 알고 싶기에 '사귀다'라는 낱말로 나타냅니다. 사이를 가까이하려는 몸짓입니다. 가까이하는 둘은 이내 '동무'가 되어요. 동무는 나이를 따지지 않습니다. 즐겁게 어울리면서 하루를 누릴 만하기에 동무예요. '동무(동모) = 동 + 무(모)'일 텐데, 동그랗게 어울리거나 모이면서 물처럼 맑게 티없이 하나로 만나는 사이입니다. '동'은 '도'라는 말밑이니, '돕다·돌보다'하고도 맞물려요. 동그랗게 어울리면서 돕거나 돌볼 줄 아는 마음이 있는 사이라고 보낼 수 있어요. '돌보다'는 '돌아보다'를 줄인 낱말이고, '돌다'하고 맞물립니다. 빙그르르 돌기에 '동그라미'요, 동그라미에는 모가 없습니다. 동무란, 동그라미처럼 동글동글하고 모가 없이 아우를 줄 아는 사이라고도 할 만합니다.

모가 없이 아우르고 모이기에 '도란도란' 이야기합니다. '두런두런' 말을 섞기도 합니다. '도란도란·두런두런'은 '두레'하고도 얽혀요. 두레는 '둘레'하고도 만나는데, 하나가 다른 하나를 만나고 사귀고 아우르면서 크게 펴는 자리인 '두레'요, 하나를 두른·둘러싼 곳을 살핀다고 하는 '둘레'이며, 두레처럼 둘레를 아우르는 사이인 '동무'입니다.

이러한 동무는 어릴 적에 소꿉동무요, 뜻이며 길을 함께하는 어깨동무에다가, 해님처럼 빛나는 해동무에, 밥을 나누는 밥동무가 있고, 같이 배우는 글동무나 책동무나 배움동무가 있어요. 함께 일하는 일동무에, 함께 놀러다니는 마실동무가 있습니다.

나이나 생각이 어슷비슷하면 '또래'예요. 또 그렇게, 또 있는, 똘래똘래 쫄래쫄래 어울리는 사이라 할 만하지요. 때로는 나이나 생각이 비슷한 또래가 반가울 테고, 나이는 비슷해도 어울리기 힘들 수 있어요. 비슷하게 생각해도 마음이 다르면 등돌리는 사이가 되겠지요. 지난날에는 담 너머에 사는 옆집이 '이웃'이었다면, 이제는 머나먼 고장에 살아도 새롭게 이웃이 됩니다. 마음을 나눌 만큼 가까웁기에 이웃입니다.

* 너나들이·너울가지

속마음을 털어놓을 수 있다면 '속동무'예요. 겉으로만 가까운 척하면 '겉동무'입니다. 수다를 떨며 반가운 수다동무에, 이야기를 함께하는 이야기벗에, 책 하나를 나란히 펼쳐서 깊이 헤아리는 책벗이 있어요.

생각이 환히 트여 언제나 빛나는 빛동무가 있겠지요. 어떤 생각이든 마음껏 넘나드는 무지개 같은 무지개벗이 있을 테고요. 어떤 사이가 되고 싶은가를 생각하기로 해요. 세 사람이 옥신각신하는 '세모사이'라든지, 네 사람이 툭탁거리는 '네모사이'가 될 때가 있습니다. 셋이서 죽이 잘 맞아 '세동무'가 되고, 다섯이 한마음이 되어 '다섯동무'가 되어요. 나이랑 생각이 같은 끼리끼리 '세또래'나 '다섯또래'가 되기도 할 테지요.

흉허물없는 '너나들이'란 말을 지은 옛사람이 있다면, 하늘같으며 커다랗고 하나인 사랑으로 '한사랑'을 바란 오랜 마음이 있다면, 나이가 들면 들수록 더욱 깊이 사귀는 '오래들이'라든지 '오랜사랑' 같은 이름으로 새롭게 벗님을 불러 보면 어떨까요? 사내끼리는 '너나돌이'로, 가시내끼리는 '너나순이'로 이름을 붙여도 어울려요. '너울가지'란 사근사근한 이름을 '너울숲'이나 '너울순이·너울돌이'처럼 슬쩍 말맛을 새롭게 해볼 만합니다.

먼발치에 있지만 누리집이나 누리모임에서 만나는 동무라면 '누리동무·누리벗'일 테지요. 너르고 깊은 온누리처럼, 이 별에서 살아가는 모두를 아끼며 돌볼 줄 아는 마음이 된다면, 우리는 '온벗'도 '하늘벗'도 될 만하겠다고 생각합니다.

동박

텃새 | 참새 | 딱새 | 박새

푸나무는 꽃을 피운 다음에 꽃가루받이를 해서 씨앗을 남깁니다. 수북하게 돋는 풀이건 우람하게 자라는 나무이건 모두 꽃을 피워요. 어느 푸나무는 바람으로 꽃가루받이를 해요. '푸나무'란 "풀 + 나무"입니다. '바람받이꽃·바람받이'입니다. 어느 푸나무는 벌나비나 개미나 여러 풀벌레가 꽃가루받이를 거들어요. '벌레받이꽃·벌레받이'예요. 어느 푸나무는 새가 꽃가루받이를 맡지요. '새받이꽃·새받이'랍니다. 때로는 사람이 손을 써서 꽃가루받이를 시키니, 이때에는 '사람받이꽃·사람받이'일 테지요.

우리 곁에 있는 푸나무를 가만히 바라봐요. 푸나무마다 어떻게 꽃가루를 받나요? 바람이 불고 벌나비가 날고 새가 내려앉고 우리가 곁에서 어루만져 주면, 푸나무는 무척 반기면서 활짝 웃으리라 생각해요.

* 텃새·텃밭·텃사람·텃말

사람이 사는 마을이랑 가까이하는 새가 있어요. 흔히 텃새란 이름으로 가리키는데, 터를 잡고서 살림을 읽고 익히는 새예요. '터'는 '집터·삶터·살림터·놀이터'처럼, 무엇을 하는 땅을 가리킵니다. 그런데 무엇을 하는 땅 가운데 우리가 가까이 두는 땅이라서 터이고, 이러한 결에 맞추어 '텃밭'이란 이름이 있어요.

이 말씨를 헤아린다면, 어느 마을이나 고장에서 나고 자란 사람은 '텃사람'이라 할 만하고, 어느 마을이나 고장이나 나라에서 오래오래 심고 거두고 돌본 씨앗이라면 '텃씨·텃씨앗'이라 할 만합니다. 우리가 오래도록 쓴 말은 '텃말'이고요.

여러 텃새 가운데 참새랑 딱새랑 박새가 매우 흔합니다. 흔한 새인 만큼 이름도 짤막하고 부르기도 쉬워요. 참새는 참으로 많습니다. 어쩌면 우리나라에서 가장 많다고 할 만합니다. 숲에는 참나무가 참으로 많아요. 참말 많기에, 흐드러지기에 '참(차다·가득차다)'을 붙이고, '참하다'는 기운을 담아 '참'을 붙여요. 참새는 가을에는 나락을 쪼지만, 가을을 뺀 봄여름에는 벌레를 엄청나게 잡아요. 흙살림을 짓는 이한테 매우 이바지한답니다.

참새가 있기에 논밭을 한결 잘 지을 만하달까요. 그래서 예부터 허수아비만 가볍게 세워서 가을에 낟알을 참새하고 나누었답니다. 마구 내쫓지는 않아요. 어느 나라나 마을에서 참새를 싫어해서 모조리 죽인 적이 있다는데, 이렇게 참새를 모조리 죽인 이듬해에는 가을걷이를 하나도 못했대요. 그래서 다른 마을이며 나라에서 애써 참새를 불러모으느라 힘들었고, 그 뒤로는 참새를 안 건드리고 이웃으로 삼았다고 합니다. 미국 텃사람은 아예 새를 안 건드리고 안 잡는다고 해요.

딱새는 나뭇가지에 앉아 '딱딱' 하는 노래를 불러서 붙는 이름이에요. 박새는 참새나 딱새와 달리 매우 잘 보여요. 수컷 딱새는 알록달록하지만, 여느 참새랑 암컷 딱새는 흙빛이지요. 이와 달리 박새는 털빛이 밝아요. 밝은 새란 뜻으로 박새라 할 만합니다.

* 동박·동백

그리고 동박새가 있어요. 이름이 '동박'이랍니다. 참새·딱새·박새만큼 쉽게 만나는 텃새인데, 박새 다음으로 쉽게 보는 이 텃새는 한결 동글동글해요.

동박새는 겨울에 붉고 함초롬히 피어난 꽃을 꽤 좋아합니다. 다른 텃새도 꽃송이나 꽃망울을 곧잘 먹지만, 동박새는 어느 나무 꽃송이를 더없이 좋아해요. 그래서 이 동박새 이름을 딴 '동박나무'가 있지요. 요새는 한자로 '冬柏'을 붙인 '동백나무'라고도 하는데요, '동박새·동박나무(동백나무)'는 어깨동무하는 사이랍니다. 늘 하나 되어 살아가는 동무예요.

찬바람이 불되 볕이 포근하게 내리쬘 무렵 망울을 맺어 12월부터 4월 사이에 꾸준히 꽃을 터뜨리는 동박나무(동백나무)예요. 동박꽃(동백꽃)을 보면 참으로 소담스럽답니다. 함박만 하게 꽃을 피워요. 꽃은 크면서 동그랗습니다. 동박새마냥 동글동글한 꽃송이인데, 동박새가 "활짝 핀 동박꽃(동백꽃)에 쏙 안길 만큼 크답니다. 한겨울에도 '밝'고 크게 꽃송이를 틔우는 동박나무(동백나무)예요. 이런 결을 살피고, 소리값을 따서 한자를 붙였구나 싶지만, 그저 우리말로만 '동박나무(동백나무)'라고 하면 되어요.

이 땅에 '박달나무'가 있고, '후박나무'가 있습니다. '밝다 + 달'인 '박달'입니다. '후 + 박(밝)'인 '후박'일 테지요. 남녘 따뜻한 고장 바닷가에서 아주 잘 자라고 크는 후박나무입니다. 동박나무(동백나무) 곁에 후박나무가 있다고 여길 만한데, 후박나무는 소금바람에도 무럭무럭 커요. 후더운 곳이 아니면 못 자라는 후박나무인걸요. '후'는 '후덥다·후끈하다'나 '회오리·휘영청·휘몰다·휘감다'나 '훌륭하다' 같은 낱말에서 뿌리를 엿볼 만합니다. '훅·휙'처럼 크고 센 결을 나타내고, '우람·우렁'도 말결을 이으며, '후·흐'는 서로 이으니, '흐드러지다·흐뭇하다'가 만납니다.

울릉섬에도 후박숲이 있고, 뱃사람은 후박알과 후박잎과 후박껍질로 엿을 고아서 밥살림으로 삼았습니다. '후박엿'이지요. 후박잎이나 후박알은 '환한(훤한)' 기운을 베풀면서 바닷사람을 살리는 구실입니다.

두동지다

동 ∣ 동안 ∣ 두동지다 ∣ 동아리 ∣ 동무 ∣ 동떨어지다 ∣ 동티 ∣ 동강

하나만 있을 적에는 어울리거나 어우러지지 않습니다. 하나만 있을 적에는 엇갈리거나 어긋나지 않아요. 하나 옆에 다른 하나가 있다든지, 여러 가지가 있을 적에 어울리거나 엇갈리는가를 살핍니다. 둘이나 여럿이 있어야 사이좋게 어우러지는지 서로 틈새가 생겨서 어긋나는지 살필 수 있어요.

우리말 '두동지다'는 "두 동이 지다"를 줄인 말씨입니다. 이 말씨를 헤아리려면 '두 + 동 + 지다'로 말밑을 살피고서 '동'이 무엇인지 먼저 알아야 해요.

* 동 ㄱ·ㄴ·ㄷ·ㄹ
* 동안

'동 ㄱ'은 "굵게 묶은 덩이"를 세는 이름입니다. 짐이나 나무나 살림이나 종이를 묶어 놓은 덩이를 셀 적에 써요. '동 ㄴ'은 "살림하고 살림을 잇는 곳. 살림에서 바탕이면서 잇는 길"이나 "어느 때부

터 어느 때까지"를 가리킬 적에 씁니다. '동'이 붙는 '동안·그동안·이동안'이 있어요. '동 ㄷ'은 "배추·무·상추처럼 '장다리'가 올라와서 '장다리꽃'이 피는 남새에서, 꽃이 피는 줄기"를 가리켜요. '동 ㄹ'은 "윷놀이에서 말을 세거나, 첫 밭부터 끝 밭을 나는 일"을 가리킵니다.

'동안'도 '동'처럼 "어느 때부터 어느 때까지"를 가리키면서 쓰고, "어느 곳부터 어느 곳까지"를 가리킬 적에도 씁니다.

* 두동지다·두 동이 지다

"두 동이 진다(지다)"고 한다면, 이때·이곳하고 저때·저곳이 '진다(지다)'는 셈이요, 두 동이 '벌어지'거나 '멀어진'다는 뜻입니다. 틈이나 사이가 있다는 뜻입니다. '두동지다'는, "이때·이곳하고 저때·저곳이 맞거나 닿거나 잇지 않는다"는 소리예요. "이때·이곳하고 저때·저곳을 잇는 길·갈피·자리가 없다"는 소리이기도 합니다. "앞뒤가 안 맞는다"고도 할 테지요.

이를 한자말로는 '모순·부조리·부조화·불협화음·배치·표리부동·이율배반·양극화·비대칭·역설·정면배치·자가당착'이라 할 만하고, 영어로 '아이러니·언밸런스'라 할 만합니다.

* 동아리·동무

이와 달리 "동이 안 지는 사이"가 있어요. 앞뒤가 안 맞구나 싶도록 둘이 멀어지거나 벌어진 사이가 있다면, 앞뒤가 맞구나 싶도록 둘이 가깝거나 맞닿은, 사이좋은 모습이 있어요.

동이 맞는 결이자, 두 동이 어우러지거나 어울리는 결인 '동아리'입니다. 동아리가 한결 크게 어우러지기에 '한동아리'입니다. 두 동이 가까이 있듯, 둘이 사이좋게 있는 사람인 '동무'입니다.

* 동떨어지다
* 동티

두 곳을 잇거나 여미는 바탕을 가리는 '동'이 붙는 다른 낱말로 '동떨어지다'는 "동이 떨어지다"라는 소리입니다. 이곳하고 저곳이 떨어진다는 소리요, 이곳하고 저곳이 잇거나 닿거나 만나지 않는다는 소리입니다.

'동티'는 "건드리지 말아야 한다고 여기는데, 그만 건드리거나 잘못하여 건드린 나머지, 나쁘거나 궂은 일"을 가리켜요. 이때·이곳하고 저때·저곳이 고이 흐르거나 고스란히 만나야 '알맞'습니다. 그런데 이때·이곳하고 저때·저곳이 '맞지' 않다면, '어긋난다'면, 우리 살림에 티(티끌)가 묻겠지요. "긁어 부스럼"이라 하듯, '동'을 잘못 건드려 티(티끌)가 묻는 셈입니다. '티'는 '띠'처럼 붙는 결이자, 드러나는 빛입니다. "티가 난다"고도 쓰고, 이를 '띄다·뜨이다'라고도 합니다.

* 동강·동강이

　우리말 '길·길이·길다'는 이곳·이때하고 저곳·저때가 어떤 사이
인가를 나타냅니다. 이곳·이때에서 저곳·저때로 나아가기에 '길'이
고, 어느 만큼 나아가는가를 따지거나 재기에 '길이'입니다. 이곳·
이때에서 저곳·저때로 꽤 나아갔기에 '길다'라 합니다.

　"긴 것(길이가 있는 것)"을 끊기에 '동강·동강이'라고 합니다. 이
때·이곳하고 저때·저곳이 이었는데, 이 이음살림을 가르니(끊으니)
둘이 되지요.

들

들녘 | 들다 | 들풀 | 깃들다 | 나들이 | 풀꽃나무 | 우리들

들일을 하는 사람은 이따금 '들풀' 같은 말을 쓰지만 으레 '풀'이라고만 단출히 말합니다. 들일을 하는 사람이니 '들살림'을 짓고, '들삶'을 누립니다. '들사람'이에요. 그러나 굳이 '들-'을 앞에 안 붙이고서 단출히 '살림·삶·사람'이라고만 말해요.

들에서 노는 어린이는 '들놀이'일 텐데, 딱히 '들놀이'라 하기보다는 수수하게 '놀이'라고만 합니다. 들순이·들돌이에 들아이요 들동무일 테지만, 이때에도 애써 '들-'을 앞에 보태지 않습니다.

* 들
* 들녘·들판
* 들일·들놀이
* 들살림·들살이·들삶
* 들사람·들동무·들아이

들이라는 곳은 "넓게 트인 땅"입니다. "풀과 꽃과 나무가 잘 자

라는 넓게 트인 땅"입니다. 이 낱말과 비슷하면서 다른 '벌'도 "넓게 트인 땅"이지만, "풀과 꽃과 나무가 드문드문 자라는 땅"이라는 대목에서 벌어져요.

그래서 땅에 씨앗을 심어서 돌보고 거두는 사람은 벌판을 가꾸어 들판으로 바꾸지요. 사람들 손길을 닿아 논밭이 되는 들녘이 있다면, 사람들 손길이 없이도 풀꽃나무가 흐드러져 뭇목숨이 어우러지는 들녘이 있어요. 풀과 꽃과 나무를 아울러 '풀꽃나무'요, 푸르게 물결치는 들녘입니다.

이 들이란 누구나 '드나드는' 자리입니다. 그래요, 누구라도 스스럼없이 '찾아들' 만하기에 들입니다. '들고' 나는 터전인 들이지요. 들풀이란, 스스럼없이 씨앗이 퍼지고 뿌리를 내려서 어우러지는 푸른 숨결입니다. 들에서는 한 가지 풀만 돋지 않아요. 온갖 풀이 사이좋게 어깨동무를 합니다. "모든 숨결이 드나들어 물결을 치는 곳"이 들이에요. "마음껏 섞이거나 어우러지는 곳"이 바로 들이라 할 만해요. "누구나 갈 수 있는 곳"이야말로 들이로구나 싶어요.

들에서 자라는 풀을 한자로는 '잡초(雜草)'라 하는데 "섞인 풀"이란 뜻입니다. 이 풀이 저 풀하고 섞이고, 저 풀은 그 풀하고 섞이며, 그 풀은 이 풀하고 섞이지요. 서로 섞는 풀은 어느 하나만 뽑내지 않아요. 나란히 뿌리를 맞대면서 흙을 단단히 잡습니다. 풀(들풀)이 자란 곳은 비가 퍼부어도 흙이 안 쓸려요. 들풀은 서로 섞이듯 손(풀한테는 뿌리)을 마주잡고서 기운차거든요.

* 들다·들이다
* 들빛·들풀·들꽃

‘들다’는 여러 가지로 씁니다. 먼저 어느 안쪽으로 가는 결을 나타내요. “집에 들다”처럼 쓰고, ‘깃들다’나 ‘나들이’처럼 가지를 뻗어요. “깃을 들이다”나 “기스락(끝)에 들다”인 ‘깃들다’요, “나가고 들어오다”인 ‘나들이’입니다. “잠이 들다”도 어느 안쪽으로 깊이 가는 결을 나타냅니다. “힘이 들다”나 “품이 들다”도 기운이나 힘을 안쪽으로 놓으면서 쓰는 결이에요. 그래서 “물이 들다”처럼 쓰기도 하는데, 빛깔이 안쪽이나 속으로 가는 모습이지요.

다음으로는 “해가 들다”처럼 쓰니, 비나 눈이 그쳐서 날이 맑다는 뜻인데, 이때에도 안쪽으로 해기운이 가는 결이에요. 속으로 해를 품는 결이라 할 만합니다.

그리고 “칼이 잘 들다”는 속까지 칼을 넣을 수 있다는 뜻입니다.

넷째로 “손에 들다”나 “보기를 들다”나 “저녁을 들다”처럼 씁니다. 이런 쓰임새도 바깥에 있던 것을 안이나 속으로 가져오거나 넣는 결이에요.

이렇게 여러모로 ‘들다’를 살피면 ‘들·들녘·들판’이 품는 결을 헤아릴 만합니다. ‘들’이란 풀꽃을 ‘들이’면서 푸르게 ‘물드는’ 터전이거든요. 이 들에서 자라나는 푸른숨은 모든 목숨으로 스며들면서 새롭게 피어납니다.

들빛이란 어우러지는 빛입니다. 사이좋은 빛인 ‘들빛 = 풀빛 =

푸름(푸르다)'입니다. 푸른들(푸른들판·푸른들녘)은 어깨동무하는 사이를, 서로 좋게 얽는 사이를, 서로 아끼고 돌보며 반기는 사이를 나타낸다고 할 만해요.

예부터 여느 자리에서 여느 살림을 짓는 여느 사람을 '풀·들풀' 이란 이름으로 가리켰어요. 이를 한자말로는 '민초(民草)'라 하지요. 서로 섞이면서 푸른 숨결인 여느 사람들입니다. 우리들은 어깨동무를 하면서 푸르게 웃습니다. 너희들도 손을 맞잡고서 풀빛으로 노래합니다.

* -들
* 우리들·너희들·사람들

이 풀(들풀)은 파란하늘을 머금으며 푸른빛이에요. 파란하늘을 닮은 바람을 마시면서 푸르게 일렁입니다. 예부터 벼슬아치·우두머리·임금은 여느 자리에서 살아가는 들풀 같은 사람을 낮게 여겼어요. 이들은 스스로 '맑은피(순혈·정통)'라고 여겼으니, 벼슬아치·우두머리·임금은 "안 섞인·안 섞이려는" 사람들이라고 하겠습니다. 저들끼리도 안 섞이려 하고, 수수한 들사람하고는 더더욱 안 섞이려 하지요.

뭇풀이 푸르게 가득한 '들'처럼 '-들'을 말끝에 붙일 적에는 "여럿이 있음"을 나타냅니다. "다들 가는구나"라든지 "모두들 떠났어" 처럼 쓰고, "우리들·너희들·사람들"처럼 씁니다. 그런데 '우리·너희·

사람'이라고만 해도 이 말씨는 여럿을 나타내곤 해요. 우리말을 가만히 보면 굳이 '-들'을 안 붙여도 여럿을 나란히 가리키곤 합니다. 따로 말끝에 '-들'을 붙일 적에는 "여럿이 있는 줄 힘주어 밝히려는 뜻이나 마음"을 나타내는 셈이라고 여길 만합니다.

들풀 같은 들사람하고 안 섞인다면 들살림이나 들사랑을 몰라요. 들꽃으로 피어나는 들풀을 이웃으로 사귄다면(섞인다면) 들아이랑 들동무를 하며 들놀이를 할 줄 알 뿐 아니라, 들빛으로 푸르게 들길을 걸을 만해요.

서로 드나들기에 즐겁습니다. 서로 찾아들기에 반갑습니다. 서로 맞아들이기에 새롭습니다. 우리 마음에 어떤 빛살을 들이면 아름다울까요? 우리 온몸에 어떤 빛발을 들여놓으면 사랑스러울까요? 들말 한 자락을 얹어 볼까요?

바람과 해와 비가 가볍게 드나드는 들에서 씨앗이 싹틉니다. 해가 뜨듯 눈을 뜹니다. 멀리 들을 펼치고, 보금자리 곁에 '뜰'을 둡니다. 씨앗과 싹과 움이 트듯 눈과 마음을 틔웁니다. 민들레씨는 바람에 몸을 띄워 멀리 날아갑니다.

막내

맏이 | 맏다 | 머리 | 막 | 마지막 | 마녘

누구나 스스로 서는 자리를 생각합니다. 스스로 서지 않으면 그 터가 어떠한 숨결이나 얼거리이거나 뿌리인가를 생각하기는 쉽지 않아요. 이웃나라에 찾아가지 않고서야 이웃나라를 말하거나 생각하기 어렵지요. 이웃마을에 간 적이 없으면 이웃마을이 어떤지 말하거나 생각하기 참 힘들어요. 서 보지 않았으니 모르거든요.

'맏이'로 태어난 어린이라면 '맏이'라는 말을 내내 들으면서 이 말씨를 생각합니다. '막내'로 태어난 어린이라면 '막내'라는 말을 노상 들으면서 이 말결을 생각하지요. 맏이도 막내도 아니라면 둘째·셋째·넷째나 '사이·새'라는 말을 자꾸자꾸 들으며 생각할 테고요.

요즈음은 아이를 여럿 낳는 어버이가 줄었어요. 아이를 하나 낳은 집안이라면, 어린이가 하나 있는 보금자리라면, 아무래도 '맏이·막내' 같은 이름을 듣거나 생각하기 어려울 만합니다. 적어도 둘은 되어야 두 말씨를 쓰거든요.

* 맏이·맏물·맏

* 맡다·맞다
* 머리·처음

'맏–'을 붙이는 모든 말씨는 '처음'을 나타내는데요, 이 말밑은 '머리'하고 맞닿습니다. '우두머리·꼭두머리'라고도 하는데, 우두머리나 꼭두머리란 낱말을 보면 'ㄷ·두'가 깃들지요. '맏 = 마 + ㄷ'이에요.

이 '맏'은 소리값으로 보면 '맡'이나 '맞'하고 맞물립니다. 처음이란 자리를 맡고, 처음으로 맞이하는, 이리하여 앞에 서서 나아가는 숨결을 그린다고 할 만합니다.

* 막내·막째·막둥이
* 막·마지막·마감·마무리
* 끝
* 마·마녘·많다·맑다
* 사내·가시내·냇물·나

'막'은 같은 소리값으로 두 가지 낱말이 있어요. 이제부터 한다는 '막'이 있고, 이제 저문다고 하는 '막'이 있지요. '막내'는 '마지막·마무리'로 잇는 '막'이에요. 끝이란 소리입니다.

끝둥이로 태어나기에 막내일 텐데, '마'라는 말밑은 '마녘(남녘)'이란 낱말하고도 얽히는군요. 다만 '마'는 '맏·막' 모두 얽히니, 맏이로 태어나든 막내로 태어나든 어버이가 바라보기에는 모두 사랑을 많이 나눌, 눈빛을 맑게 틔워 바라볼, 즐겁고 반가운 숨결이라는 뜻을 담는구나 싶어요.

또한 '막다'하고 얽히니, "여럿을 이룬 한집 아이들" 가운데 '끝'을 '막는(마감하는)' 자리이기도 합니다.

예부터 "열 손가락 깨물어 안 아픈 손가락 없다"고 하거든요. 모든 아이는 모든 어버이한테 오로지 사랑이에요.

그나저나 '막내 = 막 + 내'일 텐데, '내'는 '가시내·사내'처럼 사람을 가리키는 말끝으로 이어가요. '내'란 낱말을 더 헤아리면 졸졸 흐르는 맑은 물줄기인 '냇물'하고 만나는군요. '내 = 나 + ㅣ'이니, 우리 스스로를 가리키는 '나'하고도 닿아요.

머리 노릇이요 즐거이 맡는 맏이마냥, 끝을 보듬는 구실이요 끝에 서서 함께가는 숨결인 막내인데, '내'란 말끝을 붙인 이름도 맑고 시원하게 숨빛을 담았구나 싶습니다. 그러니까 우리는 저마다 '나'이니, 모든 사람은 다 다르게 맑고 사랑스럽다는 말밑이네 싶어요.

매듭

매다 | 맺다 | 얽다 | 열매

순 거짓말만 하는구나 싶은 누가 있어요. 순 핑계만 대는 누구도 있
지요. 다른 무엇이 없이 온통 어느 쪽으로만 가기에 '순'을 쓰는데,
비슷하게 '맨'을 쓰기도 합니다. 이 '맨'은 '맨손·맨몸·맨주먹'처럼 쓰
기도 합니다. "맨 구석"이나 "맨 꼭대기" 같은 말씨는 더 나아가거
나 하거나 닿을 길이 없을 때를 나타내요.

　다른 무엇도 없기에 맨손이면서 맨발입니다. '맨밥'은 밥만 있을
적을 가리켜요. '맨'에서 ㄴ을 덜면 '매'요, '매다' 꼴로 두 가지 말이
있어요. 묶거나 엮는 몸짓인 '매다'가 있고, 풀을 뽑아서 없애는 '매
다'가 있답니다. 두 '매다'는 다른 말이지만 곰곰이 보면 맞물려요.
온통 한곳에 있도록 하는 '매다'가 있다면, 온통 없도록 하는 '매다'
가 있거든요.

＊ 매듭
＊ 맨·맨 처음·맨 나중·맨밥·맨땅
＊ 매다·매기다·얽매다·옭매다

* 매다·매달다

    온통 한곳에 있도록 하는, 이러면서 단단히 있도록 하는 '매듭' 입니다. 예전에는 종이에 구멍을 뚫어서 실로 묶어서 책을 삼았는 데요, 이때에 "책을 매다"라 했습니다. 안 풀리도록 끈을 잘 다루기 에 '매다'를 써요. 신끈을 '매'거든요.

    이처럼 한곳에 있도록 하는 쓰임새가 퍼져 값을 헤아려서 붙이 는 '매기다'라는 낱말을 써요.

    이와 맞물려, 한곳에 없도록 하는 '매다'는 "김을 매다"처럼 쓰는 데, 땅이나 밭에 다른 풀이 없도록 뽑는 몸짓을 나타내요. '매달다' 에 깃드는 '매'도 없도록 하는 몸짓하고 얽혀요.

* 얽다·얼기설기
* 옭다·올가미

    끈을 매는데 아주 단단히 맬 적이 있어요. 이때에 '얽매다'나 '옭 매다'를 써요. '얽매다 = 얽다 + 매다'입니다. '얽다'는 이리저리 걸 리도록 하는 모습이나 몸짓을 가리킵니다. 그러니까 이리저리 걸 려서 안 풀리도록 단단히 하는 '얽매다'예요.

    '옭매다 = 옭다 + 매다'입니다. '옭다'는 붙잡으려 하거나 어디 에 빠뜨리려고 하는 모습이나 몸짓을 가리키지요. '올가미'라는 낱 말이 한 갈래예요. 그래서 붙잡거나 어디에 빠뜨리듯 단단히 하는

'옭매다'랍니다.

* 맺다·맺히다
* 끝맺다

어느 곳에 온통 있도록 하는, 다른 데에 가지 않도록 하는, 오직 이렇게 있도록 하는 '매다'는 차츰 퍼져서 '맺다'로 나아갑니다. 눈물을 맺고 이슬을 맺습니다. 방울이 진 덩이를 나타내요. 방울로 한곳에 있도록 하는 모습이랄까요. 이렇게 한곳에 있도록 하니 '맺다'는 '마치다·마무리'하고 얽힌답니다. '끝맺다'는 아주 또렷하게 드러내지요.

* 열매

자, 이렇게 끝을 맺는다면 무엇이 태어날까요? 바로 '열매'랍니다. '열다 + 매'인 '열매'예요. 꽃이 지고 나서 조금씩 덩이가 굵어요. 씨앗에 뿌리가 내리고 싹이 트고 줄기가 오르고 잎이 돋다가 꽃이 피지요? 이렇게 꽃까지 왔으면, 다음으로는 꽃이 지고서 꽃자리에 조물조물 조그맣게 여린 열매가 나오고, 이 열매가 천천히 해랑 바람이랑 비를 머금으면서 굵어요. 온통 한곳으로 온갖 기운을 그러모아서 새롭게 빛나는 알(씨앗)이 태어나는 셈인데요, 이렇게 맺는 (마지막으로 가는) 모습이자 몸짓이 '열매'인 셈이에요.

메다

메 | 멧골 | 뫼 | 두메 | 머리 | 먼저 | 멀리 | 멍

등짐을 메다가 문득 생각했어요. 등이나 어깨에 짐을 둘 적에 '메다'라는 낱말을 쓰더군요. 두 글씨로 엮는 우리말은 '–다'를 덜면 말밑이에요. 외마디나 두세 글씨인 말밑을 바탕으로 숱한 말이 잇고 태어나요.

'메 + 다'라는 낱말에서 '메'는 바닥부터 위쪽으로 높이 솟은 땅을 가리켜요. 한자로는 '산(山)'입니다. '메'는 '뫼'라고도 하며, '뫼'는 '무덤'을 가리키기도 합니다. 곰곰이 보면, 메도 뫼·무덤도 봉긋 솟은 땅이에요.

메를 품은 곳이기에 멧마을입니다. 멧길을 다니면서 멧골에서 캔 나물이기에 멧나물입니다. 멧자락에 지었으면 멧집입니다. 메를 터전으로 살림으로 가꾼다면 멧사람입니다.

* 메다
* 메·멧골·멧길
* 뫼·무덤

* 멧나물·멧마을

　우리 곁에는 어떤 메가 있어서 푸르게 우거질까요? 들에 나무
가 우거져 숲을 이루기도 하지만, 우리나라 숲은 하나같이 메를 끼
거나 두릅니다. 돌만 가득한 돌메가 더러 있지만, 우리나라 멧골은
모두 나무가 우거지면서 푸르게 일렁입니다.
　파랗게 맑은 하늘에서 내리쬐는 해를 머금고서 푸르게 춤추는
멧숲입니다. 온갖 짐승이 어우러지고, 갖은 멧새가 날면서 노래하
는 멧살림이에요. 같이 멧마실을 가 볼까요? 함께 멧노래를 불러
볼까요?

* 메아리
* 멧울림(산울림)

　멧골에서 울려서 퍼지는 소리가 문득 부딪치면서 돌아오는 '메
아리'입니다. 한자 '산(山)'을 붙여 '산울림' 같은 낱말도 쓰는데, 알
고 보면 '메아리'에 '멧울림'입니다. 메에서 퍼지는 소릿결이요, 메
에서 흐르는 소리마디입니다.

* 두메·두멧골

　여느 메(산)라면 서울 한복판이나 곁에도 있고 시골에도 있습

니다. '두메·두멧골'이라 하면 서울하고는 아주 멀며, 시골에서도 꽤 먼 곳이에요. 한자말로는 '첩첩산중·삼수갑산·오지'라고 하는 곳이 '두메·두멧골'이에요. 이른바 "두른 메"라고 할까요. "숱한 메가 두른 곳"이라고 할 만합니다. 또는 '꼭두·우두' 같은 말씨에서 엿보듯이 "드높이 메로 깊은 곳"이라고 할 만해요. 메로 둘러싸서 깊디깊이 깃든 곳이에요.

여러 겹으로 크고작은 메가 두른다면 무척 깊을 테고, 발길이 닿기 어려울 테지요. 북적이는 고을하고는 먼, 숲을 그윽히 품는 자리인 '두메·두멧골'이라고 하겠습니다. 한결 고요하면서 푸르게 삶이 피어나는 자리이기도 합니다. 우리가 마시는 싱그러운 바람은 바로 '두메·두멧골'에서 피어납니다.

* 머리
* 우두머리·웃머리
* 꼭두머리
* 먼저·메기다

'메'는 높이 솟은 땅이에요. 높이 솟은 곳은 '마루'라고도 하고 '머리'라고도 합니다. '머리'란 낱말만으로도 '높다'를 가리키는데, 높은 여럿 가운데 가장 높다고 하는 자리를 따로 '우두머리·꼭두머리'라 합니다. 머리 가운데 웃(위)을 차지하고 우뚝 서기에 '우두머리(웃머리)'요, 꼭대기에 있기에 '꼭두머리'입니다.

우두머리나 꼭두머리는 모임이나 자리를 이끄는 사람을 가리켜요. 고을지기나 나라지기도, '대통령'이나 '시장·군수·도지사' 같은 사람도 가리킬 만한 오랜 이름입니다.

높은 쪽이 머리라면, 앞에 놓거나 앞에서 한다는 '먼저'예요. 여럿이 노래를 부를 적에 앞을 맡으면 '메기다'입니다. 먼저 노래를 부를 적에 '메기다'라고 해요.

* 멀다·먼
* 멍·멍울
* 멀거니·멍하니·멍청하다

메는 높이 솟은 땅이니, 바닥부터 길이를 재자면 멉니다. 머리(머리통)도 메처럼 높은 자리이니 바닥부터 헤아리자면 멀어요. 우리는 '먼' 곳을 '멀거니' 바라보곤 합니다. 멀거니 보다가 '멍하니' 넋을 놓기도 해요.

넋을 다 놓아 버린 사람이라고 해서 '멍청하다'고 해요. 나쁘게 가리키는 이름은 아닙니다. 그만 넋을 놓았을 적에 멍하거나 멍청하다고 가리킬 뿐이니, 넋을 새롭게 차리면 반짝이는 눈빛으로 돌아가요.

이 '멍'은 부딪치거나 다쳐서 푸르게 맺힌 자리를 가리키기도 합니다. 멍이 들면 참 아픕니다. 그렇게 푸르게 맺는 멍이라니, 마치 푸른숲이나 멧숲 같은 빛깔이에요. 부딪치거나 다친 때에는 아플밖에 없지만, 멧골에 가득하여 푸르게 일렁이는 나무를 그리면서 나을 '멍'이요, '멍울'이지 싶어요. 하늘빛을 파랗게 마시면서 푸르게 맑은 숲을 마음으로 담고 몸으로 품어서 씩씩하게 기운을 냅니다.

등에 메면서 '메(멧봉우리)'처럼 불쑥 솟거나 돋는 모습입니다. 어느 곳에 '모아'서 쌓듯 솟거나 돋은 '뫼'입니다. 작은 짐을 모아서 거뜬히 멥니다. 작은 흙과 돌이 모여 뫼를 이루니 풀이 돋고 나무가 우거집니다. 천천히 모으고 찬찬히 모두면서 어느새 반갑게 모이는 하루입니다.

멸치

가멸다 | 멧더미 | 미르 | 미리내

바다에서 낚는 자그마한 헤엄이(또는 물고기)가 있습니다. 이 헤엄
이보다 작다고 여기는 '실치'도 있어요. 실처럼 가늘고 작다는 뜻
입니다. 여러 고장에서는 '메루치·메르치'나 '멜치·멜다구'나 '미르
치·미루치·미러치'나 '멧고기·머리치·미치·밀치'나 '멸·잔젱이·멘
치'처럼 사투리로 가리키기도 합니다. 여러 고장 여러 사투리가 있
을 만큼 온나라에서 두루 곁에 두거나 살림으로 품었다는 이야기
입니다.

* 멸치

"어른 손가락보다 조금 길게 자라기도 하지만, 그리 길거나 크
지 않는 작거나 잘다고 여길 만한 헤엄이."가 '멸치'입니다. 서울말
로는 '멸치'인데, 여러 사투리를 헤아리면 '멸·멜'이나 '미르·머리'나
'잔' 같은 말씨를 엿볼 만합니다.

작거나 잘지만 잔뜩 낚는 헤엄이(물고기)인 '멸치'예요. 한두 마

리만 낚지 않아요. 한가득 낚습니다. 그득그득 낚아서 요모조모 다
룬 다음, 그릇에 놓을 적에는 수북하게 쌓습니다.

* 가멸다·가멸차다·가멸지다

"아주 넉넉하고 무척 많다. 가없이 넉넉하고 많다. 누구나 넉넉
히 쓰고도 잔뜩 남도록 많다."를 가리키는 '가멸다'라는 낱말이 있
습니다. '가멸차다·가멸지다'는 '가멸다'보다 푸지도록 많다고 할
적에 씁니다. 한자말로 치자면 '부유(富裕)·부자(富者)·풍년·풍성·풍
족·풍요·풍부·고봉(高捧)·보고(寶庫)·갑부·거부(巨富)'를 나타내는
'가멸다'입니다.

바다에서 낚는 '멸치'는 가없이 많이 맞아들이는 살림이라는 밑
뜻을 품습니다. 작거나 잘기에 다른 헤엄이(물고기)보다 훨씬 많이
낚거나 맞아들이지요. 이른바 멸치볶음을 해도 멸치를 수북히(가
멸게) 볶게 마련입니다.

* 메·멧더미
* 미르·미리내

'메(산山)'라고 하면 봉긋 솟은 모습이고, '수북하게' 담은 밥 한
그릇을 닮습니다. 한자말로는 '고봉(高捧)'일 '수북'이고, '메·멧더미'
입니다. "멧더미처럼 많다·산처럼 쌓이다"라고 흔히 말합니다. 수

북수북 있는데, 더없이 많은 모습을 빗대지요.

우리한테 '멸치'란, '가멸다'하고 '메'가 만나는 얼거리라고 여길 만합니다. '미르·머리'는 '으뜸·높다·크다'를 가리키는 말씨이기도 하면서, "가장 많다"나 "무척 많다"를 가리킬 수도 있습니다.

'미르'는 '용(龍)'을 가리키는 옛말입니다. '우두머리·꼭두머리'나 '임금·으뜸·첫째'를 가리키고, "가장 높다·가장 크다·가장 많다"를 나타낼 적에도 씁니다.

밤하늘에 바라보는 "냇물을 이루듯 하얗게 보이는 별무리"를 '미리내'라 합니다. '미르(미리) + 내'인 얼거리입니다. 셀 길이 없도록 쏟아지는 별이 냇물을 이루듯 하얗게 보이는 '미리내·별내'예요.

무늬

터문 | 무 | 무엇 | 모 | 모습 | 묻다 | 물들이다 | 하늬 | 뉘 | 이

꽃무늬라면 꽃을 닮은 모습이나 꽃을 그대로 담은 모습이 가지런히 있다는 뜻입니다. 잎무늬라면 잎을 나란히 넣은 모습이라는 뜻이에요. 빗살무늬나 물결무늬란, 빗살이나 물결이 가지런히 깃들거나 흐르는 듯하다는 뜻이고요.

겉으로 가지런하거나 나란하게 보는 그림이나 빛이나 줄이나 바탕인 '무늬'입니다. 새롭게 보거나 다르게 느끼거나 좋게 나타나거나 잘 드러나도록 비슷비슷하거나 나란하거나 뚜렷하게 넣는 그림이나 줄이나 바탕이나 빛이기도 한 '무늬'예요.

* 무늬
* 터무니·터문·때문·영문

'터무니없다'는 '터문없다·턱없다'하고 맞물립니다. '터무니(터문)'는 "그처럼 되거나 할 만하거나 그렇게 되거나 할 만하다고 여기는 뜻·생각·일"을 가리켜요. 비슷하면서 다른 '때문'은 "무엇에 따라서 어떻게 되거나 하거나 이루거나 생기거나 일어나는 바탕·뜻·마음·생각"을 가리키고, '영문'은 "어떻게 되거나 하거나 이루거나 생기거나 일어나는 바탕·뜻·흐름·줄기·모습"을 가리키지요.

'터(돌아가거나 흐르는 자리)·때(돌아가거나 흐르는 나날)·영(영글어 가는 흐름이나 여기는 마음)'에 '문'이 붙는 세 낱말인데, '문·무'로 잇는 말밑은 "그리거나 나타나거나 보이는 바탕이자 밑이자 빛"을 가리켜요.

* 무·무어·무엇·뭐
* 모 ㄱ·모 ㄴ
* 몬·모두·몸
* 모습

'무'는 '무엇(무어·뭐)'을 가리키는 말밑입니다. 아직 모르거나 뚜렷하게 알지 않는다고 여길 적에 가리키려고 써요. 그런데 차츰 알아보거나 알아차릴 적에는 '몸'으로 드러나요. 찬찬히 드러나면서 알 적에는 '모습'을 느끼지요. 알아차리기에 '모두' 보며, '모든' 숨결을 읽으면서 나눕니다.

옛말 '몬'도 '무엇(사물·물건)'을 가리킵니다. 쑥 나오듯이 드러나는 '모'요, '모퉁이'를 줄여 '모'이며, 어떠한 자리·곳을 "어느 모로 보거나 여러모로 생각하면"처럼 가리킵니다. 까다롭다고 여기면 "너무 모가 많다"고 하는데, 잘 보일 만큼 드러나도록 쑥 나온 '모'이니,

'목'이라는 낱말이나 '몫' 같은 낱말도 나란히 돌아볼 만합니다. 길게 잇는 자리인 '목'이에요. 여럿으로 나눈 것 가운데 하나이면서, 저마다 받거나 나누어서 할 일이면서, 따로 받거나 나누는 한 가지 일이면서, 거두거나 얻는 돈이나 좋은 것인 '몫'입니다. '무·모'는 맞물리면서 "드러나 보이는" 결을 담아요.

　곰곰이 보면 '모내기'를 한다는 '모 ㄴ'은 '모 ㄱ'하고 맞물려요. 옮겨심으려고 낟알이나 씨앗에 미리 싹을 틔워 제법 자라도록 하는데, 뾰족뾰족 '모 ㄱ'이 나듯 솟은 모습이에요.

＊ 묻다 ㄱ·물어보다
＊ 묻다 ㄴ·묻히다·무덤·파묻다·캐묻다
＊ 묻다 ㄷ·묻히다·묻어가다·묻어오다·묻어나다

　알고 싶어서 말을 건넬 적에 '묻다·물어보다'를 쓰고, 품에 안기도록 놓는다고 할 적에 '묻다·묻히다'를 쓰면서, 이 말씨에서 '무덤'이 태어납니다. '파묻다'는 "파서 묻다"이고, '캐묻다'는 "캐서 묻다"예요.

　그리고 '묻어가다·묻어오다' 같은 낱말은 '묻다·묻히다'가 어느 품에 그대로 있다는 결입니다. "물이 묻다"나 "얼룩이 묻다"처럼 써요. "그 빛이 고스란히 묻어나는구나" 하고도 말합니다.

　알아볼 수 있도록 뚜렷하면서 가지런히 느끼거나 보는 '무늬'란 "묻는(묻어나는) 바탕이나 그림이자 빛이자 줄"입니다.

* 무더기·무지
* 뭉치·뭉텅이

　땅에 묻든 몸에 묻든, 차곡차곡 늘어요. 늘고 느는 무엇은 '무더기'나 '무지'를 이룹니다. 늘고 늘어나는 무엇이 하나로 커다라면 '뭉치'나 '뭉텅이'입니다.

* 물
* 물감·물들이다

　우리 몸이나 옷에, 또는 종이나 살림이나 여러 곳에 무엇이 '묻어'서 '무늬'가 생기는데요, 아주 쉽게 무늬를 넣으려면 '물'을 들입니다. 냇물도 바닷물도 샘물도 빗물도 '물'이요, 빛깔을 담아서 종이나 옷이나 여러 곳에 새롭게 바탕이나 빛살이나 그림으로 드러나기도 하는 '물'이에요.
　무늬를 이루는 물로 삼기에 '물감'이에요. 무늬를 이루도록 하려는 '물들이다'이고요.

* 보늬·하늬
* 닝큼·냉큼
* 늬·뉘·니·네·이

밤이나 도토리 속알을 감싼 속껍질을 '보늬'라고 합니다. 동이 트는 곳을 보며 '동녘·동쪽·새녘'이라 하고, 이곳은 해가 떠오르며 하늘이 먼저 밝아오는 데입니다. 풀꽃나무는 해가 뜨는 새녘을 바라본답니다. 새녘(동녘)하고 맞물리는 하늬녘(서녘)이에요. 하늬녘은 동이 틀 적에 아직 어둡기에, 하늘이 환히 밝을 적에 가장 늦게 밝는 곳이랍니다.

오늘날은 거의 '냉큼'만 쓰지만 '닁큼'이란 말씨는 아직 남았어요. 우리는 '늬'보다는 '뉘'를 훨씬 자주 쓰고, '늬·뉘'는 어떠한 자리·쪽을 가리킨다고 할 만합니다. '-다'를 붙이는 '뉘다'는 '누이다'요 '눕다'입니다. 몸을 바닥에 고이 대는 결을 나타내요. 또는 몸엣것을 밖(땅)으로 내보내는(누는) 결입니다. 그리고 '이쪽·저쪽·그쪽'이라 할 적에는 자리를 가리키기도 하지만 사람도 가리켜요.

'뉘'도 자리·땅·터뿐 아니라 사람을 아울러 가리킵니다. "누구네 집"이라 하듯 '네'를 쓰고, "네가 한 말"처럼 '너·네'를 쓰고, '니'로도 '너'를 나타내는데, '이이·저이·그이'처럼 '이'는 사람을 가리키고, 때로는 뭇숨결(생명)을 가리키기도 합니다.

여러모로 본다면, '무늬'는 "겉으로 드러나거나 보이도록 뚜렷이 있는 숨빛이자 바탕이자 모습"이라고 할 만해요.

밤낮

밤 | 밝다 | 바다 | 바람 | 밭 | 바탕 | 낮 | 해 | 낮다 | 낫다
나아가다 | 나 | 날다 | 너 | 너머

해가 지면 어둡습니다. 해가 뜨면 밝습니다. 해가 지며 어두워 가는 때를 '밤'이라 하고, 해가 뜨며 밝아 가는 때를 '낮'이라 해요. 그런데 곰곰이 보면 '밤'은 어둠으로 덮으면서 별이 가득하고 밝아 가려는 때이기도 합니다. '낮'은 해가 환하게 덮으면서 무지갯빛으로 가득하고 뭇목숨에 새빛을 담는 때이기도 합니다.

＊ 밤
＊ 별

밤빛은 새까맣기만 하지 않습니다. 예부터 어디나 밤빛은 '별'을 함께합니다. 오늘날에는 밤은 어둡거나 무서운 결로만 여기지만, 지난날에는 밤을 어둡게만 바라보지 않았어요. '낮눈'하고 '밤눈'이 따로요, 밤마다 쏟아지는 별빛으로도 꽤 밝게 마련입니다.

우리 숲에 가장 가득한 나무는 '참나무'입니다. 참나무가 맺는

열매는 '도토리'인데, 참나무 못지않게 '밤나무'가 많은 우리 숲이에요. 도토리알이나 밤알을 보면, 겉보기로는 까무잡잡한 흙빛을 닮는데, 가지에서 톡 떨어지면 겉껍질 바닥이 하얗답니다. 속껍질인 보늬를 벗기면 속살은 새하얗지요. 어머니가 아기를 물릴 적에 나오는 살림물인 '젖'하고 닮은 빛인 도토리알에 밤알입니다. '젖빛'이라고 여길 만합니다.

예부터 밤하늘 별빛을 하늬녘(서양)에서는 '밀키 웨이(Milky Way)'라 했습니다. 별빛을 '하얗게'도 바라보되, '젖빛'으로 삼는다고 해야 알맞다고 느낍니다. '젖빛 = 살림빛'입니다. 밤에는 모든 숨결이 잠자리에 들고, 잠자리에 들 적에는 몸에 힘을 빼고서 가만히 누워요. 마치 죽은 듯이 눕습니다. 밤새 죽은 듯이 누워 꿈밭으로 날아가면 어느새 몸에 차츰 기운이 솟아요.

밤에 별빛을 품고서 잠들기에 젖빛 같은 살림빛이 샘솟는 삶이라고 여길 만합니다. 우리말로는 '미리내'라고 하는 밤하늘 별잔치인데, '미르(용) + 내'인 얼개예요. 커다란 미르가 헤엄치며 살아갈 만한 냇물은 숲을 살리는 싱그러운 물빛입니다. 겉으로는 얼핏 어둡거나 캄캄해 보이되, 속으로는 새하얗거나 젖빛으로 살리는 숨빛이라고 할 '밤'입니다.

* 밝다
* 바다·바람
* 밭·바탕

밤이기에 별이 밝습니다. 낮에는 별이 있는 줄 없는 줄 못 느껴요. 밤은 오히려 '밝음'을 속으로 한가득 품는 때라고 할 수 있습니다.

우리말 '바'는 '밭·바탕'을 밑뜻으로 나타냅니다. 씨앗을 심어서 가꾸는 자리인 '밭'이요, 무엇이 태어나거나 깨어나거나 자라는 너른 터인 '바탕'입니다. 가장 낮다고 여길 만하도록 넓기에 '바탕'이니, '바다'는 푸른별에서 '바닥'을 드넓게 덮으면서 이곳이 짙푸른 삶터가 되도록 북돋운다고 하겠습니다.

땅바닥에서는 바다가 드넓게 덮으면서 푸르게 어루만진다면, 하늘에서는 바람이 드넓게 덮으면서 푸르게 감싸요. 바다는 차분하면서 기운차게 일렁이면서 땅바닥 살림을 일깨웁니다. 바람은 고요하면서 신나게 뛰놀듯 노래하면서 하늘빛 살림을 퍼뜨립니다.

* 낮
* 해

해가 있는 동안을 '낮'이라 합니다. '낮'은 '해'만 오롯이 바라보고 반기고 받아들이는 때입니다. 밤에는 해를 뺀 뭇별을 바라보고 반기고 받아들이면서 몸을 쉬고 새숨을 불어넣는다면, 낮에는 오직 '해라는 별'만 바라보고 반기고 받아들이면서 몸을 움직이고 새 삶을 짓고 가꾸고 누린다고 하겠습니다.

사람도 풀벌레도 새도 벌나비도 개구리도 뱀도 풀도 꽃도 나무도 낮나절에 활짝활짝 피어나고 어우러지면서 한들한들 춤추고 노래합니다. 모든 숨결은 해바라기라고 여길 만해요. 이러면서 밤에는 별바라기이지요.

* 낮다
* 낫다·나아가다
* 나·날다
* 남·너·너머

하늘로 가기에 '높다'이고, 땅바닥으로 붙기에 '낮다'입니다. '낮'은 '낮다'하고 맞물릴 수밖에 없습니다. 밤은 거꾸로 '높다'하고 맞물릴 테지요. 밤에 바라보는 별은 대단히 머나먼 곳에 있어요. 가까운 곳에 있는 별을 밤에 바라보지 않아요. 까마득히 먼, 그러니까 까마득히 높은 곳에 있는 별을 바라보는 밤입니다. 별을 '바라보는' 밤이지요.

무엇을 '바랄(바라다)' 적에는 아직 우리 곁에 없는 빛을 품고 싶다는 뜻입니다. 무엇을 이루거나 그리 되도록 마음을 모으거나 생각한다면, 아직 곁에 없다는, 가까이에 없다는 뜻이에요. 멀리 있거나 높이 있는 길이나 빛을 품고 싶기에 '바랍'니다. 밤이란, 바라는 때이면서, 바라보는 때인 셈이에요.

낮에 보는 해를 온누리 뭇별에 견주어서 헤아린다면 "가장 낮은 별, 가장 낮게 있기에 곁에서 비추는 별"입니다. 푸른별하고 가장 가까이 있는 오직 하나로 빛나는 하얀 별인 '해'입니다. 얼핏 보면 해는 매우 높으나, 밤에 바라보는 온갖 별잔치에 대면 아주 낮아요. 더구나 해는 낮에 땅바닥 숨결을 살립니다. '낮은 땅'에 있는 '낮은 곳에 붙은 목숨'을 고루고루 살리는 해입니다.

아픈 데가 있으면 해를 보며 나아요. 아픈 데를 털고 일어서는 '낫다'는 "앞으로 나아가다"를 뜻합니다. 둘을 견주어 어느 한 쪽을 마음에 든다고 여기는 '낫다'는 "나(내)가 마음에 드는 곳으로 나아간다"는 뜻입니다.

모든 숨결이 저마다 '나'답게 살아나면서 나아가도록 북돋우는 해는, 온누리를 이루는 뭇별 가운데 가장 나즈막한 곳에서 푸른별 곁에 있고, 나도 너도 날개를 달고서 새롭게 빛나면서 날 수 있도록 이바지하는 기운덩어리(빛덩어리)라고 할 만합니다.

내(나)가 바라보는 너(남)입니다. 내(나)가 아니기에 남(너)입니다. '너'는 '너머'입니다. '나'는 '여기(남다)'입니다. 나를 바라보기에 여기에 남고, 너를 바라보기에 너머(넘다)로 나아갑니다. 나랑 너는 서로 새롭게 만나 같이 날아오릅니다.

* 밤낮

우리말은 '낮밤'이 아닌 '밤낮'으로 이야기를 풀어냅니다. 뛰고 달리고 움직이는 '낮'을 이루려면 먼저 몸을 고요히 내려놓고 꿈을 그리면서 스스로 기운을 끌어올리는 '밤'부터 누리고 지어야 한다는 뜻을 낱말 하나에 담았구나 싶습니다.

"밤낮으로 애쓴다"고 할 적에는 잠을 미루면서까지 애쓴다고 여기기도 합니다. 그렇지만 이보다는 밤에 푹 쉬고 잠들면서 온마음으로 꿈을 새롭게 그리고, 낮에 벌떡 일어나서 움직일 적에 온몸으로 삶을 신나게 짓는다는 뜻으로 여겨야 알맞으리라 봅니다. 밤에는 별빛을 바라보면서 마음을 살리려고 꿈을 그리는 밝은 길입니다. 낮에는 햇빛을 받아들이면서 몸을 살찌우려고 너머로 나아가고 날아오르는 길입니다.

빚다

빗살 | 햇살 | 비손 | 빌다 | 비다 | 빛 | 다발 | 짐 | 지다 | 집

흙을 만져서 그릇을 이룰 적에는 '빚다'라는 낱말을 써요. 가루에 물을 알맞게 부어서 반죽을 해서 떡을 찧고 부침개를 하고 국수를 뽑는데, 이때에도 '빚다'라는 낱말을 써요. 그릇을 빚을 적을 가만히 보면 흙에 물을 알맞게 붓지요. 흙도 가루하고 같은 결이라 여기기에, '흙 + 물'이란 얼거리로 새모습을 이루는 자리에 '빚다'를 쓰는 셈일 텐데, 곰곰이 본다면 '비 = 빗물'입니다. 빗물은 구름이 이 땅에 드리우는 물이에요. 바닷물은 구름으로 피어오르는데, 하늘로 오르는 사이에, 하늘에서 모이는 동안, 하늘에서 땅으로 돌아가는 틈, 이렇게 세 길을 거치면서 소금기운이 빠져나가고 냇물을 이루어요.

머리카락을 가지런히 할 적에 '빗는다'고 해요. '빗는' 연장을 '빗'이라고 해요. 빗에는 머리카락을 고르는 살이 있어 '빗살'이라 하는데, 성글기도 하지만 촘촘하기도 하지요. 먼먼 옛사람이 흙으로 빚은 그릇 가운데 '빗살무늬'가 깃든 흙그릇이 있어요.

* 비·빗다·빗
* 비·빗자루
* 빗물·빗살
* 빗발·빗줄기
* 햇살·햇발

　빗에 살이 있어 '빗살'인데, 빗물이 하늘에서 땅으로 오는 모습도 '빗살'입니다. 머리빗으로 머리카락을 쓸어서 고른다면, 빗물은 하늘하고 땅에 드리운 자잘한 것을 쓸어내어 깨끗하게 하지요.

　마당이나 마루에서 먼지를 쓸어내는 연장으로 '비'가 있습니다. 비에 자루를 달아 '빗자루'예요. 비·빗자루로는 '비질'을 합니다. 빗으로는 '빗질'입니다.

　비가 내리치면서 길다랗게 좍좍 뻗는 모습은 따로 '빗발'이라고도 해요. 해가 곧게 드리울 적에 '햇살'이라 하는데, 곧게 뻗는 줄기를 '햇살'이라 한다면, 이 햇살이 곳곳으로 뻗을 적에 '햇발'이라고 따로 가리켜요. '빗살·빗발'도 '햇살·햇발'처럼 따로 가리킬 만합니다. 빗물은 빗줄기라면, 해는 '햇줄기'라고 할 만할까요?

* 빗다·빗
* 빌다 ㄱ·비손·비비다
* 빌다 ㄴ·빌리다
* 비다·비우다

그나저나 흙이며 가루로 새모습을 이룰 적에 쓰는 '빚다'는 '빚 + 다'입니다. '빚'을 따로 살피자면 "빌린 돈이나 품"입니다. '빌다' 가 '빚'으로 가는 셈인데, '빌다 ㄱ'은 '비손(빌다 + 손 = 비는 손)'이란 낱말처럼 손바닥을 싹싹 비비거나 모으는 몸짓이에요. 손바닥을 비비거나 모으면서 가만히 마음을 모으지요. 손바닥을 비비거나 모으면서 고요히 뉘우치는 마음이기도 해요.

스스로 없다고 여기는 살림이라서 '빌다 ㄴ'이에요. 손이 '빈' 살림, 손에 아무것도 쥐거나 잡지 않은 살림이라서 '빌리'려고 합니다. '빌다·빌리다'로 나아갈 적에도 '빌다 ㄱ·비손'처럼 손을 삭삭 비비거나 모으기도 합니다. 얻기를 바라면서 '빌다 ㄴ'이기에 '빌다 ㄱ' 하고 다르면서 닮은 셈입니다.

곰곰이 보자면 '빌다 ㄱ·ㄴ' 모두 '빈손'입니다. 무엇을 바라면서 마음을 모으든, 무엇을 얻으려고 하든, '맨손·빈손'이에요. '맨몸·빈 몸'이랍니다.

그렇다면, 빈손이자 빈몸이기에 '찬손(가득찬 손)'으로 나아가려 는 뜻으로 스스로 "손을 비비고 모으는 몸짓"이 되어 새롭게 이룬 다고 여길 만해요. 스스로 손을 비비고 모으는 몸짓으로 가려는 뜻 을 '-다'를 붙여 '빚다'로 쓰기에, 아직 없는(빈) 살림이자 몸이었으 나, 이제부터 스스로 이루어서 누리려는 길로 간다는 얼거리입니 다. '-다'를 붙이지 않은 외마디 '빚'은 스스로 움직여서 이루려 하지 않는 모습이니 얻거나 받은 얼거리를 나타내는구나 싶어요.

* 빛
* 빛살·빛발·빛줄기
* 꽃·다발

'빗'에 삐침이 하나 붙어 '빛'입니다. 아주 작은 삐침 하나로 '빗' 하고 '빛'을 갈라요. 곰곰이 보면 '꽃·꽂'도 매한가지입니다. '꽂는' 모습이나 몸짓으로는 아직 빛나지 않아요. 씨앗에 싹이 트고 줄기를 올리고 잎을 내는 길을 거치고서야 비로소 끝자락으로 '꽃'을 이룹니다.

남한테서 받거나 얻어야 누릴 수 있는 '빗'인데, 스스로 '빗는' 몸짓으로 나아가면서 그릇이며 밥(떡)을 이루니, 이때에는 어느새 새롭게 반짝이는 숨결인 '빛'으로 거듭난 셈입니다.

더 들여다보면, '빛'에는 무게가 없어요. 언뜻 보면 '빈' 무게입니다. 눈으로 틀림없이 빛을 느끼기는 하되, 이 빛은 모습이나 몸짓이 '있다'고 하기에 어정쩡합니다. 무게나 빛깔이나 무늬나 모습이나 몸짓을 따로 무어라 말하기 어렵지만, 그렇다고 '있지 않다'고 할 수 없는, 여러모로 보면 '빈' 채 반짝이는 숨결이 '빛'이라고 할 만해요.

그리고 이 빛은 '빗줄기'처럼 곧게 나아갑니다. 빗물을 '빗줄기'라 하듯 빛을 '빛줄기'라고 해요. 빛도 외가닥은 '빛살'로 가리키고, 여기저기 뻗는 모습은 '빛발·빛다발'이라고 합니다.

그러고 보면 '다발'이란 낱말도 어림할 만하군요. 꽃다발이나 돈다발이라 하고, 나물을 다발로 놓아요. 하나가 아닌 여럿을 하나로 묶기에 '다발'이니, '다 + 발'이란 얼거리를 읽습니다.

* 짓다·짜다
* 짐·지우다·지다
* 집·지붕

빈 듯하지만, 또는 비었지만, 이 빈 채 나아가는 모습이나, 빈 데를 채워서 새롭게 가는 모습을 '빗·빛·빚'으로 그린다면, '빚다'하고 맞물리지만 다른 '짓다'도 여러모로 가를 만합니다. 떡은 '빚는다'고 하고, 밥은 '짓는다'고 합니다. 그릇은 '빚는다'고 하며, 집은 '짓는다'고 해요. 책걸상이며 옷칸은 '짠다(짜다)'라고 하지요. 널을 요모조모 하나로 붙이거나 모으거나 맞출 적에는 '짜다'입니다. '짓다'는 새롭게 이루려고 손이며 몸이며 마음을 들여서 움직이는 결을 아울러요.

이야기를 새롭게 길어올리기에 "이야기를 짓다·글을 짓다"입니다. 가락이며 노래를 새롭게 이루어서 펴기에 "노래를 짓다"입니다. 우리가 살아갈 곳을 새롭게 이루니 "집을 짓다"인데, '집'이나 '짓다'는 '지'가 말밑입니다. 이 '지'는 '지다'로 잇고, "지는 살림"이란 '짐'이에요.

어깨나 등에 얹어 '지다'요 '짐'인데, 이처럼 얹으면 무거워요. 무게를 안 느끼고 신나게 나르기도 하지만, 무게에 눌려 꼼짝을 못 하기도 하기에, 무게에 눌린 '지다'는 힘을 못 쓰고 뻗는 일을 더 가리킵니다. 낮이 저물고 어둠이 깔리려고 할 적에도 "해가 지다"라 하고요.

그런데 짐을 얹는 '지우다'가 있고, 있는 모습을 쓱쓱 없애려고 하는 '지우다·지우개'가 있어요. 잊는 마음인 '지우다'일 텐데, 또다른 '지우다'는 "밤을 지우다"처럼 쓰면서 '지새우다'하고 맞물리는 쓰임새입니다.

집에는 하늘을 가리는 뚜껑이라 할 '지붕(집·짓·지다 + 웅)'이 있어요. 집 위쪽에 얹듯이 '지우는' 지붕이요, 눈비가 들지 않도록 치워(지워) 주는 지붕입니다. 뚜껑을 씌우면서 비로소 집다운 꼴을 이루고, 이러한 집은 아주 묵직해요. 비바람에 안 흔들립니다. 섣불리 집을 파내어 옮기지 못합니다. 꾹 눌러앉은 묵직한 짐마냥 '집'을 이루는데, 집에 깃들면 마음이며 몸을 느긋하게 쉬면서 기운을 새롭게 일으켜요. 고단한 기운을 지워 주는 집이기도 한 셈입니다.

샘

샘 | 샘물 | 새롭다 | 스승 | 어른 | 이슬받이

어린이를 마주하는 어른 가운데, 어린이를 가르치는 어른을 예전에는 우리말로 '스승'이라 했는데, 일본이 총칼나라가 되어 이 땅으로 쳐들어온 뒤부터 한자말 '교사'를 부쩍 썼고, 일본사람이 흔히 쓰는 말씨인 한자말 '선생'에 '-님'을 붙인 '선생님'을 대단히 널리 씁니다.

'스승'하고 '스님'은 같은 말밑입니다. '스승·스님'은 모두 '스스로' 삶을 꾸리고 살림을 짓고 사랑을 펴는 사람을 가리킵니다. 스스로 길을 여는 사람인 '스승·스님'은 시키지 않는 사람입니다. 왜 안 시키느냐 하면, 언제나 먼저 나서서 하는, '스스로'인 몸짓이기에, 둘레에서는 "스스로 하는 사람인 스승"을 지켜보면서 매무새하고 몸짓을 배워요.

오늘날 배움터를 보면 '담임 선생님·보건 선생님·사서 선생님·급식 선생님·체육 선생님·음악 선생님·교감 선생님·교장 선생님……' 끝없이 '선생님' 타령이에요. 한자말 '선생'은 "먼저 태어났다"를 뜻할 뿐이고, 일본에서는 살짝 높이는 말씨로 삼습니다.

우리는 예전에 그냥 '어른'이라 했어요. 따로 어느 일을 배울 적에 '스승'이라고도 했습니다만, "무슨 어른"이라 하면서 그분이 잘하거나 도맡는 일감을 앞에 붙여서 나타냈지요. '어른'이란 "얼이 찬 사람"이기도 하고, 얼이 찬 사람이란 "철이 든 사람"이기도 하며, "어질게 보고 받아들여서 펴는 사람"이기도 합니다. 이런 결을 살핀다면, 배움터에서도 수수하게 '어른'이란 말씨를 쓸 만해요. 또는 '님'으로 불러도 어울립니다.

* 샘·샘님

여기에 한 가지를 더 생각할 수 있습니다. 우리나라 경상도에서는 이 고장 말씨로 흔히 '샘·샘님'을 씁니다. 언뜻 본다면 '선생·선생님'을 줄여서 보드라운 말씨로 이르는 '샘·샘님'이지만, 곰곰이 다시 보기로 해요. '샘·샘님'이란 이름을 듣다 보면 골짜기에서 비롯하는 맑고 시원하며 싱그러운 물줄기가 떠올라요.

샘솟는(새롭게 솟는) 물인 '샘'처럼, 새롭게 북돋우고 이끌고 가르치는 몫이라 할 '샘님'입니다. 스스로 하는 '스승' 곁에, 새롭게 북돋우고 가르치는 '샘님'이라는 이름을 놓을 만합니다.

우리는 어느 말이든 쓸 수 있어요. 우리는 우리가 쓰는 말에 뜻이나 결을 새롭게 붙일 수 있어요. 소리가 같으면서 다른 '눈'이나 '비'라는 낱말이 있어요. 소리는 같되 뜻은 다른 까닭을 보면, 쓰임새를 넓힐 뿐 아니라 삶을 한결 깊이 바라보면서 사랑하는 마음이에요.

어린이도 어른도 '샘·샘님'이란 낱말을 함께 쓰면 어떨까요? 그래서 이 낱말에 뜻풀이를 새롭게 붙여 봅니다.

＊ 샘(샘님) : 숲이나 멧골에서 비롯하여 온누리를 시원하고
    포근하며 새롭게 적시고 돌보는 물줄기처럼, 누구라도
    슬기롭고 상냥하게 가르치면서 스스로 새롭게 배울 줄 아는
    몸짓이 되고, 언제나 부드럽고 너그러운 품이 되어 즐거이
    앞장서고 먼저 살림을 지어서 익힌 하루를, 차근차근 이야기로
    들려주면서 어깨동무를 하는 사람.

가르치는 사람이란, 먼저 배울 줄 아는 사람입니다. 배우는 사람이란, 즐겁게 맞아들여서 저보다 어리거나 여린 동무하고 이웃한테 넉넉히 가르칠 줄 아는 사람입니다. 가르치기에 배우고, 배우기에 가르쳐요. 마치 샘물 같습니다. 아직 낯설다고 여길 만한 길을 잡아 주는 사람은 '길잡이'예요. 길을 잡아서 이끌기에 어린이나 이웃 누구나 스스럼없이 새롭게 나아갈 만합니다. '길잡이'를 가리키는 비슷하면서 다른 '이슬받이'라는 낱말이 있으니, 새벽에 내린 이슬을 온몸으로 먼저 받아서 나아가는 사람을 가리킵니다. '이슬 + 받다 + -이'인 이슬받이도 스승처럼 스스로 나아가는 사람입니다. 그리고 샘님처럼 새롭게 솟는 물마냥 싱그러운 숨결입니다.

끝없이 솟아서 맑게 흐르는 샘물이기에 온누리를 푸르게 적셔

요. 샘물 같은 사람이라면 어린이한테뿐 아니라 어른 사이에서도 생각을 살찌우고 마음을 북돋우는 사랑스러운 삶을 나누겠지요.

즐겁게 배우고 무럭무럭 자라면서 샘물 같은 어른이 될 어린이로 오늘을 누리기를 바랍니다. 즐겁게 배운 살림을 동무나 동생이나 이웃하고 넉넉히 나눌 줄 아는 듬직하고 의젓한 어른으로 나아갈 어린이로 하루를 짓기를 바라요.

새롭게 솟는 물줄기처럼, 새롭게 솟는 마음이요 빛이요 꿈입니다. 샘님이란, 생글생글 웃음꽃으로 이야기를 펴고 가르치는 어른입니다. 샘님이란, 새록새록 맞아들일 새로운 이야기잔치를 열고 함께하는 어른입니다.

설날

설다 | 서다 | 살다 | 한가위 | 가운데 | 가장 | 가을

오늘 우리는 하루를 두 가지로 셉니다. 달이 흐르는 길이나 자취를 살펴서 읽고, 해가 흐르는 길이나 자취를 살펴서 읽어요. '달길·달셈·달자취·달읽기(음력)'로 하루를 보고, '해길·해셈·해자취·해읽기(양력)'로 하루를 봅니다. 달종이(달력)에는 달셈하고 해셈을 함께 적습니다. 그러면 옛사람은 하루를 어떻게 셌을까요?

옛사람은 따로 달종이가 없이 살았습니다. 흙을 짓고 아이를 돌보며 살림을 가꾼 수수한 사람은 글도 종이도 없이 온몸으로 살았어요. 글도 종이도 없이 아이한테 말을 가르쳤고, 모든 살림을 물려주었지요. 날읽기·달읽기·철읽기·해읽기도 매한가지예요. 오늘날처럼 '달셈(음력)·해셈(양력)'이 없더라도 늘 달이며 별이며 해이며 바람이며 흙이며 풀꽃나무를 읽지요. 모두 살피면서 하루를 알고, 때를 알며, 오늘을 알아요.

＊ 설·설날
＊ 설다·서다·선

* 새롭다·새로·새
* 설레다·설치다
* 살·살다

해를 처음 여는 때를 '설·설날'이라고 해요. 말밑으로 보자면 '설다·서다·선'이 맞물립니다. '설다·낯설다'는 처음으로 마주하기에 아직 익숙하지 않은 결을 나타내요. '선·선보다'는 아직 모르는 일이나 사람을 처음으로 마주하면서 알아가는 길을 나타냅니다. '서다·일어서다'는 처음으로 이루거나 펴거나 하는 몸짓을 나타내고요.

아직까지 없던, 이제까지 있지 않은, 처음이라고 느낄 만하기에 '새롭다·새로·새'로 가리킵니다. 아직 겪거나 있거나 마주하지 않았기에 '설다'고 느끼면서, 아직 겪거나 있거나 마주하지 않아 이제부터 겪거나 있거나 마주하기에 '새롭다'고 느낍니다.

아직 모르는 어떤 일을 앞두고 '설레다'라 해요. 어떤 일을 겪거나 마주할는지 모르기에 자꾸 움직이는 마음이 '설레'입니다. '설치다'는 아직 알지 못 하면서 마구 움직이는 결을 나타내요.

ㅏ 다르고 ㅓ 다른 우리말을 더 생각합니다. '설'은 '살'하고 맞물립니다. '살'은 나이(낳다)를 세는 이름이면서, 겉몸(살갗)을 가리키는 이름입니다. 그리고 '살 + 다'처럼 '살다'로 잇는 밑동이에요.

여러모로 본다면, 우리가 해를 처음 열면서 맞아들이는 '설·설날'이란, "아직 찾아오지 않아 곧 맞아들이려 하고, 처음으로 맞이해서 나아가고 살아갈 날이면서, 우리 살림을 새롭게 지어서 일으키는 때"라고 할 만합니다. "새롭게 살아갈 처음인 길"이에요.

* 한가위·가위
* 가운데·복판
* 가장·한
* 가을·갈무리

　우리로서는 설(설날)하고 나란히 대수롭게 여기는 때가 있습니다. 이 대수로운 날은 '한가위·가위'예요. '한'은, '큰'이면서 '하늘'이자 '하나'를 가리키는 말씨입니다. '가'는, '가운데'하고 '가을'을 품는 말씨입니다.

　가장 깊은 곳이기에 가운데입니다. 가운데이기에 가장 크거나 도드라집니다. 첫째나 으뜸이라 할 '가장'이요 '가운데'이니, 한가위란 한 해에서 가운데에 있는 날이요, 열매가 흐드러져서 가장 즐거우며 빛나는 날입니다.

　열매가 무르익어 넉넉히 '가지'거나 '갚'기도 합니다. 이다음 살림을 헤아려 '갈무리(갈망)'를 합니다. 가운뎃날이 될 한가을은 달이 가장 빛나는 '큰보름'이기도 해요. 가만 보면, 달은 한가을에도 몹시 밝고, 설을 지나고서도 매우 밝아요.

　가을이란, 갈무리를 하면서 앞으로 나아가는 철입니다. 갈무리란, 그동안 일구거나 가꾼 살림을 앞으로 차근차근 쓸 수 있도록 잘 가려서 모으는 일입니다.

그리고 두 가지 '자위'가 있습니다. '자위 ㄱ은 '있거나 일어나거나 이루거나 생기거나 벌어지는 너른 복판"을 가리킵니다. "잣는 알맹이"인 '자위 ㄱ'입니다. '자위 ㄴ'은 "1. 무거운 것을 놓거나 무거운 것이 있던 곳 2. 배에서 아기가 놀기 앞서까지 있는 곳 3. 밤이 다 익을 무렵까지 밤톨이 밤송이에 붙은 곳 4. 겨루는 놀이에서, 우리·내가 저쪽한테 틈·모자람·허술함을 안 보이록 지키거나 막는 바탕 5. 과일·열매가 익으면서 도는 빛깔"을 가리켜요. '위·우'는 '움' 하고 맞닿습니다. 열매가 넉넉히 익어서 나누는 '한가위'라 할 만합니다.

　　열고 맺는 철이요, 가꾸고 누리는 철입니다. 첫머리를 열고 먹을거리가 열립니다. 일머리를 열고 갈무리할 먹을거리가 열려요. 가면서 오고, 오면서 갑니다. 복판을 가로지르면서 처음하고 끝을 가르되, 처음은 끝이고 끝은 처음인 흐름입니다.

수박

슈룹 | **수북하다** | **숟가락** | **술술** | **수두룩** | **수수** | **수더분** | **숱하다**
숲 | **수수꽃다리** | **수다** | **어수선**

오늘 우리는 '수박'이라 적고 소리를 내지만 그리 멀잖은 지난날까지는 '슈박'이라 적고 소리를 냈습니다. '슈박'이라 말하고 이 과일을 누릴 적에는 그저 '슈박'으로 바라보았어요. '함박(큰박)'이나 '조롱박(작은박)'처럼 여러 '박' 가운데 하나입니다.

소릿결을 '수박'으로 추스른 오늘날에는 이 과일을 한자 '수(水)'로 맞추려고 한 사람도 있습니다만, '물박(水-)'이 아닌 '슈박·수박'은 '슈·수'라는 말밑으로 살필 노릇입니다.

* 슈룹

오늘날에는 한자말 '우산(雨傘)'을 쓰지만, 지난날에는 우리말 '슈룹'을 썼습니다. '슈박·슈룹'은 한동아리입니다. 수박이나 슈룹(우산)은 어떻게 생겼나 하고 생각해 봐요. 둥글둥글하지요? 공처럼 생겼다고 할 만하며, 슈룹을 땅바닥에 놓고 보면 '볼록' 튀어나온

모습입니다. 수박밭에 영근 수박을 보아도 볼록볼록 나온 모습이
에요.

* 수북하다
* 숟가락

볼록 튀어나오듯이 많이 있을 적에 '수북하다'라고 합니다. '수
북수북' 담을 적에는 슈룹이나 수박 꼴로 담습니다. 그릇에 밥을 '수
북하게' 담을 적에도 둥그스름하면서 볼록 튀어나온 모습이에요.
'수'가 깃든 '숟가락'을 생각해 봐요. 수저(숟가락 + 젓가락)란 살
림살이에서 숟가락은 둥그스름하게 짓습니다. 밥뿐 아니라 국이나
물을 뜨기에 좋도록 밑으로 볼록하지요.

* 술술
* 수두룩하다
* 수수하다·수더분하다

'술술' 넘어간다고 합니다. '술술·솔솔·살살·슬슬'이 모두 맞물리
는데, 이 말씨는 '많구나 싶은 부피가 가볍게 잇달아' 넘어가거나 흐
르는 결을 나타내요. 참으로 많아서 '수두룩하다'고 합니다.
흔히 볼 수 있는 모습이라서 '수수하다'고 합니다. '수북'은 볼록
하니 튀어나와서 돋보이는 결이라면, '수수하다'는 더없이 흔하거

나 많기에 오히려 안 돋보이는 결입니다.

생각해 봐요. 밥그릇에 밥을 가득가득 담으면 도드라져 보입니다. 이와 달리 비슷비슷하게 보이는 사람이 물결을 이루듯이 그득그득 있는 모습이라면 누가 누구인지 알 길이 어려우니 안 두드러져요.

'수수하다'로 오며 여느 모습이자 흔한 결을 나타낸다면, '수더분하다'는 '수수하다'하고 맞물리면서 "안 까다롭고 부드러워서 참하다고 느끼는 마음결"을 가리킵니다.

* 숱하다
* 숱·머리숱
* 수풀·숲
* 수수꽃다리

많은 결을 나타내는 말밑인 '수'입니다. '머리숱'을 가리킬 적에 쓰는 '숱'으로도 잇습니다. 머리숱이 적건 많건, 머리카락을 하나하나 세기란 어렵거나 까다롭습니다. 아니, 못 센다고 할 만해요. '숱 + 하다(많다)' 꼴인 '숱하다'는 "마치 머리카락처럼 셀 길이 없도록 많은" 결을 가리켜요.

"숱이 많다"고 할 적에는 머리카락 한 올 두 올을 따로 셀 길이 없는 얼개인데, 머리카락은 땅바닥에 돋는 풀꽃나무를 닮았다고 할 만해요. '수풀·숲'이란, 풀이며 나무가 우거진(빼곡하다고 할 만큼 많은) 곳을 가리켜요. 풀이 우거져 풀숲이고, 나무가 우거져 나무숲이며, 풀하고 나무가 나란히 우거져 수수하게 숲입니다.

봄철에 꽃송이가 잔뜩 맺히면서 꽃내음이며 꽃빛으로 한가득 빛나는 '수수꽃다리'란 이름인 우리나라 나무가 있습니다. 이 나무에 맺히는 꽃송이를 본다면, 또 수수꽃다리 꽃잔치로 멀리까지 짙게 꽃내음이 달콤하게 퍼지는 결을 느낀다면, 옛사람이 '수수꽃다리'로 이름을 붙일 만했구나 하고 느낄 수 있어요.

* 수다
* 수런수런·두런두런
* 수선스럽다·어수선

말을 주고받으면 '이야기'라고 합니다. 줄여서 '얘기'이지요. 말을 잔뜩 주고받는다든지, 말이 넘치려고 할 적에는 '수다'라고 합니다. 가볍게 다가가면서 나누는 말인 '수다'요, 깊이 들어가면서 나누는 말인 '이야기'인데요, '수다'는 서로서로 생각을 가득가득 펴고 나누면서 북돋우려고 하는 자리를 나타냅니다.

말소리가 많이 들리는 자리는 '수런수런'하다지요. 사이좋게 둘러앉아서 말을 많이 한다면 '두런두런'이요, '도란도란'으로 잇는데, '수런거리는' 말소리가 좀 시끄럽게 퍼지면 '수선스럽다'라 합니다. 얽히고설키듯 좀 시끄럽구나 싶으면 '어수선하다'고 합니다.

이제 수박이 왜 '수박'일까 하고 찬찬히 짚어 보기를 바라요. 모든 과일이며 열매는 물을 듬뿍 머금습니다. 우리나라에서 수박은 매우 커다랗게 맺도록 키웁니다만, 수박뿐 아니라 복숭아도 살구도 배도 능금도 오얏도 온통 '물살'입니다.

과일이라고 할 적에는 '속살로 물을 잔뜩 머금은 결'이에요. 한자 '수(水)'를 억지로 수박 한 가지에 짜맞출 수 없다는 뜻입니다. 숱한 과일 가운데 돋보일 만큼 크기에 '수박'이란 이름을 얻었다고 여겨야 알맞습니다. 물이 많은 과일이 아닌, 돋보일 만큼 커다랗게 우리 삶자리에 이바지하는 과일인 수박입니다.

수저

가락 | 가닥 | 카락 | 가늘다 | 숟가락 | 술 | 젓가락 | 젓다 | 적다

밥을 먹을 적에 한겨레는 '수저'를 씁니다. 수저는 "숟가락 + 젓가락"입니다. 살림을 가리키는 두 가지 이름에서 앞글씨를 따서 줄였어요. 늘 "숟가락 젓가락 주셔요"라 말하기 번거로울 만하니 "수저 주셔요"처럼 줄일 만합니다.

＊ 수저

달걀꼴로 옴폭하게 마련한 '숟가락'입니다. 숟가락은 왜 숟가락일까 하고 돌아본다면, 가늘고 긴 살림을 '가락'이라 합니다. 국수도 '국숫가락'이에요. 실이나 줄을 한 '가닥' 고릅니다. 빛줄기가 한 가닥이나 가득 들어옵니다.

소리를 ㅋ으로 바꾸어 '머리카락'입니다. 머리카락은 가늘면서 긴 털이에요. 이 머리카락을 놓고서 "머리카락을 두 가닥으로 땋다"처럼 씁니다. '가늘다'는 뜻에다가 '여리다'라는 뜻을 더한 '가녀리다'가 있어요. 가늘고 얇다면 '가냘프다'입니다.

* 가락·가닥·카락
* 가늘다·가녀리다·가냘프다

  숟가락하고 젓가락에서 '가락'을 풀었으면 '수'도 풀어야겠는데, '수북하다·슈룸(우산)·수박'이라든지 '숱하다·수수하다' 같은 자리를 돌아본다면, '밥술'을 뜨는 살림을 가리키는 이름을 얼핏 어림할 만해요. 둥그스름하면서 넉넉하거나 많다고 하는 결을 '수'로 담는구나 싶어요.

* 숟가락 밥술
* 술·술술

  열매를 삭여서 내는 짙은 물인 '술'이 있습니다. 받아들이기 좋도록 삭인 물인 술일 텐데, '술술'은 잘 먹는 모습도, 잘 풀리는 모습도, 막히지 않고 잘 하거나 쓸 적에도, 가볍거나 부드럽게 흐르거나 나가거나 새는 모습도 가리킵니다. 숟가락으로 뜰 적에는 가볍거나 부드러우면서 넉넉히 '한 술'을 뜬다고 할 만하다는 뜻을 슬며시 얹은 셈이겠다고 느껴요.

* 젓가락 젓다
* 적다 적바림

젓는 가락인 '젓가락'입니다. 한겨레는 예부터 "배를 저어서 갔"습니다. 배를 젓는 살림은 길다란 작대기입니다. 삿대(상앗대)가 어떻게 생겼는가 떠올려 봐요. 저을 적에는 하나하나 짚습니다. 외짝만 있다면 젓거나 짚는데, 둘로 한 벌을 이루면 비로소 집습니다.

지팡이는 외짝이라서 '짚는' 구실이에요. 작대기가 둘 있으면 둘을 한 손으로 가누어서 '집을' 만해요. '젓가락'을 말할 적에는 외짝이 아닌 "둘이 있는 한 벌"입니다. 젓가락을 따로 하나만 쥘 적에는 집지 않고 젓거나 콕 찍거나 짚는 곳에 쓰려는 생각입니다.

가만 보면, 글을 '적다'라고도 합니다. 예부터 글은 붓을 쥐고서 적었고, 붓은 아주 작은 작대기나 장대로 볼 수 있습니다. 붓으로 글을 나타내거나 그리기에 '적다'요, 가볍게 글로 슥슥 담거나 그려서 '적바림'입니다.

삽처럼 푹 떠서 누리는 숟가락입니다. 차근차근 하나씩 집어서 즐기는 젓가락입니다. 넉넉히 푸려는 숟가락이요, 조금씩 나르려는 젓가락입니다. 밥도 뜨지만 국도 뜨는 숟가락을 쓰니 술술 넘어갑니다. 느긋이 집어서 천천히 맛보는 젓가락을 쓰니 차곡차곡 가다듬습니다.

우리 손은 젓가락도 숟가락도 쥐지요. 가만 보면 손은 '손가락'이 있어서 쥐고 집고 잡습니다. 발은 '발가락'이 있어 밟고 받치고 디디고 걷는군요.

쉬엄쉬엄

쉬다 | 숨 | 쉽다 | 숨 | 목숨

쉬면서 같이 생각해 봐요. '쉼·쉬다'란 무엇일까요? '쉰다'고 할 적에는 일도 놀이도 아닐 텐데, 일이며 놀이를 내려놓고서 몸을 가만히 두기에 '쉼·쉬다'일까요? 몸을 가만히 둔다면, 이때에는 어떤 몸짓이나 모습이 될까요?

　가는 길이 조금 멀거나 힘들기에 "조금 쉬었다가 가자"고 합니다. 하는 일이 살짝 벅차거나 고단하기에 "살짝 쉬었다가 하자"고 합니다. 바쁜 나머지 "아이고, 숨돌릴 틈이 없다니까" 하고 외쳐요. 서둘러 말하는 사람한테 "숨 좀 돌리면서 말하렴" 하고 속삭입니다.

* 쉬엄쉬엄
* 쉬다·쉼·쉴틈

　'쉬엄쉬엄'은 천천히 가거나 하는 결하고는 달라요. 언뜻 보자면 천천히 가거나 하는 듯하지만, 우리 몸이나 마음을 하나하나 생각하면서 '안 서두르는' 모습이라고 할 만합니다. 천천히라기보다는 '찬찬히·차근차근'이라고 해야 어울릴 '쉬엄쉬엄'입니다. 바쁘게 하지 말고 알맞게 하자는 '쉬엄쉬엄'이요, 마구 달려들거나 몰아붙이지 말자는, 차분하게 바라보고 아늑하게 달래자고 하는 '쉬엄쉬엄'이기도 합니다.

우리가 '쉬다'라는 말을 쓸 적에도 이런 마음이지 않을까요? 너무 빨라서 '천천히' 가자고 합니다만, 빠르게도 느리게도 아닌 '쉬엄쉬엄'이란, 우리 몸이 힘들거나 벅차거나 지치지 않도록 제대로 살피려는 마음을 드러내지 싶습니다.

'쉬'고서 일을 다시 할 적에는 몸에 기운이 새로 돌도록 하기도 합니다만, 우리가 하는 일을 느긋하게 다스리려는 뜻이 나란히 있지 싶어요. 다그치거나 닦달하다가는 일을 그르칠 뿐 아니라 몸이 망가질 만하기에, '쉴틈'을 두고서 하나씩 마무르자는 뜻이 흐르는구나 싶어요.

* 쉽다·수월하다
* 술술·솔솔·쏴락쏴락·살살

쉬엄쉬엄 하면 어려운 일이 없어요. 어, 그렇지요. 쉬면서 하면 딱히 안 힘듭니다. 안 쉬면서 하니까 어려워요. 쉴틈조차 없이 몰아치거나 밀어붙이니 꽤 힘들어요.

'쉽다'라는 낱말은 '쉬다'하고 말밑이 같아요. 숨을 쉬듯이 하는 일이기에 '쉽다'고 할 만합니다. 숨을 느긋이 쉬면서 찬찬히 돌보면서 한다면 어렵지도 힘들지도 지치지도 않을 테니 '쉽게' 해내면서 신나는 마음이며 몸이 될 만합니다.

'쉽다'하고 비슷한 '수월하다'도 그럴 테지요. 숨을 쉴 틈을 두고서 하거나 간다면 그리 안 까다롭고 안 어렵고 안 버겁지요. '술술' 할 만합니다. '살살' 나아가지요.

바람이 '솔솔' 불면 시원하면서 가볍습니다. 바람이 '쏴락쏴락' 불면, 또 물결이 '쏴락쏴락' 일면 싱그럽고 반갑습니다. 술술 넘어가면 부드러워요. 술술 푸는 일이란 즐거워요. 술술 마실 만하면 몸에도 이바지해요.

쉬면서, 쉽게, 수월히, 술술, 하나하나 바라본다면 우리는 늘 방글방글 웃으면서 빙글빙글 춤출 만하리라 생각합니다.

＊ 숨을 쉬다
＊ 숨·숨결·숨빛·목숨·숨소리
＊ 날숨·들숨·내쉬다·들이쉬다

숨을 쉬기에 살고, 살기에 사랑합니다. 사랑하기에 사람이며, 사람이기에 살림을 짓는 우리 모두예요. 숨은 나가기도 하고 들어오기도 합니다. 아니, 숨이 나가야 들어올 틈이 있습니다. 숨을 들이면 언제나 즐거이 내보내면서 새숨을 마실 만합니다. 나가기에 '날숨'이며 '내쉬다'입니다. 들어오기에 '들숨'이며 '들이쉬다'입니다.

그러고 보면 숨을 쉬기에 '목숨'이 있어요. 목으로 숨이 오가는데요, 이 '목숨'이란 우리가 살아가는 결을 나타내는 낱말이에요.

쉬는 짬이란, 일을 수월히 하려는, 차근차근 다스리려는, 하나하나 돌아보려는, 느긋한 몸짓이면서, 몸에 들고 나는 숨을 읽고 느끼고 살피는 결이로구나 싶습니다. 어떤 숨결인가요? 어떤 숨빛인가요? 어떤 숨소리인가요?

수더분하게 바라봅니다. 수근수근 속삭입니다. 수리술술 짠 하고 오늘 하루 새롭게 놀이꽃을 피웁니다.

신·신바람

신발 | 신다 | 신나다 | 신바람 | 신가락 | 싣다 | 심 | 심다 | 힘
시원하다 | 시골 | 실 | 골 | 고을

가죽으로 지어 가죽신입니다. 나무로 짜서 나막신이에요. 꽃무늬
나 꽃빛을 담은 꽃신이고, 짚으로 삼은 짚신입니다. 누구나 맨손에
맨발에 맨몸으로 이 땅에 태어납니다. 풀꽃을 만지고 나무를 타고
냇물이며 바다에 담그는 몸은 싱그러이 해바람비를 누리면서 튼튼
합니다.

　까무잡잡하게 그을리는 몸에 천을 걸쳐 '옷'입니다. 손을 돌보려
고 손싸개를 하고, 발을 보살피려고 발싸개를 합니다. 먼길을 가거
나 자갈길을 지날 적에는 발에 신을 꿰면서 한결 든든합니다. 달릴
적에도 신을 꿰면 발로 한결 가벼우면서 힘차게 땅을 박찹니다.

　즐거운 일은 춤으로 다가오고, 기쁜 일은 노래로 퍼집니다. 물
결치듯 가멸게 흐르는 마음이 빛납니다. 숨을 푸르게 살리는 바람
마냥 맑게 번지는 반짝이는 기운입니다.

＊ 신 ㄱ

* 신발·신다

걷거나 달리거나 디디거나 밟을 적에 폭신하거나 포근하거나 좋거나 가볍거나 안 다치거나 안 아프도록 부드럽게 발 밑·둘레를 감싸거나 덮거나 받치는 살림을 '신'이라 합니다. '신'을 발에 꿰는 몸짓이며, 발에 '신'을 넣는 몸짓을, '신다'라는 낱말로 가리켜요.

발을 부드러이 감싸면서 가볍게 걷거나 달리도록 이바지하는 살림인 '신'을 힘주어 말할 적에 '신발'이라 합니다.

* 신 ㄴ
* 신나다·신명·신바람

몸에 확 차오르면서 가볍게 반짝이며 일어나는 빛을 '신'이라 합니다. 바라던 대로 되거나 어떤 일에 끌리거나 빠져들면서 흐르는 밝고 가벼운 기운을 '신'이라고 해요.

어떤 일을 하거나 어떤 일에 끌리거나 빠져들면서 흐르는 밝고 가벼이 넘어가는 기운을 '신명'이라 하고, 바라던 대로 되거나 어떤 일에 끌리거나 빠져들면서 더없이 밝고 가벼운 기운이 흘러 마음이며 몸이 바람처럼 움직이는 기운을 '신바람'이라고 합니다.

* 신가락

신이 나는 가락은 바람을 담고 바람을 닮으며 바람에 닿습니다. 바람은 꾸밈없기도 하고 맑으면서 밝기도 할 뿐 아니라, 따로 굳은 모습이 없어요. 홀가분하게 춤추듯 흐르는 빛나는 기운인 '바람'처럼 즐거운 '신'이니, '신가락'이라 하면 이웃나라에서 일컫는 '재즈'라 할 만해요.

* 신다·실리다
* 심·힘
* 심다·힘줄

발을 넣어 가볍고 즐겁게 나아가도록 하는 몸짓인 '신다'라면, 힘이며 빛이며 느낌이며 몸이며 물이 가득하거나 넉넉하게 있도록 하는 몸짓인 '싣다'입니다. 어디로 나르거나 가거나 가지려고 짐을 '싣'습니다. 모내기를 하려고 논에 물을 '싣'고, 어떻게 느끼거나 생각하는가 하고 알 만하도록 "얼굴에 싣"는 기운이나 빛입니다. 오늘날에는 버스나 자동차나 기차나 배나 비행기에 "몸을 싣"고서 움직입니다. 글이나 그림이나 노래를 책이며 누리집이며 여러 곳에 '실리'기에 널리 읽고 누리고 나눕니다. 던지거나 움직이려고 "힘이 실리"지요.

풀이나 나무 안쪽 한가운데를 이루는 부드러우면서 단단한 곳이 '심'인데, 심이 있어야 풀이나 나무가 곧게 서요. 몸이 곧게 서도록 안쪽 가운데에 있듯, 몸을 마음대로 움직이려고 속에서 흐르는

'힘'입니다.

나무를 '심'고, 씨앗을 '심'어서 잘 자라나도록 한다면, '힘줄(심줄)'이 있기에 팔다리를 마음껏 놀리면서 여러 가지를 할 만해요.

* 시원하다·싱그럽다·싱싱하다
* 시골
* 실·옷실
* 실·골·고을·고장

발에 꿰는 '신발'은 눈으로 보고 손으로 만질 수 있습니다. 몸에 확 차오르면서 가볍게 반짝이는 즐겁고 밝은 기운인 '신·신명·신바람'은 눈으로 못 보고 손으로 못 만집니다. 우리가 몸을 움직이려고 내는 '힘'도 몸으로는 느끼되 눈으로는 못 봅니다.

시원하면서 싱그럽고 싱싱하구나 싶은 기운이자 빛인 '신·신명·신바람'이에요. 몸을 움직이는 힘이란 우리 스스로 살아가면서 내는 기운이자 빛이니, 삶기운이자 삶빛일 테고, 살림기운이자 살림빛이니, 이러한 결도 시원하면서 싱그럽고 싱싱하다고 여길 만합니다.

신나기에 맑고 밝으면서 시원하지만, 신나지 않으니 풀이 죽고 시들시들해요. 힘이 나거나 힘차기에 무엇이든 거뜬하면서 지치지 않지만, 힘이 빠지거나 힘에 겨우면 으레 주눅이 들거나 고개를 폭 꺾으면서 주저앉습니다.

지내기에 알맞으면서, 막히는 데가 없이 틔워 주는 '시원하다'입니다. 보기에 맑으면서 가볍고 힘이 차오른다고 느끼는 '싱그럽다'예요. 힘이 차오르기에 시들거나 썩거나 다치는 빛이 없을 뿐 아니라, 무럭무럭 자라는 힘을 느끼는 '싱싱하다'입니다.

'시골'이란 "심는 골(고을)"이로구나 싶습니다. 참말로 "시골 = 논밭을 짓고 일구고 가꾸고 돌보는 고장"인 터라, 모든 심(힘)을 들여서 땅에 놓거나 품거나 주거나 두면서 새롭게 씨앗이 싹터서 시원하고 싱그럽고 싱싱하게 자라도록 북돋우는 곳인 '시골'입니다.

풀줄기 '심'에서 '실'을 얻어서 옷살림을 짓듯, 땅에 심고 가꾸는 시골에서 사람살이를 이룹니다. '마을'을 '마실'이라고도 하는데, '실'은 외따로 '골·고을·마을'을 가리키기도 합니다. '골'은 멧자락에 깃드는 곳이라면, '고을'은 마을보다 크게 이룬 곳이요, '고장'은 고을보다 크게 이룬 곳이에요. '실'은 자그맣지만 기운차고 싱그러운 마을이라고 여길 만합니다.

심부름

일 | 일다 | 이룩 | 임 | 잎 | 닢 | 시키다 | 싣다 | 시시하다 | 싫다 | 시름

어른은 아이한테 곧잘 '심부름'을 맡깁니다. 아이가 어른한테 심부름을 바라는 일은 드물어요. 아이가 앓아누워 꼼짝을 못할 적이 아니라면 어른이 심부름을 할 때란 없겠지요.

어른은 '일'을 합니다. 아이한테 굳이 일을 맡기지는 않습니다. 아이가 무엇을 한다면 '소꿉'이라고 따로 가리켜요. 어른은 왜 '일'이고, 아이는 어째서 '심부름'이나 '소꿉'일까요?

* 일
* 일다·일렁이다·일어나다·일어서다
* 일구다·일으키다

'일'이라는 낱말을 바탕으로 "물결이 찰랑찰랑 움직이는 결"을 '일다'로 나타내요. "불꽃이 일다·불꽃이 일렁이다"나 "그런 생각이 갑자기 일었어"처럼 쓰기도 합니다. '일어나다·일어서다'는 이러한 '일다'하고 맞닿아요. 옛날에는 '닐다' 꼴로 썼다고 해요. 또 다른 '일다'가 있으니, "쌀을 일다"처럼 써요. 잔돌이나 부스러기를 골라내려고 살살 흔들 적에 '일다'라 합니다.

흔들흔들 움직이니 일렁일렁합니다. 새롭게 누리거나 얻거나 나누려고 움직이는 '일'입니다. 스스로 무엇을 바라면서(뜻하면서) 나아가려는 몸짓입니다. 아직 여기에 있지 않은 무엇을 이제부터 나타나도록 하려고 마음을 쓰고 몸을 쓰기에 '일'이에요.

스스로 생각하는 결대로 가려고 하는 '일'입니다. 스스로 보는 모습이자, 스스로 풀거나 맺거나 다루려고 하는 '일'입니다. 때로는 어렵거나 벅차거나 힘들다 할 만한 '일'이 있는데, 이때에는 '이다·지다'하고 맞물립니다. 짊어지기에 '짐'인데, 나르거나 가져가는 살림으로 바라볼 수 있으면서 묵직하거나 버겁다고 여길 '짐'일 수 있어요. 머리에 얹거나 지붕으로 올리는 '이다'인데, 홀가분하게 마음을 다스리면 아무렇지 않고 즐거우나, 얽매이거나 마음이 흐트러지면 무겁게 '있'을 테지요.

살림을 하는 자리에서 일손을 펴며 일굽니다. 지난날 마주하거나 겪은 '일'입니다. 우리가 살아가는 길에서 보고 듣고 겪는 '일'을 일으킵니다. "무슨 일로 왔니?"라 할 적에는 '까닭·때문'하고 맞물리기도 합니다.

＊ 이루다·이룩하다
＊ 이끌다

누가 시키지 않는다는 결을 나타내려는 '일'이라 하겠어요. 이러고 보면, 오늘날 둘레(사회)에서 말하는 '일'하고, 오랫동안 우리가 쓴 '일'은 꽤 벌어집니다. 오늘날에는 "돈을 벌려고 몸·마음을 써서 하거나 다루거나 붙잡는 여러 가지"를 '일'로 좁게 묶습니다.

뜻하거나 바라면서 스스로 움직이고 하기에 비로소 '이룹'니다. 일으키거나 일어나도록 하자면 '일'을 하지요. 보람을 누리도록 몸을 쓰기에 '일'일 테고, 보람을 맛본다면 '이루다'라고 해요. '이룩하다'는 '이루다'보다 크게 나타내려고 써요. "이룩하다 = 보람을 크게 얻도록 한 일"이라고 할 만합니다. 으레 "새나라를 이룩하다"처럼 써요.

이루든 이룩하든, 일을 하면서 '이끌'어요. 몸이나 마음을 한두 판 쓴대서 이루거나 이룩하지는 않아요. 두고두고 잇도록 끌면서 나아가는 일이어야 비로소 이루거나 이룩해요.

* 잇다·잇닿다·이어가다
* 이야기·이곳
* 임·임금·님

곰곰이 보면 한두 판을 하고서 끝내는 일이 있으나, 우리가 '일한다'고 할 적에는 무엇을 이루거나 이룩하려고 꾸준히 하는 결을 나타냅니다. "일 = 이어가도록 하는 몸짓이나 마음씀"인 얼거리라고 할 만합니다. 이어가도록 새롭게 하는 몸짓일 테지요. 이어가도록 스스로 마음을 쓰는 모습일 테고요.

　이어가는 말이기에 '이야기'입니다. 말을 주고받으면서 이어가는 이야기이니, 이야기를 할 적에도 일이라 하겠어요. 이곳에서 저곳으로 이어서 닿도록 할 적에도 일이 될 테고요. 꾸준하게 하기에 일인데, '임·님'이란 바로 스스로 새롭게 꾸준하게 하면서 빛나는 숨결이라고 할 만해요.

　나라를 다스리는 자리에 으뜸으로 서는 '임금'이라는 사람은 스스로 새롭게 생각을 지어서 언제나 빛나도록 꾸준히 이끌 줄 아는 슬기로운 넋일 노릇입니다. 이름은 임금이되 새롭지 않거나 스스로 생각하지 않거나 빛나는 마음으로 이끌지 않아서 조금도 슬기롭지 않다면 '임금'도 '임·님'도 아닌 '놈·놈팡이'라 할 만합니다.

* 잎·잎새·잎사귀
* 닢
* 입·입술
* 입다

　'잎'은 새로 일어나듯 돋습니다. 푸르면서 넓적하게 새롭게 나는 잎이에요. '잎새·잎사귀' 같은 이름도 있는데, 잎을 닮아 납작한 모습인 살림을 셀 적에 '닢'을 써요. "동전 한 닢"이나 "멍석 두 닢"처럼 씁니다.

　'입'은 무엇일까요? 푸나무는 잎을 내어 풀잎·나뭇잎으로 바람을 마시고 햇볕을 받습니다. 사람·짐승·새·헤엄이는 입으로 바람이며 물을 맞아들이고 밥도 받아들여요. 납작하고 푸른 잎이라면, 얇고 발그스름한 입입니다. 푸나무한테는 꽃이 피어 꽃술이 있고, 사람한테는 입이 있어 입술이 있습니다.

옷을 '입'습니다. 이런저런 바람이나 온갖 기운을 '입'습니다. 몸에 새롭게 맞아들여서 돌보는 몫을 하는 옷을 '입'어요. 고마움도 기쁨도, 슬픔도 아픔도 하나하나 '입'습니다. 새롭게 일어나거나 일으키는 여러 가지 일을 마음이며 몸으로 달게 '입'어요.

* 심부름·시키다
* 싣다·시달리다·싫다

스스로 하는 길하고 먼 '심부름'은 '시키기(시키다)'입니다. 시키도록 부르는 몸짓이에요. 또는 시키면서 부리는 몸짓입니다. 스스로 생각하기에 비로소 일어나는 '일'이고, 남이 생각해서 시키려고 부르거나 부리기에 '일'입니다.

짐이 '실려'요. 옮기려고 '싣'습니다. 해주도록, 날라 주도록, 옮겨 주도록 싣지요. 스스로 한다면 이거나 지거나 메고서 갑니다. 스스로 생각을 하면서 움직일 적에는 심심하거나 시달리지 않아요. 스스로 알맞게 하고서 스스로 느긋이 쉬어요. 이와 달리, 심부름에는 알맞음이나 쉼이라는 결이 없습니다.

심부름을 마칠 때까지 쉴 길이 없고, 남이 맡긴 일이라 내 나름대로 생각하거나 살펴서 알맞게 마칠 수 없습니다. 심부름만 하는, 남이 시키는 대로만 하는 삶이라면 쳇바퀴입니다. 굴레예요. 수렁이지요. '시달리'는 길인 '심부름·시키다'입니다. 시달리는 길이어도 처음에는 이럭저럭 버티겠으나 이윽고 '싫'겠지요. 하고픈 마음이 갈수록 사라지는 '심부름·시키다'예요.

* 시시하다·시답잖다·시름

아이들은 처음에는 심부름을 곧잘 하다가 나중에는 지쳐요. 심부름만 하다가는 놀지도 못하고 배우기도 어렵거든요. 처음에는 새로워 보여 신나게 심부름을 하던 아이들은 어느새 "어른들은 좀 그만 시키길 바라요!" 하고 외칩니다. 아무리 소꿉장난·소꿉놀이로 바라보더라도 아이 나름대로 생각해서 하고 싶어요.

심부름은 어느새 '시시하'면서 '시답잖'은 결로 잇습니다. 시킴질만 받다가는(입다가는) 그만 '시름'에 겹곤 해요. 스스로 생각해서 움직이며 이루는 일은 좀 엉성하거나 서툴다 싶어도 즐거우면서 알참니다. 남이 시키는 대로 따라가야 하는 심부름은 번듯하거나 빈틈없어 보여도 '나(스스로 빛나는 님)'가 빠져서 기운이 없어요.

시름시름 앓는 길로 가는 시킴질이에요. 이런 걱정 저런 근심으로 가득한, 시름에 잠기는 심부름질입니다. 보고 싶지 않고 듣고 싶지 않으며 겪고 싶지 않으니, 제발 부르지 않기를 바라는 시시한 심부름입니다.

    어른도 아이도 함께 일어나서 노래하고 춤추면서 웃고 기쁜 일 판을 이루기를 바라요. 함께 일하고 함께 쉬면서, 같이 살림을 짓고 같이 사랑을 나누면서, 언제나 새롭게 빛나는 오늘을 이룩하기를 바랍니다.

싹 눈 움

새싹 | 싸다 | 눈뜨다 | 눈빛 | 움직이다 | 웅크리다

봄이 되어 싹이 돋고, 눈을 뜨며, 움이 틉니다. 이제 막 나오는 새로운 숨빛인 싹이요 눈이며 움이에요. 싹이 나고, 눈이 나오며, 움이 터지는데, 세 낱말은 아주 비슷하면서 찬찬히 새롭게 가는 결을 살며시 다르게 나타냅니다. 갓 태어나서 자라나는 모습을 지켜보노라면 싹도 눈도 움도 하나이기 일쑤인데, 곰곰이 보고 두고두고 살피면 싹하고 눈하고 움이 맡은 몫이 살며시 새롭습니다. 풀하고 나무는 살며시 다르지만 하나로 모둘 만한 숨빛을 싹하고 눈하고 움이라는 이름으로 어우른 채 겨울나기를 하고 봄을 맞이합니다.

* 싹·새싹
* 싹트다·싸다·감싸다·잽싸다·오줌싸개·값싸다

새싹이 돋는다고 할 적에는 풀씨나 남새씨를 으레 가리킵니다. 나무줄기에 살짝 나와 곧 가지가 되려고 하는 여린 숨결도 싹이라고 해요.

감싸듯이 기다리는 숨빛인 싹일 텐데, '싸다'는 두 팔을 벌리듯 모으는 몸짓에다가, 빠르게 가는 몸짓(싸다 + 재다 = 잽싸다)하고, 아기가 똥오줌을 못 가려 서둘러 똥오줌을 내놓는 몸짓이랑, 값이 낮다고 하는 결을 여러모로 나타내요. '싹'은 이 여러 모습하고 몸짓을 잎싹·줄기싹·가지싹·꽃싹으로 그립니다.

* 눈·새눈
* 눈뜨다·눈감다·씨눈·눈알·눈송이·눈빛

새눈이 나온다고 할 적에는 이제 풀이며 나무가 새롭게 찾아오는 철빛을 바라본다고 한다는 결을 그려요. 새빛을 보려는 눈입니다. 새길을 보려는 잎눈에 꽃눈입니다. 새숨으로 가면서 자라는 밑바탕(씨알)으로 가려는 숨결을 품은 눈(씨눈)이랍니다.

여러 목숨붙이는 눈이 있어서 봅니다. 푸나무도 눈이 있어서 본답니다. 사람이 보는 결하고 다른 푸나무 눈빛이에요. 바람결을 보고, 햇볕·햇빛·햇살을 봅니다. 어느 때에 깨어나면 알맞을까 하고 헤아려 보는 잎눈에 꽃눈이에요. 때와 철을 살피는 길잡이인 눈이지요.

하늘에서 내리는 눈송이를 들여다보아요. 눈송이는 저마다 다른 무늬로 반짝입니다. 잎눈하고 꽃눈도 저마다 다른 무늬를 속으로 품은 채 바야흐로 뜨고 나오고 자라려고 기다립니다.

* 움·새움

* 움트다·움직이다·웅크리다·우리·웃다·울다

　‘싹’은 ‘나다·돋다·트다’라는 낱말로 가리킵니다. ‘눈’은 ‘트다·뜨다·나오다’라는 낱말로 가리킵니다. ‘움’은 ‘트다·터지다’라는 낱말로 가리키지요. 어떤 낱말로 받아서 이 여린 숨결을 나타내려 하는가를 살피면, ‘싹·눈·움’이 나아가려는 다른 숨결을 읽어낼 만합니다.

　새움이 트려고 할 적에는 이제부터 ‘움직인다’고 하는 뜻입니다. 새움이 터지려 할 적에는 여태까지 ‘웅크렸다’고 하는 뜻입니다. ‘나’하고 ‘너’가 모이는 ‘우리’이듯, ‘움’은 서로 다른 여럿을 하나로 모으면서 웃고 우는 삶자락처럼 기쁘게 트거나 터지려고 하는 숨결이에요. 바야흐로 눈부시고 즐겁게 빛나려고 고이 모아서 웅크렸다가 움직이는 움입니다.

* 싹 : 새로 나려고 한덩이로 모아서 기다리는, 아직 나지 않은
　　잎·줄기·가지·꽃. 새로 돋으려고 한덩이로 감싸듯이 기다리는
　　잎·줄기·가지·꽃. (새로우면서 빠르고 가볍게 나오려고 하는,
　　앞으로 새롭게 뻗으면서 든든하게 이으려고 하는 숨결을
　　속으로 품은 작은 빛)

* 눈 : 새로 트려고 한덩이로 모아서 기다리는, 아직 트지 않은
　　잎·꽃. 새로 트려고 가만히 숨결을 감은 채 기다리는 잎·꽃.

(깨어날 알맞은 때와 철을 살피는 길잡이요, 앞으로 뜨고
나오고 자랄 저마다 다른 무늬를 속으로 품은 씨알)

* 움 : 새로 돋으려고 한덩이로 모아서 기다리는, 아직 벌어지지
않은 잎·꽃. 새로 돋으려고 웅크리면서 곧 움직이려고
기다리는 잎·꽃. (서로 다른 여러 숨결을 하나로 모으면서
바야흐로 눈부시고 즐겁게 빛나려고 고이 모아서 웅크렸다가
움직이려는 길)

쏠

솟고 쏟아지며 즐겁게 노래하는 물

둘레에서 쓰는 말을 그냥그냥 쓰면 모든 말을 그저 외우기만 해야합니다. 둘레에서 쓰는 대로 우리가 나란히 쓰려면 참말로 다 외우지 않고서는 쓰지 못해요. 그런데 외우지 않고도 말을 하는 길이 있어요. 스스로 생각하면 됩니다. 그 말을 어떻게 지었을까 하고 밑바탕을 생각하고 살피다 보면 처음 듣거나 마주하는 말이어도 문득느낄 만하고, 거듭 생각하는 사이에 뜻이며 쓰임새이며 결이 우리한테 스며들어요.

한자말 '폭포'가 있어요. 우리말 '쏠'이 있어요. 두 낱말은 같은물줄기를 가리킵니다. 아마 '폭포'란 한자말은 어린이도 익히 들었을 만하지만, '쏠'이란 우리말을 들은 어린이는 드물리라 생각해요. 어른도 거의 못 들었을 테고요. '폭포'란 "쏟아져 내리는 물줄기"를가리킵니다. 자, '폭포'라 할 적에 이 한자말 어디에서 '쏟아진다'는느낌이나 뜻을 알아챌 만할까요?

우리는 한자를 쓰는 나라가 아니지만 여러모로 한자말을 곳곳에 써요. 그래서 예부터 쓰던 우리말은 말밑을 깊이 헤아리지 않아도 느껴서 알기 쉬워도, 한자말은 말밑을 낱낱이 안 파헤치면 낯설 어, 그만 외워야 하기 일쑤입니다. '쏠 = 폭포'인 까닭을 말밑으로 살펴볼까요?

* 쏠·쏠리다
* 쏟다·쏟아지다·쏟아붓다
* 쏘다·쏘아붙이다
* 쏴·쏴아아
* 소나기·소낙비·소낙눈
* 솟다·소스라치다
* 솔솔·솔잎·소나무

자, 뭔가 눈치를 채기를 바라요. "쏠리는 물"이란, "쏟아지는 물" 입니다. 하늘에서 내리는 '소나기'는 갑자기 쏟아지는 빗물입니다. 눈이 갑자기 쏟아진다면 '소낙눈'이고요.

'소나무'에서 '솔'은 '솟다'하고 말밑이 맞물려요. 뾰족뾰족한 모 습을 '솟다'로 나타내고, 이러한 생김새를 '솔·소나무'로 그리지요. '소스라치다'를 말할 적에는 쭈뼛쭈뼛 섭니다. 비가 쏟아질 적에 '쏴·쏴아아'란 소리로 나타내요. 이렇게 '쏠·쏟아붓다·쏴 '에 깃드는 '쏘'는 '쏘다·쏘아붙이다' 같은 낱말에서도 찾아보는 말밑이고, "빠 르고 크고 세게 다가서는" 기운을 가리켜요.

* 쏠 = 쏘 + ㄹ

　물이랑 비를 생각하면 우리말이 태어난 얼거리를 꽤 재미나면서 수월하게 알아차릴 만합니다. 비가 쏴아아 오듯, 넘치는 냇물이 쏴아아 흐르듯, 이러한 소리와 결을 '소나기'로도 '쏠'로도 담아냈어요.

　말밑을 캐면 어쩐지 싱거울는지 모르지만, 우리가 쓰는 말뿐 아니라, 영어나 일본말이나 중국말도 이처럼 삶자리에서 문득문득 태어났답니다. 그리고 '쏠'에 'ㄹ' 받침이 붙는 까닭도 생각해 볼 만해요. 쏠물(쏟물·쏟아지는 물/폭포수)은 끝없이 우렁차게 흘러요. 소리가 가락처럼, 노래처럼 자꾸자꾸 이어가는 물줄기이지요.

　'ㄹ' 받침은 노래나 가락처럼 흐르는 모습을 나타낼 적에 으레 붙입니다. '즐겁다'에서 'ㄹ' 받침도 매한가지예요. '놀이'에서 'ㄹ'도 그렇지요. '일'에서 'ㄹ'도 그렇고, '물'에서 'ㄹ'도 그런데요, 요새는 우리 삶터에서 고된 일이 매우 늘었지만, 지난날에는 들일이건 집일이건 늘 노래하면서 했어요. 옛날 어른들은 일하면서 일노래를 불렀고, 옛날 어린이는 놀이하면서 놀이노래를 불렀어요.

* 라라라·랄라라·랄랄라·라랄라

　'ㄹ'을 넣는, 영어라면 'l(L)'을 넣는 소리는 즐거운 가락을, 노래하는 결을, 가볍게 춤추고 뛰듯 놀거나 일하는 몸짓을 나타내면서 씁니다. '라라라' 노래합니다. '랄라라' 웃고 '랄랄라' 춤추고 '라랄라' 어울려요.

이렇게 따지고 보면 '쏠·쏠물'은 즐겁게 흐르면서 쏟아지는 물줄기를 가리키는구나 싶기도 합니다. 왜, 그렇지 않나요? 물놀이터에서 미끄럼을 타고 높은 데에서 좌아악 내려오면서 다들 소리지르고 신나지 않아요? 짜릿짜릿하지요. 때로는 조금 무서울는지 모르지만, 물놀이터 미끄럼을 타다 보면, 또 모래놀이터 미끄럼에서도 똑같은데, 높은 데에서 쏴아아 바람소리로 빗소리로 바닷소리로 내려올 적에는 다들 마음소리가 'ㄹ'이 됩니다. 노래가 되지요. 즐겁게 흐르며 노래하는 물줄기가 바로 '쏠'입니다.

노래하며 쏟아지는 즐겁고 기운찬 물줄기인 '쏠'이 겹으로 만나는구나 싶은 '쏠 + 쏠'로 뻗으니 '쏠쏠하다'입니다. 쏟아지듯 알찬 셈이랄까요. '솔솔' 부는 바람이 싱그럽게 감싸고 '쏠쏠히' 거두거나 나누면서 살림살이가 넘실넘실합니다.

'소리'란 "가볍게 솟아서 흐르는 기운"이로구나 싶습니다. 물도 바람도 비도 바다도 가벼우면서 맑고 밝게 흐르기에 '물소리·바람소리·빗소리·바닷소리'입니다. 우리 '말소리'가 맑고 밝게 흐르면 '마음소리'도 환하게 열릴 만합니다. 소근소근 솟는 말씨 하나를 심어서 생각을 가꿔요.

어림

얼핏 | 어리둥절 | 얼떨 | 어리다 | 여리다

잘 모르지만 생각해 볼 때가 있습니다. 뚜렷하게 알거나 보기는 어렵지만, 곰곰이 헤아리기도 합니다. 앞으로 어떤 일이 생기려나 내다보기도 하고, 미리 짚기도 하지요.

모르지만 생각해 보는 일을 '어림'이라고 해요. "어림해서 말한다"는, 잘 알거나 뚜렷하게 밝히지는 못하겠지만, 이럭저럭 그러하지 않겠느냐고 생각한다는 뜻입니다.

* 어림·어림하다
* 얼핏·얼추

어림하듯이 살짝, 잘 모르겠어도 문득 보거나 느끼거나 생각할 적에 '얼핏'이라고 말해요. "얼핏 본 듯하지만 제대로 못 봤어"라 하지요. "얼핏 든 생각인데 말이야"라 하고요.

어림하려는 마음이니 "얼추 그러하지 않을까"나 "얼추 셈을 하니 그 값이 나온다"라 하지요. 똑똑히 말할 만하지 않으나, 생각을 기울인다는 마음씀을 드러내는 말씨예요.

* 어리둥절·어리보기·어리석다
* 얼떨떨·얼떨·얼떨결·얼뜨다

이 '어림'은 가지를 치고 줄기를 뻗어 '어리둥절'이나 '어리보기'로도 나아갑니다. 잘 몰라서 어떻게 생각해야 할는지 헤매는 모습인 '어리둥절'이에요. 내내 잘 모른다든지, 어떻게 생각해야 할는지 모르는 사람을 가리켜 '어리보기'라 합니다. '어리석다'고 할 테지요.

이런 모습을 놓고 비슷하게 '얼떨떨하다'나 '얼떨하다'로 나타내는데요, '얼 + 떨'인 이 말씨는, '떨다·떨어지다' 두 갈래로 읽을 만합니다. 그야말로 헤매는 판입니다. 이리하여 '얼뜨다'처럼 나타내기도 하고, 얼뜬 사람을 '얼뜨기'라는 이름으로 가리킵니다.

* 어리다·어린
* 여리다·여릿여릿

이처럼 "잘 모르는" 모습을 가리키는 여러 낱말은 '어리다'에서 비롯해요. '어리다'는 나이가 적을 적을 가리키기도 하고, 뚜렷하지는 않지만 흐리게 보이는 듯할 적을 가리키기도 합니다.

나이가 적은 사람을 '아이·어린이'라 하는데, 아직은 작기에, 아직은 잘 모르기에, 아직은 앞으로 나아갈 길을 뚜렷이 그리지 않는 삶이기에, 이러한 이름이네 싶습니다. 다시 말하자면, 아직은 잘 모르기에 앞으로 신나게 배우면서 차곡차곡 슬기를 쌓아 기쁘게 피어날 숨결인 '아이·어린이'입니다. 아직은 앞으로 어떻게 살아가는지 모르나, 새롭게 배우고 익히고 가다듬어서 신나게 날아오르려는 '아이·어린이'예요. "눈물이 어리다"라고도 하는데, 눈물이 살짝 나온다는 뜻입니다.

그리고 어린 사람이나 숨결은 '여리다'로 이어요. 아직은 몸이 작고 힘이 적듯, 힘이 세지 않거나 부드럽거나 빛깔이 좀 또렷하지 않구나 싶다고 할 적에 '여리다'로 가리켜요.

* 어른어른하다·어른·아른아른하다
* 어릿어릿하다·어린·어렴풋하다

그런데 잘 보이지는 않되 살짝 보이려 하는, 흐리지만 알아볼 수 있으려나 싶은 느낌을 '여릿여릿'에 이어 '어른어른·아른아른'으로도 나타내요. 어라? '어린'하고 '어른'이 맞물리는군요.

네, 그럼요. 어린이가 커서 어른이 되는걸요. 올챙이가 개구리 되듯, 어린이는 어른이 되는데, 몸은 바뀌어도 '얼'은 하나예요. 얼은 언제나 한빛으로 흐르는 같은 사람이자 숨결이요 목숨이랍니다. 그래서 말끝 하나를 바꾸어 '어린(어린이)·어른'랍니다. 두 낱말 모두 '얼 + 이(사람)' 얼개예요. 어린(어린이·아이)은 얼빛이 앞으로 어떻게 나아갈는지 아직 잘 모르는 사람이요 숨결이라면, 어른은 얼빛이 또렷하게 서면서 스스로 삶을 짓는 듬직한 사람이요 숨결 이란 뜻입니다.

어버이

어머니 | 아버지 | 가시버시 | 갓벗 | 엄마아빠 | 어른 | 어린이

한자말을 가만히 보면, 사내랑 가시내를 아우를 적에 으레 사내를 앞세웁니다. '부모(父母)'나 '부부(夫婦)'나 '자녀(子女)' 같은 낱말을 보면 쉬 알 만합니다. 이런 한자말 씀씀이를 못마땅히 여기면서 낱말책에 없는 '모부(母父)'를 쓰는 분이 있어요. 이렇게 쓴대서 틀리지는 않습니다만, 어쩐지 아쉽습니다. 굳이 한자말만 쓰려고 하니까 말씨가 걸리게 마련이에요. 쉽고 부드러울 뿐 아니라, 오래도록 우리 스스로 가꾸고 지으며 돌본 살림이 흐르는 말씨를 생각해 보면 눈을 확 뜰 만해요.

* 어버이
* 어미·어비
* 어머니·아버지

우리말은 어떤 얼개일까요? 우리말도 한자말처럼 사내를 앞세우고 가시내를 뒤세울까요? 우리말 '어버이'는 한자말로 '부모'인데, '아비(어비) + 어미'나 '어미 + 아비(어비)' 얼개라 할 만합니다. 또는 "어 + 버 + 이"로 읽어 "어머니 + 아버지 + 사람"으로 헤아릴 만합니다.

'어미·어매·어머니·어무이·오매·오마니·엄마'요, '어비·어배·아비·아배·아버지·아바이·아바니·아빠'입니다. 어머니라는 이름은 '어미(엄·암)'가 바탕이라면, 아버지라는 이름은 '아비(아바·압)'가 바탕입니다. '어 + ㅁ'이라는 결에서는 '얼'을 바탕으로 '엄니·엄지'에서 '으뜸(머리)'을 읽고, '아 + ㅂ'이라는 결에서는 '알'을 바탕으로 '앞(머리)'을 읽습니다. 어머니도 아버지도 아이 곁에서는 '우(위·머리·으뜸·앞)'이게 마련인데, '암·수'라는 대목이 다를 뿐입니다.

해마다 5월 8일을 '어버이날'이라고 해요. '부모날'이라 하지 않습니다. 그렇지만 '어버이날'이란 이름을 쓰면서 정작 우리말 '어버이'를 제대로 들여다보면서 마음으로 새기는 분은 뜻밖에 매우 적구나 싶어요.

우리말은 가시내를 앞에 둡니다. 사내는 뒤에 서요. '가시내 + 사내'인 얼개이지요. 사내만 앞세우는 한자말 '부모'가 못마땅하다면 '모부'처럼 한자말을 바꾸기보다는 우리말 '어버이'나 '엄마아빠'를 쓰면 됩니다. 이러면서 우리말이 얼마나 오래오래 '가시내를 아끼고 헤아리는 삶결'이었는가를 생각할 노릇입니다. 한자말을 붙잡으면서 '모부'처럼 바꿔 쓰자고 해봐야 덧없다고 느낍니다. 그러면 '부부(夫婦)'는 어떡하나요? '부부(婦夫)'로 한자 자리를 바꾸면 될까요? 아니지요.

* 가시버시
* 가시내·버시내
* 갓·벗

　우리말 '가시버시'는 한자말로 하자면 '부부'입니다. 이 낱말도
가시내가 앞에 서요. 말밑을 살피면 '갓(가시내) + 벗(버시내·사내)'
인 얼개입니다. '어버이'하고 '가시버시' 두 낱말이 가시내를 앞에
둔다는 말살림은 어떤 이야기를 들려줄까요? 우리는 이 두 말씨를
바탕으로 어떤 삶자국을 엿볼 만할까요?
　아이가 어버이를 바라보면서 부르는 말씨도 생각해 봐요. 또 어
버이가 아이를 바라보면서 부르는 말씨도 생각해 봅니다.

* 엄마아빠·아빠엄마
* 딸아들·아들딸

　으레 '엄마아빠'처럼 말합니다. 때로는 '아빠엄마'처럼 말하지
요. 우리말로는 둘 다 씁니다. '딸아들'하고 '아들딸'을 나란히 써요.
비록 국립국어원 낱말책에는 '아들딸'만 올림말로 나옵니다만, 여
느 삶자리에서는 '딸아들·아들딸'을 나란히 씁니다. 말글을 다루는
벼슬아치(공무원)가 우리 삶결을 아직 찬찬히 안 읽은 탓에 '딸아
들'이 낱말책에 안 실렸을 뿐입니다.
　어깨동무(여남평등 또는 남녀평등)로 가는 길이란 누가 앞에 서

느냐 뒤에 서느냐 하는 금긋기가 아닙니다. 입으로는 '어버이·가시버시'란 낱말을 쓸 줄 알아도, 살림하는 자리에서 서로 아끼는 숨결이 없다면 부질없어요. 말이란 언제나 살림자리에서 태어나게 마련이니, 우리 살림자리에서 슬기롭고 사랑스레 어깨동무를 하면서 말빛을 가꾸기를 바랍니다.

* 어른·얼·알
* 어린이·아이·어리다·여리다

아이를 낳아 사랑으로 돌보는 슬기롭고 착하며 참한 사람이라 아름답기에 '어버이'라는 이름을 붙입니다. 아이를 낳되 사랑이 없거나 돌보지 않거나 안 슬기롭거나 안 착하거나 안 참하다면 아직 '어버이'가 아닙니다. 이때에는 철딱서니없이 나이만 먹고서 늙은 사람입니다.

아이를 낳든 안 낳든 '여린' 사람을 사랑하고 돌볼 줄 알면서 슬기롭고 착하고 참한 사람이라면 '어른'이라고 해요. 어리거나 여린 사람을 곱게 품는 얼(마음빛)이 환하기에 어른입니다. 이 '얼'이란 마음을 비추는 빛이면서, 새롭게 사람(사랑)을 낳는 씨앗(알)입니다.

어른이라면 얼(알)이 빛나서 사랑을 속삭일 만한 그릇이 되는 사람입니다. 아이(어린이)라면 얼(알)이 빛나는 길을 어른 곁에서 지켜보고 배우고 물려받으면서 무럭무럭 자라 새롭게 빛나며 사랑을 속삭일 그릇인 사람입니다.

우리말로 서로 만나고 이야기하면서 우리 살림을 가꾸는 빛을 찾습니다. 우리말로 서로 아끼고 품으면서 우리 사랑이 삶으로 녹아드는 길을 가꿉니다.

그리고 사람뿐 아니라 뭇숨결을 아우를 적에는 '암수'라 합니다. '암 + 수'예요. '암컷 + 수컷'이요, '암술 + 수술'입니다. 여러모로 보면, 우리말을 억누르고 중국한자말이나 일본한자말을 앞세우던 예전 임금·벼슬아치·글바치는 우리 숨결을 억누르면서 말빛을 빼앗으려고 했구나 싶습니다. '어버이·가시버시·암수·엄마아빠·딸아들'이라는 오랜 말마디에 서린 밑뜻을 고이 헤아리면서 함께 어깨동무하는 사랑길을 새롭게 바라보고서 품는 오늘말 한 마디를 빛낼 수 있기를 바랍니다.

우람

우렁차다 | 우레 | 우글 | 우르르 | 웅성 | 우거지다 | 울컥 | 울다
웃다 | 우쭐 | 위 | 아람 | 아름

갓 태어난 아기가 몸집이 크고 묵직할 적에 한자말로 '우량아'라 합니다만, 우리말로는 '우람하다'를 씁니다. '우람아기'라 할 수 있고, '우람이' 같은 이름을 널리 씁니다.

둘레하고 나란히 놓고 볼 적에 몸이나 높이나 부피나 소리가 남을 넘어서는구나 싶을 적에 '크다'라 합니다. 클 뿐 아니라 힘이 있구나 싶으면 '우람하다'를 써요.

* 우람하다
* 우람이

'우람'이란 이름을 붙일 적에는, 튼튼하게 잘 크기를 바라는 어버이 마음이 흐릅니다. 잘 먹고 아픈 데 없이 무럭무럭 자라라는 뜻을 이 이름에 담는다고 할 만합니다.

* 우렁차다·우렁우렁

* 우레·천둥

'우람' 곁에는 '우렁차다'가 있어요. '우렁우렁'이라고도 하는데, 소리가 매우 큰 결을 나타냅니다. "목소리가 우렁차구나"라든지 "우렁우렁 노래하니 쩌렁쩌렁 울린다"고 합니다.

하늘에서 콰콰쾅 크게 소리가 울리면서 번쩍번쩍 빛줄기가 내리꽂을 때가 있어요. '천둥'이라고도 하며, '우레'라고도 합니다. 소리하고 빛이 커다랗게 하나인 '우레'예요. 요즈음은 "우레같이 손뼉을 친다"처럼 흔히 씁니다. 기쁘거나 반기거나 기리는 자리에서 사람들이 한꺼번에 크게 소리를 내거나 손뼉을 치는 결을 '우레같다'로 나타냅니다.

* 우글우글·와글와글·왁자지껄
* 우르르·와르르
* 웅성웅성

소리가 아닌 몸짓이 크고 많을 적에는 '우글우글·와글와글'을 써요. 우글우글 모이지요. 우글우글 모이는데 시끄럽게 구는 듯하다고 할 적에는 '지껄이다'를 붙인 '왁자지껄'입니다.

우르르 쏠리면서 물결을 쳐요. 펄펄 끓으며 우르르 넘치려 합니다. 쌓인 것이 무너질 적에 우르르 무너진다고 합니다. 물결이 크게 쏟아진다든지 우레가 떨어지는 큰소리도 '우르르'라 하고, '와르르'

는 조금 더 큰 결입니다. '와그르르'처럼 쓰기도 합니다.

사람이 잔뜩 모여서 자꾸 떠들 적에는 '웅성웅성'입니다. '우'가 깃든 낱말은 이렇게 크거나 많거나 높게 자꾸 이어가는 결을 그려요.

* 우거지다
* 울컥·왈칵
* 울다·웃다

풀이나 나무가 많다고 해서 '우거지다'라 합니다. 풀이며 나무가 잘 자라서 많은 모습을 나타내요. 풀이 우거지면 풀숲이요, 나무가 우거지면 나무숲입니다. 우리말 '숲'은 풀이나 나무가 우거진 자리를 가리키는 이름이에요.

어떤 마음이 갑자기 크게 일어나기에 '울컥·왈칵'을 씁니다. 속에서 뭔가 크게 넘어올 적에도 '울컥·왈칵'을 써요. 짜증이 울컥 치밀고, 기쁨이 왈칵 샘솟습니다. 속이 더부룩해서 울컥울컥 게워요.

우레가 내는 커다란 소리처럼 쏟아지는 소리인 '울다'입니다. 슬프거나 힘들어서 왈칵왈칵 쏟아지는 소리이기도 하고, 일이 뜻대로 되지 않거나 막히기에 내는 소리이기도 합니다. 새나 개구리나 풀벌레가 들려주는 노래를 '울다'로 가리키고, 바람이 내는 커다란 소리도, 전화가 오면서 크게 내는 소리도 '울다'로 가리켜요. 때로는 "주먹이 부르르 운다"처럼 쓰면서, 속에서 끓어오르는 마음을 나타내기도 합니다.

받침 'ㄹ'이 붙을 적에는 물이 흐르는 소리처럼 '노래'를 나타낸다고 할 만합니다. 받침 'ㅅ'이 붙은 '웃다'는 사뭇 달라요. 커다랗게 터뜨리되 기쁘거나 즐겁거나 재미나거나 가벼운 마음을 와락 내보이는 '웃다'예요. 뜻한 대로 잘 나아가는 길이나 일도 가리키는데, '비웃다'처럼 안 좋게 웃는 결로 뻗어가기도 합니다.

* 한울·하늘
* 울·울타리·우리
* 우쭐거리다
* 우·웃·위

'우·울'은 커다랗게 드러나거나 내놓는 결이나 모습을 그리는데, '하늘'을 뜻하는 오랜말 '한울'에서 실마리를 엿볼 수도 있습니다. 하늘이란 얼마나 크고 넓은가요? '우·울'은 이러한 속내를 드러냅니다.

이 '울'은 너랑 나를 아우르는 이름인 '우리'를 줄인 낱말이기도 하면서, 가두는 곳인 '우리(돼지우리·닭우리·소우리)'를 줄인 낱말이기도 해요. '울타리'란 크게 품거나 안거나 감싸는 곳입니다.

'자랑하다'하고 비슷한 '우쭐거리다'는 어깨를 들썩들썩하며 힘 있는 몸짓입니다. 춤을 추는 몸짓이기도 하고, 어깨를 들썩이며 "내가 너보다 높다"로 내세우려고 하는 몸짓이기도 해요.

위(우)로 쭉쭉 뻗듯 춤추는 결인 '우쭐'이에요. '우 = 위'로 이어 갑니다. '웃자라다·웃통·웃판·웃사내·웃돈·웃나이·웃거름·웃돌다'요, '위쪽·윗도리·윗몸·윗사람·윗옷·윗칸'입니다. 더 높다고 하는 '우·웃·위'인데, 더 높은 데는 바로 '한울·하늘'입니다. 우레가 떨어지는 그곳인 한울·하늘이 높다랗고 커다랗습니다.

* 아람·보람·가람
* 자람·자라다

'우람'처럼 '-람'이 붙는 다른 낱말로 '아람'에 '보람'에 '가람'이 있어요. 잘 익어서 떨어질 때가 된 밤이나 상수리나 도토리가 '아람'이에요. 잘 보도록 해놓은 자국인 '보람'이고, "즐겁거나 반갑거나 기쁘거나 좋게 받거나 얻거나 돌아오는 빛"인 '보람'입니다.

멧골에서 솟는 샘물이 흘러 냇물을 이뤄요. 이 냇물이 모이고 모여 커다랗게 이룰 적에는 '가람'입니다.

'자라다'를 '자람' 같은 꼴로 바꾸어 '자람결·자람새'처럼 쓰고, '자람마디(생장점)'처럼 살려쓸 만한데, 몸집이 '커다랗게' 나아가는 결을 가리키는 '자라다'예요. '옷자락' 같은 데에 붙는 '자락'은 넓게 퍼지는 결을 나타냅니다.

이렇게 헤아려 보면 '우람 = 우 + 람'이요, '하늘 + 큼'을 품은 낱말이로구나 싶습니다.

＊ 아름·아름드리
＊ 아름답다

　‘우람’이라는 낱말을 하나하나 짚노라니 ‘아름·아름답다’에 ‘아름드리’라는 우리말을 새삼스레 돌아볼 만합니다. 우리말은 ㅏ ㅓ ㅗㅜ가 맞물리거든요.

　두 팔을 크게 벌려서 안는 둘레·길이·부피·크기를 ‘아름’으로 나타내요. ‘아름’이 넘을 적에 ‘아름드리’라 합니다. “아름드리 잣나무”라든지 “아름드리 느티나무”처럼 써요. 그런데 ‘아름드리’로 여기는 커다란 살림이나 나무나 숲을 바라볼 적에는 ‘아름답다’를 시나브로 떠올릴 만해요.

　‘아름 + 답다’이니, 우리가 두 팔을 활짝 벌려서 반갑거나 기쁘거나 즐겁게 안을 만한 결을 나타내고, ‘아름살림’이나 ‘아름길’처럼 새롭게 쓰면서 우리가 살아가는 오늘을 한결 넉넉하면서 든든히 북돋울 만해요.

　‘아름’은 우리(내)가 스스로 팔을 벌려서 안는 결을 나타내요. 크게 안아서 ‘한아름’이라고 합니다. 곧 ‘우리가 스스로·내가 스스로’ 커다랗거나 넉넉하게 짓는 결인 ‘아름·아름드리·아름답다’요, ‘아름답다 = 나답다’로 견주는 자리에 쓰기도 합니다.

우리

울타리 | 가두리 | 울다 | 웃다

우리말에서 '우리'는 뜻이며 결이 재미납니다. 혼자 있을 적에는 '나'이지만, 혼자 있을 적에도 "우리 집"이나 "우리 어머니"나 "우리 오빠"처럼 씁니다. '우리말·우리나라'란 낱말에도 깃드는 '우리'인데, 이 '우리'는 두 갈래로 쓰면서 다르기도 하면서 닮기도 해요.

때로는 하나로 품으면서 포근하다면, 때로는 억지로 갈라서 가두지요. 소리가 같으며 밑바탕이 같은데 쓰임새는 엇갈리는 셈일까요? 어쩌면 그럴는지 모릅니다. 이와 달리 다른 자리 다른 쓰임새라 하더라도 처음에는 '가르다·가두다'가 오늘날처럼 짓누르거나 억누르는 몸짓하고는 달랐다고 여길 만해요.

같이 있으려고 하기에 '가다'라 하고, '가'를 똑같이 말밑으로 삼아서 '가르다·가두다'를 쓰기도 해요. 처음은 '같이(함께) 있다'에서 비롯하는 '가'입니다. 그런데 하나에서 둘로 되면서, '가르다(나누다)'처럼 새말이 가지를 쳐요. '가지(나뭇가지)'도 말밑이 같아요. 갈린(가르다) 줄기이기에 가지예요.

* 우리·우리들
* 닭우리·소우리·돼지우리
* 가두리

 "우리 집"이나 "우리 어머니"는 집에 혼자 있더라도 '집 + 나'를 묶어서 '우리'를 쓰고 '어머니 + 나'를 엮어서 '우리'를 씁니다. 너하고 내가 말다툼을 하거나 놀이를 할 적에도 '우리'예요. '나'는 틀림없이 하나이지만, 내가 바라보는 짝이 있기에, 이 짝이 사람이든 돌이나 풀꽃나무나 구름이더라도 '우리'를 쓰곤 합니다.

 나는 언제나 하나이되, 나를 이루는 숨결이 이 땅에서 살아가자면 혼자서는 있을 수 없다는 뜻이나 결을 '우리'로 나타내지요. 그래서 "우리별(지구)이 아름답구나"처럼 '우리'를 씁니다. 힘줌말로, 또 여럿이 있다는 뜻에서 '-들'을 붙여 '우리들'이라고도 해요.

 가두는 곳인 '닭우리·소우리·돼지우리'인데, 오늘하고 다르게 옛날에는 집짐승을 사람하고 똑같은 목숨으로 삼았습니다. '한집목숨'으로 여겼어요. 그런 뜻에서 짐승을 두는 곳도 '우리'라고 했어요. 얼핏 본다면, 밖으로 나가지 못하도록 '가두다'라는 뜻인 '짐승우리'인데, 참말로 가둘 적에는 '가두리(가두다 + 우리)'처럼 딴말을 씁니다.

 짐승을 '먹이(고기밥으로 삼을 살덩이)'로 바라보기보다는 '곁지기·곁짐승'으로 바라보면서 지은 헐거운 울타리이기에 '우리'예요. 지난날 '우리(닭우리)'는 '둥지'하고 닮아요. 새가 나뭇가지로 둥글게 엮는 집인 '둥지'이고, '둥우리'라고도 합니다. 빠져나가려면 얼마든지 빠져나갈 만큼 허술하다고 할 만한, 그러니까, 집짐승을 아끼면서 품으려는 터전인 '우리'입니다.

그리고 멧자락이 높이 솟으면서 둘레를 아우르는 '봉우리·멧봉우리'가 있어요. 꽃이며 잎이 새로 나려고 몽글몽글 뭉치듯 어우르는 '몽우리'가 있습니다. 크게 하나로 아우른다면 '한우리'라고 할 만합니다.

* 울·울타리

'울·울타리'도 그래요. '바자울'이란 말이 있는데요, 갈대나 싸리처럼 가볍고 길다란 대(줄기)를 엮어서 세운 자리예요. 바람도 짐승도 드나들며 매우 헐겁지요. 손으로 치면 부서지거나 구멍나거나 넘어질 만합니다. 이곳하고 저곳을 가르려고 가볍게 둔 금(줄)이 '울·울타리'입니다.

'우리'를 줄여 '울'이라 하는데, 이 '우리·울'은 품는 곳을 나타내기도 하면서, 가없는 하늘을 빗대기도 해요. 두 팔을 벌려 하늘을 품는다고 해요. 얼핏 보면 팔을 벌린 모습이지만, 마음을 싱그럽고 시원하게 틔우려고 팔을 벌리면서 품는 곳은 바로 "가없는 하늘"이랍니다.

너른 마음이 되려고, 너른 숨빛이 되려고 '울(우리)'을 받아들이는, 다시 말하자면 나하고 하늘을 하나로 엮어서 '울(우리)'이 된답니다.

크게 물결치기에 '너울'이라 하고, 줄여서 '놀'이라 하는데, 아침 저녁으로 하늘에 크게 번지는 빛물살인 '노을'도 줄여서 '놀'이라 합니다.

* 울다·웃다

이러한 '우리·울'은 어느새 '울다·웃다'하고 맞물려요. '우'가 말밑일 텐데, '우·우리·울'이 나란히 갑니다. 자, "우 + ㄹ"하고 "우 + ㅅ" 이겠지요? 'ㄹ'은 노래(즐거움)를 나타내고, 노래란 소리랑 흐름을 그대로 담아내는 결인데, '물'을 보며 이러한 말밑이 솟아요. 물이 흐르면서 내는 소리를 노래라고 여긴 삶입니다. '울'면서 슬프기도 하지만, 울기에 마음에 맺힌 응어리나 티끌이나 고름이나 멍울을 씻어내요. 마치 빗물이 온누리를 적시거나 씻기듯, 눈물을 짓는 울음(울다)은 마음을 씻는 노래가 된답니다.

웃는 일에서 'ㅅ(씨앗)'은 'ㅇ(알)' 같은 구실을 해요. '씨앗 = 사랑'이에요. 사랑하는 사이일 적에 새롭게 태어나는 조그맣고 까만 알이 씨앗입니다. 우리가 함께하는 마음으로 품는 사이가 되기에 새롭게 이야기가 피어나면서 웃어요. 울음은 다독이고 달래면서 씻는 노래길이라면, 웃음은 피어나고 솟아나면서 즐기는 노래길이에요.

이름

일컫다 | **일구다** | **이르다** | **이루다** | **일하다** | **여름짓다** | **열매짓다**

처음 보는 사이라면 으레 "이름이 뭐야?"나 "이름이 뭐니?"나 "이름이 뭡니까?"나 "이름은 무엇인가요?" 하고 묻습니다. 이름을 알지 않고서야 서로 부르지 못해요. 언제까지나 "저기요"나 "이봐"나 "야" 하고 부를 수는 없거든요.

＊ 이름
＊ 일홈

오늘날 우리가 쓰는 말꼴은 '이름'이되, 지난날에는 '일홈'이라 했다지요. 그런데 '지난날'이란 1500년 무렵부터 종이에 적힌 글을 이릅니다. 더 앞서는 어떻게 말했는지 적힌 자취가 없고, 무엇보다 고장마다 어떻게 달리 말했는지 알 길이 없다고 해요.

'일홈'이란 옛꼴은 '일컫다'로 잇는 말씨라고 합니다. 이름을 지어서 부르거나 누구나 무엇을 가리킬 적에 쓰는 '일컫다'는 어디에 뿌리를 둘까요?

* 일컫다

* 이다·일다·일으키다·일구다

* 가다·갈다 ㄱ·ㄴ·ㄷ

* 가르다·가로다·가라사대

* 호다·홑·홀·혼·호미

  '일홈'은 '일 + 홈'으로 뜯을 테고, '이·일'을 앞자락으로, '홈·컫다·호다·쿠다'를 뒷자락으로 둡니다. 뼈대는 '이·일'인데, '이다'라하면 짐을 얹는 몸짓이요, '일다'라 하면 물결이 움직이는 결입니다. '이·일'을 '이다·일다'로 뻗으면서 '일으키다'로 잇고 '일구다'를 떠올리면, "지어서 부르거나 가리키다"라는 실마리에 살짝 다가섭니다.

  짐을 이거나 물결이 일 적에는 '가는' 결입니다. '일컫다·일구다'를 곰곰이 본다면, 땅을 일군다고 할 적에 쟁기나 호미를 쓰는 대목을 엿볼 만해요. 땅을 콕콕 호는 몸짓으로 쓰는 연장인 '호미'입니다. 땅을 호기에 '홈'이 납니다. 바느질을 할 적에 '호다'란 낱말을 써요.

  요새는 잘 안 씁니다만 '가로다'라는 낱말이 있어요. '말하다'를 뜻하지요. '가라사대'라고도 해요. "어느 분이 가라사대"처럼 쓰지만, 이 말씨도 이제는 예스럽습니다. '가로다·가라사대'는 '갈다'라는 말꼴이요, '갈다'는 "바꾸다"라는 뜻으로 쓰는 낱말이 있고, "날카롭게 하다"라는 뜻으로 쓰는 낱말이 있으며, "땅을 파서 뒤집다"라는 뜻으로 쓰는 낱말이 있어요. 뜻으로 보면 "바꾸다·날카롭게 하다·땅을 파서 뒤집다"는 맞물립니다.

이름을 붙이면서 이쪽하고 저쪽을 '가릅'니다. 말을 하기에 이 생각하고 저 생각이 같지 않다고 '가르'지요.

이쪽에서 저쪽으로 있도록 움직이기에 '가다'란, 자리를 '바꾸는' 길이에요. 바깥말(외국말)을 우리말로 '옮기는' 일을 '바꾸다'란 낱말로도 가리키는데, 저쪽 말이 이쪽 말로 '가는(오는)' 결이지요. '가다·갈다'는 몸짓이나 일뿐 아니라 말하고 자리를 "새롭게 펴는(움직이는)" 결을 나타내는 말밑이라고 하겠습니다. '일다·일구다'도 멈추거나 고요하던 자리에 "새롭게 펴거나 나타나도록 하는(움직이는)" 결을 밝히고요.

* 이르다 ㄱ (말)·일러바치다·이야기·이바구·잇다
* 이르다 ㄴ (때)·이른·일찍·이미
* 이르다 ㄷ (곳)·이르러·이루다·이룩하다·닿다·다다르다

오늘날은 '일훔'도 안 쓰고 '가로다·가라사대'도 옛말로 삼습니다. 오늘날은 '이르다'를 써요. '이르다'는 말하고 때하고 곳, 이렇게 세 갈래로 쓰는데, '일컫다'에 '일러바치다'가 맞물리고, '이야기·이바구'가 맞물려요. 말이 외(홀)로 터지는 길에서 그치지 않는 결을 나타내는 '이르다'는 '잇다'라는 뜻하고 결을 품습니다.

"때가 이르다"라 할 적에는 "아직 하기에 일러"나 "이른아침부터 왔네"처럼 써요. '일찍'하고 '이미' 같은 낱말로 잇습니다. 무엇을

하기에는 덜 무르익었다는, 더 있어야 한다는 결을 그려요.

"곳에 이르다"는 "냇물은 어느새 바다에 이르러"나 "신나게 걸어서 이른 곳"처럼 씁니다. 비슷한말로 '닿다·다다르다'가 있어요. 이곳을 나와서 저곳으로 가서 있는다고 하는 결을 그립니다. 이러한 뜻하고 결은 '이루다·이룩하다'란 낱말로 이어요. '곳'이란 "갈 곳(목적지)"이면서 "할 곳(목표)"입니다. 마음에 품은 꿈이 다 되었다고 하는 '이루다'는 '이르다(곳)'하고 짝꿍이에요.

* 일·일하다
* 이름짓다·이름하다
* 여름짓다·여름하다
* 열매짓다·여름하다

'일구다'라는 낱말은 '일'이 뼈대요, '일다·일으키다·일어나다'도 '일'이 바탕입니다. 새롭게 펴거나 하는 몸짓을 나타내는 이 말씨는 외따로 '일'로 쓸 적에 '할거리·지을거리'를 가리켜요.

"일하다 = <u>스스로</u> 새롭게 짓거나 이루거나 나타나도록 하다" 같은 결이라고 읽어낼 만합니다. '이름·일컫다·이르다'도 이와 매한가지예요. 우리가 누구·무엇을 보면서 "'이름'을 붙인다"고 할 적에는 "'말'한다"는 뜻이요, 아직 누구·무엇을 가리킬 '이름·말'이 없다고 할 만하기에 새롭게 붙여서 부른다는 뜻입니다.

'이름짓다 = 이름하다'입니다. '일구다 = 일하다'예요. 오늘날 여러 일거리가 아닌, 이 오랜 우리말이 태어난 지난날을 떠올리기로 해요. 지난날 사람들이 말한 '일'이란 '들일'하고 '집안일'입니다. '들일 = 논밭일 = 논밭짓기'입니다.

논밭을 짓는 일을 지난날에는 '여름짓다·여름하다'로 나타냈어요. '여름지이·여름지기'는 한자말 '농부·농사꾼'을 가리키던 오랜 우리말입니다.

'여름'은 봄하고 가을 사이에 있는 철을 가리키면서 '열매'를 나타냅니다. 곧 '여름짓다 = 열매짓다'요, '여름지이 = 열매지이'인데요, '이름짓다·여름짓다·열매짓다'는 '일컫다·이르다·이름'하고 이런 얼개로 맞닿습니다.

* 스스로 숲에서 사랑으로 일구어 살림을 이루면서
  지은 삶
* 말·때·곳이 삶으로 하나

우리가 쓰는 모든 말은 삶이라는 자리에서 태어납니다. 삶을 짓기에 이 삶을 그릴 말을 생각해서 나눕니다. 말은 누구나 스스로 짓습니다. 스스로 들을 사랑하고 보금자리(집)를 사랑하는 수수한 사람들이 저마다 살림을 짓는 동안 문득 생각해서 아이한테 들려주고 물려주는 마음으로 일군 빛줄기 같은 소리가 '말'이요 '이름'입니다.

하나하나 짚는다면 '말·이름'은 아무렇게나 태어나지 않습니다.

'말·때·곳'이 삶으로 하나로 어우러질 적에 비로소 태어나요. '이르는 말·이르는 때·이르는 곳'이, 삶자리에서 스스로 살림을 짓는 사랑으로 열매를 맺으면서 이루는 빛나는 소릿가락이 '말·이름'이라고 하겠습니다.

이물·고물

이랑·고랑 | 이끌다 | 이마 | 고분고분 | 곰비임비

배를 타면 앞하고 뒤를 가릅니다. 앞은 '이물'이라 하고, 뒤는 '고물'이라 해요. 이물이란 이름을 붙인 앞은 물살을 가르면서 나아가는 쪽이라면, 고물이란 이름을 붙인 뒤는 물살이 퍼져나가면서 무게를 받치는 쪽이라 할 만합니다.

　밭을 지을 적에는 높이는 데하고 낮추는 데가 있어요. 높이는 데에 심고, 낮추는 데에는 물이 흐르도록 합니다. 빗물이 고이지 않도록 '고랑'을 두어서 빠져나가도록 하고, '이랑'을 지어 든든히 자라도록 합니다.

＊ 이물
＊ 이랑
＊ 일다·이다
＊ 이끌다
＊ 이·임금·님
＊ 이마
＊ 잇다

‘이물·이랑’은 ‘일어나’는 쪽입니다. 짐을 ‘이다’라고 하는데, 위나 앞을 바라보는 결이에요. ‘이끌다’라는 낱말에 붙는 ‘이’도 매한가지인데, ‘이-’는 ‘잇’하고 맞물려요. 이쪽에서 저쪽으로 가도록 하는 ‘잇다’하고 같은 얼거리인 ‘이끌다’입니다.

이끌어 가면서 앞이나 위에 있다고 여기는 사람을 ‘임금’이라 해요. 옛말은 ‘님금’입니다. 우리 몸에서 머리 가운데 앞쪽을 ‘이마’라 합니다. ‘이마 = 앞머리’이기도 합니다. ‘임·님’은 서로 맞물려요. 앞으로 모시고 싶으며 위로 섬기고 싶은 사람이기에 ‘임·님’입니다.

* 고물
* 고랑
* 꼬리·꽁지
* 꽂다·꽃
* 꼬물꼬물·고분고분

‘고물·고랑’은 ‘꼬리’인 쪽입니다. ‘꽂다’라 할 적에는 밑으로 파고들어요. 뿌리를 든든히 이루는 자리이니, 바탕이라고 하겠습니다. 밑이며 바탕을 이루면서 묵직하게 받치기에 ‘고물’입니다. 이랑에 심은 푸성귀가 잘 자라도록 빗물이 알맞게 흘러나가는 밑자리인 ‘고랑’이에요.

뒤쪽에 붙는 ‘꼬리’에 ‘꽁지’인데, 뒤쪽에서 몸을 든든히 받치는 몫이라고 할 만해요. 씨앗에 싹이 트고 뿌리가 내리고 줄기가 오르고 잎이 나면 비로소 '꽃'이 피어요. 풀꽃나무는 끝으로 가는 길에 꽃이 피어야 비로소 새롭게 씨앗을 맺는 열매로 무르익어요.

밑바닥을 '꼬물꼬물' 기어갑니다. 하늘(위쪽)에서 꼬물꼬물 기지 않아요. 앞에서 하는 대로 뒤에서 '고분고분' 따르지요. 앞장서면서 고분고분 따르지 않습니다.

* 곰비임비·곰배님배

'곰비임비'를 평안도 사투리로 '곰배님배'라고도 합니다. 이 낱말은 거듭 쌓이거나 꾸준히 일어나는 결을 가리켜요. 앞에서 이끌고(임비·님배), 뒤에서 거드는(곰비·곰배) 결을 그리는 낱말이라고도 합니다. 낱말을 뒤집어 '임비곰비·님배곰배'처럼 써도 어울립니다.

이곳에서 보면 이쪽이 앞이고 저쪽이 뒤일 텐데, 저곳에서 보면 저쪽이 앞이고 이쪽이 뒤예요. 가르기 좋게 '앞뒤'를 말할 뿐입니다. 먼저 씩씩하게 나서는 결을 든든히 받치기에 함께 나아간다고 하겠습니다.

밑이나 뒤라고 할 '고물·고랑·꼬리'일 텐데, 이러한 자리에서 든든히 받치는 구실을 하기에 더없이 빛나는 '꽃'으로 피어나는구나 싶습니다. 여기에 '꼬마'는 꽃처럼 끝에 있고 작되, 새길로 나아갈 첫사람을 나타냅니다. '꼴찌'도 끝이면서 처음부터 새로 가려는 자리입니다.

이태

이틀 | 이튿날 | 다음날 | 담날 | 닛다 | 잇다 | 르

'둘'은 셈으로 치면 '하나 + 하나'입니다. 둘은 나란히 있거나 짝을 짓는 셈을 가리키면서, 하나랑 하나를 잇는 얼개를 가리킵니다. "두 해"나 "두 날"처럼 쓰기도 하지만, 따로 한 낱말로 묶어서 '이태'랑 '이틀'로 쓰기도 합니다.

＊ 이태
＊ 이틀

'이태'는 "두 해"이면서 "지난해하고 올해, 또는 올해하고 다음 해를 아우르는 말"입니다. '이틀'은 "두 날"이면서 "어느 달에서 둘째인 날"이에요.

어제에 이은 오늘이고, 오늘이 이은 모레(다음)입니다. 어제하고 오늘을 묶으니 '이틀'이요, 지난해하고 올해를 묶으니 '이태'입니다. 어제에 이어 오늘에 이르고, 지난해에 이어 올해에 이르러요. 어제는 오늘로 잇고, 지난해는 올해로 잇지요.

* 이튿날·이듬달·이듬해
* 이다음·이담·그다음·그담
* 다음날·다음달·다음해
* 담날·담달·담해

  잇는(이어가는) 날이자 달이자 해입니다. 그래서 '이튿날·이듬달·이듬해'처럼 날·달·해가 잇는 결을 가리킵니다. 이다음에 오는 날이니 이튿날이고, 이다음에 오는 달이니 이듬달이고, 이다음에 오는 해이니 이듬해입니다.

  낱말책에는 '다음날'만 싣고 '다음달·다음해'는 안 싣습니다만, 우리말은 '날·달·해'를 나란히 나타내도록 붙여쓰는 얼거리입니다. '지난날·지난달·지난해'처럼 '다음-'을 넣는 말씨도 나란히 올림말로 다룰 노릇이에요.

  '다음'은 '담'으로 줄여서 쓰곤 합니다. '담(다음)·그담(그다음)'을 살펴보노라면, 이곳하고 저곳 사이를 막는다는 '담'이지만, 이곳하고 저곳을 막는다고 할 적에는 거꾸로 둘 사이를 잇는다고도 여깁니다. 막기에 잇고, 잇기에 막는 '담'입니다.

  곧 '담'이란 '다음'으로 가는 길이자 길목입니다. '다음날·다음달·다음해(담날·담달·담해)'는 다음(담)으로 가는 날·달·해를 가리키며, 여기에서 저기로 가는 길을 나타내요.

* 닛다·니르다

＊ 잇다·이르다

＊ -르-

　옛말씨를 살피면 '잇다'는 '닛다'요, '이르다'는 '니르다'입니다. 잇는 둘이라서 '이태·이틀'인데, 오늘에 이어서 다음에 닿으려는 날이고, 올해에 이어서 다음에 다다르려는 해입니다.

　이을 수 있으니 흐릅니다. '이르다·흐르다'는 '-르-'로 어울립니다. '나르다'는 짐을 이곳에서 저곳으로 잇습니다. '두르다'는 이곳을 복판에 놓고서 빙그르르 돌면서 잇습니다. '푸르다'는 풀이 돋는 들이 온통 풀빛과 풀빛으로 잇는 숨결을 그립니다. '고르다'는 튀어나오거나 들어간 데가 없이 잇는 몸짓이자, 저곳에 있는 살림을 이곳으로 가져오려고 잇는 몸짓입니다. '부르다'는 저기 있는 너를 여기 있는 나한테 오도록 잇는 소리이자, 이제 넉넉하게 누리면서 삶을 이어가는 즐거움을 나타내는 모습입니다.

　'오르다'라면 이곳에서 하늘을 보면서 잇고, '지르다'라면 여기에서 저곳으로 빠르게 잇습니다. '치르다'라면 새롭게 마주하는 일을 이어서 받고, '사르다'라면 불이 살면서 잇는 길입니다. '모르다'라면 우리 마음이며 머리에 아직 잇지 않은 모습이고, '무르다'라면 물처럼 말랑말랑 부드럽게 잇는 결입니다. '다르다'라면 이쪽하고 저쪽이 이을 수 없이 닫힌 결입니다.

있다

잇다 | 이다 | 이 | 이제 | 이리 | 이녁 | 이빨 | 이다 | 이끌다
이슬 | 잎 | 입 | 임 | 님

삶·살림·사랑을 지으려면 '하다'라는 낱말을 써야 합니다. 삶·살림·사랑을 누리려면 '있다'라는 낱말을 써야 합니다. 삶·살림·사랑을 배우려면 '보다'라는 낱말을 써야 하고, 삶·살림·사랑을 나답게 펴려면 '알다'라는 낱말을 써야 합니다. 삶·살림·사랑을 스스로 생각하려면 '가다'라는 낱말을 써야 하지요.

우리가 쓰는 말은 우리가 짓고 누리고 배우고 펴는 삶에서 비롯합니다. 모든 말에는 모든 삶이 스며서 드러나요. 삶이 무엇을 바탕으로 이루는가를 알려면 아주 밑바탕에 깃든 여러 말씨를 돌아볼 노릇입니다.

* 있다
* 잇다

'있다'라는 낱말이 없다면 아무 말을 못 합니다. '하다·보다·가다"라는 낱말이 없어도 아무 말을 못 하고요. 'ㅆ' 곁에 'ㅅ'을 적어서 나란히 들여다보겠습니다.

이쪽하고 저쪽을 하나로 엮기에 '잇다'입니다. 이곳에서 저곳으로 가기에 '잇다'예요. 우리가 '있는' 자리에서 너머라는 자리에 '있'도록 흐르는 줄기라서 '잇다'입니다.

마음이 있어 생각을 담습니다. 말이 있어 생각을 펍니다. 글이 있어 말을 옮깁니다. 그림이 있어 말글이 없어도 이야기를 펍니다.

＊ 이·그·저
＊ 이제·이날·이때
＊ 이리·이쪽·이곳·이켠
＊ 이녘·이이·이 사람

'이·그·저'로 세 갈래를 나타냅니다. 가까운, 먼, 넘어선, 이러한 자리를 나타낸다고도 하고, 셋 가운데 '이'는 '우리'가 '있는' 자리입니다. "이리 오렴"은 "우리(나)한테 오렴"을 가리킵니다. "이제부터 하자"는 "오늘 우리(내)가 살아가는 때부터 하자"를 가리킵니다. "이날을 기다렸어"는 "우리(내)가 이렇게 오늘을 바라보고 그리던 날을 기다렸어"를 가리켜요.

"이곳에 있으렴"은 "내(우리)가 있는 곳에 있으렴"을 뜻합니다. "이쪽을 보렴"은 "내(우리)가 있는 쪽을 보렴"을 뜻해요. "이때까지 몰랐어"는 "내(우리)가 이렇게 오늘까지 살아오는 동안 몰랐어"를 뜻하지요.

이쪽에 있어 '이녁'입니다. '이이'이지요. "이 사람"을 줄인 말씨입니다. '이녁·이이'는 순이(여성)도 쓰고 돌이(남성)도 씁니다. 순이만 쓰는 말씨가 아닙니다. 따로 높이지도 낮추지도 않는 말씨예요. 높일 적에는 '이분·이님'이고, 낮출 적에는 '이놈·이년·이 녀석'입니다.

* 이·사람
* 이·이빨·나이
* 이·머릿니

'이'는 여러 가지를 가리키는데, 첫째로는 '사람'을 가리킵니다. 다음으로는 '이빨'을 가리켜요. 예전에는 '이·이빨'을 보면서 '나이'를 셌다고 합니다. 이를 보면 어느 만큼 살아왔고 자랐는가를 알 만했다지요. 머리카락이나 털이 수북한 곳에 슬며시 깃들어 꽉 깨물면서 피를 빨아먹는 자그마한 벌레가 있어요. 이 숨결 이름도 '이'입니다. '머릿니'예요.

* -이다·-다
* 이다·지다
* 이다·아니다
* 이다·괴다

'있다'는 '-이다' 꼴로 바꾸어 말끝에 붙곤 합니다. 줄여서 '-다'로도 쓰는데, 참말로 '있다'-이다'-다'가 없이는 말을 못 맺습니다. 그런데 '이다'는 "짐을 이다·짐을 지다"처럼 쓰기도 합니다. "짐을 이다"는 짐을 머리에 놓는 모습입니다.

'이다·아니다'는 '있다·없다'하고 나란하게 쓰는 말결이라고 할 만합니다. '이러하다·아니다'라고 하겠지요.

'이다·괴다'로 맞물리기도 하는데, 배에서 앞뒤를 '이물·고물'이라 합니다. 이는 쪽인 머리는 앞이요 이끄는 데입니다. 고이는(괴는) 쪽은 꼬리(끝)요, 밑이 되면서 뒤를 받치는 데입니다.

* 이끌다
* 이슬·이슬받이
* 잎·입
* 임·님

'나'에서 비롯하는 '이·이제·이쪽·있다·이다'입니다. 나를 바탕으로 바라보는 '이' 얼거리입니다. 앞장서는, 앞에 서는, 앞에서 끌어가는 '이끌다'입니다. '이슬'은 밤이 저물고 새벽이 밝아올 즈음 잎마다 맺는 맑으면서 시원한 물방울입니다. 하루를 맑고 밝게 여는 물방울이고, 첫길을 여는 물빛입니다. 모든 풀꽃나무하고 숲짐승은 이슬을 새벽에 품거나 핥으면서 하루를 싱그러이 살아갑니다.

가만히 보면 이슬은 '잎'에 맺어요. 풀잎이며 꽃잎에 맺지요. 이슬이 맺는 '잎'이란 푸나무가 자라날 적에 뿌리를 내리면서 처음으로 내놓는 자리입니다. 잎(풀잎·꽃잎·나뭇잎)을 첫자리로 내놓으면서 해바람비를 맞아들여서 푸르게 자라난다고 할 만합니다.

푸나무한테는 잎이라면 사람이며 숲짐승이며 헤엄이(물고기)한테는 '입'입니다. 입은 숨을 쉬고 물을 마시는 첫자리입니다. 말을 터뜨리고 노래를 부르는 길목이에요. 눈이 있어 보고, 코가 있어 맡고, 귀가 있어 듣고, 골(뇌)이 있어 생각하고, 입이 있어 마시는 머리입니다.

'이슬받이·이슬떨이'는 '길잡이·길라잡이'하고 비슷하면서 다른 낱말입니다. 새벽을 처음으로 열어젖히면서 길을 새롭게 나서는 사람인 '이슬받이·이슬떨이'예요.

첫자리란 으뜸자리입니다. 이끌면서 빛나고, '우두머리·꼭두머리'에 깃드는 '머리'를 이룹니다. 높다는 '우·우두'는 '우듬지(우 + 둥지)'로 뻗습니다. 그리고 '임'입니다. '님'이라고도 합니다. 이곳에 있으면서 이슬처럼 맑고 밝게 첫길을 여는, 싱그럽고 시원스레 기운을 북돋우도록 이끌 줄 아는 아름다운 숨빛인 '임·님'이라 하겠습니다.

사랑하는 님이 있기에 이 사랑을 함께 짓는 길로 나아갑니다. 사랑하는 임을 그리면서 이 사랑이 바라보는 길로 맑으면서 밝은 마음이 되어 나아갑니다.

오늘 이곳에서 어떤 이(사람)로 있겠습니까? 바로 오늘부터 어떤 이야기를 잇는 이슬받이가 되어 고운님으로 어깨동무를 하렵니까?

줌

쥐다 | 주다 | 줍다 | 주머니 | 좀도리

옛날사람은 밥그릇을 수북하게 담았다고 합니다. 요즈음은 밥그릇을 소복소복 담는 일이 드물다고 하는데요, 옛사람이 많이 먹었다고 하기보다는, 옛사람은 손이 컸다고 해야 옳지 싶어요. 왜 그러한가 하면, 우리가 밥으로 짓는 쌀은 으레 '줌'으로 쥐거든요. '줌'이란 '주먹'을 줄인 낱말입니다.

* 줌·주먹

쥐는 손인 줌이자 주먹입니다. 쌀을 한 줌 쥡니다. 열매를 한 주먹 쥐어요. 어린이 손에 앵두알이 가득합니다. 앵두를 한 줌 따서 냠냠 먹습니다. 여름을 앞두고는 앵두라면, 가을이 깊어갈 적에는 까마중이에요. 빨간 앵두를 한 줌 먹으며 빨갛습니다. 앵두에 이어 오디가 익을 적에는 오디를 두 줌 먹으면서 까맣지요. 늦여름부터 가을날 까마중을 석 줌 먹을 적에는 까맣다가도 바알간, 그러니까 보랏빛으로 열매물이 듭니다.

* 쥐다·쥠
* 거머쥐다·움켜쥐다
* 쥐
* 주다·줍다

　'쥠'은 '쥐다'하고 맞물립니다. 어느 쪽이 먼저라고는 하기 어렵습니다. 아마 두 낱말이 한꺼번에 태어났겠지요. 쥐기에 '쥐다'요 '쥠'이면서 '주먹'이랄까요. 손을 쓸 적에 손가락은 쥐는 주먹이 되고, 발을 쓸 적에 발가락이며 발바닥은 펴고 디디면서 나아가는 발판이나 징검다리가 됩니다.

　손으로는 주먹을 쥐어서 '주'고 받습니다. 손에 한 줌 쥐려고 '주워'요. '줍'습니다. 손으로는 안쪽으로 품는 길입니다. 발이며 다리로는 어디로든 나아갑니다. 어디로든 가면서 잇기에 '다리'는 가는 구실이면서 잇는 노릇이에요. 우리 몸을 가리키는 '다리'하고 길을 잇는 '다리'는 소리가 같으면서 쓰임새가 다를 만합니다.

　움켜쥐니까 주울 수 있는데, 우리가 손으로 쥐는 부피나 크기는 그리 안 크다고, 그냥그냥 작다고 할 만합니다. 안쪽으로 둥그스름한 모습이도록 쥐는 '움켜쥐다'예요. 감아서 힘껏 쥐는 '거머쥐다'입니다. '움켜잡다·거머잡다' 꼴로도 씁니다.

　'쥐·새앙쥐(생쥐)·다람쥐'라는 짐승을 곰곰이 보면, '쥐'라는 이름도 '쥘 만큼 작은 숨결'이라는 밑뜻에 "손으로 쥐는 짐승"이구나 싶습니다. 오늘날은 '두더지'로 적습니다만, 옛말은 '두디쥐'예요.

예전에는 '-쥐'로 적었습니다.

참말 그렇습니다. 쥘 만큼 작은 쥐입니다. 쥐가 열매나 쌀이나 이모저모 갉는다고 밉보기도 하지만, 쥐는 굴을 파기도 하고 커다란 부스러기를 먹어치워서 이 땅에서 밥쓰레기가 사라지도록 이바지하는 몫도 있습니다. 열두띠 가운데 굳이 쥐가 있는 뜻이라든지, 더구나 첫째로 쥐를 놓는 뜻이 있다고 봅니다.

* 주머니

우리 손은 옷주머니에 쏙 들어갑니다. 그러고 보면 '주머니'는 줌이 드나들어요. 주먹이 드나들지요. 딱 한 사람 주먹(손)이 드나드는 주머니인데, 겨울에 동무랑 나란히 서서 이 주머니에 손을 스윽 넣으면 두 손은 주머니가 통통하게 만나면서 함께 포근합니다.

쥘 만한 작은 살림을 넣는 주머니입니다. 어디로든 오가면서 쓰기 좋도록 넣고 꺼내는 주머니예요.

* 좀·좀도리

우리말 얼개에 따라 ㅜ하고 ㅗ가 만납니다. '줌' 곁에는 '좀'이 있어요. '좀'은 아무래도 작습니다. "좀 도와줘" 하고도 말하는 '좀'인데, 쌀을 이려고(일다) '좀도리'를 쓰곤 합니다. 손으로 한 줌 덜어서 옮기기도 하지만, 좀도리를 써서 "주먹 한 줌"만큼 옮기기도 해요.

집

지붕 │ 지내다 │ 지다 │ 짐 │ 무너지다 │ 짙다 │ 짓 │ 짓다 │ 짚다

지게 │ 기지개 │ 긷다 │ 둥지

새가 사는 집은 사람한테는 퍽 작아 보입니다만 무척 아늑합니다. 사람이 살아가는 곳은 '지붕'하고 말밑이 같은 '집'입니다. 뜻으로만 본다면 '집'은 "하늘을 가리는 자리"가 바탕입니다.

새가 깃드는 곳 가운데 '보금자리'는 "보듬는 자리"라는 결이라면, '둥지'는 "둥글게 엮은 자리"라는 결입니다. 비바람해를 가리는 곳(지붕)이 있는 '집'은 그저 바깥흐름을 바로 받지 않도록 하는 데라는 뜻이 짙으면서 '지'하고 얽힌 여러 손길이 깃듭니다. '지붕'이 있어 '집'이고, '짓는' 곳인 집이에요. 그리고 짊어지듯 살아가는 곳이기도 한 집입니다.

'보금자리'라는 낱말에 서린 '보듬다'라는 결을 헤아려서, 사람이 사는 집이 포근하거나 따뜻하거나 아늑하다고 할 적에 '보금자리'로 빗대곤 합니다. '둥지'라는 낱말에 감도는 '둥글다'라는 결을 헤아려서, 사람이 사는 집이 둥글둥글 안고 달랜다고 할 적에 '둥지'로 빗대기도 하고요.

* 집

* 지붕

하늘을 가리는 자리, 그러니까 하늘에서 찾아드는 해랑 바람이랑 비를 가리는 자리인 집입니다. 해에 바람에 비를 가릴 수 있도록 위쪽을 막거나 덮거나 씌운 지붕입니다.

지내려는 곳에 씌우는 '웅'인 '지붕'일 텐데, '지내는 데'에서, '우(웃·위)'에 무엇이 있다는 뜻을 나타내기도 합니다.

이러한 집에 있을 적에는 '있다'를 수수하게 쓰기도 하고, '살다'나 '지내다'를 쓰기도 합니다. "잘 있었니?"하고 "잘 살았니?"하고 "잘 지냈니?"는 묻거나 나타내는 결이 달라요.

'나'라고 하는 사람이 그동안 '나 그대로'인 나날이었느냐고 묻는 "잘 있었니?"이고, '나'라고 하는 사람이 그동안 '내 숨결·목숨·삶'을 '내 나름대로' 가꾸는 나날이었느냐고 묻는 "잘 살았니?"이며, '나'라고 하는 사람이 그동안 '집이라 할 만한 어느 곳'에서 '포근하거나 아늑했느냐'고 묻는 "잘 지냈니?"입니다.

* 지내다·지니다

* 지다·짊다·짊어지다·짐

'지내다'는 "어느 곳에서 어느 때에 있으면서 하루를 가꾸다"를 뜻합니다. '살다'하고 비슷합니다. 이 뜻을 바탕으로 "까다롭거나 어렵지 않게 섞이는 사이로 있다”도 가리켜요. ‘사귀다’하고 비슷합니다. “어떤 일을 크게 보이거나 하다”나 “얼마 동안 있다”나 “어느 곳에서 어느 일을 하다”를 뜻하기도 해요. “잔치를 지내다”나 “겨울을 지내다”나 “일꾼으로 지내다” 같은 쓰임새입니다. ‘지내다’는 어떠한 ‘곳’을 꼭 담아내면서 어우러지는 결을 나타내요.

‘지니다’는 “잃지 않도록 잘 있”는 결을 나타내요. 잃지 않으려면 꼭 어느 ‘곳’에 있도록 해야겠지요.

지붕이 맡은 모습처럼 ‘지다·짊다’라 할 적에는 위쪽에 놓고서 무엇을 할 적을 나타내요. 이러면서 “짐을 진다”고 하지요. “지는 것 = 짐”입니다. 손으로는 ‘쥐다’라 합니다. 손으로는 ‘잡’기도 하지요. 짐을 옮길 적에 손으로는 쥐거나 잡고서 나른다면, 어깨나 등이나 머리에는 지고서 날라요. 위쪽이라는 결이랑 올린다는 결은 ‘지다·짊다’입니다.

＊ 지다·쓰러지다·떨어지다·무너지다

짊어지면서 날라야 한다면 묵직하지요. 이 무게를 스스로 받아들이고서 갈 적에는 힘이 듭니다. 이처럼 힘이 드는 결하고 맞물리는 ‘지다’라고도 할 만해요. 겨루거나 다투는 자리에서 이기거나 진다고 하거든요. 겨루거나 다투는 자리에서 어느 쪽이 눌리거나 꺾이는 모습이 ‘지다’예요. 해가 지고, 꽃이 지고요.

그러고 보면 ‘이기다·이다’로 맞물리니, ‘지다 = 짐을 받아들이다'요, '이다 = 짐을 받도록 보내다'라고도 할 만합니다. 가볍게 나아가기에 맞은쪽을 누르거나 꺾어 '이깁'니다. 무겁게 나아가느라 맞은쪽에 눌리거나 꺾여서 '집'니다.

이 '지다'를 넣은 '쓰러지다·떨어지다·무너지다'도 곰곰이 생각할 만해요. '사라지다(스러지다)·나동그라지다·허물어지다'도 새삼스레 돌아볼 만하고요.

* 그늘이 지다·잎이 지다
* 짙다

그늘이 집니다. 잎이 집니다. 떨려서 내려가는 결을 '지다'로도 그립니다. 그런데 "그늘이 지다"를 찬찬히 보노라면 어둠빛(그늘빛)이 '짙'게 물들어요. 눌리듯이 어느 곳에 더더욱 받아들이는 깊은 결(빛결)을 '짙다'로 그리는구나 싶습니다.

밑으로 가는 길이자, 어둡거나 두껍게 가는 길입니다. 다만, 내려가거나 어둡게 가기에 나쁘지 않아요. 낮이 좋거나 밤이 나쁘지 않습니다. 빛결을 이처럼 가를 뿐입니다.

* 짓
* 짓다
* 얼굴짓·몸짓·말짓·손짓

지붕을 올리듯, 집을 세우듯, 우리는 모든 '짓(몸짓)'으로 삶을 이룹니다. '짓'기에 하나하나 태어납니다. '지 + ㅅ'인 얼개를 새삼스레 생각합니다. 'ㅅ'은 '사이'를 그리는 말밑이기도 하고, 'ㅅ'으로 여는 '사람·살다·사랑·숲·숨·새롭다'를 떠올린다면, '짓·짓다'는 어느 곳에서 새롭게 나아가는 결을 그리는구나 싶어요.

몸으로 무엇을 짓나요? 말로 무엇을 짓나요? 손으로 무엇을 짓나요? '몸짓·말짓·손짓'을 바라봅니다.

얼굴로도 우리 마음을 지어서 보여줍니다. 가만히 드러나는 마음은 '얼굴빛'으로 느끼고, 애써 보여주려고 드러내는 마음은 '얼굴짓'으로 느낍니다.

"무엇을 한다"거나 "무엇이 처음·새로 나타나도록 한다"고 하기에 '짓·짓다'라는 낱말을 넣어서 새롭게 이야기를 폅니다.

* 짚다·집다·쥐다

올릴 적에는 '지다'요, 땅바닥을 디디려 할 적에는 '짚다'입니다. 바닥에 있기에 들어서 올리려 하는 '집다'요, 손에 단단히 있도록 움직이는 '쥐다'예요.

작게 움직이는 결에 따라 말결이 살짝 다릅니다. 조금씩 새로 움직이면서 말빛이 새삼스레 드러나요.

* 무지개

* 지게·지기
* 기지개

 하늘에 드리우는 일곱 빛깔로 이룬 물방울 길을 '무지개'라 한다
지요. 이 낱말은 '물 + 지게/물 + 짓 + 애(에)'처럼 뜻습니다. 물을
짊는 듯한 모습이라고 하는 무지개인데요, 우리 겨레는 먼 옛날부
터 빛깔띠가 '물결'인 줄 읽어내었다는 뜻입니다.
 '기지개'는 지난날에 '기지게' 꼴이었습니다. 팔이며 다리를 쭉
펴려고 할 적에 "'기지개'를 켠다"고 말합니다. 물을 짊 듯한 '무지
개'인데 하늘에 다리처럼 곧게 이은 결입니다. 마치 지게를 지듯이
팔을 들면서 곧게 잇듯 펴는 '기지개'입니다. '기-'는 '기운·길다'에
'깃'하고 얽히고, '깃'이란 '옷깃'이나 '기슭·기스락'하고 얽힙니다.
'깃'은 '길미'라든지 '깃털'하고도 잇는데, 경상도 사투리에 '깃새'가
있어요. '깃새'는 '기슭'을 가리키고, '새'는 '사이(틈)'를 나타냅니다.
 '지기'라는 오랜 우리말이 있습니다. '지기 ㄱ'은 "두 팔과 두 다
리"를 가리켜요. "어떤 일이 나거나 벌어지려고 하는 결·바람·흐름·
빛"도 가리키지요. 모든 팔다리를 아우르는 '지기'인데, '지게'를 세
운 모습은 꼭 사람이 팔다리를 편 모습 같습니다. '지기 ㄴ'은 "심어
서 지을 수 있는 땅이 어느 너비인가를 헤아리거나 세거나 가리키
는 말"이면서 "'논'을 가리키는 말"이에요. "지을 수 있는 곳이나 짓
는 곳"을 가리키는 '지기 ㄴ'인 셈입니다.
 곰곰이 보면, '지기 ㄱ'이나 '지기 ㄴ'을 비롯해 '지게'까지도 '짓

다'에 '지다(짊어지다)'하고 얽힙니다. 우리가 지을 수 있는 땅뙈기
를 나타내지요. 우리가 짊어질 수 있으니 지을 만한 기운이 있어요.
무엇을 새롭게 하려는 기운이란, 어떤 일이 나거나 벌어지려는 빛
이기도 합니다.

　여러모로 보면 '기지개'란, 팔하고 다리를 곧게 펴는 몸짓인데,
"팔다리를 길고 곧게 펴면서 기운을 끌어올린다"고 여길 만합니다.
마치 무지개처럼 팔다리를 길고 곧게 펴면서 스스로 기운을 차리
려고 하는 몸짓이라고 할 수 있어요.

* 길다·길어올리다
* 긷다

　빛깔이 '짙다'고 할 적에는 '깊다'하고 맞물려요. 물을 긷는다고
할 적에는 '지다·짊다'가 '길다·긷다'하고 맞물린다고 할 만합니다.
'지게'는 짐을 올려서 나르는 살림입니다. 길어서 올리고, '긷다'는
끌어내어 올리는 몸짓을 나타내요.

* 보금자리
* 보듬다·보다·보살피다
* 돌보다·돌아보다

　오늘 어떠한 곳을 집으로 삼아서 하루를 짓는가 하고 돌아봅니

다. 스스로 어떤 짐을 나르는 몸짓인가 하고 생각합니다. 짙게 드리우는 그늘은 여름에 시원하고 겨울에 춥지요.

따뜻하거나 포근하게 보듬는 보금자리란, 보살피는(보다 + 살피다) 자리입니다. 돌보는 마음이며 눈길이며 손길이 흐르는 자리예요. 그냥 '집'일 적에는 사고파는 자리(부동산)로 여기기도 합니다만, 이름을 '보금자리'라 할 적에는 돈으로 사고파는 자리를 넘는 "삶과 살림과 사랑으로 짓는 사람이 이루는 오늘"이라는 숨결이 깃들어요.

'돌보다'는 '돌아보다'를 줄인 낱말입니다. "잘 지낼 수 있도록 사랑스레 지켜보면서 마음을 따뜻하고 너그럽게 쓰면서 일을 봐주거나 도와주다"를 뜻하는 '돌보다'인데, "돌아가면서 보다"라든지 "돌면서 보다"라든지 "동글게 보다"라든지 "도르며(두르며) 두루두루(고루고루) 보다"를 품는 낱말이라고 여길 만합니다.

* 둥지·둥우리
* 둥구미
* 둥글둥글·둥그스름·둥글다
* 동아리·한동아리

둥글둥글 엮는 둥지는 어떤가요? '둥지'하고 '둥우리'는 거의 같다고 할 만한데, '둥우리'는 댓살(대나무를 쪼갠 살)로 엮은 바구니를 가리키는 이름이기도 합니다. '둥구미'도 오래도록 우리 살림집에서 곁에 두는 세간이에요. 짚으로 둥글게 엮어서 먹을거리나 살림살이를 담는 그릇입니다.

둥글둥글(동글동글) 모이니 모가 없습니다. 누구나 둥그스름(동그스름) 어우러지니 서로 품고 안으면서 아늑합니다. 동그라미(둥그러미)를 이루면서 해나 별처럼 빛납니다. 고요히 깃들어 쉴 만한 둥지입니다. 차분히 머물면서 기운을 북돋울 만한 둥우리입니다. 서로 둥글둥글 만나기에 '동아리'예요. 다 다른 사람들이 마음을 하나로 여미어 한결 크고 기운차게 뜻을 펴자고 하는 '한동아리'입니다.

처음에는 수수하게 그냥그냥 있는 자리인데, 이곳을 따뜻하게 숨을 나누는 자리로 지피는 길은 우리 몫입니다. 보금자리는 나눔자리로 나아갈 만합니다. 이음자리가 되고, 새자리가 될 테지요. 풀꽃자리나 푸른자리로 가꿀 만하고, 웃음자리나 노래자리나 이야기자리로 꾸려도 즐거워요. 언제나 누구나 다독다독 따뜻따뜻 하루를 누리기를 바랍니다.

총총

초롱초롱 | 초 | 촐싹 | 촐랑 | 종종 | 종알 | 출렁 | 찰싹 | 졸졸

시골이기에 밤하늘 별빛이 눈부시지는 않아요. 시골이어도 숲이 곁에 있지 않다면, 또 시골이라도 바람이 매캐하다면, 이때에는 낮이건 밤이건 하늘빛이 뿌옇거나 칙칙합니다. 큰고장이라 해도 집이 안 높고, 길이 조용하며, 매캐한 바람이 안 분다면 별빛을 가득 누려요.

별빛이 반짝이는 모습을 '초롱초롱'으로 나타내고, '총총'으로도 그려요. 총총한 눈빛이 맑고, 총총한 눈망울에서 싱그러운 기운이 가득 퍼져요.

＊ 초롱초롱·총총·총총하다
＊ 초·촛불

왜 별빛을 '초롱·초롱초롱'으로 나타내느냐 하면, '초'를 보며 떠올리거든요. 촛불은 매우 작은 듯하면서도 어둠을 고요히 밝힙니다. 아주 자그마한 빛이라 할 촛불·촛불빛일 텐데. 이 작은 빛은 꽤

반짝일 뿐 아니라 포근하면서 환하지요.

'-롱'을 붙인 말끝이 재미있어요. 장난꾸러기 같습니다. '아롱다롱' 같은 낱말을 혀에 얹으면 저절로 노랫가락이 됩니다. '달랑달랑' 같은 낱말도 어느덧 노래처럼 흐르지요.

* 총총걸음·총총총·총총거리다·총총대다
* 촐싹거리다·촐랑거리다
* 종종걸음·종종종·종종거리다·종종대다
* 종알거리다·종알대다

소리는 같지만 뜻이나 결이 다른 '총총'이 있어요. 뭔가 가볍게 굴듯 바쁜 몸짓인데요. '총총·종종'은 센말이랑 여린말로 가릅니다. 이 '종종'은 '종알거리다'로도 잇닿습니다. 가볍게 구는 모습을 '종·총'으로 나타낸달까요. '촐싹·촐랑'도 그렇지요. 참으로 가볍게 나대는 사람을 이런 낱말로 가리키는데, 곰곰이 보면, 가볍게 바람이 일렁이더라도 촛불은 화르르 춤춥니다. 이리저리 춤추지요.

밤을 밝히는 불빛인 촛불이자 초롱초롱한 빛이면서, 가볍게 이는 바람에도 춤추면서 널뛰기를 하는, 가벼운 바람에 가벼운 춤사위 같은 몸짓을 보여주는 촛불이에요. 총총거리는 발걸음이나, 촐싹거리는 매무새나 촐랑거리는 몸놀림은 한동아리입니다.

* 출렁·출렁이는 물결

❋ 찰싹·찰싹이는 물결

더 헤아리면 '총총·종종'은 '촐싹·촐랑'을 지나 '찰싹·출렁' 같은 물결로 만나요. 아하, 물결이 가볍게 일렁이는 이 느낌을 걸음걸이나 몸짓이나 말씨를 빗대면서 쓰는 셈이로군요.

어, 그런데 물결을 보면 늘 반짝이지 않나요? 바닷물이나 냇물을 잘 보셔요. 고요히 있을 적이든 가볍게 출렁일 적이든 늘 반짝반짝해요. 물결에는, 물살에는, '물빛'이 넘실거려요.

'총총·초롱초롱'은 '초·촛불·촛불빛'에서 온 낱말이라고 하지만, 새삼스레 더 생각하면 '찰싹이고 출렁이는 물결에서 반짝이는 기운'이 꽤 깊은 자리에 도사리는구나 싶기도 합니다. 이런 얼거리로 본다면 '초'라는 불빛이 태어난 바탕도 얼핏 어림할 만해요. 그리고 햇빛·별빛을 받아서 유난히 반짝이는 작고 가벼운 물결을 '윤슬'이라 합니다. 유난하고, 이슬이나 구슬 같은 결을 나타냅니다.

❋ 졸졸·졸졸졸

물이 졸졸 가벼우면서 싱그럽게 흐릅니다. '졸졸'은 어김없이 '종종'하고 맞닿습니다. '종 ㄷ'은 파나 마늘에서 꽃줄기에 달린 망울이요, '종 ㄴ'은 '종잡다'처럼 반짝이는 생각입니다. 소리도 말도 살림도 졸졸 잇고 총총 빛납니다.

칼

가르다 | 갈치 | 도마 | 도막 | 동강 | 도마뱀

부엌살림을 할 적에 늘 손에 쥐는 연장은 '칼'입니다. 부엌은 먼 옛날에 '부뚜막'이었고, 부뚜막은 '불'을 다루는 곳을 가리켜요. 부엌일을 하면서 칼을 늘 손에 쥐되, 불을 써서 밥이랑 국을 끓이지요. 칼을 다루면서 먹을거리를 통통통 썰거나 가르고, 불을 피워 알맞게 익혀요.

＊ 칼
＊ 가르다
＊ 갈치

'칼'이란 "길게 날을 세워서 쓰는 연장"입니다. "하나인 덩어리를 둘이나 여럿으로 작게 떨어지도록 쓰는 연장"이에요. "자르거나 썰거나 끊거나 베거나 벗길 적에 쓴다"고 할 만해요. 두 동강도 내고 세 동강도 내요. 두 조각으로도 썰고 여러 조각으로도 썰어요.

'칼'은 "쳐들어오거나 덤비거나 괴롭히거나 억누르거나 죽이려고 쓰는 연장"이 되기도 합니다. 부엌에서는 살림살이를 돌보는 연장이라면, 싸움판에서는 그만 서로 살리는 길이 아닌 서로 죽이는 길에 슬프게 휘두르는 연장으로 바뀝니다. 그래서 '칼'을 "덜거나 줄이거나 없애거나 치우려고 나서는 일을 빗대는 말"로도 써요. "이곳은 너무 안 좋게 자라서 칼을 대야겠다"고 말합니다.

'칼'은 '가르는' 연장이에요. 가르기 좋도록 날을 세우고 길게 벼리지요. 이 '칼'을 닮았다고 여기는 바다헤엄이(바닷물고기)인 '갈치'입니다. 여러 고장에서는 '칼치'라고도 말합니다.

* 도마
* 도막·토막
* 동강·동강이

그런데 부엌에서 칼을 쓰려면 나무로 짠 받침을 꼭 곁에 둬요. 칼하고 '도마'는 늘 나란히 있습니다. 손질할 먹을거리를 도마에 올려서 칼질을 하거든요. 널찍하고 판판하게 깎고 손질한 나무를 '도마'라고 해요.

이 도마는 '도막'하고 말밑이 같아요. 나무를 짧고 작게 끊어 놓기에 '도막'이거든요. '토막'도 '도막'하고 비슷하게 쓰는 자리가 있습니다만, '토막'은 조금 더 덩이를 이루면서 살짝 클 적에 가리켜요. "글 한 토막"이라 하듯 "글 한 도막"을 쓸 수 있는데, '도막 < 토막'으로 여기면 됩니다.

긴 것을 짧게 끊으면 '동강·동강이'라고 합니다. 여느 것을 여러 조각으로 자를 적에도 '동강'이라 하고요.

* 도마뱀

들숲에서는 곧잘 도마뱀을 만나요. 도마뱀은 꼬리가 붙잡히면 얼른 꼬리를 떼내어 달아납니다. 스스로 꼬리를 떼는 모습을 보고서 옛사람은 '도막뱀'이라 했고, 오늘날에는 '도마뱀'으로 가리킵니다.

켜

겨 | 껍질 | 겉 | 가죽 | 켜 | 더께 | 두께 | 겹 | 끼다

논에 볍씨를 뿌립니다. 이 볍씨는 무럭무럭 자라서 이삭이 패고 잎부터 노랗게 물들고 열매가 누렇게 익어요. 가을에 나락을 베어 낟알을 떱니다. 떨어낸 낟알을 그대로 건사해요. 밥을 하기 앞서 절구에 빻아 겨를 벗기고 키로 까불러서 부스러기를 털어요. 이제 쌀을 얻으니 바야흐로 솥에 안쳐서 밥을 짓습니다.

* 겨
* 껍질·껍데기·꺼풀
* 겉·거죽
* 가죽·갖·살갗

밥살림을 돌아보면 똑같은 한 가지를 놓고서 '벼·볍씨'라 하고, '나락'이라 하며 '낟알'이 되다가 '쌀'을 거쳐서 '밥'으로 가요. 낟알은 아직 '겨'란 이름인 '껍질'이 있습니다. 겉을 싸기에 '껍질'이라 하는데, 달걀이나 오리알처럼 겉을 딱딱하게 감싸면 '껍데기'라고

합니다. 껍질이 하나 아닌 여럿이라면 '꺼풀·까풀'이라고 하니, 껍질이나 껍데기가 맞닿고 이으면서 몇이나 있는가 하고 세는 이름입니다.

겉입니다. 겨는 나락이자 낟알이며 벼를 이루는 속인 쌀을 감싼 옷입니다. 사람이나 짐승을 바라보면서 겉을 이룬 곳을 가리킬 적에는 '거죽·가죽'이라고 해요. '가죽'을 줄여 '갗'이라 하지요. '살갗'이라는 낱말이 있어요. 우리 몸에서 가장 바깥을 이루는 살을 감싼 곳이라는 뜻입니다. '살'은 몸을 이루는 부드러운 곳이니, '속살'이 있다면 '겉살'이 있게 마련이라, 이 겉살이 '살갗'입니다.

* 켜·켜켜이
* 케케묵다
* 더께·두께
* 겹·겹겹·겹치다

우리말에서 ㄱ하고 ㅋ은 맞물려요. 낟알을 이루는 알맹이 겉을 감싸는 '겨'라면, '켜'는 "맞닿고 이어서 있는 여럿에서 하나하나"를 가리킵니다. "먼지가 몇 켜로 쌓이다"나 "옷을 여러 켜로 쟁이다"처럼 씁니다.

'켜'는 '켜켜이'처럼 쓰기도 하는데 '겹'하고 비슷해요. '겹'은 "맞닿고 이어서 있는 것"이나 "비슷하게 있거나 나란히 있는 일"이나 "놓거나 있는 데에, 맞닿도록 이어서 놓거나 있는 모습"을 가리킵니다. "겹으로 두르다"나 "기쁜 일이 겹으로 있다"나 "여러 겹으로 싸다"처럼 씁니다.

이래저래 한 켜 두 켜 쌓거나 포갭니다. 한 겹 두 겹 보태거나 더합니다. 곰곰이 보면 '거(것)'가 여럿으로 있는 '겹·켜'라고도 할 만합니다. '거·것'은 전라말에서 '거석·거시기'로 뻗습니다. 겹치는 모습인데요, 겹겹이 오래 있으면 '케케묵다'고 하지요. 요새는 '케케묵다'로 적으나 예전에는 '켸켸묵다'로 적었습니다. 이 낱말로 '켜 묵고 또 묵는' 모습을 나타냈어요.

이렇게 묵은 살림 가운데, 오래오래 자꾸자꾸 겹으로 쌓이며 묵어 두꺼운 '더께'입니다. '재'로 가는 길목이라 할 부드럽고 가벼운 부스러기는 '먼지(몬 + 재)'이고요.

'켜·겹·께'가 얽히는 실타래를 이어 볼까요. 겉을 이루되 겹이 제법 있으면 '두껍다'라 합니다. '두께'는 '두꺼움(두껍다)'이 어떠한가를 살피는 말인데, 겹이나 켜로 얼마나 있는가를 살피는 말이라고 할 만합니다.

＊ 겨우·겨울·곁

봄여름이 흐르고 가을이 지나면 겨울(곁)입니다. 이 겨울이란 겹겹이 있는 철입니다. 눈이 겹겹으로 덮어요. 옷을 겹겹으로 입지요. 홑겹으로는 춥습니다. 여러 겹으로 입습니다. 홑이불로는 오들오들 떨 테니 겹이불로 삼습니다.

더위 못지않게 추위를 때때로 '겨우' 넘깁니다. 그런데 이 겨울을 겨우 넘긴다기보다는 겹으로 싸는 포근한 숨결이 되어 누린다고 해야 어울리지 싶어요. 이리하여 우리는 '곁'에서 서로 감쌉니다. 폭 안도록 곁에 있어요. 힘들거나 어려울 적에 곁에 있으면서 이바지해요. 즐겁거나 기쁠 적에 곁에 있으면서 함께 웃고 노래하고 춤춥니다.

겨울은 곁을 더 살피면서 겹겹으로 헤아리는 철이라고 느껴요. '겨 + 울'이란 얼개로 본다면 겹겹이 울타리로 있는, 겹겹으로 아우르는 우리(모두)가 되는 철이기도 합니다.

* 껴안다·껴입다·껴묻다
* 끼다·끼이다·끼어들다

겨울에는 서로 껴안으면서 포근합니다. 겨울에는 스스로 껴입으면서 따뜻합니다. 고이 깃들라고 껴묻습니다. 이러다가 살짝 끼는군요. 몸이 자라니 예전에 입던 옷이 작아요. '낀다'고 합니다.

가득 있는 곳에 들어가고 싶으니 끼려고 하지요. '끼어들'고 싶습니다. 포근하게 곁에 있는 숨결을 같이 누리고 싶으니 끼고 싶을 테지요. 손가락에 가락지를 낍니다. 척 팔짱을 낍니다. 떨어진 둘이나 여럿이 함께 있으면서 포근하게 기운을 나누고 싶기에 낍니다. 깍지를 끼고서 더 힘을 내요.

키

키다리 | 키질 | 키잡이 | 키우다 | 기르다 | 기운 | 길 | 김 | 기다
긷다 | 기울다 | 깁다 | 기우다

소리는 같으나 다른 '키'가 있어요. 우리말 '키'는 세 가지입니다. 영어 '키(key)'가 하나 있고요. '키'라고 하면 이 네 낱말 가운데 무엇이 먼저 떠오를까요? 누구는 몸이 얼마나 자라서 높이가 얼마인가 하고 재는 '키'를 떠올리겠지요. 누구는 낟알을 까부르면서 티끌을 떨구는 연장인 '키'를 떠올릴 테고, 누구는 배를 몰면서 어느 쪽으로 길을 잡으려 하는가 하고 붙잡는 연장인 '키'를 떠올립니다. 우리말 '열쇠'를 가리키는 영어 '키(key)'를 떠올리기도 할 테고요.

* 키 ㄱ·키다리·키높이
* 키 ㄴ·키질
* 키 ㄷ·키잡이

우리는 우리말을 헤아리기로 합니다. '키 ㄱ'은 "발바닥부터 머리까지, 몸이 어느 만큼 자라거나 서는가를 재거나 살피는 말"입니

다. 이 뜻을 바탕으로 "곧게 선 높이·길이"를 가리키는 자리에도 씁니다. 얼마나 높은가를 알아보면서 '키높이'라 따로 씁니다. 키가 크기에 '키다리'라고 하지요.

'키 ㄴ'은 "낟알을 위로 던져서 받거나 흔들면서 티끌을 떨어내거나 골라내는 살림"입니다. '키'라는 살림살이는 흔히 '키버들'이란 풀로 엮는데 '고리버들'이란 풀로 엮어서 쓰기도 합니다. 이 살림살이 쓰임새를 살피면서 "쓸 만하지 않은 것은 떨어내고서, 쓸 만한 것을 골라내는 일"을 '키질'로 가리키기도 합니다.

'키 ㄷ'은 "배가 나아갈 곳을 잡거나 이끄는 살림"이에요. 키를 잡으면서 어디로 나아갈지를 맞춥니다. 그래서 "앞으로 가거나 나아갈 곳·길·흐름을 잡거나 이끄는 일이나 말이나 사람"을 '키잡이'로 빗대어 나타내기도 해요.

세 가지 '키'는 틀림없이 다른 낱말입니다만 서로 비슷하거나 닮기도 합니다. 자라나는 길을 바라보면, 키높이에 따라서 둘레를 읽는 눈썰미도 자라게 마련입니다. 눈썰미가 자라면 낟알을 까부르면서 티끌을 떨듯 '고르기'나 '갈무리'를 하는 매무새를 쌓겠지요. 차근차근 고르거나 갈무리를 한다면 '어느 곳'으로 나아가야 알맞을까를 슬기로이 어림할 만합니다. 앞으로 길고 곧게 나아가는 실마리를 깨닫거나 다스리는 빛을 나타내는 '키'라고 할 만합니다.

＊ 키우다
＊ 기르다·기운·기름

* 길다·길이·기나길다·기다랗다
* 길

　키가 자라도록 하는 '키우다'입니다. 몸에 살이 붙도록 하는 '기르다'예요. 아이가 잘 지내도록 마음을 쓰면서 어른이 되도록 북돋우는 자리에는 '키우다·기르다'를 나란히 씁니다. 몸·마음·생각이 자라도록 할 적에도 '키우다·기르다'를 함께 쓰고요.
　'키우다'는 '키'하고 맞물리는 낱말입니다. '기르다'는 '기름·기운'하고 맞물리는 낱말이에요. 푸나무가 잘 자랄 만큼 알찬 땅을 '기름지다'로 나타냅니다. 우리 몸을 살찌우는 알찬 결이 깃든 '기름'이에요. 이 '기르다'는 '길다·길이'로 잇지요. 곧게 나아가는 결을 담아내는 터라, 우리가 어디를 오가는 자리라든지 앞으로 뻗으려고 하는 뜻·꿈을 '길'로 나타내기도 해요. '키·기'는 비슷하면서 다르게 어우러지는 말밑입니다.

* 김 ㄱ·아지랑이
* 김 ㄴ·풀
* 김 ㄷ
* 김 ㄹ·얼김에

　하늘로 솟는 '김'이 있습니다. '아지랑이' 같은 결인데, 길고 곧게 오릅니다. 땅에서 푸르게 돋는 숨결을 '풀'이라 하는데, 논밭을 일구려고 할 적에는 '김'을 맨다고 해요. 길고 곧게 자란 풀이되, 베어내려고 할 적에는 '김'이란 이름이에요.

바다에서 맑게 자라나는 숨결인 '김'이 있어요. 바닷풀일 텐데, 우리는 바싹 말려서 먹습니다만, 바다에서 자라나는 김은 길다랗지요. 이 '김'은 "네가 가는 김에 챙기렴"이나 "얼김에 했을 뿐인걸"처럼 쓰기도 해요. 기운이 흐르는 결이라든지, 길게 뻗는 흐름이라든지, 어떻게 나아가는 틈을 나타내는 자리로 살몃살몃 잇습니다.

* 기다
* 긷다
* 기울다

땅바닥에 붙듯 움직이는 '기다'입니다. 밑에 있기에 퍼서 올리는 '긷다'입니다. 한쪽으로 길게 가는 '기울다'입니다. 이 낱말은 모두 "길이로 움직이는" 결입니다.

* 깁다
* 기우다

바늘에 실을 꿰어 옷을 손보거나 지을 적에 '깁다'라는 낱말을 써요. '기우다'를 쓰기도 합니다. 바느질을 하는 매무새란, 한쪽으로 곧게 하는 손놀림입니다.

'키'라고 덩그러니 적어 놓으면 무엇을 가리키는지 알쏭달쏭합니다. 앞뒤에 붙는 말씨나 삶에 맞추어 '키'는 여러모로 가지를 뻗으면서 앞으로도 옆으로도 곧게 나아갑니다.

영어 '키(key)'는 우리말로 '열쇠'입니다. 열쇠란 "여는 쇠"입니다. 우리말 '열쇠'는 "열어 주는 것·길"을 빗대는 자리로도 써요. '실마리'하고 비슷합니다. 첫머리를 틔워서 눈앞을 밝히는 구실을 합니다.

키만 높으면 '멀대'라 하고, '멀뚱멀뚱' 보기만 하거나 '멀거니' 구경만 한다고 이야기합니다. 키가 작더라도 두루 보거나 고루 헤아릴 줄 알면 '야무지다'나 '다부지다'라 해요. 몸피나 덩치만으로 삶을 읽지 않아요. 마음을 다스리는 넋을 살펴 삶을 읽습니다.

키가 작더라도 기운을 알뜰히 펴는 사람이 많습니다. 큰키에 걸맞게 둘레를 아우르면서 슬기롭게 힘을 내는 사람도 많아요. 우리는 저마다 스스로 마음을 북돋아 아름다우면서 사랑스레 키잡이로 서기를 바라요. 스스로 기운을 냅니다. 스스로 생각을 기릅니다. 싱그러이 흐르는 샘물을 길어서 목을 축입니다. 손수 옷을 기우면서 살림을 여밉니다.

품앗이

품다 | 품 | 풀다 | 풀 | 두레 | 두르다 | 동그랗다 | 동무 | 울력 | 울
우리 | 울다 | 아우르다 | 모임 | 몸 | 목 | 못 | 모 | 모시 | 몰다 | 연모

한 사람이 있을 적에는 '하나'입니다. 사람 하나로는 '혼자'라 하고, '홀로'라 해요. 말이 오가야 이야기인데, 이야기(오가는 말)를 할 사람이 없으면 '혼잣말'입니다. 둘레에 다른 사람이 없이 혼잣힘으로 서려고 할 적에는 '홀로서기'입니다.

한 사람 곁에 다른 한 사람이 있으면 둘이에요. 고작 둘이라 하더라도, 두 사람이 모이면 '모임'이에요. 우리는 두 사람으로도 '품앗이'를 하고 '두레'를 합니다. 그러나 두 사람 힘으로는 '울력'을 하기에는 만만하지 않아요. 더 모이고 더욱 기운을 아우르면서 '울력'을 이룹니다.

* 품앗이
* 품다·품
* 풀다·풀

'품앗이'는 "힘든 일을 서로 거들면서 하되, 품을 지고 갚고 하는 일"을 가리킵니다. "여럿이 한자리에 있으면서 어려운 일을 넉넉히 풀어내는 길"이에요. '품앗이'란 낱말을 이루는 우리말 '품'은 세 가지로 씁니다.

'품 ㄱ'은 "1. 윗옷 앞뒤를 두르는 자리. 윗옷에서 겨드랑이 밑으로 가슴과 등을 두르는 자리·너비 2. 옷을 입을 적에 가슴과 옷 사이 3. 팔을 활짝 벌려서 안는 가슴. 팔을 벌려서 안을 적에 가슴과 팔을 아우르는 곳 4. 따뜻하거나 아늑하거나 넉넉히 돌보는 자리·터·곳을 가리키는 말"입니다. 품이 넉넉한 옷을 입고, 젖지 않도록 품에 둡니다. 품에 안겨서 새근새근 잠들고, 숲이나 바다나 시골이라는 품으로 돌아가서 쉽니다.

'품 ㄴ'은 "1. 무엇을 할 적에 들이는 힘이나 기운 2. 돈·삯·값을 받고서 하는 일 3. 일을 하는 사람을 세는 말"입니다. 손품이며 발품을 들이지요. 품팔이를 하면서 일삯을 벌어요. 여러 사람 품을 들여 큰일을 해내요.

'품 ㄷ'은 '품새'를 가리키기도 하고, "1. 말을 하거나, 몸을 쓰거나 다루거나 움직이거나, 글을 쓰거나, 일을 할 적에 보이는 마음·속내·모습·결·빛 2. 흐르거나 있는 모습·결·빛"입니다. 든든해 보이는 품이요, 해가 기울거나 바람이 바뀌는 품을 살펴 철이 새롭게 다가오는구나 하고 느낍니다.

세 가지 품 가운데 '품 ㄴ'을 품은 '품앗이'일 테지요. 그런데 '품 ㄴ'을 바탕으로 나타내는 '품앗이'여도, '품 ㄱ'하고 '품 ㄷ'이 나타내는 결을 가만히 품게 마련입니다.

우리말 '품다'는 "1. 가슴에 닿도록 팔을 벌려서 안다 2. 새가 알·새끼를 날개로 감싸서 밑에 포근하게 두어 돌보다 3. 옷과 가슴 사이에 넣어 보이지 않도록 두다 4. 따뜻하거나 아늑하거나 넉넉하도록 돌보는 모습·일·마음을 가리키는 말 5. 이루거나 펴거나 바라는 생각·뜻·마음이 있다 6. 기운·결·빛이 있다 7. 일거리·할거리를 받다. 어떤 일을 하기로 하다"처럼 여러 가지를 뜻해요. 포근하도록 감싸는 결이 바탕이요, 넉넉하고 아늑하도록 돌보는 결을 이루며, 받아들이거나 맡으면서 하려는 결을 드러냅니다.

'품·품다'는 말밑 '푸'로 이으며 '풀다'로도 나아가요. 가만히 보면, 품앗이를 하면서 "여러 품을 받아서 크거나 어렵다 싶은 일을 풀어냅"니다. 그리고 크거나 어렵다 싶은 일을 "풀처럼 풀빛처럼 푸르게, 싱그럽게, 즐겁게 해낸다"고도 할 만합니다.

또한 '푸지다·푸짐하다'처럼 잇는 '푸' 말밑입니다. "매우 많아서 넉넉하다"인 '푸지다'요, "즐겁거나 흐뭇하도록 넉넉하다"인 '푸짐하다'예요. 이 '푸'는 '푸근하다'로도 잇고, '포근하다'로도 만나지요. 봄과 여름과 가을에는 '따뜻하다'면, 겨울에는 '푸근·포근'입니다. '품'는 숨결로 '푸지'게 아우르는 몸짓이기에 겨울이라는 추위를 풀어낼 수 있어요. '품앗이'는 서로 넉넉히 품을 들여서 어떤 일을 넉넉하도록 즐겁게 이루고 풀어서 나눈다는 속빛을 드러낸다고 할 만해요.

* 두레
* 두르다
* 둥글둥글·동글동글
* 동그랗다·동그라미
* 둘

'두레'는 "할 일 많은 봄가을에 함께 힘을 모아서 일을 하려고 꾸리는 모임"을 가리킵니다. "부드러이·둥그러이 아우르듯 한자리에 있으면서 힘을 모으는 동무가 되어 나아가는 길"입니다.

서로 두르듯이 함께 맡거나 하거나 이루려는 자리인 '두레'예요. 두른다고 할 적에는 둥그렇게·동그랗게 함께 있습니다. 둥글둥글·동글동글 함께 있을 적에는 서로 동무 같습니다. 아니, 서로 동무이지요.

동그라미는 모가 없어요. 서로 부드러이 어우러지는 동그라미요 동무입니다. 혼자서는 하기 어렵다지만, '둘'이 맞들면 한결 가벼워요. 바야흐로 셋넷이 함께 있으면 더더욱 가볍고, 여럿이 함께 있으면서 일을 하려고 나서면 더욱 홀가분히 일을 매듭지을 만합니다.

두런두런 수다를 펴듯 도란도란 일을 합니다. 넉넉하고 즐거이 함께 있으면서 같이 웃고 같이 쉬고 같이 살림을 짓습니다.

* 울력

* 울·우리
* 울다·우레
* 아우르다·어우르다·어울리다

　‘울력’은 “여러 사람이 힘을 모아서 하는 일”을 가리킵니다. “너나없이 하나가 되는 울타리처럼 힘을 크게 모아서 일을 풀어내거나 벌이는 길”입니다. ‘우리’를 줄여 ‘울’이라 합니다. ‘울다’는 ‘우레’하고 맞물리는데, ‘울다 = 노래하다’이기도 해요. 아우르는 힘으로 큰일을 해내려 하는 울력이에요. 우리가 이곳에서 어우러지고 어울리면서 ‘여럿힘’으로 한몫 단단히 해내려는 울력입니다.
　마을에서 쓸 못물을 팝니다. 마을을 돌보는 둑을 쌓습니다. 마을을 푸르게 감싸도록 나무를 돌보거나 가꾸어 숲정이를 이룹니다. 냇물에 다리를 놓아요. 다니기 좋도록 길을 내요. “우리가 함께 하늘빛으로 일하는” 살림을 나타내는 ‘울력’입니다.

* 모임
* 모이다·모으다
* 몸·목·못
* 모내기·모시
* 몰다
* 모·연모

'모임'은 "1. 어떤 뜻이나 생각을 나누려고 여러 사람이 모이는 일 2. 어떤 뜻을 나누거나 일·놀이를 하려고 사람들이 모여서 이룬 자리"를 가리킵니다. 여럿이 한자리에 있다는 뜻인 '모임'은, 다 다른 사람들이 '한뜻'이나 '한마음'이 되어 '한길'을 가겠다는 생각을 펴는 자리라고 하겠습니다.

모임이란 마치 '몸'처럼 움직이려는 자리입니다. 우리 몸에는 머리가 있고, 팔다리가 있습니다. 살갗이 있고, 속이 있어요. 피가 흐르고, 털이 있으며, 손가락에 발가락이 있지요. 눈코귀입이 있고, 다 다른 곳은 저마다 다른 구실입니다. 이렇듯 다 다른 곳은 '몸'이라는 하나를 이루어 움직여요. 우리 넋이 이끄는 길에 따라 '한몸(하나인 몸)'으로 나아가지요.

모임은 꼭 '목'처럼 여럿이 오가는 뜻깊은 자리입니다. 길목이나 나들목 같은 모임이라고 하겠어요. 여러 사람이 드나들면서 뜻을 밝히고 함께 일하는 자리인 모임입니다.

모임은 어느 모로 보면 '못' 같아요. 다 다른 사람들이 한자리에 모여서 한뜻에 한마음인 채 한몸처럼 움직이니, 곧고 야무진 못 같다고 할 만합니다.

봄이 저물고 여름이 다가오면 논마다 모내기를 해요. '모'는 싹을 틔운 어린 벼를 가리켜요. 모를 보면 못처럼 길쭉합니다. 아직 야물지는 않은 '모'이되, 곧 논을 푸르게 덮도록 자라나면서 우리 살림을 북돋아요.

사람들 삶자리에는 '모시'라는 풀이 잘 자랍니다. 길고 곧으면서 단단한 줄기로 오르는 풀인 '모시'인데, 이 모시란 풀에서 줄기를 솎아서 실을 얻어 모시옷을 짓습니다.

요새는 부릉부릉 몰아서 다닙니다. 수레도 몰고 두바퀴(자전거)도 몹니다. 어느 곳으로 가도록 한다는 '몰다'처럼, 모임도 어느 곳으로 가도록 여럿이 있는 자리입니다.

그리고 '연모'라는 낱말에서 엿볼 수 있듯, '모'라는 말밑은 어느 일을 하는 밑이요 바탕입니다. 밑이자 바탕인 '모'처럼, '몸'은 삶을 맞아들여서 배우고 지내는 밑이자 바탕입니다. 모임이라는 자리는, 다 다른 여러 사람들이 새롭게 한마음으로 피어나면서 나아가려는 밑길이자 바탕길입니다.

헐다

헌책 | 헌살림

우리말 '헐다'는 두 갈래로 씁니다. 하나는 '허물다·무너뜨리다·쓰러뜨리다'하고 맞물려요. 이때에는 "집을 헐다"나 "마을을 헐다" 같은 쓰임새입니다. 둘째는 '허름하다·낡다·삭다·해어지다'하고 잇닿지요. 이때에는 "오래 입었더니 옷이 꽤 헐었구나"나 '헌책'이나 '헌집'이나 '헌옷' 같은 쓰임새예요.

* 헐다·허물다
* 헐다·허름하다·헌

    소리는 같되 뜻은 갈리는 두 낱말인데, 쓰임새나 결을 헤아리면 처음에는 하나였다가 차츰 둘로 가른 셈이로구나 하고 헤아릴 만합니다. 그렇다면 하나이면서 둘인 '헐다'는 어떻게 이처럼 갈리는 길을 갔을까요?

* 헐다 ㄱ

ⓐ 내려앉게 하려고 손을 쓰다

　　→ 빈집을 헐고 난 자리에 나무를 심자

ⓑ 모은 것을 조금씩 꺼내거나 떼어서 쓰다

　　→ 저금통을 헐어 너한테 줄 책을 샀어

ⓒ 그대로 두려던 돈을 덜어서 쓰다

　　→ 오늘은 오만 원짜리 돈을 헐 생각이야

선 것을 건드려 내려앉도록 한다는 '헐다'요, 있는 것을 써서 없는 것이 되도록 한다는 '헐다'입니다. 이때에 우리는 손을 써요. 손을 대어 허물지요. 요사이는 사람이 손을 쓰지 않아도 커다란 삽차로 헐기도(허물기도) 하고, 꽝 하고 터뜨려 헐기도(허물기도) 합니다. 그러나 예전에는 헐려면(허물려면) 늘 사람이 손을 대거나 써야 했어요.

손을 대거나 쓰거나 타기에 '헐다'인 셈입니다. 손이 닿지 않으면 '헐리지' 않고 그대로 가는 셈입니다. 손을 대지 않으면 그대로 두는 셈인데요, 이때에는 '건사하다·간직하다·간수하다' 같은 낱말을 써요. 이 세 낱말은 "다른 사람 손이 닿거나 타지 않도록, 다른 사람이 손을 쓰지 못하도록, 우리가 품거나 지키거나 돌본다"는 뜻을 나타내지요.

＊ 헐다 ㄴ

　　ⓐ 많이 쓴 터라 앞으로 오래 쓸 만하지 않다

→ 겉은 헐었다지만 속은 멀쩡해

ⓒ 살갗이 다치거나 덧나서 진물이나 부스럼이 나다

→ 입이 헐어서 힘들었겠구나

ⓒ 한 판 쓰거나 다른 사람 손을 거치다

→ 깨끗이 읽은 헌책이에요

ⓒ 오랫동안 쓰거나 오랜 나날이 흐르다

→ 헌 살림살이에는 손때가 흐르지

둘째로는 손을 많이 타거나 손을 오래 대는 결을 나타내는 '헐다'입니다. 생채기를 가리키는 '헐다'는 손을 타거나 손이 닿는다기보다, '다른 숨결'을 자꾸 타거나 닿는다는 쓰임새라고 할 만합니다. '헌책·헌옷·헌집'은 어느 사람을 거쳤다는, 어느 사람이 먼저 쓰거나 다뤘다는, 어느 사람이 품거나 지키거나 돌보았다는 느낌을 나타내지요.

'헐다 ㄱ'은 손이 닿거나 손을 대어 '써없애는' 길을 나타낸다면, '헐다 ㄴ'은 손이 닿거나 손을 대어 '거치는' 길을 나타내요. '헐다 ㄴ'에서는 손이 닿거나 손을 대어 오래오래 곁에 두는 결도 드러냅니다.

이때에도 둘로 가를 만해요. 여러 사람이 쓰거나 손을 대었기에 이제는 더 쓸 만하지 않은 '헐다 ㄴ'이 있고, 여러 사람이 쓰거나 손을 대었지만 고이 품거나 지키거나 돌보았기에 마치 '헌것 아닌 새것' 같을 때가 있어요. '헐다 ㄴ = 손길이 묻은, 손때가 탄, 손빛으로 품은'을 보여주는 셈이랄까요.

* 헌옷 = 손길옷·손빛옷
* 헌책 = 손길책·손빛책
* 헌집 = 손길집·손빛집

오래 쓰거나 오래오래 이었어도 앞으로 더 오래 곁에 두거나 쓰거나 다룰 만한 결을 나타내는 '헌살림'이라면 '손길–'이나 '손빛–'을 붙여서 새롭게 나타낼 만합니다. 이렇게 한다면 '헐다 ㄱ'하고 '헐다 ㄴ'이 어떻게 갈렸는가를 한결 또렷하게 알아챌 수 있기도 하고, 언니가 동생한테 물려주는 옷이 '그냥 헌옷'이라기보다 '사랑스레 누려서 이어가는 손길옷'이라는 대목을 잘 밝힐 만하지 싶어요.

흐뭇하다

흐드러지다 | 흐벅지다 | 흠뻑 | 흠씬 | 흐르다 | 흘리다

흩어지다 | 흙 | 즐겁다 | 즈믄 | 짓다 | 움직이다 | 움 | 우물

기쁘다 | 미쁘다 | 예쁘다

우리는 늘 쓰는 흔한 우리말을 얼마나 살필까요? 우리는 수수하게
쓰는 우리말을 얼마나 헤아릴까요? '수수하다'는 '수북하다·수더분
하다·수두룩하다·수박·슈룹'하고 말뿌리가 맞닿으면서 '순(오직)·
숲'하고도 맞물리며, 예부터 가시내를 가리키던 '순이'란 이름하고
도 얽혀요.

　흔한 이름이란, 흐드러지는 이름입니다. 흐뭇이 여기는 이름이
자, 흐르는 이름입니다. '흐'가 말뿌리입니다. 우리말 '흐뭇하다·즐
겁다·기쁘다'는 비슷하면서 달라요. '즐겁다'는 '즈믄·반갑다'하고
맞닿습니다. '즈믄 = 1000'이요, 1000이란 셈은 '온(오롯한)'인 100
을 '열(열다·10)'씩 아우른 셈이기에 가없이 트이면서 끝없이 너른
빛을 품어요. '기쁘다'는 '기운·길다·깊다'에 '미쁘다·예쁘다'를 품지
요. 세 낱말 '흐뭇하다·즐겁다·기쁘다'는 뜻으로도 살몃살몃 다르
고, 결로도 퍽 달라요.

* 흐뭇하다
* 흐드러지다·흐벅지다·흠뻑·흠씬
* 흐르다
* 흘리다·흩어지다

　'흐뭇하다'는 "바라던 대로 이루어지거나 되기도 하고, 마음이 가벼우면서 밝기도 해서, 그저 마음이 느긋하면서 꽉 차도록 빛나고, 모자라거나 아쉽지 않다"를 나타내요. "오늘 하루는 흐뭇했어"처럼 씁니다. "자랑스럽다고 느끼다"를 나타내기도 합니다. "잘 자란 모습을 흐뭇하게 바라본다"처럼 써요.

　바라는 대로 되거나 이룬다고 할 만하다면, 아주아주 많이 품거나 누리거나 펴거나 얻는다는 뜻을 나타내는 '흐드러지다'로 잇습니다. 아주아주 많으면서 부드럽고 두툼한 결을 나타내는 '흐벅지다'로도 이어요.

　아주아주 많아 끝없이 누릴 만하다고 여겨 '흠뻑'입니다. 이렇게나 많구나 싶도록 젖어드는 결도 '흠뻑'입니다. 비슷하면서 다른 '흠씬'도 아주 많이 젖어드는 결을 나타내는데, 견디기 어렵도록 얻어맞는 일도 '흠씬'으로 나타내요.

　어느 쪽으로 가만히 가는 결을 나타내는 '흐르다'입니다. 끊기거나 막히지 않는 '흐르다'예요. 물이나 바람처럼 부드러우면서 넉넉하고 아늑하면서 가득한 기운으로 고이 고스란히 그대로 나아가면서 잇는 결을 '흐르다'로 그려냅니다.

하루가 흐르고, 말이 흐릅니다. 물이 흐르고, 빛이 흐릅니다. 냄새가 흐르고, 땀이 흐릅니다. 소리가 흐르고, 냇물도 골짜기도 흘러요.

물이나 가루나 작은 알을 들고서 움직이다가 바닥이나 밑으로 떨어뜨릴 적에 '흘리다'라고 합니다. 어느 곳에서 한결같이 나아가는, 곧거나 스스럼없거나 이어가는 결이라면 '흐르다'이고, 이 결이 밑으로 가거나 이곳저곳으로 갈 적에는 '흘리다'예요. 이곳저곳으로 뿔뿔이 가는 결은 따로 '흩다·흩어지다'로 나타내기도 합니다.

'흘리다'는 "웃음을 흘리다"나 "다른 이야기를 흘리다"처럼 쓰기도 합니다. '흐르다'에서 비롯한 말씨인 터라 '잇는' 결을 나타내되, '흘리다'는 따로 마음이나 힘이나 몸을 써서 다른 곳으로 잇는 결이라고 하겠습니다.

* 흙

아무 땅에서나 씨앗이 자라지 않습니다. '땅'이라고는 하더라도 풀 한 포기 안 나는 데가 있어요. 씨앗이 뿌리를 내리고 싹이 트려면 '흙'이라는 알갱이여야 합니다.

숨결이 흐를 수 있는 흙이어야 씨앗이 깨어납니다. 작은 알갱이로 흩어진 듯하지만, 가없이 많은, 숱하다고 여길, 흐드러진 알갱이가 씨앗을 품어서 깨웁니다. 씨앗은 흙이라는 품에 안기기에 흐뭇하게 자랄 수 있어요. 흙이라는 품에 흠뻑 안기기에 포근하면서 고요하면서 아늑하게 꿈을 그리던 어느 날 문득 깨어납니다.

흙이란, 숨결이 흐르도록 잇고 흐드러진, 이러면서 홀(홑)로 있는 수두룩한 알갱이입니다.

* 즐겁다
* 즈믄
* 짓다·움직이다

'즐겁다'는 "무엇을 하면서 몸과 마음이 가벼우면서 밝고 새롭다."를 나타내요. "너랑 만나서 즐거워"처럼 쓰지요. 이 즐거움은 '즈믄'으로 이어요. 1999년에서 2000년으로 넘어설 즈음 '즈믄둥이'란 이름이 태어났습니다. 오래도록 숨죽이듯 잠든 낱말 하나가 새롭게 깨어났어요.

즈믄해를 살아온 나무라면 '즈믄나무'입니다. 즈믄해를 이은 집이라면 '즈믄집'이에요. 우리나라 곳곳에는 즈믄해를 넘긴 흙집이 있습니다. 흙과 돌과 나무를 써서 지은 집이 즈믄해를 잇고, 앞으로 '두즈믄(2000)' 해도 이을 만하리라 봅니다.

깊고 넓게 오래 잇는 결을 품기에 '즐거움'이요, 이처럼 즐겁게 이루거나 하거나 펴는 길이기에 '짓다'예요. 책에 글이나 그림이나 사진을 담은 사람을 '지은이'라고 하는데, '지은이·지음이 = 짓는이'입니다.

'짓다'란 '짓 + 다'예요. '짓'은 "몸으로 나타내거나 보이는 결"을 나타냅니다. "새롭게·처음으로·다르게 보거나 느끼도록 이루거나 하는 결"을 그리는 낱말입니다.

'움직이다'라는 낱말이 있어요. '움 + 직(즉)'인 얼개요, '움트다·웅크리다'에서 말밑을 엿봅니다. '움'은 '우묵하'게 들어간 자리를 가리키기도 하고, '움집·움막'처럼 써요. '우물'도 우묵하게 들어간 곳에서 긷는 물을 가리킵니다. 가운데가 둥그스름하면서 깊게 들어간 곳이나 모습을 '우묵하다'로 나타냅니다. '움으로 있다(깊이 깃들거나 잠들듯 있다)'가 '짓(지으며 나타나거나 일으킴)'으로 나아가는 결이 '움직임'이라 할 만하고, 이러한 '짓다(지음)·움틈(움직임)'은 바로 즐겁게 터져나오거나 일으키는 몸빛이기도 합니다.

* 기쁘다
* 깊다·길다·기운
* 미쁘다·예쁘다

'기쁘다'는 "바라던 대로 이루어지거나 되기에, 또는 어떤 일이 생기거나 어떤 모습을 보면서 마음이 환하다"를 나타내요. 환한 기운이 바깥으로 훤히 드러날 때에 쓰는데, "이렇게 다시 만나니 얼마나 기쁜데"처럼 씁니다.

'기쁘다'는 '기운·길다·깊다'를 먼저 품습니다. 넋이 마음에 일으키면서 반짝반짝 빛내는 '기운'이 나타나면서 기쁩니다. 길게 나아갈 수 있도록 기운이 차오르니 '기름(기르다)'을 받아 기뻐요. 반짝이는 기운을 깊이 품고 누리며 나누는 기쁨이라고 할 만합니다.

　'미쁘다·예쁘다'처럼 '쁘(쁨)'를 품는데, '쁘·프'가 맞닿는 얼거리를 본다면, '뿌듯·뿌리'라든지 '푸짐·풀'처럼 깊고 넉넉하게 품으면서 풀어내려는 맑은 기운이 '기쁘다'에 흐르는구나 하고 느낄 만합니다. '미쁘다'란, 믿을 만한 결이 깊다는 뜻입니다. '예쁘다'란, '어여쁘다'를 줄였다고 여길 만하고, 어엿한 결이 깊거나 어린 결이 깊다는 뜻이에요.

ㄴ

두걸음 잇기

거지

**거짓말 | 거죽 | 거저 | 겉 | 거칠다 | 거추장 | 걸리다
꺼칠 | 껄끄럽다 | 가두다 | 거두다 | 걷다 | 걸어가다**

참말을 하지 않는 사람들이 거짓말을 합니다. 스스로 삶을 그리고 살림을 가꾸며 사랑을 하는 사람이라면 '참말'을 해요. 스스로 삶을 안 그리고 살림을 안 가꾸며 사랑을 안 하는 사람이기에 '거짓말'을 합니다.

속으로는 빛나지 않고 겉으로만 번쩍거리려고 하기에 '거짓'이라고 합니다. 돈을 모두 잃은 사람을 '거지'라고도 하지만, 돈이 하나조차 없지만 마음이 넉넉한 사람한테는 '거지'라고 하지 않아요. 마음이 가난하면서 돈만 많은 사람한테 오히려 '거지'라는 이름을 붙이곤 합니다.

'겉'으로 드러난 모습으로만 삶을 말하지 않아요. '속'으로 흐르는 결을 헤아리면서 삶을 말합니다. '가죽·거죽'으로는 그냥 '겉치레'일 테지요.

＊ 거지·거짓말·거짓부리·거짓부렁

* 가지·가짓말·가짓부리·가짓부렁

 그야말로 하나도 없기에 '알거지'라고도 하는데, '거지'란 세 가지로 바라볼 만합니다. 첫째, "스스로 살림을 하면서 살아갈 만한 일이 없거나 일을 잃어서, 남한테서 밥·옷·돈·집을 받거나 얻어서 살아가는 사람"입니다. "다 잘못되어 거지가 되었어"라든지 "다 빼앗기고 하나도 없는 거지"처럼 씁니다. 둘째, "스스로 찾거나 짓거나 마련하거나 그리거나 가꾸려는 마음·뜻·기운·힘·몸짓이 없이, 남한테서 받거나 얻으려고만 하는 사람을 빗대는 말"입니다. "네가 짓지 않고 얻으려고만 하면 거지인걸"이나 "얻기만 바라면 거지란다"처럼 써요. 셋째, "겉으로 보기에 낮거나 없거나 모자라거나 떨어진다고 여기면서 깎아내리거나 나쁘게 보려고 빗대는 말"입니다. "그런 거지 같은 일이 다 있구나"라든지 "그런 짓은 거지 같은걸"처럼 써요.

 '거지·거짓말'은 ㅓ하고 ㅏ가 오가면서 '거지·가지'나 '거짓말·가짓말'처럼 씁니다. 둘은 똑같은 뜻이되, 결이나 세기만 달라요. '거짓말·가짓말'이란 "스스로 텅 비어서 아무것도 없거나 모자라다고 여기는 마음이기에, 마치 있는 척하려고 꾸미는 말"을 가리킵니다. 스스로 텅 비지 않는다면 "스스로 찬(가득한) 말"을 할 테고, 이때에는 '참말(꽉 찬 말·가득한 말)'을 할 테고요. 스스로 텅 비거나 아무것도 없다고 여기기에 그만 꾸미려는 마음이 들어 거짓말이고, 스스로 넉넉하면서 빛난다고 여기기에 꾸미거나 보태거나 가리거나 숨기거나 치레할 일이 없어 '참말'을 해요.

　참말이란, 참답게 아는 말입니다. 모자라지도 넘치지도 않게 알맞도록 있는 '차다·참'을 가리키는 말이에요. 거짓말이란, 거짓인 말인데, 겉으로만 있어 보이는 말이요, 겉으로 꾸미는 말인데요, 겉으로는 멀쩡하거나 옳거나 좋거나 맞아 보이지만, 막상 속으로는 텅 비거나 씨앗이 없거나 허전한 말이에요. 한자말로 둘을 가른다면 '참말 ← 진실'이요, '거짓말 ← 사실'인 얼개입니다.

　'거짓부리·거짓부렁'은 '거짓'을 더 힘주어서 가리키는 낱말입니다.

＊ 거죽·가죽
＊ 거저·갖·갖바치
＊ 겉·같

　'겉'을 감싼 살이니 '거죽·살거죽'이요, '가죽·살가죽'이라고도 합니다. 사람도 짐승도 속살하고 뼈를 감싸는 '거죽·가죽'에 '살거죽·살가죽'이 있어요. 사람은 따로 '살갗' 같은 낱말을 쓰기도 합니다. 예부터 '갖바치'라고 해서 가죽신을 삼는 사람을 가리키는 이름이 있어요.

　'거저'는 돌려받거나 무엇을 해주기를 바라지 않는 마음을 나타냅니다. "거저 주고 거저 받는다"나 "거저 얻으려고 한다"고 하고요. '거저'는 아무 힘이나 돈을 안 들이려는 몸짓을 나타내기도 합니다. "즐거운 잔치판에 거저 갈 수는 없어"나 "이렇게 고마운데 거저 받을 수는 없지"처럼 씁니다.

안팎이 있을 적에 바깥을 '겉'이라 합니다. 속이 아닌 곳이 '겉'이에요. "겉은 멀쩡하다"라든지 "겉하고 속이 다른걸"이라든지 "겉으로는 울지만"처럼 써요.

깊이 보지 않는, 그러니까 살짝 보거나 얼핏 보거나 어림으로 볼 적에 "겉대중으로는 모른다"나 "겉보기로는 속을 몰라"처럼 써요. 껍질을 안 벗긴 '겉보리·겉밤'입니다. 알맹이란 없이 시늉이나 꾸민다고 할 적에 "겉멋만 들었네"나 "겉치레인 글은 안 읽어"나 "겉말에는 안 속아"처럼 씁니다. 밖으로 드러난 모습으로 볼 적에 '겉늙다'나 '겉핥기'처럼 쓰고, 어울리거나 섞이거나 함께 있지 않을 적에 '겉돌다·겉놀다'처럼 씁니다.

여러모로 보면 '겉속·겉안'처럼 다르거나 숨기거나 꾸미는 결을 '겉'으로 그리는데, ㅏ랑 ㅓ가 맞물리는 '같·같다'일 적에는 확 달라요. '겉핥기·겉치레'처럼 '겉'은 다른 결을 뚜렷이 드러낸다면, '같다·똑같다' 같은 자리에서는 서로 다르지 않은, 서로 하나인, 서로 섞이는, 서로 어우러지는 결을 나타냅니다.

* 거칠다
* 거추장·거치적·걸리다
* 꺼칠·까칠·껄끄럽다·깔끄럽다

꾸미거나 감추거나 속이면서 안 어우러지거나 안 섞이는 결을 '거칠다'에서도 헤아려 봅니다. 가루·모래·흙 같은 알갱이가 굵다든지, 베나 천 같은 옷감에서 올이나 결이 성기고 굵다든지, 나무나 살갗 같은 겉·결이 곱거나 매끄럽지 않다고 할 적에 '거칠다'라 합니다.

가꾸거나 손질하지 않고 두어서 어지럽다든지, 어느 터전이 쓸쓸하고 스산하다든지, 마음이나 사랑이 메마르고 살기에 나쁘다고 할 적에도 '거칠다'예요. 일이나 솜씨가 찬찬하거나 야무지지 못하다든지, 몸짓·마음씨가 무섭도록 세다든지, 바람이나 물결이 몹시 세거나 높다고 할 적에도 '거칠다'이지요.

밥이 맛있지 않고 몸에 좋지 않거나 먹기에 나쁘다든지, 말이나 글이 막되거나 어수선하거나 나쁘다든지, 숨이나 기침이 고르지 않고 뻣뻣하다든지, 몸을 쓰는 일이 많아 힘들다고 할 적에도 '거칠다'입니다.

이런 '거칠다'하고 맞물려, 어쩐지 하거나 다루기가 어렵고, 안 하고 싶다는 마음이 들 적에 '거추장스럽다'고 해요. "덜렁거려서 거추장스러워"라든지 "거듭 갈아타자니 거추장스러워"처럼 씁니다. 자꾸 닿아서 마음에 안 들거나 하기에 안 좋다고 여길 적에 '거치적거리다'라 해요. "거치적거리는 것 좀 치우렴"이나 "발에 거치적거려서 힘들어"처럼 쓰지요.

'거추장·거치적'은 '걸리다·거치다·걸치다'하고 맞물립니다. 어디에 닿거나 붙는다고 하는 '걸리다'는 "빗장이 걸리다"나 "돌에 걸

렸다"나 "나한테 걸렸지"나 "낚시에 걸렸다"처럼 잡히거나 막히는
자리에도 써요. '걸리다'는 "해가 하늘에 걸리다"나 "솥을 걸어 밥을
짓다"나 "내 이름이 걸렸다"나 "고뿔에 걸리다"나 "걸리는 데 없이
말을 잘 하다"처럼 쓰임새가 넓습니다. 겉으로 드러나는 일이요, 겉
으로 하거나 보이는 일이라고 할 만합니다.

'거칠다'는 '꺼칠·까칠'로도 이어요. 한결 거친 '꺼칠·까칠'이요,
매우 힘들거나 싫거나 마음이 안 가는 결을 나타냅니다. 살갗에 무
척 따끔하도록 닿는다는 '꺼칠·까칠'은 '껄끄럽다·깔끄럽다'로도 뻗
습니다. "껄끄러운 일"이나 "깔끄러운 사이"는 모가 나서 반갑지 않
다는 뜻입니다. 안 보고 싶은 마음을 나타내고, 함께 안 있고 싶다
는 뜻을 드러내요.

＊ 가두다
＊ 걷다 ㄱ·거두다 ㄱ·거두다 ㄴ
＊ 걷다 ㄴ·걸어가다

거짓말(가짓말)은 '가두는' 말 같습니다. 참말은 풀어내는 말 같
아요. 거짓말을 하면 할수록 마음을 스스로 가두고, 둘레도 가두려
는 빛을 느낍니다. 참말을 펴면 펼수록 마음을 스스로 풀어놓으면
서, 둘레도 환하게 풀어내려는 빛을 느껴요.

묶고 누르고 죄는 '가두다'인데, ㅏ 랑 ㅓ를 바꾼 거두다(걷다)
ㄱ'은 "이불을 거두다"처럼 자리를 가지런히 놓으려는 결을 바탕으

로, "웃음을 거두다"나 "눈길을 거두다"나 "걱정을 거두다"처럼, 이제 더는 안 하는 결을 나타냅니다.

'거두다(걷다) ㄴ'은 "열매를 거두다"나 "벼를 거두다"나 "보람을 거두다"나 "종이를 거두다"나 "돈을 거두다"나 "아이를 거두다"처럼, 가지런히 어느 곳에 두려는 결을 나타내면서, 받아들이거나 안거나 품거나 얻는 결을 그려요.

'걷다 ㄱ'은 '걸어가다'입니다. 어디에 닿거나 붙는 '걸리다 ㄱ'이 있고, 걸어가는 몸짓을 가리키는 '걸리다 ㄴ'이 있습니다. 비슷하되 사뭇 다른 말씨가 맞물립니다. 그림이 걸릴 적에는 어느 담에 그림을 놓아서 그대로 잇는 결이요, 아기를 걸리면서 길을 간다고 할 적에는 발바닥이 땅에 닿거나 붙되 바로바로 새로 떼어 앞으로 디디면서 나아가도록 잇는 결입니다.

그치거나 끝내는 '거두다 ㄱ'이요, 모으거나 갈무리하는 '거두다 ㄴ'이에요. 이 여러 낱말은 바깥에서 몸으로 드러내거나 스스로 하는 결입니다. 말밑은 하나이되, 쓰는 마음이나 몸짓에 따라서 뜻이 갈리고 쓰임새가 뻗습니다. 우리는 겉치레로 거추장스럽거나 껄끄러이 가두면서 나아갈 수 있고, 즐거우며 넉넉히 거두고 나누면서 새길을 사뿐사뿐 걸어갈 수 있습니다. 우리는 거지가 될 수 있고, 누구한테나 스스럼없이 거저 나누어 주는 마음을 빛낼 수 있어요.

구름

구르다 | 굽다 | 곱다 | 공 | 동무

그리기에 '그림'이라 합니다. '글'도 그려서 나타냅니다. 살아가기에 '삶'이라 하고, 살리기에 '살림'이라 하지요. 꾸기에 '꿈'이고, 자기에 '잠'이에요. 도르르·돌돌돌 가기에 '돌'이기도 합니다. '구르다'라는 낱말로는 어떤 다른 말로 이어갈까요?

＊ 구르다 ㄱ
＊ 구르다 ㄴ

'구르다'는 둘로 갈라서 씁니다. '구르다 ㄱ'은 "돌면서 다른 곳으로 가거나 오다."를 뜻해요. "구르는 돌"처럼 쓰지요. "눕거나 쓰러진 채 돌면서 다른 곳으로 가거나 오다."도 뜻합니다. '앞구르기·뒷구르기·옆구르기'처럼 씁니다. "소리·노래·가락·말이 고르게 흐르거나 퍼지거나 가다."도 뜻합니다. "새가 들려주는 노래가 또르르 구른다"처럼 써요.

'구르다 ㄱ'은 뜻하고 결을 넓혀서 "아무렇게나·그냥·함부로·쓰임새 없이 있거나 버려지거나 잊히다."도 뜻합니다. "쓰레기가 구른다"처럼 쓰지요. "모르거나 못 느낀 채 지나가다. 문득 스쳐서 지나가다."도 뜻하고, "바람소리가 구르지만 느끼지 못 했어"처럼 씁니다. "무엇을 쏠 적에 힘을 거꾸로 받아서 뒤로 튀다."도 뜻하며, "펑 하고 쏘니 다들 뒤로 굴렀다"처럼 써요.

"걷거나 달리거나 끌거나 움직일 적에 위아래로 움직이다."도 뜻합니다. "힘들어 어깨를 구르면서 겨우 달린다"처럼 써요. "높은 데에서 떨어지거나, 길에서 벗어나 밑으로 떨어지다."도 뜻합니다. "버스가 굴렀지만 안 다쳤어"처럼 씁니다.

돌면서 이곳으로도 가고 저곳으로도 가는 모습을 바라보는 느낌이나 자리에 따라 뜻이며 쓰임새가 사뭇 다릅니다.

'구르다 ㄴ'은 두 가지로 씁니다. 첫째는 "발로 바닥을 힘껏 치거나 차다."를 뜻합니다. "발을 구르면서 걷는다"나 "다들 발을 구르며 웃는다"처럼 씁니다. 둘째는 "발판에 발이나 몸을 올리거나 맡기고서 몸무게를 힘껏 실어서 누르다. 자동차를 몰거나 달리는 일을 가리킬 적에도 쓴다." 같은 뜻입니다. "그네를 구르면 바람맛이 시원해"나 "우리 집도 너희 집도 자동차를 굴리는구나"처럼 씁니다.

처음에는 발소리를 내는 '구르다·굴리다'를 썼다면, 이윽고 그네를 구르는 데로 뜻과 쓰임새가 퍼졌고, 어느덧 자전거를 달리는 모습을 나타낼 적에 썼어요. 이러다가 오늘날처럼 자동차를 모는 일도 '구르다·굴리다'로 나타냅니다.

* 구름

　사람은 그네나 자전거나 자동차를 굴립니다. 발판을 구르며 바람을 시원하게 쐽니다. 발을 동동 구르면서 기쁨도 슬픔도 나타내요. 저 높은 하늘에서는 구르고 구르는 물방울이 '구름'을 이룹니다. 흐르는 구름이자, 구르는 구름이에요.

　이 '구름'은 세 가지로 써요. 첫째는 "하늘에 흰빛이나 잿빛을 이루며 뭉쳐서 떠다니는 물방울. 바다를 이루던 물방울이나 들숲메에 있던 물방울이 아지랑이가 되어 하늘로 올라와서 크게 모여 구르듯 떠다니거나 흐르는 덩어리. 비나 눈을 뿌리기도 하고, 그늘만 드리우기도 하는데, 바다에서 일렁이는 물결처럼 하늘에서 굴러다니듯 일렁이는 하얀 덩어리."를 뜻합니다.

　가만히 생각을 기울여 봐요. 바다가 있기에 아지랑이가 피어나서 하늘로 오르니 새롭게 구름으로 뭉치는 물방울입니다. '구름 물방울'은 '바닷방울(바다 물방울)'이 바뀐 모습이에요. 그래서 구름을 보면 마치 물결 같답니다. 늘 바뀌듯 흐르는(또는 구르는) 구름은 하늘에서 펼쳐 보이는 물결무늬라고 여길 만합니다.

　'구름'은 둘째로 "잔뜩·크게·많이·가득 있거나 몰려서 움직이는 모습을 빗대는 말."을 뜻합니다. "여기는 사람들이 구름 같네"나 "구름밭인 길을 겨우 빠져나온다"처럼 씁니다. 셋째로 "잔뜩·크게·많이·가득 몰려서 생기거나 일어나는 일·모습·이야기·말을 빗대는 말."을 뜻해요. "일거리가 구름처럼 쌓였어"나 "걱정이 구름 같더라"처럼 써요.

하늘에도 구름이 있고, 땅에도 일거리나 사람이나 자동차로 구름을 이룹니다. 다들 크게 뭉치듯 한곳에서 복닥복닥 움직여요.

* 굽다 ㄱ·굽이
* 굽다 ㄴ·구이
* 곱다·공
* 동무

한쪽으로 기운 모습을 '굽다 ㄱ'이라고 합니다. 불로 익히는 몸짓을 '굽다 ㄴ'이라고 해요. '굽다 ㄱ'은 '굽이'로 말꼴을 잇고, '굽다 ㄴ'은 '구이'로 말꼴을 이어요. 기울 적에도 익힐 적에도 '덩이·몸'이 한쪽으로 움직입니다.

'구르다'라고 할 적에도 어느 쪽으로 움직이는 결입니다.

겨울에 손이 얼면 "손이 곱았어"처럼 말을 해요. '아름답다'하고 비슷하면서 다른 '곱다'가 있고, '굽다'하고 맞물리는 '곱다'도 있어요. '아름답다'하고 비슷하면서 다른 '곱다'도 곰곰이 보면, 어느 한 길로 빛나는 모습이나 결이라고 여길 만합니다.

동글동글하면서 잘 구르는 살림으로 '공'이 있어요. '공'은 던지기도 하지만 굴리기도 합니다. '굽다·곱다·공'을 찬찬히 보면, 모가 나지 않습니다. 동글동글·둥글둥글하지요.

하늘을 구르는 '구름'도 모가 나지 않은 결이라고 할 만해요. 바다를 이루는 물결에도 모가 없거든요. 물·물방울은 모가 없습니다. 구름이 흩어질 적에는 얼핏 뾰족하다고 볼 수 있을 텐데, 흩어져서 사라지는 모습을 그저 천천히 느끼는 결입니다. 바다도 물도 방울도 구름도 공도 나란히 '모나지 않은 동그스름'이에요.

그렇기에 "구르는 돌"이라고 하지요. 모가 나면 구르지 못 합니다. 모가 나지 않았기에, 또는 모를 쳐내거나 깎아내었기에, 동글동글 구르고 돌돌돌 구릅니다.

'동무'라는 낱말은 가까우면서 서로 돌아볼 줄 아는 사이를 가리키는데, 가까운 사이인 동무란, 바로 모가 아닌 동글동글한 마음을 나누는 숨결을 담는다고 하겠습니다. 바다 같은 마음이요, 물방울 같은 몸짓이요, 구름처럼 달리면서 어우러질 줄 아는 동무인 셈입니다.

꾀

꼬리 | 꼴 | 끝 | 꽃 | 꼬마

아이는 꾀가 무엇인지 모릅니다. 아이는 어른하고 달리 몸으로 쓰는 힘이 안 커요. 조금 거들다가 내려놓고, 조금 돕다가 쉬지요. 어른이 내는 힘으로만 본다면 아이는 틀림없이 꾀쟁이요 꾀보일 텐데, 아이로서는 힘이 닿는 데까지 용을 쓰다가 그만 털썩 앉는 셈입니다.

아이한테 섣불리 '잔꾀'라고 으르렁대면 아이는 기운을 잃어요. 때로는 왈칵하지요. 아이는 언제나 어른을 따라해요. 아이가 꾀부리는 모습 같다면, 아무래도 둘레에서 꾀부리는 어른을 본 탓입니다. 자, 아이 곁에서 꾀가 아닌 슬기를 내기로 해요. 가볍게 머리를 쓰는 꾀가 아닌, 사랑으로 상냥하게 흐르는 슬기를 펴 봐요.

* 꾀·잔꾀
* 꾀부리다
* 꾀하다

그런데 '꾀 + 하다'로도 씁니다. 이때에는 살짝 다르더군요. 그냥 '하다'일 적에는 어떻게 되도록 가는 몸짓을 나타낸다면 '꾀하다'는 가볍게 생각해 보면서 어떻게 되도록 가는 몸짓입니다. 깊지는 않으나 어느 만큼 생각해 보고서 나아가기에 '꾀한다'고 해요.

* 꼬이다·꼬다
* 꼬드기다·꾀다
* 꼬여들다
* 비꼬다·비비꼬다

'꾀'는 '꼬 + 이(이다)'입니다. 꼬이는 꾀요, 꼬려고 하는 꾀예요. 이쪽으로 오기를 바라면서 살살 다가갑니다. 구슬리지요. 이쪽으로 오면 좋겠다고 여기기에 얼핏 향긋하거나 좋거나 멋스러이 꾸밉니다.

냄새를 맡고 개미가 꼬여요. 내음이 퍼지니 벌도 나비도 꼬이는군요. 꼬이도록 하려고 꼬드깁니다. 부추기는 일하고 조금 다른 '꼬드기다'인데, 어느 쪽으로 슬그머니 다가오도록 하는 결입니다. '부추기다'라면 어떻게 하도록 옆에서 높여 주는 몸짓을 나타냅니다.

'꼬다'는 어느 쪽으로 가도록 하는 일이나 짓인 만큼, 줄을 꼬기도 해요. 줄을 꼬면 빙그르르 돌아가는 듯합니다. 새끼나 줄이나 바나 끈은 잘 꼬아야 합니다. 새끼나 줄이나 바나 끈은 꼬지 않고 그냥 쓰면 쉽게 끊지요. 어느 쪽으로 오도록 기운을 모으는 '꼬다'라는 밑뜻이 있다 보니, "새끼줄을 꼬다"라고 할 적에는, 나중에 잘 쓰도록 여미는 자리로 쓰임새를 넓힙니다.

그리고 이 '꼬다'는 꾸밈없거나 티없는 모습이 아닌 살살 구슬리거나 여미는 몸짓을 나타내니 "있지도 않은 일을 있는 듯이 바꾸는" 자리를 가리키기도 해요. 앞에 '비-'나 '비비-'를 넣어 '비꼬다·비비꼬다'라 하거든요.

이웃이나 동무를 꾸밈없이 바라보면서 이야기하지 않으니 비꼼질이 돼요. 있는 그대로 받아들이거나 헤아려서 말하지 않으니 비비꼬는구나 싶어요. '비틀다'랑 맞물립니다. 비꼬고 비틀기에 비뚤어져요. 참하고 멀어지는 길, 이른바 비켜간달까요. 이때에 '비'는 빗금이나 비탈(비알)을 가리키는 말밑입니다.

* 꼬리·꼬랑지·꽁지
* 꼬리치다
* 꼬리물다

꼬고 꼬이고 꾀고 꼬드기다 보니 어느새 꼬리를 물고 여러 낱말로 이어갑니다. 그래요. 꼬리예요. 여느 짐승한테는 '꼬리'요, 새한테는 '꽁지·꼬랑지'입니다. 얼핏 보면 몸 끝자락에 붙은 가볍고 긴 곳이기에 비슷할 테지만, 들이며 물에서 살아가는 목숨하고 하늘에서 살아가는 목숨한테 붙이는 말이 '꼬리·꽁지'로 다릅니다.

누구를 꾀려고 하는, 꼬드기는 짓은 '꼬리치기' 같습니다. 살살 꼬리를 친다고 해요. 이쪽으로 와 주면 좋겠으니까 꼬리쳐요. 우리랑 같이 있기를 바라기에 꼬리를 치는 셈입니다.

* 꼬투리

자꾸자꾸 꼬리를 무는 말은 '꼬투리'로 갑니다. 뭔가 붙잡을 만한 조그마한 곳이나 것인 꼬투리예요. 이 꼬투리 하나 때문에 붙잡혀요. 어느 꼬투리를 잡아서 일을 풀어요. '실마리'하고 비슷하지만 조금 다르지요. 헝클어진 실을 풀려고 실마리를 잡는다면, 어느 쪽으로 이끌거나 가도록 하려는 기운으로 끝이 살짝 나온 꼬투리예요.

실마리를 잡든 꼬투리를 잡든 풀기는 매한가지일 테지만, 풀어내려고 가는 길은 다릅니다. 꼬투리는 밟힌다고도 해요. 꼬투리가 밟혀서 들통이 나지요. 몰래 하려던 짓이기에 꼬투리를 잡히거나 밟혀요. 슬그머니 하려다가 꼬투리가 드러납니다. 아주 작은 곳이에요. 보일 듯 말 듯하면서 잡힐 듯 안 잡힐 듯한 꼬투리입니다.

* 꼴
* 꼬라지·꼬락서니

이제 '꼴'로 꼬리를 뭅니다. 어떠한 모습을 가리키되 가볍게 나타내는 '꼴'입니다. '볼꼴사납다·꼴사납다'처럼 쓰기도 하고, '둥근

꼴·세모꼴·네모꼴'이나 '달걀꼴'처럼 쓰기도 합니다. '꼴'은 딱히 낮춤말은 아닙니다. '꼬라지'나 '꼬락서니'라 할 적에 어느새 훨씬 가볍게 나타내면서 나즈막하게 나아간다고 할 만합니다.

이러한 꼴을 봐주면 어떨까요. 볼썽사나워서 못 봐주겠다고 할 텐데, 그래도 가만히 꼴을 보아줘요. 구슬리려고 하던 동무나 이웃을 살살 봐줘요. 아직 몰라서 그러했을 테니, 아직 가벼운 마음이었을 테니, 앞으로는 주제넘는 꼴을 씻어내도록 토닥여 줘요.

＊ 꼴찌
＊ 꽂다
＊ 끝·<u>끄</u>다·끊다

꼴이 말이 아니다 보니 꼴찌에 서기도 합니다. 꼬투리처럼 살짝 드러나는, 꼬리나 꽁지처럼 끝에 있는 '꼴찌'일 텐데, 이 모든 말씨가 '끝'하고 맞물립니다. 끝에 있구나 싶어서 꼴찌라 하지요.

그렇지만 꼴찌에 있어서 나쁘지 않아요. 그저 끝에 있고, 꼴찌가 될 뿐입니다. 앞이 있기에 뒤가 있고, 머리가 있으니 다리가 있어요. 위아래나 높낮이가 아닌, 다 다른 자리 가운데 하나인 꼴찌입니다.

끝에 꽂힌 꼴찌라고도 하겠지요, 거꾸로 박히는 '꽂다'이면서, 어느 곳에 그대로 박히는 '꽂다'입니다. 더는 나아가지 않거나 못하는 '끝'이듯, 불이 더는 일어나지 않도록 하는 '<u>끄</u>다'요, 움직이던 모습을 더 움직이지 말라고 기운이 사라지도록 하는 '끄다'예요. 벅차거나 바쁜 일을 확 없앨 적에도 '끄다'라 해요. 더 안 잇거나 안 가면서 끝을 보는 '끊다'이고요.

* 꽃
* 꼬마

끝자락에 가만히 꽂듯 피어나는 꽃입니다. 어느 푸나무는 겨울이 끝나는 즈음 꽃을 피우고, 어느 푸나무는 줄기랑 잎을 한창 내놓고 나서 꽃망울을 터뜨립니다. 벌나비가 꼬입니다. 들짐승이며 숲짐승도 꼬여요. 더구나 사람도 꼬이지요. 씨앗이 뿌리를 내리고 싹이 터서 줄기를 올리고 잎을 내는 길이 마지막으로 닿는, 끝으로 이르는 모습이란 '꽃'입니다.

줄기에 꽂힌 듯한 꽃입니다. 바야흐로 풀이며 나무가 막바지(끝)에 이르면서 맺는 꽃입니다. 꼴찌인 꽃일 텐데, 뜻밖에 더없이 눈부시고 곱고 아름답고 빛나고 향긋합니다. 그윽하게 둘레를 밝히는 기운을 퍼뜨리는 꽃은 꼴찌로 터져나오는 기운이자 몸짓이라고 하겠습니다.

다만 꽃은 오래가지 않습니다. 끝을 맡는 꽃은 줄기나 잎이나 뿌리처럼 오래오래 흐르지 않아요. 가볍게 피어나거나 터지는 꽃은, 참으로 가볍게 시들거나 저물거나 사그라듭니다. 그리고 열매(알)가 되지요. 새롭게 씨앗을 품어서 내놓습니다.

꾀 한 줌에서 첫머리를 연 말씨는 꼬리를 물고 꼬투리가 밟히고 꼴을 보이고 꼴찌라는 끝에 이르더니 꽃으로 거듭납니다.

우리는 어떤 꽃으로 피는 숨결인가 하고 생각합니다. 우리는 서로 어떻게 마주하면서 끝맺는 사이로 나아가는가 하고 헤아립니다. 꽃다운 말이란 무엇이고, 꽃처럼 싱그러이 빛나기까지 차근차근 걸어가는 길은 무엇인가 하고 새삼스레 돌아봅니다.

어리거나 작을 적에 '꼬마'라고 합니다. 아직 익숙하지 않거나 막내일 적에도 '꼬마'라 하지요. '꾀·꾀다·꼬리·끝·꼴·꼴찌'로 잇닿는 낱말은 '꽃'을 거쳐 '꼬마'로 뻗습니다. 틀림없이 어려 보이는 겉모습이니 꼬마일 테지만, 꾀(생각·셈)를 내어 큰마음이 되곤 합니다. 참으로 작아 보이는 겉몸이니 꼬마일 텐데, 끝자락에 있다고 하더라도 가만히 피어나는 꽃처럼 곱습니다. 어린이를 따사로이 바라보면서 보살피려는 숨결을 담아 '꼬마'라는 낱말을 지었겠구나 싶습니다. 여리고 어리고 작은 목숨을 더 눈여겨보며 사랑하려는 숨빛을 얹어 상냥하면서 어질게 '꼬마'라는 이름을 붙였겠구나 싶어요.

그런데 꼬마 같은 꽃이 아닌, 그저 비비꼬이면서 남을 꼬드기려고 하면, 그만 꼬장꼬장한 굴레에 갇힌 '꼰대'입니다. 꽃빛을 잊기에 볼꼴사나운 꼰대입니다. 자칫 꼴사납게 구는 '꼰대'로 기울지 않기를 바라요.

나·너·우리

나다 | 나가다 | 태어나다 | 낳다 | 남다 | 날다 | 나이 | 임금
님 | 임 | 임자 | 이르다 | 이름 | 우리 | 울 | 울타리 | 한울 | 움 | 움트다
움직이다 | 웅크리다 | 우리다 | 우련하다 | 우리말 | 우리나라

'나'는 여기에 있는 사람입니다. 두 사람이 마주보면서 이야기할 적에 우리 스스로 '나'이며, 내(나)가 바라보는, 나랑 마주하는 사람이 '너'예요. 우리는 '나·여기'에 있고, 우리가 마주하는 사람은 '너·저기'에 있습니다.

나랑 너는 여기랑 저기로 다른 곳에 있는, 또는 마주하는 사이입니다. 나랑 너는 틀림없이 다릅니다. 다만, 틀림없이 다른 넋이자 숨결이지만, 틀림없이 똑같은 사람이자 목숨이에요. 사람이자 사랑이나 삶으로는 똑같이 빛나요. 그러나 여기에 있고 저기에 있는 몸이나 모습이 달라요.

＊ 나·나다·돋다·솟다

여기에 있는 '나'이기에, '나다'라 할 적에는, "잎이 나다"나 "꽃이

나다(피어나다)"라 할 적에는, 풀꽃나무한테서 '여기'에서 생긴다는 뜻입니다. '돋다'나 '솟다'를 가리키는 '나다'는 여기에서 짓거나 태어나는 몸짓을 드러냅니다.

* 나가다·나오다
* 나타나다·태어나다

'나가다 = 나(나다) + 가다'요, '나오다 = 나(나다) + 오다'예요. 내(나)가 가고 내가 옵니다. 내가 이곳에서 저곳으로 옮기고, 내가 저곳에서 이곳으로 옮깁니다. 이곳에 있다가 저곳으로 가려 하기에 '나가다'입니다. 저곳에 있다가 이곳으로 오려 하기에 '나오다' 예요.

이곳에 없는 듯했으나 이곳에서 생기는(태어나는) 몸이나 모습으로 느끼기에 '나타나다'입니다. 가만히 보면 '나다·태어나다'는 나란히 '나다'를 말밑으로 삼는데, '태어나다 = 태우다(타다) + 나다'로 읽을 만하기에, 새롭게 숨결을 타고서(올라앉고서) 나오는 몸이나 모습을 그릴 만하구나 싶습니다.

* 너·너나들이·너나없다

아(ㅏ) 다르고 어(ㅓ) 다른 우리말인데, 겉으로는 같구나 싶어도 보는 자리에 따라 달라요. 바탕이 같으면서 다른 결일 텐데, 뿌리가 같더라도 자라나는 길이 다르지요. 이런 말결을 헤아려 '너나들이'나 '너나없다' 같은 말이 태어납니다.

너이니 나이니 가리지 않고 드나들 만한 마음빛을 가리키는 '너나들이'입니다. 몸은 다르게 있되 마음은 나란히 있을 만큼 가깝거나 살갑거나 사랑스럽거나 포근한 사이를 나타내요. '너나없다'도 그렇습니다. 너이니 나이니 가를 만큼 금이나 울타리가 없다고 하니, 서로 얼마나 하나가 되듯 가깝거나 살가운 사이일까요. 이른바 '허물없는·흥허물없는' 사이인 '너나없는' 사이입니다.

* 낳다·넣다
* 남다·넘다
* 날다·널다

'나·너'를 넣은 여러 말씨를 헤아려 봅니다. '낳다·넣다'는 'ㅏ·ㅓ'로 가르는데, '낳다'는 '나오다·태어나다'로, 여기에서 피어나는 모습이나 몸짓을 그려요. '넣다'는 저기에 있는 것을 여기에 있도록 하는(담는) 모습이나 몸짓을 그리는군요.

'ㅏ·ㅓ'로 가르는 '남다·넘다'에서도 '남다'는 여기에 그대로 있는 모습이나 몸짓이요, '넘다'는 저기로 가서 있는 모습이나 몸짓입니다. 그리고 여기에서 내가 홀가분한 몸짓이 되어 '날개'를 달기에 '날아'요. 저쪽으로 가서 있도록 하기에 '널어' 놓습니다. '날다·널다' 모두 발이나 몸이 땅에 안 닿는 모습이지만, 움직이는 결은 달라요.

* 너·널리
* 너르다·넓다·넉넉하다·너그럽다

너머로 가는, 저기로 나아가는 '너'는 '널리' 뻗습니다. 저쪽으로 더욱 깊고 넓게 나아가지요. 가만히 보니 '나'는 오직 하나이지만 '너'는 숱하게 많아요. '나' 하나를 빼면 우리를 둘러싼 모든 사람이나 풀꽃나무이며 목숨은 모조리 '너'예요.

넓지요. 널리 있지요. 넉넉하지요. 이러한 '너'가 '나'를 둘러싸기에 삶을 일구고, 마을을 지으며, 사이좋게 만나는 오늘이 됩니다. 서로 너르게 만납니다. 넓고 넉넉하게 너른넋에 너른눈으로 너른 길을 걷습니다. 드나들거나 있거나 두거나 살거나 하기에 크고 시원한 '너그러운' 숨결을 열고 틔웁니다.

* 나이·낳이
* 임금·이사금
* 님·임·임자·니르다·이르다·이름

한 해를 더 살면 '나이'를 먹는다고 합니다. 예전에 '이사금'이란 말씨에서 엿보는 '이'란, 또 '임금'이란 말씨에 나오는 '이'란, 밥을 먹거나 말을 할 적에 쓰는 곳을 가리키는 이름이에요. '나이'란 낱말은 '낳(낳다) + 이'입니다. 스스로 이곳에 새롭게 있도록 합니다. 내가 이 땅에 처음으로 있도록 합니다. 이 '낳다'는 '나다(돋다)'하고 얽히지요.

낳으며 '나'가 되는 우리는 나한테 있는 이를 세고, 나한테서 돋는 이를 헤아립니다. 이로 매기는 금(값·셈)이란, 스스로 살아낸 자취이면서 길이면서 삶입니다.

그런데 밥을 먹거나 말을 할 적에 쓰는 곳도 '이'요, 사람을 바라보면서 헤아리는 이름도 '이'인데다가, 저기가 아닌 여기를 가리키는 자리도 '이(이곳·이쪽)'라든지, 어제도 모레도 아닌 오늘을 나타내는 때도 '이(이때·이동안·이무렵)'입니다.

옛말은 '니르다'요, 요샛말은 '이르다'입니다. 니르는 숨빛이기에 '님·니름'이고, 이르는 숨결이기에 '임·이름'이에요.

우리는 서로 어떤 '이'로 만나는 사이일까요. 우리는 서로 어느 '이'에 머물거나 흐를까요. '임(님)'을 그린다고 할 적에는 어떤 삶이나 자취나 빛을 바라보는 셈일까요. 제자리를 지키거나 돌보거나 가꿀 줄 아는 사람인 '임자'란, 더구나 나랑 네가 서로 바라보면서 일컫는 이름이기도 한 '임자'란, 예부터 어떤 마음이나 숨결을 담아서 쓰던 말일까요.

* 우리·울
* 울타리·한울·하늘
* 움·움트다·움직이다·웅크리다

우리는 다르면서 같고, 우리는 서로 나누는 목숨이면서 하나인 숨결입니다. 울타리처럼 묶기에 '울·우리'입니다. '하늘(한울)'이란 "하나(한)인 우리(울)"입니다. 하나로 묶는 하늘이기에 끝없이 넓습니다. 모두 아우르는 이름인 '우리'라는 낱말을 쓸 적에, 서로서로 하늘같다는, 파랗게 빛나는 싱그러운 목숨 같다는, 저마다 티없는 바람이 되어 흐르고 만난다는 마음도 담는구나 싶어요.

그리고 이 '우'는 '움'으로 뻗어요. 풀이며 나무가 봄을 맞이해 새롭게 잎눈하고 꽃눈을 틔우는데, 새롭게 터져나오려고 하지요. 움직입니다. '웅크렸'다가 바람하고 해를 맞이하려고 활짝 벌어지는 '움'입니다. 아직 웅크리면서 바람맞이랑 해맞이를 기다리며 움직이고 싶은 숨결이 움입니다. 하나로 모두어서 기다리는 잎빛이고 꽃빛인 움입니다.

* 우리다 ㄱ ㄴ
* 우련하다

속에 깃들거나 품은 기운을 밖으로 터뜨리는 '움'이요, '움직임' 이면서, 여럿을 하나로 함께 아우르기도 하는 '우리'이자, 때로는 가두거나 묶어서 꼼짝을 못 하게 하는 '우리'이기도 합니다. 이런 여러 결은 '우리다'로 잇습니다.

'우리다 ㄱ'은 "덥다고 여길 만한 기운·볕이 들거나 퍼지다"나 "빛이 가볍거나 옅게 들거나 퍼지다. 빛이 잘·제대로 들거나 퍼지지 않다"를 가리켜요. "겨울에도 볕이 우리는 낮이면 좋아"나 "어두운 밤에 별빛 한 줄기가 우린다"처럼 씁니다. 움트는 기운은 따뜻하다고 여길 나하고, 해가 있는 하늘(한울)도 따뜻하다고 여길 만하면서, 여럿을 한덩이로 어우러 놓고 보면 누가 누구인지 알기가 어렵도록 흐려 보일 만합니다.

'우리다 ㄴ'은 네 가지로 쓰는데, 첫째 "물을 넣고 오래 두어서 빛·빛깔·냄새·기운·맛·숨결이 깊거나 넓게 들거나 퍼지도록 하다"를 가리켜요. "모과꽃을 우려서 마신다"나 "다시마를 우려서 끓이면 맛이 깊단다"처럼 씁니다. 둘째 "빛·빛깔·기운이 짙거나 깊게 들거나 퍼지도록 하다"를 가리켜요. "먹물이 천천히 우리는 그림이 멋스럽다"나 "한 땀씩 뜨개를 하는 사이에 빛깔이 곱게 우린다"처럼 씁니다. 셋째 "하나 있거나 조금 있을 뿐인데, 이 하나·조금을 다시·자꾸·또·거듭 다른 곳에 쓰거나 놓거나 다루려 하다"를 가리키지요. "그런 이야기는 그만 좀 우려라"라든지 "스무 판도 넘게 우려 먹는구나"처럼 씁니다. 넷째 "속에 있는 기운·빛·숨을 다 빼내려고 하다"를 가리키고, "사람을 너무 우리는구나"나 "아주 집안을 우려내는 짓이다"처럼 쓰지요.

'우련하다'는 '우리다 ㄱ' 가운데 '흐리게 비추는' 결을 따로 가리킵니다. '우리다 ㄴ'은 '우려먹다'나 '우려내다' 꼴로 으레 써요. 그야말로 밑바닥까지 삭삭 훑고 빼내거나 가로채듯이 괴롭히거나 못살게 구는 짓을 나타냅니다.

우리말 '우리'는 우리 스스로 어떤 마음으로 다가서느냐에 따라, '한우리(하나로 즐거워 하늘 같은 우리)'일 수 있고, '가두리(꼼짝 못 하도록 가두어 기운을 빼내는 우리)'일 수 있습니다. 좋은말이나 나쁜말은 따로 없습니다. 어느 말을 어느 마음이 되어 쓰느냐에 따라, 다 다르게 드러나는 삶을 낱말 하나에 얹어서 나타내고 나눌 뿐입니다. '우리다 ㄴ'을 봐요. 물빛으로 그림을 그리거나 잎물(차)을 끓여서 폭 우려서 마신다고 하는 자리에서는 '살림빛'으로 반짝입니다. 그런데 괴롭히거나 들볶거나 빼앗으려는 마음이라면, 그만 '식민지'라든지 '강탈'이라 할 만한 사납고 끔찍한 몸짓으로 불거집니다.

* 우리말·우리나라

지난날에는 그저 '말'을 썼다면, 이제는 '우리말'을 씁니다. 예전에는 그저 '나라'에서 살았다면, 어느덧 '우리나라'라는 틀을 세웁니다. '나 + 너'이기에 '우리'입니다만, '우리나라'라 할 적에는 '이웃나라'하고 갈라요.

이쪽에 있으니 우리나라요, 저쪽에 있으니 이웃나라(다른나라)가 될 테지요. 우리를 '사람' 너머인 '나라'로 본다면 '우리별(우리 지구)'로 크게 묶을 만합니다. 이때에는 우리별(지구)하고 이웃별(다른 모든 별)로 가릅니다.

어느 자리에서 보느냐에 따라 '나'는 늘 그대로 여기에 있고, '너'는 자꾸자꾸 넓게 퍼지거나 뻗습니다. 처음에는 나 스스로 하나만 '우리'라고 하더니, 시나브로 더 널리 헤아리는 눈빛으로 마음을 모아 우리로 나아갑니다.

우리말로는 나 혼자 있더라도 '우리'란 낱말을 씁니다. 왜냐하면 내가 혼자 있더라도 내가 바라보는 쪽을 어림하면서 나를 밝히려 하기에, 바탕으로는 하나가 아닌 둘을 깔면서 말을 하는 셈이에요.

우리나라에서 쓰기에 우리말이요, 나랑 너가 사이좋게 하나인 마음이 되고 싶으니 쓰는 우리말이기도 합니다. 이 별(지구)에서 우리나라로 좁게 볼 수 있지만, 이 품을 차츰 넓혀서 서로 넉넉히 즐거이 지내자는 뜻으로 '우리옷'을 입고 '우리밥'을 먹는다고도 말할 만합니다.

같이 있고픈 마음으로 묶으려니 '우리'를 쓰는 셈입니다. 함께 나누면서 놀고픈 마음으로 품으려니 '우리'를 씁니다.

넋

얼 | 숨 | 마음 | 넋나가다 | 얼빠지다

우리가 눈으로 볼 적에는 '몸'이라는 낱말로 가리킵니다. 사람도 풀
꽃나무도 돌이나 모래나 물도 '몸·모습'으로 느껴서 가리켜요. 이와
달리 눈으로는 볼 수 없다고 여기는 여럿이 있으니, '숨결·목숨'을
비롯해 '마음'하고 '넋·얼'입니다.

＊ 숨·마음

하늘을 이루면서 흐르는 맑은 기운인 '바람'을 우리가 몸으로 받
아들이면 '숨'입니다. "몸을 살리면서 흐르는 맑은 기운"이 '숨'이라
고 할 만합니다. 이러한 숨이 저마다 어떻게 다른가를 살피며 '숨결'
이라 합니다. "우리가 느끼거나 생각한 모든 길을 담아내는 자리"
는 '마음'이라고 해요.
　'넋'은 몸을 움직이는 기운이자, 마음에 담도록 이끄는 기운입니
다. 넋으로 몸을 움직여 온갖 일이며 놀이를 맞아들이거나 겪으며,
이렇게 맞아들이거나 겪은 삶을 마음에 담는데, 이때에 '얼'이 자라

지요. '얼'은 반짝이는 별님 같은 빛씨앗이라고 할 만합니다. 우리를 이루는 모든 밑자리가 '얼'을 이루면서 고이 이어요.

어버이가 아이를 낳을 적에 '얼'을 잇습니다. 어버이하고 아이는 핏줄을 잇되 서로 다른 숨결입니다. 그래서 서로 다르게 스스로 삶을 짓는 '넋'이 있지요. 저마다 '넋'이 이끌어 몸을 움직이고 '마음'을 다스리거나 갈고닦는 사이에 '얼'이 새롭게 빛난다고 하겠습니다.

* 넋
* 너·나·놈·남·님·임·있다
* 너울·놀
* 널다·날다·넣다·낳다
* 나다·나오다·나타나다

'넋'이 무엇인지 알려면 '너·나'를 알아야 해요. 곰곰이 보면 '너 = 나'이고, '나 = 너'입니다. 마치 '왼·오른'하고 같다고 할 만한 사이입니다. 보는 자리에 따라 '너·나'로 가를 뿐이에요.

우리 숨결은 내가 너를 느끼면서 비로소 둘로 갈라요. 이때에 태어나는 '넋'입니다. 나랑 네가 오롯이 하나로 있을 적에는 아직 '넋'이 아니요, '얼'도 없고 '마음'뿐 아니라 '몸'도 없습니다. 삶을 스스로 지어 보겠노라 하고 느끼며 비로소 '너·나'를 가르고, 이렇게 가르는 기운인 '넋'은 저마다 고요히 깃들면서 몸을 '낳으'려고 합니다. 몸을 '낳'을 적에는 '마음'을 '넣'지요.

우리가 저마다 나답게(너답게) 살아갈 적에는 홀가분합니다. 한 자말로는 '자유'라 할 '홀가분'은 '홀(혼자·홑) + 가볍다'요, 이러한 몸짓은 '날다'입니다. 나답게(너답게) 살아가는 사람은 무엇에도 안 얽매이기에 하늘을 마음껏 날아다닌다고 할 만해요. 풀숲에서 어디로든 훨훨 날면서 삶을 보고 느끼고 겪는다고 하겠어요.

내가 보는 자리에서는 '너'이고, 네가 보는 자리에서는 '나'인데, 반가우면서 빛난다고 여기기에 '님'이고, 싫으면서 꺼리기에 '놈'이에요. '나' 너머에 있는 다른 사람은 '남'입니다.

우리 마음은 너울(물결) 같습니다. 오르내리거나 출렁입니다. 일렁이거나 움직이거나 흐릅니다. 넋이란, "우리 마음에 여러 삶을 차곡차곡 담으려고 몸을 움직이는 기운"이니, 스스로 넋을 느끼고 일으킬 적에 온갖 삶을 맞이하려고 합니다.

처음으로 나옵니다. 잎이 나고 싹이 나듯 생각이 나옵니다. 이러한 삶이 나타나고 저러한 삶이 드러나듯, 하나하나 겪고 느끼고 보면서 생각이 솟습니다. 마치 날듯이 춤추는 몸이자 마음을 다스리는 넋인데요, 늘 '있는' 기운이에요. 늘 있기에 '임'이자 '님'입니다.

'나'라고 할 수 있는 결·길을 '넋'이라는 말로 가리킨다고 하겠습니다. '스스로' 서거나 세우면서 살아가는 결·길을 가리키는 '넋'이라고도 하겠어요. "몸을 움직여서 보고 느끼고 배우도록 이끌어 마음에 생각을 담도록 하는 기운·숨결"이고, "보고 느끼고 배우도록 이끌면서 담는다"고 하겠어요.

* 얼
* 알·알다·알맹이·속알·속살·씨앗·씨알
* 어른·어린이
* 어른거리다·얼른거리다·비치다·빛나다·빛
* 얼른·빨리
* 어울리다·어우러지다·어우르다·얼싸안다·얼우다·업다
* 얼다·얼음
* 얼핏·설핏

  '얼'이 무엇인지 알려면 '알·씨'를 알아야 합니다. 심고 퍼지는 바탕이면서, 속에 가득한 기운이고, 두고두고 잇는 모든 이야기를 담는 빛인 '알'이에요. '알다 = 알이 되다. 알로 가다'입니다. "속으로 가득한 기운이 되어 생각을 심고 퍼뜨리거나 펴면서 이야기를 담아내고 들려줄 수 있도록 잇는 길을 열"기에 '알다'라는 낱말로 가리킵니다.

  아는 사람은 가르칠 수 있어요. 속으로 가득하기에 넉넉히 이을 뿐 아니라 생각이 자꾸자꾸 솟아나지요. 이런 '알·알다'를 바탕으로 '씨앗·씨알'이란 낱말을 지었고, '속알·속살'에 '아이·어른'은 모두 '알·알다'란 낱말을 밑자리에 품습니다.

  그러니까 '얼'은 "'알(씨알·씨앗)'처럼 이루고 일구면서 나아가는 결·길이자, '알(열매)'처럼 잇고 어우르면서 반짝반짝 흐르는 결·길"이라고 하겠습니다. "보고 느끼고 배우면서 '알아' 가기에 반짝반짝 새롭게 자라고(크고) 기운이 일어나는 별님 같은 빛"이 '얼'이라고 하겠어요.

어린이(아이)만 배우지 않습니다. 어른(어버이)도 늘 배웁니다. 어린이(아이)는 어린이(아이)로서 어린이(아이)답게 배우고 누리면서 자란다면, 어른(어버이)은 어른(어버이)으로서 어른(어버이)답게 배우고 나누면서 사랑으로 큽니다.

차근차근 알아가는 동안 둘레를 어우르지요. 하나하나 알아가는 사이에 모두 아울러요. 너랑 나를 가를 담벼락이나 금이 아닌, 너랑 내가 얼싸안으면서 반짝반짝 눈망울을 밝히는 빛살로 나아가도록 하는 밑바탕인 결·길이 '얼'이라고 하겠습니다. '얼'은 "우리 스스로 숨결을 이루도록 밑자리를 이루면서 자라는 빛·뼈대"입니다.

빛이기에 '어른거'립니다. '얼른거리다'라고도 해요. 빛처럼 빠르게 하는 결을 '얼른'이란 낱말로 나타냅니다. 빛이 있으니 '비치다'라 합니다. 비치는 듯하구나 싶어 '어른거리다'라고도 하고, 비치는 듯 느낄 만하구나 싶은 결을 '얼핏'으로 나타내요.

'얼·알'을 바탕으로 '어우르다·아우르다'가 퍼지고 '얼다·얽다(얽히다)' 같은 낱말이 뻗어요. '어울리다(어우르다)'는 예전에 '어울다(얼우다)'라 했습니다. 두 얼(빛)을 하나(한몸)로 품지요. 어울리며(어울며·얼우며) 업고서 새롭게 낳는 길로 갑니다.

'얼다'라 할 적에는 하나로 굳은 결입니다. 속이 맑게 비치면서 반짝이는 모둠결로 가는 '얼음'이에요.

* 넋나가다·넋빠지다
* 얼나가다·얼빠지다
* 얼뜨기·얼치기·얼찬이·얼차려

　우리가 저마다 다르게 숨을 이루는 밑이자 바탕인 '넋'이고 '얼'
일 텐데, 넋이 나가거나 얼이 빠지면 어떤 모습이나 몸일까요? '넋
나간·넋빠진' 사람은 스스로 생각을 일으켜 몸을 움직이거나 마음
을 다스리는 기운이 없습니다. 남이 시키는 대로 움직여요. 남이 시
키는 대로 움직이니 스스로 마음에 담아낼 삶이 없습니다. 틀에 박
힌 채 '나'를 잊거나 잃고서 맴도는 몸입니다.
　'얼나간·얼빠진' 사람은 스스로 보고 느껴서 배우려는 빛이 없
습니다. 빛이 죽은 모습이자 몸인 '얼뜨기'입니다. 무슨 일을 하더라
도 제대로 못 보고 못 느끼니까, 제대로는커녕 도무지 못 배우는 꼴
로 뒹구는 '얼뜨기·얼치기'예요. 얼뜨기라는 모습이자 몸이라면, 아
무한테도 못 잇습니다. 이어줄 씨앗이나 열매가 없어요.
　이리하여 얼을 차리라는 뜻으로 '얼차려' 같은 말을 씁니다. '얼
찬이'로 거듭나서 제대로 보고 느끼고 배우라고 하면서 쓰는 말입
니다. '넋차려'란 말을 쓴다면, 스스로 생각해서 움직이라는 뜻일 테
지요. 남이 시키는 대로 휘둘리지 말고, 스스로 생각해서 움직이는
삶을 지어서 마음을 일구라는 '넋차려'라고 하겠습니다.

다솜

사람 | 사랑 | 다사롭다 | 살피다 | 다소곳하다 | 다솜하다

우리는 스스로 '사람'이라고 합니다. '사람'은 '살다 + 암'인 얼개이고, '말씀·마음·가슴'도 '암'을 뒷말로 삼습니다. '암'은 '아름·알'에서 엿보듯 '알갱이·씨알·씨앗'으로 잇는 말이요, '암'은 '움'으로도 이어 '움트다·움직이다'라든지 '집(에움·에우는 곳)'하고 얽히는 말입니다.

사람은 속으로 '씨·알'을 품는 숨이요, '살다·삶·살리다·살림'으로 펴는 길입니다. 길이 숨을 만나고, 숨이 길을 마주하지요. 그래서 살고 살리는 씨이자 알로 있기에, '앎(알다)'을 맞아들이는 하루(삶)이고, 하나하나 알아가면서 스스로 밝은 빛으로 섭니다. 사람하나하나는 '빛알'이라고 여길 만합니다. 그렇기에 사람은 몸뚱이가 아닌 "몸뚱이라는 살덩이라는 옷"을 입은 '얼'로 헤아린다고 여깁니다.

* 사람

'사람'은, "사는(삶을 이루거나 짓거나 누리는) 숨결로 '알아가는 길'"을 타나내기에, 말뜻을 "사랑으로 살림을 하고 살아가며 숲처럼 푸르고 너르게 생각을 밝혀 서로 돌보면서, 새·풀벌레·개구리·바람·바다한테서 배운 노래를 나누고 말로 담아내어 이야기를 엮어, 슬기롭게 하루를 그리고 오늘 이곳을 새롭게 지어서 누리는 숨결." 처럼 풀이해 볼 만합니다. 그런데, 사람은 몸뚱이만으로는 사람으로 여기지 않는다고 했습니다. 몸뚱이를 입은 얼을 바라보면서 사람으로 여긴다고 했어요. 사람은, 사랑을 하기에 사람인 얼거리입니다. 사랑을 하지 않는다면 빈 껍데기(몸)만 있는 셈입니다.

* 사랑

사람이라면 사랑을 할 노릇이라면, '사랑'이란 무엇일까요? 뜻을 차근차근 짚어 보겠습니다. 첫째로 "어떤 사람·넋·숨결·마음을 무척 곱고 크며 깊고 넓고 따스하게 여기다. 마음으로 돌보면서 따스하고 즐거운 빛을 나누다. 섞이면서 마음을 읽고 나누어 하나가 될 줄 알아 새롭게 빛나는 숨결을 그리다. 이도 저도 아닌, 티도 먼지도 흉도 없는, 오롯이 밝은 숨결. 사람이 살림을 하면서 짓는 빛. '빛나면서 따스하고 즐거워 아름다운 숨결'로 가는 길. 누구나 스스로 하늘빛으로 물들면서, 햇빛·햇볕·햇살로 드리우거나 퍼지면서, 별빛으로 반짝이면서, 꽃빛으로 피어나면서, 숲빛으로 푸르고 물빛으로 맑게 지어서 나누는 즐겁고 아름다운 기운. 사람이 살림을 하면서 짓는 빛. '사랑 = 사랑'. '사랑 = 아우름·어우름 = 온빛'. 사랑은 금긋기를 안 한다. 사랑은 서로 다르게 빛인 줄 알면서 새롭게 얼크러지는 숨결이다."처럼 풀이를 할 만합니다. 풀이가 조금 길다고 할 텐데, 섣불리 짧게 하기보다는, 사람이 하는 사랑이 어떤 숨결이자 빛인가 하고 고루 짚어야겠다고 느낍니다.

둘째로, "어떤 것을 무척 곱고 크며 깊고 넓고 따스하게 여기거나 다루면서 즐기다."를 뜻합니다. "숲을 사랑하고 바다를 사랑한다"라든지 "마을을 사랑하고 노래를 사랑한다"처럼 씁니다. 셋째로, "서로 무척 곱고 크며 깊고 넓고 따스하게 마음을 쓰면서 지내다."를 뜻합니다. "우리는 서로 사랑하는 사이야"라든지 "사랑스레 바라보는 눈길이 반갑다"처럼 씁니다. 넷째로, "다른 사람을 돕거나 따뜻하게 마주하다."를 뜻하고, "이웃을 사랑하는 마음"이나 "동무한테 손길을 내미는 사랑"처럼 써요. 다섯째로, "고우면서 마음에 드는 사람·아기·짐승·숨결을 일컫는 말."을 뜻합니다. "나한테는 책이 사랑이고, 너한테는 그림이 사랑이구나"라든지 "어머니는 우리를 보며 늘 '사랑'이라고 불러요"처럼 씁니다.

＊ 다사롭다·따사롭다
＊ 살피다

사랑은 품어서 풀고 녹이는 넉넉하면서 가없고 즐겁게 빛나고 따사로운 기운이라고 여길 만합니다. 사랑을 빗댈 적에 '포근하다'라든지 '따뜻하다·따사롭다'라는 낱말을 들곤 합니다.

'따사롭다·다사롭다'는 "1. 살짝 덥지 않을 만한 느낌이다. 살짝 따뜻하다. 2. 마음·느낌·기운이 살짝 부드럽고 넉넉하거나 살가우면서 좋다."를 뜻합니다. 살가운 결이면서 살짝 스미면서 살뜰히 감싸는 햇볕이라고 여길 만합니다.

가만히 보면, 우리 스스로 가리키는 '사람'이라는 낱말에는 '사랑'도 스미고, '삶·살림'도 스미고, '살·살갗'도 스밉니다. 여기에 '살살·살며시·살짝'에다가 '살뜰·알뜰'도 스미어 '알·알다·알맞다'도 스미는데, 차츰차츰 뻗어서 '따뜻·따사·다사'로도 나아가요.

'살피다·살펴보다'라는 낱말은 "1. 하나하나 마음을 기울여 무척 꼼꼼히 보다. 새롭도록 하나하나 보면서 잘 알아가는 눈빛. 2. 무엇을 힘써서 찾거나 알아보다. 3. 무척 곰곰이 따지거나 알아보다."를 뜻합니다. '보다'를 나타내는 여러 낱말 가운데 '살'이 깃드는 '살피다·살펴보다'는 하나하나를 새롭게 사랑하듯 보는 결이라고 여길 만합니다.

* 다소곳하다

다사롭다(따사롭다)고 여길 결을 품는 '다소곳하다'입니다. 이 낱말은 "1. 고개를 살짝 숙이고 부드러운 모습으로 말이 없다. 2. 조용하고 부드러운 마음으로 따르려 하다. 3. 조용하면서 아름답다."를 뜻합니다. 뜻이며 결을 살피면, 다사로우면서 곱다고 여길 만하지요.

다소곳하게 앉습니다. 다소곳하게 귀를 기울여서 듣습니다. 꽃이 다소곳하게 핍니다. 다소곳하게 웃고, 다소곳하게 이야기하고, 다소곳하게 숲에 안기는 집이요 마을입니다.

* 다솜·다솜하다
* 다솜이

옛말 '다솜'으로 여기지만, 오늘날에도 무척 널리 씁니다. '닷다·닷오다'라는 옛꼴이 오늘에 이르러 '다솜'으로 굳었다고 여길 만합니다. '사람'이며 '말씀·마음·가슴'처럼 '암'을 품는 낱말입니다. '다솜'도 '아름·알'에 '알갱이·씨알·씨앗'에 '움·움트다·움직이다'에 '집·에움'을 가만히 품는다고 할 만합니다.

다사롭고 다소곳한 결이 흐르는 '다솜'을 '사랑'하고 비슷하면서 살짝 다르게 쓰곤 합니다. 사랑은, 사람으로서 새롭게 품고 풀어서 빛나는 결이라고 하겠습니다. 다솜은, 다사롭고 다소곳하게 나누고 누리고 펴고 즐거운 결이라고 하겠어요.

외따로 '다솜'뿐 아니라 '다솜하다'라 해도 어울립니다. '사랑'도 '사랑하다'로 쓰거든요. '사랑'을 '사랑이·사랑빛·사랑길·사랑꽃'처럼 살려쓸 만하듯, '다솜'을 '다솜이·다솜빛·다솜길·다솜꽃'으로 살려쓸 만합니다.

우리가 살아가는 이곳은 '사랑누리·사랑나라'일 적에 아름답고 빛나요. 그러면 '다솜누리·다솜나라'일 적에도 곱고 눈부시겠지요.

'다솜집·다솜마을·다솜마당'으로, '다솜별·다솜밭·다솜터'로, 하나하나 마주하고 맞이하면서 가꾸어 갈 수 있습니다.

다같이 사랑으로 만나요. 다함께 다솜으로 지어요. 우리가 서로 사랑이라는 마음으로 다가선다면 따뜻합니다. 우리가 나란히 다솜이라는 눈길이 닿는다면 따사롭습니다.

담·울

담벼락 | 단단 | 담다 | 닮다 | 다음 | 다음해 | 울타리 | 아우르다
어울리다 | 얽다 | 울다 | 우레 | 웃다 | 위

한자말로 '벽(壁)'이라 하거나 영어로 '펜스(fence)'라 하는 사람이
늘어나면서, 우리말 '담'하고 '울'을 말하는 사람이 줄어듭니다. 요
사이는 '담'하고 '울'이 어떻게 다르면서 닮았나를 가릴 줄 아는 사
람도 드문 듯싶습니다. '담'은 '담벼락'이라고도 하고, '울'은 '울타리'
라고도 합니다.

* 담·담벼락
* 단단·탄탄·딴딴·든든·튼튼·뜬뜬
* 담다·닮다·닫다

　먼저 '담·담벼락'은 "어느 곳·터·둘레·자리가 고스란히·그대로
있도록, 단단하게 쌓거나 올려서 안과 밖을 끊거나 막은 것"을 가
리킵니다. '담'은 '단단'합니다. 힘으로 밀어도 젖히거나 쓰러뜨리기
어렵지요. 담처럼 단단하게 선 모습처럼 사람도 단단하다고 빗댑

니다. 누가 홀리거나 괴롭히거나 건드려도 아랑곳하지 않기에 단단합니다. '닫'았지요. 닫아걸었습니다.

'단단'은 수수한 말씨이고, 센말은 '든든·딴딴'입니다. 더욱 세거나 야무지거나 믿음직할 적에는 '탄탄'입니다. 아픈 데가 없으며 잘 다치지 않는 몸을 '튼튼'하다고 합니다. '담·담벼락'은 단단하고 딴딴하고 탄탄합니다.

'담 + 다'인 얼개인 '담다'입니다. "담 안쪽에 있도록 하다"인 '담다'라고 할 만해요. 뜻을 살피면 '담다'는 "1. 어느 곳·터·둘레·자리에 고스란히·그대로 있도록 하다 2. 어느 안·속에 있도록 하여, 밖으로 새거나 나가거나 빠지지 않도록 하다 3. 어떤 마음·뜻·생각·느낌·기운·숨결·이야기·줄거리를 말·글·눈짓·몸짓·소리·그림·노래·가락으로 고스란히·그대로 나타내거나 보여주거나 알리다 4. 어떤 마음·뜻·생각·느낌·기운·숨결·이야기·줄거리를 말·글·그림·노래·가락으로 고스란히·그대로 잇거나 남기다"처럼 풀이할 만합니다.

어느 곳에 고스란히 있도록 하는 몸짓인 '담다'가 바탕이고, 어떤 이야기나 숨결이나 말이나 기운을 남기거나 새기거나 알리려고 할 적에도 '담다'라 합니다. "글에 담는다"나 "그림에 담는다"나 "사진에 담는다"고 합니다.

이런저런 모습을 '담는'구나 싶은 모습이나 몸짓이기에 '닮다'예요. '비슷비슷·비금비금'하고 뜻이 얽히되 안 같은 '닮다'예요. 담는 듯한 결인 '닮다'라면, 비추는 듯한 결인 '비슷비슷·비금비금'이고, 어느 쪽도 아니게 기울어 '비스듬'입니다.

* 다음·닿다·다다르다·다스리다
* 다음날·다음달·다음해
* 담날·담달·담해

　'다음'을 줄여 '담'이라 합니다. '다음날'이란 다음으로 오는 날입니다. 다음으로 온다고 할 적에는, 여기·이때에서 저기·저때로 간다는 뜻입니다. 담을 넘어서 다다르려고 가는 셈이라고 할 만합니다.

　다음으로 닿으려고 가는 달이니 '다음달'이요, 다음으로 다다르려고 가는 해이니 '다음해'입니다. '다음'은 '담'하고 맞닿습니다. 이곳·이때하고 저곳·저때는 담이 사이에 있어 막힌다고 여길 텐데, 다르게 본다면 이곳·이때하고 저곳·저때는 담을 사이에 두고 잇습니다.

　함부로 흐르지 않도록 막되, 가고자 한다면 얼마든지 가도록 잇습니다. 섣불리 넘지 않도록 하기에 '다스리'지요. 다(하나하나) 보면서 추스르려고 '다스리'되, 스스럼없이 넘도록 잇는 길인 '담'이요 '다음'입니다.

* 울 ㄱ·우리·사람들
* 울 ㄴ·우리·울타리

　'울'은 두 가지입니다. 둘 모두 '우리'를 줄인 말씨입니다. '울 ㄱ·우리'는 '사람들'을 가리킵니다. "너하고 나를 아우르는 사람"

이지요.

'울 ㄴ·우리'는 '울타리'예요. "삶터를 보듬으려고 둘러싼 곳. 어느 곳·터·둘레·자리가 아늑히·포근히 있으면서 바람이 드나들도록, 풀꽃나무를 부드럽게 놓거나 심거나 세우거나 덮어서 안과 밖을 가볍게 끊거나 막은 것"을 가리킵니다. 누구나 아늑히(안아서 느긋하게) 있도록 감싸는 '울 ㄴ·우리'이고, 무엇이든 포근히 있도록 품는 '울 ㄴ·우리'예요.

'담'은 힘으로 밀 수 없거나 밀기 어렵도록 단단하다면, '울'은 힘으로 밀면 쉽게 젖히거나 쓰러질 수 있습니다. '담'은 바람조차 드나들지 못 하도록 단단히 틀어막는다면, '울'은 바람이 숭숭 드나들도록 가볍고 부드럽습니다. '담'은 바람뿐 아니라 빗물도 햇빛도 못 들어오지만, '울'은 바람에 빗물에 햇빛도 잘 들어옵니다. '담'을 세우면 바깥에서 사람도 짐승도 못 넘어오지만, '울'을 놓으면 사람도 짐승도 어렵잖이 헤치고 넘어올 수 있습니다.

'울타리'를 가리키는 '울·우리'처럼, '사람들'을 나타내는 '울·우리'도 매한가지예요. 서글서글 품는 결인 '사람들·울·우리'입니다. 누구나 드나들면서 함께 있을 만한 결인 '사람들·울·우리'예요. 너도 나도 같이 지내면서 나란히 아늑하거나 포근히 지내려는 모음·모둠·두레·집·마을·누리가 바로 '울·우리'입니다.

＊ 아우르다·어우르다
＊ 어울리다·아울리다

* 얽다·옭다

　'담'은 단단하게 '닫는'다면, '울·우리'는 부드럽고 가볍게 열어
놓습니다. 그래서 '아우르다·어우르다'하고 이어요. "따로 하거나
나누지 않고 한자리에 모아서 한때에" 있도록 하는 '아우르다'예요.
'어우르다'는 "1. 여럿을 모아 하나로 하다 2. 윷놀이에서 말 여러 바
리를 하나로 모으다 3. 서로 '어우리'를 하다('어우리'는 함께 일을 한
뒤, 함께 거둔 것을 나누어 가지는 것을 가리킵니다. '함께 하는 일'이며, 한
자말로 '동업'을 가리키는 예전 우리말)"를 뜻합니다.
　하나로 있도록 품는 부드러운 몸짓이 '아우르다·어우르다'입니
다. 한덩이로 '우리·울'로 나아가는 새로운 길인 '아우르다·어우르
다'이지요.
　그리고 '어울리다'는 "1. 여럿이 함께 잘 지내거나 일하거나 놀
다 2. 여럿이 서로 짝을 잘 짓거나, 마음·흐름이 하나처럼 보이다 3.
여럿이 모여서 한 덩어리나 한 판이 되다 4. 여러 식구가 한집이나
한곳에서 함께 있다"를 뜻해요. 우리는 서로 아끼는 마음이기에 하
나일 수 있고, 이러한 숨결이나 길을 '어울리다·아울리다'에 담는다
고 할 만합니다. 어느 곳에 함께 있으면서 서로 돌아보고 아끼고 살
피고 헤아리는 마음을 담아내는 '어울리다·아울리다'입니다.
　'얽다'는 서로 안 떨어지도록 이리저리 짜거나 맞추거나 붙이거
나 달아 놓는 결을 나타냅니다. '옭다'는 "단단히 얽다"라 할 만합니
다. '올가미'는 '옭다'에서 갈린 낱말입니다.

'아우르다·어울리다'는 부드러이 만나고 함께 있는 결이라면, '얽다·옭다'는 애써 힘주어 함께 놓는 결입니다. '아우르다·어울리다'는 즐겁고 상냥하고 반갑게 만나면서 함께 있는 모습이나 길이라면, '얽다·옭다'는 안 바라고 안 반기고 안 즐거운데 굳이 억지로 같은 자리에 있도록 하는 모습이나 길이에요.

* 울다·우레
* 웃다·위

부드러이 오가거나 흐르거나 함께 있는 '울·우'입니다. 슬픈 마음을 함께 나누면서 '울'어요. 기쁜 마음을 함께 나누면서 '웃'습니다.

'우는' 마음은 쩌렁쩌렁 울립니다. 구름이 모여 비를 뿌릴 적에 우르릉쾅쾅 소리를 내며 '우레'가 치기도 해요. '웃는' 마음은 하늘(한울·한울타리)로 오르듯 홀가분하고 즐겁기에 '우·위·웃'인 자리를 이룹니다.

우리는 어떤 '울'로 만나고 어떤 '웃'을 여밀 적에 아름다우면서 사랑스러울까 하고 생각해 봅니다. 우리가 쓰는 '우리말·우리글'에 아우르는 마음이나 한울(한울타리·하늘)이라는 숨결을 어떻게 담아내는지 곱씹어 봅니다.

말 한 마디로 울음을 나누면서 멍울을 달랠 수 있어요. 말 한 마디로 웃음을 꽃피우면서 활짝활짝 피어나고 씨앗을 맺고 열매를 일굴 수 있습니다.

대가리

대 | 대나무 | 꽃대 | 대머리 | 민머리 | 대단하다 | 대수롭다
댕기 | 대다 | 대패 | 바지랑대 | 장대 | 자 | 국자 | 자지 | 보지 | 잣 | 젖
대가리 | 아가리 | 아가미 | 아주 | 악 | 아기 | 알 | 얼 | 아궁이 | 아귀

겉으로는 그리 단단하지 않아 보여도 속으로 단단한 사람이 있어요. 나이든 분들은 나어린 이를 보며 키나 몸이 작으니 낮거나 얕게 보기 일쑤인데, 아이는 나이가 어릴 뿐, 속으로는 단단하거나 야무지게 마련입니다.

곧게 뻗듯 자라는 '대나무'란 이름으로 예부터 "곧바른 선비"인 어른을 으레 가리킵니다. 가만히 보면 곧바르게 무럭무럭 크는 "작으면서 야무지고 튼튼한 모든 아이"를 빗대거나 나타내거나 그릴 적에 '대나무'라는 이름을 붙이면 어울릴 만합니다.

곧바르면서 빠르게 자라는 대나무인걸요. 바로 아이가 이렇습니다. 곧바른 선비도 이와 같아요. 어른이란 몸을 입었어도 아이다운 숨빛을 건사하기에 '대나무' 같다고 빗대겠구나 싶습니다.

❋ 대

＊ 대나무·대쪽
＊ 꽃대·속대·겉대

대나무는 가볍습니다. 제법 자란 대나무조차 아이가 어깨에 얹어서 나를 만합니다. 대나무는 가볍지만 단단하지요. 그리고 대나무는 어느 나무보다도 줄기가 반들반들해요. 햇빛이 반짝반짝 비쳐요.

속을 비우기에 큰바람에도 가볍게 춤출 뿐, 부러지거나 쓰러지지 않는 대나무입니다. 속을 비우기에 거뜬히 키가 자라고, 어느 나무보다 빨리 자라는 대나무입니다. '속'이란 여러 가지를 나타냅니다. 마음이나 살점을 나타낼 만한데, '헛물'을 빗대기도 해요. 노리는 셈속이 없는 모습은 아이다운 숨결입니다. 이른바 '욕심'이라고 하는 '차지하고픈 마음'을 품지 않기에 "속을 비운" 대나무하고 닮은 아이들이에요.

어른이란 몸을 입으면서도 아이처럼 "차지하고픈 마음을 품지 않고 고스란히 속을 비우기"는 수월하지 않다고 여기더군요. 곧바른 어른은 '대쪽같다'고 하고, 아이는 '대차다(대 + 차다)'고 합니다. '대나무'처럼 살아가는 사람은 홀가분하게 삶을 가꾸고 살림을 지으면서 사랑을 나눈다고 여길 수 있어요.

'대'는 대나무를 가리키기도 하고, 풀꽃이 올리는 '줄기'를 가리키기도 합니다. 모든 풀꽃은 줄기를 올리는데, '겉대'하고 '속대'로 갈라요. 씨앗을 맺으려면 꽃을 피워야 하니 '꽃대'를 올립니다. 겉대·속대도 속을 비웁니다. 속을 비우면서 바람이 드나들고 고루고루 물줄기가 퍼져요.

꽃대를 올려 꽃을 피우려는 풀포기는 그야말로 속을 정갈히 비워야 합니다. 대가 굵으면 꽃이 소담스럽지 않아요. 온기운을 꽃송이에 담으려고 꽃대를 비울 뿐 아니라, 씨앗이 바람을 타고 널리 날아갈 수 있도록, 또한 벌나비랑 풀벌레가 꽃송이를 잘 알아볼 수 있도록, 꽃대가 높이높이 오르게 마련입니다.

'줄기'라고 하면 속을 꽉 채우면서 받치는 몸통이요, '대'는 속을 말끔하게 비우면서 빛나는 몸통이라고 하겠습니다. 빨대처럼 속이 빈 '대롱'이에요. 여느 나무는 속이 꽉 차기에 하나같이 '나무줄기'라 합니다. '줄기'를 '줄거리'라고도 하는데, "속에 든 알맹이·알짜·숨결"을 가리킵니다. 글에서 살피는 '줄거리'란 "글을 이루면서 속으로 담아서 나누려고 하는 뜻이자 마음"입니다. 가득가득 담아서 단단한 '줄기'로 바람처럼 비워서 빛나는 '대'예요.

＊ 대머리
＊ 민머리

머리카락이 없는 머리를 '대머리'라 합니다. 바로 '대·대나무'에서 온 이름이에요. '대머리'는 그저 머리카락만 없는 모습이 아닙니다. 대나무를 보듯 반들반들 반짝반짝 같은 결을 머리에서 보거나 느끼기에 붙이는 이름입니다.

대머리하고 비슷하면서 다른 '민머리'는 '미다·밀다 + 머리'입니다. '미다'는 살이 보일 만큼 털이 빠지는 모습을 가리키기도 하고, '미닥질'처럼 '미는' 몸짓을 가리키기도 해요.

＊ 대단하다·대수롭다·대견하다

'대단하다'는 매우 세거나 깊은 결을 나타냅니다. 아주 크거나 많은 결을 나타내요. 누구보다 훨씬 낫거나 좋거나 앞서는 결을 나타내고, 크게 여길 만한 결을 나타내기도 하지요. '대수롭다'는 크게 여길 만한 결을 나타냅니다.

대나무가 속(욕심)을 비우고서 스스로 빛나듯, 누구나 속(욕심)을 비우면서 꿈과 사랑을 속으로 품을 적에는 놀랍도록 빛나기에 저절로 높이 날아오르는 숨결로 거듭납니다. 거머쥐거나 차지하겠다는 마음은 너무 무겁지요. 무거우면 날지 못 할 뿐 아니라, 움켜쥔 것을 지키려고 애쓰느라 이웃하고 등돌리고 남을 괴롭히거나 따돌리는 짓을 일삼아요.

이와 달리 꿈과 사랑을 품으면 매우 가벼워요. 나비나 새가 하늘을 날면서 바람을 타고 반짝반짝이거나 노래를 하듯, 꿈과 사랑으로 홀가분히 피어나는 마음과 숨결은 언제 어디에서나 눈부시기에 '대단'합니다. 대나무처럼 곧고 높고 단단한 결을 나타내는 '대단하다'입니다. 우리가 스스로 마음에 어떤 길과 뜻을 품을 적에 저마다 '대단'할 수 있는가 하고 알려주는 낱말입니다.

대나무가 이루는 숲은 '대숲'이라고 합니다. 대숲 곁에 서면 마치 바닷물이 일렁이는 듯한 바다노래가 흐릅니다. 대숲을 품고 살아가면 저절로 마음을 씻고 달래고 다스릴 수 있다고 합니다.

대나무는 대싹(죽순)을 내놓아요. 대싹이 자라 이루는 대숲은 바람노래·숲노래·바다노래·푸른노래를 베풀어, 마음을 상큼하게 달래면서 북돋우고, 몸에 새빛(새기운)이 샘솟도록 토닥여요. 수수한 나무로 숲을 이루면서 수북하고 수더분한 숨결을 누구나 스스로 품고서 가꾸도록 돌보는 결로 나아가기에 "크게 여길 만하다"를 나타내는 '대수롭다'입니다.

'대견하다'는 대단하면서 대수로운 빛살을 그려요. "빠지거나 모자라거나 아쉽거나 떨어지거나 허술한 데가 없기에 빛이 난다고 여겨 마음에 들다."하고 "더없이 크거나 낫거나 깊거나 세거나 많거나 좋거나 앞선다고 여길 만하여 빛이 나다."를 뜻합니다.

＊ 댕기·대다

가볍게 대어 곱게 꾸미는 길다란 천이 있습니다. '댕기'라고 하지요. 길게 땋은 머리 끝에 새삼스레 길게 대는 천인 '댕기'란, "대는 것"이자 "대는 깃"입니다.

억세게 부딪히거나 붙이지 않는 '대다'입니다. "가만히 손을 대다"라 합니다. 부드럽게 만나거나 마주하기에 '대다'예요. '대나무'처럼 가볍고 부드러우면서 곧고 길게 나아가고 뻗는 결을 그리는

'대다'요, '대단하다·대수롭다'처럼 스스로 속(욕심)을 비우고 빛을 품듯 부드러이 따스하게 만나거나 마주하려는 몸짓을 그리는 '대다'입니다.

＊ 대패

나무를 다루는 연장 가운데 '대패'가 있습니다. "대면서 패는(파는)" 연장이라지요. 그러나 대패로는 나무를 함부로 건드리거나 파지 않아요. 가만히 대어 곱게 꾸미는 댕기처럼, 속을 비우면서 스스로 빛나고 외려 한결 튼튼하고 늘 푸른노래를 숲바람으로 지피는 대나무처럼, 부드럽게 나무에 대고서 살살 달래듯 움직이면서 겉을 반들반들 다듬어 반짝반짝 빛나도록 여미는 살뜰한 연장입니다.

＊ 바지랑대
＊ 작대기·막대기·장대
＊ 자·국자·자지·자랑·보지·봄
＊ 잣·젖

물을 듬뿍 머금었기에 해바람에 말릴 빨래를 줄에 척척 널면 축축 처집니다. 빨래를 널려고 드리우는 빨랫줄을 가볍게 받치는, 이 빨랫줄이 끊어지지 않도록, 또한 빨래가 해바람에 잘 마르도록 이

바지하려는, 길다랗고 야무지도록 단단한 '대' 구실을 하는 나무인 '바지랑대'입니다.

가늘고 기다랗지만 토막으로 있는 '막대기'입니다. 가늘고 퍽 기다란 '작대기'입니다. 흔히 대나무로 여미는 꽤 길면서 단단한 나무인 '장대'이고, '바지랑대'를 가리키는 다른 이름인 '장대'입니다.

'장대'를 '長 + 대'처럼 여기기도 하지만, 이보다는 우리말 '자'를 떠올려야지 싶습니다. 길이를 재려고 쓰는 연장인 '자'는 길다랗습니다. 길다란 대가 있으면서 국물을 뜨는 살림인 '국자'가 있어요. 우리말 '자'는 '30센티미터 길이'를 가리키기도 합니다.

'자'는 옛말이 '잫'이라지요. 씨앗을 품은 사내가 사랑으로 맺는 짝꿍을 만나서 아기를 낳으려고 씨앗을 내보내는, 사타구니에 길게 달린 몸은 '자지'입니다. 사내는 '씨앗길'이 사타구니에서 바깥으로 나와서 도드라지게 드러나고, 가시내는 '씨앗길'이 사타구니에서 안쪽으로 깃들어서 포근하게 품습니다. '자·자지·장대'는 모두 '자랑'하고 맞물립니다. 바깥으로 드러내면서 알리거나 보여주는 결입니다.

가시내 씨앗길인 '보지'는 '보듬다·보살피다·보다·봄'과 '보자기' 하고 맞물립니다. 따뜻하고 포근한 결을 드러내면서 속으로 사랑을 심고 돌보는(돌아보는·보살피는) 결입니다. 겨울이 저물면서 찾아오는 '봄'은 바야흐로 따스한 볕과 바람으로 흙(터·땅·밭)을 살찌웁니다. '돌보다'는 '돌아보다'를 줄인 낱말입니다. "아기를 보다"라 합니다. 우리가 눈으로 둘레를 느끼는 몸짓을 '보다'로 가리키는데,

네 철 가운데 하나인 '봄'은 '보다'하고 맞물립니다. 눈으로 느낄 뿐 아니라, 따뜻하게 품는 결인 '보다·봄'입니다. 살림을 감싸는 천인 '보자기'는 봄처럼 포근하게 얼싸안거나 품는 결이에요.

숲을 살피면 '잣나무'가 있습니다. 바늘잎나무인 '잣나무'이고, '잣'은 길둥글면서 납작한 모습이요, 숲에서는 '작은 크기에 부피'이면서도 기운을 크고 높게 반짝이듯 살리는 열매로 손꼽힙니다. 사내는 씨앗길이 '자지·자·잣'으로 맞물립니다. 가시내는 씨앗길이 '보지·보다·봄'으로 맞물립니다. 사내하고 가시내가 한마음 한몸 한뜻 한사랑이 되어 낳은 아기를 살리는 물은, 가시내가 가운데에 있는 몸인 가슴으로 내놓습니다. 바로 '젖'입니다. 숲에서 베푸는 살림숨결인 '잣'이라면, 사람과 짐승이 새로 태어난 목숨인 아기·새끼한테 베푸는 살림숨결인 '젖'입니다.

* 대가리
* 아가리·아가미
* 아·아주·악
* 아장·아기
* 알·얼

'대가리'는 '대 + 가리'입니다. '대'는 '꽃대·속대·장대·작대기·대나무'라든지 '대단하다·대수롭다·대견하다'에 깃드는 '대'입니다. 크거나 복판을 차지하는 곳을 가리킵니다. '가리'는 '갈피'하고 맞물리고 '가르다·가누다·가리다'에 '갓(메·山)'하고 얽힙니다.

사람을 가리키는 자리에 안 쓴다고 해서 낮춤말일 까닭이 없습니다. 풀꽃나무나 숲짐승이나 헤엄이(물고기)를 가리키는 이름이 낮춤말이어야 할 까닭이 없습니다. 그저 사람하고 사람이 아닌 숨결을 가르려고 낱말을 갈라서 쓸 뿐입니다. 갈라서 쓰는 말을 섣불리 나쁜말로 삼지 않아야겠습니다.

'아가리'는 '아 + 가리'입니다. '대가리'하고 매한가지입니다. '아'는 '아주'하고 맞물립니다. 입을 가장 크게 벌릴 적에는 '아'라고 합니다. 또한, 크게 지르거나 내는 기운이나 소리인 '악'하고도 맞물립니다. 사람들이 '입'이 아닌 '아가리'로 가리키는 헤엄이인데, 헤엄이뿐 아니라 질그릇이나 자루도 '아가리'로 가리킵니다. 드나드는 길인 '아가리'입니다.

헤엄이는 물이나 바다에서 숨을 쉬려고 '아가미'를 씁니다. '아가리'를 늘 벌리면서 살아가고, '아가미'로 끝없이 물이 오가면서 '물에 깃든 숨'이 흐릅니다.

아장아장 걷는 '아기'는 '알'에서 비롯했습니다. 사람이 태어나도록 맞물리는 알은 새가 낳는 알하고는 다릅니다만, 가시내랑 사내가 서로 '씨알'을 하나씩 나누기에 새롭게 숨을 얻고 몸을 입습니다.

모든 '알'에는 '얼'이 깃들어요. 아직 알하고 가까운 아기요 '아이'입니다. 알이 차면 철이 드는 길이고, 철드는 사람으로 자라나면 어느새 '얼찬이'인 '어른'으로 섭니다. 얼이 찬 사람만 어른입니다.

얼이 차지 않고 몸뚱이만 커다랗다면 "나이만 들었다"는 뜻으로 '늙은이'라고 합니다.

* 아궁이
* 아귀·손아귀

　크게 벌린 입이나 크게 벌려 드나드는 곳을 '아가리'라 한다면, 불을 때거나 붙이려고 마련한 곳을 '아궁이'라 합니다. 아궁이에 나무를 넣어 불을 지피면 가마나 솥에 불을 땔 수 있어요.

　지난날에는 '아궁이'를 '아귀'라고도 했습니다. '아귀'는 갈라지거나 트인 곳을 가리켜요. 씨앗이나 줄기에서 싹이 트는 곳도 '아귀'라 해요. "아귀가 맞다"나 "아귀가 안 맞다" 같은 말을 쓰는데, 빈틈이 없이 꼭 맞는가 안 맞는가를 가리는 말씨입니다.

　손에서 엄지손가락하고 다른 네 손가락 사이를 '손아귀'라 합니다. 손에서 보는 틈을 가리키는 '손아귀'인데, 손가락을 접으면 손아귀에 단단히 감싸이지요. 그래서 이런 모습이나 결을 빗대어 "손으로 쥐는 힘"이나 "힘으로 다스리거나 다룰 수 있는 곳"을 나타내기도 합니다.

딸아들

땅 | 달 | 밤 | 고요 | 꿈 | 알 | 들 | 낮 | 조용 | 일

앞에 와야 낫지 않고, 뒤에 서기에 나쁘지 않습니다. 이쪽에서 보면 앞뒤라지만, 저쪽에서 보면 뒤앞이에요. 우리말은 '낮밤'보다는 '밤낮'이라 합니다. 그렇지만 밤이 먼저도 아니고 낮이 먼저도 아니에요. 그저 둘은 하나이자 다른 숨결로 갈마드는 사이입니다.

우리말은 어느 하나로 딱딱하지 않습니다. 언제나 비슷한말이 꼬리를 물고, 센말하고 여린말이 짝을 이뤄요. 더구나 이 숱한 말은 앞뒤를 살그마니 오갑니다. 흔히 '엄마아빠'로 쓰지만 이따금 '아빠엄마'로 돌려서 써요. '아들딸'이라 말하는 사람이 많고, 국립국어원 낱말책에는 '아들딸'만 실었지만, 요새는 '딸아들'이라 말하는 분이 늘고, 두 말씨를 나란히 씁니다.

오랜 우리말 '어버이'는 '아비(어비) + 어미'나 '어미 + 아비(어비)' 얼개라 할 만해요. "어 + 버 + 이"로 읽어 "어머니 + 아버지 + 사람"으로 헤아려도 어울립니다. 어느 쪽이 옳다고 할 수는 없고, 어느 쪽이 앞이라고 내세울 까닭이 없습니다. 둘이 한마음이자 한 몸으로 어우러져 아기를 낳기에 얻는 이름이에요. 한마음이자 한

몸이기에 어느 쪽에 앞인지 뒤인지 가리기 어려운 새말을 지었다고 할 만합니다.

곰곰이 보면 어린이·아이나 어른 같은 낱말은 순이(여자)하고 돌이(남자)를 안 가릅니다. 이이·그이·저이도 순이하고 돌이를 안 나눠요. 그러나 어버이라는 자리에는 어머니하고 아버지가 있고, 두 어버이가 낳는 아이는 딸아들·아들딸이기에, 이때만큼은 두 길로 새롭게 태어나는 숨결을 가만히 생각해 봅니다.

* 딸
* 땅·땋다·흙
* 달·달다·달리다
* 닿다·달달·달콤·딸기
* 밤·고요·꿈·품·마음

어버이가 사랑으로 낳는 딸은 '땅'을 밑자락으로 삼습니다. 땅이란 씨앗을 품고서 풀꽃나무가 무럭무럭 자라서 아름답게 이루는 푸른 터전입니다. 땅이 있기에 뭇숨결은 삶을 누려요. 땅이 없으면 이곳에서 삶이란 없을 테지요. "땅 = 살아가는 바탕"이라고 하겠습니다.

땅은 '땋는'다고 할 만합니다. 땅에 드리운 씨앗은 물을 만나고 바람을 만나고 해를 만나면서 새롭게 뿌리를 뻗고 줄기를 올려 잎이며 꽃을 내놓아 열매로 나아갑니다. 다 다른 기운을 하나로 모으듯 '땋는' 데가 땅입니다. 땅은 '흙'으로 여미기에 뭇숨결을 안아요. 푸른별(지구) 곁에 '달'이 있어요. 이 달은 스스로 빛을 내지 않습니다. 햇빛을 튕겨요. 그래서 달은 '달린(매달린)' 땅이라고 할 만합니다.

"달 = 달린 땅"이라 했는데, '달리다'는 '달다·달달·매달리다'로도 쓰는 말이지만, '닫다·내달리다'로도 쓰는 말입니다. 마음껏 달리는 삶인 딸이라고 할까요. 신나게 달리면서 노래하는 딸이라고 하겠어요.

달리다 보면 '닿는' 곳에 '달달한' 또는 '달콤한' 열매인 '딸기'가 있어요. 딸기란 얼마나 사랑스러운 열매인가요? 겨울바람을 잔뜩 마시면서 여러해를 살아내는 들풀인데, 눈이 녹고 땅이 풀릴 즈음 푸르게 덩굴잎을 뻗더니 이내 하얀꽃을 달고는 새빨갛게 익는데, 아무나 건드리지 못하도록 살짝살짝 가시가 돋는답니다.

딸이라는 낱말이 '땅'을 거쳐 '달'이라는 별을 가리키는 뜻은 '매달린'이 아닌 '밤·밤빛'이라는 고요를 나타내려는 속내이지 싶습니다. 씨앗을 품어서 자라도록 북돋우는 땅은 고요한 어둠입니다. 어머니가 아기를 품어서 낳기까지 열 달이라는 나날을 가만히 고이듯, 고스란히, 곱게 지냅니다.

마치 움직임과 소리가 없는 듯한, '고요'한 작은 알이자 씨앗으로 여길 테지만, 고이듯 고스란히 곱게 지내면서 천천히 꿈을 키워서 '고요'를 품는 곳에서 꿈을 그려요. 새롭게 나아가는 길을 가꾸려 합니다. 일군다고도 할 테지요. 고요히 꿈꾸는 "열 '달'"입니다. 이리하여 순이(여자)는 '달(서른 날·30일)'이라는 철을 헤아리면서 몸을 움직입니다. 아기를 품는 철에 이르는 순이는 '달거리'를 해요. 달에 따라서 삶을 짓고 살림을 가꾸거든요.

아기를 품는 어른으로 나아가는 사람인 딸은, 마음으로 빛을 심어서 새롭게 나아가는 매무새라고 할 만합니다. 온누리 땅이 풀꽃나무에 뭇짐승에 새에 사람 모두한테 보금자리로 포근한 터전이듯, 순이·딸·어머니는 모든 숨결에 빛을 드리우고 베푸는 사랑이라고 하겠어요.

* 아들
* 아·앗·알
* 알다·씨앗·씨앗
* 들·들녘·들판·달·땅
* 낮·조용·일·씀·몸

어버이가 사랑으로 낳는 아들은 '아(앗·알)'하고 '들'을 밑자락으로 삼아요. '아(앗·알)'는 씨앗·씨알을 나타내고, 들이란 들녘·들판처럼 너른 터전을 가리킵니다. 들이 있는, 들이 뻗는, 들이 넓게 있는 곳(녘)인 '들녘'입니다. 들로 마당(판)을 이루듯, 들이 반반하게 (판판하게) 있는 '들판'입니다.

들을 펼치기에 씨앗이 훅훅 퍼지면서 푸릅니다. 들이 드넓게 뻗기에 뭇숨결은 저마다 삶자리를 찾아서 깃들 테지요. "알·들 = 심고 퍼지는 바탕"이라고 하겠습니다.

알이란, 씨앗·씨알이란, 겉이 아닌 속으로 무르익는 숨빛입니다. 겉으로 드러내거나 내세우지 않고 속으로 듬직하게 익기에 '알다·앎'이라 하지요. 아는 이는 우쭐거리지 않아요. 멋모르거나 철없기에 우쭐댑니다. 아는 이는 고개를 숙이면서 조용히 일을 합니다. 빙그레 웃으면서 일하다가 문득 춤을 출 줄 아는 숨빛이 바로 '알다·앎'이란 몸짓이에요.

예부터 일은 들에서 해요. "들 = 논밭"인 얼거리랍니다. 그런데 '딸·땅'처럼 '들·달·땅'인 얼개입니다. 곰곰이 보면 '딸·아들' 모두 '땅'이라는 밑뜻을 담았어요. 순이(여자)라는 몸인 딸은 신바람으로 박차고 달리며 노래하는 땅이라면, 돌이(남자)라는 몸인 아들은 신명나게 땀흘려 일하고 춤추는 땅인 셈입니다.

아들이라는 낱말이 '알'하고 '들'을 나란히 품으면서 '씨앗'하고 '들판(논밭)'을 나란히 가리키는 뜻은, 돌이(남자)가 맡는 길이 두 가지인 줄 드러내는 셈이라고 느낍니다. 들일이란 살림살이입니다. 돌이는 들일을 하면서 집일을 합니다. 집을 짓고 밥을 짓지요. 아기를 품은 순이는 몸을 고요히 가누어야 합니다. 아기를 낳고서도 몸을 가만히 다스려야 하고요. 돌이는 집 안팎에서 온갖 일을 기쁘게 땀흘려 도맡으면서 일꾼(돌쇠·머슴·머스마)이라는 자리로 간다고 하겠어요.

들일은 낮에 합니다. 아들이라는 이름은 넌지시 '낮'을 빗대는데, 낮이란 '해'가 뜨는 때예요. 아들·돌이·아버지는 '해(1년·365일)'

를 바라보면서 철을 익히는 숨결이라고 할 만합니다. 늘 흐르는 눈빛이요, 한결같이 살림을 짓는 숨결이에요. 몸을 쓰는 일이기에 낮을 빗대는 이름인 아들입니다.

몸을 힘껏 쓰면서 사랑을 조용조용 깨달아(알아) 가는 숨결인 아들인 셈입니다. 논밭을 짓고 집·밥을 지으면서 차근차근 살림꾼으로 거듭나는 아들이에요. 이동안 순이는 옷을 짓지요. 새로 태어날 아기가 입을 배냇저고리를 지어요.

몸을 많이 쓰면 안 될 순이인 터라, 아기를 품고서 또 아기를 낳고서 가만가만 앉아 옷을 짓는 삶길이에요. 몸을 많이 써야 할 돌이인 터라, 순이랑 아기를 사랑하는 길을 살림자리에서 기쁘게 뚝딱뚝딱 척척 손수 품을 들여서 일구어 내는 살림길입니다.

딸·순이·어머니가 가만가만 노래를 불러 사랑을 속삭이고 아이한테 노래로 옛이야기에 살림빛을 베푼다면, 아들·돌이·아버지는 덩실덩실 춤을 추며 사랑을 얘기하고 아이한테 소꿉에 갖은 놀이를 신명나게 베풀며 이어준다고 하겠습니다.

* 달·들
* 달다·달리다·달달하다·들다·들이다·들썩들썩
* 따르다·뜨다
* 다루다·다르다·듣다·두다·돋다
* 달래다·다스리다·돌보다·다듬다

어머니하고 아버지는 다르면서 하나인 어버이요 어른입니다. 딸하고 아들은 다르면서 하나인 아이요 새빛입니다. '달·들'은 다르면서 하나인 땅입니다. '달다'는 달리기에 달달한 빛으로 가고, '들다'는 힘을 들이면서 들썩들썩 춤사위로 갑니다.

딸은 마음이라는 빛을 따릅니다. 달리듯, 딸리듯, 빛을 따라 달려갑니다. 아들은 몸이라는 길에서 춤추며 하늘로 뜹니다. 들에서 머스마로 논밭을 돌보면서 눈을 뜹니다. 호미나 삽으로 흙을 뜨고, 훨훨 날 듯이 가볍게 일손을 잡습니다.

둘(딸아들·아들딸)은 삶을 다루는 다른 손길로 가만히 밤노래하고 낮노래를 듣고서 고요히 매무새를 곱게 둡니다. 다듬지요. '다듬다'란, "어느 곳도 빠뜨리지 않고서 고루 보면서 좋도록 만지다."를 가리켜요. 둘은 즐겁게 살림새를 북돋우는 하루예요.

어머니가 아이를 달래고 다스립니다. 아버지가 집안을 돌보고 살림살이를 다듬습니다. 둘(어버이·딸아들·순이돌이)은 서로 다르기에 새롭게 사랑을 하면서 삶을 생각합니다. 둘은 서로 다르기에 천천히 닮아 가면서 그동안 서로 나누던 일놀이를 차근차근 배우고 들이면서 함께 짊어지는 '집'을 이룹니다. 한쪽만 해야 한다면 '짐'이지만, 함께 즐기고 나누고 노래하고 춤추기에 '집'입니다.

어버이는 오롯이 사랑으로 집을 짓는 살림을 그립니다. 딸아들이나 아들딸은 어버이한테서 사랑을 물려받아 새록새록 슬기롭고 싱그러우면서 알뜰히 철든 어른으로 자라나는 오늘을 마음껏 누리면서 활짝 웃고 어깨동무를 합니다.

밝다

환하다 | 맑다 | 깨끗하다 | 바르다 | 반듯하다 | 반반하다 | 반드시
판 | 복판 | 바로 | 반하다 | 반갑다 | 좋다 | 사랑 | 빤하다 | 뻔하다
반짝 | 반들 | 별 | 벼락 | 벼랑 | 낭떠러지 | 벼리다 | 갈다 | 벼루
벼르다 | 벼리 | 볏 | 가볍다 | 벼슬 | 벼 | 베다 | 베개 | 베어내다
베 | 베풀다 | 베끼다 | 바람 | 파랗다 | 바다 | 아지랑이 | 지렁이
질다 | 바닥 | 손바닥 | 솜씨 | 발바닥 | 밟다 | 바탕 | 밭 | 밭다 | 바투

바람이 드나들도록 틈을 냅니다. 틈을 낼 적에 '틔우다'라 하고, 틈이 날 적에 '트다'라 합니다. 틈이 있기에 바람이 드나들 뿐 아니라, 틔우기에 더 잘 보면서, 깊거나 넓게 봅니다. 눈길을 틔우고 마음을 틔워요. 생각을 틔우고 꿈을 틔웁니다.

싹이 트고 움이 틉니다. '튼다'고 할 적에 드나드는 바람이란, 모든 숨붙이를 살리는 기운이 돌아다닌다는 뜻입니다. '바람 = 숨'일 텐데, 이 바람은 빛깔이 따로 없다고 하지요. 또한 '하늘'은 온통 '바람'으로 가득해요. 얼핏 비었다고 여길 하늘이 아닌, '빛깔없다 싶은 바람이 넘실거리는 하늘'이요, 이 하늘이 탁 트이면서 빛줄기가 널리 퍼질 적에 '밝다'고 해요.

* 밝다
* 환하다
* 맑다·깨끗하다

물에 티끌이 없을 적에 '맑다'고 합니다. 하늘에 구름 한 조각조차 없을 적에도 '맑다'고 해요. 맑은 하늘이기에 빛이 밝게 퍼집니다. 맑은 냇물이기에 우리 몸에 밝은 기운이 넘실넘실 깃들어요.

밝게 빛줄기가 들어오니 '환하'지요. 바람이 드나들도록 틔울 적에 넓게 볼 만하니, 두루두루 보는 빛결을 '환하다'로 나타냅니다. 생각을 틔우고 마음을 틔워 널리(넓게) 알아차리는 길이라 "환히(훤히) 알다"라고 해요. 틔워서 바람이 드나들도록 하기에, 틔우면서 숨빛이 일렁이도록 하니까 '환한' 마음이자 눈빛이자 생각으로 자라고, 이렇게 환한 몸차림·마음차림은 맑은 눈길이면서 밝은 눈망울입니다.

웅크리며 기다리던 움이 터서 곧 잎이며 꽃이 될 숨결이 새기운으로 움직이면, 잎빛하고 꽃빛으로 밝고 맑으며 푸르게 물결칩니다. 해처럼 맑아 '해맑'고, 해처럼 밝아 '해밝'아요.

티가 없는 물과 같아 '맑다'면, 티가 섞이지 않아서 '맑다'면, 때가 없고 흐리지 않은 빛깔이며 반듯하고 고르기에 '깨끗하다'입니다.

* 바르다·올바르다
* 바른쪽·오른쪽

* 반듯하다·반드시
* 반반하다·판판하다·판
* 들판·복판·마당

  틔우기에 밝고, 틔워서 흐린 기운이 없기에 깨끗합니다. 이러한 결을 가만히 담는 '바르다'예요. '바른쪽'을 '오른쪽'이란 말씨로 나타내기도 합니다. '오른'은 '옳다'하고 맞물리고 '올'로 이으며, '올차다·알차다'하고 맞닿아요. 알(씨알)이 가득한 '올차다·알차다'란 티가 없고 빈틈이 없습니다. 다른 것이 안 섞이면서 고운 결이에요.

  '고운(곱다)' 결은 '곧다'하고 얽혀요. 어디로도 가거나 빠지지 않고 하나로 길게 가는 결인 '곧다'가 있고, 비슷하게 '반듯하다'로 나타내기도 합니다. '반드시'는 다른 어느 쪽으로 가거나 빠지지 않고서 곧게 하는 결을 나타내요.

  이러한 결은 '반반하다'를 만납니다. 튀어나오지도 들어가지도 않은 결인 '반반하다'예요. 여린말 '반반하다'는 센말 '판판하다'로 이어요. '판'은 어떤 일을 벌이는 데요, 튀어나오지도 들어가지도 않으면서 넓은 데예요. '한복판'은 아주 깊은 곳입니다.

  무슨 일을 벌이거나 어떤 일이 벌어지는 '판'에 '들-'이며 '복-'을 붙여 '들판'이고 '복판'입니다. 들은 멧골하고 다르게 풀빛이 넓게 퍼진 자리예요. 이 '들'이 한결 크게 나아가는 '들판'입니다. 들이 넓게 이루는 판이랄까요.

  '복판'은 '보다'하고 얽히고 '볼록'하고도 닿아요. '복작·복닥'이

나 '북적·북새·붐비다·부산하다'로도 이어요. '북적이다(북적거리다·
북적대다)'는 "한 곳에 많이 모여 매우 어지럽게 떠들면서 자꾸 움직
이다."를 뜻해요. "사람이 북적거린다"고 해요. "그리 많지 않은 물
이 끓으며 자꾸 거품이 일다."도 뜻해서, "솥이 북적북적하네"처럼
써요. '북새(북새통)'는 "사람들이 많이 모여서 시끄럽게 떠들며 어
지러"워서 길이 막힌다는 결입니다. '붐비다'는 "좁은 곳에 어지럽
게 뒤섞이거나 모인 채 움직이다."를 뜻하고 "붐비니 숨가쁘다"처럼
써요. "어떤 일이 갈피를 잡기 어렵게 얽히고 섞인 채 돌아가다."를
뜻하며, "일이 붐벼서 바빠"처럼 씁니다. '부산하다'는 "빠르게 움직
이거나 시끄럽게 떠들어서 머리나 귀가 아플 만하다"를 뜻해요.

크게 보이는, 잘 보이는 데가 '가운데'에, 한결 깊이 '한가운데'입
니다. '복판'은 잘 보이고 크게 모이는 자리이지요. 이렇게 잘 보이
고 크게 모이는 자리이기에 일을 꾀하거나 잔치를 열거나 놀이를
하는 '마당'하고 어울리는 낱말입니다.

＊ 바로·바로바로

반반한 곳이라면 바르게 있는 곳입니다. 반듯반듯하기에 반반
하게 뻗어요. 이렇게 뻗는 반듯반듯 반반한 결은 '바로'로 잇습니다.
굽지도 비뚤지도 구부리지도 않은 결이 '바로'요, '바로바로'는 힘줌
말이에요. 참하고 다르지 않다는, 그야말로 참 그대로라는 '바로'이
기도 합니다.

밝으면서 반듯하고 반반한 결을 고스란히 품어서 나아가려는 '바로·바로바로'라는 낱말은, "틀이나 크기나 모습에 맞게"나 "머뭇거리거나 질질 끌지 말고"나 "어디를 들르거나 거치지 않고 그때에"나 "아주 가까운 때나 곳에"를 가리키기도 합니다. 미루지 않고 바로 합니다. 이리저리 기울지 않도록 바로 붙이거나 달았습니다. 들었기에 바로 움직입니다. 다른 곳을 기웃거리거나 에돌지 않고 바로 달려옵니다.

이러한 뜻이나 결은 "다른 무엇이 아니라"로도 이어요. "바로 우리 엄마야"라든지 "바로 이 책을 찾았어"라든지 "여태 얘기한 꽃이 바로 이 꽃이었구나"처럼 써요. 그리고, "처음 모습으로 돌아가라며 부르는 말소리"로도 '바로'를 씁니다. "차려! 바로!" 같은 자리에 씁니다.

∗ 반하다 ㄱ·반갑다·반기다
∗ 좋다·사랑
∗ 반하다 ㄴ·번하다·빤하다·뻔하다

반반하고 밝고 반듯하게 흐르는 결은, 판판한 판을 거쳐서 '반하다'로 와요. '반하다 ㄱ'은 "반기는 마음이 들다. 가벼우면서 밝게 마음을 연다고 느끼다. 보거나 듣거나 느끼기에 밝다"를 뜻합니다. "네 말에 반하고 말았어"나 "누구한테 반했는지 궁금해"나 "이미 반한 얼굴인걸"처럼 씁니다. '반했'다고 하는 '반기'는 마음이란, 밝으면서 바로 반듯이 나아가는 마음입니다. '반한'다고 하는 '반가'운 몸짓이란, 둘레를 밝히는 숨결·기운처럼 바르게 퍼지고 바로 감싸면서 나부터 둘레 누구한테나 즐겁게 일어나는 빛살·빛줄기를 나타냅니다.

'반기다'는 "반갑게 맞거나 받다"를 나타냅니다. '반갑다'는 "1. 그리던 사람을 만나서 마음이 가벼우면서 밝다 2. 바라거나 기다리는 일이 이루어져서 마음이 가벼우면서 밝다 3. 어떤 말이나 이야기가 들을 만하거나 즐겁다"를 뜻해요. "반갑게 맞아 주셨다"나 "서로 반가워서 오래오래 놀았다"처럼 씁니다. "네 말이 참으로 반가웠어"나 "드디어 해내어 대단히 반가웠지"처럼 쓰지요. "여태 들은 말 가운데 가장 반갑구나"나 "반가운 이야기가 있어"처럼 씁니다.

'사랑'은 곱고 크며 깊고 넓고 따스하게 스미거나 퍼지면서 즐겁게 녹이는 기운이며 빛을 가리킨다면, '좋다(좋아하다)'는 "마음에 넉넉하거나 시원하게 들다"를 가리킵니다. 마음에 들더라도 밝지 않을 수 있어요. 마음에 들지만 빛나지 않을 수 있어요. 얄궂거나 개구지거나 장난스럽거나 시커먼 짓을 '좋아할' 수 있거든요. 이와 달리 '반하다·반기다'는 "빛나는 길로 나아가려는" 마음하고 자리하고 뜻하고 몸짓을 나타냅니다. 다만, '반하다·반기다'는 아직 '사랑'으로 나아가지는 않은, '사랑'으로 나아갈 수 있되, 자칫 '좋다(좋아하다)'로 기울어 '내 마음에 들지 않으면 다 나쁘다고 여기는' 궂은 길로 갈 수 있습니다.

마음을 열거나 틔우면서 밝히는 길목인 '반하다·반기다'이기에,

아직 빛이 여립니다. 이는 '반하다 ㄴ'에서도 엿볼 만해요. 확 틔워서 다 보거나 알아보는 빛살이 아닌, 이제 막 가볍게 트거나 나타나는 빛을 가리키는 '반하다·반기다'입니다. 이러다 보니, 처음에는 반기다가도 이내 고개를 저으면서 "안 좋아!" 하고 기울기도 해요. 이와 달리, '사랑'일 적에는 미움도 시샘도 좋음도 없는 모두 풀거나 녹이는 숨빛이기에, 나도 나도 아름답고 참하게 나아가도록 확 일어납니다.

'반하다 ㄴ'은 뜻이나 쓰임새가 꽤 많습니다. 여린말이 '반하다·반히'라면, 센말은 '번하다·번히'이고, 힘줌말은 '빤하다·빤히'에, 더 힘주는 말은 '뻔하다·뻔히'랍니다. 요새는 여린말인 '반하다·번하다'를 쓰는 사람은 드문 듯싶어요. 다들 힘줌말인 '빤하다·뻔하다'를 쓰는 듯싶어요.

'반하다 ㄴ·번하다·빤하다·뻔하다'는 첫째 "어두운 곳에 빛이 여리거나 작거나 가늘게 들어, 가볍게 밝히다"를 뜻하고, "비구름이 걷히고 차츰 반하구나"처럼 씁니다. 둘째 "앞으로 어떻게 나아가거나 되려는지 잘 느끼거나 알거나 헤아릴 수 있다"를 뜻하고, "불을 보듯 반한 노릇"처럼 씁니다. 셋째 "어둡거나 흐린 티가 없다. 어둡거나 흐린 티가 가시면서 밝게 볼 수 있다"를 뜻하고, "눈을 반하게 뜬 채 누웠다"처럼 씁니다. 넷째 "바쁘지만 조금 쉬거나 숨을 돌리거나 살짝 비울 수 있다. 틈·짬·겨를을 가볍게 낼 수 있다"를 뜻하고, "이따 반할 테니까 그때 보자"처럼 씁니다. 다섯째 "오래 내리던 비가 살짝 그치거나 멎으면서 해가 나오고 밝다"를 뜻하고, "모처럼 반해서 해바라기를 한다"처럼 씁니다. 여섯째 "아프거나 괴롭거나 앓다가 가볍게 가라앉아서 쉬거나 숨을 돌릴 만하다"를 뜻하고, "반할 날도 없이 앓기만 한다"처럼 씁니다. 일곱째 "가난하거나 힘든 살림을 가볍게 펼 수 있어서 조금 느긋하게 지낼 만하다"를 뜻하고, "어제 일삯을 받아서 그럭저럭 반해"처럼 씁니다. 여덟째 "멀지 않아서 잘 볼 수 있다. 가까이 있어서 밝게 볼 수 있다"를 뜻하고, "우리는 반하게 알아봤어"처럼 씁니다. 아홉째 "어둡거나 캄캄한 일이 가볍게·조금·살짝 사라지면서 숨을 돌리거나 마음을 놓을 만하다"를 뜻하고 "시름도 덜고 반할 얘기로구나"처럼 씁니다.

* 반짝·번쩍
* 반들·번들
* 별·벼락·벼랑·낭떠러지
* 벼리다·갈다·벼루
* 벼르다
* 벼리·볏·가볍다·벼슬
* 벼

별을 보면서 '반짝'인다고 합니다. 눈망울이 별을 담은 듯이 빛나서 '반짝'입니다. 별빛은 얼마나 빠르게 우리한테 찾아들까요? '벼락'은 얼마나 빠르고 크고 힘차게 이 땅으로 찾아올까요? 땅을 쩍쩍 가르려는 듯 벼락이 칩니다. 손뼉을 짝짝 치면 마치 빛발이 퍼지는 듯합니다.

깜짝 놀라듯 반짝반짝합니다. 눈을 갑자기(갑작스레) 뜨니 '번쩍' 뜨고, 짐을 갑자기 힘차게 들어 '번쩍' 들지요. 번개처럼(갑자기 휙휙 빠르게) 하고 싶지는 않을 때가 있어요. 보드랍게 하고 싶어요. 보들보들 흐르는 마음결을 담아 빛나는 '반들'이요, 부드럽게 하고 싶은 부들부들 오가는 결을 담아 빛나는 '번들'입니다.

하늘에서 내리치는 빛줄기인 '벼락'은 마치 깎아지른 듯이 내리칩니다. 다만, 깎아지른 듯하되 반듯하게 내리치지는 않아요. 비쭉비쭉 꺾으면서 아주 빠르게 내리칩니다. '벼랑'을 보면 마치 '벼락' 같습니다. 땅에서 하늘을 바라보며 맞이하는 '벼락'처럼, 땅에서 멧자락이나 비탈을 바라보며 느끼는 '벼랑'입니다.

'낭떠러지'는 '와락·쏴락' 빠르게 달려드는 몸짓을 나타내는 '락'을 바탕으로 조금 부드러이 '낭(랑)'으로 바뀐 소리가 앞에 붙으면서, '떨어지는 곳'을 나타내는 '떠러지'가 뒤에 붙습니다. '떨어지는' 결이니, 높은 데에서 내려다보는 결이에요. 땅바닥에서는 벼랑을 느끼고, 멧자락이나 등성이나 봉우리에서는 '낭떠러지'를 느낍니다.

날이 선 연장은 날을 잘 쓰려고 '벼림(벼리다)'니다. '벼리다'는 불을 써서 달구면서 두드려서 날을 세웁니다. '갈다'는 비비거나 문지르면서 날을 세웁니다. 쇠붙이로 연장을 처음 삼을 적에는 '벼리'느라 쾅쾅 두들기면서 빛조각이 톡톡 튀는 동안 날이 바짝 서요. 쇠붙이 연장을 쓰는 사이에 날이 무디면, 숫돌에 슬슬 '갈아'서 날을 다시 세웁니다. '벼리다'는 처음으로 지으면서 빛나는 결을 이루는 말밑이요, '갈다'는 이미 짓거나 마련한 몸이 새롭게 빛나도록 다스리는 결을 이루는 말밑입니다.

지난날에는 종이에 먹물을 붓으로 묻혀서 글씨를 썼습니다. 붓에 먹물을 묻히려면, 먼저 벼루에 먹을 갈아요. '벼루'란 글씨를 새롭게 이루는 바탕인 돌이면서, '갈아서 빛내는 살림'입니다. 마음에 담은 이야기가 글로 나타나도록 빛내어 주는 살림이지요.

언제 좋은 때를 맞이하려나 기다리면서 틈을 노리기에 '벼르다'라고 해요. 이루려는 일이나 꿈으로 눈을 반짝이면서, 스스로 빛날 때를 참고 기다리는 '벼르다'입니다.

그물에서 위쪽 코를 잡아당겨 오므리거나 펼 수 있는 줄을 '벼리'라고 합니다. '벼리'가 있어서 그물을 오므리고 펼 수 있어서 낚시를 할 수 있어요. 뜻깊으며 고갱이라고 여길 만합니다. 이런 쓰임새를 빗대어, 어느 일에서 뼈대로 여길 만한 대목을 나타나는 '벼리'이기도 합니다. 한자말 '차례·순서·목록·요강·요지·골자'나 일본말 '엑기스'를 나타낼 수 있습니다.

별도 벼락도 벼리도 '가볍'습니다. 반짝이는 별한테도, 갑자기 내리치는 벼락한테도, 그물이며 살림에서 대수롭게 여기는 자리를 가리키는 벼리한테도, 따로 무게(무거움)를 느끼지는 않습니다. 큰 자리일수록 '가벼울' 노릇일까요. 빛을 보며 무게를 느끼지 않듯, 빛나거나 대수롭거나 커다란 자리나 곳을 보면서도 무게를 느끼지 않는다고 할 만합니다.

닭을 보면 머리에 작고 가볍게 붙은 살점인 '볏 ㄱ'이 있어요. 땅을 갈아서 흙덩이를 일으키는 연장인 보습에는 흙이 한쪽으로 떨어지도록 위쪽에 비스듬하게 쇳조각을 덧대는 '볏 ㄴ'이 있고요. 가볍지만 날렵하면서 제몫을 맡습니다. '벼슬'이라는 자리도 대단할 수 없습니다. 어떤 일을 맡아서 다스려 보라는 자리인 '벼슬'은 가볍게 맡으면서 마을이며 나라가 '가볍게(어렵지 않게)' 피어나도록 이바지하는 몫입니다. 그런데 벼슬이란 자리를 얻고서 '가볍게(날뛰듯이)' 구는 사람이 꽤 많아요.

가을에 거두는 '벼'는 예부터 흙사람한테 얼마나 값지고 빛나는 풀열매(곡식)였을까요. 샛노랗게 빛나는 이 벼(나락)를 보면, 가을에 노랗게 일렁이는 들판을 보면, 우리는 얼마나 넉넉하고 즐거우면서 눈을 반짝일까요. 더구나 사람 곁에서 씨알이나 이삭을 얻으려는 참새도 눈을 반짝반짝하면서 들로 마당으로 신나게 날갯짓을 합니다. 새로 심어서 새로 거두는 벼짓기란, 땅을 벼리어 밥살림을 누리는 길입니다. 가만 보면, 벼를 심기 앞서 보습이며 쟁기로 땅을 '갈아'야 합니다.

∗ 베다 ㄱ·베개
∗ 베다 ㄴ·베어내다
∗ 베·베옷
∗ 베풀다
∗ 베끼다

눕거나 자거나 쉴 적에 머리를 아늑하거나 포근히 놓으려고 '베개'를 씁니다. '베다 ㄱ'은 "머리를 가만히 놓고서 눕거나 쉴 수 있도록 밑에 놓다"를 가리킵니다. "베고 눕도록 옷가지를 둘둘 말았다"처럼 쓰는데, "흔들리지 않거나 든든하거나 아늑하도록 밑에 있거나 밑을 이루다"처럼 빗대어 쓰기도 합니다. "아무것도 베지 못 하는 빈몸"처럼 써요.

다른 '베다 ㄴ'은 '베어내다·베어물다' 꼴로 으레 써요. "날·칼날로, 하나이던 것을 둘이나 여럿이 되도록 하다"를 뜻하고, "보리베기를 한다"나 "풀을 벤다"처럼 씁니다. "이를 써서 조각·동강으로 떼다"를 뜻하고, "한 입만 베었다"나 "맛있어서 자꾸 베어물었어"처럼 써요. "날·칼날이 닿거나 지나가서, 살이나 몸이 길게 다치다. 길게 벌어지다"를 뜻하고, "밥을 하다가 손가락을 베었지"처럼 씁니다. "여럿 가운데에서 어떤 것을 얻거나 잡으려고 다른 것을 떼거나 빼다"처럼 빗대기도 하며, "엉성한 사람은 다 베어냈더라"처럼 씁니다.

'베다 ㄱ·베개'는 옛말로 '볘다·벼다' 꼴이요, '베다 ㄴ·베어내다'는 옛말로 '베히다' 꼴입니다만, '베다 ㄴ'도 여러 고장에서는 '벼다'처럼 사투리로 씁니다.

'베'는 '삼'이라는 풀에서 얻은 실로 짠 천을 가리킵니다. 옛말로 '뵈'로 쓰기도 했는데, '베옷'은 까끌한 결이 있습니다. 그리고 '베'는 우리 옷살림을 이루면서 몸을 아늑하고 시원하게 돌보는 노릇을 오래 이었어요.

가만히 보면 '베다 ㄱ'이나 '베다 ㄴ'은 "눕히는 결"하고 "흙빛을 닮은" 결이 맞닿습니다. '베'도 흙에서 비롯합니다. 누우려고 베개를 쓰고, 베어서 눕힙니다. 흙에 뿌리를 내리며 자란 삼이 베라는 천을 베풉니다.

풀 한 포기가 옷살림을 베풀듯, '베풀다'는 "일·말·이야기를 차근차근 풀어서 놓거나 나누다"나 "넉넉하거나 아늑하도록 기쁘게·즐겁게 돕거나 주거나 내놓거나 나누다"를 뜻합니다. "이야기 한 자락을 베풀었다"나 "즐거운 잔치를 베푸는구나"처럼 쓰고, "누가 이렇게 사랑을 베풀었을까"나 "네가 고맙게 베풀었구나"처럼 써요.

말씨를 살짝 바꾼 '베끼다'는 "남이 짓거나 하거나 차린 그대로·똑같이·따라서 가져오거나 쓰거나 놓다"를 뜻해요. "우리가 했던 대로 베꼈어"처럼 쓰지요. "이미 있는 다른 글·그림·노래·이야기를 그대로·똑같이·따라서 가져오거나 쓰다"를 뜻하고, "이 책을 베낀 듯하다"나 "배울 셈으로 천천히 베끼기부터 한다"처럼 씁니다.

＊ 바람·파랗다·파람·휘파람·하늘
＊ 바다·물
＊ 아지랑이·지렁이·질다

바람은 하늘을 이루는구나 싶습니다. 하늘은 바람이 흐르는 자리이지 싶어요. 얼핏 텅 비었다고 보기도 하지만, 하늘은 바람으로 가득합니다. 온누리를 한결같이 즐겁게 날거나 춤추는 바람이 맑은 빛깔로 어우러지는 하늘이에요.

바다는 물을 이루지 싶습니다. 물은 바다가 흐르는 터전을 나타내는구나 싶어요. 바닷물이요 냇물이며 샘물입니다. 요즈음은 냇물이나 샘물보다는 꼭짓물(수돗물)을 쓰는 분이 부쩍 늘었습니다만, '물'은 '아지랑이'나 '김'이 되어 하늘로 바람을 타고 올라서 '구름'이 되었다가 '비'나 '눈'이란 모습으로 이 땅으로 새롭게 찾아와요. 이러고서 실처럼 가늘게 물줄기를 이루지요. '시내(실 + 내)'예요. 시냇물은 흐르고 모여서 '가람'을 이루고서 '바다'로 나아가면서 한결 크게 하나로 빛나요.

가만히 보면, 아지랑이는 아른아른 보이기도 하는 자그마한 알(물알·물방울)입니다. 구름이 되고 비가 되려고 자그맣게 몸을 바꾸어 하늘로 아른거리면서 올라가는 모습은 꼭 꼬물꼬물 지렁이처럼 살랑살랑 춤추는 듯합니다. '김'은 '길게' 올라가는 기운이라고 여길 자그마한 물알이요, '아지랑이'는 아른아른 춤추는 물알이에요. 그러고 보면, '길'하고 '질'은 맞닿습니다. '지렁이'도 긴(진) 몸인 숨결입니다.

기름한(지름한) 아이로서 땅을 기어다니면서 흙을 기름지게 바꾸는 살뜰한 숨결인 '지렁이'예요. 지렁이가 깃들면서 흙을 살리는 동안, 예전에 메말랐던 흙에 기름(살리는 기운)이 깃들어 질어요. 지렁이가 깃들지 않는 흙은 딱딱합니다. 지렁이가 지며리 기름(지름)을 풀어내어 주기에 흙에는 진(질은) 빛이 감돌면서 부드럽고 물기운이 그득그득 흐르는 '진흙'으로 가요.

구름이 되다가 비도 되는 물방울은 휘파람을 불면서 하늘에서 땅으로, 다시 바다로 흘러가려는 놀잇길이라 할 만합니다. 하늘빛 파랑을 담아 파릇파릇 춤추는 빗방울은 들을 고루 적시면서 온누리를 푸릇푸릇 살찌우고 북돋웁니다.

땅이라는 자리에서는 바다가 바닥을 덮는 바탕입니다. 하늘이라는 자리에서는 바람이 바닥을 감싸는 바탕입니다. 바람은 맑은 빛깔이면서 파랗게 일렁이듯 하늘을 이루면서 사람이며 모든 목숨붙이한테 깃들어요. 몸으로 스미는 바람(하늘)은 '숨'이란 이름을 받아 새모습으로 나아갑니다. 숨줄기는 몸을 바지런히 빠르게 돌다가 슬그머니 바깥으로 새삼스레 나가지요. 들숨은 이내 날숨으로 바뀌고, 날숨은 온누리를 휘휘 다시 돌다가 우리 몸에 들숨으로 새록새록 찾아들어요.

* 바닥
* 손바닥·발바닥·길바닥
* 솜씨·밟다

우리 손에도 바닥이 있습니다. 손바닥으로 일감이며 살림을 쥐거나 건사하기에 하루하루 새롭게 살아가는 기운이 일어납니다. 바다에서 뭇목숨이 비롯하면서 푸른별을 휘휘 나들이를 하듯이 돌고, 손바닥에서 살림이며 세간이며 연장을 짜고 지을 뿐 아니라, 이 살림이랑 세간이랑 연장이 만나는 집이 태어나고 옷을 여미며 밥을 차립니다. 살림을 이루는 바탕은 '손'을 거치고 손바닥에 놓아서 하나하나 짓는 사이에 '솜씨(손씨)'를 얻고서 피어납니다.

발에 있는 바닥으로 든든히 서요. 발바닥을 디디며 한 걸음씩 나아가며 길을 나섭니다. 길을 나서는 우리는 길바닥에서 새롭게 가는 하루를 그립니다. 삶을 이루는 바닥을 '발'로 하나둘 디디면서, 발로 자국을 남기는 '발자국(발자욱)'이 생기고, 이렇게 발자국을 내면서 나아가거나 걸어가고 일구는 몸짓이 '밟다'예요. 발로 바닥을 딛고 발로 바탕을 다지거든요.

문득 눈을 감고서 하늘을 보노라니, 우리가 숨을 쉰다고 할 적에는 바람을 마시는 셈이요 하늘을 머금는 얼거리로구나 싶어요. 우리 목숨이란 바람숨이자 하늘숨이라고 하겠어요. 우리 몸은 바람하고 하늘로 바탕을 엮는구나 싶어요.

문득 눈을 뜨고서 물 한 모금을 마십니다. 오늘 마시는 물 한 모금은 바다였다가 구름이었다가 비였다가 샘물이나 냇물이었다가 아지랑이나 김이었습니다. 이러다가 사람이며 온갖 목숨붙이한테 젖어들면서 피(핏물)로 나아가는군요. 맑은 물빛으로도 몸을 이루는 물이자, 붉은 핏빛으로 몸을 돌보는 숨빛입니다. 몸에서 즐겁게 감돌면서 바탕을 단단하며 알뜰히 보듬던 물은 제몫을 다하고서 오줌(쉬)이 되어 바깥으로 나가요. 이 오줌은 땅으로 스미어 돌에 자갈에 모래에 풀꽃나무 뿌리를 두루 지나가서 다시 물줄기를 만나고 바다로 이어요.

* 땅바닥·밑바닥·마룻바닥·낯바닥·맨바닥
* 바탕

'땅바닥'이라고 합니다. '밑바닥'이라고 하지요. 밑을 이루며 넓기에 '바닥'인데요, 집에서는 마룻바닥이 있어요. 우리 몸에는 손바닥하고 발바닥이 있습니다. 때로는 낯바닥이란 말을 써요. 아무것도 쥐거나 갖추지 않을 적에는 '맨바닥'이라고 합니다.

글을 쓰는 사람은 '글바닥'에서 일해요. 노래를 부르는 사람은 '노래바닥'에서 꿈을 짓고요. 바닥은 '판'이자 '마당'이기도 하군요. 이러면서 '밭'이 될 때도 있습니다.

그러고 보면 '바탕'도 밑을 이루며 너르구나 싶을 적에 드는 말이곤 합니다. 삶이라는 바탕은 무엇일까요? 생각을 이루는 바탕에는 무엇을 두나요? 일하는 바탕이며 놀이하는 바탕은 무엇인가요?

처음 갖추거나 새기면서 든든하게 펴는 자리이기에 '바탕'이에요. 몸이라는 바탕에 손발이랑 머리가 자라고, 마음이라는 바탕에 생각이며 느낌이며 꿈이며 사랑이 커요. 바탕을 살피면서 새롭습니다. 바탕을 돌아보면서 미덥습니다. 바탕을 일구면서 차근차근 길을 걸어요. 바탕을 다지면서 오늘 하루를 기쁘게 누리지요.

마음밭을 돌봅니다. 생각밭을 다독입니다. 글밭을 꾸리고, 그림밭을 나눠요. 책밭도 이야기밭도 노래밭도 놀이밭도 반갑고, 살림밭하고 사랑밭하고 삶밭이라는 길을 고이 매만집니다.

* 밥·밥심

　우리는 '밥'을 먹습니다. 사람도 짐승도 '밥'을 먹어요. 짐승한테 밥을 내어줄 적에는 따로 '먹이'라 하고, 새한테 밥을 내어줄 적에는 '모이'라고 합니다만, 크게 보면 모두 '밥'입니다.

　밥이란, 우리 몸을 이루는 숨결을 얻는 바탕으로 여길 만합니다. 밥을 받아들이기에 몸에 힘이 흐른다고 여겨요. '밥심'이란, 밥을 먹어서 얻는 힘을 가리키는데, 모든 밥은 다른 목숨이자 숨결입니다. 고기도 풀도 과일도 다른 목숨이요 숨결이에요. 곧 '밥을 먹다 = 다른 목숨·숨결을 받다 = 다른 빛(숨빛)을 받아서 우리 몸 바탕을 이루다'로 바라볼 수 있습니다.

　살아갈 힘을 얻는 바탕인 '밥'이에요. 다만, '밥심'이란 낱말로 엿보듯, 밥으로는 '힘(심)'을 얻을 뿐, '기운'을 얻지는 않습니다. 몸을 움직이는 힘(심)은 밥심(밥힘)으로 낸다면, 마음을 다스리고 펴며 가꾸는 길은 '기운'으로 기르게 마련이에요. '밥'은 덩이가 진 먹을거리로 힘을 받아들여서 펴는 얼개이고, '기운'은 온누리에 가득한 빛(햇빛·별빛·눈빛·바람빛·물빛)에서 스스로 피어오르는 반짝이는 결인 얼개입니다.

　그리고 이 '밥'은 바로 '밭'에서 지어서 얻습니다.

* 밭·텃밭·꽃밭·풀밭·나무밭·숲밭·뻘밭
* 밭다·바투

살림집 곁에 사람이 따로 손품을 들여서 씨앗을 심어 푸성귀를 가꾸어 열매를 얻는 땅을 '밭'이라고 합니다. 좀 멀리 가는 밭도 있으나, '텃밭'이란 이름처럼 으레 집 곁(가까이)에 밭을 두게 마련입니다. 한 뼘짜리 조그마한 밭이 있어요. '손바닥밭'이라 할 만합니다. 열매를 얻는 밭이 있고, 꽃을 심어 향긋한 기운을 누리는 밭이 있고, 그대로 두어 풀이 마음껏 자라면서 푸르게 우거지는 밭이 있어요. 풀보다 나무가 우거진 밭이 있고, 숲을 닮은 밭도 있지요. '숲밭'을 한자말로 하자면 '농장'이에요. 바닷가에서는 갯벌에서 갯살림을 캐는 '뻘밭'이 있습니다.

우리 가까이 있다고 할 적에 '밭다'라는 낱말을 써요. '바투' 다가선다고도 합니다. 그야말로 살결이며 숨소리를 느낄 만큼 가까이에 있다는 뜻입니다.

사람한테는 그럭저럭 키높이라 하지만 개미한테는 까마득한 하늘입니다. 사람한테는 퍽 높다고 여길 하늘이지만 나무한테는 우듬지가 이럭저럭 줄기 높이예요. 하늘을 이루는 바탕인 바람은 늘 우리 곁에 있습니다. 우리 몸을 이루는 물도 언제나 우리 가까이 있어요.

바람하고 바다(바랄·물)가 으레 곁에 있다면, 마음에는 어떤 생각을 가까이 놓을 적에 스스로 눈부시면서 맑을 만하려나요. 반가이 마주할 햇빛이며 별빛을 오늘 하루도 받으면서, 해바라기에 별바라기를 하면서 말씨 한 톨을 혓바닥에 살며시 얹어 봅니다.

새하늬마높

새 | 새다 | 샛별 | 하늬 | 하나 | 한터 | 마 | 마음 | 맑다
높 | 노을 | 놀다

오늘 우리는 한자로 가리키는 네 곳, 그러니까 '동서남북'이 익숙할 텐데, 이 말씨는 우리 삶터에 스민 지 오래지 않습니다. 놀랄 만한지, 마땅할 만한지, 가만히 생각해 보기를 바랍니다. 한자말이 들어온 지 그리 오래지 않기도 하지만, 임금이나 벼슬아치나 글꾼이 아닌, 흙을 짓고 숲을 가꾸며 아이를 돌본 여느 사람들은 한자말이 아닌 그냥 우리말을 수수하고 즐겁게 쓰면서 살았어요.

그렇다면 흙을 짓고 숲을 가꾸며 아이를 돌본 여느 사람들은 어떤 낱말로 네 곳을 가리켰을까요, 간추리자면 '새하늬마높(새하마높)', '새 + 하늬 + 마 + 높'입니다.

* 새·새롭다·새삼
* 새다·새벽·밤을 새다·지새우다
* 사이·새우다·틈·트이다
* 샛별·새삼스럽다·새록새록

'동녘'은 '새'로 가리킵니다. '새녘'이지요. 이 말밑은 '샛별'이나 '새롭다·새록새록'이나 '새삼스럽다'로 잇닿아요. 그리고 밤을 '새우다·새다'라 하잖아요? 밤을 새면 찾아오는 '새벽'이 있어요. '틈'하고 맞물리는 '새·사이'인데요, 밤이랑 아침(낮)을 지새우는 사이에 있는, 새롭게 빛이 퍼지는, 이맘때에 초롱초롱 빛나는 별인, 틔워(틈) 주는 때인, 사이가 되는, 그러한 '새'예요.

탁 트이면 시원해요. 사이가 나기에 바람이 드나들어요. 밤하고 아침을 잇는 길은 하루를 새롭게 열어요. '새'란 바로 이러한 때랑 자리를 가리키는 낱말이랍니다. 이리하여 '새녘·샛녘·샐녘'은 모두 우리가 처음으로 맞이하거나 다시 맞이하는 날이 된다는 뜻을 나타내요.

무엇이 '새록새록' 떠오른다고 합니다. 이 느낌을 헤아려 봐요. 무엇을 '새삼스레' 돌아보거나 바라본다고 합니다. 이 느낌도 곱씹어 봐요. '새'를 붙이면서 한걸음을 더 나아가거나 다시 나아갑니다. 어제를 내려놓고 오늘을 첫마음이 되어 맞이합니다.

가만히 보면, 하늘을 나는 '새'도 이 말밑하고 잇닿을 만해요. 새는 땅하고 하늘에서 살지요? 땅하고 하늘 사이에 있는 숨결이 '새'예요. 사이에 있기도 하지만, 사이를 잇기도 하는 날개붙이를 '새'라고 했으니, 이름이며 뜻이 무척 깊어요.

날개를 다니, 또는 날개가 있으니 '새'요, 새롭답니다. 이러한 말밑하고 뜻을 생각하면서 "날개를 단 듯하다"라는 말씨를 혀에 얹어 봐요. 홀가분할 적에 '날개·날개붙이'를 말하는데요, 홀가분한 마음이란 홀로 가벼운 마음이면서, 스스로 새롭게 되는, 처음으로 가는, 새처럼 날개를 다는 마음이랍니다. 생각에 날개를 단다고도 하는데요, '생각날개'란 우리 스스로 새로울 뿐 아니라, 숨통을 틔우는, 사이를 여는, 스스로 가볍게 날아오르는, 어디에도 얽매이지 않는, 이러면서 땅하고 하늘에서 고루 즐겁게 기운을 받는 모습을 나타내지요.

* 하늬·한·하나
* 하늘·크다·넓다
* 한뉘·한누리·한터·한땅·한나라
* 뉘·누구·누이·눕다·누리

'서녘'은 '하늬'로 가리킵니다. '하늬녘'이지요. '하늬'는 '한·하나'라는 말밑입니다. '하·한 + 늬·뉘'인 얼개예요. '뉘'는 '누(누구) + 이' 얼개로, "뉘 집 아이일까"라든지 "뉘 말이라고 흘려듣네"로 써요. 아무개나 어디를 가리킬 적에 쓰는 말인 '뉘'인데요, '누'는 '뉘다(누이다)'를 이루는 말밑이고, 해가 하늬녘으로 넘어갈 적에는, 우리가 하루를 마무리하는 밤을 맞이합니다.

우리나라는 하늬녘으로는 얕은바다 건너로 드넓은 땅이 나오고, 새녘으로는 깊은바다 너머로 끝없이 바다가 흐릅니다. 우리말에서 '하늬'가 서녘을 가리키는 이름이 된 바탕을 헤아려 볼 만해요. 하늬녘은 너른 누리(땅)이거든요. 넓은 나라예요. 오늘날에는 '나라'라고 하면 우리나라나 이웃나라처럼 삶터나 틀이 다른 터전을 가리키는 자리에 흔히 쓰지만, 지난날에는 '넓거나 너른 땅'을 가리켰어요. 이런 데에서도 '늭·뉘'를 새삼스레 생각해 볼 만합니다.

우리나라 이름에서 '한'은 한자가 아닌 '하나·한·하늘'하고 맞물립니다. 겨레로 치면 '한겨레'이고, 나라로 치면 '한나라'이지요. 겨레나 나라를 넘어서며 이 땅에 깃든 모든 사람을 아우른다면 '한누리'이고요. 그러니까 앞으로는 우리나라 이름을 '한누리'나 '한뉘'처럼 나타내 볼 만합니다.

* 마·맑다·많다
* 마파람
* 마음·말
* 물

'남녘'은 '마'로 가리킵니다. '마녘'이지요. 우리나라 하늬녘으로는 드넓은 땅이 나온다면, 새녘하고 마녘으로는 드넓은 바다가 나와요. 새녘은 새롭게 찾아오는 하루, 해가 새로 뜨는 곳, 밤하고 아침 사이를 잇는 다리를 나타내는 만큼, 드넓은 바다라는 결을 '마'라는 이름으로 나타냅니다.

'마'는 '많다'하고 '맑다'를 이루는 말밑입니다. 먼저 바다(물)가 많지요. 그리고 마녘으로는 해가 넉넉히, 가장 많이 비춥니다. 해가 넉넉히, 가장 많이 비출 적에는 날이 환해요. 맑습니다. 해가 많은 철을 지나기에 열매를 푸지게(많이) 거둡니다.

새녘이나 하늬녘에서 부는 바람은 '샛바람·하늬바람'이지만, 마녘에서 부는 바람은 '마파람'입니다. '마 + ㅎ + 바람'인 얼개입니다. '바람'을 '파람'으로 읽는 셈인데, '휘파람'도 'ㅍ' 소리예요. 이 대목에서 생각을 이을 수 있다면, '바람·파람'은 하늘을 이루는 기운이나 숨결이니, 하늘빛(파랑)이 고스란히 '바람·파람'으로 스미는 줄 알아챌 만합니다.

새로 찾아오는 곳을 새녘이라 한 만큼, 바다(물)가 많은, 또 해가 많이 들어 맑은 마녘에서 '마'는 '물'로도 말밑을 잇습니다. 바다란, 물이에요. 바다를 이룬 물이 아지랑이로 바뀌어 하늘로 올라 구름이 되면 비가 되고, 이 비는 다시 숲에서 샘을 거쳐 냇물에 가람물(강물)이 되어 바다가 되지요. '바다 = 물'이랍니다.

물은 한 가지 모습이 아니고, 한 톨을 따로 떼지 못해요. 물은 어떠한 덩이여도 똑같은 물일 뿐이랍니다. 물방울에는 아무 크기가 없어요. 이러한 물이듯, 우리가 쓰는 '말'도 크기가 없어요. 말은 마음을 담아내는 소리입니다. 마음을 담아내는 소리는 물결 같은 떨림이나 높낮이나 길이는 있되, 어떠한 덩이로도 재지 못해요. 그래서 '말'인데요, 말은 바로 마음에 담은 생각이라는 씨앗에서 태어나니, '물·말·마음'은 말밑이 같으면서 다른 자리에서 새롭게 쓰는 낱말이 됩니다.

* 높·높다

* 노랗다·노을·놀 ㄱ
* 놀다·놀랍다·놀라다
* 놀 ㄴ·너울·넘다·너머
* 노래

　'북녘'은 '높'으로 가리킵니다. '높녘'이지요. 높녘에서 부는 바람은 '높바람'입니다. 오늘날에는 '높새바람'이란 이름을 그대로 써요. '높새 = 높 + 새'이니, '북녘 + 동녘'에서 부는 바람인 셈입니다.

　'높'은 그야말로 '높다'입니다. 우리가 살아가는 터전에서 본다면, 높녘으로 갈수록 높아요. 땅이 높지요. 땅이 높을 적에는 외려 하늘도 한결 높아 보인답니다. 이 높은 곳에서 비추는 새로운 빛살이 '놀·노을'이에요. '노 + ㄹ' 또는 '노 + 으 + ㄹ'인데요, 아침을 맞이하거나 저녁을 마주할 적에 비추는 이 빛살인 '놀·노을'은 하늘에서 파란 기운이 사라지면서 차츰 하얗게, 노랗게, 바알갛게, 보랗게 (보랏빛), 놀랄 만하게 달라집니다.

　놀·노을은 얌전히 있지 않습니다. 늘 춤춥니다. 마치 개구쟁이나 말괄량이 같습니다. 언제나 움직이는, 새롭게 춤추듯 바뀌는 놀라운 숨결이자 빛살입니다. 어린이가 뛰노는 듯한 놀·노을입니다. 놀이하는 즐거운 마음처럼 노래하는구나 싶은 놀·노을이에요.

　불타는 놀·노을처럼 볼이 빨갛게 뛰며 튼튼한 아이입니다. 타오르는 놀·노을마냥 온몸을 새빨갛게 달군 불덩이처럼 기운을 끌어올려 마음껏 뛰놀며 놀랍고 씩씩하게 자라는 하루예요.

놀이는 하나로 그치지 않아요. 늘 움직입니다. 바뀌지요. 이렇게도 놀고 저렇게도 놀며 끝이 없이 바뀌어요. 놀라운 놀이입니다. 노는 결을 헤아려 봅니다. 놀이를 하는 모습을 바라봅니다. 가만히 있지 않는 놀이입니다. 끝없이 움직이고, 언제나 넘실넘실 춤춥니다. 그래서 '놀'은 '너울'을 줄인 낱말이기도 합니다. '물결'은 "물이 일어나는 결"을 나타내고, '너울'은 "물이 크게 춤추는 결"을 나타냅니다. 너울너울 춤을 추면서 넘어요. 넘치지요. 너울은 '너머'로 가는 결이기도 합니다. 놀이를 하면서 아이들은 마음껏 삶과 꿈을 넘나들고, 사랑과 살림을 오갑니다.

이 노을처럼, 놀이처럼, 높다란 하늘처럼, 즐겁게 노래해 볼까요? '놀'기에 '노래'가 저절로 샘솟습니다. 노래를 부르며 신나게 놀이합니다. 하루를 노래하고, 새하늬마높을 노래해요. 오늘을 노래하고 밤낮을 노래해요. 마음을 노래하고, 맑은 물방울을 노래합니다. 많이많이 노래하기를 바라요. 스스로 우러나오는 날개 같은 눈망울이 되어 이 하루를 새롭게 노래해 봐요.

숲

스스로 | 스승 | 슬슬 | 살림 | 슬기 | 수수하다 | 수북 | 수월 | 쉬다
수다 | 서로 | 사랑 | 순 | 숫

비가 오는 날 빗물을 바라보면서 이 빗방울은 어떻게 저 하늘에서 구름으로 뭉쳤다가 스스로 내려오는가 하고 생각합니다. 구름이 작으면 비가 일찍 그치고, 구름이 크면 비가 오래 가겠지요.

구름은 모름지기 바다에서 아지랑이로 피어나서 뭉치는 물방울이라 할 만합니다. 비가 올 적에 비릿하구나 싶은 냄새가 나요. 바다에서 살아가는 숨결한테서 비린내(비리다 + 내)가 난다고 하지요. '비릿하다·비린내'에 '비'가 한동아리예요.

비가 올 적에 나는 냄새를 가만히 느끼다가 혀를 내밀어 빗방울을 톡톡 먹어 보면 뜻밖에도 비린맛이 안 나요. 바다에서 헤엄치다가 먹는 물맛하고 확 다릅니다. 바닷물로 이룬 구름에서 내리는 비라지만, 정작 하늘에서 바람을 가르며 땅으로 찾아올 적에는 풀꽃나무나 바닥을 통통 튀기면서 냄새를 털어내고서 물방울에는 마알갛게 하늘빛을 담는구나 싶더군요.

그런데 구름이 사그라들도록 비가 오는 사이 새롭게 구름이 생

길 수 있어요. 구름은 바다에서도 피어나지만 숲이나 멧자락에서
도 피어나거든요. 우리 몸이나 풀꽃나무한테서 빠져나온 물방울도
새삼스레 아지랑이가 되어 하늘로 오를 테니, "비가 되는 구름"에
는 그야말로 온갖 물기운이 서리거나 섞인다고 할 만합니다.

이 빗물을 스스럼없이 받아먹습니다. 우리가 마시는 모든 물은
빗물입니다. 이 빗물은 먼저 풀꽃나무를 적시면서 땅으로 스며요.
땅으로 스민 빗물은 이 별을 고루 누비던 기운을 바탕으로 찬찬히
땅밑에서 머물다가 샘물로 솟고, 샘물은 이내 냇물로 이어가고, 냇
물은 차근차근 바닷물로 나아갑니다.

* 스스로
* 스스럽다·스스럼없다
* 스승·스님

낱말뜻을 본다면, '스스럽다'는 "1. 서로 가깝거나 깊게 사귀지
않아 낯·말·몸짓을 가리다. 서로 슬슬 보거나 가리다 2. 다른 사람
앞에서 말·몸짓을 보이기 조금 어렵다. 살짝 수줍거나 부끄럽다"를
가리킵니다.

슬슬 가리거나 슬쩍슬쩍 어려워하는 몸짓인 '스스럽다'예요. 이
와 달리 '스스럼없다(스스럽다 + 없다)'라는 낱말은 슬슬 가리거나
슬쩍슬쩍 어려워하는 몸짓이 없을 적을 가리키지요.

말을 선뜻 건네기가 어쩐지 스스러울 수 있지만, 말을 선뜻선뜻

스스럼없이 건넵니다. 내 입으로 밝히기에 스스러울 때가 있다면, 내 입으로 스스럼없이 밝혀요.

'스스럽다·스스럼없다'는 '스스로'하고 잇닿습니다. '스스로'는 "1. 바로 나 (다른 사람이 아닌 나) 2. 바로 내 힘으로 (다른 힘을 안 바라고 가볍게) 3. 누가 시키지 않았는데도 하려고 마음을 먹고 나서서 4. 아무한테서도 힘을 받지 않고 (다른 힘이 없이 가볍게. 저절로)"를 가리켜요.

다른 힘을 바라거나 생각하지 않고서 가볍게 바로 '나(내)'가 움직이거나 가거나 하는 '스스로'인데요, 이 낱말은 '가볍게(살살·슬슬)' 움직이거나 가는 결을 담아요.

한자말로 '교사·교수'나 '선생·사부'를 나타내는 우리말 '스승'입니다. 아무한테나 스승이라는 이름을 붙이지 않고, 나이가 어린 스승이 많습니다. 스승이라는 사람은 스스로 나아갈 줄 아는 사람입니다. 스스로 배워서 스스로 아는 사람입니다. 스스로 나아갈 줄 알면서, 스스로 배우고 스스로 알기에, 남을 이끌거나 가르치는 길을 열어 주는 슬기로운 사람이기도 해요.

절집에서 바른길이나 참길을 닦는 사람을 가리켜 '중'이라고 합니다. 한자말로 '승려·불제자'라 할 테고 '도인'이라고도 할 텐데, 바르고 참다이 마음을 다스리거나 닦는 길을 가는 '중'을 높여 '스님'이라고 해요. '스님'도 '스승'하고 매한가지예요. 바른길하고 참길을 스스로 갈고닦으면서 눈빛을 스스로 틔울 줄 아는 사람을 가리킵니다.

* 슬슬·슬그머니·슬쩍
* 살살·살그머니·살짝

　가볍게 만지니 슬슬이거나 살살입니다. 가볍게 가니 슬그머니에 살그머니예요. 가볍게 건드리거나 하기에 슬쩍이자 살짝이지요.

　서두르지 않으면서 슬슬 합니다. 느긋하게 다스리면서 살살 합니다. 얼른 할 까닭이 없으니 슬그머니 하고, 눈치를 채지 못하도록 매우 조용조용 살그머니 해요. 티가 나지 않게 슬쩍 건드려요. 굳이 둘레에 알리지 않고서 살짝 거들거나 이바지하거나 바라지하거나 돕습니다.

　더 생각하면 이 '살'하고 맞물리는 '살결·살갗'입니다. 우리 몸을 겉에서 덮은 살가죽(살갗)은 가볍고 얇습니다. "가볍게 덮은 가죽"이기에 '살갗'이면서 "스스로 감싸는 가죽"인 '살갗'일 테지요.

* 살리다·살찌우다·살림·살갗·살아숨쉬다
* 슬기

　살리는 모든 길은 안 무겁습니다. 새롭고 반갑습니다. 살찌우는 바탕도 안 무거워요. 산뜻하고 즐겁지요. 살리는 길은 스스럼없이 나아가는 가벼우면서 상큼한 몸짓입니다. 살찌우는 살림은 스스로 가뿐가뿐 가다듬는 손길이자 손빛이에요.

살갗을 살살 쓰다듬어요. 오직 사랑이란 마음이 되어 살을 부드러이 매만져요. 아기 살결은 더없이 보드랍습니다. 싱그러이 살아서 숨쉬는 빛살을 여리면서 가볍게 덮은 살을 만지면서 느낍니다. 이 살빛은 햇볕을 머금어 까무잡잡하게 달라지니, 이때에는 가볍고 싱그러운 빛에다가 튼튼하며 다부진 빛을 얹는 셈입니다.

우리가 살아서 숨쉬는 오늘은 가볍게 숨을 받아들이고 내뿜어요. 무겁게 숨쉰다면 참으로 어렵거나 까다롭거나 힘들 테지요. 무겁게 숨쉴 적에는 싱그럽다고 여기기 어려워요. 살림빛이란 새가 하늘을 가볍게 나는 듯한 '살살·슬슬'입니다.

그러고 보면 '슬기·슬기롭다'는 "슬슬 피어나는 반짝이는 기운"이라고 할 만해요. 슬기로운 어른은 무겁거나 묵직하게 말하거나 이끌지 않아요. 슬기로운 말은 어렵거나 까다롭거나 힘들지 않아요. "누구나 가벼이 맞아들이고 싱그럽게 펴서 누릴 만한 빛나는 생각"인 슬기입니다. 가벼우면서 빛나고, 스스럼없으면서 반짝이는 생각인 슬기예요.

이렇게 슬기로운 사람으로 나아가면 어린이일 적에도 '철들었구나' 하고 말해요. 철들지 않은 어른이라면 바보스럽거나 어리석다고 하지요. 나이가 어려도 철든 사람한테는 '어른스럽구나' 하고 말합니다. 다시 말하자면, '어른'이라는 낱말은 나이를 더 먹은 사람이 아닌, 슬기로운 넋으로 어떤 일이든 가볍고 눈부시게 할 줄 아는 철든 사람을 가리키는 이름이지 싶습니다.

* 슬슬·살살·술술·솔솔
* 수수하다
* 수북하다·수두룩하다
* 수풀·숲
* 수수꽃다리

가벼이 나아가는 '슬슬·살살'은 '술술·솔솔'로도 이어요. 이쯤에서 '수-'로 잇는 '수수하다'하고 '수북하다·수두룩하다'를 새삼스레 떠올립니다. 가벼우면서 싱그럽게 나아가기에 넉넉하거나 많습니다. 때로는 '흔하다'나 '너르다'라고도 하는데, 수수하다고 할 적에는 쉽게 볼 수 있다는 뜻이요, '쉽게·쉬' 할 적에는 "어렵지 않게, 가볍게, 살살" 하며 이루지요. 어렵지 않고 가벼우며 살살 마주하는 '수수하다'처럼, 참으로 많거나 넉넉하다 싶은 '수북수북·수두룩'처럼, 우리를 둘러싼 수풀(숲)도 풀꽃나무가 싱그럽고 가벼우며 산뜻하고 푸르게, 또 넉넉하면서 넘실넘실 너르게 있습니다.

어렵거나 무겁게 나아간다면 모두 막히거나 민둥갓(민둥산)처럼 되지 싶어요. 가볍게 퍼지면서 싱그럽게 춤추기에, 스럼없이 스스로 피어나기에 숲이 되는구나 싶어요. 스럼없이 스스로 피어나는 빛으로 나아간다면, 늘 넉넉하고 너를 뿐 아니라, 슬기롭게 거듭나면서 철마다 새롭게 흐드러질 테고요.

그러고 보면 '수수꽃다리' 같은 나무이름은 얼마나 멋스럽고 아름다운가요. 꽃도 잎도 알도 줄기도 모두 수수하지만, 이 수수한 빛이 흐드러지기에 수수꽃다리 같은 이름이로구나 싶어요.

* 수월하다·쉽다
* 쉬다·쉬엄쉬엄

숲에서는 풀꽃나무에 짐승에 벌나비에 사람에 새도 스스럼없이 어우러집니다. 서로 수월하게 만나고 마주하고 섞이며 사귀어요. 쉽게 자라고 쉽게 꽃이 핍니다. 쉽게 풀을 먹고 쉽게 나비로 깨어납니다.

숲에 깃들며 쉰다고 해요. 숲에서 베푸는 푸른 기운을 맞아들이니 몸이며 마음을 쉬엄쉬엄 가다듬는다고 합니다. 숨을 숨답게 쉽게 마시면서 몸이며 마음을 쉬는 곳이기에 숲이라 할 만하겠구나 싶어요. 우리가 스스로 스스럼없이 숨을 마시는 숲을 사랑할 줄 안다면, 어떤 일이건 수월하게 풀고 쉽게 맺으면서 나누겠구나 싶고요.

* 수다·이야기
* 수더분하다

쉽게 나아가는 길을 생각하다 보면, 우리가 수월하게 말을 섞는 일을 나타내는 '수다'가 떠오릅니다. '수다'는 가볍게 나누는 말입니다. '이야기·얘기'는 생각을 나누는 말입니다. 그래서 두 낱말을 새삼스레 "수다 : 가볍게 다가가면서 나누는 말"하고 "이야기·얘기 : 깊이 들어가면서 나누는 말"처럼 갈라 볼 만해요.

으레 '수다'라고 하면 "쓸데없이 많은 말"로만 다루는데, '스·수·사·쉬'로 잇는 말씨를 그리면서 다시 생각해 봐요. '수더분하다' 같은 낱말도 떠올려요. '수다'라고 할 적에는 까다롭거나 어렵지 않은 말입니다. 누구나 가볍게 다가설 만한 말이기에 '수다'입니다. 처음 마음을 열면서 즐겁게 나누는 말일 '수다'예요.

동무로 사귀려고 문득 건네고 받는 말인 '수다'랄까요. 처음에는 수다로 길을 트고, 어느덧 생각을 깊이 주고받으면서 '이야기'로 무르익지요. 처음부터 막바로 '이야기'로 접어들기는 어려워요. 차근차근 말을 펴고, 수다가 되고, 생각이 자라면서, 이윽고 '이야기'로 꽃을 피우고 씨앗을 맺습니다.

* 서로
* 섞다·섞이다
* 서글서글·사귀다·사랑
* 순·숫

수다나 이야기는 혼자 못 합니다. 적어도 두 사람이 있어야 수다나 이야기를 해요. 말은 혼자서도 하기에 '혼잣말'이라 하지요. 서로 보면서 이리 가고 저리 오는 말은 수다요 이야기입니다. 서로 있는 말, 섞는 말, 섞이는 생각이기에 수다요 이야기예요.

"서로 있는"을 나타내는 '섞다'라는 길로 갈 적에는 우리가 서글서글합니다. 섞일 적에는 까다롭거나 어렵지 않거든요. 까다롭거나 어렵다면 못 섞여요. 서로 상냥하거나 살갑게 만나기에 서글서글한, 섞이는 길입니다. 섞이기에 마음이 만나고, 마음을 읽고, 마음을 알아, 마음을 가꾸거나 북돋우는 생각으로 뻗습니다.

　이렇게 마음으로 만나는 섞이는 몸짓이기에 '사귀다'라 해요. '사랑'이란 낱말도 이런 얼거리예요. 마음으로 돌보면서 따스하고 즐거운 빛을 나누기에 '사랑'이에요. 섞이면서 마음을 읽고 나누어 하나가 될 줄 알아 새롭게 빛나는 숨결을 그리는 '사랑'이라고 하겠습니다.

　우리 숨결은 사랑일 적에 빛나요. 이도 저도 아닌, 티도 먼지도 흙도 없는, 오롯이 밝은 숨결인 사랑인데요, "순 마음으로 맑게 마주하는 빛"이라고도 하겠습니다. 수수한 기운으로 가득한 '순'이자 '숫'이랄까요. "순 놀기만 하고."처럼 말하고 '숫사내·숫가시내'처럼 말하는데, 싱그러이 사랑스러운 기운으로 있다는 결을 살며시 담는 낱말이지 싶습니다.

시골·서울

심 | 씨앗 | 싱싱 | 골 | 곳 | 서다 | 새 | 사이 | 벌 | 벌다
울 | 우리 | 한울타리

시골·서울 두 낱말은 사람이 이룬 삶터를 저마다 달리 나타냅니다. 오늘날은 시골·서울이란 말꼴로 굳었는데 옛말로 '스가발·서라벌'이란 말꼴이 있어요. 요새는 한자말로 '촌(村)·도시(都市)'라는 이름을 널리 쓰지만, 우리 삶을 가리키는 두 이름을 가만히 헤아려 봅니다.

* 시골
* 심·힘·심다·심다·씨앗
* 시원하다·싱그럽다·싱싱하다·맑다
* 골·고을·골짜기·물골·골머리
* 곳

'시-'라는 앞말은 '심·심다·씨'를 나타냅니다. 요새는 '힘'만 으레 쓰지만, 아직 '팔심·다릿심·뚝심' 같은 낱말에 '심'이 남아요. '심·힘'

이 나도록 하기에 '심다'랍니다. '심·힘'이 나아가거나 이어가도록 하는 '싣다'이지요. 땅에 심기에 '씨앗'인데, 사람도 새도 풀벌레도 개미도 씨앗을 심는답니다.

땅한테 심·힘이 돋아나도록 실어내는 길이 '심다'예요. 땅한테 심고 실어내면서, 나중에 땅한테서 받는 심·힘인 씨앗이기도 합니다.

심고 싣는 심·힘이란 시원스레 흐릅니다. 서로 새롭게 살리는 싱그러운 빛이에요. 싱싱하게(맑게) 피어나는 빛이기도 합니다. '심·씨'는 '싱그러움·싱싱함(맑음)'으로 잇닿습니다.

'골'은 '고을'을 줄인 낱말이면서 "멧자락에서 깊이 패여 샘물이 싱그러이 흐르는 곳"도 '골짜기·골'이요, "불타듯 일어나는 부아처럼 일어나는 기운"도 '골'이에요. '골나다'나 '골부리다'처럼 씁니다. '골'은 '뇌(腦)'이고, '머리'에 깃들어요. 골하고 머리를 아울러 '골머리·머릿골'이라 합니다. 한자말로는 '두뇌(頭腦)'예요.

'골백번'이라 할 적에 붙이는 '10000'이나 '숱하다'를 가리키는 우리말인 '골'이 있어요. 움푹 들어간 자리를 '골'이라 하며, 무엇을 이루려고 짠 틀을 '골'로 가리키기도 합니다. 무엇이 있거나 무엇을 하기에 '곳'이지요.

바탕이자 자리인 '골·곳'입니다. 여럿을 아우르거나 헤아리니 '고루·골고루·고르다'입니다. '고루'는 '곱다·곰곰이'에 '두루'하고 잇고, '둘레·둘·두레'로 뻗고, '두리번'으로 더 뻗습니다.

* 서울
* 서다·세우다·새·새롭다·사이·동트다
* 벌·벌판·벌다·벌이다
* 울·우리·울타리·아우르다·한울타리

  '서울·서라벌·새벌'이 모두 같은 말이자 땅이름입니다. 뜻을 먼저 본다면 "새롭게 지은 너른터"를 가리켜요.

  서는 땅입니다. 들어서는 땅이고 일어서는 땅입니다. 세우는 땅이라고도 할 만합니다. 일으켜세우는 땅이고, 차곡차곡 쌓아서 새롭게 세우는 땅이에요.

  서라벌·새벌이 있던 옛땅은 동녘입니다. 한자 '동(東)'을 우리말로는 '새'라 합니다. 샛별도 샛바람도 새녘에서 마주하는 별하고 바람을 가리켜요. 그런데 우리말 '동'도 있고, '동글다·돈다·돌다'가 같은 말밑이에요. 한자로는 '東'이되, 우리 말소리 '동'하고 같아요. 해가 돋는 '동트다'는 "해가 돋으면서 하늘이 트다"를 뜻합니다.

  새롭게 돋는 땅이기에 새벌·서라벌이에요. 해가 돋듯 새롭게 일어서거나 일으켜세우는 땅인 새벌·서라벌입니다. '새'는 하늘하고 땅 사이를 날면서 오가는 짐승이에요. '새 = 사이'이지요. '사이'를 줄여 '새'입니다. '새롭다'고 할 적에는 너랑 나가 벌어지면서 '사이'가 생긴다는 뜻이기도 합니다. 이른바 생각씨앗(양자물리학)인데, 가만히 있을 적에는 새로울 일이 없어요. 가만히 있을 적에는 사이·틈이 없거든요. 사이·틈이 생기도록 서거나 일어서기에 비로소 '새롭다'고 할 '일'이 '일어남·일어섭'니다.

풀이 푸르게 넘실거리는 땅은 '들·들녘·들판'입니다. 풀을 밀어 내어 사람이 따로 마을을 일구는 땅은 '벌·벌판'입니다. '벌·벌판'은 사람이 따로 가꾸거나 일으켜세우는 땅입니다. '벌'은 꽃가루받이를 하면서 꿀을 모으는 벌레인 '벌'하고 얽히고 '벌다·벌이'하고 맞물립니다. 꿀벌처럼 바지런히 일을 벌이는 땅은 '벌·벌판'입니다. 숱한 일이 새롭게 벌어지는 땅이 '새벌'입니다.

'새벌·서라벌'은 '서울'로 말결이 옮아가는데, '울·울타리·우리·아우름'이라는 뒷말이 한동아리입니다. 아우르는 땅인 울타리입니다. 너와 나를 아우르는 품이기에 '우리'이고, 줄인말 '울'은 '한울·하늘·한울타리'로 잇습니다.

* 시골·서울

말밑하고 말뜻을 돌아본다면 "시골 = 맑은 씨앗골"이고, "서울 = 새로 일하는 한울타리"입니다. 여러모로 짚어 보면, "시골 = 심는 곳 + 싱그런 기운이 숱하게 일어나는 고갱이(알맹이)를 이루는 곳"인 얼개입니다. "서울 = 새로 선 곳 + 시골 사이에서 높이 올려 밝게 아우르면서 함께하는 곳"인 얼개이고요. 더 들여다보면, "시골 = 스스로 살림을 짓도록 힘(심)을 들여 기운(빛)을 얻고 나누려고 풀꽃나무하고 숲을 품는 보금자리"라고 할 만해요. "서울 = 새롭게 일으키는 힘(심)을 하나로 함께 모으려고 사람들이 북적이도록 맺은 일터"라고 하겠습니다.

시골은 숲빛으로 피어나는 삶자리이고, 서울은 일빛으로 북적이는 삶터예요. '자리 = 자위 = 가꾸는 땅'을 가리키고, '터(터전) = 텃 = 가꾸는 땅'을 가리킵니다.

오늘날 우리나라에서 시골은 잊히거나 내버리거나 등돌리는 땅으로 바뀌었습니다. 시골일을 맨손으로 노래하면서 누리는 사람은 가뭇없이 사라져 한 줌도 안 남았습니다. 다들 '기름틀(기계)'을 부려요. 소똥구리가 없고 들노래가 사라진 시골이에요. 어깨동무하듯 뭉치며 일빛을 세우기에 새로 밝은 서울이어야 어울리는데, 이제 우리네 서울·큰고장은 그저 잿더미(아파트)를 끝없이 세우고 쇳덩이(자동차)가 끝없이 매캐하면서 돈벼락에 휩쓸리는 모습으로 바뀌었어요.

얼다

얼음 ┃ 얼리다 ┃ 어울리다 ┃ 아우르다 ┃ 우리 ┃ 울 ┃ 짝 ┃ 얽다 ┃ 얼개
옭다 ┃ 올가미 ┃ 올무 ┃ 어른 ┃ 어린이

겨울에도 포근한 날이 있되, 겨울이면 얼음을 쉽게 봅니다. 여름이면 덥고 봄가을이면 따뜻하지만, 여름이나 봄가을에도 이따금 썰렁하거나 차갑게 비바람이 몰아치면서 손가락이 얼기도 합니다.

'얼다'라는 낱말은 '얼음'하고 짝을 이룹니다. 그런데 '얼리다'로 꼴을 바꾸면 두 가지입니다. 하나는 '어울리다·얼리다'요, 둘은 '얼다·얼리다'입니다.

* 얼다·얼음
* 얼리다 ㄱ·ㄴ

얼음하고 짝을 맺는 '얼다·얼리다 ㄴ'은 첫째로 "날·날씨가 뚝 떨어지거나 크게 낮아서, 움직일 수 없도록 바뀌거나 굳다. 추운 탓에 못 움직이도록 굳다."를 뜻하지요. "물이 꽝꽝 얼었더라"처럼 써요. "옷까지 얼어붙었다"처럼 쓰기도 합니다. 다음으로 "몸을 움직이기

어렵도록 굳다."를 뜻합니다. "손가락이 얼어 글씨를 못 써"나 "눈서리에 잎이 얼었구나"처럼 씁니다.

셋째로 "어느 자리·흐름·기운·일·말이 너무 크거나 놀라워서 어떻게 움직이거나 무엇을 해야 하는지 잊거나 모르다."를 뜻합니다. "얼어서 말도 못 하네"나 "처음이라 얼고 말았다"처럼 씁니다. 넷째로 "술을 지나치게·많이 마셔서 혀를 제대로 움직이지 못 하고, 말을 제대로 못 하다."를 뜻해요. 이때에는 "술에 절어 혀가 얼었네"처럼 씁니다. 다섯째로 "누에한테 주려고 딴 뽕잎에 물기운이 빠지다. 누에밥으로 삼을 뽕잎이 시들다."를 뜻하고, "뽕잎이 얼어서 못 쓰겠는걸"처럼 써요.

뜻을 하나씩 짚다 보면, 추위뿐 아니라 낯설거나 매몰차거나 썰렁한 자리에서도 몸이 굳어서 어떻게 할 줄 모르거나 움직이지 못할 적에 '얼다·얼리다'를 쓴다고 여길 만합니다.

＊ 어울리다·어우르다·어우러지다
＊ 아우르다·아울러
＊ 우리·울타리·울

'어울리다'하고 짝을 이루는 '얼리다 ㄱ·아울리다'입니다. 첫째로 "여럿이 함께 잘 지내거나 일하거나 놀다."를 뜻해요. "동무하고 어울린다"나 "언니하고 어울려 다닌다"처럼 씁니다. 다음으로 "여럿이 서로 짝을 잘 짓거나, 마음·흐름이 하나처럼 보이다.(맞다, 자연스럽다)"를 뜻합니다. "이 꽃이랑 네 옷이 어울려"나 "그 이름에 어울리는 말을 한다"처럼 써요.

셋째로 "여럿이 모여서 한 덩어리나 한 판이 되다."를 뜻합니다. "꽃과 나비와 새가 어울리는 봄입니다"나 "노래랑 춤이 어울리면서 즐겁다"처럼 씁니다. 넷째로 "여러 사람·식구가 한집이나 한곳에서 함께 있다."를 뜻합니다. "우리 집은 할머니 할아버지하고 어울려 살며 크단다"나 "작은 보금자리이지만 두 집안이 어울려서 지냅니다"처럼 쓰지요.

'어우르다·어우러지다'는 어울리도록 하는 결을 나타냅니다. 뜻은 거의 같다고 할 텐데, '어우르다'는 윷놀이를 할 적에 "말 여러 바리를 하나로 모으다"를 더 가리키기도 합니다. 말꼴을 바꾸면서 쓰임새 하나가 슬쩍 생긴 셈입니다.

'어울리다'하고 비슷하면서 꼴을 살짝 바꾼 '아우르다·아울러'는 "따로 하거나 나누지 않고 한자리에 모아서 한때에"를 뜻하고, "이야기랑 노래를 아울러 즐기는 한마당이네"처럼 써요.

'얼리다 ㄴ'하고 얽히는 '어울리다·어우르다·아우르다·아울러'는 '우'가 바탕으로 있고, 이 말밑은 '우리'하고 잇지요. 너랑 나랑 묶기에 '우리'예요. 말하는 나랑 듣는 너랑 묶으면서도 '우리'예요. 그래서 "우리 아빠"나 "우리 어머니"처럼 쓰고, "우리 집"처럼 씁니다.

묶는 결인 '우리'인데 두 가지로 있어요. '우리 ㄱ'은 너랑 나 사이를 아우르는 결이고, '우리 ㄴ'은 "묶거나 매거나 가두는 곳. 묶거나 매거나 가두어서 기르는 곳. 나가지 못 하게 둘러싸서 두는 곳."을 가리킵니다.

'우리 ㄱ·ㄴ'은 말결로 보면 '아우르'거나 '어우르'는 모습이나 결을 품습니다. '우리 ㄱ'은 서로 어우러지는 길이라면, '우리 ㄴ'은 한쪽을 가두거나 묶어서 못 나오도록 하는 길입니다. '우리 ㄱ·ㄴ'은 줄여서 똑같이 '울'로 씁니다.

그래서 '울타리'란 '울 + 타리'이고, '타리'는 '타래'로 이으니, 묶거나 뭉친 것을 가리킵니다. 실을 뭉쳐 '실타래'요, 마늘을 묶으면 '마늘타래'이고, 글을 묶으면 '글타래'입니다.

* 짝
* 짝꿍·짝지
* 적·쩍쩍

둘이나 여럿이 하나를 이루기에 '짝'이라 합니다. '짝꿍·짝지'를 가리키는 '짝 ㄱ'이 있다면, "일이 그 짝이 될 줄은 몰랐어"처럼 쓰는 '짝 ㄴ'이 있습니다. "능금을 몇 짝 나를까?"처럼 꾸러미를 세는 '짝 ㄷ'도 있습니다. 그리고 "짝 달라붙었다"처럼 쓰는 '짝 ㄹ'에 "줄을 짝 긋고"처럼 쓰는 '짝 ㅁ'이 있고, "입맛을 짝 다시다"처럼 쓰는 '짝 ㅂ'에, "눈길에 짝 미끄러지고 말았어"처럼 쓰는 '짝 ㅅ'도 있어요.

여러 '짝'을 보면, 붙거나 묶거나 어울리는 결하고 맞닿습니다. 짝꿍을 가리킬 때뿐 아니라, '짝짝·쩍쩍'도 붙거나 묶거나 어울리는 말결이에요. 손바닥을 겹쳐서 소리를 낼 적에 '짝짝'이라 하지요.

이러한 결은 '얼음·얼다·얼리다'하고 '어울리다·아우르다·얼리다'가 품은 밑결하고 가만히 만납니다.

* 얽다·얼거리·얼개
* 옭다·올가미·올무

'얼다'에 'ㄱ'을 받침으로 하나 더 넣으면 '얽다'로 바뀌면서 뜻이며 결도 사뭇 다릅니다.

'얽다·얽히다'는 "끈이나 줄로 이리저리 잇거나 걸다."나 "이리저리 이어지도록 하다."를 뜻합니다. "동아줄로 단단히 얽는다"라든지 "그런 일에 우리를 얽었구나"처럼 써요. 그러고 보면, 말하고 말이 '얽힌' 실타래란, 말하고 말이 '어울리는' 길입니다.

이리저리 이어지는 결을 '얽다'로 담기에, 어느새 '얼거리·얼개'로 잇습니다. '얼거리·얼개'는 "얽은 판이나 결이나 길"을 나타냅니다. 무슨 일을 할 적에는 얼거리부터 짜요. 이 얼거리에 맞추어 차근차근 풀어갑니다. 어떤 일을 보면서 얼개를 헤아립니다. 어떻게 맞추거나 짰는지 살피면서, 여태까지 어떻게 잇거나 흘렀는가를 알아봅니다.

'ㅓ'랑 'ㅗ'를 슬며시 바꾸어서 '옭다'로 가면, 결하고 뜻이 또 바뀝니다. '옭다'는 "끈이나 줄을 단단히 이어서 안 풀리다. 단단히 감거나 묶거나 싸다."를 뜻해요. "너무 옭으면 풀기가 힘들어"처럼 씁니다. "올가미를 써서 풀리지 않도록 하다."도 뜻하지요. "소를 옭아서 수레에 실었다"처럼 씁니다. "셈·꾀·생각을 써서, 걸리거나 빠져서 나올 수 없도록 하다."도 뜻하기에 "네가 옳더라도 걸릴 내가 아니지"처럼 써요. 그리고 "단단히 잡아 놓았기에 빠지거나 나가거나 달아날 수 없다. 빠지거나 나가거나 달아날 수 없도록 묶다."를 뜻하고 "훔친 녀석을 저쪽에 옭았어"처럼 씁니다. "뒷길이나 나쁘게 손을 써서 돈·이름·힘을 얻거나 잡아서 모으다."를 뜻하기도 하는데 "멧더미처럼 옭은 돈은 부럽지 않아"처럼 쓰고요.

'옭다'에서 가지를 치는 '올가미'입니다. "옭은 끈이나 줄"이 '올가미'예요. 그래서 "끈이나 줄을 단단히 이어서 안 풀리는 고리·고·매듭. 끈이나 줄로 단단히 감거나 묶거나 싸는 고리·고·매듭. 단단히 잡아 놓았기에 빠지거나 나가거나 달아날 수 없는 고리·고·매듭."이나 "걸리거나 잡거나 빠지면, 나오거나 벗어날 수 없는 길·굴레·셈·꾀·생각."을 뜻합니다. "올가미에 걸려서 힘이 빠졌어"나 "자꾸 올가미를 씌우려 한다"처럼 써요.

'올가미'는 사람이나 새나 짐승 모두한테 쓰고, '올무'는 따로 새나 짐승한테 씁니다. 그래서 '올무'는 "1. 새나 짐승을 잡으려고, 끈이나 줄을 단단히 이어서 안 풀리는 고리·고·매듭. 새나 짐승을 잡으려고 끈이나 줄로 단단히 감거나 묶거나 싸는 고리·고·매듭. 새나 짐승을 잡으려고 단단히 잡아 놓았기에 빠지거나 나가거나 달아날 수 없는 고리·고·매듭."하고 "걸리거나 잡거나 빠지면 나오거나 벗어날 수 없도록, 슬며시·몰래 놓아서 끌어당기려는 길·굴레·셈·꾀·생각."을 뜻해요. 사냥을 하는 '올무'를 사냥을 하듯 사람을 살살 꾀

거나 홀리려고 하는 빗댐말로도 씁니다. 그래서"어제 놓은 올무에
사슴이 잡혔어"나 "너는 올무를 놓으며 꾀려 하더라"처럼 써요.

* 올곧다·옳다·올차다·올벼

단단하게 잡거나 붙는 '옭·올'을 이으면 '올곧다·올바르다'요, 뿌
리는 '옳'입니다. 속으로 꽉 잡듯 찼다고 여겨 '올차다'요, 마음에 가
득할 만큼 여물고 기뻐서 '올지다'입니다. 일찍 여물면서도 속이 가
득한(빈틈이 없고 빠지는 데가 없는) 벼인 '올벼'예요.

* 어른·얼·어린이

둘레(사회)에서는 나이가 어느 만큼 차서 짝·짝꿍을 지을 수 있
는 사람을 가리켜 '어른'이라 하지만, 얼핏 보면 이런 뜻풀이가 틀리
지 않을 수 있으나, 어쩐지 모자라거나 엉성합니다. '어른'이라는 이
름인 사람을 너무 얕게 얽거나 옭으려고 하는구나 싶습니다.
짝을 맺는 '어울림'을 넘어서, '서로 스스럼없이 슬기롭고 즐겁
게 만나는 마음으로 빛나도록 사랑을 밝히는 숨결'을 품기에 비로
소 '어른'이라고 여길 만하다고 봅니다. 속에 깃든 '얼'이 참답게 차
오르면서 '어질다'고 여길 만할 적에 '어른'이라고 해야 알맞겠지요.
'얼'은 모든 사람한테 있습니다. 어른도 어린이도 얼이라는 빛살
이 있어요. 어린이는 아직 어른처럼 철들거나 슬기롭거나 어진 빛

으로 나아간 얼이기보다는, 어리거나 여린 빛으로 하루하루 노래하고 놀고 나누면서 살아가는 자그마한 빛이라고 해야 어울린다고 느낍니다.

'얼'은 '알'이기도 하지요. '알 = 씨·씨알·씨앗'입니다. 참답게 차올라서 슬기롭고 어질어 사랑으로 빛나는 어른도 씨앗을 품고, 아직 어리거나 여리지만 무럭무럭 자라나면서 새롭게 온누리를 밝히려는 어린이도 씨앗을 품어요.

어른은, 싹이 트고 깨어나서 풀꽃나무로 피어나서 숲을 이루는 씨앗이라고 할 만합니다. 어린이는, 어른 곁에서 어린 몸과 여린 힘을 북돋우고 다독이면서 천천히 자라나서 앞으로 풀꽃나무로 피어나 새숲을 이룰 잠자는 씨앗이라고 할 만합니다.

어린이하고 어른이 아름답게 사랑으로 어울릴 수 있기를 바랍니다. 서로 꽁꽁 얼어붙도록 차갑거나 모진 터전은 이제부터 걷어내거나 치울 수 있기를 바랍니다. 얼음이 되고 만 마음이 아닌, 어울리면서 따뜻하고 넉넉한 마음으로 만날 줄 알고 마주할 줄 알며 맑게 웃을 줄 아는, 사이좋은 사람으로 어깨동무하기를 바라요.

이야기

이바구 | 잇다 | 마음 | 말 | 수다 | 소리

동무하고 말이 안 맞아서 부아가 난 적 있지 않나요? 동생이나 언니오빠하고 말다툼을 한 적이 있지 않나요? 어머니나 아버지하고도, 배움터에서 여러 길잡이하고도 자꾸자꾸 말이 어긋나서 뾰로통한 적이 으레 있으리라 생각해요.

우리가 하는 말하고 저쪽에서 하는 말은 왜 안 맞거나 어긋날까요? 싫거나 짜증난다고 여기는 자리를 가만히 봅니다. 우리가 말을 못 알아듣기도 합니다. 저쪽에서 말을 못 알아차리기도 합니다. 어쩌면 둘 다 서로서로 무슨 말을 하는지 종잡지(종을 잡지 = 생각을 잡지) 못했다고 볼 수 있어요.

요새 어른들은 '소통'을 해야 한다고 합니다. '소통'은 한자말이에요. 여기에 다른 한자말 '의사'를 붙여 '의사소통'처럼 쓰기도 해요. 이런 말씨를 어린이가 얼마나 알아들을 만한지는 잘 모르겠습니다. 저도 어른이란 몸입니다만, 저는 이런 말을 안 씁니다. 저는 '이야기' 한 마디만 씁니다.

'이야기' 한 마디이면 넉넉하다고 여겨요. 굳이 '소통·의사소통'

처럼 어린이한테 낯설 뿐 아니라, 말밑을 캐기도 어려운 말씨는 멀리해야지 싶습니다. 먼저 한자말부터 짚고 넘어간다면, '의사 = 뜻·생각'이요, '소통 = 안 막힘·막히지 않음'입니다.

* 옛날이야기·옛날얘기
* 옛이야기·옛얘기

옛날이야기 즐기나요? 옛날 옛적부터 흘러온 이야기를 어떻게 생각하나요? 아스라이 먼 옛날, 그러니까 즈믄해(천년)도 훌쩍 넘는 머나먼 옛날에 있던 이야기라면 재미있어도, 어른들이 어릴 적 겪은 일을 놓고서 가르치려고 드는 이야기라면 좀 따분하거나 고리타분하다고 여기리라 봅니다. '옛날이야기'는 "옛날부터 흐르거나 이어온 삶·살림·사랑·일·놀이·하루·모습·꿈 들을 오늘에 맞게 새롭게 그려내어 들려주는 말"이라 할 만합니다.

옛날이야기(옛이야기)는 어른이 어린이한테 들려주는 말입니다. "들려주는 말"인데, 옛날부터 사람이나 뭇짐승이나 새나 풀벌레나 풀꽃나무가 어떻게 살았고 지냈으며 있었는가를 들려주는 말이에요. 옛날에 있던 일을 바탕으로 오늘을 새롭게 읽고 생각하자는 뜻으로 들려주는 말입니다.

이 옛날이야기는 즐겁게 들려준다면 재미나요. 이 옛날이야기를 앞세워 억지로 가르치려 들면 지겹거나 따분하거나 고리타분하다고 느끼기 쉬워요. 같은 말이지만, 말을 하는 사람이 어떤 마음인

가에 따라 사뭇 다르게 받아들입니다.

＊ 이야기·얘기·이바구

'이야기'는 어느 한쪽에서만 나오는 말이 아니라, 이쪽에서도 하는 말이랑 저쪽에서도 하는 말이 있어야 합니다. 두 쪽에서, 또는 여러 쪽에서 나란히 흘러나오는 말이 될 적에 '이야기'라고 해요.

'이야기'를 줄여 '얘기'라고도 해요. 고장말로 '이바구'도 있습니다. 이 이야기란 "잇는 말·길·뜻"이라고 하겠습니다. 우리가 생각이나 마음이나 느낌을 소리에 담아내는 말은 '낱말'이라고도 하는데, 한쪽에서 내어놓는 "생각을 담은 소리"입니다.

'말 = 마음소리·생각소리'라 할 만합니다. 이야기는 혼자 못 합니다. 말은 혼자 하지요. '혼잣말'입니다. 수다도 혼자 못해요.

이쪽에서 '생각소리(말)'를 들려주면, 저쪽에서 '생각소리(말)'를 받으면서 생각이 흐르는 자리가 바로 이야기판입니다. 우리가 하는 이야기란, 생각을 나누는 길이에요. '이야기 = 나누는 말·뜻·생각·마음·느낌'입니다.

＊ 잇다

동무나 이웃하고 말이 안 맞는다면, 둘 다이거나 어느 한쪽에서 '혼자 할 말'을 앞세운 탓이라고 여길 만해요. 마음을 담은 말이 아닌, 생각을 몰아붙이는 말을 하면, 말이 안 흐르지요. 말이 막혀요.

말이 막히니 "말이 안 되네" 하고 느끼겠지요. 마음을 말로 그리지 않으니 "말이 안 맞네" 하고 느낄 테고요.

'말'이란, 마음에 담는 생각이고, 마음에 담으려고 심을 씨앗이 될 생각입니다. 또는, 마음에 깃든 생각을 꺼내어서 귀로 알아듣도록 그린 소리가 말이에요. '마음·말'은 밑뿌리가 같아요. 그래서 마음을 제대로 담아서 소리를 그려내는 말이 된다면, 마음이 안 맞거나 막히는 일이 없어요. 마음 없이 내는 소리는 그저 소리요, 마음 있이 내는 소리여야 비로소 말이랍니다.

* 마음·말
* 수다

우리 곁에 여러 가지 소리가 흐릅니다. 소리 가운데에는 멧새가 들려주는 노래인 '새소리'가 있고, 사람들이 나누는 말인 '말소리'가 있어요. 즐겁게 어우러지면서 조금 크구나 싶도록 가볍게 퍼지는 '수다'도 있습니다.

새도 풀벌레도 헤엄이(바다 목숨)도 숲짐승도 '소리'를 내요. 사람도 '와!'나 '야!'나 '아!'처럼 소리를 낸답니다.

모든 숨결은 저마다 다르게 소리를 내요. '소리 = 알림(알리다)'인 얼개입니다. 아침에 따르릉 하고 울리면서 잠을 깼다면, '따르릉 = 알림 = 소리'이지요. 길에서 부릉부릉 달리면서 빵빵 같은 소리를 내지요? 부릉부릉 지나간다고 알리는 결, 소리입니다.

누가 누구를 부를 적에도 '소리'예요. 이렇듯 소리란 자리에서는 거의 외마디 같은 가락으로 퍼지면서 알리는 결입니다. 그리고 이러한 소리에 우리가 저마다 생각이나 마음이나 느낌을 담아서, 그러니까 '뜻'을 처음으로 얹을 적에는 '말'입니다.

* 소리·말소리·새소리
* 솟다·소근소근·수근수근

귀로 받아들이는 결인 '소리'입니다. 마치 '솟는다'고 할 만한 결입니다. 가볍게 나는 말소리는 '소근소근(소곤소곤)'이고, 조금 크게 나는 말소리는 '수근수근(수군수군)'입니다. 가만히 내거나 난다면 '소리'라고만 하고, 크게 울리듯 쩌렁쩌렁 내거나 난다면 '소리치다'입니다.

* 소리치다·노랫소리

'소리'가 '노래'를 만나 '노랫소리'로 번집니다. '소리'나 '노래'는 '가락'을 만나서 '소릿가락·노랫가락'을 이루기도 합니다.

바탕은 이렇게 결이 다른 '소리·말·이야기·수다'인데, 우리는 곧잘 이러한 낱말을 섞어서도 써요. "그런 말을 들으니 반갑구나"하고 "그런 얘기를 듣자니 싫구나"처럼 섞거든요. "뭐 그렇다는 말이지"하고 "그냥 그렇다는 이야기이지"처럼 섞기도 해요.

새롭게 가꾸는 터전에서 어떻게 살리거나 섞어서 쓰든, 말밑은 찬찬히 생각하기를 바라요. 모든 곳에는 저마다 이야기가 있습니다. 이 이야기는 우리가 '나'랑 '너'로 다르면서 똑같이 어우러지는 자리를 '잇는 길'입니다. 내가 나로만 '있'지 않고, 너도 너로만 '있'지 않으면서, 말이 안 고이도록 서로 터뜨려서 주기도 하고 받기도 하기에 이야기예요.

멈춘 소리는 이야기가 아닙니다. 외마디로 멈춘 소리가 아닌, 생각을 담은 소리로 가는 사이에 '말'로 거듭나요. 이렇게 거듭난 생각을 담은 소리를 기쁘게 주고서 반갑게 받는 동안, 문득 '마음소리·생각소리인 말'에 삶을 얹어서 이야기로 피어납니다.

삶을 얹지 않거나, 살림을 들려주지 않으면 어떨까요? 이때에는 텅 빈 말이면서 잔소리이기 일쑤랍니다. 삶을 얹기에 아무리 수수해 보여도 이야기예요. 살림을 담기에 아무리 하찮게 여겨도 이야기이고요.

＊ 잔소리·헛소리
＊ 혼잣말

겉으로 그럴듯하게 꾸미지만 삶이나 살림하고 동떨어지면 잔소리나 헛소리로 가더군요. 외곬로 달리기에 잔소리나 헛소리예요. 듣는 쪽이 받아들이고픈 마음이 안 들도록 몰아대니 잔소리나 헛소리에 그쳐요. 자질구레하거나 작은 '잔소리'이고, 허술하거나 허름하거나 허전한 '헛소리'입니다.

자랑만 하거나 윽박만 지른다면 '잇는 길인 이야기'가 아닐 테지요. 자랑이 아닌 나눔이기에 이야기입니다. 윽박이 아닌, 생각을 즐거이 주고받으려는 뜻이기에 이야기예요.

혼자서만 떠들면 혼잣말이랍니다. 아무리 훌륭한 생각이나 마음이라 해도 혼자 품고서 이웃한테 놓아줄 뜻이 없으면 고이거나 묻혀요. 마음에 웅크리기만 할 적에는 언제까지나 혼잣말이에요. '이야기'란, 우리가 저마다 새롭게 자라나는 사람으로 가는 길인 줄 스스로 느끼면서 말에 생각을 심는 하루요, 소리에 뜻을 얹어 담아내려고 하는 몸짓이라는 속빛이라고 할 만합니다.

＊ 마음에 담는 말
＊ 나누며 잇는 말

잇는 말인 이야기입니다. 이어가는 말, 이어온 말이 이야기예요. 옛날부터 이어온 말이라 옛이야기·옛날이야기입니다.

어떤가요? 문득 실마리를 잡을 만할까요? 동무나 이웃이나 어버이하고 말이 안 맞는다면, '혼잣말'만 하고 '이야기'를 안 한 탓이에요. 우리가 저쪽 말을 안 들었다든지, 저쪽에서 이쪽 말을 안 들으면 이야기가 안 되거든요. '나눔·이음'이 바탕이어야 이야기입니다.

즐겁게 이으면 반갑습니다. 서글서글 나누면 흐뭇합니다. 도란도란 하는 이야기로, 오순도순 지피는 이야기로, 서로 마음을 열어 소리를 가다듬는 말꽃을 피워요.

좀

조각 | 좁다 | 작다 | 조 | 조바심 | 조금 | 줌 | 졸졸 | 조용 | 좋다
쪽 | 쪼개다

한 조각을 덜어냅니다. 많이 덜지는 못하고 한 조각을 덜 뿐이지만, 이 한 조각으로 이웃하고 나눕니다. 아주 많아야 도르리를 하지 않습니다. 조그맣게 마음을 기울여서 도르리를 합니다. 푸짐하거나 넘칠 적에만 나눌까요? 자그마한 살림이더라도 마음이 넉넉하기에 나눌 줄 알아요.

두레를 펴는 뜻을 헤아립니다. 우리가 아무리 작더라도 서로 즐거이 한마음이 될 적에는 더없이 넉넉하면서 아름답고 즐겁게 살아갈 수 있는 줄 알아챈 하루이지 싶습니다. 크더라도 뭉치거나 어깨동무를 할 만하고, 자그맣거나 조그맣기에 더더욱 기쁘고 반갑게 모이거나 손잡을 만해요.

* 조각
* 좁다·조그맣다
* 작다·자그맣다

조각 하나는 좁지요. 드넓은 땅을 생각해 봐요. 드넓은 곳에서 어느 자리를 조그맣게 도려내기에 조각입니다. 옷을 짓고 남은 천인 자투리도 조각입니다. '천조각'입니다. 종이를 쓰고서 남은 끝자락도 조각이에요. '종잇조각'입니다.

좁기에 조각입니다. 조그마하니 조각이지요. ㅗ하고 ㅏ가 맞물려서 '조그맣·자그맣'이면서 '좁·작'입니다. 이러한 낱말 사이에서 '조각'이 태어나요.

＊ 조무래기
＊ 조·좁쌀·좁싸라기
＊ 조바심·조마조마

뭔가 시답잖아서 '조무래기'라 해요. 자질구레하거나 자잘하기에 조무래기라고도 합니다. 어른은 아이를 낮잡아서 조무래기라고도 놀리는데, '조무래기'는 겉모습으로 따지면서 가리키는 이름인 셈입니다. 그렇지만 몸은 작아도 마음이 큰 아이가 많아요. 겉으로는 자잘해 보이지만 속으로는 알찬 살림이 많고요.

밥으로 흔히 지어서 먹는 쌀은, '벼'를 심어서 거둔 다음에 '겨'를 벗겨서 얻은 속알입니다. 쌀알 한 톨은 꽤 작다고 할 만해요. 그런데 '조'라고 하는 풀열매는 쌀알에 대면 한참 작아요. '조'를 '좁쌀'이라고도 합니다. "조그마한 쌀"을 가리키는 셈인데, 이 풀열매 '좁쌀'을 "조그맣게 구는 사람"이나 "마음이 조그마한 사람"을 빗대는 자리에도 슬그머니 써요.

　마음을 조그맣게 굴면 어떤 모습일까요? 이 마음자리에는 너그러움이나 슬기나 사랑이나 꿈이 깃들기 어려울 테지요. 조그마한 나머지 근심이나 걱정이나 서두르는 빛이 깃들기 쉽습니다. 아니, 근심걱정에 서두르고 앙탈하고 떼쓰는 빛이 가득한 나머지, 너그럽거나 어질거나 참한 빛은 스며들 틈이 없다고 해야지요.

　이런 얼거리에서 '조마조마'나 '조바심'이란 낱말이 태어나요. '조바심 = 조 + 바심'입니다. 조그마한 쌀을 바심(이삭을 떨어 낟알을 얻으려고 하는 일)하려고 하는데 서두르거나 너무 세게 하면 낟알이 다 튀거나 깨집니다. 차근차근 해야 할 바심이에요. 작은 쌀인 조를 바심하려니 더 살피고 더 느긋하면서 더 천천히 할 노릇이지요. 서둘러서는 다 망가지거나 흩어져요.

　조바심도 깨바심도 콩바심도 찬찬히 하자고 여기는 흙살림입니다. 서두르다 보면, 마음을 딴 데에 쓰노라면, 어느새 서두르거나 엉성하거나 근심걱정이 가득한 모습이니, 이를 '조바심'으로 나타내요.

＊ 좀 ㄱ·조금
＊ 좀 ㄴ·좀벌레
＊ 좀스럽다·좀생이
＊ 줌·주먹

'조금'을 슬쩍 줄여 '좀'입니다. "나 좀 줘"나 "여기 좀 봐"처럼 써요. 나를 조금 주거나 여기를 조금 보라는 뜻이라 할 텐데, "오늘 좀 덥니?"라면 "오늘 조금 덥니?"란 소리요, 이때에는 조금 덥지 않고 많이 덥다는 뜻을 되묻는 꼴로 나타낸 셈이에요. "오늘 좀 덥니? = 오늘 얼마나 덥니?"이기도 합니다.

살짝 묻거나 가볍게 부를 적에 쓰기도 하는 '좀'인데, 눈에 잘 보이지 않는 아주 조그마한 몸집이면서 갉아먹는 벌레를 가리키는 이름인 '좀'이기도 해요. 좀벌레는 조금씩 갉는데 나중에 보면 확 파먹어서 참으로 안 좋구나 하고 여깁니다. 얼핏 조금조금 갉는 듯하지만, 이 조금이 한참 늘어난달까요.

이리하여 '좀스럽다' 같은 말을 써요. '좀벌레스럽다'일 만하고, '조금스럽다'로 읽어도 됩니다. 좀스러이 구는 사람을 '좀생이'란 이름으로 가리킵니다. 자꾸 갉아먹듯 자질구레하게 군다는 뜻입니다.

'좀스럽다(좀벌레스럽다·조금스럽다)'는 '작다·자그맣다'하고 비슷하면서 다릅니다. 수수하게 '작다·자그맣다'라 할 적에는 크기로 보아서는 어느 만큼이 안 되는구나 하고 여기는 마음이 크다면 '좀스럽다'라고 할 적에는 보기에 안 좋다고 하도록 어느 만큼이 안 되는구나 하고 여기는 마음입니다.

'좀'은 '줌'이란 꼴로도 뻗습니다. '주먹'을 줄인 '줌'이니 '조그맣다'하고는 좀 멀다고 여길 텐데, "한 줌"이라고 세거나 부피를 헤아릴 적에는 "많지 않은 부피"를 나타냅니다. "한 줌밖에 안 되는구나"처럼 쓰는데, 쥐는 모습인 주먹(줌)이니 크기나 부피를 조그맣게 되도록 뭉치는 결이라고 할 만해요. 낟알을 갉는 쥐는 사람이 '쥘' 만큼 작고, '쥐'한테는 "쥐는 손"이 있습니다. 쥐면서 조그맣게 바라보고, 조그맣기는 하지만 야무진 모습이기도 한 줌(주먹)이라고도 할 만해요. 주먹은 크기가 작더라도 힘을 모으면 "작은 고추가 맵다"는 옛말처럼 맵찬 결을 드러낸답니다.

* 졸졸·좔좔·줄줄
* 줄줄이·줄기차게
* 줄줄이
* 줄기·줄기차다

물이 흘러요. 물이 힘차거나 거세게 흐를 적에는 '콸콸·쿨렁쿨렁'입니다. 물이 가볍거나 얕거나 작거나 여리게 흐를 적에는 '졸졸'이에요. 누구 꽁무니를 '졸졸' 따른다면, 가볍거나 작게, 어쩌면 좀스럽게 따르는 몸짓이에요.

'졸졸'은 작다면 '줄줄'은 큽니다. '좔좔'이라 하면 조금 더 커요. '촬촬'은 '좔좔'보다 크지요.

'졸래졸래·쫄래쫄래' 따라가고 '줄래줄래·쭐래쭐래' 따라가지요. 따라가는 크기가 다릅니다. 그런데 따라가는 모습이란 이곳하고 저곳이 나란히 있는, 이른바 '잇는' 결이에요. 그래서 "줄줄이 간다"고 하는 '줄줄이'는 '꾸준히'를 나타내기도 해요. 이쪽하고 저쪽을 이어 '줄'입니다. 새끼줄이나 밧줄이 있고, 우리 몸에서 힘을 쓰는 힘줄이 있으며, 우리 몸을 늘 도는 피는 핏줄이에요.

이어가는 '줄'은 나무줄기나 풀줄기처럼 '줄기'로도 나타내고, '목줄기'나 '물줄기'나 '빗줄기' 같은 데에도 씁니다. 이어가되 곧게 흐르는 결을 나타내는 '줄기'입니다. 이 줄기는 '줄거리'로도 맞닿으니 어느 이야기에 담아서 고스란히 흐르는 알맹이가 줄거리예요. 줄기를 이루어 힘차게 나아가는 모습이나 몸짓은 '줄기차다'라는 낱말로 나타냅니다.

* 조용하다
* 조곤조곤
* 좋다

소리나 몸짓이 크지 않은, 아니 소리나 몸짓이 잘 안 드러난다고 할 만한 결을 '조용하다'로 나타내요. 소리도 몸짓도 없구나 싶은 결은 '고요하다'로 나타냅니다. 말을 '조곤조곤' 한다고 해요. 말을 '조금씩' '조용히' 하는 결이라고 할 만합니다.

'조'라는 말밑은 '좋다'로 뻗어요. 작은 곳이 마음에 들기에 '좋다'일까요? 가만히 보면 "좋다 = 어느 곳이 마음에 들다"를 나타내요. 모든 곳을 받아들이지 않더라도 어느 하나를 받아들일 만하다고 여겨서 마음에 든다고 밝히려는 '좋다'입니다.

이와 비슷하지만 다른 '사랑'은 작고 크다고 가르는 결이 없습니다. '사랑'은 크기를 안 봐요. 부피도 안 보지요. 사랑이라고 하면 겉모습은 아랑곳하지 않습니다. 사랑일 적에는 이름이나 돈을 안 따져요. 오직 속에서 흐르는 빛나는 숨결을 바라보는 사랑입니다. "작음도 큼도 처음부터 따지려는 뜻이 없이, 고스란히 받아들여서 모두 품는 빛"을 '사랑'으로 나타낸다고 하겠습니다.

* 쪼다
* 쪽·쪽종이
* 쪽가위·쪽틈
* 쪼개다·쪼그라들다
* 조개·조가비

'조무래기(쪼무래기)'란 말에다가 '쪼다'란 말이 있어요. 조금 모자라구나 싶은, 마음을 크게 쓸 줄 모르는, 어쩐지 좁게 구느라 스스로 갇히는 몸짓을 '쪼다'라는 말로 나타내요. 땅을 조금조금 팔 적에도, 새가 부리로 콕콕거릴 적에도 '쪼다'라고 합니다. 이 '조·쪼'는 '쪽'으로도 나아갑니다. 책을 한 쪽 두 쪽 읽어요. 능금이나 배를 갈라서 "한 쪽 두 쪽"이 되기도 합니다. 가른 어느 하나를 나타내면서 '왼쪽·오른쪽' 같은 데에도 써요.

가만 보면 쪼개기에 쪽이 생겨요. 제 크기나 부피를 잃기에 쪼그라든다고 해요. 조그맣게 자를 적에 쓰는 '쪽가위'가 있어요. 김치를 작게 잘라서 '쪽김치'예요. 살짝 내기에 틈인데, 살짝 내는 틈조차 매우 밭다면 '쪽틈'입니다.

  냇물이나 갯벌이나 바다에 조개가 살아요. 조개는 '쪽(족)'이 겹친 숨결입니다. 커다란 조개도 있다지만, 사람은 이 숨결을 '조그마한(쪽)' 판이 위아래로 맞물리는 몸으로 바라봐요. 조개(조가비)는 조각(쪽)이 맞물린 몸으로 살아간다고 여긴다고 하겠어요. 우리 얼굴 가운데 '볼'에 조금 들어간 곳을 '보조개'라 하는데, 북녘은 볼에 우물처럼 움푹(옴폭) 들어갔다고 여겨 '볼우물'이라 합니다.

  서로 대어 보려고 하니까 크기를 따질 텐데요, 곰곰이 보면 누가 더 크거나 작다고 섣불리 가를 수는 없어요. 둘을 함께 놓고서 보니 크거나 작다고 느낄 뿐이에요. 느낌을 살려서 나타내는 말씨입니다. 이쪽은 이쪽대로 알맞게 나아가는 크기이고, 저쪽이며 그쪽은 저쪽하고 그쪽대로 알맞춤하게 뻗는 크기예요.

  어느 쪽을 보아도 좋아요. 조그마한 아이가 있고, 자그마한 어른이 있어요. 얼핏 적은 돈이라고 하더라도, 적은 돈을 푼푼이 그러모으니 목돈으로 거듭납니다. 종잇쪽도 맞들면 한결 가볍다고 하듯, 우리는 조그마한 손길을 차곡차곡 여미어서 서로 즐겁게 온누리를 가꿉니다.

터무니

턱없다 | 터 | 때문 | 영문 | 탓 | 타박 | 타령 | 턱 | **어이없다** | 어처구니
어마어마 | **엄청나다**

도무지 말이 안 되는구나 싶을 적에 몇 가지 말로 나타내요. 수수하
게 '너무'나 '대단히'나 '무척·매우·아주·몹시' 같은 꾸밈말을 붙이는
데요, '터무니없다'나 '어처구니없다' 같은 말을 곧잘 써요. 이와 비
슷하게 '턱없다'나 '어이없다'를 쓰기도 합니다.

　아무리 보아도 말이 안 된다 싶을 적에 쓰는 이 여러 가지 낱말
은 어떤 결이나 모습이나 자국을 나타낼까요? 우리 삶자리를 담아
내는 이 말씨에서 무엇을 엿볼 만할까요?

✽ 터무니없다·턱없다

　'터무니없다 = 터무니 + 없다' 꼴이고, '턱없다 = 턱 + 없다' 꼴
입니다. 여기에서 '터무니 = 터 + 무니(무늬)'나 '터문 + 이'로 읽어
낼 만합니다.

　이렇게 말밑을 풀어 놓고도 아리송할 수 있을 텐데요, 이때에는

'터'나 '터문'이나 '무니(무늬)'를 어떻게 쓰는가를 헤아리면 돼요.

'터'는 비슷하면서 다른 '곳·자리·데'랑 맞물리는 낱말이에요. '집터·일터·배움터·살림터'처럼 쓰고 "그럴 터이지만"이나 "내가 할 터였는데"처럼 이야기에서 뒤쪽을 받치는 쓰임새가 있어요.

* 터·터문
* 때문·영문

'터문'은 "그 사람이 그럴 터문은 없을 텐데"처럼 씁니다. 이 '터문'은 북녘말이라 하고, 남녘에서는 '영문'이 맞춤말(표준말)이라고 합니다. '영문'은 "어떻게 되거나 하거나 이루거나 생기거나 일어나는 바탕·뜻·흐름·줄기·모습"을 가리켜요. '영문'은 임자말 노릇을 할 수 있고, 앞말을 받치는 자리에 쓸 수도 있습니다. "아직 영문을 모르니"나 "무슨 영문인지 궁금해서"나 "어긋나는 영문은 알 길 없어도"처럼 써요.

'때문'은 "무엇에 따라서 어떻게 되거나 하거나 이루거나 생기거나 일어나는 바탕·뜻·마음·생각"을 가리켜요. '때문'은 앞말을 받치는 자리에 씁니다. "누구 때문에 늦었는데"나 "비바람 때문에 걷기 힘들다"나 "이르기 때문에 기다린다"처럼 쓰지요.

무엇을 짓는 곳이면서 무엇이 일어나는 자리인 '터'라면, 어찌하여 일어났는가 하고 살피는 '터문·영문·때문'이라고 하겠습니다.

* 탓·탓하다
* 타박·타령
* 타박타박·터벅터벅·터덜터덜·투덜투덜

누구한테 돌리거나 핑계를 붙이려고 하는 '탓'이에요. "이렇게 때문에 벌어진 일이야"요, "자꾸 내 탓이라고 하네"입니다. "허물· 잘못·흉·빈틈이 생기거나 일어난 바탕·뜻"이나 "허물·잘못·흉·빈틈 을 내세워서, 깎거나 따지거나 나쁘게 하는 말"이 '탓'입니다. "물이 넘친 탓에 젖었어"나 "다른 사람 탓을 하지만"처럼 써요.

"무엇을 핑계·구실로 삼아 잘못·허물을 따지"는 '탓하다'이고, "누구를 탓하겠니"처럼 씁니다. "허물·잘못·흉·빈틈을 잡아, 힘이 다 빠지도록 깎거나 따지거나 나쁘게 말하"거나 "생각·말·뜻·길이 다르거나 틀리다고 받아치거나 깎"는 '타박'이고, "타박을 들었어" 나 "늘 타박하더라"처럼 씁니다. "자꾸 들추거나 밝히거나 따지는 말"인 '타령'이고, "밥 달라는 타령"이나 "돈 타령"처럼 써요.

힘이 빠지거나 없는 채 걷는 모습을 가리키는 '타박타박'이고 '터벅터벅·터덜터덜'입니다. 스스로 잘못하지 않았다고 여기면서 나즈막하게 혼잣말을 하는 모습을 '투덜투덜'로 가리켜요.

* 턱

'턱'은 얼굴을 살필 적에 입을 받치는 자리를 가리켜요. '터'는 집을 받치는 자리인 '집터'이면서, 일을 하도록 받침이 되는 '일터'입니다. 입을 받칠 적에는 '턱'이 되어요.

'턱'은 "그럴 턱이 없잖아?"처럼 '까닭'을 가리키는 쓰임새도 있어요. 그리고 "턱이 높구나"처럼 '조금 높이 있어서, 넘어야 할 곳이나 넘기 어려운 곳'을 가리킬 적에 써요.

이러한 결이며 뜻을 헤아린다면 '터무니없다·턱없다'는 "(그렇게 하거나 될) 까닭이 없다"를 밑바탕으로 간다고 할 만합니다. "까닭이나 영문이 없다(근거가 없다)"는 뜻입니다. 터문(까닭이나 영문이나 때문이나 뜻)이나 길이 '닿지 않는다(없다)'는 뜻에서 이처럼 낱말을 엮어서 쓰는 셈입니다.

'터무니없다·턱없다'는 "그처럼 되거나 할 만하지 않거나 그렇게 되거나 할 만하다고 여기기 어려운데, 그렇게 되거나 하는구나 싶기에, 아직 받아들이기에는 어렵다고 느끼는 마음이다"를 뜻한다고 하겠습니다.

더 헤아려 본다면, "무슨 까닭으로 그렇게 했니?"는 "무슨 뜻으로 그렇게 했니?"란 소리입니다. '까닭'은 '뜻'으로 닿아요. 이 뜻이란 바로 '때문'이요 '터문'이자 '영문'입니다. 까닭이 없으니 뜻이 없고, 뜻이 없으니 터문이나 영문이나 턱이 없으며, 이를 '터무니없다·턱없다'처럼 나타냅니다.

'터무니 = 터 + 무늬'로 읽어도 돼요. '터에 있는 무늬'란 "터가 있는 까닭이나 뜻"이거든요. 터에 있는(남은·새긴) 무늬란, 이 터를 밝히는 대목이자 이야기입니다. 이러한 결이란 '뜻'일 테니, 이때에도 '터무니없다 = 뜻없다'를 알맞게 나타내는 셈입니다.

그리고 '턱'이 입을 받치는 자리요, 조금 높아서(솟아서) 넘어야 하거나 넘기 어려운 무엇을 가리키기도 하는 만큼, '턱없다'는 "받칠 만하지 않다"나 "넘어설 만하지 않다"는 결을 나타내요. 믿거나 생각하거나 받아들이기 어렵다는 결을 이렇게 돌려서 나타내는 셈입니다. 지나치게 나아가니 받아들이기 어렵고, 생각조차 하기 힘들 만큼 크거나 높아서 아직은 못 받아들이겠다는 뜻을 '턱없다·터무니없다'란 낱말에 담아서 나타낸다고 할 만해요.

* 어이없다·어처구니없다
* 엄청나다·어마어마하다·얼척없다

'터무니없다·턱없다'하고 비슷하게 '어이없다·어처구니없다'를 씁니다. 전라도에서는 '얼척없다'란 말을 따로 씁니다. '어이·어처구니·얼척'으로 잇닿는 말씨입니다.

'터무니'는 '터·터문'하고 '타박·타령·탓'이 얽힌다면, '어이·어처구니·얼척'은 '어마어마·엄청'하고 '얼·알'이 얽힙니다.

'터무니(터문)'는 따로 "그처럼 되거나 할 만하거나 그렇게 되거나 할 만하다고 여기는 뜻·생각·일"을 가리킨다고 할 만합니다. '어이·어처구니'는 "생각을 넘어서거나, 재거나 따질 수 없을 만큼 큰 것. 생각을 넘어서거나, 재거나 따질 수 없을 만큼 커서 얼을 잡거나 가누지 못하는 모습·마음"을 가리켜요. 그래서 '어이없다·어처구니없다·얼척없다'는 "하거나 보이거나 드러나는 모습·짓·흐름이 참으로 얼·마음·생각이 없구나 하고 느끼다"를 가리킵니다.

무척 많거나 매우 크거나 아주 대단하다고 여기는 '엄청나다·어마어마하다'예요. '엄청나다'는 "생각보다 지나치거나 크거나 세거나 많다. 헤아릴 길이 없이 지나치거나 크거나 세거나 많다"나 "생각할 수 없을 만큼 지나치거나 크거나 세거나 많이 벌어져서, 그처럼 되거나 할 만하지 않거나 그렇게 되거나 할 만하다고 여기거나 받아들이기 어렵다고 느끼는 마음이다"를 가리킵니다. "엄청나게 비쌌어"나 "엄청난 일을 벌였네"처럼 써요.

'어마어마하다'는 "더없이 놀랍도록 크거나 세거나 많다. 셀 길이 없이 놀랄 만큼 크거나 세거나 많다"하고 "더없이 놀랍도록 크거나 세거나 많아, 섣부르거나 함부로 하거나 다가서거나 건드릴 수 없다고 느끼거나 생각하다"를 가리켜요. "힘이 어마어마하게 들었어"나 "어마어마하게 쏟아지는 비야"처럼 쓰지요.

'얼'을 헤아리면서 '어'라는 말밑을 짚어 본다면, 마음을 다스리는 '얼'은 크기도 세기도 높이도 부피도 가늠할 길이 없습니다. 곰곰이 보면 '마음'도 크기나 세기나 높이나 부피를 가늠할 수 없어요. 마음을 담는 소리인 '말'도 따로 크기나 세기나 높이나 부피가 없습니다. 들을 달리는 '말'은 쉽잖고 달리고 서서 잡니다. 사람들이 깃드는 '집'이 모여 이루는 '마을'은 높낮이 없이 어우러지고 마음을 나누고 말을 섞으면서 살림을 짓는 곳입니다. '얼'을 품으니 '알'로 태어나고, 알맹이·알짜란 숨결을 살리는 가없는 빛을 품어요.

* 아이·어른

　얼을 품고서 알로 태어나는 '아이'를 생각해 봅니다. 얼이 빛나면서 새 숨결을 낳을 알로 마주하는 슬기로운 길에 서는 '어른'을 생각해 봅니다. 아이도 어른도 똑같이 사람이면서 삶이자 사랑입니다. 몸피하고 나이만 달라요.

　얼핏 본다면 자그마한 몸인 사람이요, 아이는 어른보다 작다고 여길 만한데, 얼이라는 빛을 살핀다면, 아이도 어른도 더없이 크면서 가없이 아름다운 숨빛이라고 할 만합니다. 하나하나 어림을 해보면, 어마어마하게 꿈꾸기에 삶을 짓고, 엄청나게 사랑하기에 살림을 가꾸는 오늘이지 싶어요.

　얼추 보아도 낱말 하나마다 어리는 빛살이 깊고 너릅니다. 말하나하나에 얼떨떨하다 싶도록 숱한 이야기가 깃들면서 흐릅니다.

　얼렁뚱땅 바라본다면 말밑을 찾으면서 익히는 길은 터무니없을 텐데, 어른어른 떠오르는 생각을 알뜰살뜰 가다듬는 마음으로 선다면 새로우며 즐겁게 말빛을 잡아챌 만합니다.

풀

풀다 | 푸르다 | 풋풋 | 풋내기 | 푸지다 | 푸짐 | 퍼지다 | 펴다

포근 | 푹신 | 품 | 품다 | 푸다 | 푼 | 불 | 붓 | 붇다 | 부피 | 불다 | 붙다

부풀다 | 부르다

지난날에는 풀을 보면서 '풀'이라 했고, 풀이 어떤 빛깔인가 하고 헤아리면서 '풀빛'이라 했습니다. 요새는 풀이란 이름보다는 '잡초' 같은 한자말이 퍼지고, '나물·푸성귀'가 아닌 '채소·야채' 같은 한자말이 흔합니다. 이러다 보니 '풀빛·푸른빛' 같은 우리말보다 '초록·녹색' 같은 한자말을 쓰는 사람이 많고, 영어 '그린'을 쓰기까지 합니다.

풀은 왜 '풀'이란 이름일까요? 바람으로 이룬 하늘을 '파랗다'고 하면서, 풀로 이룬 땅은 '푸르다'고 하는데, 이 풀하고 얽힌 수수께끼를 '풀' 수 있을까요?

'풀 + 다'이기에 '풀다'입니다. "머리카락을 풀어헤친다"고 말하는데, '풀어헤친' 머리카락은 묶거나 땋은 머리카락하고 달리, 머리카락이 수북하다고 느껴요. 많다고 느끼지요. '풀어놓은' 머리카락은 꼭 바람에 따라 푸르게 일렁이는 들판을 이루는 들풀 같습니다.

＊ 풀

＊ 풀다·풀리다·풀어헤치다

＊ 풀빛·푸르다

팔짱을 풉니다. 얼어붙은 날씨가 풀립니다. 수수께끼를 풀고, 어려운 말을 쉽게 풀어서 들려줍니다. 마당에 닭을 풀어서 키웁니다. 억누르면 괴롭지만, 풀어놓으면 마음껏 기지개를 켜고 활개를 치면서 꿈을 이루는 길로 나아가요.

사슬은 풀기로 해요. 국에 달걀을 풀기를 즐기는 사람이 있다면, 된장을 풀어야 맛나다는 사람이 있어요. 오래도록 품은 꿈을 풀고, 맺힌 응어리를 풀어요. 뭉치거나 굳은 몸을 살살 풀어 볼까요. 찡그린 얼굴은 풀기로 해요. 곱슬머리를 풀어도 되고, 무거운 짐을 내려놓고서 풉니다.

자물쇠를 풀고, 사슬을 풉니다. 목이 말랐기에 시원한 물 한 그릇으로 속을 풀고, 심부름꾼을 곳곳에 풀며, 코가 막혀서 흥 하고 풉니다. 겨울에 얼어붙은 냇물이 풀려요. 추운 날씨가 풀리고요.

'풀다·풀리다'라는 낱말을 어느 곳에 어떻게 쓰는가를 고루 살피면 "부드럽게 다루어 너그러이 받아들이도록 하는" 결입니다. 풀잎을 만지면 부드러워요. 들풀이 온누리를 덮으면서 맑고 싱그러우면서 시원해요.

겨울이 걷히고 봄이 올 적에 "날씨가 풀리"듯, 온누리는 "푸릇푸릇 싹이 돋고 잎이 나면서 풀꽃잔치"를 이룹니다. 봄으로 나아가는

'풀빛'입니다. 넉넉히 받아안는 '풀'입니다.

* 푸릇푸릇·푸르스름·풋풋하다
* 풋내기·풋능금·어렴풋·살풋·살포시

부드러운 결인 '풀빛'인데, 옅게 푸른 '푸릇'이라는 말씨는 '풋'으로 이어요. 아직 무르익지 않은 솜씨라는 '풋내기'예요. 덜 익었다고 여길 만한 '풋능금'이요 '풋감'인 '풋열매'입니다. 그런데 덜 익었다고만 하기는 어렵지요. "가볍게 익은" 셈으로 여겨 '풋포도(청포도)'를 누리고 '풋능금(푸른 빛깔 능금)'을 즐기거든요. 무르익은(말랑말랑 무를 만큼 익은) 맛도 즐겁고, 가볍게 익은 맛도 반갑기에 풋열매를 누립니다.

가볍기에 산뜻하면서 싱그러워요. 가볍게 익기에 새봄맛을 누리고, 갓 여름으로 접어든 짙푸른 맛을 맞이해요. 무르익기에 묵직하면서 깊어요. 무르익기에 가을맛을 누리고, 곧 다가설 겨울을 앞두고 온몸에 기운을 깊이 다스립니다.

옅은 느낌이기에 '어렴풋'합니다. 부드럽게 가만히 나아가는 '살풋'이자 '살포시'입니다. 아직 옅다지만, 그만큼 한결 맑거나 싱그럽다고 여기는 '풋풋하다'입니다. 무르익지 않았기에 오히려 한결 눈부신 마음이자 몸짓인 '풋풋하다'예요.

* 푸지다·푸짐하다

* 넉넉하다·너르다
* 많다

　풀은 한 포기만 자라지 않습니다. 풀어헤친 머리카락은 한 가닥이 아닙니다. 언제나 잔뜩 자라는 풀이요, 잔뜩 풀어헤치는 머리카락입니다. '풀·푸'는 '푸지다·푸짐하다'로 이어, 넉넉하거나 너른 기운을 가리킵니다.
　푸지게 먹고 나눕니다. 푸짐하게 차려서 베풉니다. 푸지게 자라는 풀꽃나무요, 푸짐하게 샘솟는 이야기예요. 기쁘거나 반가운 마음이 되도록 물결치는 '푸지다·푸짐하다'입니다. 푸른들처럼 맑고 싱그러운 기운을 나누면서 널리 드러내는 '푸지다·푸짐하다'예요.
　'많다'는 "어느 눈금·금·자리·부피·틀·크기를 넘거나 높이 있거나 더하는" 결이고, '푸지다'는 즐겁도록 넘실거리는 결입니다.

* 퍼지다·퍼뜨리다
* 펴다·펼치다

　달걀을 풀고 된장을 풀듯, 고루 있거나 스미도록 하는 '퍼지다'입니다. 풀었으니 퍼집니다. 풀어서 퍼뜨립니다. 쉽고 넉넉히 받아들일 만하도록 움직이거나 흐르니 퍼져요. 어렵다면 안 퍼지겠지요. 쉽고 가벼우면서 기쁘기에 퍼집니다.
　꿈을 이루듯, 꿈을 펴 볼까요. 뜻을 이루듯, 뜻을 펴 봐요. 가슴을 활짝 펼치듯, 우리 생각을 널리 펼치면서 홀가분합니다. 기쁘게 짓는 꿈을 펴고, 새롭게 짓는 뜻을 펼칩니다. 풀이 푸지게 퍼지듯, 푸른꿈을 흐뭇하게 나누면서 온누리에 고루 퍼뜨리는 아름다운 풀꽃이요 풀빛 이야기입니다. 이 모든 이야기를 차곡차곡 엮어 책으로 펴냅니다.

* 포근하다·푸근하다·푹
* 폭신하다·푹신하다·폭

　잔디밭은 풀밭입니다. 잔디(자 + 듸)라는 풀을 고르게 심어 가지런히 가다듬은 잔디밭은 폭신폭신합니다. 토끼풀밭도 폭신합니다. 민들레밭도 질경이밭도 봄까지꽃밭도 광대나물밭도 폭식폭신해요. 봄풀이 돋은 풀밭은 어디나 폭신해서 뒹굴 만하고, 맨발로 뛰놀면 발바닥이 간질간질 즐겁습니다.

　보드라우면서 즐거운 '푹신·폭신'처럼 '푸근·포근'은 겨울을 녹이는 기운을 담습니다. 봄가을에 지내기 좋은 날씨는 '따뜻하다'요, 겨울에 지내기 좋은 날씨는 '포근하다'입니다. 오직 겨울에만 가리키는 '포근하다'라는 날씨이듯, 보드랍게 스미거나 퍼지는 즐겁거나 반가운 기운인 '포근·폭신'은 폭 감싸고 푹 어루만지는 상냥한 숨결을 나타내요.

* 품·품다

＊ 따뜻하다·따스하다·따사롭다
＊ 좋다·조용하다

　　사랑으로 안는 어버이는 어떤 몸짓일까요? 바로 '푸근히·푹신
히' 안는 '품'입니다. 매섭던 겨울이 잠들면서 깨어나는 봄풀처럼 다
가오면서 안기에 아늑하게 누리는 몸은 따로 '품'이라고 합니다.
　　둥지를 지어 알을 낳은 새는 가만히 '품'습니다. 어미새는 먹지
도 마시지도 움직이지도 않으면서 포근하면서 폭신한 기운을 알
(아기·새끼)한테 고스란히 물려주고 내어줍니다. 알(아기·새끼)에
깃든 새로운 숨결은 어버이(어미)가 품는 기운을 듬뿍(잔뜩·많이·가
득) 누리면서 즐겁고 반갑습니다.
　　어버이는 아이가 받아들이고 싶은 사랑을 듬뿍 품어서 물려줍
니다. 아이는 어버이한테서 받아들이고 싶은 사랑을 듬뿍 안으며
기쁩니다.
　　따뜻하게 주고받는 기운인 '품'입니다. 서로 따스해서 '좋'게 나
아가기에 어느새 '조용조용' 잠들어 새근새근 숨소리를 내면서 따
사롭게 꿈나라로 갑니다.

＊ 푸다·퍼올리다
＊ 푼더분하다·수더분하다
＊ 푼푼이·푼

‘푸다’는 조금 담거나 떠내는 몸짓이 아닙니다. 잔뜩(많이) 담거나 떠내기에 ‘푸다’라는 낱말을 씁니다. ‘퍼올리다’는 참으로 잔뜩 담거나 떠내면서 누리려는 몸짓입니다. 힘을 써서 담거나 떠내는 ‘퍼올리다’입니다. 몸을 가볍게 풀듯, 마음을 홀가분히 풀듯, 힘이나 기운을 새롭게 한쪽으로 모아서 움직이는 결을 ‘푸다·퍼올리다’로 나타내요.

보기좋게 살집이 오른 모습을 ‘푼더분하다’라 해요. 넉넉하게 마음을 기울일 줄 알고 나누기에 ‘푼더분하다’예요. 밝고 싱그러우면서 알뜰하고 너른 마음빛을 ‘푼더분하다’로 나타냅니다. ‘풀(푸짐)＋더분하다’일 텐데, ‘-더분하다’가 붙은 ‘수더분하다’는 ‘숲(수수하다)＋더분하다’일 테지요. 숲(수수함)을 담은 ‘수더분하다’는 푸른 별을 넉넉히 품으면서 푸르게 바람이 일렁이는 숲처럼 둥글둥글 참한 모습이며 마음이며 몸짓을 가리킵니다. 풀과 나무를 아울러 ‘푸나무’라 하니, 푸르고 푸지고 푼더분한 숨빛입니다.

받침 ㄴ을 붙인 ‘푼’은 조그마한 부피를 셀 적에 씁니다. “한 푼”이에요. ‘풀’도 하나만 따로 보자면 더없이 작습니다. 더없이 작은 풀이 밭을 이루고 숲을 이루기에 이 별이 싱그럽고 아늑합니다. 아주 작은 돈도 외따로는 그저 작으나 ‘푼푼이’ 모으기에 어느덧 넉넉합니다. 어우러지면서 빛나는 ‘푼푼이’예요.

＊ 불·볼
＊ 붓·붓다

우리말은 'ㅍ'하고 'ㅂ'이 맞물립니다. '푸'는 '부'하고 이어요. '풀'을 보면 '불'을 떠올릴 만하고, '풀결'은 '부드럼'을 품습니다. '볼'은 ㅗ랑 ㅜ로 맞물리는데, 바알간 볼은 수줍어 보이면서도 맑은 얼굴빛을 가리킵니다. 작은 불씨 하나는 참으로 작으나, 불길이 클수록 활활 타오르고, 이 불은 우리를 따뜻하게 북돋우는 숨결이며, 둘레를 밝히는 불빛이기도 합니다.

불을 가만히 보면 밑은 둥그스름하면서 위쪽으로 부드러이 뻗다가 뾰족하게 맺습니다. 글을 담는 살림인 '붓'은 꼭 '불'을 그대로 옮긴 모습입니다. 붓을 사납게 휘두르면 글씨가 안 나와요. 부드럽게 쥐어서 가만히 움직여야 글씨를 짓습니다.

봉긋한 봉오리처럼 붕긋한 '붓'이요 '불'입니다. 조금씩 '부피'가 늘어나기에 '붓다'라고 합니다. 어느 쪽이 많이 있도록 할 적에도 '붓다'를 써요. 많이 꺼내거나 담으려고 '푸다'라면, 많이 놓거나 담으려고 '붓다'입니다.

따스하게 온누리를 덥히는 불처럼, 포근하게 온마음을 살찌우는 글을 짓는 붓입니다. 마구 타오르면 모두 태우며 집어삼키는 불처럼, 마구잡이로 휘갈기면 그만 사람들 마음을 더럽히거나 망가뜨리거나 짓밟는 붓이고 말아요.

* 붇다·부피·불다·불어나다
* 붙다·붙이다
* 부풀다·부럽다

풀이 한 포기 두 포기 불어납니다. 바람이 불기도 하고, 물이 붇기도 하며, 불길이 불어나기도 합니다. 늘어난다고 해서 '붇다·불다'입니다. 늘어난 결을 가리키는 '부피'입니다.

척척 '붙이'니 늘지요. 늘리려고 '붙이'고요. 들을 이루는 땅에 풀이 착 달라붙듯 퍼진다면, 불씨도 척척 붙으면서 퍼집니다. 부드러이 함께 있는 결을 가리키는 '붙다'입니다. 한덩이가 되어 커 가는 모습을 가리키는 '붙다'예요.

'부풀·보풀(보푸라기·부푸러기)'이 일어난다는 뜻인 '부풀다'는 부피가 크는 모습을 가리키면서, 우리 마음에 꿈이 자라나는 모습을 빗대는 낱말입니다. 차근차근 부푸는 꿈이라면 즐거운데, '부럽다'고 할 적에는 스스로 줄어드는(쪼그라드는) 마음입니다.

* 부르다·배부르다

넉넉히 먹으니 배가 '부릅'니다. 넉넉히 품으니 '배부르'지요. 넉넉한 몸하고 마음일 적에는 아쉬울 일이 없습니다. 스스로 넉넉하여 아쉽지 않기에 이웃하고 기꺼이 나누는 마음으로 잇기도 하고, 이웃을 몰라보거나 모르면서 그저 혼자 품기도 합니다.

배가 불러서 흐뭇한 이 기운이며 마음을 이웃도 함께 누리기를 바란다면 열린 눈빛으로 갑니다. 배가 불러서 그냥 좋아 다 잊는 마음이라면 그만 이웃이나 동무를 다 잊고서 닫힌 눈길로 가요.

처음에는 자그마한 풀씨 한 톨이었습니다. 더없이 작아서 이 별

에서 풀씨 한 톨은 안 보인다고 할 만하지만, 새봄을 그리면서 겨우
내 꿈을 꾸었고, 바야흐로 하나둘 돋아나면서 넉넉히 퍼져서 맑고
싱그러이 품었습니다. 우리는 푸지게 누리면서 푸짐하게 나누는
길로 나아가는 포근한 숨결로 살아갈 만해요. 부푸는 꿈을 안고서
푼더분하게 퍼지는 오늘로 살림을 지을 수 있어요. 이와 달리 불같
이 성을 내면서 활활 타오르다가 그만 부러워하고, 배부른 몸에 사
로잡히며 이웃하고 등질 수 있습니다. 풀빛은 어느 때에 푸를까요?
풀꽃은 어느 곳에서 수수하게 스스럼없이 아름다울까요?

피

핏물 | 핏줄 | 피다 | 피어나다 | 펴다 | 펼치다 | 비 | 빛 | 빙글
핑계 | 핀잔 | 빈 | 빛 | 빗나가다 | 비스듬 | 피사리

살아서 움직이는 우리한테는 피가 흐릅니다. 삶을 마치고 죽음으로 접어들면 피가 더는 흐르지 않아요. 숨을 들이마시면 피가 온몸 구석구석 퍼뜨리면서 기운이 나도록 하고, 몸 구석구석에 있던 부스러기나 찌꺼기를 실어날라 내보내려고 합니다. '피'라는 낱말로 같은 겨레나 집안을 나타내곤 합니다. 힘이나 기운을 크게 쓸 적에 "피를 바친다"거나 "피땀을 흘린다"고 하지요.

곰곰이 보면, 피라는 낱말로 여러 곳을 빗대는구나 싶어요. "피가 끓는 사람"이나 "피가 거꾸로 솟더라" 같은 자리에서는 뜨겁게 솟거나 무섭게 타오르는 기운을 가리켜요. "우리 피를 빨아먹네" 같은 자리라면 살아가는 기운이나 살림살이나 돈을 가리켜요. "엄마아빠 피를 물려받았어"나 "할머니 할아버지 피가 흐르지" 같은 자리는 타고나거나 물려받은 기운이나 마음이나 숨결을 가리켜요.

때로는 "피에 굶주린 무리"처럼 목숨을 마구 죽이려는 짓을 가리키지요. "피도 눈물도 없나 봐" 같은 자리는 살아서 움직이는 기

운이며 마음이며 숨결을 가리키고요.

* 피 ㄱ
* 핏물·핏방울
* 핏줄·핏기운

삶이라는 자리에 반드시 나란히 있는 '피'를 돌아봅니다. "살아서 움직이는 몸에 흐르면서 숨·기운을 고루 퍼뜨리고 부스러기·찌꺼기가 빠져나가도록 실어나르는 물"이 '피'이니, 피도 물 가운데 하나일 텐데, '핏물'은 '피'를 힘주어 가리키는 낱말입니다. 물방울이나 이슬방울이나 빗방울처럼 피·핏물이 작게 덩이진 하나를 가리키는 '핏방울'이에요.

'핏줄'은 "피가 흐르는 줄"을 가리키면서 "같은 겨레나 집안"을 가리키는 낱말입니다. 몸에 피가 얼마나 어떻게 흐르는가 하는 결을 살피는 '핏기운'이에요.

* 피다
* 피우다·피어나다·피어오르다

살아서 움직이도록 하는 '피'처럼, 살아서 움직이는 결을 나타내는 '피다'입니다. 꽃이 피고, 불을 피려 하고, 얼굴이 피고, 웃음이 피고, 살림을 피고, 옷에 보풀이 피고, 곰팡이가 피고, 냄새가 피고, 글씨가 핍니다.

거의 같으나 살짝 다른 '피우다'를 돌아봅니다. 꽃을 피우고, 불을 피우고, 얼굴을 피우고, 웃음꽃을 피우고, 살림을 피우고, 구름을 피우고, 곰팡이를 피우고, 냄새를 피우고, 새로 숨결을 피우고, 꿈을 피우고, 담배를 피우고, 딴청에 거드름에 바람에 게으름을 피웁니다.

거의 같지만 조금 다른 '피어나다'를 헤아려 봅니다. 꽃이 피어나고, 불이 피어나고, 얼굴이 피어나고, 웃음이 피어나고, 살림이 피어나고, 구름이 피어나고, 곰팡이가 피어나고, 냄새가 피어나고, 죽을 듯하다가 새로 피어나고, 젊음이 피어나고, 꿈이 피어납니다.

거의 같은 듯한데 얼핏 다른 '피어오르다'를 짚어 봅니다. 꽃이 피어오르고, 불이 피어오르고, 얼굴이 피어오르고, 웃음이 피어오르고, 살림이 피어오르고, 구름이 피어오르고, 곰팡이가 피어오르고, 냄새가 피어오르고, 손길을 받아 피어오르고, 젊음도 숨결도 피어오르고, 생각도 꿈도 피어올라요.

'피 + 다' 사이에 깃드는 말씨에 따라 가볍게 달리 쓰는 대목이 있되, '피우다·피어나다·피어오르다'는 모두 '피다'를 바탕으로 뻗은 말씨이기에 "살아서 움직이거나 흐르는 결"을 담아냅니다.

＊ 펴다
＊ 펴내다·펼치다

‘펴다’는 “한쪽으로 들어가거나 나간 데가 없도록 하”는 결이나, “비뚤어지거나 기울거나 굽은 데가 없도록 하”는 결을 나타내요. “보기 좋게 깨끗하거나 시원하도록 하”는 결을 밝히지요. 읽을 책을 펴거나 종이를 폅니다. 이부자리를 펴고, 새가 날개를 펴요. “모으거나·맞닿거나·겹치거나·말리거나·접힌 것을, 열거나 떼거나 풀거나 틔우거나 넓혀서 놓”는 몸짓입니다.

　다리미질을 해서 옷을 펴면, 줄·주름·금·구김이 사라집니다. 튀어나오거나 쭈글쭈글하거나 울퉁불퉁한 것이 없어요. 얼굴을 펴고 어깨를 펴지요. 생각·마음·뜻·느낌·그림·꿈을 널리 드러내거나 풀거나 알릴 적에도 ‘펴다’라는 낱말로 가리켜요. 생각·마음·뜻·느낌·그림·꿈을 가두거나 누르거나 막지 않기에 ‘펴다’입니다.

　나물이나 고추를 말리려면 해가 잘 드는 곳에 넓게 고루 둡니다. 이때에도 ‘펴다’예요. 일을 펴고, 가게를 폅니다. 글을 써서 책을 내놓을 적에도 ‘펴다’입니다. 이야기를 펴고, 찾아내려고 손길을 펴지요.

　‘펴내다’는 자리를 펴내거나 생각을 펴내거나 책을 펴낼 적에만 좁게 씁니다. ‘펼치다’는 한결 넓게 드러내거나 밝히거나 보이는 자리에 써요. “날개를 펴다”는 가볍게 여는 몸짓이라면 “날개를 펼치다”는 크게 여는 몸짓입니다. “마당에 고추를 폈다”는 가볍게 조금 놓은 모습이라면 “마당에 고추를 펼쳤다”는 넉넉히 많이 놓은 모습이라 하겠어요.

　가벼우면서 시원히 틔우는 “생각을 펴다”요, 한결 가볍고 시원하면서 넉넉하고 기운차게 틔우는 "생각을 펼치다"입니다.

* 비
* 빗줄기·빗물·빗방울
* 머리빗·빗질
* 빗자루·비질
* 빗살·빗발

ㅍ은 ㅂ하고 맞물립니다. '피'는 '비'하고 얽혀요. '피'는 우리 몸을 돌고돌면서 찌꺼기를 씻는 구실입니다. 하늘에서 내리는 '비'는 들숲을 적시고 땅에서 쓰레기를 씻는 구실이에요.

이 '비'는 '마당비' 같은 '빗자루'하고 맞물려요. 마당비로는 마당을 쓸고, 빗자루로는 집안을 쓸면서 깨끗하게 하는 구실입니다. '머리빗'으로는 머리카락을 쓸면서(빗으면서) 먼지나 티끌이나 이를 떨구는 구실입니다.

빗물도 빗질도 비질도 '빗살·빗발'로 만납니다. 핏방울처럼 빗방울이 있고, 핏물처럼 빗물이 있어요. 핏줄을 잇듯 빗줄기가 이어요.

* 빛·비추다·비치다
* 빛살·빛발·빛줄기
* 빛깔

빗줄기처럼 곧고 가늘면서 정갈하고 밝게 뻗는 '빛줄기'입니다. 빗살 같은 '빛살'이고, 빗발 같은 '빛발'이에요. 빛으로 잇는 줄기나 살이나 발은 빛이 뻗어서 나아가는 길을 보여줍니다.

이 '빛'은 '비'에 ㅊ이 붙는 낱말입니다. 빛이 나아가도록 하는 '비추다'요, 빛이 나타나거나 빛이 난다는 '비치다'예요. 피가 몸을 맑게 북돋우듯 비는 하늘과 땅을 밝고 맑게 북돋우고 빛은 온누리를 밝고 맑게 북돋운다고 할 만합니다.

빛을 갈라서(갈래짓기) 결을 살피는 '빛깔(빛갈)'입니다. 비추어서 드러나는 모습이 어떻게 다른 결인지 갈래를 살피는 '빛깔(빛갈)'이에요.

* 빙글빙글·뱅그르르·빙빙·뱅뱅
* 핑글핑글·핑그르르·핑핑·팽팽
* 핑계

'피'에 ㅇ받침이 붙어 '핑'으로도 갑니다. '핑그르르' 돌듯 '빙그르르' 돕니다. '팽팽' 돌고 '뱅뱅' 돌아요. 피가 돌고돌듯, 비가 돌고돌듯, '핑핑' 돌아가다가 '핑계'를 만나면, 이리로도 안 가고 저리로도 안 가면서 돌고도는 말이 됩니다.

"어떤 일·자리에서 벗어나려고, 어떤 일·까닭·자리·이야기가 드러나지 않게 하려고, 이렇게 돌리고 저렇게 돌리려고 하는 말·모습·몸짓"이 '핑계'예요. 요 핑계에 조 핑계를 대지요. 갖은 핑계로 빠져나가려고 해요. 때로는 "날씨가 흐리다는 핑계"나 "날이 좋다는 핑계"를 대면서, 할 일을 안 하거나 달아나기도 합니다.

'핑계'는 "어떤 일·뜻·꾀·생각·길을 이루려고, 그럴듯하게·말이 안 되게·맞지 않게 붙이는 말·까닭"도 가리킵니다. 그리고 "잘못되거나 어긋나거나 틀린 일·자리에서 마음에 꺼리기에 그냥 붙이거나 대려고 하는 말"도 가리켜요.

* 핀잔·핀둥핀둥
* 빈·빈틈·비다
* 빚·빚지다·빚더미

이쪽에 핑계가 있으면, 저쪽에는 '핀잔'이 있어요. "앞이나 곁에서 허물·잘못·흠·빈틈을 들면서, 깎거나 꼬거나 비웃으며 하는 말"을 가리킵니다. 하는 일이 없이 뒹굴뒹굴 놀기에 '핀둥핀둥'이라고 해요. 여린말로는 '빈둥빈둥'이고요. 핀잔이나 핀둥을 헤아리면 여러모로 '빈' 모습입니다. 알차지 않거든요. 속도 말도 생각도 차지 않은 '빔·비다·빈틈'은 '없는' 결하고 맞물려 '빚'하고 만납니다.

'빚'은 두 가지예요. 하나는 "나중에 돌려주기로 하고서 받거나 얻은 돈"을 가리켜요. 둘은 "고맙거나·반갑거나·뜻밖에 받거나 얻은 여러 가지·손길·마음·사랑·말·돈"을 가리키지요. ㅊ받침이 붙어 '빛'이 되고 ㅈ받침이 붙어 '빚'이 되듯, 끝 하나로 갈리는 말이듯, '빚'이라 할 적에도 두 갈래로 나아가요.

빚더미에 앉는 삶이라면 무거워요. 빚진 마음을 생각하면서 앞으로 이 고마운 빚을 풀어내려고 다부지게 다스리면 머잖아 의젓하게 일어설 만합니다.

* 빗나가다·빗맞다·빗겨나가다
* 비스듬하다·비슷하다

알찬 모습이 아닌 빈틈이 많은 모습이라면, 제대로 나아가지 못하기 일쑤예요. '빗나가다'는 "제대로 가지 않고, 다른 곳으로 가거나 잘못되"는 결을 가리켜요. '빗맞다'는 "제대로 맞지 않고, 다른 곳에 맞거나 잘못되"는 결을 가리키지요.

알차지 않기에 자꾸 이쪽이나 저쪽으로 기울어요. '비스듬'하지요. 이쪽도 아니고 저쪽도 아닌, 뚜렷하지 않은 '비스듬'입니다.

언뜻 보면 '같다' 싶었는데, 낱낱이 보니 '안 같다'고 할 적에 '비슷하다'라 합니다. 어느 만큼 같아 보이지만 정작 같지 않기에 '비슷하다'예요. 뚜렷하지는 않지만 이럭저럭 어림할 적에도 '비슷하다'를 쓰고, 그리 뛰어나거나 훌륭하지는 않지만 이럭저럭 하는구나 싶을 적에도 '비슷하다'를 씁니다.

* 피 ㄴ
* 피뽑기·피사리
* 벼·볍씨

오늘날 우리는 '벼'를 가꾸어서 먹습니다. 오늘날 논은 볍씨를 심어서 돌보는 자리입니다. 논에서 돋는 '피'는 다 뽑는다지요. '피뽑기'를 하고 '피사리'를 합니다.

그런데 우리는 처음부터 벼를 먹지 않았습니다. 지난날에는 '피'를 먹었어요. '피'에서 '벼'로 건너오면서 어느덧 '피'라는 풀알(풀열매)은 나쁘다고만 바라봅니다만, 우리 몸을 살리면서 도는 '피·핏물'을 가리키는 말하고, 들에서 자라나는 열매인 '피'를 가리키는 말이 같다는 대목을 곰곰이 생각해 봐요.

이제 우리한테는 볍씨를 심어서 거둔 열매(낟알)에서 겨(껍질)를 벗긴 '쌀'로 밥을 지어서 먹습니다만, 벼짓기를 하기 앞서는 들판에서 자라나는 '피'가 숨결을 살리는 고마운 밥이었습니다.

까마득히 먼 옛날부터 쓴 낱말 하나에는 우리 자취에 숨결에 이야기가 흘러요. 그냥 태어난 낱말은 없습니다. 풀이름 하나에도 깊고 너른 속내가 깃들어요. 물방울이며 빗방울이며 핏방울하고 얽힌 그물 같은 말씨에도 숱한 살림살이가 도사립니다.

허울

허우대 | 허전하다 | 허술하다 | 허튼 | 허깨비 | 헛발 | 허탕
허물다 | 헌 | 헐렁하다 | 허허바다 | 하품 | 허파

우리가 오래도록 쓴 말에 한자를 붙이는 사람이 이따금 있습니다. '한글·한길'처럼 '한'은 그저 우리말 이름이고, 우리나라는 '한겨레'에서 비롯했는데, 굳이 '한(韓)'을 붙이려고 해요. 서울 한복판을 흐르는 가람(강)은 '한가람'인데, '한강(漢江)'처럼 한자를 붙이기도 합니다. 크고 넓은 가람이라서 '한가람'이거든요.

우리말은 ㅏ랑 ㅓ가 맞물리기에 '하·허'도 맞물려요. 이 얼거리를 읽는다면 '허-'가 붙는 말씨에 '허(虛)'라는 한자를 붙일 일이 없습니다. 처음부터 한자 '허(虛)'를 넣은 낱말이라면 한자말일 테고, 처음부터 우리말 '하·허'를 헤아려서 지은 낱말이라면 오랜 우리말입니다.

* 허울·허우대
* 허울좋다
* 한울·하늘

겉으로만 크거나 있어 보인다고 할 적에 '허울'이란 낱말을 씁니다. 겉으로 보는 몸집이나 몸뚱이를 '허우대'라고 합니다. '허울좋다'란 우리말은 "겉으로 보기에 크거나 좋아 보인다."가 아닌 "겉으로 좋게 내세우려 한다. 겉은 좋아 보일는지 모르나 속이 비거나 없다."를 가리킵니다.

'허우대'도 겉으로만 크구나 싶은 몸을 가리킬 적에 써요. "허우대는 멀쩡한 녀석이 힘을 못 쓰네."처럼 쓴답니다.

우리말 '하늘'은 '한울'이라고도 해요. '한(하나·하다) + 울(울타리·우리)'인 얼개입니다. '하늘·한울'이라 하면 그야말로 한덩이처럼 크고 너른 숨결을 나타내는데, '허'로 돌리면 겉껍데기만 반지르르한 모습을 빗댑니다. 꼭 허둥지둥이랄까요.

* 허전하다·허접하다
* 허술하다
* 허수아비

뭔가 있으면 좋겠는데 없다든지, 어쩐지 잊거나 잃은 듯하다든지, 아무래도 속이 비었구나 하고 느낄 적에 '허전하다'란 낱말을 씁니다. 이모저모 볼만한 곳이 하나도 없다든지, 자질구레하거나 모자라거나 못나 보일 적에 '허접하다'고 해요. 겉으로 꾸미려 하면서 제대로 가꾸지 못하는 모습을 나타내지요.

차근차근 짓거나 엮는 모습이나 매무새란 없이, 빈 데가 많고 쉽게 무너지거나 스러질 만하구나 싶어 '허술하다'란 낱말을 써요. 마음을 기울이지 않기에 '허술하다'입니다. "허술하게 지은 집"이고 "허술하게 한 일"이고 "허술하게 쓴 글"이고 "손님을 허술하게 모시다"입니다.

참새가 북적이는 가을들에 살며시 놓는 '허수아비'가 있어요. 허수아비는 무시무시한 모습으로 세우지 않습니다. 참새가 낟알이나 이삭을 먹더라도 조금만 훑고 가라는 뜻으로 가벼이 놓아요. 좀 허술하게 세우기에, 속을 짚으로 채우기에 '빈·가벼운' 몸인 허수아비이기도 하지만, '해바라기'처럼 하늘을 바라보는 몸짓처럼 서기도 합니다. '허·하'는 같은 갈래이니까요.

* 허튼·허튼소리·허튼짓
* 허깨비·헛것
* 헛–·헛발·헛심·헛손·헛간
* 허탕·허둥지둥

텅 빈, 속이 없는, 엉성하거나 모자란, 이런 여러 결을 나타내는 '허튼'이에요. '허튼소리·허튼말'이란 뭘 모르고서 함부로 하는 소리를 가리킵니다. 뭘 모르고서 함부로 하는 짓이기에 '허튼짓'이에요. 속이 없이 함부로 구는 모습입니다. '허깨비'는 "막상 없는데 있다고 여기면서 보는 빛"을 가리켜요. '헛것'이라고도 합니다. 무게도 모습도 없이 가벼운 기운인 '허깨비'입니다. 힘이 없거나 어찌할 바를 모르는 사람을 빗대는 자리에도 써요.

이런 여러 '허'에 ㅅ을 붙여 '헛발·헛심·헛손'처럼 쓰고 '헛간'이 있답니다. 애써서 한다고 했으나 보람이 없을 적에, 힘을 들였으나 아무것도 얻지 못할 적에 '헛발·헛심·헛손'을 쓰고, '허탕'이라고도 합니다. 마음을 안 쓰니 '허방'에 빠져요.

허탕을 치는 몸짓을 보면 서둘러요. 애쓰는 듯 보이지만, 어디에 무슨 힘이나 손이나 발을 쓰는지 모를 판입니다. 그저 바쁘게 움직이지요. 제대로 '넋'을 차리지 않고 움직이니 바쁘기만 합니다. 찬찬히 마음을 다스리지 않고 서두르니 종잡지 못 합니다. 갈팡질팡해요. 빈짓입니다. 텅 빈 몸짓입니다. '허둥지둥'이에요.

집에서 살림이나 세간을 두는 "비워 둔 곳"이 '헛간'입니다. 비워 두었기에, 이 빈 자리에는 여러 세간이며 살림을 놓을 수 있습니다. 나중에 넣거나 놓을 살림하고 세간을 헤아려 미리 비운 '헛간'이에요. 우리말 '헛간'을 한자말로는 '창고'라 해요.

＊ 허물다·허름하다·헐다
＊ 헌·헌것·헌책·헌옷

있던 것을 없도록 하는 '허물다'입니다. 빈 모습으로 가도록 하는, 차거나 서거나 가득하거나 흐르던 모든 것을 싹 치우거나 가시는 '허물다'예요. '헐다'도 '허물다'하고 비슷하게 쓰는데, 몸이 다쳐서 부스럼이 나거나 고름이 나올 적에도 '헐다'이고, 남을 나쁘게 말할 적에도 '헐다'예요. 차곡차곡 모아 놓은 돈을 덜어서 쓸 적에도 '헐다'라고 합니다.

살갗이 헐어서 일어나는 껍질이나, 벌레가 자라며 남기는 겉살인 '허물 ㄱ'입니다. 벌레는 허물벗기를 해요. 살피지 않아 저지른 일이나 잘못인 '허물 ㄴ'이에요. 사람도 허물을 벗으면 새롭게 태어납니다.

이 말씨는 '헌'으로 꼴을 바꾸어 '헌것·헌책·헌옷'처럼 쓴답니다. 이런 '헌'은 "오래도록 쓰는 사이에 처음 흐르던 빛이나 기운이 차츰 사라지거나 옅다"는 느낌을 나타냅니다. 그런데 처음 흐르던 빛이나 기운이 사라지거나 옅다고 하더라도 못 쓰는 살림이 아니에요. '헌것·헌책·헌옷'은 하늘처럼 트인 결을 담기에, "예전 빛이나 기운은 차츰 사라지거나 옅되, 새롭게 살리거나 쓰는 빛이나 기운이 돌거나 흐른다"는 결을 나란히 담는답니다.

헌책도 헌옷도 예전에 이 책하고 옷을 쓰던 사람 기운이 어느 만큼 남되, 이 책하고 옷을 맞이해서 쓰는 사람이 새롭게 다루는 손길하고 손빛이 타게 마련이랍니다. 물려받는 살림은 모두 이와 같아요. 우리가 살아가는 집도 이와 같습니다. 새로 살 곳을 찾아서 집을 옮기지요? 이때에 우리는 '새집'으로 간다고 해요. 이미 지어놓은 다른 집이지만 '헌집'이라 안 합니다. 예전에 지어서 살던 사람 기운이 어느 만큼 남거나 흐르되, 새롭게 깃드는 사람이 가꾸는 살림에 따라서 새 기운이 흐르는 집이거든요. '허·하'는 하늘처럼 트이거나 열린 빛이나 기운이 흐르는 밑뜻을 고루 그려냅니다.

* 헐렁하다·할랑하다
* 헐겁다·할갑다

트이거나 열린 결을 담는 '허·하'는 '헐렁하다·헐겁다'로 잇습니다. 두 낱말은 "맞추거나·들어가거나·끼려는 자리가 많이 비거나 넓어서, 빠질 듯하거나 자꾸 움직이다"라는 뜻이 밑바탕입니다. 조이지 않는 결인 '헐렁하다·헐겁다'인데, '헐겁다'는 조이지 않거나 큰 듯하거나 가벼운 듯하다는 결을 나타내요. '헐렁하다'는 커서 나풀거리거나 팔랑거린다는 결하고, 가벼워서 쉽게 춤추거나 흔들리거나 나풀거린다는 결을 나타냅니다.

틈을 내거나 비도록 하는, 또는 드나들 데가 넓거나 크다는 '헐렁하다·헐겁다'예요. 두 낱말은 "열린 틈이기에 널리 드나든다"는 쪽보다는 "차지 않고 비고 만 틈이기에 붕 뜨거나 얕거나 가벼워서 속이 없다"는 쪽으로 씁니다.

* 허허·허·하하
* 허 참
* 허허바다·허허벌판

웃음소리는 '하하'가 있고 '허허'가 있습니다. 활짝 웃는 '하하'라면, 조금 묵직하게 짓는 '허허'예요. 너털웃음을 '허허'로 나타내곤 하고, "허 참" 같은 말씨도 있어요.

이렇게 여러 곳에 쓰는 '허'를 잇달아 적어 '허허바다'란 낱말이 있어요. 한자말로 하자면 '망망대해·대해·대양'이랍니다. 끝없이 너른 바다인 '허허바다'예요. 그리고 끝없이 너른 들이나 벌판인 '허허벌판'이 있어요. 한자말로 하자면 '황야·광야·대지·평야·평원'을 가리킨답니다.

'허허바다·허허벌판'은 마치 하늘처럼 큰덩이로 넓게 있는 바다나 벌판을 가리킨다고 할 만합니다. 이런 쓰임새를 살펴서 '허허들'이나 '허허땅'이나 '허허판' 같은 낱말을 새롭게 지어서 써도 어울립니다.

✽ 하품

물에 빠져서 허우적거리는 사람은 숨을 '어푸어푸'나 '허푸허푸' 쉽니다. 헤엄을 못 칠 뿐 아니라, 숨을 제대로 쉬기 어려워 입을 크게 벌려서 '푸푸' 소리를 내요. 물속에 오래 잠기고서 밖으로 나올 적에도 '푸하!' 하고 '푸' 소리를 냅니다. '푸'라는 말씨는 '푸지다·푸짐하다'에서 엿볼 만하고, '풀·풀다'가 뿌리라고 여길 수 있습니다.

우리는 "몸을 그만 움직이고 잠이 들고 싶을 즈음, 몸에 힘이 다하여 더 움직이거나 무엇을 할 수 없다고 느낄 즈음, 조금도 안 하고 싶거나 안 듣고 싶거나 안 말하고 싶도록 싫거나 심심하거나 시시하다고 느낄 즈음, 갑자기 저절로 입을 크게 벌리면서 숨을 크게 내쉬고 들이마시는 몸짓"을 '하품'이라는 이름으로 가리킵니다. "하

품 그만하고 자자"라든지 "몹시 힘들었는지 자꾸 하품을 했어"처럼
써요. 때로는 "따분하거나 싫거나 심심하거나 시시하다고 여길 만
한 말·일·이야기·자리·흐름을 빗대는 말"을 가리킵니다. "하품나는
일은 안 할래"나 "이 책은 하품만 나온다"처럼 씁니다.

즐겁게 웃으며 입을 크게 벌리기에 '하하'라 하듯, 졸리거나 따
분하거나 싫거나 시시하기에 갑자기 잠이 쏟아지면서 저절로 입을
크게 벌리면서 숨을 내쉬고 들이쉬는 '하품'입니다.

＊ 허파

요새는 한자 '폐(肺)'를 흔히 쓰는 듯합니다만, 우리말은 '허파'
입니다. 숨을 들이마시면서 몸을 돌보는 곳을 가리키는 이름이지
요. 숨이란 바람이고, 바람이란 하늘을 이루는 기운이에요. 드넓은
하늘이라는 기운을 꾸준히 받아들이면서 온몸에 숨이 돌도록 하는
'허파'라고 하겠어요.

힘

기운 | 힘겹다 | 심 | 팔심 | 새알심 | 심다 | 씨 | 싣다 | 실 | 실마리
시침 | 싱그럽다 | 싱싱 | 싱겁다 | 싶다 | 싫다 | 시들다 | 시답다
시다 | 시키다 | 시큰둥 | 식다 | 움트다 | 우리 | 길 | 깃 | 깃들다

비슷하기에 다른 '힘'하고 '기운'입니다. '힘'은 "몸을 움직이거나 다른 것을 움직이게 하는 바탕"이라면, '기운'은 "하늘과 땅 사이에 가득 차서, 모든 것이 태어나고 자라는 바탕"이에요. '힘'은 "일하는 바탕"이요, '기운'은 "살아가는 바탕"입니다. '힘'은 "누르거나 휘두르거나 퍼뜨리거나 터뜨리는 바탕"이라, 때로는 '때리다·밟다·괴롭히다·벅차다'로 잇습니다. '기운'은 "스미거나 흐르거나 감도는 바탕"이라, '마음결'하고 맞물리는 자리에서 써요.

주먹다짐이나 총칼을 내세우는 쪽이라면 '힘'입니다. 마음씨나 사랑이나 생각을 밝히는 쪽이라면 '기운'입니다. 힘을 부리기에 때리거나 맞아요. 힘을 쓰기에 넘어뜨리거나 일으켜요. 기운을 내어 스스로 빛나지요. 기운이 나기에 활짝 웃고, 눈물로 말끔히 씻어요.

＊ 힘·힘줄·속힘·힘겹다·힘내다

* 심·팔심·속심·다릿심·헛심

    우리말 '힘'은 '심'하고 맞물리는 말꼴입니다. '팔힘'이라고 하는
분이 꽤 많지만, '팔심'이 맞춤말(표준말)입니다. 팔이며 다리를 쓰
는 힘을 '팔심·다릿심'으로, 그냥 흘려버리듯 사라지는 덧없는 힘을
'헛심'으로 나타냅니다.

    낱말책에는 '속힘·속심'이 따로 오르는데, 속으로 내는 힘(속힘)
이요, 속에 있는 심(심줄·힘줄)을 가리켜요.

    '힘'은 '힘겹다·힘들다'처럼 써요. '기운'은 '기운겹다·기운들다'
처럼 안 씁니다. '힘빠지다·기운빠지다'나 '힘잃다·기운잃다'처럼
쓰기는 합니다. 힘이 빠지거나 힘을 잃을 적에는, 몸을 움직이거나
일을 할 만한 바탕이 없다는 뜻이에요. 기운이 빠지거나 기운을 잃
을 적에는, 마음을 다스리거나 스스로 살아숨쉬는 빛살이 없거나
사라진다는 뜻입니다.

* 새알심
* 깃심·소매심

    우리말 '심'은 바탕뜻이 "풀·나무가 올린 줄기에서 안쪽 한가운
데를 이루는 부드러우면서 단단한 곳"이요, "풀·나물·남새가 내린
뿌리에서 안쪽에 있는 질긴 곳"입니다. 안쪽 한가운데에서 단단하
면서 부드럽게 있는 곳(속)인 '심'이에요. 그저 우리말인 '심'이기에

한자 '心'을 붙이지 않습니다.

낟알가루를 작고 동글동글하게 뭉치는 '심'은 팥죽에 넣는 '새알심'으로 거듭납니다. 옷을 지을 적에 겉감하고 안감 사이에 놓아 옷꼴을 반반하게 해주거나 덜 해지도록 하는 '심'이라, '소매심(소맷심)'이나 '깃심'으로 써요.

다쳐서 구멍이 나거나 틈이 난 데에 넣어서 막는 '심'이기도 해요. 이런 쓰임새를 살려서, 초에서 불이 붙도록 안쪽 한가운데에 꼬아서 넣는 실도 '심'이란 이름으로 가리키지요. 글붓(연필) 안쪽 한가운데에 놓아 글씨를 쓸 수 있는 부드러우면서 단단한 것도 '심'으로 가리킵니다.

우리말 '심'은 '힘'처럼, 겉으로는 눈에 보이지 않으나 속에서 반짝반짝 빛나듯 부드럽고 단단하게 한가운데(한복판)를 이루면서 곧고 길게 이어주는 길을 나타냅니다. 촛불심도 연필심도 '힘·실'이라는 결을 '심'이라는 말꼴로 담아요.

* 심다
* 씨·씨앗
* 싣다·실리다

'힘'하고 나란한 '심'은 '심다'로 잇습니다. 씨앗이나 어린나무가 땅에 뿌리를 내리도록 하는 '심다'예요. "힘(심)을 땅에 주거나 옮긴다"는 '심다'라고 할 만합니다. 씨앗이나 어린나무는 "힘을 받아서 무럭무럭 크는" 길을 갈 수 있어요.

곰곰이 보면, "심는 알"이기에 '씨앗'입니다. "힘(심)을 스스로 일으키도록 땅에 드리워 뿌리를 내리고 무럭무럭 자라나면서 싱그러운 빛이 가득하려는 작은 알"이 '씨·씨앗'이라고 하겠습니다.

힘을 얹기에 '싣다'입니다. '싣다'는 "짐을 싣다"나 "몸을 싣다"나 "글을 싣다"처럼 흔히 쓰지요. 어떤 일을 하거나 어떤 일을 하는 쪽으로 나아가도록 한다는 결을 품는 '싣다'예요. '실리다 = 싣도록 하다'이고요.

* 실·실바늘
* 실타래·실마리
* 시침·시치미

오늘날에는 '실'을 기름(석유)에서도 뽑아내지만, 모름지기 모든 실은 풀줄기한테서 얻었습니다. '심(속대)'에서 '실'을 얻어요. '모시'나 '삼'한테서 실을 얻지요. 나중에는 누에하고 솜꽃한테서 실을 얻기도 합니다. 이 '실'이란 '길'처럼 가늘면서 곧습니다. 거미가 치는 집은 '줄'로 엮는 결인데, '실·길·줄'은 'ㄹ'이 받침으로 붙습니다. '물'도 매한가지인데요, 이 'ㄹ'은 부드러이 노래하며 즐거이 흐르는 말씨를 나타낼 적에 살며시 붙습니다.

'실바늘'은 옷을 이루는 바탕입니다. 옷이라는 살림에 풀내음을 싣고, 우리 손길을 바느질을 하면서 싣고, 우리 몸을 따스하게 감싸도록 싣는 구실입니다. '실'은 그토록 가늘고 길면서도 날실씨실로 엮어서 튼튼하고 포근한 옷으로 새롭게 태어납니다.

실을 쓰려고 뭉치니 '실뭉치·실타래'입니다. 실타래를 푸는 첫머리가 '실마리'예요. '실머리'라고 할까요.

누구 매인가 알아보도록 붙이는 '시치미'라 하고, 줄여서 '시침'이라 하는데, '시침'은 바느질 가운데 하나를 가리키는 낱말이에요. 천을 맞대어 드문드문·듬성듬성 가볍게 꿰매는 몸짓이에요. 먼저 시침을 해서 잘 보이도록 해놓고, 나중에 이 결을 따라서 꼼꼼하게 바느질을 합니다.

* 싱그럽다·싱싱하다·생생하다
* 시원하다
* 싱겁다

힘을 잃거나 힘이 빠지면 처져요. 빛이 사그라들어요. 힘을 얻거나 힘이 나면 벌떡 일어서요. 스스로 찾아나서는 몸짓인 '일하다·일어서다'이듯, 눈빛이 살아나면서 힘을 내어 일하는 결이라면 반짝반짝하다고 할 만합니다. '싱싱하다'는 "무럭무럭 자라나는 힘이 있다"를 가리켜요. "썩지도 다치지도 않고 힘차다"고 할 결이기에, 맑고 시원하다고 할 만하지요.

보기에 맑고 힘차기에 '싱그럽다'예요. 냄새도 느낌도 환하면서 맑은 '싱그럽다'입니다.

'싱싱하다'는 꼴을 바꾸어 '생생하다'하고 맞물립니다. '시원하다'는 '싱싱하다'하고 어우러지는 낱말이고, "지내기에 알맞은" 결이라든지 "탁 트이도록 하는" 결을 나타내요. 막히는 데가 없고, 지저분한 것이 사라져서 깨끗하고, 가리는 것이 없어 잘 보이는 결도 '시원하다'입니다.

그런데 '싱'에 '-겁'이 붙는 '싱겁다'는 어쩐지 힘이 빠진 결 같습니다. '싱'을 넣는 낱말은 '맑음·깨끗함'이 바탕으로 있는데, '싱겁다'는 '무겁다·차갑다'에 깃드는 '겁·갑'이 깃들면서 "밍밍한 맛이나 냄새" 쪽을 나타내는 자리에 씁니다. 여물거나 자라려는 맛이나 결이 아직 드러나지 않는 '싱겁다'라고 하겠어요.

* 싶다
* 싫다
* 시들다·시들시들
* 시답다·시답잖다

무엇을 하려는 마음이 있기에 '싶다'입니다. 무엇을 하려는 마음이 없기에 '싫다'입니다. 'ㅍ'하고 'ㄶ'을 붙인 받침에 따라 확 갈립니다. 'ㅍ'은 '풀빛·파랑'하고 나란한 결로 나아간다면, 'ㄶ'은 '곯다·잃다'하고 얽히는 결로 나아갑니다.

싱싱하거나 생생한 결을 잃는 '시들다'입니다. '싱싱·생생'은 힘이 차오르면서 일어나고 무럭무럭 크는 길이라면, '시들시들'은 힘이 빠지거나 힘을 잃으면서 죽어가는 길입니다.

'시답다(시 + 답다)'는 '심'이 있어 일어나듯 가득한 결을 나타냅니다. '시답잖다(시 + 답지 + 않다)'는 '심'이 없어 잃거나 스러지듯 속이 빈 결을 나타내요.

* 식다

따뜻하게 흐르던 기운이 사라질 적에 '식다'라고 합니다. 뜨겁게 타오르던 불길이나 불꽃이 가라앉거나 꺼질 적에도 '식다'라고 해요. 먹기에 알맞도록 갓 지은 밥이 아닌, 먹기에 차갑구나 하고 느끼는 '식다'처럼, 무엇을 하고픈 마음이 사라진 결을 그리는 '식다'입니다.

너무 들끓는 나머지 마음을 다스리지 못 하기에 좀 '식힙'니다. 이글이글 타오르는 마음을 '식혀'야 비로소 둘레를 차분히 바라볼 만해요. 이리하여 "땀을 식히"고 "더위를 식히"면서 몸을 다스립니다. 지나치게 끓지 않도록 달래려는 자리에 나란히 쓰는 '식다'예요.

* 시다·신맛
* 시키다·심부름
* 시큰둥

'시다·신맛'을 떠올려 봅니다. 설익은(덜익은) 열매에서 신맛을 물씬 느껴요. 설익었다(덜익었다)고 한다면, 아직 힘(심)을 제대로 받아들이거나 키우거나 채우지 않았다는 뜻입니다.

남이 맡기는 일인 '시키다'이고 '심부름'이에요. 스스로 할 적에는 '일·일하다·일다·일어나다'입니다. 스스로 하지 않고, 누가 하라고 밀거나 맡길 적에 '시키다'입니다. '심 + 부름'이란 "힘(심)을 부르기(부리기)"예요. 어떤 일을 하라고 시키는(맡기는) '심부름'은 우리 스스로 생각하지 않으면서 움직이는 결입니다. "'스스로'라는 빛이 없는 몸짓"인 '시키다·심부름'입니다.

스스로 생각하거나 일어나서 하는 길이 아닌, 자꾸 시키거나 불러서 하라고 민다면, '시큰둥'하고 '시달리'게 마련이에요. 반갑지 않은 결이에요. 받아들이고 싶지 않은 결이자, 어쩐지 잘난척하는구나 싶어 고개를 돌리고 싶은 결인 '시큰둥'입니다.

* 기운·기울다
* 힘·휘다

'기운'하고 '힘'을 다시 생각해 봅니다. 마음으로 피어나고 생각·사랑으로 감도는 '기운'은 '기울다'랑 맞물립니다. 몸을 쓰거나 일을 하는 '힘'은 '휘다'랑 맞물려요. 힘을 써서 한쪽으로 가도록 하면 '휘어'버리고, 휘다 보면 그만 꺾이거나 쓰러져요. 마음이나 생각이나 사랑으로 흐르는 '기운'은 한쪽으로 가만히 가는 길입니다. '기울'되 스스로 선 자리로 돌아가는, 곧 한곳을 고요히 오롯이 바라보는 '기울기'인 마음쓰기·생각하기·사랑하기에서 태어나는 '기운'입니다.

* 움·움트다·울·울다
* 우리·우레

이 '기운'은 '움'이 트는 결에서 느낄 만해요. 나무에 트는 움은 스스로 겨울을 나면서 활짝 피어납니다. '웃다·울다'처럼 '우르르' 살아나는 결인 '움'이요, '우리(사람들)'란 저마다 다르게 어울리면서 살아가는 숨빛이에요. 하늘에서 쩌렁쩌렁 퍼지는 '우레'란 기운이 넘치는 빛줄기입니다.

* 기름·기르다
* 길·길이
* 김·깃·깃들다

기르는 결인 '기름'입니다. 길러내는 빛인 '기름'이에요. 우리는 '길'을 갑니다. 이 길은 눈에 보이기도 해서 발로 디디며 나아가기도 합니다만, 삶길이나 살림길이나 사랑길이나 생각길처럼, 틀림없이 '길'이면서 눈으로는 볼 수 없는 마음길이 있어요.

나서는 길이라서 '길이'를 잴 수 있습니다. 하늘로 솟는 '김'은 눈에 보일 듯 말 듯하면서 홀가분합니다. 하늘을 날아오르는 새한테는 '깃'이 있어요. 가볍고 길쭉하면서 포근한 숨결이 흐르는 '깃'처

럼, 우리가 어느 곳에 집을 마련해서 포근하게 살아갈 적에 '깃들다'
라는 낱말을 써요.

가만히 그윽하게 퍼지는 '기운'입니다. 삶을 삶답게 가꾸고, 살
림을 살림답게 누리며, 사랑을 사랑답게 스스로 지피는 결이자 길
이면서 빛인 '기운'입니다.

ㄷ

새걸음 펴기

가다

가을 | 걷다 | 가락 | 갓 | 가지 | 가리다 | 감다 | 갈다 | 깎다 | 검다 | 가

무엇을 하려면 가야 합니다. 새롭게 하고 싶으면 어느 자리에 그대로 있지 않습니다. 새로 한 발을 내딛는, '가는' 몸짓이 되기에 비로소 바람이 바뀝니다. 밖으로 움직이기에 '나가다'인데, 모든 흐름은 '가다'예요.

우리 다리로 '걸어갑'니다. 제자리에 머물거나 묵지 않으려고, 이제는 나은 사람이 되고 싶어서 '나아갑'니다. 어디까지 가면 될까요. 어떻게 가면 되려나요. 가던 길을 멈추고서 돌아봅니다. 오던 길을 거슬러 '돌아갈' 수 있습니다. 더는 뒤돌아보지 않기로 하고서 앞으로 '달려갈' 만해요.

때로는 '올라갑'니다. 때로는 '내려갑'니다. 어디에 있나 궁금해서 '찾아갑'니다. 아직 모르기에 '알아가'는데, 이따금 틀려서 '빗나가'며, 하나씩 다스려 냇물처럼 '흘러갑'니다.

* 가다·나가다·나아가다
* 가을·갈무리

* 갈잎·갈대

가을은 어떤 철일까 하고 생각합니다. 가을은 이제 '가는' 철일까요. 이제 가는 철이기에 '갈무리'를 해놓아 겨울맞이를 할 노릇이겠지요. 가을잎(갈잎)은 차츰 스러져 가는 숨빛입니다. 가을이 되어 비로소 오르는 '갈대'는 대(줄기)만 '가늘'게 오르는 듯한데, 가을이 깊어 가는 무렵에 갈대를 보면서, 바야흐로 성큼성큼 다가간 겨울을 느낍니다.

* 가을잎·가랑잎

가을잎을 줄여 '갈잎'이라 하는데, 이제 '가는' 철인 가을에 말라서 떨어지는 잎이 수북해요. '가을잎·갈잎'은 가을에 말라서 떨어지는 잎이요, '가랑잎'은 가을이 아니어도 말라서 떨어지는 잎입니다. 갈잎나무는 가을날 마른잎을 떨구는 나무예요. 늘푸른나무인 후박나무는 한봄이며 첫여름에 가랑잎을 냅니다.

* 걸리다·걸음·걷다 ㄱ
* 거두다·걷다 ㄴ·걷히다

마음이 가고 눈길이 갑니다. 이윽고 손이 가고 발걸음이 갑니다. 발로 걸어서 가기에 '걷다'라고 해요. 걷도록 하니 '걸리다'인데,

걸어서 가면 여러 날이 '걸립'니다. 걷든 달리든 어느 만큼 때나 날이 흐르니 '걸리다'인데, 담에 나뭇가지가 걸리고, 하늘에 별이 걸리고, 이름이 널리 걸리고, 척척 움직이도록 걸리고, 고뿔이나 돌림앓이에 걸리고, 돈이 걸리고, 삶이 걸리고, 수수께끼 같은 일에 걸리고, 돌에 발이 걸리고, 몰래 하다가 걸리고, 그물에 걸립니다. 이래저래 다르게 가는 모습입니다.

가을에 바지런히 하는 갈무리 가운데 하나인 가을걷이입니다. 걸리는 '걷다'가 있고, 갈무리하는 '걷다'가 있어요. 저쪽에 있는 살림을 차근차근 거두어 이쪽으로 모읍니다. 저쪽 것이 이쪽으로 가도록(오도록) 합니다.

우리 힘으로는 모자라서 이웃이 돈을 걷어 줍니다. 이불을 걷어서 햇볕을 쪼입니다. 안개가 걷히니 하늘이 환합니다. 모두 움직입니다. 다 다르면서도 '가는' 결은 매한가지입니다.

* 가리키다·가르치다
* 가늘다·가녀리다·가엾다
* 가락·가락지
* 노랫가락·젓가락·숟가락

이제 손가락이 갑니다. 어디인가를 콕 짚듯이 알리는 '가리키다(가르다 + 키다)'입니다. 무엇을 콕 짚듯이 알도록 이끄는 '가르치다(가르다 + 치다)'입니다. 알고 싶은가요? 무엇을 알고 싶은지 가리켜 보셔요. 가리키는 궁금한 그 대목을 풀어서 알려줄게요. 그러니까, 가리키는 곳을 가르쳐 줄게요.

머리카락은 가늘어요. 국숫가락도 가늘어요. 실도 가늘지요. '가다 + 늘다'일 텐데, '늘다'는 '늘어나다'이기도 하지만 '늘어지다'이기도 해요, '느리다·느릿느릿'하고 잇닿지요. 느리면 나쁠까요? '느긋할' 적에는 어떤가요? 느긋한 사람은 '나긋나긋'하답니다. 나긋나긋한 사람은 '낙낙'하고, 이 '낙낙'은 바로 '넉넉·너그럽다·넓다'랍니다.

'가늘다'란 나쁘지도 좋지도 않아요. 이런 여러 결을 담는답니다. '길게 가는' 결인 '가늘다'처럼 '가녀리다'라 하지요. 어쩐지 여린, 힘이 여릴 뿐 아니라 '작은' 결이라 할 '가녀리다'예요. 이런 뜻이 잇고 퍼져서 '가엾다'이기도 합니다.

길게 잇는 이 모습은 '가락'이기도 하지요. 손에 쥐어서 밥을 집는 '젓가락'이 있고, 국을 뜨며 술술 넘기는 '숟가락'이 있어요. '젓가락'은 젓듯이 쥐는 밥살림이지요. 배를 저어 가듯, 밥을 저을 만해요. 다만 젓가락 한 짝일 적에는 젓지만, 두 짝일 적에는 콕 잡아챕니다.

손가락에 가락지를 두르는데, 길게 가는 이 '가락'은 즐거이 살림을 짓는 결을 나타내는 만큼, 소리를 나타내는 자리에도 살며시 써요. 뚝뚝 끊어질 적에는 '외침'이라 할 테고, 가늘게 길게 이어가는 소리이기에 '가락'이에요. 어쩐지 여린 가녀리다처럼, 문득 어리는 빛처럼, '가락'은 부드럽게 다가오는 즐거운 소릿결입니다. 가락에 말을 얹어 노랫가락으로 더 신나게 누려 볼까요?

* 갓 ㄱ·멧갓
* 갓 ㄴ·갓끈
* 갓 ㄷ·갓난이·막·따끈따끈
* 가시·뾰족
* 가시내·가스나
* 가운데·가위·한가위·가장

　저기에 갑니다. 저기 높게 갑니다. '갓'이에요. '메(뫼)'는 "솟은 땅"을 가리켜요. 무덤(묻엄)도 '메·뫼'이지요. 수북하게 담은 밥도 '메'랍니다. 그런데 "솟은 땅" 가운데 한결 도드라지는, 때로는 뾰족하다고 하고, 아주 치솟은 곳이 '갓'이에요.

　높기에 머리에 쓰는 살림이에요. 머리에 쓰는 살림은 높은 곳에 놓기에 '갓'이랍니다. 막 찾아오거나 하는 모습이나 몸짓을 '갓'으로 나타내기도 해요. 새로 태어난 사람이 '아기'인데, 그야말로 새로 태어나서 반갑게 마주하는 뜻을 힘주어 '갓난아기·갓난이'라 해요. 이제 막 벌어지니 따끈따끈하다고 하지요. 이제 막 벌어지니 식을 일이 없거든요. 돋보이는 즐겁고 반가운 '갓'입니다.

　이러한 갓을 뾰족한 결로 보면 '가시'예요. 따끔따끔하지요. 따끔하게 알려주지요. 이제 막 찾아들 적에는 '따끈'이요, 이제 막 짚거나 알려줄 적에는 '따끔'이에요. '가시'란 확 알아차리도록 하는,

눈을 번쩍 뜨도록 짚어 주는, 섣불리 다가서지 말라고 하는, 도드라진 이 결을 보라고 하는, 푸나무를 지켜주는 든든한 몸이기도 합니다. 줄기에 가시가 난 찔레나무나 탱자나무는 사람이 집을 지어서 살아갈 적에 바깥것이 함부로 못 들어오도록 버티고 지키는 노릇이에요. 딸기줄기에 돋는 가시도 달콤한 딸기를 아무나 함부로 훑지 않도록 보듬는 구실입니다.

순이(여성)를 가리키는 이름인 '가시내'란 얼마나 깊고 너른 '갓'을 품은 낱말인가 하고 돌아봅니다. 높으며, 머리(우두머리·우듬지)이고, 따끔하게 가르치고 따끈(따뜻)하게 품으니 숨결을 살리는 길일 뿐 아니라, 보금자리를 지키는 든든한 숲빛입니다. 여러모로 보면 이웃나라에서 이야기하는 '마녀(魔女)'는 '숲가시내·숲순이'라 할 만해요. '마녀'는 숲을 알고 숲을 돌보며 숲에서 배운 살림을 사람(돌이)들한테 널리 가르치는 숨빛입니다. 우리 터전을 보자면 '가시내 = 숲사람 + 멧사람 + 들사람'인 얼거리입니다.

'가운데'란 '갓' 같은, '우리·울·움·위' 같은 '데(자리·곳·터)'입니다. 한 해에서 복판에 있는 '가위(한가위)'처럼, 가장 위에 있는 데인 가운데예요.

＊ 가지 ㄱ·나뭇가지
＊ 가지 ㄴ·갈래
＊ 너울가지

나무에 가는 숨결은 '가지'입니다. 나무에 가며 잎·꽃·열매를 주렁주렁 다는(짊어지는) '가지'예요. 나무에는 가지가 숱하게 뻗습니다. 가지는 하나가 아니에요. 여러 가지입니다. 아하, 나무에 돋는 "여러 가지"처럼 '갈래'를 가리키는 다른 이름 '가지'이기도 하군요. 나뭇가지를 보듯 우리 삶자락 "여러 가지"를 살펴요. 똑같은 가지가 없듯 "여러 가지"는 참말로 다를 뿐 아니라 새롭습니다.

　　가지는 줄기에 단단히 붙습니다. 줄기에서 떨어진 가지는 땔감으로 가지요. "어떻게 가도록 쓰는" 무엇을 가리키는 '감'이에요. 봄에 흰꽃이고 가을에 발갛게 알을 베푸는 '감나무'도 있어요.

　　'너울가지'는 찰싹 붙듯 잘 사귀는 몸짓이나 모습을 나타내요. 크게 이는 물결인 '너울(놀)'처럼, 아침저녁으로 하늘을 물들이며 빛잔치가 흐드러지는 '노을(놀)'처럼, '너울가지'로 어우러지는 사이라면 무척 반가우면서 즐거울 만합니다.

＊ 가리다 ㄱ·뽑다·숨기다
＊ 가리다 ㄴ·감추다
＊ 감다·감추다
＊ 갑갑하다·깝깝하다·깜깜하다·캄캄하다·컴컴하다
＊ 감감하다·가물가물

　　이리 가고 저리 갑니다. 이리저리 가는 길 가운데 하나를 뽑기에 '가리다'예요. 이리 가는지 저리 가는지 모르도록 감추는 '가리다'가 있어요. 그런데 모르도록 감출 적에는 눈을 감은 듯해요. 안 보여요. 속에 수그리듯 '숨기'는군요.

아, 안 보이니 갑갑하군요. 안 보이니 앞날이 어떠한지 모르겠어요. '감감'합니다. 여린말 '감감'이요, 센말 '깜깜'입니다. 더 세게 '캄캄'이고요. 더더욱 세게 '컴컴'이에요. 잘 안 보이면서 까만, 밤 같은, 빛이 없는 '어두컴컴'이에요.

잘 모르겠습니다. 잘 안 보여요. 잘 안 떠올라요. 감감하다 못해, '가물가물'하지요. 아이고, 이제는 안 쉽군요.

* 까다롭다·깐깐하다
* 꼼꼼하다·곰곰
* 까다·깎다

쉬운 일이 아닌 '까다롭다'인데, 까맣듯, 앞이 깜깜하듯, 할 만하지 않은 '까다롭다'입니다. 그리고 쉽게 고르거나 마치지 않으려는, 더 보고 자꾸 살피고 오래 헤아리려고 하는 '깐깐하다'예요. 하나부터 열까지 따지는 '깐깐'입니다. 하나부터 열까지 모두 보면서 하려는, 빈틈이 없도록 하려는 '꼼꼼하다'예요.

그나저나 꼼꼼히 하면 좋은데 좀 까다롭다고요? 그렇다면 부드럽게 해볼게요. 센말인 '꼼꼼'에서 힘을 빼고 '곰곰' 하면 될까요?

그냥 가면 될 테지만, 그냥 안 가니 '까'네요. 세게 하니 '까다'예요. 세게 하노라니 벗깁니다. 낱낱이(꼼꼼히) 드러내도록 하는 '까다'이지요. 자꾸 까면 힘들 만해요. '깎아내리'면 더더욱 힘들어요.

벗기듯 줄이는 '깎다'로 이어가 볼까요. 값이 비싸구나 싶어 조금씩 벗겨 가려고 '깎'습니다. 쓰기에 좋도록 나무를 차근차근 '깎'아요. 없애려고 까거나 깎고, 군더더기를 없애려고 깎아요. 뼈를 깎듯 애씁니다. 깎다가 '꺾'습니다.

* 갈다 ㄱ·갈이·갈아치우다
* 갈다 ㄴ·갈고닦다·닦다

갈고닦으려는 마음입니다. 벼루를 갈고 땅을 갈아요. 새롭게 짓고 싶어서 낡거나 아쉽거나 모자란 대목을 없애려고 깎고 갈아요. 군더더기를 치우려 합니다. '갈아치웁'니다. 마음을 다스리면서 새롭게 빛내려 합니다. 차근차근 갈 뿐 아니라 반짝반짝 빛이 나도록 하려고 '닦'아요.

우리는 삶을 '갈고닦(갈닦)'습니다. 땅을 갈듯 마음을 갈고, 집안에 바람이 고이지 않도록 꾸준히 갈아요. '바람갈이'를 합니다. 물이 고이지 않도록 '물갈이'를 해요. 모임이나 일터라면 '사람갈이'를 할 때가 있습니다.

짓고 빛내어 나누려는 '갈다'입니다. 지어서 밝히고 함께하고픈 마음으로 생각을 북돋우는 '갈다'예요.

* 가까이·가깝다

흉이나 허물을 벗기거나 없애 볼까요? 너랑 나 사이에 있는 모든 앙금을 씻거나 생채기를 달래 볼까요? '가까이' 지내고 싶어요. 너한테 가고 싶어요. 나한테 가려는 네 마음이 반가워요. 우리는 '가장' 마음이 맞는 사이로 어우러지고 싶습니다. '갓'처럼 높으면서 듬직하고 싶습니다.

* 감기다
* 두루다·둘둘·돌돌·둥글
* 감치다
* 감칠맛·깊다·깊은맛

그나저나 눈을 감으면 안 보이지만, 아우르듯 '감'을 적에는 포근해요. 실을 감습니다. 머리를 감깁니다. 머리카락이 검게 빛나도록 '감긴다'고 해요. 감을 적에는 둘둘, 돌돌, 둥글게 가도록 합니다.

안 풀리도록 바늘을 쥐어 실을 꿰는 '감치다'입니다. 안 풀리도록 실을 감치듯, 입에 척 붙는, "안 풀리는 = 척 붙는"이란 얼개처럼, 입에 척척 붙는 맛인 '감칠맛'입니다. 깊이 가려고 하는 맛이에요. 착착 붙어서 우리 몸을 감고 감싸듯이 스미는 맛입니다.

* 검다·검정
* 까맣다·새까맣다·새카맣다
* 깜깜하다·까마득하다

눈을 감으면 밤빛을 보는 듯합니다. "밤빛 = 어둠빛 = 검정(검다)"입니다. 아주 밤빛이요 어둠빛이라 '까맣다'요, 더욱 짙은 '새까맣다·새카맣다'입니다.

눈을 감아서 검다고 할 말결이에요. '감다·검다'는 나란히 잇는 빛결로 '고요'를 나타내기도 합니다. 왜냐하면, 검정으로 물든 빛이란 '밤'이고, 밤은 잠들어 꿈꾸는 때예요. 꿈꿀 적에는 소리도 몸짓도 없습니다. 고요랍니다.

'가시내(여성)'라는 이름에 깃드는 '갓(가)'은 '감다·검다'하고 맞물리기도 해요. 높다란 곳을 가리키는 '갓'이란, 바로 밤처럼 고요한 빛을 품은 말씨예요. '어둠·어둡다'라 하면 '어렵다'로 잇고, '까마득하다' 같은 말결하고 맞물리지만, '감다·검다·밤'이라는 말씨는 '고요하게 잠들어 꿈꾸면서 새길을 그리는 숨빛'을 나타냅니다. 가시내라는 사람은 '고요히 꿈꾸는 밤빛'을 품은 마음결이라고도 할 만합니다.

잘 안 보이는 '감감하다'처럼, 잘 알기 어렵다는 '깜깜하다'처럼, 이제는 멀구나 싶어 '까마득'입니다.

사람 곁에 여러 새가 찾아오는데, 이 가운데 깃털빛이 까만 새가 있지요. 한 새는 까치요, 다른 새는 까마귀입니다. 둘 모두 "까만 새"예요.

* 가 ㄱ·가장자리·가생이
* 가 ㄴ·가나다
* 냇가·길가·물가

　'가 + 다'에서 '다'를 살며시 덜며 보자니 '가(가장자리)'입니다. 냇가는 냇물이 흐르는 곁인 가장자리입니다. 냇물하고 가까이 붙은 끝자락이나 테두리라 할 '가(가장자리)'예요. 이러한 곳을 사투리로 '가생이'라고도 해요.

　우리는 갑니다. 날이 가고 해가 갑니다. 마음이 가고 오늘이 가요. 새가 날아가고, 뚜벅뚜벅 걸어갑니다. 천천히 낫는 길이기에 나아가고, 삶이라는 길로 살아갑니다. 위로 뻗으며 올라가고, 밑으로 파며 내려갑니다. 가고 가면서 '가'를 만납니다. 이 '가'는 우리가 쓰는 말글을 여는 첫머리이기도 해요. 'ㄱㄴㄷ·가나다·가나다라마바사'로 흐르는 길에서 '가'는 첫소리랍니다.

　첫발을 내딛듯 가꿉니다. 첫손을 내밀어 일굽니다. 살살 꾸미고, 알뜰살뜰 꾸립니다. 가다듬으니 곱고, 비다듬으니 빛납니다. 쓰다듬으니 포근하고, 수수하게 다듬으며 다스립니다.

　이제 품에 담고 손에 넣습니다. '가지는(갖는)'군요. 내가 가꾸어서 가지는 열매를 너도 누리도록 가져가라 합니다. 네가 가다듬어 가진 살림을 나도 즐기려고 가져옵니다.

가슴

**마음 | 가장 | 갓 | 가운데 | 삼다 | 살다 | 심 | 암 | 움 | 울 | 염통 | 열다
여물다 | 여미다 | 여리다 | 엿 | 옆 | 여러 | 통 | 온통 | 통째 | 통통**

우리 몸에서 '복판'이라 할 만한 곳은 '배'일 텐데, 우리 몸에서 '가운데'라 할 곳은 '가슴'이라고 여깁니다. 가슴은 '웃통(웃몸·윗몸)'일 텐데 어떻게 '가운데(가운)'라는 자리를 차지한다고 여길까요?

예전에는 '가슴'하고 '염통'이라는 우리말을 널리 썼는데, 요새는 한자말 '심장(心腸)'을 훨씬 널리 쓰는 듯합니다. 한자말을 뜯으면, 가운데에 있는 곳이나 마음이 있는 곳을 가리킨다지요. 우리말 '가슴'하고 '염통'은 무엇을 가리키는지 곰곰이 짚어 봅니다.

* 가슴·가슴
* 마음·ᄆᆞ슴

지난날에는 '가슴'처럼 썼다고 합니다. 오늘날은 '가슴'이라는 꼴인데요, '마음'도 지난날에는 'ᄆᆞ슴'처럼 썼다지요.

우리 몸 가운데 하나인 '가슴'은 '마음'을 나타내거나 빗댈 적에

도 씁니다. 둘은 다른 낱말이지만, 한동아리로 쓰기도 합니다.

웃통이되 가운데라는 자리에 있다고 여기고, 마음을 나타내기도 하면서, 어머니가 아기한테 젖을 물려서 숨결을 살리고 키우는 가장 크고 사랑스러운 곳이기도 한 '가슴'입니다.

이러한 쓰임새는 "따뜻하거나 포근하거나 아늑하도록 감싸거나 안으면서, 넉넉히·걱정없이·느긋하게 돌보거나 지키는 마음·기운·빛"을 나타내거나 빗대는 뜻으로도 뻗습니다.

우리는 가슴으로 안고, 가슴으로 감싸고, 가슴에 담고, 가슴으로 아파하지요. 이처럼 마음으로 안고, 마음으로 감싸고, 마음에 담고, 마음으로 아파합니다.

숲짐승 '사슴'을 가만히 생각해 봅니다. 사슴이라고 하는 숲짐승이자 이웃한테 남다르구나 싶은 기운이나 뜻이나 넋을 느끼면서 이렇게 이름을 붙일 만하리라 느낍니다.

* 가·가장자리·가까이
* 가장
* 가다

우리말 '가슴'에서 '가'는 '가장자리'나 '길가'처럼 '가까이' 있는 어느 곳을 나타내기도 합니다. ㄱㄴㄷ(가나다)처럼 여는 우리말이기에 '가장'이라고 하는, 처음이자 높거나 큰 결을 나타내기도 해요.

'가'를 밑자락으로 삼는 낱말은 '가다'를 품어요. 여기에 있지 않고 저기에 있으려고 하는 몸짓인 '가다'입니다. 여기에 더 있지 않고 저기에 있으려고 하기에 첫길을 여는 셈이요, 고이거나 멈추는 길이 아닌 스스로 새롭게 움직이는 길을 나타내는 '가다'예요.

* 갓·메
* 가운데

'가 + ㅅ'이나 '갓'으로 읽는다면 '삿갓·멧갓'처럼 봉우리를 나타낸다고도 할 만해요. 봉우리란 '가운데'가 솟은 곳이지요. '갓·메'도 가운데가 솟은 곳입니다.

아기가 숨결을 얻도록 젖을 내어주는 몸은 가운데가 솟은 모습입니다. 갓·메처럼 솟은 가슴입니다. '갓'은 가시내(여성)를 가리키는 말밑이고, '메'는 사내(남성)를 가리키는 말밑입니다. 아기한테 젖을 물리는 순이(가시내)를 한결 깊고 넓게 헤아리도록 이끄는 낱말인 '가슴'이며, 아기를 품는 따사롭고 사랑스러운 넋이란, '마음'으로 기쁘게 새빛을 펴는 몸짓이에요.

마음으로 품는다는 속뜻을 그리는 '가슴'이라고도 하겠습니다.

* 삼·삼다
* 살·살다·사람·사랑

지난날에는 '삼'인 말꼴은 옷을 짓는 실을 얻는 풀포기인 '삼'을 가리키는 이름이자 '삼다'라는 몸짓처럼, 살림살이 가운데 옷자락 이야기를 이루는 '실을 삼는' 흐름은, 실오라기를 엮어서 옷을 새롭게 짓는 길을 나타냅니다. '삼다 = 엮다 + 짓다'인 셈입니다.

뱃속아기를 감싸며 살리는 '삼 ㄴ'이 있어요. 살갑고 살뜰히 '벗삼'고 '동무삼'고 '이웃삼'습니다.

말밑으로 '사'를 품을 적에는 '살'하고 맞물려요. 몸을 감싸는 '살(살갗)'이자, 뼈랑 핏줄을 감싸는 '살(속살)'입니다. 이러한 '살'은 '살다'로 잇지요. 우리가 이곳에서 삶을 이루거나 펴거나 누리거나 짓는 모든 하루가 '삶(살다)'입니다.

사는(삶을 이루거나 짓거나 누리는) 숨결인 '사람'입니다. 따사롭거나 포근하거나 즐겁거나 기쁘거나 아름답게 사는(삶을 이루거나 짓거나 누리는) 숨결로 나아갈 적에 빛나기에 '사랑'입니다.

＊ 슴·심·힘

'가슴'을 '가심'이라는 사투리로 흔히 써요. '슴·심'은 으레 맞물립니다. '심'은 다릿심이나 팔심이라는 낱말처럼 '힘'을 가리키곤 해요. '속심'처럼 줄기·줄거리를 가리키기도 합니다.

곧 '가슴'은 겉으로 드러나는 몸으로는 숨결을 살리는 따뜻하고 아름다워 사랑스러운 빛이 흐르는 곳이요, 이러한 빛줄기를 속으로 품으면서 삶을 포근하고 아늑하고 즐거이 이루도록 가운데라는 자리라고 할 만합니다.

* 암·알·알다
* 음·움·움트다·웅크리다
* 움직이다
* 울·울타리·우리·한울·하늘
* 울다·웃다

'가슴·마음'은 '음·움'이 맞물리는 '암'으로도 바라볼 만합니다. '암'은 '알(열매)'을 가리키고, 이 '알'은 '알다'로 잇습니다. 가슴이나 마음으로 품는 삶이기에 알(열매)이 되고, '앎(알다)'으로 영근다고 할 만해요.

'음'을 '움'으로 이어서 바라보면 '싹트다'하고 비슷하면서 다른 '움트다'를 엿볼 만합니다. 웅크리듯 있다가 움을 트는 봉오리·꽃봉오리나 망울·꽃망울을 헤아려 봐요. 웅크린 모습은 '울·울타리'이기도 하지만, 서로서로 아우르거나 어우르면서 크게 하나이면서 너른 빛으로 모이는 '우리(우리들)'이기도 합니다.

너랑 나는 즐겁거나 기쁘게 어우러지면서 "함께하는 '우리'"입니다. 너랑 나는 다투거나 싸울 적에는 어울리지 못 하니, 이럴 때에는 "가두리(가두는 '우리')"가 되어요. 한끗으로 갈린다고 할 텐데, 가두거나 묶는 '울·우리'가 있고, 포근하게 품거나 안는 '울·우리'가 나란히 있어요.

어떻게 있느냐에 따라 '울다'라는 움직임이 되거나, '웃다'라는 움직임이 됩니다. 움을 트기에 '움직임'이에요. 울거나 웃는 삶이기에, 늘 움직이는(흐르는) 우리 하루입니다.

* 염통·렴통·념통
* 심통
* 심·힘·속

가슴에서도 '가슴속'으로 따로 가리키는 우리말 '염통'입니다.
요새는 거의 짐승 몸에서 가운데에 있는 곳을 가리키도록 쓰임새
가 줄어들었습니다만, 지난날에는 '렴통·념통'이라 하기도 했고, 사
투리로 '심통'이라고도 합니다.

'심통'으로 읽을 적에는 '가슴'에서 살펴보았듯 '힘'이나 '속'을 가
리키는 밑자락을 들여다볼 만합니다. 몸에서 힘(심)이 나도록 하는
곳이요, 속에서 바탕이나 가운데를 이루는 곳입니다.

* 열다
* 열매·열매지기
* 여름·여름지기
* 여물다·영글다

우리 몸에서 염통이 맡은 일을 보면 '열다'입니다. 온몸으로 피
가 흐르도록 핏줄기를 열어요. 쉬지 않고 한결같이 열면서 싱그러
이 살아가도록 이끄는 염통입니다.

쉬지 않고 한결같이 열면서 핏방울이 고루 돌아 새힘이며 새 기운을 북돋우니, 우리 몸은 어느새 삶이라는 하루를 누리거나 지으면서 열매를 맺습니다. 네 철 가운데 '여름'이 있는데, 흙을 일구는 사람인 '흙사람(농사꾼)'을 가리키는 옛말이 '여름지기(여름을 지음)'나 '열매지기'입니다. 여름이란 열매를 맺는 철이에요. 또는 햇볕이 가장 많이 들도록 하늘이 열린 철입니다. 또는 하늘이 가장 크게 열리면서 열매가 여물거나 영그는 철인 여름입니다.

여문 알인 열매이기에 몸을 살찌우는 밥으로 삼습니다. 열매가 영글도록 햇볕이 듬뿍 내리쬐어야 알차게 밥살림을 누리듯, 우리 마음이 영글고 생각이 영글어야 '제대로 아는' 삶일 테니, 영글지 않는 사람은 어리석거나 멍청하겠지요. 영글거나 여물 노릇인 마음이자 생각이요, 삶이자 살림입니다.

＊ 여미다
＊ 엮다

옷깃을 반듯하게 손보거나, 마음을 반듯하게 다스리거나, 일을 반듯하게 끝을 낸다고 할 적에 '여미다'라는 낱말을 씁니다. 열매를 맺듯 나아가거나 다스리거나 하거나 이루는 움직임(몸짓)인 '여미다'예요.

실을 삼듯, 끈이나 실이나 줄 여러 가닥을 하나로 모으는 '엮다'입니다. 여러 살림살이를 끈이나 실이나 줄로 단단하게 잡으려는 움직임(몸짓)도 '엮다'이지요. 지난날에는 살림살이를 할 적에 쓴 '엮다'인데, 요즈음은 우리 마음·생각·삶을 글로 옮겨서 반듯하게 다스리거나 보기에 좋도록 손보는 일도 '엮다'로 가리킵니다. 마음이며 생각이며 삶을 알아보기에(읽기에) 수월하도록 글을 엮고 나면, 이 글을 오래오래 두거나 물려주려고 꾸러미(책)를 일구기도 합니다. 책으로 내놓으려고 차곡차곡 모으거나 손보거나 다스릴 적에도 '엮다'입니다.

* 여리다
* 어리다·어린이

열매로 여물 적에는 속살을 부드러이 풀어내면서 씨앗을 단단히 여미는 길이라고 할 만합니다. 속살을 부드러이 풀어내니 여립니다. 힘은 세지 않되 기운은 그득해요. 말랑말랑 즐거이 누리는 감이며 복숭아처럼 여릿여릿한데, 달면서 깊은 맛이 그득그득합니다.

여린 숨결인 사람인 어린이입니다. 나이가 어리기도 할 테지만, 힘이 여리기도 합니다. 여러모로 보면, 어린이는 여물어 가려는 열매 같은 사람이라고 할 수 있어요. 부드럽고 상냥하면서 나긋나긋 느긋느긋 소꿉이랑 놀이를 지으면서 노래하는 어린이는 언제나 열매를 닮고 담으면서 열매로 다다르려는 하루이기도 합니다.

* 엿
* 엿듣다·엿보다

열매를 넉넉하면서 즐겁게 짓고 나면, 이 열매인 '알(낟알·곡식)'로 새롭게 짓거나 가꾸는 살림을 하나둘 엽니다. 이를테면 '엿'을 고지요. 밥알로 삼을 쌀알이 모자랄 적에는 엿을 고지 않을 테지만, 밥알로 삼을 쌀알이 넉넉하면, 밥살림을 한결 기쁘게 가꾸려고 '엿'을 곱니다. 알차게 맺은 열매를 한결 달달하고 짙게 뭉치는 먹을거리인 '엿'입니다.

남이 알지 않도록 하면서, 그러니까 몰래 들으려 하기에 '엿듣다'라 합니다. 남이 알지 않도록 하면서, 그러니까 몰래 보려 하기에 '엿보다'라 하고요. 그런데 '엿보다'는 몰래 보려는 움직임(몸짓)으로 그치지 않아요. 잘 보이지 않기에 잘 보려고 힘을 쓰는 '엿보다'로 뻗습니다. 잘 드러나거나 알기 어렵지만, 잘 알아서 환하게 마음을 열고 싶어서 기운을 쓰고 움직이면서 스스로 배우려고 하는 '엿보다'로도 뻗어요.

실이나 끈이나 줄을 엮어서 살림을 새롭게 다스리거나 일구듯, 어느 하나를 놓고서 다른 여러 가지를 알아가거나 알아차리는 길도 '엿보다'입니다. 이루고 싶은 일이나 길이나 뜻이 있기에, 마음이며 기운을 듬뿍(가득) 쏟거나 기울이는, 마치 여름철 햇볕처럼 힘을 쓸 적에도 '엿보다'예요. 또한, 시커멓거나 사나운 마음을 드러내어 빼앗으려고 몰래 노리거나 지켜보는 짓도 '엿보다'입니다.

＊ 옆·옆구리
＊ 곁·곁따르다

염통은 옆몸에 있다고 여길 만합니다. 몸을 움직이거나 살리는 길에서는 가운데이되, 가만히 보자면 '옆'이지요. 옆구리란 염통을 돌보는·품는·감싸는 자리라고 여길 만해요.

옆하고 비슷하면서 다른 '곁'이 있어요. 곁은 '겹'이나 '거듭'이란 낱말하고도 맞물리듯 두껍거나 두텁게 맺는 사이를 나타냅니다. '옆·곁'은 모두 '가까운' 곳을 가리키되, '옆'은 있는 그대로에서 머무른다면, '곁'은 짙고 깊게 가까운 결을 나타낸다고 할 만합니다.

'옆사람'은 자리로는 가깝되 마음으로는 가깝지 않아요. '곁사람'은 자리로 가까운 사람을 가리키기도 하고, 자리가 멀리 떨어졌어도 언제나 마음으로 가까이 있는 사람을 가리킵니다.

우리는 '곁따르다'라고만 할 뿐, '옆따르다'라고는 안 씁니다. 곁에서(가까이 붙어서) 따른다고 하니, 한몸처럼 움직이는 마음이 빛나고, 서로 '곁님'으로 부르며 어울립니다.

＊ 여보·여기
＊ 여기다·생각
＊ 여러·여럿

지난날에는 가시버시(부부)를 이룬 순이돌이(남녀)가 서로 '여

보'라 불렀습니다. "여기를 보오"를 뜻하는 '여보(이보)'인데요, '여'
는 '여기', 곧 가까운 이곳을 가리켜요. 가시버시는 서로 '여(여기·이
곳)'를 바라볼 만큼 가깝게 있는 사이를 넌지시 나타내는 셈입니다.
여보란 말로 부르는 사이는 얼핏 그냥 '옆'에 있는 듯하지만, 마음으
로는 '곁'에 있도록 '본다(보다·봄)'는 마음을 그려요.

  이리하여 '여기다'라는 낱말이 '생각·헤아리다'하고 비슷하면서
다른 결을 엿볼 만합니다. '엿보'는 결에, '여기·여보·이보(이보오)'
를 일컫는 결을 품는 '여기다'입니다.

  열매처럼, 여름처럼, 또 여기는 길과 옆이라는 자리처럼, 하나
가 아닌 '다 다른 하나가 숱하게 있는' 결을 가리키는 '여러·여럿'입
니다.

  여러 가지 열매를 맛보면서 즐겁습니다. 여러 사람은 저마다 여
러 생각하고 마음으로 하루를 짓기에 새롭고 반가우면서 아름답습
니다. 우리는 다 다르면서 하늘빛을 품듯 나란한 사랑으로 어울리
는 오늘이기에, 스스로 사람이라는 이름을 짓고 나누면서 울고 웃
는 삶을 누린다고 여길 만합니다.

∗ 통
∗ 온통·된통
∗ 머리통

  무엇을 담는 그릇을 가리키는 한자말 '통(桶)'이 있습니다만, 우

리말 '통'은 쓰임새가 많습니다. 하나로 묶는 '통'이 있고, 배추나 수박이 속이 꽉 찰 적에 "통이 들다"나 "통이 앉다"라 합니다. "수박 한 통"이라고도 가리키지요.

천을 두루마리처럼 말 적에도 '통'이라 해요. 옷에서 속넓이를 '통'이라 하고, "다리통이 굵다"처럼 써요. '몸통'에 '웃통'을 봅니다. "통이 넓은 사람"이라면 "마음 씀씀이가 넓은 사람"이란 뜻입니다. '장마통'이나 '북새통' 같은 데에도 '통'을 써요.

'온통·된통'처럼 쓰기도 하지요. '온통'은 "있는 그대로 모두"를 나타냅니다. "있는 것에서 어느 하나도 빼거나 덜지 않은 고스란히"를 나타내요. '된통'은 '되게·되우'하고 맞물리는데, "있는 그대로 아주 크게"를 나타냅니다.

'통'은 "통 말이 없구나"나 "통 모르겠구나"처럼 쓸 때도 있어요. 곰곰이 보면, "무엇을 담는 그릇"은 한자로도 옮길 수 있으나 먼먼 옛날부터 오롯이 우리말로 가리켰다고 여길 수 있습니다.

아니, 우리말 '통' 쓰임새가 한결 넓고 깊으며 굵습니다.

곧, '염통'이나 '머리통' 같은 데에서도 '통'은 "두르는 결"과 "굵고 깊이 있는 결"과 "담거나 품거나 안는 결"을 나타낸다고 할 만해요. 또한, 어떠한 일이 벌어지는 복판·가운데를 가리키는 '통'이요, '온통'처럼 모두를 아우르는 결을 그리기도 합니다.

* 통째·통배추
* 통속·통틀어

* 통통하다

　있는 모두를 아울러 '통째'라 합니다. 하나라도 안 덜고 안 빼고
안 나눈 모두입니다. '통배추'는 "통으로 있는 배추"입니다. 아직 손
질하지 않은, 오롯이 그대로인 배추예요.

　흔히 '한통속'이라 하는 '통속'은 서로 조용히 어울리는 사이를
가리키는데, 끼리끼리 어울리는 사이라고 하겠습니다. "저쪽에서
통속(한통속)으로 하는 일이니 우리는 몰라"처럼 씁니다.

　하나부터 열까지 안 빠뜨리고 아우르기에 '통틀어(통틀다)'입니
다. '통'을 넣은 말씨는, 아우르는 곳에 있는 모두를 나타낸다고 할
만합니다. 동글동글한 바탕이면서 두루 담아내는 결이라고 하겠
어요.

　씨앗은 조그맣게 '톨'이고, 가볍게 튄다고 여겨 '톡·톡톡'이고,
무겁게 튄다고 보아 '툭·툭툭'입니다. 무슨 일이나 작은 일이라도
있으면 '툭' 나오는구나 싶은 '툭하면'이에요. 톱으로 삼을 긁어 '톺
다'라고도 하고, 가팔라서 더듬듯 오른다거나 샅샅이 돌아보면서
본다고 하기에 '톺다·톺아보다'예요.

　'뚱뚱하다·똥똥하다'하고는 살며시 다른 '통통하다·퉁퉁하다'입
니다. 제법 붙거나 부은 듯하기에 '통통하다'일 테고, 제법 붙은 모
습이 어느 만큼 보기에 좋다는 마음을 함께 나타냅니다.

곱다

곧게 | 고루 | 고요 | 곳 | 꽃

비슷하면서 다른 말입니다. 다르지만 닮은 말입니다. 모든 말은 다
다른 자리에서 다 다르게 쓰지만, 하나하나 맞물리는 실타래를 헤
아리노라면 어쩐지 여러모로 잇닿으면서 새롭게 바라볼 만해요.
"마음을 곱게 쓰렴" 하고 이야기합니다. 동무나 이웃이나 둘레를
따스하게 바라보거나 마주하면서 착하게 지내라는 뜻입니다. 이때
에 "마음을 아름답게 쓰렴" 하고 이야기하지는 않습니다. 이 자리
에 '아름답게'를 쓸 수도 있지만, "곱게 듣고 곱게 말하다"처럼 써야
어울립니다.

그러고 보면 "고이 잠들다"처럼 이야기해요. 이 "고이 잠들다"는
"고요히 잠들다"하고 비슷합니다. "고이 잠들다"에서 '고이(곱다)'
는 '아름답다'하고 다른 뜻과 결이에요.

가루를 '곱게' 빻는다고 합니다. 가루를 가늘게 낼 적에는 '아름
답게'를 안 씁니다. '곱다'는 어떻게 뻗으면서 퍼지는 말빛일까요?
모든 목숨이 씨앗 하나에서 비롯하듯, 모든 말도 한 마디에서 비롯
할 텐데, '곱다'에서 차근차근 피어나는 말씨는 우리 삶자리에 어떻

게 뿌리를 내렸을까요?

* 곱다
* 곱상하다·곱살하다
* 곰살갑다·곰살맞다·곰살궂다·곰상스럽다
* 살갑다·상냥하다
* 고이·곱게·곱다시

곱구나 싶은 결을 나타낼 적에 말끝을 살짝 바꾸어 '곱상하다'나 '곱살하다'처럼 이야기합니다. 보기에 넉넉하거나 낫거나 보드랍구나 싶은 빛을 담아내는 낱말입니다. 이 말씨는 '곰살갑다·곰상스럽다'에서도 엿볼 만해요. "고우면서 살가"운 숨결을 그리는 '곰살갑다'는 '곰살맞다·곰살궂다'로 잇고 '곰상스럽다'로 나아갑니다.

고우면서 살갑기에 '곱살갑다'인데 '살갑다'는 '살(살결) + -갑다'인 얼개요, '사'는 '사랑·사람'하고 말밑이 같으면서 '상냥하다'로 잇닿아요. '사근사근' 다가오면서 속삭이는 마음이란, 언제나 보드라우면서 밝고 싱그러운 기운이요 빛일 테지요.

'곱다'는 '-게'를 붙여 '곱게'로도 쓰고, 'ㅂ'이 떨어져 '고이'로도 씁니다. 말끝을 바꾸어 '곱다시'로도 써요. 바탕은 '고'입니다. 착하거나 차분하거나 참하다고 할 이 말씨는 두 갈래로 새롭게 잇습니다.

* 고분고분·얌전
* 고스란히·그대로

　말을 '고분고분' 듣는다거나 몸짓이 '고분고분'하다고 이야기합니다. 거스르거나 맞서지 않는 몸짓입니다. '얌전'히 따라간다는 뜻입니다. 나를 드러내기보다는 나를 차분히 가라앉혀서 간다는 '고분고분'이에요. 내 뜻이나 말은 낮추거나 치우고서 남이 말하는 길대로 하거나 간다는 '고분고분'이지요. 말이 없이 부드러이 있는 '얌전'하고 맞닿는 결이에요.

　더 살핀다면 '고스란'은 아직 닿거나 쓰거나 건드리거나 만지거나 다루거나 다치거나 휩쓸리거나 움직이지 않은 모습을 그립니다. 처음 모습으로 있기에 '고스란'이에요. 처음 갖춘다든지, 처음 지었다든지, 처음 얻었다든지, 처음 들여놓거나 받아들인 모습이기에 '고스란'입니다.

　'그대로'도 "처음 모습으로" 있을 적에 써요. "그대로 둔다"고 하지요. 그런데 "그대로 둔다"고 하면, 더하거나 넣거나 바꾸거나 고치려 하지 않고 둔다는 뜻이에요. "고스란히 둔다"고 하면, 만지거나 쓰거나 다루지 않고 둔다는 뜻이고요. "처음 모습으로"인 '그대로'이면서 "있는 모습으로"이기도 해요. 더하지 않은 모습이지요. 바꾸지 않은 모습입니다.

* 고요·고즈넉

* 조용·좋다

'고'로 잇는 말은 보드라우면서 싱그럽고 밝은 결을 나타내는데, 누가 건드리거나 더하거나 쓰지 않은 결을, 움직이거나 만지지 않은 결을 그리기도 해요. 이 '고'가 깃든 '고요'는 움직임도 소리도 없는 결입니다. "고요히 잠들었다"고 할 적에는 어떠한 몸짓뿐 아니라 아무런 소리도 없이 있다는 뜻이에요. "조용히 잠들었다"고 할 적에는 나즈막히 잠꼬대를 한다든지 뒤척이는 모습이 가볍게 있을 만해요. 새근새근 숨소리를 내며 "조용히 잠든 아기"라고 할까요.

'고즈넉'은 '고요'하구나 싶은 결로 품어 주는 모습입니다. 소리나 티가 없이 아늑하구나 싶은 곳에서 '고즈넉'하다고 느껴요. 눈이나 귀가 하나도 거슬리지 않고 차분하게 있을 만하기에 고즈넉합니다. 둘레에 성가시게 움직인다든지 시끄럽게 구는 소리가 없는, 가만히 가라앉은 결을 드러내는 '고즈넉'이에요.

곰곰이 본다면, 이런 '고요'하고 맞물리는 비슷한말인 '조용'에서 가지를 친 '좋다'라고도 할 만하기에, '좋다'고 할 적에는 우리가 마음을 우리 숨빛 그대로 두면서 부드럽고 밝게 있는 결을 그리는 구나 싶어요.

날씨(날)가 맑으면서 고르기에 "날씨가 좋다"고 해요. '즐겁게' 살거나 나아가는 마음이 되기에 '좋다'고 하지요.

* 꼬부랑·꾸부렁·꼬부장·꾸부정

* 고불고불·구불구불·꼬불꼬불·꾸불꾸불
* 굽다
* 구부리다·구부정하다·고부리다·고부장하다
* 굽히다·굽신굽신

우리말은 ㅏ랑 ㅓ가 맞물리고, ㅗ랑 ㅜ가 맞물려요. 그러니 '곱다'는 '굽다'랑 맞물리지요. 가만 보면 허리가 굽은 할머니를 이야기하는 노래로 "꼬부랑 할머니"가 있어요. '곱다·굽다(굽히다)'로 맞물리고 '고불고불·구불구불'이라든지 '꼬불꼬불·꾸불꾸불'에다가 '꼬부랑·꾸부렁'으로 흘러갑니다.

얼핏 본다면 '곱다·굽다'만 있어도 될 테지만, 우리 옛사람은 한 가지 말만 쓰지 않았어요. 그때그때 느낌하고 결을 살려서 말씨나 말끝을 살짝 바꾸었어요. 때로는 부드럽게 다듬고, 때로는 억세게 추스릅니다. 때로는 가벼이 밝히고, 때로는 묵직하게 얹습니다.

'곱다'를 더 살피면 쓰임새를 여럿으로 가를 만해요. '아름답다'하고 비슷하면서 다른 '곱다 ㄱ'이 있고, 잃어버린다는 '곱다 ㄴ'이 있어요. 얼어서 꼼짝하기 어렵다는 '곱다 ㄷ'에 '굽다·휘다'하고 맞물리는 '곱다 ㄹ'이 있지요.

말소리는 하나이되 뜻이나 쓰임새는 사뭇 다른 네 갈래 '곱다'입니다. 왜 이처럼 쓰는가 하고 돌아본다면, 한쪽으로 기울거나 가거나 있는 '곱다·굽다'이기에, 한쪽으로 가 버린 모습이나 몸이라면 움직이기에 나쁘지요. 얼어서 옴쭉달싹 못하는 모습을 그리기에 어울립니다. 한쪽으로 가 버리면서 꼼짝을 못 하는 모습이란, 잃은 나머지 어찌할 바를 모르는 모습하고도 맞물려요.

＊ 꽃·꼴찌·꼬리·고리

끝에 붙은 꼬리입니다. 꼬리마냥 끝에 있기에 꼴찌입니다. 그런데 '꼬리·끝'이라는 낱말을 파헤치다 보면 어느새 '꽃'에 닿습니다. '곱다·굽다'가 '꼬부랑·꾸부렁'으로 실타래를 이어가는 동안 '꼬'가 다시금 '꽃'하고 만나요.

씨앗이 싹이 트고 뿌리가 내리고 줄기가 오르고 잎이 돋으면서 어느덧 망울이 맺는데, 이 망울이 터지면서 꽃이 됩니다. 풀꽃도 나무꽃도 아주 조그마한 씨앗이 처음이요, 꽃은 열매로 나아가는 끝길입니다. 꽃송이가 숨을 거두는 끝에 열매가 익어요. "꽃이 곱다"고 말하는 밑자락을 들여다본다면, 기나긴 길을 거치면서 끝자락에 닿는 동안 얼마나 마음을 기울이고 애를 쓰며 힘을 다했나 하는 빛을 느낄 만하다는 뜻이로구나 싶습니다.

꽃은 그냥 곱지 않아요. 모든 길을 거치기에 곱고, 이 길을 거친 뒤에 시들어 땅으로 꽃송이를 떨구면서 열매로 거듭나기에 곱습니다. 그래서 '꼴찌'도 '꼬리'도 새롭게 바라볼 만해요.

맨 마지막이기에 나쁠 일이 없어요. 든든히 지키거나 돌보아 주는 몫인 꼴찌요 꼬리예요. 처음으로 잇는 길목이니, 끝이 처음하고 만나고, 꼬리부터 첫머리를 새롭게 열어요. '고리'도 처음과 끝을 잇고, 동글동글 곱게 잇는 길입니다.

* 곧다·곧바르다
* 곧·곧장·곧바로

  새삼스레 보면 "꽃이 곱다"고 할 뿐 아니라, "곧게 가는 사람이 곱다"고도 합니다. 흔들리지 않고 곧게 가기에 고와요. 샛길에 빠지지 않고 스스로 세운 한길을 즐거이 노래하며 나아가기에 곱습니다.

  '곧' 무엇을 이룬다고 하는데, '곧장' 간다고 하는데, 어느 곳에도 안 들르고 '곧바로' 나아간다고 하는데, 이 '곧'은 '고'를 밑틀로 삼아서 차분하고 착하고 참하게 가는 몸짓이자 숨결을 드러냅니다. 차분하고 착하고 참하면서 부드럽고 밝은 빛으로 가는 '곧다·곧바르다'이고, 곧게 추키며 '곧추섭'니다.

  다른 데를 볼 일·까닭이 없이 우리가 나아갈 길을 바라보노라니 이내(곧) 이루는 삶이자 살림이요 사랑입니다.

* 고루·골고루·고루고루
* 고르다
* 고루두루
* 두루·두루두루
* 두르다·둘레

가루를 곱게 빻는다고 할 적에는 잘게 나누는 조각이 '고르게' 있습니다. 우리가 몫을 고르게 나눌 적에는 착하거나 참합니다. 누가 적거나 많지 않도록 '고르게' 가르는 손길이란 '곱'지요. 마음을 곱게 쓸 줄 알기에 '골고루(고루고루)' 주고받습니다.

'고루'는 '두루'하고 얽히는데, '두루'는 '두르'듯이 펴는 결입니다. 치우치지 않기에 곱고, 안 치우치도록 나누기에 '고루두루' 즐거워요. 둘레를 밝게 어루만지는 손길이기에 아름답습니다. 곱지요. 두르듯이 두루 있는 결인 자리라 '둘레'예요.

자, 그러면 무엇을 고르겠어요? 반반하게 있는 '고르다'이면서, 가리거나 뽑는다고도 하는 '고르다'예요. 곱게 하나를 품으려고 하는 '고르다'라고 할까요. 숱한 길이 모두 아름답거나 즐거울 텐데, 이 가운데 하나를 참하면서 차분하면서 착하게 누리려는 마음으로 품으려 하는 '고르다'입니다.

* 공

둥글어서 모가 하나도 없는 '공'입니다. 모가 없는 공이란 참말로 아름답습니다. 우리가 살아가는 이 별이 바로 '공'하고 닮은 모습이에요. 둥글게 구르는 공입니다. 둥글둥글한 결이며 빛이며 모습이란 그야말로 곱다고 할 만해요. 모가 없이 고른 모습인 공이에요.

* 곳·곳곳

우리는 어느 곳에 있는지 돌아봅니다. 우리가 마음을 곱게 다스리면서 삶을 고르게 짓도록 북돋울 만한 보금자리를 어느 곳에 두는지 헤아립니다. 어느 곳이 마음에 드나요? 어느 곳을 곱살곱살 가꾸겠습니까? 어느 곳에서 고즈넉하면서 곰살갑게 하루를 가꾸기에 즐거울까요?

자라거나, 잣대(자)가 되거나, 자위처럼 복판으로 여기거나, 자는(잠) '자리'라고 할 만합니다. '터·터전'하고 비슷하지만 다른 '데'는 '대다·닿다'하고 얽히기도 합니다. 고요하기도, 곧기도, 곱기도, 꽂듯이 있거나 머무르거나 묵기도, 고루 있기도 하는 '곳'이라고 여길 만합니다.

이곳저곳 다 아름답기를 바랍니다. 곳곳에 꽃이 피기를 바랍니다. 어느 곳에서나 공을 굴리며 함께 놀기를 바랍니다. 곧 이런 꽃누리를 이루겠지요. 곧장 찾아오는 꽃밭은 아닐 수 있습니다만, 누구나 고스란히 누리면서 웃고 노래하고 춤출 반짝반짝 꽃별로 우리 보금자리를 고르게 일구기를 바라고 또 바랍니다.

구두

굳다 | 굳이 | 곧다 | 고스란 | 꼿꼿 | 꼰대 | 굽 | 구두쇠 | 굽다 | 고비

고개 | 구멍 | 구석 | 굴 | 골 | 고을 | 굴다 | 동굴 | 얼굴 | 꼴 | 고리

공 | 곳 | 고꾸라 | 곤두 | 곧 | 곧다 | 고드름 | 곧추 | 곶 | 꽂다 | 꼬치

꽃 | 꼬리 | 고이다 | 곱다 | 귀엽다 | 고맙다 | 곰 | 가만 | 꼭 | 꼭지

꼭두 | 곡두 | 구리다 | 굵다 | 곪다 | 고약하다

달걀을 깨서 그대로 두면 굳습니다. 갓 지은 밥이나 갓 구운 빵은 보드랍습니다. 말랑말랑하고 촉촉합니다. 그러나 밥이나 빵을 그대로 두면 차츰 굳어요. 흙으로 무엇을 빚을 적에도 불기운을 쏘이거나 바람하고 해에 말리면 굳습니다.

　서로 겨루다가 어느 쪽이 이기는구나 싶으면 '굳히기'를 합니다. 달리 움직이지 않도록 하는, 더 바뀌거나 바꾸는 일이 없도록 하는, 어느 결이 그대로 가도록 하는 '굳다·굳히다'입니다.

* 굳다·굳히다

* 굳세다·굳건하다

* 굳기름·굳은살·굳돌

더 바뀌지 않으니 어느 때에는 단단하거나 튼튼합니다. 어느 때에는 딱딱하거나 뻣뻣합니다. 아기는 자라면서 "뼈가 굳어 튼튼합"니다. 힘들거나 고단하면 "몸이 굳어 움직이지 못"해요. 날이 추우면 "손이 굳어 글씨를 못 쓰고, 혀가 굳어 말을 못 합"니다.

아직 익숙하지 않은 말은 못 쓰지만 "혀에 굳은 말"은 즐겁게 널리 씁니다. 즐거우면 활짝 웃으면서 얼굴을 펴는데, 안 즐겁거나 싫거나 괴로우면 "얼굴이 굳어"버립니다. 차곡차곡 아낀다면 "돈이 굳는다"고 말해요.

드러나는 결은 똑같으나, 받아들이는 자리나 몸짓이나 생각에 따라 '굳기'는 참으로 다릅니다.

이리하여 단단하며 센 '굳세다'라든지, 아무리 쳐도 끄떡하지 않는 '굳건하다(굳다 + 건사하다)'라는 낱말이 태어납니다. 기름을 굳혀 '굳기름'이요, 한자말로는 '지방'입니다. 일을 오래 해서 손에 익을 무렵에는 '굳은살'이 생겨요. 단단히 뭉쳐서 '돌'인데, 여느 돌보다 훨씬 단단할 적에는 '굳돌'입니다.

* 굳이·구태여·구태
* 곧다·곧이곧다·곧바르다
* 고드름
* 고지식하다
* 고스란하다
* 꼿꼿·꿋꿋

* 꼬장꼬장·꼰대

　마음을 단단히 하기에 '굳이·굳게'인데, 단단할 뿐 아니라 그저 그대로 나아가려고 하는 결을 담은 '굳이'이기도 합니다. '구태여(구태)'는 '굳이'랑 거의 같은 낱말입니다. "굳이 애써서"를 뜻하는 '구태여(구태)'이니, '굳이'보다 힘주어 쓰는 말씨입니다.

　애쓰지 않아도 되는데 애쓴다는 '구태여'이고, 준말인 '구태'입니다. 어느 모로 본다면, 안 해도 되는데 애쓰거나 힘쓴다는 '구태여'입니다. 단단하도록 애쓰거나 힘쓴다는 '굳이'입니다.

　ㅜ는 ㅗ로 잇습니다. '굳다'는 '곧다'로 나아가요. 어느 결로 단단하게 흐르는 '굳다'처럼, 어느 한 쪽으로 쏠리거나 치우치거나 기울지 않고서 흐른다는 '곧다'입니다. 이러면서 가늘고 길게 나아가는 결도 '곧다'로 나타내요. 흔들리지 않거나 꺾이지 않는 마음도 '곧다'로 나타냅니다.

　치우치지 않으면서 제 결을 그대로 품은 '곧다'이니 '곧이곧다(곧이곧대로)'라 하면 그야말로 거짓이나 꾸밈이 깃들지 않으면서 한결같은 모습이나 몸짓을 나타냅니다. '곧바르다 = 곧다 + 바르다'예요, 안 치우치고 한결같으면서 밝고 알맞게 나아가는 모습을 가리킵니다.

　날이 추우면 처마를 따라서 '고드름'이 맺곤 합니다. 밑으로 떨어지거나 흐르던 물방울이나 물줄기가 그대로 굳는 모습인 얼음이에요. "곧은 얼음 = 고드름"입니다.

그저 곧아서 다른 말을 안 들을 적에는 '고지식하다'고 해요. 좀 막히거나 힘들면 다른 곳이나 길을 찾아볼 만한데, 끝까지 한길을 파는 사람도 '고지식하다'고 합니다. 언뜻 보면 꽉 막힌 '고지식' 같으나, 달리 보면 한길을 꿋꿋하게 나아갈 줄 아는 '고지식'이라고 하겠어요.

건드리거나 만지거나 다치거나 움직이지 않아서 처음대로 죽죽 이어가거나 있는 결을 '고스란'으로 나타냅니다. "하나도 안 써서 고스란히 남았다"라든지 "그 뜻을 고스란히 이을게"처럼 쓰지요.

한 쪽으로 안 가기에 '꼿꼿'합니다. 센말로 '꿋꿋'입니다. 힘이 있어 한 쪽으로 그대로 나아가는 결인 '꼿꼿·꿋꿋'이에요. 이러한 모습을 '꼬장꼬장'으로도 나타내요. 고분고분하지 않은, 시키는 대로는 안 하는, 스스로 세운 결을 그대로 살리면서 펴는 '꼿꼿·꿋꿋·꼬장꼬장'인데, 때로는 '꼬장꼬장'한 마음결이 너무 딱딱하거나 뻣뻣하다고 하지요. 스스로 세운 틀에 맞출 뿐, 굽힐 줄 모르는 마음이기도 하거든요.

나이가 많거나 남보다 안다고 여기면서 늘 시키기만 하고 젊은이나 어린이 이야기를 잘 안 들으려 하는 사람을 '꼰대(꼬 + ㄴ + 대)'라고 해요. 외로 '꼬인' 사람일 만하고, 너무 '꼿꼿'하다가 그만 '꼬장꼬장'한 사람일 만하지요.

* 굽
* 말굽·발굽

* 구두·구두쇠(굳은쇠)

'굽'은 단단하게 댄 밑이자 바닥입니다. 말이나 소는 바닥을 디디며 걷는 발 끝(발톱)이 단단합니다. '발굽'이라 하지요. 말은 '말굽'이라 합니다. 사람이 발에 꿰는 신에 단단히 대는 '굽'이기도 하고, 그릇이 바닥에 잘 서도록 대는 받침인 '굽'이기도 합니다.

한겨레가 풀로 엮어서 꿰던 '짚신'에는 따로 굽이 없습니다. 가죽으로 대어 단단하게 짓는 신인 '구두'에 비로소 굽이 있어요. 가죽으로 삼으면 '갖신(가죽신)'인데, 가죽으로 삼되 매우 단단하게 삼아서 오래오래 쓰는 신은 '구두'입니다. '굳신'이라고 할 만합니다.

'구(굳)'를 붙여서 단단하거나 딱딱하거나 힘있는 결을 나타내요. '굳다·굳이·구태여'를 비롯해서 '굽·구두'는 모두 단단하거나 딱딱한 결을 드러냅니다. 여기에서 '구두쇠'라는 낱말이 슬며시 태어납니다.

돈을 도무지 안 쓰려 하면서 딱딱하게 구는 사람을 '구두쇠'라 합니다. "딱딱하게 구는 사람"은 "쩨쩨한 사람"인데, '어떤 사람'인가를 나타낼 적에 붙이는 '-쇠'를 달아 '구두 + 쇠'로 지은 얼거리는 재미있습니다. 그런데 처음부터 '구두쇠'란 이름을 썼을 수 있고, '굳은쇠'가 꼴을 바꾸었을 수 있습니다. '굳다'라는 낱말은 "네가 도와서 돈이 굳었어"나 "그 사람은 늘 굳기만 하고 안 쓰더라" 같은 쓰임새가 있어요. 돈을 잘 안 쓰려 할 적에 '굳다'로 가리키기에, 처음에는 '굳은쇠(굳쇠)'라 했을 만하고, 단단하거나 딱딱하게 삼은 신인 '구두'가 태어나면서 '굳은쇠·구두쇠'라는 낱말이 섞였다고도 볼 만합니다.

* 굽다 ㄱ·굽이·구부정·구부러지다
* 굽다 ㄴ·구이
* 고비 ㄱ·고비 ㄴ·고빗사위·곱다 ㄹ·곱사등
* 고분고분
* 고개 ㄱ·고개 ㄴ·고갯마루·재

불기운을 받도록 하는 '굽다·구이'가 있고, 한 쪽으로 가거나 있는 결을 가리키는 '굽다·굽이'가 있습니다. 한 쪽으로 가서 그대로 있는 '굳다'처럼 '굽다'도 뻣뻣한 결을 나타내되, '팔굽혀펴기'란 말처럼, '구부정'하더라도 다시 처음으로 갑니다. '구부러지'더라도 찬찬히 펼 수 있어요. 불기운을 받도록 하면 지글지글 타거나 익으면서 살살 '구부러'지곤 합니다. 뜻은 다르되 소리는 같은 두 '굽다'는 얼핏 닮은 구석이 있습니다.

ㅜ하고 ㅗ가 넘나들면서 '곱다 ㄹ'을 쓰기도 합니다. '굽다 ㄹ'을 여린말로 나타내는 '곱다 ㄹ'이기도 합니다. "추위로 손가락이 곱아서 쥐기가 어려워"처럼 쓰는 '곱다 ㄷ'도 있고요. 길이 굽어 '굽이길'이고, 등이 곱으면서 혹처럼 튀어나올 적에 '곱사등'이라 하고, 곱사등인 사람을 '곱사등이(곱사등 + 이)'라고 합니다.

고사리하고 비슷하면서 다른 '고비'라는 풀이 있어요. 살살 곱듯

(굽듯) 줄기가 말렸다가 펴는 풀이에요. 가만 보면 '고사리'도 곱실
곱실 꼬부라지는 잎이니, 풀이름에 '곱살한' 결이 스미는구나 싶습
니다.

말을 잘 듣거나 시키는 대로 따른다고 할 적에 '고분고분'이라
하는데, 허리를 꾸벅꾸벅 숙이고 굽실굽실·곱실곱실한 몸짓처럼
잘 듣거나 따르는 매무새예요. 꾸준히 잇는 '꼬박·꼬박꼬박'은 스스
로 펴는 결이고요.

다른 '고비 ㄴ·고빗사위'는 막다른 어느 자리를 가리킵니다. 바
야흐로 새롭게 넘어서려고 하는 어느 자리를 가리키기도 해요. 따
로 '고빗사위'라 할 적에는, 고비 가운데 가장 아슬아슬한 곳을 가리
켜요. "이 고비만 넘기면 돼" 하고 말해요. "그 고빗사위에서 넘어졌
구나" 하고도 말합니다.

넘어가는 자리는 '고개 ㄴ'으로도 나타내요. '재'하고 비슷하면
서 다른 낱말인 '고개 ㄴ'은 '고갯마루' 꼴로도 써요. "스무고개를
넘는다"고 할 적에는 '20대'라는 나이를 넘어간다는 뜻입니다. '10
대·20대·30대'는 우리말로 '열고개·스무고개·서른고개'입니다. '재'
는 '재다·쟁이다'나 '채·채다·채우다'라는 낱말에서 엿보듯, 차곡차
곡 올려서 높은 땅을 가리켜요.

넘어가는 높다란 곳이 '고개·고갯마루'라면, 몸통에서 머리로
이어서 넘어가는 자리도 '고개 ㄱ'이에요. 굽히고 펴듯 움직이는 '고
개 ㄱ'이요, '고비·고빗사위·고갯마루'처럼 우리 머리를 품는 '고개
ㄱ'은 무척 대수로운 자리입니다.

* 구멍·구덩이·구석
* 굴 ㄱ·여우굴·골·골짜기·고을
* 굴 ㄴ
* 멧골·물골·고랑·골목

'구 + ㄷ'은 단단한 결을, '구 + ㅂ'은 한 쪽으로 가되 돌아갈 수 있는 결이나 넘어서는 결을 나타낸다면, '구 + ㅁ'일 '구멍'은 죽 들어서는 터를 나타냅니다. 파고서 죽 들어가는 '구멍'이요, 비거나 없는 '구멍'이고, 이런 뜻을 빗대어 앞뒤가 안 맞는다고 할 적에 "네 말에는 구멍이 많은걸"처럼 써요. "빠져나갈 구멍이 없네"처럼 쓸 적에는 이래저래 헤치고 나아갈 길을 가리킵니다.

죽 들어가거나 빈 '구멍'이라면, 반반한 땅을 파 놓은 자리를 '구덩이'로 가리켜요. '구덩이'는 '굴'을 가리킬 적에도 써요. '구석'은 안으로 파고든 자리, 깊이 들어간 자리, 안으로 파고들거나 깊이 들어가서 잘 안 보이는 자리를 가리킵니다.

안으로 깊이 들어가는 길은 '굴'이에요. 한자말 '굴(窟)'도 있는데, 소리만 같아요. 두더지나 여우나 토끼는 '두더지굴·여우굴·토끼굴'을 내는데, 이 '굴'은 '집'이자 '구멍·구덩이'입니다. 모두 한동아리인 낱말입니다.

바다나 냇물에는 조개가 있는데, 바다에 따로 '굴'이 있어요. 깊이 들어가는 '굴 ㄱ'이라면, 단단하고 두꺼운 껍데기로 속살을 깊이 품은 말랑몸인 숨결인 '굴 ㄴ'이라고 하겠습니다. 전남에서는 '굴

ㄴ'을 '꿀'이라고 합니다. 들숲에서는 꽃꿀이 난다면, 바다에서는 조개꿀이 난다고 이르는 셈입니다. 단맛이 아주 깊기에 '꿀'이라고 해요.

'골'은 그야말로 여러 가지로 써요. '고을'을 줄인 '골'이 있고, 왈칵 일어나는 안 좋은 마음을 '골·골부림'이라 하며, 판을 짜는 틀을 '골'로도 가리키고, 자르거나 맞추는 금도 '골'로 가리켜요. 한자말 '뇌'로 가라키는 곳도 '골'이요, 메(멧봉우리)하고 메(멧골) 사이에 움푹 들어간 곳도 '골·골짜기'이며, 논밭에 있는 '고랑'을 줄여 '골'이라고도 합니다. 마을에서 집하고 집을 잇는 길인 '골목'을 줄여 '골'로 가리키기도 해요.

'굴·골' 쓰임새를 하나하나 더듬으면, 길게 뻗는 파이면서 대수롭거나 고갱이(알맹이)를 이루는 자리를 나타내는구나 싶고, 이곳은 하나같이 단단하거나 야무지다고 할 만합니다. 든든하게 받치는 구실을 할 적에 '구·고'를 말밑으로 삼는구나 싶어요. '고갱이'나 '구실' 같은 우리말도 새록새록 얽힐 테고요.

* 동굴
* 굴다·구르다
* 골다·고르다

깊이 파들어가면서 꽤 넓게 난 굴을 '동굴'이라고 해요. 한자말 '동굴(洞窟)'도 소리가 같다고 합니다. 그런데 '동굴'은 한자로 엮을 만하지 않다고 느껴요. 동굴은 으레 '동그스름한' 꼴로 어귀가 납니다. 돌려서 자를 적에 가리키는 '도리다'라는 낱말이 있듯 '도·동·돌'은 '공(동그라미)' 꼴로 바라보는 자리를 가리킬 적에 써요.

'굴'은 '굴다' 꼴로 나아가면 '구르다'를 줄인 말씨로 쓰기도 하고, 어찌저찌 움직이는 결을 나타내기도 합니다. 몸을 쓰는 모습을 '굴다'로 나타냅니다.

자면서 코를 '골'아요. 때로는 길게 때로는 짧게 파고드는 소리입니다. 하나를 쥐려고 하는 '고르다'가 있고, 반반하게 있는 결을 나타내는 '고르다'가 있어요.

* 얼굴
* 꼴·꼬라지·꼬락서니
* 몰골·볼꼴

머리 뒤쪽은 '고개'요, 우리가 생각을 짓는 바탕을 이루는 '골'을 머리라는 몸으로 품으며, 머리 앞쪽은 '얼굴'이에요. 얼굴에는 우리 느낌이나 마음이 비칩니다. '어리는(비치는)' 곳이에요. 넋·얼·마음·숨을 헤아리는 '얼'하고 맞물릴 만한 이름인 '얼굴'입니다. '얼굴'이라면, 우리 '얼'이라는 숨빛이 비쳐서 나타나도록 하는 자리라고 할 만합니다.

ㄱ을 겹으로 쓰는 ㄲ을 붙인 '꼴'일 적에도 어떤 '모습'을 가리키고, 스스로든 남이 하든 낮추어 볼 적에 써요. '꼴'을 아주 낮추면 '꼬

라지·꼬락서니'입니다.

'몰골'이라 할 적에는 보기에 나쁜, 못 볼 만한 모습을 가리킵니다. 남이 보는 모습은 '볼꼴'로 가리키는데, 으레 '볼꼴사납다·볼꼴없다' 꼴로 쓰면서 도무지 못 보겠구나 싶은 모습을 이야기합니다.

* 고리·공
* 동그라미
* 고·곳·데·자리
* 골·머리

굴이며 구멍이며 구덩이는 '동그란' 꼴인 '공'을 닮거나 담습니다. 굴리거나 구르는 공입니다. 모가 하나도 없이 고른 공입니다. 동그랗게 맺는데 사이가 빈, 길고 가느다란 끈이나 쇠나 대를 동그랗게 이은 '고리'예요.

옷이나 끈이 풀리지 않게끔 '고리'를 지을 적에 따로 '고'라 합니다. '곳'은 "있거나 일어나거나 이루거나 생기거나 벌어지는 바탕"이나 "살거나 가지거나 누리는 바탕"을 가리켜요. 콕 찍어서 가리키는 '곳'이면서, 고루(넓게) 담아내는 바탕인 '곳'입니다. '데'는 '곳'하고 거의 비슷하게 쓰되, 어느 '때'나 어떤 '일'을 할 적에는 '데'만 써요. 이를테면 "먹는 데에 얼마나 걸릴까"나 "이렇게 하는 데에는 어떤 뜻일까"에서는 '데'만 쓰되, "쓸 곳"이나 "있을 곳"이나 "앉을 곳"이나 "사는 곳"이나 "모이는 곳"은 '곳·데'에 '자리'를 섞어서 써요.

'자리'는 갖거나 누리는 것을 가리킬 적에 으레 쓰면서 '곳·데'하고 섞어서 쓰기도 하되, "한 자리씩 차지하다"나 "이 일에서 우리 자리가 매우 커" 같은 말씨에서는 섞지 않아요.

'머리'를 가리키거나, 머리에서도 우리가 생각을 쓰는 곳을 가리키는 '골'입니다. 우리가 머리(골)를 쓰지 않을 적에는 생각을 하지 않는다는 뜻이니, 머리(골)는 우리가 삶을 짓는 바탕입니다. 머리(골)가 있고, 머리(골)를 쓰며, 머리(골)에 따라 일어나거나 짓는 대로 바뀌어요.

* 고꾸라지다·고꾸라뜨리다·거꾸러지다·거꾸러뜨리다
* 곤두
* 곤두박다·곤두박이·곤두박질
* 곤두서다·곤두세우다
* 곤드레·곤드레만드레·곤드라지다

몸이 어느 쪽으로 기울며 바닥에 닿을 적에 '넘어지다'라 하고, 몸이 앞으로 기울며 바닥에 닿을 적에 '엎어지다'라 하며, 몸이 뒤나 옆으로 기울며 바닥에 닿을 적에 '자빠지다'라 하고, 몸이 어느 쪽으로 기울며 바닥에 길게(털썩) 닿을 적에 '쓰러지다'라 합니다. '고꾸라지다'는 몸이 "살짝 곱으면서(고부라지면서)" 앞으로 기울며 바닥에 닿을 적에 가리켜요.

'구·고'로 잇는 말씨는 단단하거나 세게 나아가는 결을 나타내고, 깊거나 길게 나아가는 결을 그립니다. 넘어지는 여러 모습 가운데 '곱으며(고부라지며)' 넘어지는 '고꾸라지다·거꾸러지다·가꾸러지다·꼬꾸라지다·꺼꾸러지다·까꾸러지다'예요. 넘어뜨릴(넘어지도록 할) 적에는 '고꾸라뜨리다·거꾸러뜨리다·가꾸러뜨리다·꼬꾸라뜨리다·꺼꾸러뜨리다·까꾸러뜨리다'라 합니다.

넘어질(넘어뜨릴) 듯 몸이 '거꾸로' 도는 재주를 '곤두'라고 해요. '고꾸라지다'처럼 몸이 곱으며(고부라지며) 몸이 기울어 머리가 바닥에 닿도록 거꾸로 떨어뜨릴 적에 '곤두박다·곤두박이·곤두박질'로 나타냅니다. 날쌔게 하늘을 가르는 제비는 마치 곤두박춤을 선보이듯 빠르게 내리꽂다가 휙 하늘로 솟곤 합니다.

"어떻게 할지 걱정스러워 내내 곤두섰어"나 "머리칼이 곤두서며 왈칵 무서웠다"나 "어쩐지 곤두서서 작은 일에도 골을 낸다"처럼 쓰는 '곤두서다'는 "거꾸로 꼿꼿이 서다"를 뜻합니다.

'곤드레·곤드라지다'는 술을 많이 마셔서 넋이 흐리고 몸을 가누지 못하는 모습을 나타내요. 술에 넋이 나가는 바람에 몸이 고꾸라질 듯할 적에 쓰는 낱말입니다. 술에 절어 비틀거리는 사람을 보면 으레 머리를 푹 숙인 채 앞으로 박을 듯한 모습입니다. 곧 고꾸라지겠구나 싶은 몸짓이에요.

* 곧·곧장
* 곧다·곧바르다
* 곧추·곧추다

* 곧추서다·곧추앉다·곧추갈이·곧추뛰다·곧추안다

때를 놓치거나 머뭇거리지 않는, 그때나 그곳에서 하거나 이루거나 일어날 적에 '곧'이라고 합니다. 멀지 않거나 오래지 않을 적에, 다른 일이 아니라 그대로를 가리킬 적에도 '곧'이라고 해요. 옆길로 빠지지 않거나 이어서 바로 할 적에 '곧장'이라 합니다.

'곧다'는 어느 한쪽으로 가지 않을 적을 가리킵니다. 이쪽으로도 저쪽으로도 가지 않는 결을 '곧다'로 가리켜요. 흔들리는 일이 없고 한결같구나 싶기에 '곧다'입니다. '곧바르다'는 '곧다 + 바르다'일 텐데, 거짓이나 꾸밈이나 속임이 없는 결을 더하는 낱말인 '바르다'이니, '곧바르다'라 하면 그야말로 한길만 고스란히 바라보면서 곧장 달리는, 굳은·단단한·탄탄한·튼튼한·힘센·다부진·믿음직한 마음결을 그린다고 할 만합니다.

이러한 '곧·굳'이라는 결을 품은 '곧추'는 굽히거나 구부러지는 데가 없이 그대로 나아가는 자리에 써요. 몸을 반듯하게 쫙 펴면서 서기에 '곧추서다'입니다. 몸을 반듯하게 쫙 펴면 등도 곧지요. 이러한 몸짓으로 앉기에 '곧추앉다'예요. 논밭을 반듯하면서 길게 곧장 갈 적에 '곧추갈이'요, 곧게 세워서 안는 '곧추안다'이고, 펄쩍 뛰면서 몸을 곧게 펴기에 '곧추뛰다'입니다. 곧게 있도록 한다는 뜻인 '곧추다'이고요.

* 곶·곶감

* 꽂다·내리꽂다
* 꼬치·꼬챙이
* 꽃·꼬리·꽁지·꼬마

바다 쪽으로 좁고 길게 나온 땅을 '곶'이라고 해요. '곶감'은 꽂아서 말리는 감입니다. 빠지거나 나오거나 떨어지지 않도록 깊거나 단단히 넣을 적에 '꽂다'라 해요. "꽂다 = 꼭·곧게·굳게·꼿꼿이 끼우다"입니다. 던져서 거꾸로 바닥에 닿도록 할 적에도 '꽂다'예요. "나한테 덤비면 몽땅 꽂아 줄게"처럼 쓰지요. '내리꽂다'는 힘차게 꽂는 몸짓입니다.

꽂는 살림인 '꼬치'이지요. 곶감은 실로 꼭지를 묶어서 말리기도 하고, 꼬치로 꽂아서 말리기도 합니다. 떡꼬치나 닭꼬치처럼 꼬치구이를 해서 먹을거리로 누려요. 가늘고 긴 대·쇠·나무를 가리키는 '꼬치'이기도 한데, 이러한 대·쇠·나무는 따로 '꼬챙이'라고도 합니다.

'꽃'은 줄기(대)에 '꽂히'듯 맺은 송이예요. "꽃이 오르는 줄기, 꽃을 맺으려고 올라오는 줄기"를 '꽃대'라 합니다. 꽃대는 하나같이 가느다란데, 이 가느다란 끝(꼴찌)에 소담스레 터져나오는 보드라운 잎꾸러미에는 암술·수술이 가득합니다. 새길인 씨앗(열매)으로 가려는 꽃입니다.

'꼬리·꽁지'는 몸 끝자락에 달립니다. '꼬마'는 자리로 치면 끝에 있다고 여기는 사람입니다. 그런데 끝자락에 달린 꼬리나 꽁지는

꽃을 닮아 귀엽고, 끝자리에 있다고 여길 만한 꼬마도 꽃처럼 귀엽
거나 사랑스러워요.

 * 고이다·괴다
 * 꼬이다·꾀다·꼬드기다
 * 곱다 ㄱ·굄
 * 귀엽다·귀찮다

 '굽다'하고 맞물리는 '곱다'가 있고, '괴다'하고 엮는 '곱다'가 있
습니다. '고이다'를 줄인 '괴다'를 흔히 쓰는데, 오목하게 모이는, 흐
르지 않는, 어느 곳에 가득 있는 결을 가리키는 '고이다·괴다'가 있
습니다. 부글부글 거품이 일어나는 '괴다'가 있으며, 이때에는 '고이
다' 꼴을 안 씁니다. 기울지 않도록 받치거나 차곡차곡 쌓는 '고이
다·괴다'가 있어요.
 어느 곳에 모여서 흐르지 않는 결이 '고이다·괴다'라면, 어느 곳
에 모이도록 잡아끄는 '꼬이다·꾀다'요 '꼬드기다'입니다.
 '굄(괴다)'은 귀엽게 여기거나 사랑하는 결을 가리켜요. '곱다 ㄱ'
은 이 '굄(괴다)'하고 맞물리지요. '굄'으로 바라보는 '귀엽다'요, '곱
다'고 여기는 마음입니다. 마음에 들 뿐 아니라, 즐거우면서 반가워
선뜻 나서서 하거나 잡거나 다가서고 싶을 적에 이러한 낱말을 씁
니다. 일을 풀려고 생각하고 찾으니 '꾀'이고요.
 이와 달리 '귀찮다'는 마음에 들지 않아서 하거나 잡거나 다가서

고 싶지 않을 적에 쓰는 낱말입니다. 얽히는 낱말을 살피면 '귀찮다'는 "귀엽지 않다"라는 뜻으로 실마리를 풀 만합니다.

* 고맙다
* 곰 ㄱ·고다·곰국
* 곰 ㄴ·곰곰·곰곰이
* 가만·가만히·가만가만

고운(곱다) 마음이 흐르는 '고맙다'입니다. 보거나 듣거나 하거나 마주하거나 겪을 적에 넉넉하면서 나은, 어울리면서 부드러운, 맑으면서 밝은, 사랑스러우면서 반가운, 따스하면서 조용한 결인 '곱다'예요.

곱다고 느낄 만한 마음이 되는 '고맙다'이니, "네가 도와서 고마웠어"라 할 적에는 "넌 참으로 고운 사람이로구나" 하고 말하는 셈입니다.

오래 푹 삶는 국을 따로 '곰·곰국(고다)'이라 합니다. 곰국은 국물을 "곱도록 뽀얗게" 냅니다. 한겨레는 '곰'하고 '범'이라는 짐승을 예부터 높이 여겼습니다. 한겨레 옛이야기에 마늘하고 쑥으로 온 날(100일)을 살아내는 곰이 나옵니다. 멧골에서 살아가는 이웃 숨결한테 붙인 이름이 '곰'인 까닭이 있을 테지요.

곰은 숲에서 가장 빨리 달린다고 합니다. 곰은 숲살림을 가장 잘 안다고 해요. 풀꽃나무를 헤아리고, 냇물하고 흙하고 씨앗을 살피며, 꿀이 모인 곳을 찾고, 겨울에는 굴에 들어가 가만히 겨울잠을 이루면서 꿈누리로 갑니다.

깊이 생각하는, 여러모로 살피는, 이래저래 알아보는 결을 '곰 곰·곰곰이'로 나타냅니다. 고이듯, 곱듯, 고르듯, 곧듯, 그리고 곰 국이나 숲곰 같은 결을 품은 낱말인 '곰곰·곰곰이'예요. 이 말씨는 ㅗ하고 ㅏ가 만나는 꼴로 바꾸어 '가만·가만히·가만가만'으로 잇습 니다. 말없이 있기도 하고, 그저 그대로 있기도 하고, 움직이는 결 이 없기도 하고, 차근차근 나아가려 하기도 하며, 조용하구나 싶되 다부진 몸짓이나 마음을 '가만·가만가만'으로 그립니다.

* 꼭 ㄱ·딱·빈틈없이
* 꼭 ㄴ·반드시
* 꼭 ㄷ·마치
* 꼭 ㄹ·힘껏
* 꽉·꽉꽉
* 꼭지·젖꼭지·물꼭지

잇다가 그치는 '딱'이고, 똑 하는 소리가 나듯 듬직한 모습을 가 리키는 '딱'이라면, 비는 틈이 없이 하나하나 다스리거나 살필 줄 아 는 '빈틈없다'이고, 안 맞거나 안 벗어나거나 안 틀리도록 있거나 다 룬다는, '맞아떨어진다'고 하는 '꼭 ㄱ'이에요.

안 하거나 안 이루는 일이 없이 그대로 나아간다는 '반드시'요,

안 맞거나 안 벗어나지 않도록 가거나 잇는다는 '꼭 ㄴ'입니다. 거의 비슷하구나 싶다는 '마치'라면, 거의 맞도록 같구나 싶게 나아간다는 '꼭 ㄷ'이지요. 있는 힘을 다하기에 '힘껏'이요, 힘을 참으로 많이 들인다는 '꼭 ㄹ'이에요.

'꼭'은 힘줌말로 '꼭꼭'이나 '꽉·꽉꽉' 꼴로도 씁니다.

잎이나 꽃을 다는 '꼭지'가 있습니다. 처음에는 가벼운 잎이나 꽃이라면, 이내 익어가는 묵직한 열매를 달아요. 꼭지는 굵고 짧으면서 단단합니다. 힘센(굳은) 아이인 꼭지인데, 볼록 나온 손잡이를 가리키기도 합니다. 그릇에 내놓은 꼭지를 쥐고서 뚜껑을 여닫아요. 사람이나 짐승한테는 아기한테 젖을 줄 수 있는 '젖꼭지'가 있어요. 젖꼭지는 어버이(어미)가 아기한테 숨결을 새로 잇는 뜻깊고 알차며 아름다운 이음고리입니다.

지난날에는 물을 내나 샘이나 우물에서 뜨거나 길었다면, 요새는 물길을 집으로 이어서 '꼭지'를 돌립니다. '물꼭지(수도꼭지)'를 써요. 물꼭지로 잇기에 살림을 넉넉하게 가꾸거나 돌봅니다.

* 꼭뒤
* 꼭두새벽
* 꼭두·꼭대기·꼭두머리·우두머리
* 꼭두각시
* 꼭두서니
* 곡두·도깨비·허깨비

머리에서 뒤통수 한가운데를 '꼭뒤'라고 합니다. '꼭두새벽'은
아주 이른 새벽이니, 가장 앞이라 할 만한 새벽입니다. '꼭두머리'는
일을 하는 처음을 가리키고 '꼭대기'하고 같은 말이에요. '꼭두머리'
는 곧잘 '우두머리'하고 똑같이 씁니다.

같은 '꼭두'가 붙으나, '꼭두각시'는 놀이를 할 적에 사람처럼 꾸
민 작은 소꿉을 가리키는데, 이 '꼭두 + 각시'는 남이 시키는 대로
고분고분 따르는 사람을 빗대는 자리에도 씁니다.

옷감을 물들이는 풀 가운데 '꼭두서니'가 있어요. 발그스름한
(주황) 물을 들이는 꼭두서니는 우리 살림살이에서 매우 값집니다.
대수로운 풀이에요.

오늘날은 '꼭두' 꼴로 쓰는데, 지난날에는 으레 '곡두' 꼴이었어
요. 이 '곡두'는 눈앞에 안 보이는데 마치 있다고 여기는 숨결이나
모습을 가리킬 적에 씁니다. '도깨비'나 '허깨비'를 닮은 '곡두'예요.
우리나라에서 '도깨비'는 따로 몸이 없어요. 사람이나 빗자루나 돌
에 깃들어서 움직이거나 말을 한다지요. '허깨비'는 '헛것'이라고도
합니다. 없는데 있다고 느껴서 보는 모습이고, 아주 가벼워 무게가
없다 싶은 것을 가리키고, 몸이 비실비실한 사람을 가리키기도 합
니다.

* 구리다·구리터분하다·구린내
* 고리다·고리타분하다·고린내

'구·고'는 '구리다·고리다'로 결을 잇습니다. 어느 한쪽으로 깊거나 길거나 주욱 나아가거나 뻗는 이 '구리다·고리다'는 코를 찌르는 안 좋은 냄새를 가리켜요. 오래 안 씻어서 그대로 굳은 냄새인 '구린내'랄까요? 오래 바뀌지 않아 어쩐지 안 좋구나 싶다고 여기는 '구리터분하다'입니다. '고리다·고리타분하다·고린내'는 여린말입니다. '쿠리다·코리다'는 센말입니다.

* 굶다·곯다
* 고름·곪다
* 고약하다·고얀

먹지 않거나 못 할 적에 '굶다'를 씁니다. 때가 되었으나 때를 맞추지 않는, 오래도록 먹지 않아서 힘든 쪽으로 가는 '굶다'예요. '곯다'는 '배곯다' 꼴로 쓰면 '굶다'하고 비슷합니다. '곯다'는 '곪다'하고도 비슷한데, "겉과 달리 속으로 곯았어"는 속으로 아픈 곳이 깊어가는 결을 나타냅니다. "열매가 곯다"는 열매가 먹을 수 없도록 속이 썩는, 속이 물렁물렁 맛가는 결을 나타냅니다.

아픈 데가 낫지 않고 그대로 가면서 어느새 '고름'이 드는 '곪다'입니다. 우리 몸에서 깊이 아픈 데처럼, 우리 터전에서 깊이 찌들거나 썩어서 나쁘다고 여기는 곳도 '곪다'라는 낱말로 빗댑니다.

고린내가 나듯 나쁘다 싶은 '고약하다'입니다. 냄새가 나쁘게 굳어서 퍼지면 둘레에서는 이맛살을 찌푸립니다. 마음결이 착하거나 참답지 못한, 나쁜 쪽으로 굳어 가는 모습도 "저 사람은 참 고약하구나"처럼 나타냅니다. "이 마을은 아주 고약하구나"라 할 적에도 마음씀이나 바른길하고 멀다는 뜻이에요. 보기에 나쁠 적에도 "저 녀석은 고약하게 생겼군"처럼 쓰고, 날씨가 사나울 적에도 "오늘 따라 비바람이 고약하다"처럼 씁니다. 하려는 일이 제대로 풀리지 않고 자꾸 나쁜 쪽으로 가기에 "우리 일이 고약하구나."처럼 쓰지요. '고약하다'는 '고얀' 꼴로 쓰기도 합니다.

나비

나방 | 날개 | 날다 | 날래다 | 칼날 | 나날 | 나르다 | 널다 | 나무
남다 | 나누다 | 너머 | 너무 | 넘어지다 | 나 | 나다 | 태어나다
깨어나다 | 낳다 | 넣다 | 놓다 | 남 | 너 | 님 | 나부터

낮하고 밤을 갈라서 가볍게 풀꽃나무 둘레를 훨훨 날아다니는 이웃 숨결이 있습니다. 낮에 깨어나서 나는 '나비'이고, 밤에 일어나서 나는 '나방'입니다. 밤에 잠드는 '나비'이고, 낮에 쉬는 '나방'입니다.

* 나비·나방

우리 곁에 있는 '나비·나방'은 여러 삶길을 가만히 보여줍니다. '나비·나방'은 언제나 '알'에서 깨어났고, '애벌레(풀을 갉는 벌레)'를 거치고, '고치(애벌레가 옛몸을 녹이면서 내려놓고서 새몸으로 나아가려고, 몸뚱이에서 뽑아낸 실로 길고 둥그스름하게 지어서 깃든 뒤에 고요히 잠드는 집)'에서 한참 잠듭니다. 세 길을 거치고서야 비로소 '나비·나방'입니다.

* 날개·나래
* 날다
* 날래다·날렵하다·날씬하다

　날개가 있는 벌레인 나비·나방이에요. '날개'는 '나래'라고도 합니다. 날 듯이 빠르기에 '날래다'라 하고, 나는 듯이 가벼우면서 빠르기에 '날렵하다'라 합니다. 몸이 날씬하면서 보기에 좋을 적에도 '날렵하다'라고 합니다. 나는 듯이 빠르며 곧장 익혀 '날쌔다'예요. '날씬하다'는 칼날이나 날개를 보면 알 수 있듯, 가늘면서 매끄럽고 긴 모습을 가리켜요.

* 날·칼날·날카롭다
* 날·나날
* 날씨

　날개는 안 두꺼워요. 어느 곳에서 보면 펑퍼짐하고 큰 듯싶으나, 어느 곳에서 보면 아주 얇아서 마치 없는 듯싶어요. 그래서 '날(칼날)'입니다. 날개로는 바람을 가르면서 하늘을 휘젓고 다니면서 새롭게 노닐고, 칼(칼날)로는 살림을 동강내거나 토막내거나 가르거나 자르면서 이모저모 새롭게 짓습니다. 날이 서서 칼처럼 가늘구나 싶은 결인 '날카롭다'입니다.
　'날'은 우리가 보내는 하루이기도 합니다. 새벽에 날이 새고, 저녁에 날이 집니다. 해가 돋는 모습은 날아오름이요, 해가 지는 모습은 날을 접고 쉬는 결입니다. 나비·나방이 바람을 가르면서 날갯짓을 할 적에 가벼우면서 새롭게 맞이하는 삶처럼, 모든 날(하루)은 새롭고 싱그러우면서 반갑게 찾아옵니다. 이런 날을 잇고 이으니 '날 + 날 = 삶'이고, '나날'처럼 나타냅니다.

날이 어떠한지 보거나 헤아리거나 읽어 '날씨'입니다. 새로 맞는 해나 바람이나 눈비나 구름을 "있는 그대로" 살펴 '날씨'예요. "안꾸민"(있는 그대로)이라 '날·날것'이고요.

* 나르다·날다
* 나루
* 너르다·널리·널다

나비·나방은 날면서 나릅니다. 꽃가루를 나르지요. 암술하고 수술 사이에 꽃가루를 나르는 나비·나방은 꽃가루받이를 해주면서 꿀을 얻어요. 이곳에서 저곳으로 옮겨 주는 일을 '나르다'라 하니, 나비가 하는 꽃가루 옮기기를 바라보면, 이 '나르기'란 날 듯 가볍고 부드러이 잇는 길인 줄 느낄 만합니다. 즐겁게 일을 하면서 기쁘게 꿀을 얻는 살림인 나비·나방입니다

'나루'란 "나르는 곳"입니다. "배를 타는 곳"을 가리키는데, "이곳에서 저곳으로 가도록 잇는 곳"이에요. "내·바다·가람을 건너서, 이곳에서 저곳으로 가려고, 배를 타는 곳"을 '나루'란 낱말로 가리킵

니다. 가만히 보면, 냇물이나 바닷물이나 가람물에 발이 안 닿으면서 지나거나 가르거나 건너니, 마치 '나는(날아가는)' 듯합니다.

나비·나방이 꽃가루를 날라 주기에 온누리는 풀과 나무가 꽃을 피우고 열매를 맺고 씨앗이 굵어요. 온누리에 널리(너르게) 씨앗을 퍼뜨리고 열매를 나누는(노느는) 몫을 하는 나비·나방입니다. 날개를 얻어 날아오르거나 날아다닐 수 있는 나비·나방은 기꺼이 꽃가루받이를 맡는데, 한두 꽃송이만 꽃가루받이를 해주지 않아요. '너르게' 마음을 쓰면서 온꽃을 널리 돌아다녀요. 넉넉히 꽃가루받이를 해주지요. 고루고루 꽃가루받이를 해줍니다. 들에서는 풀꽃이, 숲에서는 나무꽃이, 나비·나방을 반기면서 꽃잔치를 널어 놓습니다. 널린 꽃밭에서 나비·나방은 마음껏 꿀물을 누려요.

* 나무
* 남다·남기다
* 나누다·노느다

가볍게 바람을 타고 날기에, 가볍게 꽃송이에 내려앉습니다. 꽃송이를 매단 나무는 나비·나방이 내려앉은 줄 느낍니다. 파르르 떨며 기뻐합니다. 나무는 뿌리를 땅으로 뻗고 가지를 하늘로 뻗지요. 얼핏 보면 한 곳에 서며 안 움직인다고 여길 테지만, 나무는 바로 어느 한 곳을 바탕으로 푸르게 기운을 끌어올리고 퍼뜨리는 몫입니다. 바로 어느 한 곳에서 나비·나방을 맞이하고 반기면서 꽃을 피우고 열매를 나누고(노느고) 씨앗을 남기지요.

나만(나비·나방만) 즐겁지 않습니다. 나비·나방도 나무도 즐겁습니다. 나랑 너(네)가 나란히 즐겁도록 하는 길에 '나누다·노느다'입니다. 나랑 너로 있도록 사이를 낼 적에도 '나누다·노느다'입니다.

나비·나방이 꽃송이에 내려앉을 적에 파르르 떨듯 춤추는 나무를 느껴 봐요. 나비·나방 몸무게는 나무에 대면 아예 없다고 할 만큼 가볍습니다. 가벼운 나비·나방 한 마리가 사뿐 내려앉는데 꽃송이가 떨리고 나무가 춤춥니다. 나무는 언제나 어느 한 곳에 '남'으면서 씨앗·열매를 '남깁'니다. 나무가 남는 자리는 짙푸르게 우거져 머잖아 숲을 이룹니다. 나무가 남기는 씨앗·열매를 온누리 모든 이웃 숨결이 받아서 누리고 나눕니다.

* 너머·넘다
* 너무·넘치다·넘어지다

날개가 없을 적에는 넘지 못 합니다. 날개돋이를 이루고 난 다음이기에 너머로 갈 만큼 기운이 솟아서 넘습니다. 이곳에서 가는 저곳인 '너머'예요. 저곳으로 가자면 이곳에서 나가야 하지요. 넘으려면 이곳을 나섭니다. 저곳에 들어서려면 이곳을 넘어갈(넘어설) 노릇입니다.

나비·나방은 날개를 몸에 달아 너머로 넘는 길을 눈부시게 보여 줍니다. 날갯빛을 반짝반짝 퍼뜨리고 선보이면서 가벼운 몸짓일 적에 비로소 바람을 탈 수 있는 줄 알려줍니다.

ㅏ 하고 ㅓ가 맞물려 '나무·너무'인데, 너무 있을 적에는 '넘칩'니다. 넘칠 적에는 '넘어집'니다. 너무 많지도 적지도 않은, 모자라지도 넘어가지도 않은 '참(차다)'일 적에는 넘어지거나 쓰러지거나 흔들릴 일이 없어요. 너무 있기에 넘치고 말아 넘어져요.

＊ 나
＊ 나다·나아가다·태어나다
＊ 깨다·깨어나다·깨닫다
＊ 낳다·넣다·놓다

나비·나방처럼 날개를 몸에 품고서 너머로 넘어가면서 꽃가루를 나르고 꿀을 얻으면서 푸나무가 꽃을 피워 열매·씨앗을 나누는 길을 잇는 나날을 살아가면서 살림을 짓는 마음이기에 '나'입니다. 우리는 언제나 처음에는 하나였습니다.

'나'를 낳은 어버이(어머니 + 아버지)는 '둘'이었는데, 둘이 만나서 사랑을 이루기에 '하나(하늘인 나)'를 낳습니다. 하나로 마음·몸을 맞아들이고, 하늘처럼 사랑을 그리고, 함박처럼 크고 시원하고 맑고 밝게 웃음을 터뜨리면서 함께하기에 '둘'이 '하나'가 되어 알(아기·아이)을 낳아서 돌볼(돌아볼) 수 있습니다.

'나'는 '하늘 담은 사랑으로 함께 하나로 간 둘(어버이)이 바람을 타고 날아오르면서 너머로 나아간 곳에서 나는(태어나는·깨어나는)

숨결입니다. 나로서는(내가 보기로는·아이가 보기로는) '나다·태어나다'요, 너로서는(어버이가 보기로는·둘이 보기로는) '낳다'입니다. 알에서 나오려 하기에 '깨다'라 해요. 알에서 나오려고 껍질을 깨면 조각이 나고, 알조각을 깨뜨리기에 '태어나'는 셈입니다. 잠을 깨듯 알을 깹니다. 감았던 눈을 뜨고 일어날 적에 '깨다'라 하듯, 몸을 일으키고 마음을 일으키는 '깨다'요, 그동안 가둔 단단한 담벼락이 '얇은 껍데기'인 줄 느끼면서 조각조각 내는 '깨뜨리기'를 하면서 새몸을 입고 새마음을 이룰 수 있어요. 허물도 허울도 깨고 깨뜨려서 너머로 나아갈 수 있기에 '깨닫다'라고도 합니다.

둘(어버이)은 서로 몸에 다르게 있는 씨앗을 한몸으로 넣기에 새길(새빛·새알)을 보금자리에 놓으며 이룰 수 있습니다. 나비·나방은 하늘에서 하나로 춤추면서 날기에 새길(새빛·새알)을 알아차리는 몸이자 몸짓입니다. 나비·나방일 적에라야 비로소 하늘을 하나로 날면서 짝을 사랑으로 맺어 알(아기)을 낳고 새몸을 이곳에 놓아요. 알(아기)을 낳으려고 날면서 새롭게 나아가는 끝길이 바로 나비·나방이며, 이 끝길을 사랑으로 이루고 놓으면서 너머로 나아가기에 '나'를 낳습니다.

* 남·너·놈·님

'나'라는 곳에서 바라보기에 '너'예요. 나는 너를 보고, 너는 나를 봅니다. 나하고 다른 몸이되, 나하고 똑같이 목숨이자 숨결이자 넋이자 얼이자 빛인 '남'입니다. 나하고 너는 남남이되, 나란히 이 푸른별에서 흐르는 목숨이고 숨결이고 넋이고 얼이고 빛인 '나무'처럼 어느 곳에 뿌리를 내리고 가지를 펴면서 삶을 일구고 살림을 짓고 사랑을 나눕니다.

나랑 너가 반가이 만나면 '님'을 이루는데, 서로 안 반기거나 꺼리거나 멀리하거나 등돌리거나 내치거나 괴롭히면 '놈'으로 치달아요.

＊ 나부터

한자말로는 '자유(自由)'라 하고, 영어로는 '프리덤(freedom)·리버티(liberty)'라고 합니다. 우리말로는 '나·나부터'입니다. 내가 나를 느끼고 보고 받아들이고 펴는 삶길·살림길·사랑길을 날개를 달면서 바람을 타고 가볍게 꿈을 나르는 나비·나방 날갯짓으로 낮밤을 가르면서 너머를 넘나들다가 가만히 집에 깃들어 나무처럼 푸르게 보금자리를 이루면서 뿌리를 내리고 아기를 낳고 놓는(놀도록 하는) 나날인 '나·나부터'입니다.

'자유·프리덤·리버티'는 왜 '나·나부터'일까요? 나비·나방을 바라보면 누구나 스스로 알아볼 만합니다. 나비·나방이 꽃가루받이를 하면서 문득 사랑을 깨달아 하늘에서 짝을 만나 가볍게 춤추면서 함께하는 날에 두 알이 하나로 만나서 새알을 맺고, 이 새빛이자 새길인 새알을 나뭇잎이나 풀잎에 낳습니다.

* 알

    나뭇잎이나 풀잎에 붙은 알은 오래오래 꿈을 그리다가 어느 날 납(깨어납)니다. 알에서 처음 난(깨어난) 몸은 꼬물꼬물 기어요. 어버이 몸에서 난(태어난) 아기 몸은 어버이 품에 안겨서 젖을 신나게 빨지요. 알에서 깨어나 풀잎이나 나뭇잎을 집으로 삼는 애벌레는 꼬물꼬물 기면서 잎을 신나게 갉아요.

    아기는 어버이 품에서 엄마가 물려주는 젖을 먹고 아빠가 차려 주는 기저귀를 대고 배냇옷을 입으면서 무럭무럭 자랍니다. 아기 엄마는 젖을 물려주는 몫을 하는 어버이요, 아기 아빠는 집안일·집살림을 도맡으면서 노래하고 춤추고 말을 걸면서 기쁘게 맞이하는 몫을 하는 어버이입니다. 아기는 엄마 품을 느끼면서 포근하구나 하고 배웁니다. 아기는 아빠 살림·일을 느끼고 보면서 아늑하다고 배워요. '배내'로 품고서 나와 나긋나긋 가꿔요.

* 애벌레

    알에서 깨어난 애벌레는 풀잎·나뭇잎을 갉으면서 천천히 몸을 키웁니다. 잎을 갉기에 새몸으로 이어가요(잇습니다). 잎으로 이은 몸은 허물벗기를 숱하게 거칩니다. 작은 옛날 몸은 내려놓고서 크고 새로운 몸으로 나아갑니다. 풀을 품는 애벌레는 스스로 풀려나고 풀어냅니다. 애벌레란 몸을 자꾸 키우려고 거듭 허물벗기를 하는 동안에 "왜 이렇게 꼬물꼬물 기면서 풀잎만 갉으면서 하루하루(나날)를 이어야 하는가?" 하는 수수께끼를 잔뜩 품습니다.

허물벗기를 하지만 몸뚱이만 클 뿐인 '다르면서 같은' 애벌레인 모습으로 풀잎·나뭇잎을 갉는 나날을 잇거든요. 이제는 잎갉이는 그만하고 싶은데, 파랗게 눈부신 하늘빛을 품고 싶은데, 날아오르기는커녕 뛰지도 달리지도 못 하면서 새한테 쉽게 잡아먹히는 애벌레예요. 허물벗기를 할수록 포동포동 살이 오르는 애벌레는 그야말로 새한테 좋은 먹잇감입니다.

수수께끼가 넘치고 넘치던 어느 날, 새한테 안 잡아먹히고 겨우겨우 살아난 어느 날, 이제 더는 허물벗기를 하면서 더 큰 애벌레 몸뚱이로 거듭날 기운이 다 빠져나가서, 차마 기어다닐 수조차 없는 어느 날, 바야흐로 수수께끼가 너무 많은 나머지 넘치다 못해 졸음이 쏟아지는 어느 날, 애벌레는 허물벗기는 그만합니다. 잎갉이도 멈추지요. 이러고서 고요히 잠들 자리인 고치를 틉니다. 몸에서 실을 가늘고 길게 뽑아서 '고요잠집'인 '고치'로 풀줄기나 나뭇가지에 이어서 대롱대롱 매달고 속에 깃들어요.

* 고치

이제는 먹지도 똥누지도 않으면서 잠을 이룹니다. 먹기(잎갉기)도 지쳤습니다. 아무 기운이 없습니다. 마냥 졸립니다. 졸려서 깊디깊이 고요한 누리로 갑니다. 고치는 조그맣고 좁은 집이지만, 기운이 다 빠진 애벌레로서는 가장 포근하면서 아늑하고 어두운 보금자리입니다.

끝없이 깊이 잠을 이루면서 '애벌레로 허물벗기(풀려나기)를 하는 사이에 품은 수수께끼를 푸는 실마리'를 스스로 알아차리려고 꿈누리를 누비는 나날입니다. 먹을 기운도 똥눌 기운도 없고, 기어다닐 기운도 없고, 새한테서 벗어나려고 용쓸 기운도 없습니다. 그저 꿈만 그리고 바라봅니다. 몸을 몽땅 내려놓고서 마음만 쳐다봅니다. 마음으로 빛살처럼 흘러드는 꿈만 지켜봅니다. 이제부터 앞으로 어떻게 살아나가느냐 하는 생각만 돌아봅니다.

하루 이틀 사흘 나흘 닷새 엿새 이레 여드레 아흐레 열흘이 죽죽 지납니다. 지나고 또 지나던 어느 날, 말로 나타내기는 어렵지만, 뭔가 골(머리)에 찌르르 벼락이 치듯 와닿습니다. "아, 이제 날(깨어날·태어날) 날(때)이로구나!" 하고 깨닫고는, 헌몸(옛몸·애벌레였던 몸·풀을 품으면서 풀려났던 몸)을 녹이기로 합니다. 애벌레였던 지난날을 그대로 받아들여서 품을 줄 알아야, 이제 이 몸을 스스로 사르르 녹이는 사랑으로 가는 줄 깨달은 숨결은 함박꽃처럼 활짝 웃음을 지으면서 온몸을 고스란히 녹여내어 물이 됩니다.

＊ 날개돋이

고치가 춤춥니다. 대롱대롱 가느다란 실 한 오라기에 매달린 고치는 흔들흔들하면서 물로 찰랑입니다. 찰랑찰랑 물이 찰(참이 될)

적에 어느덧 '풀몸(풀빛인 애벌레)'이 '깜몸(고요를 품은 까만 몸)'으로 바뀌더니, 이 깜몸(고요몸)에서 날개가 돋아나지요. 풀몸이 깜몸으로 바뀌는 때에 "아, 이제 이 집(고치)은 작고 좁구나. 나가야겠구나(나야겠구나·나아가야겠구나·태어나야겠구나·살아나야겠구나)!" 하고 느껴서, 고치에 퐁 구멍을 내고서 천천히 기어나옵니다.

애벌레일 적에 기어다녔듯, 갓 깨어난 나비·나방은 기어나옵니다. 기어나오는데, 길다란 다리가 생긴 줄 알아채지요. 길다란 더듬이가 있어 바람을 느끼고 별빛·햇빛을 읽을 수 있는 줄 느끼지요. 다만, 아직 더듬더듬합니다. 둘레를 알아차리거나 받아들이는 '더듬이'로 나아가자면, 엉금엉금 기듯 더듬더듬하면서 천천히 이곳저곳 보고 느껴야 합니다.

이러다가 등에 날개가 돋아서 가볍고 산뜻하게 춤추듯 바람을 탈 수 있는 줄 느껴요. 날씬하게 빠진 몸뚱이에 새롭게 씨앗이 깃든 줄 느껴요. 까맣게 반짝이는 작은 구슬 같은 눈이 나와서 온누리를 환하게 바라볼 수 있는 줄 느껴요.

옛몸을 녹여낸 물은 새몸을 씻는 첫물이자 끝물입니다. 옛몸을 녹인 물로 날개를 찬찬히 씻고서 밖으로 나왔고, 밖으로 나와서는 날개랑 새몸을 해바람에 말립니다. 나비라면 해바람에 말리는 새몸이고, 나방이라면 별밤에 말리는 새몸입니다.

* 나는 나부터 나는 나비인 날에 나무 곁에서 꽃가루를 나르고 너머로 나아가는 나다운 사랑

풀잎을 품으면서 수수께끼를 풀고 싶은 몸인 '나'로 살아가는 나비·나방인 옛몸입니다. 허물을 없애는 허물벗기를 거치기에 '나'를 스스로 익히며 날개를 짓는 나비·나방인 새몸입니다. 숱한 가시밭길을 온몸으로 마주하고 맞이하면서 하루하루(나날) 배우고 익히며 갈고닦은 삶을 새롭게 피워낸 나비·나방이에요. 홀로 가볍게 날 줄 알고 날 수 있기에 나비·나방이고, 사람인 나는 나비·나방을 곁에 둘 수 있게끔 푸나무를 보금자리에 빙 두르듯 가꾸면서 삶길·살림길·사랑길을 새삼스레 바라보고 새록새록 배웁니다.

새몸이란 날개돋이입니다. 나비·나방도 날개를 스스로 지은 새몸이고, 참새·까치·동박새 같은 새도 하늘하고 땅 사이에서 날아다니는 새몸입니다. 나비·나방은 고즈넉하게 날면서 말없는 노래를 나래춤(날개춤)으로 선보입니다. 참새·까치·동박새 같은 이웃은 사람 둘레에 자주 찾아오거나 아예 눌러살면서 신나는 노래를 활갯짓으로 북적북적 펼칩니다.

'나비(나방)·알·애벌레'라고 하는 세 갈래 길입니다. 사람도 '어버이(어른)·알(씨알)·아이(아기)'라는 세 갈래 길을 나란히 걷습니다. 두 어버이는 서로 나무처럼 든든히 지키고 바라보면서 나란히 삶·살림·사랑을 그리는 사이입니다. 두 어버이가 즐거운 사이인 터라 '새(사이)'처럼 아이(아기) 사이에서 함께 손을 잡고 눈을 마주보면서 노래를 하고 놀이를 노느는(나누는) 나날을 지을 수 있습니다.

나비·나방은 '나(내)'가 왜 '나'이고 '나부터'인지 사람들 누구한

테나 상냥하고 부드럽고 차분하고(참하고) 즐겁게 하나하나 온몸
으로 보여주는(알려주는) 숨결이자 이웃입니다. "나부터 스스로 사
랑하는 날갯빛 = 자유·프리덤·리버티"인 얼거리입니다. 우리가 예
부터 어버이·어른이 스스로 지은 우리말인 '나·나부터'입니다. 내가
나를 보고, 내가 나를 품고, 내가 나를 풀고, 내가 나로 나고(깨어나
고), 내가 나답게 날아서 온날(오롯한 날·옹근 날·모든 날·100일)을 넘
나들 줄 알 적에 '홀가분'입니다.

눈·비

눈송이 | 눈길 | 잎눈 | 누 | 누리 | 비질 | 비움 | 빗 | 빗발 | 빛

하늘을 바라봅니다. 여름에는 비요, 겨울에는 눈인, 철마다 다르게 퍼지는 구름이로구나 싶습니다. 봄가을에는 눈이랑 비가 섞이면서 여름겨울 사이를 오가는 구름꽃이 되어요. 하늘눈은 몸눈하고 꽃눈에 잎눈하고 맞닿습니다. 눈이란 피어나는 숨결입니다. 포근히 덮으면서 꿈꾸는 빛이에요.

하늘비는 마당비랑 잇닿습니다. 비란 쓸거나 씻는 숨결입니다. 시원히 쓸거나 씻으면서 살리는 빛이지요. 하늘에서 내리는 눈송이는 아이들 눈망울에서 환하게 빛납니다. 푸나무한테서 새롭게 잎이며 꽃으로 돋아나는 송이송이, 그러니까 꽃송이에 잎송이는 우리 보금자리랑 숲에서 맑게 빛납니다. 눈송이란, 얼마나 눈부실까요. 눈망울이란, 얼마나 맑을까요. 싹눈이란, 얼마나 싱그러울까요.

이 눈이 덮어 주는 땅은 겨우내 고이 잠들어요. 새근새근 꿈을 지핍니다. 눈이 모두 녹아 흙으로 스며들어 땅에 폭신폭신 녹으면 바야흐로 빗방울로 바뀌는 구름송이가 하늘을 환하게 씻어 주면서

우리 마음마다 파랗게 틔우는 바람을 베풉니다. 파랗게 일렁이는 바람을 머금으니 푸르게 춤추는 숲이 깨어나는 셈인가요.

이 눈을 손바닥에 얹으면서 내 눈으로 널 바라봅니다. 이 비를 혀로 톡톡 받으면서 네 눈은 나를 쳐다봅니다. 눈비가 섞이면서 푸른별이 산뜻합니다. 비눈이 어우러지면서 파란별이 새롭습니다.

* 하늘눈·눈송이

꼴이 같고 소리가 같은 '눈'이라는 낱말 석둥이(세 가지)입니다. 꼴이며 소리가 같기에 밀거나 당기거나 높이거나 낮추는 결은 살짝 다를 만합니다. 사람마다 고장마다 조금씩 숨결을 달리 담아내어 혀에 얹었으리라 봅니다.

바다는 아지랑이가 되고, 아지랑이는 이슬로 온누리를 덮다가 살살 하늘로 올라가서 구름을 이루더니 겨울에 '눈'으로 내립니다. '하늘눈'인데요, 하늘에서 이 땅을 굽어살피는 듯합니다. 포근히 덮을 곳을 바라보면서 찾아오는구나 싶습니다. 겨우내 깊이 잠들라고 지켜보면서 포근포근 감싸거나 어루만지는 기운이지 싶어요.

물빛이란 모든 빛을 담아내기도 하고, 모든 빛이 고스란히 지나가기도 해요. 냇물이나 바닷물에 물풀이 자라면 물빛은 푸르지요. 냇물이나 바닷물이 하늘빛을 담으면 물빛은 파랗지요. 하늘로 올라가 하얗게 구름으로 피어난 물방울은 송이송이 눈송이로 거듭나면서 구름빛을 그대로 옮긴 흰눈으로 태어납니다. 흰눈을 손바닥으로 받아서 바라보면 물빛이에요. '덩이진 물빛은 흰빛'으로 환합니다. 하늘에서 비로 내리다가 어는 '누리 ㄴ(얼음비)'이 있어요. 한자말로는 '우박(雨雹)'입니다.

물이 담은 하얀 기운이란 '하늘'이요 '해'일 테지요. 하늘눈인 눈빛은 '하양하양(하양 + 하양)'으로 온누리를 토닥입니다. 하얗게 토닥토닥하면서 몸이며 마음에서 모두 비우고 새롭게 꿈꾸어 깨어나라고 이끕니다. 훅훅 퍼지며 눈보라를 이룹니다.

* 몸눈·눈망울·눈길

우리 몸에서 눈은 왼눈하고 오른눈입니다. 때로는 '셋쨋눈'을 뜨곤 해요. 몸으로 보는 두 눈이라면, 마음으로 보는 셋쨋눈이요, 사랑을 깨닫고 꿈을 지켜보면서 온넋을 감도는 셋쨋눈입니다.

'몸눈'은 봅니다. 보고 누립니다. 누구를 봅니다. 누구나 봅니다. 누구인지 알아봅니다. 누구나 알아차려요. 저기에는 누가 있나요. 거기에는 누가 있을까요. 아직 모르는 사람인 '누·누구'입니다. 어느 하나라고 가리키지 않는 사람인 '누'입니다. 궁금한 사람이요, 찾아올 사람이며, 찾아갈 사람입니다. 만날 사람이고, 두루 아우르는 '누'예요. 모두이자 다 될 수 있는 사람인 '누'이지요.

몸눈은 '누'를 봅니다. 따로 무엇을 콕 짚어서 본다기보다 두루 봐요. 두루 보는 우리 눈망울은 환합니다. 무엇을 새로 만날는지 궁금하지요. 무엇을 새삼스레 알는지 설레지요. 눈망울에 서리는 빛살은 반짝반짝 눈길로 뻗습니다. 눈이 가는 길이란 우리가 삶을 알아가는 길입니다. 눈으로 보는 길이란 우리가 사랑을 알아차리는 길입니다.

* 싹눈·꽃눈·잎눈

싹이 트려고 눈을 뜹니다. 처음으로 내밀고 싶으니 눈이 돋습니다. 싹은 앞으로 꽃싹이 될까요, 잎싹이 될까요. 꽃잎이 하나로 얼크러지는 싹일는지 몰라요. 바야흐로 깨어나고 싶으니 눈을 뜹니다. 온누리를 지켜보면서 푸르게 빛나고 싶은 씨앗 한 톨이기에 싹이 트는 눈이 돋고 뿌리가 내립니다. 뿌리를 뻗으면서 '싹눈'이 깨어나 줄기를 올려요.

자, '꽃눈'이 되는군요. 꽃으로 보는 눈입니다. 꽃이 되어 보는 눈이에요. 꽃이란 몸을 입으면서 둘레에 꽃빛을 나누고픈 꽃눈이지요.

와, '잎눈'이 되네요. 잎으로 보는 눈이군요. 잎이 되어 보는 눈이라지요. 잎이란 몸으로 두르면서 곁에 잎빛을 퍼뜨리려는 잎눈입니다.

아직 모르는 숨결(누)을 만나고 싶어 설레는 꽃싹이나 잎싹은 어떠한 풀꽃나무로 자라려나 기다리고 꿈꾸면서 온마음을 뜨면서 보려 합니다. 푸르게 눈뜨는 싹이며 움은 숲이 되고 별이 됩니다.

* 눈빛·눈부시다·눈뜨다

　눈이 빛납니다. 하늘눈이 빛나요. 눈이 빛나요. 몸눈이 초롱초롱합니다. 눈이 어쩜 이리 빛날까요. 꽃송이로 태어나는 꽃눈이, 잎새로 피어나는 잎눈이, 더없이 맑으면서 푸릅니다.

　빛나는 석둥이 '눈빛'은 반들반들 반짝반짝 마치 별이 내려온 듯합니다. 아니, 저 온별누리(우주)에서도 별은 별입니다만, 하늘에서 구름으로 뭉쳐서 다시 낱낱으로 흩어져 내리는 눈도, 우리 몸에 있는 눈도, 푸르게 우거지는 숲마다 깨어나는 눈도, 그야말로 '눈부시다'고 할 만해요. 빛이 아주 많아 똑바로 보기에 어려운 '눈부시다'입니다. 아주 아름다워서 마음을 사로잡는다는 '눈부시다'예요. 아주 뛰어나거나 훌륭하다고 여기는 '눈부시다'이지요. 환하게 아름다운 하늘눈이고, 맑게 고운 몸눈이며, 푸르게 사랑스러운 싹눈입니다. 품을 들여 밝게 보니 '눈품'이에요.

　이제 하늘눈은 하늘을 확 열면서 내립니다. 이제 눈꺼풀을 올려 몸눈을 틔우고 생각을 열어젖힙니다. 이제 모든 싹눈은 기지개를 켜고서 새몸이 되려고 껍데기를 열고서 밖으로 나옵니다. 여태까지 잠들거나 숨을 죽인 채 있다가 눈을 떠요. 꽃송이가 되고 잎사귀가 되려고 꽃눈을 뜨고 잎눈을 뜹니다. 꽃망울과 잎망울을 바라보는 사람들은 꽃과 잎이 '눈뜨는' 모습을 보면서 '사람으로서 마음눈을 뜨자'고 여겼으리라 느낍니다. 숲에 깃들어 살림을 짓는 동안 풀꽃나무와 해바람비가 삶을 일깨우거나 가르치거든요.

어둠을 벗고서 새길을 보는 '눈뜨다'입니다. 이제부터 새롭게 처음으로 나아가는 길을 보려고 허물·허울·껍데기를 깨고서 나오는 '눈뜨다'예요. 눈을 뜨니 둘레를 골고루 '눈여겨봅'니다.

* 누리다·누비다

이 땅인 '누리'에 있기에 '누리다'입니다. 온하루가 '누리는' 나날입니다. 바람이며 물이며 사람이며 풀꽃나무를 비롯한 뭇목숨이 이 별을 누려요. 사이좋게 얼크러지면서 이 터전을 누리지요.

저마다 다른 꼴이자 넋인 세 가지 눈은 즐겁게 살아가려는 빛입니다. '누리다 = 즐기다·맛보다·해보다·살다'에, '누리다 = 보다·웃다·춤노래·잔치·사랑'입니다. 못 누리면 슬프고, 울고, 아프고, 갑갑합니다. 누릴 길을 가로막으면 그만 죽어 버립니다. 누릴 틈을 내려고 애써요. 혼자 아닌 함께 누리려고 기운을 내요. 서로서로 새롭게 누리면서 어깨동무하려는 마음이기에 사랑이 자라나요.

천을 겹으로 놓고서 한 땀씩 바느질을 하는 '누비다'예요. 누빈 옷이라서 '누비옷'입니다. 속에 솜을 놓은 누비이불은 포근합니다. 줄이나 골이 길게 나도록 바느질을 하듯 신나게 달리거나 나아가는 '누비다'예요. 거침없거나 씩씩하게 돌아다니는(두루 다니는) 몸짓도 '누비다'입니다.

* 누·누구

우리가 사는 푸른별에는 사람만 있지 않습니다. 이 별에는 사람을 비롯한 모두가 고루 있어요. '동식물'이란 이름으로는 못 갈라요. 풀꽃나무도 움직이는걸요. 짐승만 움직이지 않습니다. 더구나 짐승도 뿌리를 내려요. 우리가 집을 짓고서 어느 곳을 보금자리나 마을로 삼는다고 한다면, 이 몸짓이 바로 뿌리내림입니다.

우리는 '누구'일까요? '누'가 '누구'를 말하는가요? 이제부터 모두 처음으로 돌려서 헤아리고 맞아들여야지 싶습니다. 틀에 박힌 굴레가 아닌, 사슬에 매인 수렁이 아닌, 스스로 꿈꾸고 노래하면서 포근하게 품는 숨결로 나아가야지 싶어요.

모든 숨결은 뿌리를 내리면서 움직입니다. 사람·풀꽃나무·짐승은 움직이면서 뿌리를 내립니다. 우리 눈으로 똑똑히 보기를 바라요. 누가 누구인지 눈으로 누리면서 느끼기를 바라요.

* 누르다·누리

땅빛은 누렇습니다. 붉은 흙이나 까만 흙도 있지요. 땅심이 어떠한가에 맞추어 땅빛이 다른데요, '누렇다·누르다'는 "땅이 이렇다"하고 "나는 땅이다"를 나타낸다고 하겠습니다.

이 누런 곳, 누른 터, 바로 땅, 그러니까 푸른별(지구)에서 살아가기에 '누리'인데요, 이렇게 누리는 곳이라서 단출하게 '누리'라 합니다. 온누리예요. 사랑누리예요. 한누리예요. 꽃누리이고 기쁨누리입니다.

울타리가 없고 담이 없으면서 넘나드는 데라서 '누리'입니다. 누구나 눈을 뜨고서 누리는 삶이기에 '누리'라고 할 만합니다. 이러한 누리에서 조금조금 금을 긋고서 나누는 동안 '나라'가 됩니다. 나라에는 울타리가 있고 담이 있어요. 섣불리 넘나들지 못하도록 해요. '누리'나 '나라'나 똑같은 땅이되, 한쪽은 울타리 없이 흐드러지는 홀가분한 빛이요, 다른 한쪽은 울타리를 세우면서 너랑 나를 가르고 힘으로 누르는, 억누르고 짓누르는 틀입니다.

'누리'에서는 그야말로 누립니다. 누구나 누리면서 봅니다. 누구이든 맛보면서 해보고 만나고 사귀고 반갑고 즐겁습니다. '나라'에서는 참말로 나눕니다. 누구이든 나누면서 남남입니다. 우리는 모두 "서로 다른 하나"인데, '나라'라는 틀을 세워서 스스로 울타리에 갇힐 적에는 "서로 달라서 그냥 다른 것"으로 옭아맵니다.

＊ 하늘비·빗물

하늘에서 비가 옵니다. 비님이 옵니다. 비를 두고는 으레 '비님'인데, 눈을 놓고는 딱히 '눈님'이라 하지 않아요. 눈은 눈 그대로 누(모든 사람이자 숨결)이니까 저절로 님인 터라 구태여 '눈님'이라 할 까닭이 없을 만합니다. 이와 달리 비는 물방울인 채 구름으로 덩이가 졌고, 덩이가 진 물방울이 '흩어지기'보다는 '덩이째' 땅으로 찾아가서 온누리를 싹싹 쓸고닦듯이 말끔히 씻어 줍니다. 이런 짓이며 품이며 삶을 바라보며 따로 님을 붙여 '비님'이 되어요. 사람도 몸에서 물을 내보내어 '누다'예요.

빗물은 안 가립니다. 무엇이든 씻어요. 누구나 씻지요. 앙금도 씻고 생채기도 씻습니다. 다친 몸이며 마음은 빗물로 정갈하게 씻어서 다스립니다. 빗물은 사람을 씻으면서 몸에 기운을 북돋웁니다. 지저분한 티끌이랑 먼지를 쓸어냈으니, 이제부터는 온바다를 아우르던 숨빛에다가 온하늘을 누비던 바람빛을 여미어 살갗을 거쳐 몸으로 스미도록 하지요.

빗물을 먹어야 풀꽃나무가 자라고 싱싱합니다. 빗물 먹은 풀꽃나무를 곁에 두어야 사람도 짐승도 싱그럽습니다. 비를 맞으며 노는 아이는 듬직하고 야물찬 어른으로 일어섭니다. 비를 모르거나 꺼리거나 싫어하는 채 나이만 먹은 어른은 소담스러운 '함박비'를 '물폭탄'이라고 함부로 말하면서 스스로 삶을 더럽힙니다.

* 마당비·빗자루·비질

'하늘비'는 푸른별을 두루 쓸고닦아서 치웁니다. 하늘비가 지나간 자리는 그지없이 깨끗해요. 모두 쓸어내니까 깨끗하지요. 남기지 않아서 깨끗합니다. 이 하늘비를 바라본 사람들은 삶자리인 집하고 마을에서 새롭게 '비'를 엮습니다. 수수빗자루라든지 갈대빗자루를 묶어요. 마당을 '마당비'로 쓸어요. '빗자루'를 쥐고서 티끌이며 먼지이며 쓰레기이며 샅샅이 쓸어냅니다. 남기지 않고 쓸어 내기에 깨끗해요.

'비질'로 잘 쓸어내어 깨끗한 터전이라면, 이대로 바람을 맞이하고 해를 맞아들이고 눈비를 머금도록 하면서 그대로 가꿉니다. 그대로 나아가는 맑은 손길로 살림을 가다듬습니다.

* 비다·비움·비우다·빔

비가 오니까 '비다'입니다. 비가 하는 일이니까 '비움'입니다. 남기지 않고 쓸어내니까, 깨끗하게 치우니까 '비우다'예요. 좋고 나쁘고를 가리지 않고서 처음부터 모두 새롭게 하도록 다스리는 비님이에요. '빔'을 느껴서 앞으로 나아갈 길을 즐거이 바라보라고 알려줍니다. 처음 생기기에 '비롯하다'입니다.

어렵던 살림을 비웁니다. 힘들던 나날을 비웁니다. 아파서 멍울이 진 곳을 비웁니다. 생채기도 고름도 다 비웁니다. 짜증이며 성이며 부아이며 고스란히 비웁니다. 슬픔도 비우고 기쁨도 비워요. 좋아도 비우고 싫어도 비웁니다. 왜 비우는가 하면, 자잘한 것이 그동안 너무 많이 뭉치거나 쌓이거나 맺힌 터라, 사랑이 싹틀 틈이 없거든요. 꽃송이가 터질 만한 틈새가 없으니 비워요. 꽃망울이며 잎망울이 흐드러진 곳을 바라볼 눈빛이 해맑을 틈바구니를 열려고 비웁니다.

비거나 비우기에 '빔'인데, "새롭게 짓거나 차려서 입거나 누리는 옷"도 '빔'이라 합니다. 잔치나 설·한가위를 앞두고 마련하는 '새옷'인 '빔'인데, 마치 빗물처럼 정갈하고 맑게 씻고 달래어 빛내 주는 싱그러운 옷자락이 '빔'이로구나 싶어요.

* 빗·빗다·비비다
* 빗살·빗발·빗줄기

우리는 머리를 빗습니다. '빗'으로 빗어요. 머리카락을 가지런하면서 곱게 추스르는 살림인 '빗'입니다. 빗질을 하면서 까만 머릿결이 한결 반짝반짝 빛나도록 다스립니다.

먼 옛날에 사람들이 흙과 물로 빚어서 쓰던 그릇을 '빗살무늬흙그릇'이라 했습니다. '빗살'이란 '빗'에 댄 살이기도 하면서, '빗발·빗줄기'를 가리키는 '빗살'에 '비스듬'합니다. 하늘에서 내리는 비가 이 땅을 쓸어 주듯, 나무로 깎은 빗으로 머리카락을 살살 쓸어요. 빗줄기가 온누리를 말갛게 씻어 주듯, 빗으로 머리카락을 빗질을 하면서 어느새 가지런하며 반짝거립니다.

빨래를 복복 비벼요. 비비는 동안 때가 나옵니다. 우리는 비질을 하고 빗질을 하며 비손을 합니다. '비'란 놀랍도록 맑으면서 싱그러운 숨결이로군요. 빚기·비질·빗질·비빔질·비손은 우리 삶자리를 언제나 밝으면서 정갈하게 돌보는 손길이에요.

* 빗방울·빗소리·비내음·비노래·빗길

* 방울

　'빗방울'이 듣습니다. 빗방울을 듣습니다. 비가 오는 몸짓은 '듣다'예요. 비를 덜 맞거나 안 맞고 싶으면 '긋다'를 합니다. 가르듯이 그으면서 비켜섭니다. 비를 긋지요. 빗방울이 들으니 눈을 뜨고 귀를 열고 마음을 틔워 몸을 일으키고서 듣습니다. 무엇을 들을까요? 바로 '빗소리'를 듣습니다. 코로는 '비내음'을 맡아요.

　온누리를 깨끗하게 씻어 주는 빗방울 몸짓이란 늘 노래입니다. 노래하면서 쓸고닦아요. 춤추면서 치워요. 놀이하듯 살림을 해요. '비노래 = 살림노래'로군요. '비노래 = 삶노래'네요. '비노래 = 사랑노래'이자, '비노래 = 숲노래'이지 않나요?

　이 빗물을 마셔요. 골짜기에서 솟는 샘물이란 바로 빗물인데, 바다에서 아지랑이란 몸으로 바꾸어 바람을 타고 하늘을 가르다가 구름이 되어 다시 하늘을 바람 타고 돌면서 이 땅을 찾아들어 숲에서 모여 하나가 된 물방울인 빗물이라서 샘물입니다. 이 샘물은 골짜기를 타고서 냇물로 흐르고 다시 바다로 갑니다.

　그냥 물이 아닌 빗물이랍니다. 그냥 물이 아닌 빗물을 마시기에 모두모두 살아나고 하루를 지어요. 어떤 물을 마시려나요? 어떤 물을 맞이하면서 노래하려나요? 스스로 삶자락을 짓는 눈길이라면 바로 '빗길'을 달리는 어린이놀이를 사랑할 노릇입니다. 우리는 누구나 눈이면서 비입니다. 우리는 바로 고스란히 물입니다. 푸른별을 이루는 풀꽃나무를 비롯한 뭇숨결은 언제나 '방울'이에요.

"작으면서 맑고 밝고 동그랗게 맺는 물"이 '방울'입니다. 물방울을 본 사람들은 "쇠를 얇으면서 동글거나 동그스름하게 대어 공처럼 두르고 속을 비운 뒤, 단단한 조각을 넣어서, 맑고 밝게 소리가 나도록 마련한" 살림을 지었어요. 딸랑딸랑 맑고 밝게 소리나는 공처럼 얇은 쇠도 '방울'이에요.

빗방울·물방울·핏방울·꽃방울·빛방울·숨방울입니다. 방울지는 마음을 하나로 모두면서 다 다르게 피어나서 흐드러진 푸른별 보금자리예요.

* 빛

시원히 씻으면서 하늘을 비우니 별이 한결 밝습니다. '빛'이 납니다. 새롭게 싹이 나고 움이 트고 눈이 돋으면서 푸른빛이 돌아요. 새빛입니다. 하늘에서 내리는 눈송이는 온누리를 하얗게 덮으면서 빛나지요. 우리 눈망울은 생각을 품고 마음을 사랑으로 가꾸는 길에 반짝반짝입니다. 눈빛이 맑고 밝아요.

티끌을 씻어 주는 빗물은 냇물이 되고 샘물로 솟으며 바다로 아우릅니다. 이 물빛은 모든 숨결을 살리고 빚는 숨빛입니다.

비운 자리에 빛이 새로 깨어납니다. 비우고 나니 새삼스레 빛이 태어납니다. 비질을 하고 빗줄기가 드리우고 머리카락을 살살 빗으면서 몸도 마음도 한결 빛나요. "새롭게 나거나 나오면서 둘레를 밝게 일으키는 기운"이 '빛'이로구나 싶습니다.

다

모두 │ 온 │ 달다 │ 담다 │ 답다 │ 닮다 │ 닫다 │ 달리다 │ 닿다 │ 다다르다
대다 │ 다듬다 │ 다독이다 │ 달래다 │ 다리미 │ 당기다 │ 다스리다 │ 다루다
닦다 │ 다르다 │ 유난 │ 윤슬 │ 유들유들 │ 다시 │ 또 │ 새로 │ 거듭 │ 다음
다지다 │ 다짐 │ 땅 │ 달 │ 다치다 │ 닳다 │ 다만 │ -다

말을 '합니다'나 '그렇습니다'처럼 맺곤 합니다. 말끝에 들어서는 '다'라, '알 + 다'로 '알다'이고, '보 + 다'로 '보다'인데, '모두'를 가리키는 말씨이기도 합니다. '-다'를 붙이면서 움직이거나 흐르거나 바뀌는 결을 가만히 담아내다가, 이곳부터 저곳까지 빠뜨리지 않고 담는 모습을 나란히 나타냅니다. 맺으면서 품고 움직이는 결을 그리는 모든 말씨가 '다'인 셈일까요.

* 다·다들
* 모두·온

여기에 '다' 있습니다. 저기에 '다들' 모입니다. 안 빠지도록 여럿을 한자리에 모은다고 하는 '모두'입니다. '모으다'란 말밑으로 '모

두·모조리·몽땅' 같은 낱말을 차근차근 가릅니다. '다'는 '닿다·대다·달리다'로 죽죽 뻗는 말밑입니다.

빠지지 않는다는 '다'이면서, 마지막이나 끝에 이른다고 할 만한 '다'요, 이쪽이든 저쪽이든 대수롭지 않은 '다'예요. 어떠한 일이든 할 적에 가리키고, 뜻밖이라는 마음을 나타내거나 더없이 좋거나 훌륭하다는 하나를 가리킬 적에도 '다'입니다.

이를테면, "다 먹고 온다"나 "이쪽에는 다 썼다"나 "다 좋으니 네가 골라"나 "누구나 다 한다"나 "네가 그런 말을 다 했구나"나 "말이면 다인 줄 아니"처럼 써요.

무엇을 빠지지 않게 한자리에 있다고 가리킬 적에 쓰는 '다·모두'는 이런 결로 가릅니다. '온'은 '오롯이·옹글다·온통·올바르다'처럼 '오'가 말밑이면서 '아'로 잇는 '알·얼'하고 만나는 말결입니다. 아우르고 어우르는 '온'이기에, 무엇을 품듯이 한자리에 있다고 가리키는 '온'이에요. '오다(오 + 다)'가 바탕입니다.

* 달다 ㄱ·단맛·달달하다·달콤
* 달다 ㄴ·매달다
* 달다 ㄷ·달아오르다
* 달다 ㄹ·재다
* 달다 ㅁ·바라다
* 달달·후덜덜·덜덜·후들후들

꿀 같은 맛이라는 '달다·달달하다·달콤'이에요. 꿀맛을 다 좋아하려나요? 꿀맛이어도 손사래치는 사람이 있을까요? 다 즐겁기를 바라는 맛이기에 '달다'고 할는지 모릅니다. 다 즐겁게 누리도록 북돋우는 맛이라서 '달달'하고 '달콤'할 만해요. 입맛을 흐뭇하게 사로잡도록 달아 '달콤'일 텐데, 즐겁거나 흐뭇하게 누리기에 "달게 잠들"고 "달콤하게 쉽"니다.

똑같이 '달다'라는 소리이지만, 달랑달랑 '매달'아 놓는 몸짓을 가리키기도 합니다. '달달·덜덜' 떨기도 하고 '후덜덜' 춥기도 합니다. 설레거나 두려워 다리를 '후들후들' 떨기도 해요.

뜨거우니 '달'아요. 얼굴이 화끈하게 '달아오릅'니다. 뜨거운 기운이 가득 퍼지는군요. 그리고 무게를 알리려고 저울로 '달'아요. 서로 무엇을 해주기를 바랄 적에 "해 달라고 말했어"처럼 '달다'를 씁니다.

* 담다·답다·닮다

빠뜨리지 않도록 살피는 '다'는 '담다'로 잇습니다. 주머니에 담고, 마음에 담습니다. 수레에 담고, 손에 담아요. 아름다운 모습을 눈에 담고, 기쁘게 퍼지는 생각을 머리에 담습니다. 글에 이야기를 담고, 말에 마음을 담아요. 우리 뜻을 노래에 담아 널리널리 폅니다.

그저 나로 있으려 하기에 '나답다'는 매무새로 나아가려 합니다.

'-답다(-다운)'라는 말씨를 붙여, '너답'고 '우리답'게 스스로 섭니다. 남을 따르거나 기웃거리지 않고 스스로 가꾸면서 일어나려는 '답다'예요. 때로는 '꽃답게' 말을 하면서 우리 모습을 새롭게 채워요. '바다답게' 넓고 시원하게 마음을 쓰고, '아이답게' 뛰놀며 '어른답게' 어질며 슬기로운 길을 갑니다.

ㄲ이란 받침을 붙여 '닮다'로 나아가 볼까요. 마음에 드는 모습이나 숨결이나 빛깔이나 무늬를 옮기듯이 품는 '닮다'예요. 어머니를 닮고 아버지를 닮아요. 누나를 닮고 언니를 닮습니다. 별님을 닮고 나무를 닮는 몸짓으로 싱그러이 섭니다. 그러나 '닮을' 적에는 여러모로 담아서 비슷하다고 여기되, '다른' 결이 있는 모습입니다. 담아서 같다면 '똑같다'고 하겠지요. 담아서 비슷하되 다르기에 '닮다'입니다.

＊ 닫다 ㄱ·여닫다
＊ 닫다 ㄴ·달리다 ㄱ
＊ 달리다 ㄴ·달랑달랑

바람이 매서우니 잘 '닫'습니다. 무엇도 드나들지 않도록 다 막는 '닫다'예요. 그런데 닫는다면 열기도 해요. 우리가 드나드는 길을 가리키는 '문'이란 '여닫이'입니다. 열고 닫으면서 흐르거나 틔워요.

드나들지 못하도록 '닫'기도 하지만, 빨리 가고 싶어서 '닫'기도 해요. '달리다·내달리다·치달리다'는 '닫다·내닫다·치닫다' 꼴로도 씁니다. 멀리 뛰려고 '도움닫기'를 하는데, 이 '닫기'란 '달리다'입니다.

그러고 보니 '달리다'라 하면 '매달다·달다'하고 다시 만나요. 달랑달랑 달려요. 딸랑딸랑 소리를 내요. 덜렁덜렁 흔들려요.

* 닿다·다다르다
* 대다

한참 달려서 어디로 가 볼까요? 신나게 내닫는 발걸음은 어디에서 멈출까요? 우리가 어디로 가서 있는다고 할 적에 '닿다'입니다. "다 오다"나 "다 가다"가 '닿다'랍니다.

때로는 '다다르다'라고 해요. 이곳에 있던 우리가 저곳으로 옮기려고 신나게 갔기에 드디어 '다' 오거나 간 '닿다·다다르다'입니다.

몸을 옮겨서 새로운 곳으로 간다면, 손만 새로운 곳으로 가도록 해볼까요? 손을 뻗어서 어느 곳에 있어도 '닿다'라 하고, 이때에는 "네 등에 닿았네"나 "네 볼에 닿았네"처럼 써요. 가볍게 만나듯 문득 몸이며 손이 가기에 '닿다'라면, 가볍게 움직여 "닿도록 하는" 몸짓인 '대다'입니다.

손을 '대'어 알아보기도 하지만, 부릉부릉 모는 차를 세우려고 '대'기도 합니다. 바다를 가른 배를 나루터에 '대'는군요. 하늘을 훨훨 가르던 날개(비행기)도 사뿐히 땅으로 내려앉아서 쉬려고 '댑'니다. 어느 때에 맞추어서 가려고 '대다'를 쓰기도 해요. "버스 탈 때에

대도록(안 늦도록) 서두르자"처럼 쓰는데, "하늘에 대고 노래를 부른다"나 "네 귀에 대고 말했는걸"처럼 어느 쪽을 바라보며 무엇을 하는 몸짓도 나타내요.

"너한테 돈을 댈게"처럼 넌지시 돕는 몸짓도 '대다'입니다. "뒤에 대고 써야 글씨가 반듯해"처럼 가볍게 받치는 모습도 '대다'예요. 씻으려고 "물을 댑"니다. "쉬려고 서로 등을 대고 앉는다"처럼 가만히 마주하면서 붙이는 모습도 나타내요. "난 너한테는 못 대지"처럼 어느 쪽을 다른 쪽하고 마주 놓고서 살피는 자리에도, "핑계만 대는구나"나 "바른대로 대렴"처럼 어떤 말이나 생각을 들어서 보이는 모습도 나타내요.

* 손대다
* 다듬이·다듬다·가다듬다·쓰다듬다·보듬다

손으로도 몸으로도 '대다'인데, 따로 '손대다'도 써요. "아직 손대지 말아라"나 "어디부터 손대야 할는지 몰라"처럼 써요. "읽기 좋도록 손댄 글"이나 "손대는 일마다 잘 풀리더라"처럼 어떠한 일을 마음을 들여서 잘 이루도록 나서거나 다루는 몸짓을 나타냅니다. "내가 아직 손대지 않았는데 먼저 먹었네"나 "손댈 수 없는 데로 갔다"처럼 '먹다'나 '가까이하다'를 살며시 나타내기도 하고, 손으로 보면 '손보다'요, '손짓·손질'을 합니다.

지난날에는 옷을 빨래하면 '다듬잇돌'에 얹고서 '다듬잇방망이'

로 두들겨서 폈어요. 어느 곳도 빠뜨리지 않고서 고루 보면서 좋도록 만진다고 하는 '다듬다(다듬이)'예요. 이 '다듬다'는 손을 써서 보거나 누리기에 좋도록 하는 일을 가리킵니다. "머리카락을 다듬"고 "김치로 담글 배추를 다듬"습니다. "글을 다듬"고 "목청을 다듬"어요. 세간이나 살림을 짜고서 더 매끄럽도록 손을 쓸 적에 "조금 더 다듬고 끝내지"처럼 쓰기도 합니다.

　'가다듬다 = 가다(갈다) + 다듬다'예요. '쓰다듬다 = 쓸다 + 다듬다'입니다. 더욱 마음을 기울여서 찬찬히 손을 대기에 '가다듬다'라면, 더욱 마음을 들여서 찬찬히 풀거나 부드럽게 품으려고 하는 '쓰다듬다'예요. 아주 따스한 손길인 '쓰다듬다'인데, '-듬다'에 '보살피다' 앞말인 '보-(보다)'를 붙인 '보듬다'도 더없이 따사로운 손길이랍니다.

* 다독이다·토닥이다
* 달래다
* 다리다·다리미
* 당기다

　다듬는 몸짓하고 살며시 다르지만 닮은 말씨인 '다독이다'입니다. 흩어지지 않도록 가만히 손을 써서 눌러 주는 몸짓인데, "짐을 다독이다"뿐 아니라 "우는 아기를 다독여서 재우다"처럼 부드럽고 상냥히 품으면서 아늑하다고 느끼도록 이끄는 몸짓이에요. 아프거나 힘든 사람이 있을 적에도 "동생을 다독이는 언니"라든지 "동무 마음을 다독이는 오빠"처럼 씁니다.

'토닥토닥·토닥이다'도 '다'로 잇는 '다독'이 가만히 깃들지요. '톡톡' 가볍게 손을 써서 아끼는 마음이 흘러요. 이런 '다'에 ㄹ을 받침으로 붙여 '달래다'도 써요. 슬프거나 아프거나 괴로울 적에 이러한 마음을 가벼이 누르듯이 털어 주는 손길인 '달래다'예요. "이렇게 괴로워하는데 먼저 달래기부터 하자"처럼 쓴답니다. 어떤 일을 차근차근 하도록 좋게 말을 할 적에도, 마치 노래를 부르듯 부드러이 여는 몸짓인 '달래다'를 넣어 "어머니가 달래서 돌아왔어"처럼 씁니다.

요새는 다듬잇방망이를 안 쓰지만 '다리미'는 써요. 구긴 곳이 있으면 반듯하게 펴는 '다리다'요, 다림질을 하는 연장인 '다리미'입니다.

가까이 있도록 손을 쓰는 '당기다'는 "네 옷을 당기네"나 "마음이 당긴다"나 "입맛이 당기다"처럼 써요. 때로는 "그물을 당기다"나 "시위를 당기다"나 "둘이 밀고 당기면서 다투는걸"이나 "책상맡으로 걸상을 당겨 앉으렴"이나 "턱을 당기다"처럼 어느 쪽으로 움직이거나 오도록 하는 몸짓을 나타내요.

＊ 다스리다·다루다
＊ 닦다·갈고닦다

부드럽거나 상냥하거나 따스하거나 고르게 펴는 결을 이루려고 손이며 몸을 쓰는 여러 낱말에 '다'가 깃든다면, '다스리다'는 "마을을 다스리다"나 "집안살림을 다스리다"나 "나라를 다스리다"나 "머리카락이 날리지 않도록 다스리다"처럼 차곡차곡 있도록 하거나 잘 흐르도록 하는 몸짓을 나타내요.

때로는 "잘못을 다스리다"처럼 쓰면서, 한자말로는 '벌'을 내리는 일도 나타냅니다. 배고플 적에 "속을 다스릴 밥을 먹"고, 아플 적에 "몸을 다스려서 나으"며, 들뜨거나 흔들릴 적에 "마음부터 다스리고서 하"자고 말합니다.

여러모로 일을 하는 몸짓이나 모습은 두루 '다루다'로 나타내요. "부엌칼을 다루며 밥을 차리"고 "자전거를 잘 다룰 줄 알"기에 자전거를 타는 일뿐 아니라 고치는 일도 한다는 뜻이에요. "책을 다루는 책집"이요, "씨앗을 고이 다루는 흙살림꾼"입니다. "남을 네 마음대로 다루지 마" 같은 자리는 어떤 사람이나 일을 어떠한 쪽으로 가도록 움직이려 하는 모습을 나타내요. "오늘 다룰 이야기"라 할 적에는 무엇을 하는 바탕으로 여긴다는 뜻이랍니다.

'닦다'는 '훔치다'하고 비슷하지만 달라요. 물이나 때나 먼지를 없애서 말끔하게 하는 자리에 쓰는 '훔치다'라면, '닦다'도 이런 자리에 쓰지만 "반짝반짝 빛내려고 닦다"처럼 쓰기도 해요. 물이나 때나 먼지를 없애는 데에서 그치는 '훔치다'라면, 물이나 때나 먼지를 없애고 반짝반짝하도록 더 손을 쓰는 '닦다'입니다.

이리하여 "길을 낸다"고도 하지만 "길을 닦다"라고도 해요. 잘

다니도록 새롭게 하는 몸짓인 '닦다'입니다. 무엇을 배우거나 솜씨를 들일 적에도 '닦다'를 써요. "바탕을 닦다"처럼 쓰기도 하고, 몹시 나무랄 적에 "너무 닦아세우지는 마라"처럼 쓰는데, '갈고닦다(갈닦다)'라는 낱말은 더욱 살피면서 찬찬하도록 나아가려는 몸짓이에요.

* 다르다·달리
* 남다르다·남달리
* 유난히·윤슬·유들유들·번들·뺀질

'-르'로 잇는 '다르다'입니다. '달리' 꼴로도 써요. '모두·온'하고 비슷하지만 다른 '다'인데, 이 '다르다'라는 낱말은 "함께 놓고 견줄 때 서로 하나라 할 만하지 않다"를 뜻하고, "어느 것보다 또렷하게 잘 보이다"나 "그것이나 그때가 아닌 어느"나 "흔히 있는"을 가리켜요. "다 다른 사람"이나 "네가 쓴 글은 참 달라"나 "이쪽 말고 다른 것을 고를래"나 "다른 날처럼 일찍 일어나지 않았다"처럼 써요.

'다르다'는 이곳부터 저곳까지 빠뜨리지 않고 "하나가 아니라 할" 모습이나 몸짓을 나타낸다고 할까요. 이렇게 "이곳부터 저곳까지 빠뜨리지 않고 하나가 아니라 할" 테니 또렷하게 잘 보일 만하고, 어느 하나를 콕 짚는다 할 테고, 흔히 있는 무엇을 나타낼 만합니다.

'다르다·달리' 앞에 '남'을 붙여 '남다르다·남달리'일 적에는 "더

더욱 하나가 아니라 할” 모습이나 몸짓이에요. 그야말로 확 눈에 뜨이는 모습이나 몸짓이랍니다. 이런 모습이나 몸짓은 ‘유난히’란 낱말로 나타내기도 해요. ‘유난하다·유난스럽다’ 꼴로도 쓰는 ‘유난’은 “여느 모습이나 흐름과는 매우 다르게”나 “말이나 몸짓이 여느 모습이나 흐름과는 매우 달라서, 헤아려 알 수 없도록”을 뜻하기도 합니다.

‘윤슬’이란 낱말이 있습니다. ‘윤’하고 ‘슬’이 붙은 이 낱말은 “햇빛·별빛을 받아서 유난히 반짝이는 작고 가벼운 물결”을 가리킵니다. 겉보기에 여러모로 빛나거나, 부끄러운 빛이 없이 나서는 모습을 ‘유들유들’이라고 하지요. ‘야들야들·이들이들’ 꼴로도 쓰는데, ‘번들번들·반들반들’하고 비슷하면서 다릅니다. ‘번들·반들’은 ‘뻔들·빤들·뺀질·빤질·뻔질’로 이어요. ‘번들·빤질’은 보기에 빛이 나는 결을 나타내기도 하되, 꾀를 부린다든지 살살 빠지거나 게으름을 피우는 모습을 나타냅니다.

* 다시
* 또다시·또·새로·거듭
* 다음
* 그다음·이다음·다음날·다음달

하던 일·말·글·생각을 잇거나 똑같이 하기에 ‘다시’입니다. 하던 일·말·글·생각을 고쳐서 새롭게 한다는 ‘다시’예요. 하다가 그쳤으나 이어서 한다는 '다시'이고요.

"어제 한 말을 다시 한다"나 "밥을 다시 지을게"나 "쉬었다가 다시 놀래"처럼 말합니다. 그리고 "나중에 다시 가서 놀자"나 "봄이 가고 여름이 다시 오네"처럼 쓰기도 하는데, 이런 여러 쓰임새를 살피면 '또'나 '새로'나 '거듭'하고 엇비슷해요.

그런데 '다시 + 또'는 '또다시'예요. 힘줌말이랍니다. '다시'는 이제까지 하거나 있는 무엇을 이어서 더 하는 결이라면, '새로'는 이제까지 없는 무엇을 처음으로 나타나도록 하는 결이라는 대목에서 다릅니다. '거듭'은 "놓은 곳에 더 놓아서, 어떤 일을 하고서 더 하는 모습을 가리키는" 대목에서 다르고요.

'또'는 "어떤 일이 되풀이하여"나 "그밖에 더. 그뿐만이 아니고 더"나 "그뿐만 아니라 되풀이해서 이런 모습을 더"나 "그래도 알 수는 없지만 어쩌면" 같은 자리에서 씁니다. "어떤 모습을 보여주면서도 아주 다르게"를 나타내기도 하고요.

이어가는 자리에 쓰는 다른 낱말 '다음·담'입니다. '그다음·이다음'처럼 쓰기도 해요. 어떤 일·말·글·생각을 하거나 어떤 일·말·글·생각이 있고 나서 바로 이을 적에 '다음'이에요. "다음에 할 사람"이나 "다음에서 내린다"나 "다음 칸으로 건너가다"처럼 써요.

바로 잇는 '다음'이라서, 날을 바로 이어 '다음날'이고, 달을 바로 이어 '다음달'이며, 해를 바로 이어 '다음해'랍니다. 때로는 둘째이거나 낮은 자리를 가리키지요. "할머니 다음으로 어머니가 나이가 많지"처럼 쓴답니다.

* 다지다·다짐 ㄱ

* 단단하다·딴딴·딱딱·탄탄·튼튼

* 땅·달·별

　여러모로 흐르는 '다'에 '짐(지다)'을 붙이니 '다짐(다지다)'입니다. 묵직하지요. 묵직한 만큼 함부로 바꾸거나 흔들지 않을 뿐 아니라, 섣불리 말하거나 알리지 않습니다. 꼭꼭 지키려는 말이나 마음인 '다짐'입니다. 흩어지거나 빈틈이 있지 않도록 "바닥을 다져"요. 그대로 있거나 제대로 있도록 힘있게 누르거나 밟으니 "집을 지으려고 터를 다집니다"처럼 써요.

　집터를 다지듯 "솜씨부터 다지고서 해야지"나 "그림솜씨를 다지면 어떨까"처럼 솜씨나 바탕이 제대로 흐르거나 서도록 하는 몸짓도 '다지다'예요.

　꾹꾹 다지니 '단단'하답니다. 아주 다졌으면 '딱딱'하겠지요. 또는 '딴딴'하고, 바야흐로 '탄탄'할 텐데, '튼튼'하다고도 할 만해요. 단단·딴딴·딱딱·탄탄·튼튼은 '다'에서 비롯한 '다지다'부터 하나하나 퍼집니다.

　이렇게 단단하거나 딱딱하거나 탄탄하기에 '땅'이에요. 우리가 선 이 별에서 '땅바닥'에 집을 짓고 마을을 세우고 살림살이를 건사해요. 이 '땅'에 씨앗이 뿌리를 내려서 풀꽃나무가 자라 아름드리숲으로 퍼집니다.

　하늘에 대롱대롱 달렸다고 여기는, 우리 별에 딸린(달린) 조그마한 별이라고 보는 '달'도 '다지다·땅'하고 맞물립니다. 빛나는 별은 모두 바탕이 '땅'이로구나 싶어요.

* 다지다·다짐 ㄴ
* 다치다·닳다

밥살림을 할 적에 칼질을 빠르고 힘껏 많이 하면서 마늘을 눌러 아주 작게 펴곤 합니다. 고기를 다져서 다루기 좋도록 하고요. 이때에도 '다지다'라 합니다. 빈틈이 없이 눌러서 작게 이루는 몸짓이에요.

그런데 조각조각 나뉜다면, 부서진다면 아프다고 여길 만해요. '다치다'입니다. 누가 흔들거나 치거나 건드리면서 제자리를 잃습니다. 그리고 자꾸 손이 닿으면서 허름한 길로 가는 '닳다'예요. 어느 곳에 자꾸 쓰면서 차츰 사라지는 '닳다'입니다. 안 만지거나 안 건드리거나 안 쓰면 그대로 있을 테니 '다치'지도 않고 '닳'지도 않습니다. 흔들듯이 치거나 세게 건드리니 그만 '다치'고, 이곳에 있는 살림이나 힘이나 기운을 자꾸 뽑아서 쓰기에 바닥을 보이면서 '닳'습니다.

* 다만·다문
* -다·-하다

다른 무엇은 아니거나 있지 않고서 무엇만 있다고 하기에 '다만'입니다. 넘거나 지나치지 않으나 그만큼이라고 가리키는 '다만'이에요. "다만 하나가 남았"고 "다만 하늘을 보는" 눈길이고 "다만 조금이라도 얻길 바라"고 "다만 그렇게 하고 싶지 않은" 마음입니다. 사투리로 '다문'처럼 쓰기도 해요.

하나부터 살펴서 안 빠지는 '다'는 모두를 여는 말씨이면서, 끝으로 가는 말결입니다. 이야기를 맺으며 '-다'예요. "봅니다", "합니다", "나눕니다", "찾습니다"처럼 우리는 가만가만 '-다'를 붙이면서 수수하게 모두 마무리를 지어요.

다시 더 살피면, '-다'뿐 아니라 '-하다'를 붙이면서 끝을 맺다가 새록새록 잇습니다. '하 + 다'인 '-하다'일 텐데, '살림 + 하다'나 '사랑 + 하다'나 '밥 + 하다'나 '자리 + 하다'나 '건사 + 하다'나 '간수 + 하다'나 '놀이 + 하다'나 '일 + 하다'처럼 쓰지요. '-하다'는, 일구고 이루고 지으면서 잇는 결을 나타냅니다.

그런데, 이어가는 '다음·담'은 '담·담벼락'으로 더 이어요. '담'은 단단하게 닿아서 높이 세운 곳이되, 이곳하고 저곳을 다르게 나눈 자리이되, 이쪽에서 저쪽으로 닫고서(내닫고서·내달리고서) 넘는 길목이기도 합니다. 자, 이제 다음말을 다시금 짚어 볼게요.

돈

돌다 | 돌 | 동그라미 | 돌보다 | 동무 | 동아리 | 돕다 | 도르리 | 동 | 동티
동이 | 도르다 | 두르다 | 두레 | 두루 | 둘레 | 두런두런 | 둘 | 두다 | 동강
동나다 | 동동 | 닳 | 돋다 | 돋보이다 | 도토리 | 돼지 | 든든

'돈'이 무엇일까 하고 물으면 적잖은 분들은 "돌고도는 것"이라고
이야기합니다. 참말로 그렇습니다. 고여 버릴 적에는 돈이라 여기
지 않아요. 사람들이 주고받으면서 흐르거나 잇는 구실을 할 적에
돈이라 여깁니다.

* 돈
* 돌다·돌고돌다·돌리다
* 돌·돌돌·돌돌돌

　낱말풀이를 해봅니다. '돈'은 첫째로 "살림을 나누거나 가꾸거
나 짓는 길에, 주거나 받으면서 '그 살림만 하다고 여기'면서, 쓰거
나 다루고 이어주는 작고 가벼운 것"으로 풀이하면서 "배추를 팔고
서 받은 돈"이나 "돈을 모았어"처럼 씁니다. 둘째로 "사거나 팔거나

빌리거나 돌려주면서 내는·내놓는·받는·얻는 만큼을 헤아린 것"으로 풀이하면서 "적잖게 돈을 내고 샀다"나 "글을 팔아서 돈을 받았지"처럼 씁니다. 셋째로 "무엇을 하거나 이루거나 맡기거나 짓거나 누리거나 쓰면서 드는 품·땀·손길이 어느 만큼인가에 따라서, 내거나 내놓거나 받거나 얻는 만큼을 헤아린 것"으로 풀이하면서 "힘든 일이면 돈을 이만큼 주셔요"나 "나들이를 다녀올 돈"처럼 써요. 넷째로 "살아가면서 누리거나 쓰거나 부리는 것"으로 풀이하면서 "돈이 많아도 마음은 못 사"나 "너희 집은 돈이 많은걸"처럼 쓰지요.

돌고돈다고 할 적에는 '돌'이 뒤따릅니다. 작고 가벼우며 단단하게 뭉친 것을 '돌'이라 해요. 사고팔거나 주고받는 자리에서 쓰는 '돈'은 안 크고 안 무거워요. 그러나 가볍습니다. 돌처럼 단단하게 마련해서 오래도록 주고받으면서 쓰는 '돈'이에요.

돌이 구를 적에 '돌돌' 구른다고 해요. '돌돌돌'이나 '돌돌돌돌'처럼 한둘을 붙여서 구름새를 나타내기도 해요. 돌돌 구르거나 돌돌돌 구르거나 동글동글한 무늬를 그리면서 나아갑니다.

* 동그라미·동글다
* 돌보다·돌아보다
* 동무·동아리·한동아리
* 돕다·도와주다
* 도르리·도리기

동그라미를 그리는 듯한, 동글게 구르는 듯한 돌입니다. 동그라미를 그리는 모습이란 '돌아보는' 모습으로 이어요. '돌아보다'를 줄여 '돌보다'라 합니다. 잘 지낼 수 있도록 사랑스레 지켜보면서 마음을 따뜻하고 너그럽게 쓰면서 일을 보아주는 몸짓이나 모습인 '돌아보다·돌보다'인데, 사이좋게 지내면서 가까운 사이를 가리키는 '동무'란 서로 돌아볼 줄 아는 둘을 나타내요.

가까이에서 지켜보면서 '도와주'는 동무입니다. 사이좋게 돌아보면서 '돕'는 동무예요. 동무로 지낼 적에는 서로 모나지 않으면서 뜻을 모읍니다. 동그라미에는 모가 없어요. 동그랗게·둥그렇게 잇고 맺는 사이에는 흥허물이 없습니다. 동무란 흥허물이 없는 사이로, 탓하지 않는 사이에, 동글동글한 마음하고 몸짓으로 만나거나 사귀는 사이입니다.

둘이서 동무로 지낸다면, 여럿이 모여 '동아리'를 이루어요. 동글동글한 마음과 뜻으로 모여서 서로서로 돌아볼 줄 알고 도울 줄 아는 자리가 '동아리'요, 이러한 동아리가 하나로 크게 뭉친다면 '한동아리'입니다.

'도르리'는 "여러 사람이 밥을 서로 돌려 가며 내어 함께 먹음"을 가리키고, '도리기'는 "여러 사람이 나누어 낸 돈으로 밥을 장만하여 나누어 먹음"을 가리켜요. '돌려' 가면서 먹을거리를 내는 '도르리'는 서로 동무로 지내면서 돌아보고 돕는 자리나 사이를 가리킨다고 할 만합니다. '도리기'는 따로 '돈'을 내면서 둥글게 나누는 자리나 사이를 가리켜요.

＊ 동·동안
＊ 두동지다·동떨어지다·동티
＊ 동이
＊ 동이다·동여매다

　'동'은 여러 가지로 써요. '동그라미'처럼 동글게 여민 바탕을 나타내면서, 동그랗게 흐르는 결을 나타내요. 굵게 뭉친 것이 '동'이고, 어느 때부터 어느 때까지가 '동·동안'이며, 장다리꽃이 피는 꽃대도 '동'이고, 윷놀이에서 말을 세는 낱을 '동'이라고 해요.

　동이 서로 물이 흐르듯 맞물리는 부드럽고 즐거우면서 맑은 사이인 '동무'라면, 동이 서로 어긋나거나 안 맞거나 떨어지는 "두 동이 지는" 사이인 '두동지다'예요. 사이가 좋으면 '동아리'를 이루지만, 사이가 벌어지니 얄궂고 말아, 어느새 '동티(동 + 티)'가 생깁니다. 잘못 건드려서 생기는 궂은 일이 '동티'예요.

　물을 길을 적에 쓰는 질그릇에 '동이'가 있습니다. 으레 '물동이'라고 합니다. 배는 동그스름한 듯 펑퍼짐하지요. 아가리는 동그랗게 넓적해요. 동글동글 부드러이 물을 담아서 품는 '동이'라면, 돌리거나 둘러서 단단하게 묶는 '동이다·동여매다'입니다. 물을 흘리지 않도록 품는 '동이'요, 달아나거나 풀리지 않도록 단단히 묶는 '동이다'입니다.

＊ 도르다·돌라대다·두르다·둘러대다

* 두름손·두레
* 두루·두루두루·두루거리
* 두루마리(두루말이)·두루마기

    한 바퀴를 돌리듯 하는 몸짓인 '도르다·두르다'입니다. 자꾸 도르거나 두르기에 '돌라대다·둘러대다'라 합니다. 힘을 부려 휘듯 두르기에 '휘두르다'이고, 에우듯 두르기에 '에두르다'입니다.

    일이 둥글둥글 풀리기를 바라면서 잇거나 다루거나 만진다고 해서 '두름손'입니다. 서로 둥글둥글 모여서 일을 풀거나 맺는 '두레'이고요. 곰곰이 보면 예부터 논밭살림은 두레로 했어요. 두르듯, 두름손을 쓰듯, 동무가 되고 동아리를 이루어, 서로 돌보고 돕는 두레입니다. "할 일 많은 봄가을에 함께 힘을 모아서 일을 하려고 꾸리는 모임"인 두레요, "부드러이·둥그러이 아우르듯 한자리에 있으면서 힘을 모으는 동무가 되어 나아가는 길"인 두레입니다.

    두레는 '두루' 잇습니다. '두루'는 첫째로 "이것저것 거의 다. 따로 가리지 않고 이것이나 저것을 거의 다"를 가리켜요. "두루 읽는다"거나 "두루 갖춘다"처럼 씁니다. 둘째로 "어느 한 곳·한 가지·한 사람을 가볍게 여기지 않는 몸짓이나 마음으로 빠지지 않도록 모두. 어느 하나도 빠지지 않도록 모두"를 가리켜요. "두루 절을 하며 다닌다"처럼 쓰지요. 셋째로 "이것저것 헤아려서 여러 가지로"를 가리켜요. "두루 생각한다"처럼 쓰지요. 넷째로 "어느 한 곳·자리·가지·쓰임새에 머물지 않고 어느 곳에나. 이곳저곳에 널리"를 가리켜요. "호미 한 자루로 두루 쓰네"처럼 쓰고요. 다섯째로 "이것저것 둘러서 알맞게. 콕 짚거나 바로 다루지 않고 둘러서 알맞게"를 가리켜요. "말은 두루 잘하네"처럼 씁니다.

두루 어울릴 줄 알기에 '두루거리'예요. 두르고 마는 종이인 '두루마리(두루말이)'예요. 겉에 더 크게 둘러서 입는 옷인 '두루마기' 입니다.

* 둘레
* 둘러보다
* 두리번·두리번거리다
* 두런두런·도란도란

어느 한 곳에서 바깥으로 비슷한 길이로 있는 모든 곳을 '둘레' 라고 해요. 때로는 "바깥이나 끝 쪽을 모두 더하거나 한 바퀴 돈 길이"를 가리키는 '둘레'예요. '둘러보다 = 둘레를 보다'입니다. 두르 듯이 본다는 '둘러보다'요, 두르며 본다는 '둘러보다'예요.

둘레가 어떤가 하고 자꾸 보는 몸짓인 '두리번'입니다. 둘레가 어떤지 알려면 눈을 크게 뜨고서 잘 보아야겠지요. 돌아가는 결이 나 흐름을 모두 잇듯 놓치지 않으면서 보려고 하는 몸짓인 '두리번' 이에요.

서로 둘러앉았거나 둘러서서 둥그러니 이야기를 하는 '두런두런· 도란도란'입니다. 동그랗게 모일 적에는 모가 나지 않는 모습이요,

서로 동무나 동아리를 이루는 사이라고 여길 만해요. 사이좋게 살 갑게 이야기를 하기에 '두런두런·도란도란'입니다.

* 둘·두
* 두다·두고두고

나하고 너를 나누기에 '둘'입니다. 나하고 너를 나누기에 둘 사이가 생기고, '사이·틈'이란 바로 '너하고 나 사이'를 이루는 모든 곳입니다. 나를 두르듯, 너를 두르듯, 둥그렇거나 동그랗게 바깥을 이루는 곳이 '둘레'예요.

셈을 가눌 적에 '둘'이 아닌 '두'로 쓰곤 합니다. "둘이 왔다"이지만 "두 사람이 왔다" 꼴로 써요. 우리말 '두'는 '두다(두 + 다)'로 여미어서 살핍니다. '두다'는 바탕으로 "둘이 되다"나 "둘로 가다"를 가리킵니다. 어느 자리에 두든, 눈앞에 두든, 팥을 둔 떡이든, 이불에 솜을 두든, 집에 둔다고 하든, 모임을 두거나 마음을 두든, 이름을 두거나 뜻을 두든, 또 '두고두고' 돌아본다고 하든, 일꾼을 두거나 아이를 두든, 큰길을 두고 샛길로 가든, 그 일을 두고 골머리를 앓듯, '두다'는 '나·너'한테서 떨어져서 가는 결을 그려요.

그러나 '가다'하고 '두다'는 다르지요. 윷놀이를 하면서 말을 '둔다(두다)"고 하는데, '두다'는 '나·너'한테서 떨어져서 가되 '둘레에 있는' 결입니다. 멀리 가지 않아요. 멀리 안 보냅니다. 이불에 솜을 둘 적에도, 눈앞에 둘 적에도, '둘레(가까이)'에 있되 '둘(나눔·가름)'

로 떨어진 결입니다.

오래도록 자꾸 살피거나 생각한다는 '두고두고'일 텐데, 두르듯이 둘레에 놓고서 또 돌아보고 또 둘러보는 결을 나타냅니다.

* 동강·동강이
* 도막·토막·도마
* 동나다
* 동동·똥똥·통통
* 둥둥·뚱뚱·퉁퉁

길이가 있는 것을 가를 적에 '동강·동강이'라고 합니다. '동'은 "살림하고 살림을 잇는 곳. 살림에서 바탕이면서 잇는 길"을 가리키는데, 이 '동'을 가른 '동강·동강이'예요. 동그랗게 잇는 결을 갈랐으니 부피가 있으면서 짧게 해놓은 것을 가리켜요.

동그스름하게 짧고 작게 해놓을 적에도 '도막'이되, 동그랗지 않은 짧고 작은 것도 '도막'입니다. 짧고 작되 제법 덩치가 있구나 싶으면 '토막'이에요. '도막 < 토막'으로 크기를 나눌 만합니다.

칼로 썰 적에 받치는 나무가 '도마'인데, 도막을 낸 나무란 뜻입니다.

'동'이 '난다(나간다)'고 하는 '동나다'입니다. 말짜임 그대로 "다 나가서 남지 않다. 다 나가거나 쓰거나 떨어져서 이제 없다"를 뜻하지요. "살림이 동나고 말았어"라든지 "동나기 앞서 마련해 놓자"처럼 씁니다. 다 써서 없거나 몽땅 팔려서 없을 적에 '동나다'를 써요. 이런 결을 살피면, "빠르게 나가거나 쓰거나 떨어질 만큼 둘레에서 많이 찾거나 바라거나 가져가거나 사다"를 뜻하기도 하기에 "우리가 지은 옷이 벌써 동나려 해"처럼 쓰기도 합니다. 널리 '사랑받는' 모습을 빗댈 적에도 씁니다.

울리는 소리도, 발을 구르는 소리도, 작은 것이 물에 떠서 갈 적에도 '동동'입니다. 묵직하게 가리키는 '둥둥'이고, 센말로 '똥똥·뚱뚱'이 있는데, 이때에는 동그랗게 나오듯 부푼 모습을 가리켜요. 먹고 나면 누는 '똥'은 또아리(똬리)를 틀듯 동그스름하게 나오는군요. '통통·퉁퉁'은 '톡톡'하고도 맞물리고, 제법 동그랗게 나오듯 부풀었어도 가볍게 움직일 줄 아는 결을 나타내요. '퉁퉁'은 '통통'처럼 가볍지 않아요. 묵직하지요.

* 돐
* 돈다
* 두드러지다·도드라지다
* 돋보이다·도두보이다

요새는 '돌'로 적으나, 바탕말은 '돐'입니다. "한 돐"이나 "여든 돐"처럼 쓰는데, "한 바퀴를 돌아서 온 해"를 세는 이름입니다. 아기는 '돌잡이(돐잡이)'인 셈입니다.

한 바퀴를 돌아서 온 해를 가리키는 '돌·돐'로 나이를 셉니다. 사람이나 짐승이나 벌레한테는 '나이'요, 나무한테는 '나이테'인데, 조금씩 '돋아' 가듯 늘어나는 삶결이에요.

동그란 해가 아침마다 '돋'습니다. 동글동글 초롱초롱 빛나는 별은 저녁마다 '돋'지요. 동그스름한 잎망울이며 꽃망울이 '돋'아요. 살갗에 동그스름하다고 여길 오돌토돌(우둘투둘)한 무엇이 '돋'습니다. 동그마니 생기는 '돋다'예요. 그리고 입맛이 '돋'는다고 합니다.

이렇게 돋으면 '도드라(두드러)'져요. 도드라져 보인다는, 도두 보인다는 '돋보이다'는 "제 모습보다 좋게 보이거나 높이 보이다"나 "여럿 가운데에서 더욱 훌륭하거나 뛰어나 보이다"를 뜻합니다.

* 도토리·오돌토돌
* 돋·도야지·돼지
* 토실·투실
* 든든·단단
* 튼튼·탄탄

우리 숲에서 가장 너르게 돋아나는 나무는 '참나무'입니다. 참나무가 맺는 열매는 따로 '도토리'라고 합니다. 오돌토돌하게 생겼다고 여길 만하고, 동그랗게 돋는 가장 너른 열매로 돋보인다고 여길 만합니다.

'돋·도야지'라 하는 '돼지'는 워낙 뚱뚱하기보다는 토실토실하기만 했습니다. 톡톡 튀듯 달리기를 즐기고, 다른 짐승을 안 잡아먹으면서도 무척 튼튼한 숨결입니다.

돌고도는 말을 하나씩 헤아리고 보면, '돝·도야지·돼지'한테 붙인 이름을 새삼스레 짚을 만합니다. 토실하면서 튼튼한 짐승인 '돝·도야지·돼지'예요. '돌'은 단단합니다. '단단'은 '든든'으로 잇고, '튼튼'으로 잇다가 '탄탄'으로 맞물려요. 더구나 '돝·도야지·돼지'는 무척 슬기롭고 똑똑한 짐승입니다. 어미 돼지는 새끼 돼지를 사랑으로 돌볼 줄 알고, 숲돼지(멧돼지)는 예부터 숲을 돌아보고 통통통 뛰고 달리면서 푸르게 돌볼 줄 아는 숨결입니다. 사람들이 우리에 가두어 잔뜩 먹여 살만 디룩디룩 찌우기에 그만 오늘날처럼 바뀐 '돝·도야지·돼지'예요.

우리가 주고받거나 쓰는 '돈'은 잘 쓰면 돌고돌면서 서로 동무로 지내고 돌보는 몫을 하면서 든든하지만, 잘 쓰지 않거나 가두거나 감추면 그저 단단하게 막히고 말아요. 돌돌돌 구르면서 동그라미를 이루기도 하는 '돌'이되, 구르는 돌처럼 동글동글한 마음을 품지 않는다면 '돌머리'로 굳고 맙니다. 돈는 꽃망울이랑 잎망울처럼 생각이 돋을 적에 동글동글 반짝이는 눈망울로 번집니다.

마음

마주 | 맞다 | 만나다 | 맑다 | 물 | 물결 | 무대 | 무지개 | 무게
마녁 | 말 | 마을

우리 몸에 있는 눈으로는 마음을 못 본다고 합니다. 눈짓이나 눈빛을 보면, 몸짓이나 몸차림을 살피면, 어떠한 마음인가를 어렴풋이 헤아려요. 눈을 가만히 감고서 바라보면 천천히 차오르는 마음을 느낄 만해요. 맨눈이 아닌 속눈으로 마주하기에 마음이라는 자리가 퍼지는 빛살을 느낀다고 할 만합니다.

   손으로 잡거나 만지지는 못하지만, 문득 느끼는 마음이에요. 손으로 잡을 까닭이 없이 우리가 서로 다르면서 하나라는 숨결을 맞아들이고 생각하려는 마음입니다. 이 마음이란 하나부터 열까지 수수께끼이지만, 몸을 가만히 쉬듯 내려놓고서 차분하게 속으로 파고들면 시나브로 밝게 트는 새벽빛처럼 알아볼 만하지 싶습니다.

* 마음·맘
* 마주·마주하다

＊ 맞다 ㄱ·맞이하다·맞아들이다

＊ 맞다 ㄴ·옳다·틀리다

＊ 맞서다·맞선·맞장구

＊ 만나다

마음이 있지 않다면 나란히 서거나 있다고 하더라도 남남입니
다. 마음이 있는 채 나란히 서거나 있기에 '마주하다'라고 해요. 마
음이 없다면 아무리 빼곡하게 들어찬 곳에 있더라도 누구랑 '마주
한다'고 느끼지 않아요. 콩나물시루처럼 사람이 가득한 곳에서는
'마주하는' 사이가 아닙니다. 그냥 다닥다닥 붙은 모습이에요.

마음이 흘러서 마주할 적에 비로소 '맞'습니다. '맞이'하지요. '맞
아들입'니다. 맞아들일 만한 사이라고 여겨서 '만나'요.

"네 말이 맞았어!" 할 적에는 '옳다'하고 비슷한 결이에요. '맞다·
틀리다'로 맞물리는데, 이때에도 마음이 흘러서 하나가 되듯 꽉 차
거나 어우러지는 결을 나타냅니다.

우리가 누구를 '만날' 적에는 마음을 나누고 싶은 사이라는 뜻입
니다. 마음이 없는 사람을 '보'려고 한다면 거북하거나 힘들거나 갑
갑합니다. 마음이 곱게 흐르도록 마주하거나 맞이하거나 만나고픈
사이가 아닐 적에는 부디 그곳을 얼른 달아나거나 벗어나고 싶습
니다.

만남이란 대수롭습니다. 만나는 일이란 대단하며 뜻있고 값집
니다. 옷깃만 스쳐도 서로 오랜 사이로 살아온 자취라고 하는 옛말

이 있어요. 그런데 스치거나 같이 있는 자리에서 어쩐지 달갑지 않아 '맞서'기도 합니다. 마음이 부딪히는 '맞서다·맞붙다'일 텐데, 마음이 어우러지고 싶지 않으니 툭탁거립니다. 그리고 말끝이 살짝 다른 '맞선'은 "마주 선을 보이는 일"을 가리킵니다. 서로 마음이 맞을 만한가 하고 살피려고 서는 자리가 '맞선'이에요.

흐르는 마음이 서로 하나가 될 적에 '맞장구'를 칩니다. "옳거니!"나 "얼쑤!" 같은 추임새를 넣는 맞장구는 서로 마음이 맞아 하나가 되는 기쁘거나 반가운 때를 곧바로 드러내는 말씨입니다.

＊ 마음씨·마음보·마음결·마음새
＊ 마음밭·마음꽃·마음눈·마음빛

마음을 고요히 돌아봅니다. '마음'이란 낱말은 때때로 '생각'을 나타냅니다. "내 마음에는 즐겁지 않아"라든지 "마음에 맞도록 다듬는다"처럼 쓰는데, 좋거나 싫거나 옳거나 그른가를 알려고 하는 생각을 가리키기도 합니다.

마음은 어떤 일을 생각하는 힘을 가리키기도 합니다. "마음을 모아서 했어"나 "언제나 마음을 다해서 하려고"처럼 씁니다. 이러한 '마음'이라는 낱말에 '-씨'를 붙이면 '마음씨앗'을 가리키는 셈입니다. 마음을 씨앗처럼 심어서 가꾸려 하는 길을 드러내는 '마음씨'입니다.

'마음 + 보'라면, '보자기·돌보다·보듬다·보다·봄·보드랍다' 같은 낱말에 흐르는 '보'예요. 마음을 펼쳐서 쓰려고 하는 바탕을 드러냅니다.

'마음 + 결'이라면, '겨·겹·켜·겉·무늬' 같은 낱말에 흐르는 '결'이지요. 마음을 밝혀서 쓰려고 하는 모습을 드러내요.

'마음 + 새'라면, '사이·틈·새롭다·살다' 같은 낱말에 흐르는 '새'입니다. 마음을 움직여서 쓰려고 하는 짓을 드러내지요.

이런 여러 말씨를 헤아리면서 '마음밭'이라 할 적에는 마음을 일구려는 뜻을 밝힐 만하고, '마음꽃'이라 할 적에는 마음을 곱게 피어나도록 하려는 뜻을 밝힐 만합니다. '마음눈'이라 할 적에는 마음으로 바라보고 깨달으려고 하는 뜻을 밝힐 만하고, '마음빛'이라 할 적에는 마음으로 환하게 피어나려고 하는 뜻을 밝힐 만합니다.

* 맑다·말갛다·물
* 밝다·발갛다·불

마음은 눈으로 바라보지 않습니다. 마음은 눈을 잊은 채 바라봐요. 눈으로 둘레를 보는 길이 아닌, "눈을 잊고서 둘레를 헤아려서 받아들이려고 하는 숨결"이 마음입니다. 이러한 마음은 무늬나 빛깔이나 모습을 품지 않습니다. 그래서 '마음 = 맑다'입니다. '맑다'는 바로 '마음'을 빗대는 말씨이자, 마음을 우리가 눈으로 어떻게 느낄 만한가를 나타내는 낱말입니다.

'말갛다'라고도 합니다. 아무것도 안 섞인 결을 '맑다'라고 한다면, 아무것도 안 섞여 빛난다고 하는 결이 '말갛다'입니다. 우리가 눈으로 느낄 수 있는 '맑거나 말간' 결은 바로 '물'이에요. 아무것도 안 섞인 물빛을 무엇으로 그릴 만할까요? 물빛은 오직 '물빛'이라고밖에 나타낼 길이 없답니다. '아무것도 안 섞은 물빛 = 마음빛'이에요.

'맑다'하고 짝을 짓는 '밝다'가 있어요. '발갛다'하고 어우러지지요. '밝다·발갛다 = 불'입니다. 둘레를 밝히는 기운은 '불'이요, 둘레를 맑게 가꾸는 기운은 '물·마음'입니다.

* 물방울·물결
* 무대·더운무대·찬무대
* 무자위·무소·무너미

'물'은 방울이 집니다. '물방울'이라고 해요. 방울은 쪼갤 수 없습니다. 물방울을 아무리 쪼갠들 끝이 나지 않아요. 더없이 다른 방울이 지면서 이루는 물은 으레 덩이를 이루니, '물결'입니다. 냇물이나 바닷물이 일렁이잖아요? "일렁이는 덩이진 물"이 '물결'입니다.

바다를 이루는 물이 어떻게 흐르느냐를 놓고서 '무대'라고 합니다. 바닷물결(바닷결)은 차갑거나 따스하다고 갈라서 '찬무대(← 한류)'하고 '더운무대(← 난류)'라 해요. 물흐름은 물줄기이기도 합니다. '흐름(흐르다)'은 어떻게 나아가느냐 하는 결이자 '길이'를 품는데, '줄기'란 풀·나무·등·비가 나아가는 결이자 길이를 나타냅니다.

이러한 '줄기'는 '대'란 낱말로 가리키기도 해요. 꽃에는 '꽃대'가 있고, 속에 '속대'가 있으며, 곧고 길게 자라기에 '대나무'입니다.

물을 잣는(퍼서 올리는) 연장을 '무자위'라 합니다. '물 + 소'를 '무소'처럼 ㄹ을 떨구고서 가리켜요. 물이 넘는 마을이자 고장을 흔히 '무너미'라 합니다. 그러나 고장에 따라 ㄹ을 붙여서 '물자위·물소·물넘이'라 할 수 있어요.

* 비·바다·구름·아지랑이·내

바다를 이루고 내를 이루는 물은 문득 새롭게 방울로 지더니 따로따로 '아지랑이'라는 결로 하늘로 오르면서 새삼스레 뭉쳐 '구름'을 이루고, 구름은 다시 따로 방울이 지면서 땅으로 찾아가는 '비'라는 모습이 됩니다. 빗물·빗방울은 들내숲을 감싸면서 지나가고 풀꽃나무한테 스미다가, 사르르 녹아들고 뭉쳐서 '내'를 거쳐 '바다'로 나아가서, 새삼스레 한덩이를 이루어요.

이리하여 모든 물은 방울이면서 덩이인 하나라고 해요. 모두 따로 있고 흐르는 듯하지만 바탕은 하나인 물입니다. 마음도 물하고 나란한 결이에요. 사람마다 다 다르게 흐르며 깃드는 마음이지요. 무늬도 빛깔도 모습도 없되, 목숨을 잇는 바탕으로 있으면서 몸을 움직이는 밑자리에 있는 마음입니다.

* 무르다·무더위·무지개

* 물렁물렁·말랑말랑
* 무게·묵직하다·무겁다
* 몸무게

　물을 만질 수 있을까요? 해보셔요. 물을 잡을 수 있을까요? 해
봐요. 아마 어느 누구도 물을 만지거나 잡을 수 없겠지요. 물을 손
에 모은들 어느새 아지랑이가 되어 흩어져요. 또는 손가락 사이로
빠져나가요.

　물을 만진다고 손을 대어 본들 물은 그자리에 그대로 있어요.
볼 수 없는 물빛이고 잡을 수 없는 물빛인데, 이 물을 '잡는다면 어
떤 느낌일까' 하고 그리는 낱말이 '무르다'요, '물렁물렁·말랑말랑'
입니다. '물컹물컹·말캉말캉' 같은 말도 써요. 가두거나 잡을 길이
없이 마음대로 움직이는 부드러운 결이 '무르다'하고 '물렁·말랑'입
니다.

　한여름에 푹푹 찌는 더위를 '무더위'라 해요. 그저 날이 뜨겁기
만 할 적에는 '더위'요, 물기운이 가득하면서 뜨거울 적에 '무더위'
입니다. 소나기가 내린 다음에는 곧잘 하늘에 알록달록 일곱 빛깔
로 띠가 둥그렇게 뜨곤 합니다. '무지개'는 '물(물방울)'로 이루어 드
나드는 '지게(길/戶)'를 가리켜요.

　쪼갤 수 없는 방울 같으면서 덩이져서 움직이는 물·물결은 얼마
나 무거울까요? '무게'를 따질 수 없는 물이에요. 얼핏 '부피'를 따
지지만, 늘 흐르는 결인 물이라 부피도 종잡을 수 없어요. 그렇지

만 '묵직하다·무겁다·무게'라는 낱말로 "어느 덩이가 어느 만큼 있느냐"를 헤아려 봅니다. 우리 몸이 어느 덩이로 어느 만큼 있느냐를 헤아리기에 '몸무게'예요.

그러면 몸은 무엇으로 이루는가를 생각해 봐요. 뼈랑 살이랑 물이라고들 말합니다만, '뼈'도 바탕은 '물'입니다. 뼈에서 물기운이 빠지면 그토록 단단하고 묵직하던 뼈가 먼지처럼 확 바스라지며 가벼워요. 이리하여 '몸무게 = 물무게(몸을 이룬 물이 덩이진 무게)'라고 하겠습니다.

* 마·마녘·많다
* 너울·넓다

곳을 가리키는 우리말 '마'는 한자말로 '남(南·남쪽)'을 가리킵니다. 우리나라에서 마녘(남녘)은 바다가 드넓습니다. 새녘(동녘)도 바다가 드넓습니다만, 우리말에서 '새녘'은 '새롭다'를 빗대는 말씨이고, '마녘'은 '많다'를 빗대는 말씨예요.

드넓게 펼친 바다이니 말 그대로 '넓'습니다. 넓어서 '덩이진 물'이 넉넉한 바다에서 일렁이는 물결이면서 커다랄 적에 '너울'이란 낱말로 따로 가리켜요. 덩이진 물이 흐르면 '물결'이요, 덩이진 물결이 크게(넓게·넉넉하게) 흐르면 '너울'입니다.

'마·마녘'은 '마음·물'이 잇닿는 실마리 가운데 하나입니다. 가없이 드넓은 바다처럼, 마음은 깊이도 너비도 못 재요. 끝이 어디인가 알 수 없도록 너른 '마녁 바다'처럼, 우리 마음은 그야말로 얼마나 깊거나 넓은가 헤아리지 못합니다.

* 말 ㄱ·소리·노래·글
* 말 ㄴ·마을
* 말 ㄷ·흰말
* 말하다·그리다

우리가 소리를 내어 주고받는 '말'은 "마음을 담아내는 소리"입니다. 마음을 소리로 그리기에 '말'입니다. '소리'란 울려서 퍼지는 기운인데, 울려서 퍼지는 기운에 가락이 깃들면 노래예요.

듣기에 즐거운 말일 적에는 '노래' 같습니다. 듣기에 거북하면서 괴로운 말일 적에는 그저 '소리' 같습니다. 노래 같든 말소리 같든, 이러한 말을 눈으로 읽도록 새롭게 그려서 '글'이에요.

그런데 '말'하고 소리·생김새가 같은 '말'이 여럿 더 있어요. 하나는 '마을'을 가리키고, 둘은 흰말이나 검은말처럼 들을 달리는 짐승을 가리킵니다. 혼자가 아니라 여럿이 잔뜩(많이) 모이면서 이루는 삶터가 '마을'이에요. 사람이 많이 사는 곳이 '마을'입니다. 너른 들판을 마음껏 달리는 짐승이 '말'입니다. 마음껏 널리 달리는 의젓하고 씩씩하며 단단한 이웃 목숨한테 붙인 '말'이라는 이름은 무척 어울립니다.

그러고 보면, '말 ㄱㄴㄷ'이 어울리듯 '실 ㄱㄴ'도 어울립니다. 바늘에 꿰어 옷을 짓는 오라기(올)를 '실 ㄱ'이라 하고, 사람들이 사이 좋게 어울리는 터전을 '실 ㄴ'이라 합니다. 옷을 짓는 실은 예부터 모시나 삼처럼 땅에 심은 풀씨가 자라는 풀줄기한테서 얻습니다. 심어서 자라는 심(대·줄기)이 '실'로 이어요. 실은 잇는 길이듯, 마을 이란 사람하고 사람을 잇는 구실인 '실'입니다. 옳게 굴고 참하게 구르기에, 제 노릇과 몫(모가치)을 알맞게 할 테지요.

윷놀이를 하면서 옮기는 돌도 '말 ㄹ'입니다. 낟알을 담으며 재는 '말 ㅁ'이 있어요. "한 말 = 열 되"로 잽니다. 물이나 바다에서 자라는 풀을 따로 '말 ㅂ'이라 하지요. '바닷말'입니다. '말벌·말매미'처럼 같은 갈래 다른 숨빛보다 클 적에 '말-'을 앞에 붙입니다. '맏·맡·마리(머리)' 같은 얼개입니다.

참으로 낱말 하나에 온갖 삶을 다 그려서 넣습니다. 비슷하면서 다른 말도, 소리하고 생김새가 같은 말도, 그저 마음을 담아내어 나누는 소리인 말도, 우리가 살아가는 오늘을 고스란히 그려요.

몸

몸뚱이 | **몸짓** | **모습** | **몰골** | **꼴** | **모** | **모서리** | **모처럼** | **모내기** | **목**
길목 | **목숨** | **모시** | **못** | **대못** | **못가** | **못하다** | **모자라다** | **못되다** | **모두**
모조리 | **몽땅** | **몬** | **몰다** | **몰록** | **몹시** | **몹쓸** | **모으다** | **연모**

우리는 마음에 생각을 담습니다. 생각은 머리로 흘러 몸을 움직이는 빛을 그립니다. 우리 몸은 머리에 흐르는 빛(마음에 담은 생각)이 이끄는 결에 맞추어 하나하나 보고 느끼고 맞아들이면서 삶을 배웁니다.

팔을 쓰든 다리를 놀리든, 몸을 쓰는 일입니다. 손가락을 꼬물꼬물하거나 발가락을 꼼지락꼼지락할 적에도 몸을 써요. 하루를 오롯이 맞아들이면서 겪고 누리는 '몸'이란 무엇일까 하고 짚어 봅니다.

* 몸
* 몸뚱이·몸뚱어리·몸덩이·몸덩어리
* 몸짓·몸매·몸차림
* 몸서리

'몸'은 여러 가지를 가리킵니다. 말뜻부터 헤아리면, "1. 머리부터 발끝까지, 뼈·살·피·털로 이루어, 겉으로 볼 수 있는 모두. 2. 움직이거나 무엇을 할 수 있는 모습·결. 3. 무엇을 하거나 겪은 사람, 어느 자리·나이에 있는 사람을 빗대거나 가리키는 말. 4. 모든 숨결·목숨을 아울러 어느 사람을 빗대거나 가리키는 말. 5. 어느 일을 앞장서거나 나서는 모습·삶을 빗대거나 가리키는 말. 6. 틀·기계·세간·연장에서 바탕을 이루는 곳. 7. 풀꽃나무에서 바탕을 이루는 곳. 8. 달거리를 할 적에 나오는 피. 9. 아직 잿물을 덮지 않은 질그릇 덩이 10. 한자에서 글 바깥·테두리를 이루는 곳"처럼 가를 수 있습니다.

목숨이 있는 집이 '몸'입니다. 우리말에서 받침 'ㅁ'은 '아우름·집·묶음'을 나타냅니다. 목숨이 집처럼 깃들 수 있는 곳이고, 여러모로 목숨을 움직이는 것을 아우른 곳이 몸이에요.

여러모로 쓰는 '몸'을 '몸뚱이·몸뚱어리'나 '몸덩이·몸덩어리'처럼 힘주어 나타내기도 하고, '몸뚱이·몸덩이'라 할 적에는 팔다리하고 머리를 뺀 곳을 따로 가리키기도 합니다.

눈으로 보는 덩이가 '몸'이요, 이 몸을 움직이기에 '몸짓'이고, 몸이 어떻게 보이느냐를 '몸매'라 하고, 몸을 꾸며서 보기에 좋도록 하는 '몸차림'입니다. '몸서리치다'처럼 쓰는 '몸서리'는 차갑게 얼어붙는 '서리'처럼 몸이 바뀌듯 덜덜 떠는 결을 나타냅니다.

∗ 모습

* 몰골·몰골스럽다·몰골사납다
* 볼꼴·볼꼴사납다·볼썽없다·볼품없다
* 꼴·꼬라지·꼬락서니
* 맵시·매무새

눈으로 볼 수 있고, 움직이는 곳인 '몸'이요, '모습'도 '보는' 결하고 맞물립니다. '모습'을 말뜻으로 하나하나 짚자면, "1. 어떻게 생겼는가 하고 눈으로 크기·부피·무게·빛깔·무늬·느낌을 두루 헤아리면서, 튀어나오거나 들어간 곳까지 모두 살피면서 쓰는 말. 2. 다른 눈에 뜨이도록 어느 곳에 어떻게 있는가를 나타내는 말. 3. 겉으로 보이거나 드러나는 것을 나타내는 말. 4. 겉으로 드러나는 느낌. 5. 고루 있거나 갖추어서 어떠한가를 살피면서 쓰는 말. 6. 남 앞에서 세우는 몸짓이나 됨됨이. 7. 몸짓이나 됨됨이를 못마땅하게 여기면서 쓰는 말. 8. '어떠한 흐름이나 움직임이나 얼거리'를 나타내는 말"과 같습니다.

눈으로 본다면, 겉으로 드러난다고 여길 만합니다. 둘레에서 눈으로 느끼는 여러 결이 '모습'일 텐데, 우리는 몸뿐 아니라 마음이 함께 있기에 목숨입니다. 몸은 '겉모습'이라면 마음은 '속모습'입니다. 겉모습은 눈으로 보고 느끼고, 속모습은 눈으로는 못 보고 못 느낍니다.

'몰골'은 "안 좋거나 지저분해 보이는 얼굴이나 모습"을 따로 가리킵니다. "몰골이 말이 아니로구나"처럼 써요.

"보는 꼴"을 '볼꼴'이라고 합니다. '볼썽'이나 '볼품'으로도 나타냅니다. 우리가 눈으로 보기에 겉으로 어떻게 드러나는가를 '볼꼴·볼썽·볼품'으로 가리키고, 썩 볼 만하지 않다고 여겨 '볼꼴사납다·볼썽없다·볼품없다'라고 합니다. '볼꼴있다·볼썽있다·볼품있다'처럼 쓰는 일은 드물더군요. 겉으로 썩 보아줄 만하다고 여길 적에는 '볼만하다'라는 낱말을 따로 쓰는데, 우리말은 '없다·있다'로 맞물리는 얼거리이니, 앞으로는 '볼품있다'처럼 새롭게 쓸 수 있으리라 봅니다.

'꼴'은 "어떻게 생겼는가 하는 테두리를 겉으로 헤아리거나 살피면서 쓰는 말"로, "겉으로 보이거나 생긴 결"을 가리켜요. '세모꼴·네모꼴'이라든지 "제대로 꼴을 갖춘다"처럼 씁니다. 때로는 '모습'이나 '몸짓'을 낮잡는 말로 쓰는 '꼴'입니다. 이때에는 "네 꼴이 우습구나"라든지 "너희가 하는 꼴이 마음에 안 들어"처럼 써요. 그리고 '꼴'은 "고루 있거나 갖추어서 어떠한가를 살짝 낮추어 살피면서 쓰는 말"이기도 합니다. "어쩐지 아쉬운데 이럭저럭 제법 꼴을 갖추어 놓았어요"처럼 쓰지요.

'맵시'는 "곱거나 보기 좋은 모습. 곱거나 보기 좋게 매만진 모습"을 가리킵니다. '매무새·매무시'는 옷이나 머리카락을 보기 좋게 매만진 모습을 가리켜요. 매만지면서 매듭을 짓는 결입니다. 잘 만지면서 마무르는 겉모습인 '맵시·매무새·매무시'입니다.

＊ 모 ㄱ·모나다

＊ 모서리·모퉁이
＊ 세모·네모·닷모

　'모 ㄱ'은 '모나다(모가 나다)'로 쓰곤 합니다. 첫째로 "잇는 길·줄·
금이 만나는 곳"을 가리키고, "모가 다치지 않게 들다"나 "모에 자
꾸 부딪힌다"처럼 써요. 둘째로 "이어서 닿는 자리에서 끝이나 끝
둘레"를 가리키고, "모에 앉지 말고 가운데로 와"나 "그쪽 모로 밀
어놓는다"처럼 씁니다. 셋째로 "일·살림·길·삶·흐름을 헤아릴 적에
느끼거나 보거나 알거나 살피는 모습·결·빛·기운"을 가리키고, "어
느 모로 보든지"나 "여러모로 살피면"처럼 쓰지요. 넷째로 "바깥이
나 위로 나와서 잘 보이거나 알 수 있는 끝"을 가리키고, "모가 난
곳에 찔려 따끔해"나 "동글동글해서 모가 없다"처럼 씁니다. 다섯
째로는 까칠거나 깐깐하게 티내는(티를 내는) 모습을 가리키고, "모
가 나서 곧이듣지 않네"처럼 써요. 여섯째로 "살짝 돌린 몸에서 옆"
을 가리키고, "모로 서거나 앉다"처럼 씁니다. 일곱째로 "네모나게
마련하거나 자르거나 둔 것"을 가리키고, "두부모를 반듯하게 썬
다"처럼 쓰지요.

　'모 ㄱ'은 도드라지거나 돋보이는구나 싶은 결을 나타내요. 돋거
나 솟은 결을 나타내지요. 우리 '몸'을 돌아보면, 알에서 돋아나거나
솟아난 결입니다. 목숨을 받아서 돋아날 적에 도드라져 잘 보이는
'몸'이에요.

　'모 ㄱ'이 밑동이 되는 '모서리'는 "잇는 길·줄·금이 만나는 끝이

나 끝 둘레"나 "이어서 닿는 자리에서 끝이나 끝 둘레나 끝에서 안쪽"이나 "여러 쪽·자리가 있는 것에서 끝으로 닿거나 잇는 길·줄·금"을 가리킵니다. 그래서, 모서리를 붙잡고 앉는다고 하고, 많이 읽은 책은 모서리가 닳는다고 합니다. 모서리를 돌면 보인다고 하고, 모서리로 굴러가는 공을 잡습니다. 네모꼴이나 다섯모꼴에 있는 모서리를 셀 수 있어요. '맞모금'은 한자말로 '대각선'을 가리켜요. '맞(마주) + 모 + 금'이에요.

'모퉁이'는 "구부러지거나 꺾이는 자리"이면서 "모가 지게 돌아가며 구부러지거나 꺾이는 자리"나 "어느 곳에서 안쪽으로 깊이 들어간 곳"을 가리켜요. '모 ㄱ'은, 이어가다가 끝으로 만나는 곳을 가리키니, 이 끝으로 만나는 곳이란 구부러지거나 꺾는 곳이면서, 안쪽으로 깊이 들어간 곳이에요.

그리고, 모가 몇인가 세는 '세모'에 '네모'입니다.

* 모처럼

'모 + 처럼'처럼 엮는 말씨는 재미있습니다. "벼르고 벼르다가 처음으로"나 "이제까지 없다가 참 오래간만에"를 가리키는데, 끝에 이르거나 깊이 들어가도록 나타나거나 하려는 모습이 없다가, 드디어 앞으로 나오듯 나타나거나 하려는 모습이나 결을 들려줍니다. "모처럼 일을 쉬니 기운이 난다"라든지 "모처럼 만나서 오붓하게 지냈다"처럼 씁니다.

* 모 ㄴ·모내기·볏모

　'모 ㄴ'은 '모내기'를 하는 '볏모'를 가리켜요. "옮겨심으려고 미리 싹을 틔워 제법 자라도록 해놓은 어린 벼"이지요. 이 뜻을 바탕으로 "옮겨심으려고 미리 싹을 틔워 제법 자라도록 해놓은 씨앗·낱알"을 가리키기도 합니다. 볏모뿐 아니라 '수박모'나 '참외모'나 '호박모'처럼 써요.

　싹이 트지 않은 씨앗은 아직 잠든 모습으로 조그맣고 가만히 있습니다. 싹을 틔우면 해가 있는 하늘을 바라보면서 길다랗게 돋거나 솟아요. "튼 싹"은 돋아난 모습입니다. 도드라지게 올라와서 위로 나아가는 결인 '모 ㄴ'이에요.

* 목
* 길목·나들목·들목
* 목숨

　머리하고 몸을 잇는 길인 '목'입니다. 입 안쪽으로 숨을 쉬는 길이나 밥이 흐르는 길도 '목'이라 합니다. 소리를 내는 곳인 '목'이고, 병이나 질그릇에서 길면서 곧게 잇는 가느다란 곳도 '목'이에요. 서로 잇는 곳인 '목'이니, 서로 만나서 어울리는 곳이기도 한 '목'입니다. '목'이 좋아 장사가 잘된다고 여기고, '목'을 지키면 빠져나갈 수 없다고 여겨요.

'목'은 잇는 길을 가리키니, '길목'은 커다란 길에서 다른 길로 잇는 곳이자, 여러 길이 흐르거나 오가도록 잇는 대수로운 곳이기도 합니다. 그리고 이곳이나 이쪽에서 저곳이나 저쪽으로 넘어가는 뜻깊은 때나 곳을 나타내기도 해요.

나오거나 나가고서 들어오는 곳인 '나들목'이에요. 들어가는 곳인 '들목'이고요.

목에 붙은 숨인 '목숨'입니다. 머리에 있는 코나 입으로 숨을 마시면, 목을 거쳐 몸으로 흘러들어요. "숨을 쉬며 살아가는 힘"인 '목숨'이 있기에 몸을 건사합니다. 숨이 고르게 퍼질 수 있도록 대수롭게 자리하는 목이니, 이 '목'은 얼핏 가느다랗게 보이지만 무척 뜻깊은 곳이라고 하겠습니다.

* 모시

오늘날에는 '모시'라는 풀에서 얻는 실로 옷을 짓는 일이 드물지만, 지난날에는 으레 '모시' 풀줄기에서 얻는 가늘며 긴 풀숨을 물레로 잣고 베틀로 밟아서 천을 짠 뒤에 옷을 지었습니다. 실이 될 풀숨은 길고 곧으면서 야무진 모시줄기에서 얻어요.

* 못 ㄱ·대못
* 못 ㄴ·못물·못가
* 못 ㄷ·못하다

길고 가늘면서 단단한 것으로는 '못 ㄱ'이 있습니다. 대처럼 길고 굵으며 무척 단단한 못은 '대못'이라 합니다. 한자를 넣어 '大못'처럼 쓰기도 하지만, '대나무'를 이루는 '대'라고 여길 만합니다. '대'는 '장대·바지랑대·꽃대' 같은 데에서도 써요.

오목하게 들어가서 물이 고인 곳을 '못 ㄴ'이라 합니다. '못물'이라고도 합니다. '내'라면 '냇가'이고, '바다'라면 '바닷가'이고, '못'이라면 '못가'예요. 물이 고이려면 얕을 수 없고, 제법 깊이 들어가야 합니다.

아니라거나 할 수 없다거나 손사래를 칠 적에 '못 ㄷ'을 써요. "못 먹는다"고 하고, "못 듣는다"고 하지요. 까칠하게 거스르듯 튀어나와서 걸리는 결하고 맞닿는 '못 ㄷ'이에요.

* 모자라다
* 못되다

어느 만큼 미치거나 닿거나 차지 못할 적에 '모자라다'고 합니다. 솜씨나 재주나 힘뿐 아니라, 배우는 길도 어느 만큼 미치거나 닿거나 차지 못할 적에 '모자라다'고 하고요. "키가 모자라서 안 닿"고, "하나가 모자라서 안 됩"니다. "생각이 모자라"서 못 깨닫고, "어쩐지 모자라니 아무리 말을 해도 못 알아듣"습니다.

'못' 닿거나 '못' 미치거나 '못' 살피는 '모자라다'라면, '모자라'서 '못' '된다'고 하는 '못되다'예요. "마음·몸·짓·말·기운이 모자라서 거칠거나 마음에 안 들다"를 가리키니, "못된 버릇을 다잡는다"나 "못된 마음을 씻는다"처럼 써요. "모자라서 거칠거나 마음에 안 들게 되다. 바라거나 뜻하거나 생각하는 대로 되지 않다"를 가리키기도 해서, "잘되는 날도 있고, 못되는 날도 있어"처럼 씁니다.

* 모두·모든·다
* 모조리·몽땅

"빠지지 않도록 모으거나 함께 두거나 있거나 하는" 결을 가리키는 '모두·모든'입니다. "모두 세면 얼마일까"라든지 "모두 가면 참으로 즐겁지"처럼 씁니다. "거의 마지막이나 끝이 될 만큼"이나 "어느 쪽이든"도 가리켜요. "이 돈까지 모두 썼네"나 '우리는 셋 모두 반가운걸"처럼 씁니다.

이런 쓰임새는 '다'하고 비슷합니다. "모두 가져와"나 "다 가져와"처럼 나란히 쓰고, "종이를 다 썼어"나 "종이를 모두 썼어"처럼 써요. "다 좋으니 네가 골라"나 "모두 되니까 네가 골라"처럼 씁니다.

그러나 '다'는 "뜻밖으로"도 가리키고, "네가 그런 말을 다 했구나"처럼 쓰지만, 이런 자리에 '모두'는 못 씁니다. '모으'면서 남거나 빠지지 않게 하는 '모두'요, '담으'면서 남거나 빠지지 않게 하는 '다'예요.

'모조리·몽땅'은 '모두'를 한결 힘주어 나타내는 낱말로 여길 만합니다. 그야말로 하나도 "빠지지 않도록(빠짐없이)" 모으거나 처음부터 끝까지 모으는 결이 '모조리'이고, 있는 대로 하나도 안 남기고 모으는 결이 '몽땅'입니다.

* 몬

'몬'은 '살림·물건'을 가리키는 옛말입니다. 오늘날에는 이 낱말을 안 쓰지만, '몬'이라는 낱말을 돌아보면서 '몸·모습·모·모두'하고 얽힌 실마리를 풀 수 있습니다.

우리가 쓰는 '살림·물건'은, 우리가 지내는 곳(집)에서 쓰려고 모아서 놓습니다. 차근차근 쓰려고 하기에 모으고, 모입니다. 그릇도 옷가지도 빗자루도 동이도 망치도 베틀도 절구도, 우리가 곁에 두면서 쓰려고 차곡차곡 모아서 이룬 것입니다.

* 몰다
* 몰록

어느 쪽으로 가거나 움직이도록 하기에 '몰다'예요. 공을 몰아요. 소나 염소한테 풀을 먹이려고 풀밭으로 몹니다. 힘을 써서 어느 쪽으로 가거나 움직이도록 하기에 '몰다'이지요. 한쪽으로 몰고, 어느 쪽으로 몰아 놓습니다. 여러 탈거리(자전거·자동차)도 몰지요. 또한 "일을 몰아서 한다"고 말합니다. 한꺼번에 하려고 힘을 쓰는, 때로는 빨리 하려고 힘을 쓰는 '몰다'입니다.

힘을 쓰는 결을 나타내는 '몰다'라서 '몰아세우다' 같은 자리에서도 씁니다. "남은 힘을 몰아서"라든지 "남은 돈을 몰아서"처럼 쓰고, "벼랑으로 몰다"는 '내몰다'라고 할 만합니다. 매섭게 하거나 다그쳐서 꼼짝을 못 하게 할 적에는 "잘못했다고 몬다"처럼 씁니다.

힘을 써서 하거나 움직이는 결은 '몸'을 다루는 결입니다. 우리 몸은 '힘'으로 움직입니다. 우리 마음은 '기운'으로 일어납니다.

이제는 잘 안 쓰지만 '몰록'이라는 우리말이 있습니다. 불교에서 쓰는 한자말 '돈오(頓悟)'는 우리말로 '몰록·몰록깨침'이라 하고, '점수(漸修)'는 우리말로 '오래·오래닦음'이라 합니다. '갑자기·확'하고 비슷하면서 다른 '몰록'으로, "모르는 새(사이)·몰래"를 나타낸다고 할 만합니다. "미처 모르는 사이(알아차릴 겨를이나 틈이 없이)"에 몰아붙이거나 내몰듯 일어나는 결이나 기운이 '몰록'입니다.

* 몹시
* 몹쓸

"더할 수 없이 크거나 지나치게"를 가리키는 '몹시'입니다. "몹시 쓰거나 괴롭듯 거칠거나 마음에 안 드는" 결을 가리키는 '몹쓸'이지요. 몹시 힘들거나 몹시 괴롭습니다. 몹시 아프거나 몹시 벅차지요. 몹시 모자라거나 몹시 어려워요.

몹쓸 사람이 있으면 얼굴을 찡그릴 만합니다. 몹쓸 짓을 보았기에 혀를 끌끌 찹니다. 몹쓸 말을 하는 사람은 따끔하게 나무라거나 타이릅니다.

* 모으다·뫃다

여러 사람이나 여러 가지를 한 자리에 두는 '모으다'이고, 옛말은 '뫃다'입니다. 바라는 대로 따로 두는 결도 '모으다'예요. 돈을 쉽게 쓰지 않고 잘 둘 적에도, 숨을 크게 마실 적에도, 마음이나 뜻을 한 자리에 두도록 다스릴 적에도, 힘을 한 자리에 있도록 할 적에도, 여러 눈길이나 마음이 한 자리에 있도록 할 적에도 '모으다'예요.

요사이는 '모둠'이란 이름을 널리 씁니다. '모두다 = 모으다'이고, 모두 있도록 한곳에 두는 '모둠·모음'입니다. 이때에 '둠·음'은 '움'과 '두다'하고 맞닿아요.

다리를 모아서 앉습니다. 나뭇가지를 모아 불을 지핍니다. 꽃잎을 모으고, 돈을 모읍니다. 숨을 모아서 쉬고, 생각을 모아 일을 알뜰히 꾸려요. 아무리 무겁더라도 서로 힘을 모으니 거뜬하고, 사랑을 한몸에 모으거나 눈길을 모아 큰뜻을 이룹니다.

* 연모·연장

여러모로 쓰는 '모'라는 낱말은 '연모'에도 깃들어요. "살림·세간을 짓거나 짜거나 만들 적에 쓰는 것·밑감·여러 가지"가 '연모'예요. 이 낱말하고 비슷하고 다른 '연장'은 "일을 하거나 무엇을 짓거나 짜거나 만들 적에 쓰거나 다루는 것·살림·틀. 자르거나 끊거나 박거나 뚫거나 풀거나 깨거나 재거나 여러 가지를 하는 데 쓰는 살림"하고 "흙을 가꾸거나 논밭을 짓는 일을 하면서 쓰거나 다루는 것·살림·틀"하고 "싸우면서 쓰는 총칼"을 가리킵니다.

걸상을 짤 연모로 어울리는 나무를 찾습니다. 연장을 써서 걸상을 짭니다. 집을 지으려면 나무나 돌이나 흙이라는 연모를 '밑감'으로 갖추고, 연장으로 논밭을 갈거나 일구어요.

여미거나 엮거나 여는 바탕(모)이기에 '연모'일 테지요. 여미거나 엮거나 여는 자루이기에 '연장'일 테고요.

말을 여미고 생각을 엮고 하루를 엽니다. 매무새를 여미고 이야기를 엮고 꿈과 사랑을 환하게 엽니다.

보

보듬다 | 봄 | 돌보다 | 보아주다 | 보따리 | 울보 | 보드랍다 | 포대기
보리 | 품 | 품앗이

본다고 하면 으레 두 눈으로 어느 쪽으로 몸을 돌려서 느끼는 길을 생각하곤 합니다. 아무래도 '몸눈으로 보기'가 맨 처음이라고 할 만 합니다. 그런데 몸눈으로 볼 적에는 으레 '겉만 보지 말고 속을 보라'고 덧붙여요. 우리는 눈으로 서로 바라보는데, 몸눈으로 마주할 적에는 자칫 겉모습만 받아들이기 쉽기에, 겉모습에 깃든 속모습을 헤아리거나 겉자취에 드러나지 않는 속내를 읽을 줄 알아야 한다고 하지요.

얼굴이며 팔다리이며 몸은 눈으로 본다면, 마음은 무엇으로 볼까요? 마음을 보거나 느끼거나 읽는 눈은 어디에 있을까요? 우리는 마음을 볼 수 있을까요? 생각을 보면서 읽을 수 있을까요? 꿈이며 사랑을 보면서 헤아릴 수 있을까요?

＊ 보듬다·보살피다

'보다'라는 낱말은 '봄'하고 하나입니다. 네 철 가운데 하나인 봄은 '보다'랑 맞물립니다. 봄이란 어떤 철일까요? '본다'고 하는 '봄'은 우리 마음이며 몸을 어떻게 다스릴까요?

가만히 살피면 봄이라는 철은 따뜻합니다. 매섭도록 시리거나 춥던 겨울을 녹이는 봄입니다. 꽁꽁 얼어붙은 겨울을 달래어 살살 보듬는 봄입니다. 그래요. 봄은 보듬어 주는군요. 봄은 온누리를 살살 어루만지는 해님 같은 기운을 나누어 주네요.

보살피는 철인 봄입니다. '보살피다 = 보다 + 살피다'인데, 기운이 따뜻하게 올라서 새롭게 싹이 트는 결을 보고 살피는 나날, 보듬으면서 잘 자라도록 북돋우는 길이지 싶어요.

아무렇게나 만지는 몸짓이 아닌, 따스하게 기운이 오르도록 마음을 기울이면서 살살 만지는 '보듬다'입니다. 얼렁뚱땅 보고 지나가는 눈짓이 아닌, 곰곰이 보고 깊이 보고 두리번두리번 보는 '보살피다'입니다. 온마음을 즐겁고 따스하면서 넉넉히 펼치는 손짓이며 몸짓이며 눈짓에 '보-'라는 말씨를 살며시 얹습니다.

＊ 보다·보이다·보내다·봄

'보-'를 얹어서 '보듬다·보살피다'처럼 즐겁고 따스하면서 넉넉한 기운을 나누려고 한다면, '보다'라는 낱말을 다시 생각할 만합니다. 마음으로 보기 앞서 그저 눈으로 보더라도, 우리가 어느 곳에 눈을 두는 이 몸짓은, 우리로서는 마음을 얹고 싶은 누구를 그리는 뜻이지 싶어요.

아무렇게나 보면 아무것도 못 보거나 못 느껴요. 마음을 쓰면서 보면 어디에서라도 즐겁거나 따스하거나 넉넉하구나 싶은 사랑을 보거나 느껴요. 그냥 보려고 하지 말고 마음으로 보려고 하면 서로 아끼는 뜻이 새롭게 싹터요. 차근차근 보고 하나하나 보며 거듭거듭 보는 사이에 서로 마음이 흐르는 길을 틔우면서 즐거이 어우러지는 자리를 일굽니다.

보내는 마음이란, 따스한 뜻을 이쪽에서 저쪽으로 가도록 하려는 길이로구나 싶습니다. 글월을 띄워서 보내는 마음이란, 이 마음을 너한테 가도록 하면서 함께 즐거우려는 뜻이지 싶습니다. 봄입니다. 봅니다. 보도록 틔웁니다. 볼 수 있도록 엽니다. 보이는 곳마다 따스하게 생각을 심고, 보이는 데에 따라 즐겁게 마음을 얹습니다.

* 돌보다·돌아보다·둘러보다·아이보기
* 보아주다·봐주다

한 곳만 보기도 하지만 여러 곳을 보기도 합니다. 아니, 이곳을 보다가 움직이면 어느새 저곳을 봐요. 걷거나 달리면서 움직이면, 또 고개를 돌리면 이쪽저쪽 보아요. 하루를 살아가는 동안 여러 곳을 보는데, '둘레'를 '두루' 본다고 할 만합니다. '둘러본다'고 할까요. '돌아본다'고도 할 만하고요.

'보살피다'하고 비슷하게 '돌보다'를 써요. '돌아보다'를 줄여 '돌보다'라고 합니다. 빙 돌듯, 동그라미를 그리듯, 곳곳을 찬찬히 보기에 '돌아보다·돌보다'인데, 이렇게 여러 곳을 부드럽게 보는 몸짓이며 눈짓이며 손짓은 '아이보기'처럼 따스하면서 넉넉하고 즐겁게 품는 길입니다.

동생을 돌보는 언니오빠가 상냥합니다. 아기를 돌보는 어버이가 사랑스럽습니다. 돌보는 눈길에는 언제나 사랑이 흘러요. 돌아보는 마음에는 늘 즐거운 기운이 서려요. 휘휘 둘러볼 적에도 하나부터 열까지 차곡차곡 알려고 하는 마음이 함께 흐릅니다.

이런 '돌보다·돌아보다'는 '보아주다·봐주다'하고 잇닿아요. 마음을 기울여 함께하려는 눈빛인 '보다'이기에, '보아줄' 적에는 잘못이나 허물을 너그러이 토닥이거나 감싸는 숨결입니다. 누가 어렵거나 힘들다고 느끼기에 '보아주'면서 돕거나 알려주지요.

＊ 눈여겨보다·살펴보다·들여다보다·알아보다·톺아보다·
  지켜보다·마주보다

자, 이제는 조금 다르게 볼까요? 더 깊이 볼 만하고, 더 느긋이 볼 만하며, 더 너그러이 볼 만합니다. '눈여겨보다'일 적에는 눈을 더 여기며(생각하며) 보는 몸짓입니다. '살펴보다'는 '살피다 + 보다'요, 살살 펴듯 보는 길이요, "살펴 가셔요"처럼 들려주는 말마디는 "둘레를 잘·차근차근 보면서 몸을 고이 지키기를 바라는 마음"을 나타내요. '들여다보다'는 '들이다 + 보다'요, 들어가서 본다는 결이고, '알아보다'는 '알다 + 보다'요, 알면서 본다는 뜻에, 보면서 안다는 뜻이며, 알려고 본다는 뜻입니다.

'톺아보다'는 '톺다 + 보다'요, 톺듯이 본다는 뜻일 텐데 '톺다'는 어느 하나도 빠뜨리지 않고서 더듬는 몸짓이니, 꼼꼼하거나 샅샅이 보려고 하는 몸짓이에요. '지켜보다'는 '지키다 + 보다'요, 지키면서 보거나, 보면서 지키거나, 지키려고 보거나, 보려고 지키는 몸짓이에요. 물샐틈도 빈틈도 없고, 빠짐없이 봅니다. '마주보다(맞보다)'는 '마주 + 보다'이니, 둘이나 여럿이 마주하면서 보는 몸짓, 곧 서로 몸이며 마음을 나란히 두고서 고스란히 드러내어 보는 결이에요.

이밖에 우리는 앞으로 어떤 눈길로 새롭게 보면 즐거울까요? 가만히 찾아봐요. 하나씩 그려봐요. 새롭게 살려봐요.

* 보퉁이·보따리·보자기
* 가위바위보·돌가위보

따스하고 넉넉히 품는 숨결이니 '보퉁이'를 꾸립니다. 제법 묵직하구나 싶은 짐이기에 보퉁이라면, 바리바리 땋듯 여민 짐은 '보따리'예요. 속에 담는 살림이 다치지 않도록 돌보려고 포근히 감쌉니다. 속에 품는 짐을 고이 건사하려고 폭신히 덮습니다. 보퉁이나 보따리가 되려면 '보자기'로 싸거나 덮거나 두르거나 묶거나 여밉니다. 얼핏 보면 가볍고 얇은 천 같지만, 이 가볍고 얇은 천 하나가 살며시 둘러서 품으면 꽤 야무집니다. 꽁꽁 여민 매듭 사이에 작대기를 꽂아서 어깨에 척 걸쳐요. 머리에 이기도 하고 두 팔로 안아서 나릅니다.

오늘날에는 등짐이나 어깨짐을 메지만, 지난날에는 책보퉁이에 짐보따리를 짊어졌어요. 짐을 다 날랐으면 보자기를 풀어서 팔에 묶거나 허리춤에 꽂아요. 때로는 보기좋게 꾸미려고 알록달록 물들인 보자기로 쌉니다. 고운 분한테 드리려고 보자기로 곱게 싸요.

곰곰이 봅니다. 포근하게 보드랍게 보는 숨결로 잇닿는 '보'인 터라, 이 '보'라는 말씨를 앞에 얹은 이름은 우리 숨빛을 새롭게 살리는 길이나 자리로구나 싶어요. 사내한테는 '자·자다·작대·자랑·자랍'이라는 말결을 엮어서, 사내가 맺는 사랑이 씨앗으로 나아가는 길(자지)을 나타냅니다. 가시내한테는 '보·보다·포근·돌봄·보드랍'이라는 말빛을 여미어, 가시내가 맺는 사랑이 씨앗으로 이어가는 길(보지)을 그려요.

우리 몸하고 얽힌 말 한 마디에 오래도록 살핀 눈빛을 곱게 담았구나 싶습니다. 왜 그곳이 그 이름인가를 찬찬히 짚어서 어린이한테 들려주고 어른으로서도 이 대목을 헤아린다면, 다같이 어깨동무하는 사랑스럽고 슬기로운 길을 새롭게 열리라 봅니다.

그리고 손을 쥐었다 펴며 노는 '가위바위보'가 있어요. 북녘에서는 '돌가위보'라 하는데, 손가락 둘로 가위를 내고, 주먹을 쥐어 바위(돌)이며, 손가락을 쫙 펴서 보(보자기)입니다.

봉우리·멧봉우리

봉오리·꽃봉오리

몽우리·망울·꽃망울

멍울·멍

보듬듯 선 높다란 곳을 '봉우리'라고 합니다. '멧봉우리'라고도 하지요. 보듬듯 맺는 보드라운 잎을 따로 '봉오리'라고 해요. '꽃봉오리'라고도 하고요.

메·멧갓(산)하고 꽃을 가를 적에는 '우·오'만 다릅니다. 땅을 바라볼 적에는 하늘을 보며 높이 솟기에 봉우리요, 푸나무를 마주할 적에는 줄기나 가지에서 가만히 솟으면서 보듬듯(감싸듯) 맺기에 봉오리입니다.

아직 어린 꽃봉오리는 '꽃망울'이라고 따로 가리킵니다. 작고 보드라우며 동글게 맺는 '망울'이에요. 작고 부드러우며 둥글게 맺는 '멍울'이고요. 그런데 '멍울'하고 '멍'은 다친 데에 작으면서 옅고 둥그스름하게 퍼진 자국을 가리키는 말이기도 합니다. 마음에 아프게 맺힌 곳도 '멍울·멍'으로 가리켜요.

이와 달리 '망울·몽우리'는 마음에 맺는 작고 보드라우면서 동글동글하구나 싶은 꿈이나 뜻이나 생각을 가리키기도 합니다. '봉오리·꽃봉오리'는 마음에 품은 꿈이나 뜻이나 생각을 비로소 펼치는 무렵이나 모습을 빗대는 자리에 쓰고요.

＊ 울보·먹보·느림보·잠보·숲보·두렴보·무섬보

앞에 붙는 '보'가 아닌 뒤에 붙는 '-보'가 있어요. 어떤 사람을 그리는 말밑입니다. 잘 울어서 울보입니다. 울음을 품는 사람입니다. 잘 웃어서 웃보예요. 웃음을 품는 사람입니다. 잘 먹어 '먹보'에, 느릿느릿 가서 느림보예요. 밥이며 느림을 품는군요. 오래오래 자는, 잠을 좋아하는 잠보예요. 잠을 품는군요.

이런 '-보'를 이어볼까요? 잘 놀아 '놀보'에, 노래를 즐겨 '노래보'요, 춤을 반겨 '춤보'이며, 숲을 사랑하여 '숲보'입니다. 어떤 일이 안 될까 싶어 두근거리는 '두려움'을 품어서 '두렴보'에, 무시무시하다고 느껴 가까이 안 하려는 '무서움'을 품어서 '무섭보(무섬보)'입니다. 우리는 '울음보'나 '웃음보'도 될 수 있어요.

＊ 보들보들·보드랍다·부드럽다
＊ 뽀뽀

보들보들 보드랍습니다. 보얗게 부드럽습니다. 걸리는 데가 없고, 모나는 데가 없습니다. 마치 들판처럼 너른 자리가 되어 죽죽 뻗어나가는 매끄러운 결이 보들보들이요, 보드람이며, 부들부들이고, 부드럼입니다.

갓 태어나 무럭무럭 크는 아기는 살결이 보드랍지요. 아기를 안는 어버이 눈길이 부드럽습니다. 따스하면서 매끈매끈 빛나는 결을 나타내는 '보들·부들'이면서 '보드람·부드럼'입니다. 보드라이 바라보는 눈이란 그윽합니다. 부드러이 마주보는 눈에서 사랑이 피어나고 즐겁습니다.

살짝 입을 맞추는 '뽀뽀'는 보드란 입놀림입니다. 가볍게 쪽 입을 대는 뽀뽀이기에 부드러이 마음이 흐릅니다.

＊ 보리
＊ 포대기·포근하다·푸근하다·폭신하다·푹신하다·폭·푹

우리가 먹는 풀알(곡식) 가운데 벼는 봄이 저물 녘에 심어 가을에 거두고, '보리'는 가을에 심어 봄에 거둡니다. 봄날 새롭게 맞아들여 넉넉히 누리는 씨알인 보리요, 봄을 보드랍게 북돋우는 즐거운 밥살림이에요.

'보'는 '포'랑 맞물립니다. '보자기'하고 다른 '포대기'인데요, '보자기'는 얇다면 '포대기'는 두툼합니다. 아기를 고이 품는 자그마한 이불을 '포대기'라고 해요. 포근히 안는 천입니다. 폭신히 다독이는 천이에요.

포근한 마음 곁에는 푸근한 생각이 흐릅니다. 폭신한 자리 옆으로 푹신한 곳이 있군요. 날씨가 '폭'합니다. 겨울 추위가 누그러지니 '푹'하군요. 웅덩이나 우물처럼 우묵하게 들어간 곳, 안으로 깊거나 그윽하거나 가만히 들어가면 '옴폭'하도록 팬 곳이라고 합니다. '움푹' 들어간 곳도 있어요.

* 품
* 손품·발품·눈품
* 품다·품앗이
* 마음품·살림품

　두 팔을 벌려 온몸으로 마주하는 '품'입니다. 온몸으로 마주하면서 안는 '품다'이니 참으로 포근·따뜻하지요. 온몸으로 마주하는 '품'인 만큼 "품을 들이다"라 할 적에는 어떤 일을 온몸으로 나서서 한다는 뜻이니, 더없이 땀을 들이고 힘을 쏟아서 하는 결을 나타냅니다.

　땀흘려 일한 값으로 품삯을 받아요. 손으로 이것저것 짓거나 가꾸어 땀흘리는 손품이고, 바지런히 여기저기 다니면서 땀흘린 다리품입니다. 마음을 건네고 싶기에 손품을 들여서 살림을 짓습니다. 마음이 오가기를 바라기에 다리품을 들여서 찾아갑니다. 이곳저곳 두루 발품을 팔면서 알아보니 그야말로 꼼꼼합니다.

　어느 하나를 고르기까지 오래오래 눈품을 들인 적이 있을까요? 눈여겨보는 품을 들인 만큼 우리한테 어울리는 한 가지를 알맞게 찾아내지 싶습니다. 동무한테 띄우는 글에는 글품을 들입니다. 글월자루를 뜯고 보니 글종이에 몇 줄만 적었다지만, 바로 이 몇 줄을 적으려고 온사랑을 들이게 마련이고, 사랑스러운 손길이 깃든 글품으로 글월을 적어 띄웁니다.

　몸으로도 품을 들인다면, 마음으로도 '마음품'을 들여요. 나는 너한테 마음을 씁니다. 너는 나한테 마음을 기울입니다. 서로 마음이랑 마음이 넉넉하게 만납니다. 마음품으로 너나들이를 이룹니다.

생각을 꽃피우듯 품을 들이는 '생각품'으로 새롭게 나눌 길을 그리고 짓지요. 무엇을 해보겠다는 생각으로 첫발을 떼고, 두발 세발 이어가도록 자꾸자꾸 품을 들입니다. 생각은 마음을 거쳐 몸으로 드러날 테니, 생각품은 바야흐로 '일품'으로 피어납니다.

이 땅에서는 예부터 '품앗이'를 했어요. '품 + 앗이'인 말인데, 서로 품을 들여서 일을 해주고 일을 받는 살림을 나타냅니다. 우리 품을 너한테 고스란히 내어주고, 네 품을 우리한테 고이 내어주는 길입니다. 주고받는 살림길입니다.

온몸을 쓰고 온마음을 다하는 품앗이예요. 품앗이를 하면서 마을살이를 북돋웁니다. 품앗이를 이루며 서로 아끼고 돌보고 사랑하는 눈빛이 자랍니다. 주기만 하지 않고, 받기만 하지 않아요. 오가는 손길마다 즐거이 노래가 흐릅니다. 따스히 흐르고 흐르는 오늘이 되려는 품앗이입니다. 겨우내 포근하게 어우러지기를 바라는 품앗이예요.

사랑품이 되는군요. 살림품이 되고요. 말 한 마디에 우리 마음을 살포시 담는 하루이니 이러한 말품을 모아서 새롭게 이야기품을 이룹니다. 어미 새가 알을 품듯이, 어머니 아버지가 어린이를 품어 돌보듯이, 우리 모두 마음에 즐겁고 상냥하고 아름답고 해맑은 생각을 고루고루 품어서 키우기를 바랍니다.

빛깔말

노랑 | 풀빛 | 파랑 | 빨강 | 보라 | 하양 | 검정 | 잿빛

빛깔을 가리키는 우리말이 여럿 있습니다. '노랑·빨강·파랑'에 '하양·검정'이 있고, '풀빛·잿빛'에 '보라'가 있어요. '노랑·빨강·파랑'은 '노랗다·빨갛다·파랗다' 꼴로도 쓰고, '하양·검정'은 '하얗다·검다' 꼴로도 쓰며, '풀빛·잿빛·보라'는 '푸르다'로는 널리 쓰되 '보랗다'는 잘 안 씁니다.

빛깔말은 몇 없다고 여길 만하지만, '노랗다·누렇다'나 '빨갛다·붉다'나 '하얗다·허옇다'나 '검다·감다·꺼멓다·까맣다·새까맣다·새카맣다·시커멓다'처럼 여러 꼴로 바꾸어 짙기하고 옅기를 달리 나타냅니다.

그리고 우리나라는 풀꽃이나 여러 숨결을 빗대어 빛깔을 그리곤 합니다. 개나리꽃으로 개나리빛(개나리꽃빛)이라 하고, 진달래꽃으로 진달래빛(진달래꽃빛)이라 하고, 배롱나무에 피는 꽃으로 '배롱빛(배롱꽃빛)'이라 합니다.

제비꽃빛이나 달개비꽃빛으로 보랏빛을 그릴 수 있어요. 감꽃빛이나 꽃다지꽃빛이나 꽃마리꽃빛처럼 살몃살몃 결이 다른 빛을 그릴 만합니다. 하양을 구름빛으로 그릴 수 있는데, 흐린 날 보는 구름이라면 잿빛을 나타낼 테고, 먹구름이라면 검정에 가까운 빛을 나타냅니다.

'붉다·불그스름하다·불그레하다'에다가 '발그스름하다·발그레하다'에 '발갛다·벌겋다'에 '누르스름하다·노르스름하다'라든지 '까무잡잡하다·거무튀튀하다'에 '허옇다·허여멀겋다'처럼 말끝을 조금씩 바꾸면서 짙기하고 옅기를 새록새록 나타내기도 하고요.

* 노랑
* 노랗다·노을·놀
* 너울·놀이·놀리다
* 누렇다·누르다·누리·땅

개나리꽃이나 원추리꽃이 노랗습니다. 감꽃은 마알간 결에 옅노란 결이 어우러집니다. 노란민들레에 노란붓꽃이 있고, 가을에 익는 벼는 누렇게 물들어요.

해가 뜨거나 질 적에 하늘이 노랗게 물들다가 붉게 번지고, 보랏빛을 지나 까맣게 바뀌는데, 이러한 빛깔을 보며 '노을'이라 합니다. 줄여서 '놀'이라 하고, '놀 ㄱ·ㄴ'이 있어요. '노을·놀 ㄱ'하고 '너울·놀 ㄴ'이 있어요. '너울·놀'은 바다에 크게 치는 물결을 가리킵니다. 물결·너울이란 물이 위아래로 오르내리는 결이고, '너울거리다·너울대다'라 하면 춤을 추듯 움직이는 모습을 가리켜요.

모든 '놀이'는 신바람처럼 움직이는 결을 품습니다. "몸을 놀리다"라 하듯, 몸을 움직이면서 뛰거나 달리면서 즐겁게 보내기에 '놀이'예요. 몸을 움직여서 놀이나 일을 이룬다면, 혀를 움직여서 말을 펴고 들려줍니다. 몸으로는 '놀이'인데, 입으로 "혀를 놀릴" 적에는 때때로 이웃이나 동무를 괴롭히거나 깔보는 말짓으로 기울기도 해요. 혀를 낼름 내미는 '놀림말'은 밉거나 싫은 마음을 나타냅니다.

보드랍게 '노랗다'라면, 부드럽게 '누렇다'입니다. '누르다'라고 가리키는 빛깔은, 가을에 익는 벼알빛이자, 우리가 살아가는 뭍·땅을 이루는 빛입니다. '누리'란 우리가 살아가는 터전이에요. 그래서 이 터전을 이루면서 살아갈 적에 '누리다'라 하지요.

* 푸름·풀빛
* 푸르다·풀·풀다·베풀다
* 품다·품·푸근하다·포근하다
* 푸지다·푸짐하다
* 풋풋하다·풋내기·풋포도

'푸름·풀빛'이란 '풀 + 빛'입니다. 우리를 둘러싼 풀한테서 보거나 느끼는 빛이 푸름·풀빛입니다. 이 풀빛은 나뭇잎빛하고도 닮지요. 푸나무(식물)는 푸른빛이 바탕입니다.

하나하나 있도록 드러내거나, 마음대로 있도록 내놓거나, 마음대로 하도록 하거나, 부드럽거나 가볍게 하는 '풀다'예요. 풀이 베푸는 결이면서, 풀한테서 얻거나 누리는 결을 가리킨다고 할 만한 '풀다'입니다.

풀은 흙을 품고 숨결을 '품'어요. 풀과 나무가 푸르게 품는 숨결을 베풀기에 모든 목숨붙이는 숨을 쉬면서 이 땅을 누릴 수 있습니다. 풀꽃나무(식물)가 없으면 목숨붙이는 숨을 못 쉰답니다. 푸르게 베푸는 바람이 흐르기에 온누리가 짙푸르지요.

품어 주기에 '품'이에요. 아늑하거나 '포근'하게 감싸는 품입니다. 넉넉하면서 그윽한 품이기에, 사람은 푸른별에 깃들고 아이는 어버이한테 깃들어요.

풀은 넉넉하게 자라고 가득가득 덮습니다. '푸지게·푸짐하게' 있어요. 누구나 누릴 만큼 많이 있기에 '푸지다·푸짐하다'입니다. 그야말로 온목숨이 살아가도록 푸르게 숨결을 베푸니 '푸짐'하다고 할 만해요.

풀은 싱그럽습니다. 새롭게 돋으며 싱그러운 결은 '풋풋'하다고도 해요. 갓 태어나거나 돋은 결을 가리키는데, '풋'을 붙여 '풋내기'라 하면, 아직은 많이 어리기에 솜씨가 적은 사람을 가리킵니다. '풋포도'라 하면 푸른 열매가 맺은 포도예요. 까맣게 익는 포도가 있고, 살짝 신맛이 돌지만 싱그럽게 달달한 맛인 '푸른포도·풋포도'입니다.

＊ 파랑
＊ 파랗다·파람·휘파람·마파람

* 바람·바다
* 바탕·바닥·받치다·받다·받아들이다
* 밝다·하늘빛
* 새파랗다·시퍼렇다·파리하다

달개비꽃은 '파랑'입니다. 맑고 밝게 트인 하늘빛은 '파랗'습니다. 파란빛을 담는 하늘처럼 맑고 밝게 흐르는 가락을 입으로 내면 '휘파람'이라 합니다. 우리는 네 곳을 '새·하늬·마·높(동·서·남·북)'으로 가리키고, 이 가운데 마녘(남녘)에서 부는 바람을 '마파람'이라 해요.

하늘빛이란 바람빛입니다. 바람 빛깔은 따로 그릴 수 없다고 여겨요. 우리가 마시는 숨도 따로 그릴 수 없는 빛깔로 여깁니다. 그런데 우리가 마시는 숨이란, 이 별에 흐르는 바람입니다. 이 별에 흐르는 바람은 하나인 덩이 같으면서도 숱한 갈래로 나뉜 듯한 결이에요. 깃드는 자리에 따라 '숨'이 되고 '바람'이 되고 '하늘'이 된다고 여길 만합니다.

곧 '숨·바람·하늘'을 이루는 바탕빛은 '파랑'이요, 이 바탕빛인 파랑을 머금는 물결을 '바다'라고 해요. '바람빛·하늘빛 = 바닷빛'인 얼거리입니다.

바다는 푸른별을 드넓게 덮어요. 뭍보다 바다가 넓지요. 물로 덮는 바다라 할 텐데, 이 물이란 모든 숨붙이를 이루는 '바탕'입니다. 푸른별로 보자면 '바다'가 '바탕'이요, 하늘로는 '바람'이 '바탕'입니다. 바탕은 밑을 덮는다고 여기기도 하기에 '바탕·바닥'은 맞물리고, 땅바닥·흙바닥처럼 말밑을 이어가요.

바탕이거나 바닥이기에 받칩니다. 바탕이거나 바닥이기에 받거나 받아들입니다. 하늘빛인 바람(파람)이며 바다는 넉넉히 받아안습니다. 뭇숨결을 받고, 저마다 다르면서 밝은 숨빛으로 살아가도록 넉넉히 이루는 바탕이에요.

하늘빛이자 바닷빛을 나타내는 파랑은 밝습니다. 아주 파랗기에 '새파랗다'인데, '푸르다·풋'으로 잇듯 '새파랗다'도 아주 밝거나 맑은 기운을 가리켜요. "매우 젊거나 어리다"를 기리키기도 합니다. '노랗다·누렇다'처럼 '파랗다·퍼렇다'로 맞물립니다. '시퍼렇다'는 아주 퍼런 결입니다. 파랑은 '파리하다'로도 이어서, 핏기운이 사라진 듯한 모습을 가리킵니다.

* 빨강
* 빨갛다·새빨갛다·시뻘겋다
* 발갛다·벌겋다·벌거숭이·벌거벗다·벗다
* 붉다·불·불길·불빛
* 부리나케
* 빨리·빠르다·밝다·받다·빨아들이다
* 빨다 ㄱ·빨래
* 빨다 ㄴ·빨대

핏기운은 '빨강'으로 가리킵니다. 핏빛은 '빨갛'고, 수줍거나 창

피할 적에 얼굴이 빨갛게 달아올라요. 속이거나 꾸밀 적에 '빨간·새빨간' 거짓말에, '뻘건·시뻘건' 가짓말을 하지요.

'빨갛다'는 '발갛다'처럼 여리게 쓰고, '벌겋다'하고 맞물리고, '벌거숭이·발가숭이'로 잇습니다. 몸을 가린 옷이 하나도 없기에 '벌거벗다·발가벗다'요, 멧자락에 풀이며 나무가 자라지 않거나 모두 뽑히거나 죽고 만 모습도 '벌거숭이·벌거벗다'입니다.

빨강은 '붉다'로도 나타냅니다. '붉다'는 '불'에서 비롯했습니다. 타오르거나 달아오르는 불길인 빛이에요. 불길은 확 번지고 이내 태웁니다. '빠르게' 타오르거나 태우는 불기운을 담는 '빨강'이에요.

아주 서두르기에 '부리나케(불 + -이 + 나게)'입니다. '부랴부랴(불이야 + 불이야)'에, '부랴사랴(불이야 + 살이야)'입니다.

파랑은 티없이 바라보는 하늘빛을 담으며 '밝다'로 잇는다면, 빨강은 빠르게 타오르면서 일어나는 불빛을 담으며 '밝다'로 잇습니다. 어둠이나 밤을 발갛게 밝히는 불빛을 떠올려 봐요. 아무리 작은 불도 어둠이나 밤을 빠르게 밝혀 줍니다. 빛이 곧고 넓게 퍼져요.

겉에 입거나 있던 것이 사라지는 '벌거벗다·벗다'이듯, 겉에 묻거나 낀 것이 사라지도록 하는 '빨다·빨래'입니다. 그런데 '빨다'는 '빨아들이다'를 가리키기도 해요. '빨대'로 쪽쪽 빨아들이지요. 티없이 맑고 밝은 하늘은 어떤 바람이든 받거나 받아들인 빛이면서 '파랑'이라면, 불빛처럼 퍼지면서 밝히는 결은 활활 타오르면서 둘레를 빨아들이기도 하고, 활활 태워서 사라지도록 하듯 털거나 치우기도 하면서 '빨강'입니다.

* 보라 ㄱ

* 볼·봄·보다

* 보듬다·보살피다·돌보다

* 보자기·보따리·보퉁이

* 볼우물·보조개

* 보라 ㄴ·눈보라

* 보람

발그스름하거나 붉그스름하지만 짙은 빛깔인 '보라'입니다. 봄에 피어나는 제비꽃빛이요, 갈퀴나물꽃·나팔꽃에서도 '보라'를 느낄 만합니다. "피어나는 발그스름하거나 붉그스름하면서 짙은 빛깔"인 '보라'라면, 발그레 웃으며 얼굴에 패이는 볼우물(보조개)에서도 '보라'를 엿볼 수 있습니다.

얼굴에서 눈귀코하고 턱하고 입 사이에 살이 많은 곳을 '뺨'이라 하고, 뺨에서 한복판을 '볼'이라 합니다. 이 볼에 우물처럼 우묵하게 (오목하게) 들어간 자리가 '볼우물'이에요. 조개껍데기 한 쪽을 뒤집은 모습으로 빗대기도 하기에 '보조개'이기도 합니다.

새봄하고 새벽에 돋는 보얀(뽀얀) 숨빛인 '보라'에서 '라'는 즐거운 결을 나타낼 적에 붙이는 말씨입니다. '라온(랍다)'이라는 낱말부터 '라랄라·랄랄라' 같은 말결에서 '라'를 엿봅니다.

피어나는 결이란 퍼지는 결입니다. 이리하여 '눈보라·꽃보라·물보라' 같은 데에서 쓰는 '보라'가 한동아리인 결을 느낄 만해요. 피어나듯 퍼지거나 흩어지는 눈송이라서 눈보라예요. 피어나듯 퍼지거나 흩어지는 물방울이라서 물보라입니다. 요새는 꽃송이가 퍼지거나 흩날리는 모습을 '꽃보라'라는 새말에 담아서 나타내기도 합니다.

빛깔 '보라'는 '보'가 바탕이자 뿌리입니다. '보'는 '보다'하고 '봄'으로 맞물립니다. 피어나려는 새철이 봄이에요. 감던 눈을 뜨거나 틔우기에 '볼(바라볼)' 수 있습니다. 봄 같은 숨결이자 빛으로 다가서는 '보듬다'예요. 부드럽고 따스하게 만지는 '보듬다'입니다. '보살피다 = 보다 + 살피다'인 얼개이고, '돌보다 = 돌아보다(돌다 + 보다)'인 얼개예요. 곁에 있으면서 마음을 틔워 부드럽고 따스하게 안거나 감싸거나 아우를 줄 아는 숨결을 담는 '보살피다·돌보다'이지요.

이리하여 '보자기·보따리·보퉁이'를 가리키는 '보'에는 봄 같으며 보듬는 손길이 깃들어요.

잘 볼 수 있도록 '보람'을 해놓습니다. 이 '보람'은 "즐겁거나 반갑거나 기쁘거나 좋게 받거나 얻거나 돌아오는 빛. 남한테 드러내거나 보일 만하다고 여길 만한 즐겁거나 반갑거나 기쁘거나 좋게 받거나 얻거나 돌아오는 빛."을 가리키기도 합니다. 봄 같은 빛인 보람이요, 봄 같으며 보람을 누릴 만한 숨결을 가만히 담아내는 빛깔말인 '보라'입니다.

＊ 하양
＊ 하얗다·해·해맑다·해밝다

* 희다·흰·세다 ㄱㄴㄷ
* 하다

　겨울에 내리는 눈은 하얗습니다. '하양(희다)'이에요. 민들레는 노란꽃도 있고 흰꽃도 있습니다. 봄날 온누리에 푸릇푸릇 올라온 새싹에 올망졸망 작게 맺는 들꽃을 보면 흰꽃이 매우 많아요. 꽃다지꽃이며 씀바귀꽃은 노랗고, 잣나물꽃이며 냉이꽃은 하얗습니다. 돌나물꽃은 노랗게 반짝이고, 까마중꽃이랑 딸기꽃이랑 찔레꽃은 하얗습니다. 참외꽃하고 수박꽃하고 수세미꽃은 노랗고, 박꽃하고 탱자꽃하고 유자꽃은 하얗습니다.

　'하얗다(희다·흰)'는 빛깔은 '해'가 드리우는 빛을 가리켰습니다. 하늘에 구름이 없이 탁 트일 적에는 파랗다면, 이 파란하늘이 눈부시도록 온누리를 밝히는 햇빛은 '하얗다'고 여겼고, 해처럼 맑아 '해맑다'라 하고, 해처럼 밝아 '해밝다'라 합니다.

　우리나라에서는 털이 까맣게 돋다가 하얗게 바뀐다고 여깁니다. 하얗게 바뀌는 털빛을 '세다 ㄱ'으로 가리키기도 합니다. '세다 ㄴ'은 "셈을 하다·생각을 하다"로도 쓰고, 이때에는 '헤다·헤아리다'로 맞물립니다. 다른 '세다 ㄷ'은 힘이 있는 결을 나타내면서 '기운세다·힘세다'처럼 씁니다.

　하얗게 바뀌는 결을 나타내는 말은 '하얘지다'에서 '세다'를 거쳐 "별을 헤다"로도 이어가는데, 우리가 바라보는 '해'도 온누리(우주)에 있는 숱한 별 가운데 하나입니다.

밝고 따뜻하며 눈부신 해란, 기운세거나 힘찬 숨빛입니다. '하양·해'를 이루는 밑말은 '하'인데, '하 + 다' 얼개로 '하다'를 살피면, 처음으로 나타나도록 움직이면서, 무엇이든 이루거나 펴거나 짓는 결에, 가없이 많은 길을 그려요. 해가 비추기에 뭇목숨은 살림을 '해' 나가고, '하얗다'는 '빈곳·빈종이'를 빗대는 틀거리요, 아직 아무것이 없다고 할 곳에 스스로 '하는' 일과 놀이와 삶에 따라서 새롭게 나아가는 자리라고 느낄 만합니다.

안 뚜렷해서 '흐리'고, 언뜻 보여 '희끗(희다)'하기에, '하얗다·희다'가 맞물립니다.

* 검다·감다·검정·감장
* 고요·곰·곱다
* 까망·까맣다·깜장·꺼멓다·새까맣다·시커멓다
* 깜깜하다·까마득하다·까다롭다
* 캄캄하다·어둡다
* 가다

검정(검은빛)으로 밤·어둠을 나타냅니다. "눈을 감다"란, 눈으로 느끼는 빛깔을 '안 보인다 = 어둡다·밤'으로 그리는 몸짓입니다. '거미(거믜)'하고 '개미(개야미·가야미)'는 '검다'고 여겨서 붙인 이름입니다.

그런데 "머리를 감다"도 있어요. 눈을 감으면 눈으로는 어둠이나 밤을 느끼고, 우리나라에서는 까만 머리카락을 감으면서 '반지르르 정갈한 까만빛'으로 나아갑니다.

　밤을 어둡다고 여기는데, 밤에는 별이 돋아요. 오늘날은 별빛이 밝지 않다지만, 불빛이 따로 없던 지난날에는 별빛이 가득했어요. 아직 우리나라에서도 두멧시골에서는 밤마다 별이 쏟아집니다. 미리내(은하수)는 별이 냇물처럼 흐르는 듯한 빛줄기입니다. '윤슬'을 냇물이나 바닷물에서 느낀다면, 새벽에 맺는 이슬에서도 반짝이는 빛을 느끼고, 맑고 동그란 구슬에서도 반짝이는 빛을 느낍니다.

　우리 빛깔말 '검정·검은빛·까망·까맣다'는 "안 보인다"를 나타내기도 하지만, "안 보일 듯한 어둠이지만, 이 어둠에도 반짝이는 결이 깃든다"를 넌지시 담기도 합니다.

　'검다·감다'에서 '검·감'은 '곰'으로도 잇고 '굼'으로도 잇기에, '굴'을 생각해 보면, '어둠·밤을 품은 빛'이 '가·거·고·구'에 살그머니 얹힌 수수께끼를 짚을 만합니다. '고요'란, 몸짓도 소리도 없는 결입니다. 이 땅에서 살아가는 곰은 모두 '검은털'입니다. '곱다'라는 낱말은 가만가만 보기에 좋은 결을 가리킵니다. 고요하게 빛나서 보기에 좋기에 '곱다'라고 여깁니다.

　'까망·까맣다'는 '깜깜하다·까마득하다'로 잇지요. 안 보일 만한 결을 나타내고, 모르겠다고 여길 결을 그려요. 길이 안 보이거나 모르겠으니 '까다롭'고, 어둠이라 못 보겠다고 여겨 '어렵'고 '캄캄·감감'합니다. 아주 까맣기에 '새까맣다'이고요.

　이 모든 빛살은 '가'가 말밑입니다. '하얗·하다'처럼 '감다·검다·

'감장·검정'이란 빛깔말은 '가 + 다'로 읽어낼 수 있습니다. 이곳에서 있다가 저곳에 있는 '가다'예요. 나한테서 너한테 있는 '가다'입니다. 내가 너한테 닿아 새롭게 우리를 이루는 흐름을 '가다'로 나타냅니다.

어머니 품에서 자라나는 아기는 처음에 작은 씨앗 둘이었습니다. 작은 씨앗 둘이 새롭게 만나 하나를 이루니 어머니 몸에서 천천히 고요한 밤빛을 머금으면서 자라납니다. 온누리에 가득한 풀꽃나무는 흙이라는 품에서 찬찬히 고요한 어둠빛을 머금으면서 큽니다. 우리 빛깔말에서 '감장·검정'은 "고요한 어둠에서 싹트는 씨앗"을 가리킨다고 여길 만합니다. 꿈을 그리는 빛깔이 '까망'입니다. 우리는 새벽에 눈을 뜨고 아침에 일어나서 낮에 일하고 저녁에 쉬다가 밤에 몸을 내려놓고서 잠듭니다. 잠들 적에는 마음이 훨훨 날아 꿈길로 가지요.

풀잎을 갉는 애벌레가 어느 날 문득 매우 졸려 고치에 깃들어 한참 꿈나라를 누비면서 고요한 어둠을 노닐다 보면, 시나브로 온몸이 간질간질하다가 물로 사르르 녹아서 날개가 돋고 새롭게 깨어나요. '날개돋이'라고 하는데, 나비가 누리는 날개돋이란 '검은빛을 씨앗처럼 꿈으로 품고서 이루는 새길'입니다. 풀벌레한테 허물벗이도 이와 같지요. 사람으로서 거듭나기도 이와 같습니다. 새롭게 가는 검정입니다.

* 잿빛

* 재·잿더미

* 잿물

잿빛은 '재 + ㅅ + 빛'입니다. '재'는 불에 타고 남은 부스러기나 가루예요. 불에 타서 부서지면 무엇이든 첫빛을 잃고서 '잿빛'이 됩니다. 빗물을 잔뜩 머금고 흐르는 구름이 잿빛이에요. '매지구름'은 짙은 잿빛이나 검은빛이라 할 만합니다. 비가 올 듯 말 듯 흐린 날에는 구름이 잿빛처럼 뿌옇습니다.

잿빛은 숨이 사라진 빛깔입니다. 숨이 싱그러이 흐를 적에는 저마다 다른 빛깔이요, 불에 타면서 부서져 내릴 적에는 숨이 걷히면서 잿빛으로 뭉뚱그리는데, 이 잿더미는 흙으로 돌아가요. 흙으로 돌아가서 새숨을 북돋우는 거름으로 나아갑니다.

숨빛이 사라진 잿빛은 큰고장·서울(도시)을 빗댈 적에 "잿빛 서울"처럼 쓰기도 합니다. 풀꽃나무나 숲을 찾아보기 어려우니 '잿빛 마을'이에요. 푸르게 우거지고 숲을 곁에 품으면 싱그러이 '시골'이고요.

그런데 예부터 짚이나 나무를 태워 따로 재를 내놓아 '잿물'을 얻어서 빨래를 할 적에 썼어요. 질그릇(질흙그릇·진흙그릇)을 빚을 적에 겉에 발라서 물이 안 스미고 반짝거리도록 입히는 '잿물'도 있어요. 숨이 사라져서 빛을 잃은 '잿빛'이지만, 새롭게 살리는 길에 새삼스레 쓰기도 하는 '재'입니다.

살

살구 | 살리다 | 구르다 | 슬기 살 | 싸다 | 산뜻하다 | 상큼하다 | 삼 | 삼다
살갑다 | 사람 | 살다 | 사랑 | 새 | 살포시 | 살강 | 설거지 | 살살이꽃

'살빛(살색)'이라는 말이 사람을 나쁘게 가른다고 해서 '살구빛'으로 고쳐써야 한다는 물결이 인 적이 있습니다. 깊이 생각하지 않고 얼핏 생각하기에 그만 '살빛'이란 낱말이 끼리질이나 따돌림이 된다고 했을 텐데요, 한겨레 살빛은 오랫동안 어떤 빛깔이었을까요?

어린이노래 〈개구쟁이 산복이〉가 있어요. "이마엔 땀방울 송알송알 손에는 땟국이 반질반질 맨발에 흙먼지 얼룩덜룩 봄볕에 그을려 까무잡잡" 하고 흐르는 노래인데, 이 노래에 나오는 '까무잡잡'이 이 나라 사람들 살빛이었습니다. 오늘날은 바알갛거나 옅은 진달래빛을 '살빛 물감'으로 씁니다만, 이는 썩 바르지 않아요. 물감빛은 빛깔대로 '진달래빛'이든 '살구빛'으로 가리켜야 올바르지요.

다만, 이런 말이 오가는 사이에 '살·살결'하고 '살구'하고 얽힌 수수께끼나 실타래를 짚은 어른은 없었지 싶어요. 우리 몸을 감싸는 살은 왜 '살'이고, 동그란 열매를 맺는 나무는 왜 '살구나무'일까요?

* 살구

＊ 살리다
＊ 구르다·구슬·이슬·슬기

　‘살구’는 “살 + 구”입니다. 여기에서 ‘살’은 ‘살리다’랑 잇닿아요. 살구라는 열매는 예부터 사람한테 사라진 기운을 북돋울 적에 썼다고 해요. 살구란 “살리는 열매”입니다. 그렇다면 ‘구’는 무엇일까요. ‘구’라는 낱말이 깃든 ‘구르다·구름·구슬’을 떠올리기로 해요.

　구름이 왜 구름인가 하면, 하늘에서 ‘구르’듯이 흐르거든요. 왜 구름이 구르듯 흐른다고 여겼을까요? 구름을 가만히 올려다보셔요. 구름은 모습을 그대로 이어가지 않아요. 늘 바뀌어요. 이처럼 늘 바뀌는 모습은 꼭 하늘을 바닥으로 삼아서 구르는 결로 느낄 만합니다.

　구르니까 구슬인데, 구르려면 동글동글해야 합니다. 동글지 않으면 못 구르지요. ‘모’가 나면 ‘못’ 굴러요. 모가 없이 동글동글할 적에 비로소 구르니, ‘구슬’이란 모가 하나도 없이 동그란 것을 가리키기도 합니다. ‘이슬’처럼 말이지요. 그런데 ‘구슬·이슬’ 모두 ‘-슬’이 붙는군요. ‘슬’은 ‘슬기롭다’를 가리킬 적에 쓰는 말밑이요, 이 ‘슬(슬기)’은 빛나는 모습을 나타내요. 마음이 빛나기에 슬기로운데, 구슬이며 이슬은 속(마음)이 환하게 비치면서 빛나는 방울을 닮았구나 싶어서 ‘-슬’이 붙어요. 반짝이는 물살이나 물결을 ‘윤슬’이라 하는데, 이 낱말도 ‘-슬’을 붙입니다.

　간추려 본다면, 살구는 “살 + 구슬”인 셈이요, “살리는 + 구슬”

이고, "사람(살)을 살리는 빛나는 알(열매)"이란 뜻이라고 하겠습니다.

* 살·살갖·살가죽
* 싸다 ㄱ·감싸다
* 산뜻하다·상큼하다

이제 '살빛'에서 쓰는 '살'을 살피기로 해요. '살피다(살펴보다)'라는 낱말을 썼는데요, 모두 맞물리는 낱말이기도 합니다. 자, 살은 몸을 싸는 얇으면서 너른 판이라고 할 만합니다. 살이란 매우 얇아요. '싸(싸다)'니까 살인데요, 싸서 겉을 이루는 이곳은 '삶'을 나타내요. 가만히 안듯 감싸는 살입니다. 삶(살다)을 이루기에 살이 있지요. 삶이 아닌 죽음이라면 살은 빛이 바래면서 까맣게 타들어 간다고 합니다.

'사 + ㄹ'인 '살'이잖아요? 'ㄹ'은 '즐거움(라온·라랄라)'이며 '노래'를 가리킬 적에 붙이는 받침인데, 삶을 이루는 즐거움, 목숨이 있는 기쁨, 숨결을 잇는 노래가 바로 '살'이라는 낱말로 드러난다고 하겠습니다.

'살갖·살가죽'은 '살 + 갖(가죽)'이고 '갖(가죽)'은 '겉'을 가리켜요. 몸에서 겉을 싸는 곳이 '살갖(살가죽)'이라는 뜻입니다.

곧 '살 = 삶'이면서, 이러한 말밑을 '사'로 이어 '산뜻하다'나 '상큼하다' 같은 낱말로 잇습니다. '산뜻하다'는 "새로우면서 시원스럽

다"나 "보기 좋도록 새롭고 시원스럽다"를 나타냅니다. '상큼하다'
는 "푸르게 물들거나 빛나기에 시원하게 보이거나 느끼거나 받아
들일 만하다"나 "옅거나 그윽하게 꽃·풀잎·나뭇잎에서 나는 듯이
맑거나 푸른 냄새·맛을 느낄 만하여 시원하다"를 나타내지요. 가볍
고 시원하게 차려입기에 '산뜻하다'요, 갓 딴 과일이나 나물처럼 푸
르면서 맑게 빛나는 향긋한 기운이기에 '상큼하다'입니다. 글씨를
시원스레 써서 보기에 좋아 '산뜻하다'이고, 해맑게 웃어 시원하거
나 밝게 노래하여 시원하기에 '상큼하다'입니다.

* 싸다 ㄴ·누다
* 싸다 ㄷ·싸게싸게·잽싸다
* 싸다 ㄹ·값싸다·눅다

  '싸다 ㄱ'은 "누구한테 주거나 보내거나·따로 오랫동안 두려고,
겉을 두르거나 어느 곳에 담아서 속을 가리는데, 속에 있는 것이 곱
게 있도록(안 다치도록) 잘 만지다"나 "속이 안 보이도록 모두 두르
다. 어느 한 곳도 안 보이도록 두르거나 감거나 막거나 가리다"나
"다른 곳으로 들고 가기 좋도록 어느 곳에 담거나 넣어서 안 보이도
록 하는데, 속에 있는 것이 곱게 있도록(안 다치도록) 잘 만지다"나
"어느 사람·곳·것·집·땅·자리를 둘러서 안 보이도록 하거나 못 나가
도록 막다"나 "비거나 새는 틈이 없도록 풀잎이나 나뭇잎으로 두르
다"를 뜻합니다. '감싸다·둘러싸다·에워싸다·휩싸다'를 헤아릴 만

합니다. 감듯이 싸니 '감싸다'요, 두르듯이(둘레를 모두 덮듯이) 싸니 '둘러싸다'입니다. 에우면서(모든 곳을 다) 싸니 '에워싸다'요, 휘휘 (이리저리 여러 벌) 싸거나 휘몰듯이 싸기에 '휩싸다'예요.

'싸다 ㄴ'은 "똥이나 오줌을 참지 못 하고서 옷을 입은 채 몸에서 밖으로 내놓거나 아무 데나 흘리다"를 뜻합니다. '오줌싸개'란 오줌을 못 참고서 바지에 흘리거나 묻히며 내놓는 사람을 나타내고, '똥싸개'란 똥을 못 참고서 바지에 흘리거나 묻히며 내놓는 사람을 나타냅니다. '누다'는 "내놓아야 할 때나 곳을 가리면서 똥이나 오줌을 몸에서 밖으로 내놓다"를 뜻해요.

'싸다 ㄷ'은 "몸짓·손짓·발걸음·발놀림을 가볍고 짧게 하다. 빠르게 움직이다"를 뜻합니다. "싸게싸게 간다"나 "싸게 손을 놀린다" 처럼 써요. "말을 가볍게 많이 하다. 말을 안 하거나 줄이거나 멈추어야 할 자리를 헤아리지 못하면서 자꾸·많이 말을 하다"를 뜻하기도 하고, "입이 너무 싸다"처럼 씁니다. '잽싸다'는 가벼우면서 아주 빠른 몸짓을 나타내요.

'싸다 ㄹ'은 "값·돈·삯·품이 적게 들다. 값·돈·삯·품을 조금만 들이면 되다. 값·돈·삯·품을 많이 안 들이다"를 뜻하고, "싸게 팔았어" 나 "싸게 샀구나"처럼 써요. "그동안 해온 대로 고스란히 돌려받을 만하거나, 그동안 해온 대로 다 돌려받아도 모자라다고 여길 만하거나, 그동안 해온 대로 낱낱이 돌려받아도 아깝지 않다"를 뜻하기도 하고, "꾸지람을 들어도 싸"나 "몽땅 잃어도 싸지"처럼 씁니다.

더는 굳거나 뻣뻣하지 않고, 무르는(물렁물렁) 결을 '눅다'로 나타내요. 기운이 부드럽다든지, 반죽이 말랑말랑하다든지, 목소리를 높이지 않고 나즈막하거나 너그럽게 한다든지, 날씨가 더는 안 춥고 포근하게 바뀔 적에도 '눅다'로 나타냅니다. '누그러지다'라고도 하는데, '눅다'는 값이나 삯이 높거나 크거나 많다고 여길 만하지 않은 결도 나타내요. 더 받거나 치러야 할 만한데, 값을 안 높인다고 할 적에 쓰는 낱말입니다.

* 삼 ㄱ·삼베·삼 ㄴ
* 삼다 ㄱ·삼다 ㄴ
* 벗삼다·일삼다·삶다

'삼'이라고 하는 풀이 있습니다. 우리나라는 예부터 삼풀을 돌보면서 실을 얻어서 천을 짰고, 이 천으로 지은 옷을 '삼베옷·베옷'이라 했습니다. '삼 ㄴ'은 어머니 뱃속에서 자라는 아기를 얇게 감싼 것을 가리키는 이름이기도 해요. 한자말로 '태반(胎盤)'이 '삼'입니다.

삼실을 베푸는 삼이라는 풀하고 얽혀, '삼다'라는 낱말이 있고, 두 가지로 써요. 먼저 "삼줄기에서 실을 얻도록 여러 가닥을 문질러서 한 줄이 되도록 잇는" 일을 '삼다'라 하고, "짚이나 줄을 가로세로로 이어서 신을 얻는" 일도 '삼다'라 합니다.

'삼다 ㄴ'는 '겯다·엮다'하고 맞물리는 뜻으로 이어 "동무로 삼다"나 "벗으로 삼다"처럼 쓰기도 하지요. "다른 사람하고 얽히거나 이어서, 함께 지내거나 한집을 이루거나 곁에 둘” 적에 써요. 디딤돌·받침으로 삼아서 “어느 곳·자리에서 있거나 쓰는 것·살림·숨결을 다른 곳·자리에서 쓰다”도 뜻해요. 팔베개로 삼고, 징검다리로 이어요. 일로 삼아 ‘일삼다’입니다. ‘삼다’는 “어느 하나를 제 나름대로 다르거나 새롭게 느끼거나 바라보거나 생각하다”도 가리킵니다. “놀이로 삼”고 “우리 일로 삼”습니다. “어느 하나를 다르거나 새롭게 느끼거나 바라보거나 생각하면서 다루다”를 가리키고, “무엇을 이야기로 삼을까”처럼 써요. 다루다”를 가리키고, “무엇을 이야기로 삼을까”처럼 쓰지요. ‘삶다’는 물에 넣고 끓이는 결이고, ‘논삶이’나 ‘구워삶다’나 “빨래를 삶다”나 “삶는 더위”로 써요. 뜨거운 기운과 물이 어우러지는 길입니다.

* 살빛·살갑다·살결

살빛을 말하고 살구빛하고 대자면 ‘살구’하고 ‘살(살결)’이 얽힌 실마리를 먼저 풀어야 합니다. 이 실마리를 푼다면 ‘살갑다’라는 낱말을 어느 자리에 어떻게 쓰는가를 바로 알아차릴 테지요.

아무 자리에나 ‘살갑다’를 쓰지 않아요. 따뜻하거나 포근한 자리, 즐겁거나 아늑한 자리, 사랑스럽거나 느긋한 자리, 좋거나 기쁜 자리, 걱정이란 티끌만큼도 없이 아름답게 누리는 자리에서 ‘살갑다’를 씁니다. 우리 몸을 싸는 ‘살’이면서 ‘살 만하다(삶을 이룰 만하다)’를 나나태는 ‘살갑다’랍니다. 오순도순 지내거나 도란도란 어울리면서 까르르 웃음이 피어나오는, 근심없이 잠들 만한, 반가이 만나는 사람이 있는 곳에서 '살갑다'란 말을 써요.

'살결'이란 "살·살갗이 어떠한가를 나타내는 말"입니다. "몸을 이룬 부드러운 곳이 어떠한가를 나타내는 말"이에요.

＊ 사람·살다·삶·사랑

'살·살구'에서 짚은 낱말은 이제 '살다·삶'을 거쳐 '사람'한테 잇닿습니다. 사람은 "사 + ㄹ + 암(아 + ㅁ)"입니다. "살 + 암"으로 읽어도 되는데, '암'은 '알(알갱이·알밤·씨알·씨앗)'을 가리키기도 하고, '으뜸(엄지)'을 가리키기도 합니다. 삶을 이루는 가장 빛나는 씨앗이라는 숨결이 사람이라는 뜻이지요. 살아가는 알맹이, 살아가는 빛, 살아가는 열매, 살아가는 씨앗이 사람이라고 여겨도 어울립니다.

그리고 이 사람은 '사랑'을 만나지요. '사랑'은 "사 + 랑"이며 "사 + ㄹ + 앙(아 + ㅇ)"으로 풀 만합니다. 사람이라는 길에서 'ㄹ'이 깃들면서 'ㅇ'을 품지요. 'ㄹ'은 노래요 'ㅇ'은 씨앗(씨알)이라면, 사랑이란 삶을 이루는 가장 빛나는 곳에서 씨앗을 틔우거나 가꾸거나 지어서 열매로 이루는 길이라고 풀어낼 만해요.

＊ 새·새롭다·사이·샅·샅샅
＊ 홀가분하다·날개

그냥 쓰는 낱말이란 없습니다. 아무렇게나 태어난 말도 없습니다. 그런데 어렵게 지은 말도 없어요. 언제나 삶이라는 자리에서 쓰는 낱말이요, 살아가면서 어느새 태어나는 말이고, 즐거이 사랑하며 노래하는 동안 하나둘 짓는 말입니다.

살·살구·삶·살다·사람·사랑, 이렇게 헤아렸다면, 이제 '새·새롭다'를 살피기로 해요. "살면서 새롭게 살로 사랑해 내"기에 '몸(몸뚱이)'이요, 몸을 입은 사람이라고도 할 만합니다.

앞서 사랑이란 말밑을 짚었는데, 사람이 삶을 짓는 길에서 살을 쓰다듬어서 씨앗이 나옵니다. 사람은 씨앗을 품고 내놓는데, 이 씨앗은 오직 사랑일 적에 새롭게 나와요. 사랑이 아닌 씨앗은 새롭지 않습니다.

'새·새롭다'는 삶·살·사람·사랑이라는 숨결이 어우러진 빛살을 품습니다. 더 살피면, '새 = 사이'입니다. '사이'란 이곳하고 저곳에서 벌어진 자리예요. 하늘하고 땅이 벌어진 자리를 '새'가 날아요. 멧새나 텃새나 철새처럼 날개를 달고서 바람을 타니 '새'예요. "다리 사이"나 "두 가지 사이"를 따로 '샅'이라 하고, 사람 몸에는 '사타구니(사타리)'가 있어요. 모든 사이(샅)를 낱낱이 보는 '살펴보다'는 "샅샅이 보다"이기도 합니다.

더 짚으면, 날개를 달아 하늘로 갈 수 있다면 '새·새롭다'입니다. 우리가 몸에 날개를 단 듯 즐겁거나 기뻐서 춤추거나 뛰면 어떤가요? 매우 가볍지요? 이때에 '홀가분하다(홀로 + 가볍다)'고 합니다. 홀가분할 적에는 날개를 단 듯 가볍게 콩콩 뛰지요. 마음이 가벼워

하늘로 가는 '홀가분하다'이니, 새처럼 하늘을 나는구나 싶은 마음이 되면 '새롭게' 생각을 짓고 마음을 다스리며 사랑을 피운답니다.

* 살살·슬슬·설설
* 살랑·슬렁·어슬렁·설렁
* 산들·선들
* 살짝·슬쩍
* 살그머니·슬그머니

'살'을 넣은 다른 낱말을 더 살필게요. '살살'이나 '살랑'이나 '살짝'이나 '살그머니'는 모두 '살'하고 맞물려요. 살갗은 몸을 얇고 가볍게 겉에서 감쌉니다. '얇고 가볍게'라는 대목을 눈여겨보셔요. 왜 '살살·살랑·살짝·살그머니'일까요? 가볍게 드러내는 몸짓이거든요.

'ㅏ'는 언제나 'ㅓ'나 'ㅡ'로 이어가면서 느낌이나 깊이를 달리합니다. '살살'이 있으니 '설설'이 있고 '슬슬'이 있어요. '살짝·슬쩍'이요 '살그머니·슬그머니'입니다.

* 살포시

그런데 '살포시'란 말이 따로 있어요. '살며시·슬며시'로는 쓰되 '슬포시' 같은 낱말은 따로 없습니다. 오직 '살포시'인데, "살 + 포근하다/품"인 얼개예요. '포'는 '포근하다·폭신하다'를 이루는 말밑이에요. '푸근하다·푹신하다'처럼 '푸' 꼴로도 씁니다.

겨울처럼 추운 날에도 따스하다면, 이때에 '포근하다'를 써요. 언제나 따스한 기운으로 감싼다고 할 적에 '포·푸'를 쓰고, '품·품다'는 이 말밑하고 잇닿습니다. "품에 안는다"라고 하면 미움도 기쁨도 슬픔도 괴로움도 모두 받아들인다는 뜻이에요. 좋은 사람만 "품에 안는다"고 하지 않아요. 누구라도 받아들여서 사랑으로 녹일 적에 "품에 안는다"입니다.

이러구러 따지면 '살포시'는 대단히 깊고 너른 사랑을 담은 낱말입니다. 여기에서 말밑을 더 이으면 '푸지다·푸짐하다'가 나오는데요, '넉넉하다'하고 비슷하면서 조금 결이 다른 '푸지다·푸짐하다'는 따뜻한 기운이 감돌면서 많이 있어서 얼마든지 나눌 만하다는 뜻을 나타냅니다. 사랑으로 즐겁게 얼마든지 나누는 자리에서 쓰는 '푸지다·푸짐하다'예요.

* 살강

요새는 '살강'이란 말이 잊힙니다. '살 + 강'인데 부엌에서 설거지를 마친 다음에 그릇을 얹어서 물이 빠져나가도록 하는 세간을 가리킵니다. '살(화살)'처럼 길고 가는 대(나무)로 엮는 세간이에요. 어른들은 좀 어려운 한자말로 '식기 건조대'라고도 합니다. 살을 받친 자리인 '살강'처럼 '요강'이란 말이 있어요. 오줌동이를 가리키는 오랜 낱말 '요강'도 '-강'붙이 낱말입니다.

'살'에서 비롯한 낱말은 여러 길을 거쳐 '사이·새'로도 나아갔지요. 살을 놓아서 '살강'이기도 하지만, 밥을 먹어서 덕지덕지 지저분한 그릇을 씻은(부신) 다음 새로 쓰도록 말리는 자리인 '살강'이기도 합니다. 되살려서 쓰는, 살려서 쓰는, 부엌세간을 알뜰히 살리는 몫을 하는 곳을 이러한 이름으로 가리켜요.

＊ 설거지

살강에는 설거지를 한 그릇을 얹습니다. '설거지'는 "설 + 것 + 이"요, '거두는' 일을 가리키는데, '살·설'로 맞닿는 고리에서 보듯, 살려서 거두는 몸짓이나 일이라고 할 만하지요.

'살림'이란 말은 여러 자리에 두루 쓰는데, 살아가는 일도 살림이고, 살아가려고 집에 두는 여러 가지도 살림이며, 집이나 마을이나 나라를 알뜰히 꾸리려고 생각하는 길도 살림입니다. 목숨을 잇도록 돕거나 다스리는 일도 살림이니, 이 낱말 하나는 품이 매우 넓어요.

그런데 어느 자리에 어떻게 쓰는 '살림'이든 밑바탕은 '살리다·살'입니다. 삶이 되도록 하는 길, 사람이 사랑으로 가면서 하는 일, 새롭게 생각하며 하나씩 다스리는 몸짓이 '살림'이에요.

설거지는 그저 그릇을 깨끗하게 하는(부시는) 일만 나타낼 수 없어요. 우리 밥살림 가운데 한켠을 차지하는 '설거지'는 한 끼니를 마무리하면서 다음 끼니를 헤아리는 '살림길' 가운데 하나요, 이러한 밑바탕이나 뜻을 낱말에 살그머니 얹었답니다.

* 살살이꽃

처음부터 우리나라에서 자라거나 돋지 않던 들꽃으로 '코스모스'가 있어요. 이 꽃이 우리나라에 갓 들어왔을 적에 아이도 어른도 이 꽃이 보여주는 결을 보면서 저절로 '살살이꽃'이란 말이 터져나왔다고 합니다.

'코스모스'는 왜 '살살이꽃'이라는 우리말 이름을 얻었을까요? 궁금하다면 이 들꽃이 자라는 결을 지켜보면 돼요. 참으로 가느다란 줄기가 돋고, 잎조차 가늘어요. 그래서 얼핏 지나가면서 "무슨 풀꽃이 이렇게 줄기랑 잎이 가늘어? 이래서 꽃이 피겠어?" 하고 여길 만해요. 아직 우리나라에 들어온 지 얼마 안 되던 무렵 흔히 이렇게 여겼다고 합니다. 그렇지만 막상 이 들꽃이 맺는 꽃은 가느다란 줄기랑 잎에 대면 엄청나게 컸고, 가는 줄기인데에도 드센 비바람에 안 꺾여요.

아무리 비바람이 몰아쳐서 한들한들 선들선들 춤추기만 할 뿐 의젓하게 서는 들꽃을 본 사람들은 놀라지요. 더구나 커다란 꽃송이를 하나만 맺지 않아요. 잔뜩 매답니다. 그래서 이 들꽃은 바람이 자는 날에도 살살 춤춰요. 바람이 불어도 설설 춤추지요. 몸짓이며 모습으로도 '살살이꽃'이요, 속으로 들여다보면, 이 들꽃이 "살을 살리듯 알뜰하며 아름다운 들풀"이기에 '살살이꽃'입니다.

생각

생기다 ¦ 새 ¦ 철새 ¦ 텃새 ¦ 사이 ¦ 사이좋다 ¦ 새참 ¦ 도시락 ¦ 샛별
사람 ¦ 사랑 ¦ 살다 ¦ 삶 ¦ 샘 ¦ 샘물 ¦ 샘하다 ¦ 시샘 ¦ 생생 ¦ 싱싱 ¦ 살피다
세다 ¦ 헤다 ¦ 셈여림

"머리를 써서 아는 일"인 '생각'은, "어떤 일을 하려고 마음을 먹을" 때에 피어납니다. "앞으로 일어날 일을 머릿속으로 짓는" 생각이기도 해요. 생각이라는 낱말은 쓰임새를 차츰 넓히면서 "옳고 그름을 가리는" 자리나 "무엇을 마주하거나 겪으면서 느낄" 때나 "무엇을 하고 싶다고 느낄" 때를 나타내기도 해요. "어느 쪽에 기울이는 마음이나 사랑"도 생각이에요. "그리워하거나 걱정하는 마음"이며 "지나간 일을 다시 마음에 담아서 바라보려고 할" 적이나 "새롭다싶게 머리에 나타날" 적이나 "마음을 쓴다"고 할 적이나 "그러하다고 받아들일" 적에도 생각이라는 낱말로 이야기해요.

　남이 시키는 대로만 할 적에는 "생각이 없다"고 해요. 남이 하는 뒤를 좇을 적에도 "생각하지 않는다"고 하지요. 베끼거나 훔치거나 시늉하는 자리는 '생각'하고 동떨어집니다.

　생각하는 사람은 스스로 임자가 되는 셈입니다. 생각을 안 하는

사람은 스스로 종(졸졸 좇는 길)이 되는 셈입니다. 아무리 작거나 보잘것없다고 여기더라도, 생각을 하기 때문에 차근차근 가꾸고 키워서 빛내고 이뤄요. 하찮다고 여기면서 생각을 안 하기에, 스스로 이루거나 빛내는 길하고 동떨어져요.

곰곰이 본다면, "생각 = 스스로 새롭게 가는 마음길"이라고 하겠어요.

＊ 생각
＊ 생기다

낱말을 뜯자면 '새(새로) + ㅇ'에다가 '가다 + ㄱ'로도 읽을 만한 '생각'입니다. "새로 잇는 길"이면서 "새로 이으며 가다"예요. "사이에 있는 새로운 숨빛"인 '생각'이라고 하겠습니다.

없다가 있는, 처음으로 있는, 나한테 오거나 내가 받는, 여태 만나거나 볼 일이 없었으나 이제부터 만나거나 보는 여러 가지를 '생기다'로 나타내요. "생기다 = 새롭게 있다"일 텐데, 이런 얼거리로 보면 "생각 = 생기면서 나아가는 마음"이기도 합니다.

영어로는 '아이디어'라고 하지요. 우리말로는 '생각'입니다. 생각이라는 낱말은 "새롭게 길어올려서 나아가는 길이자 빛"이라는 뜻이 바탕인 만큼 굳이 '새생각'이라 안 해도 됩니다. '생각 = 새로움'이니까요. 그런데 "새로 생각한다"라는 말도 흔히 써요. 이때에 '새로'는 '다시'나 '처음'을 가리킨다고 할 만합니다. 이미 새롭게 마음에 어떠한 길을 지었지만, 이 길로 끝내거나 머물지 않고서 다른 길을 더·거듭·다시·자꾸 알아보겠노라 하는 "새로 생각한다"라고 할 만해요.

* 새 ㄱ·새로·새롭다
* 새 ㄴ·텃새·철새
* 새삼스럽다·새록새록
* 사이·틈·틈새·새다 ㄱ ㄴ

우리말 '새하늬마높'은 한자말 '동서남북'을 가리킵니다. 곳을 가리키는 이름 가운데 첫째가 '새녘(동녘)'입니다. 새롭게 트는 곳이요, 새로 여는 곳인 '새녘'을 먼저 꼽아요. 새로 틔우기에 넓게 번지고 맑게 자리잡으면서 높게 나아간다고 하겠습니다.

예전에도 느끼거나 알았지만 오늘 다시 보기에 마치 처음인 듯하구나 싶기에 '새삼스럽다'고 합니다. 예전에도 느끼거나 알았어도 오늘 다시 보면서 비로소 처음이라고 하는 결이며 숨이며 빛을 맞아들이기에 '새록새록'이라고 해요.

'새'는 '사이'를 줄였고, '틈·틈새'하고 맞물려요. 틔우거나 벌어지거나 열어 놓은 자리입니다. 그동안 드나들던 기운하고 사뭇 다른 결을 그립니다. '새다 ㄱ'은 살살 빠져나가는 길이고, '새다 ㄴ'은 "날이 새다"처럼 새롭게 살살 밝는 결입니다.

그리고 하늘하고 땅 사이를 홀가분하게 날면서 오가는 숨결을 가리키는 이름도 '새'입니다. 네 철을 고스란히 머물면서 이 땅을 누리는 텃새가 있고, 철을 살펴 봄겨울에 날아들어 이 땅을 누리는 철새가 있어요.

열린 마음이기에 새롭게·더·거듭·다시·자꾸 배워요. 트인 눈빛이기에 새롭게·더·거듭·다시·자꾸 봐요. 벌어진 자리로 바람이 끊임없이 드나듭니다. 어제하고 다르고 아까하고도 다른 '새·새롭다'예요. "늘 다르다 = 새롭다"라고도 하겠습니다. "늘 다르게 마음에 품는 빛이요 씨앗 = 생각"일 테지요. "생각하며 산다 = 늘 다르게 보고 느끼고 마음에 담아서 살아가려 한다"는 이야기라고 할 만해요. "생각 안 하며 산다 = 늘 쳇바퀴나 틀에 갇혀 똑같이 보고 느껴서 살아가려 한다"가 되겠지요.

생각하기 어렵다면 새길(대안)을 찾기 어렵다는 뜻입니다. 생각을 하겠다면 언제나 새길(대안)을 찾는 마음으로 오늘을 맞이한다는 뜻입니다. 생각을 안 하겠다면 남이 시키는 대로 고분고분 하면서 이럭저럭 틀에 맞춘다는 뜻입니다. 생각을 하겠다면 스스로 일거리를 찾거나 지어서 즐겁게 걸어가겠다는 뜻입니다.

＊ 사이좋다
＊ 새참·샛밥·도시락
＊ 샛별

사이가 좋기에 '사이좋다'입니다. "서로 즐겁거나 따스하게 지내다"를 가리켜요.

사이에 먹어 '샛밥'입니다. '샛밥'은 '새참'이라고도 합니다. '참'은 '참되다·참답다·참하다'를 가리킬 적에도 쓰고, '참말로·참으로'를 가리킬 적에도 쓰며, "무엇을 하거나 누리거나 펴거나 즐기다가 어느 만큼 쉬거나 그만하거나 내려놓거나 미루는 때"를 가리킬 적에도 씁니다.

어떤 일·놀이·이야기를 하다가, 한동안 그만하거나 쉬려는 '새참'일 텐데, 이 '참'은 가볍게 쉬거나 그만하는 때에 먹는 밥을 가리키는 낱말로 퍼졌어요. 일을 쉬면서 가볍게 먹곤 하거든요.

우리말을 보면, '아침(아·앗 + 참)'하고 '저녁(저·저물다 + 녘)'은 때하고 밥을 나란히 가리킵니다. 두 때인 '아침'하고 '저녁'은 해가 움직이는 결을 나타내기도 하면서, 그무렵에 밥을 차려서 누리거든요. 그래서 '밤'이나 '새벽(새 + 밝)' 같은 낱말은 때만 가리킬 뿐, 밥을 가리키지 않아요.

'낮'도 때만 가리킵니다. 아침하고 저녁 사이에 있는 때가 '낮'일 텐데, 아침에 일어나서 바지런히 바깥에서 일하다 보면, 집안이 아닌 들이나 숲에 있다 보니, 따로 밥을 차려서 누릴 만하지 않다고 여길 수 있어요. 또는 지난날에는 들일이나 숲일을 나가고서 '밥을 먹으러 따로 집으로 돌아오기 멀다'고 여길 만하지요. 가볍게 먹는 밥을 따로 꾸려서, 아침하고 저녁 사이인 '낮'에 바깥에서 일을 하다가 한동안 쉬는 때이면서, 이렇게 쉬며 밥을 즐기는 일인 '새참'이고 '샛밥'입니다.

샛밥을 누리며 '밥고리(밥을 담은 고리)'나 '밥동고리'를 챙겨요. 오늘날에는 '도시락'이라 합니다. 옛말로는 '도슭'인데, 나누어 먹는 밥하고 얽힌 '도르리·도리기'랑, 포개거나 모아서 따뜻한 '도사리다'에, '돌리다·돋다·두다'에, 어느 작은 곳을 나타내는 '슭(기슭)'이 만난 말씨입니다.

새로 돋는 별인 '샛별'은 새벽에 새롭게 밝은 별로 여기기도 합니다. 새롭게 나타나서 빛나는 일이나 사람을 빗댈 적에도 '샛별'이라 합니다.

* 사람·삶·살다·살림·사랑
* 살·살결·살갗

사람은 생각하기에 사람입니다. 사람은 생각을 지어서 스스로 움직이기에 사람입니다. '살다'에서 가지를 치는 낱말인 '사람'입니다. 살기에 사람인데요, 그냥 목숨만 잇는다고 할 적에는 '살다'라 하지 않아요. 스스로 생각을 하는, 스스로 날마다 새롭게 보고 느끼고 배우고 누리고 즐기며 빛나려는 마음이기에 '살다'요, 이렇게 '사는 숨결'이라서 '사람'입니다.

'살림'은 "살리는 길이자 빛"이에요. 사람이 되도록 나아가려는 몸짓이나 하루가 '살림'입니다. 다시 말해서, 스스로 마음에 빛을 지어내도록 하는 몸짓, 스스로 생각하는 하루이기에 '살림'입니다. 흔히 살림을 집안일에만 빗댑니다만, 집안일이란 "살리는 길이자 빛"

이에요. 집안일을 하는 사람은 늘 생각을 가꾸거나 짓는다는 뜻입니다. 집안을 살리는 길부터 나아가기에 마을을 살리고 나라를 살리고 우리별(지구)을 살릴 뿐 아니라 온누리(우주)를 살린다고 합니다.

가장 바탕을 이루는 보금자리부터 생각을 하기에 나라도 마을도 온누리도 가꾸는 힘을 스스로 지어요. 모든 길은 생각에서 비롯하지요. 모든 삶은 생각에서 태어나고요. 모든 사랑은 생각하는 마음에서 차츰차츰 자라서 샘솟아요.

이렇게 사람으로서 삶을 짓고 살림을 가꾸기에 어느 사이에 '사랑'이 싹터요. 사랑은 남이 베풀지 않습니다. 사랑은 남이 해주지 않아요. 스스로 새로우면서 맑고 포근할 뿐 아니라 곱고 넉넉하고 슬기로이 빛내기에 샘물처럼 솟는 사랑입니다. 가만히 봐요. '사랑'으로 가자면 '생각'이 첫걸음이자 첫단추이고 첫손이에요.

우리 마음에 새롭게 일어나는 씨앗을 생각으로 심을 노릇이에요. 생각이 마음에서 자라는 동안, 곧 마음밭에서 새빛이 새로운 씨앗으로 자라는 동안 삶을 이루고 살림을 펴다가 사랑을 나눕니다.

우리 살(살갗·살결)은 삶을 짓는 길에 붙거져요. 우리 살(살갗·살결)은 삶을 짓는 동안 이 모든 길하고 빛을 받아들이는 몸이에요. 더 들여다보면 우리 살(살갗·살결)은 꾸준히 새로 돈다지요. 처음 태어난 몸인 채 죽는 날까지 그대로 가는 살(살갗·살결)이 아닌, 꾸준하게 새로 돋아서 몸뚱이를 이루는 살(살갗·살결)이라고 합니다. 그러니까 마음뿐 아니라 몸도 늘 '새로움'이 밑자락입니다.

* 샘 ㄱ·샘물
* 샘 ㄴ·시샘·시새움·싫다
* 생생하다·싱싱하다
* 산뜻하다·싱그럽다

　새롭게 솟는 물인 '샘물'입니다. 새록새록 솟는다고도 할 만합니다. 새삼스레 자꾸 솟는다고 해도 어울립니다. 새롭게 끝없이 솟기에 샘물인데, 이 샘물이야말로 가장 생생합니다. 가장 싱싱하지요. 가장 싱그럽다고도 하겠어요.

　스스로 새롭게 빛나려 하면 '샘물'로 흐르면서, 둘레를 싱그럽고 산뜻하게 감쌀 뿐 아니라, 살갑고 살뜰하게 살립니다. 이와 달리 '샘바리(샘하는 사람)'로 굴면 그만 스스로 새빛을 잊다가 잃고, 자꾸 미움과 싫음을 일으킵니다. "마음에 들지 않거나 마음에 차지 않다"나 "안 하고 싶다"를 '싫다'라고 해요. 때로는 "실컷 하다"를 "싫도록 하다"처럼 쓰기도 하고요. 그러니까, '샘 ㄴ·시샘·시새움'이란 '싫다'라는 마음을 바탕으로 드러내면서 부러워하는 결이라고 하겠습니다.

　말뜻을 보면, '샘 ㄴ·시샘·시새움'은 "1. 좋거나 잘되거나 잘하거나 이루거나 얻거나 누리기에 부러워하거나 안 지려고 하다 2. 둘레에서 좋거나 잘되거나 잘하거나 이루거나 얻거나 누리는 일이 마음에 안 들거나 안 차다 3. 누가 어느 사람하고 만나거나 어울리거나 사귀거나 함께 있을 적에 마음에 안 들다"를 가리킵니다. "시샘을 받는다"나 "샘을 하더니 괴롭힌다"나 "우리 사이를 샘낸다"처럼 써요.

싫은 기운을 자꾸 실으면(싣다) 스스로 시시한 사람이 될 뿐입니다. 시샘은 시큰둥히 넘어가고서 시원시원한 숨결로 거듭날 수 있기를 바라는 마음입니다.

기운이 넘치면서 빛이 밝은 결을 가리키는 '생생하다'이고, 무럭무럭 자라나는 힘이 있는 결을 나타내는 '싱싱하다'예요. 여기에 향긋한 결을 보태어 '싱그럽다'인데요, 기운이 넘치거나 힘이 있으려면 늘 새롭게 나올 테지요. 새롭기에 시원스럽고 맑은 '산뜻하다'입니다.

푸르게 빛나는 잎이며 꽃이란 생생하고 싱싱하며 싱그럽고 산뜻합니다. 무르익은 열매도 생생하고 싱싱하며 싱그럽고 산뜻합니다. 환하게 짓는 얼굴빛은 얼마나 싱그러우면서 산뜻한가요. 밝게 부르는 노래도 싱그럽고, 환하게 부르는 목소리도 산뜻합니다.

남을 흉내내지 않는 글도 산뜻합니다. 겉치레가 없이 쓰는 글, 꾸밈없이 펴는 글, 제 뜻이며 마음을 새롭게 빛내는 글은 언제나 싱그러워요. 어린이가 쓰는 글뿐 아니라 어른이 쓰는 글도 싱그러울 수 있어요. 시켜서 쓰는 글이 아닌, 속에서 우러나와 쓰는 글이라면 하나같이 싱그럽습니다.

오래된 일이 생생하게 떠오릅니다. 오늘 이곳에서 새롭게 보듯이 떠오른다는 이야기예요. 마음에서 새롭게 살아나기에 "생생하게 떠오르는구나" 하고 말합니다.

✳ 살피다·살펴보다

마음을 기울여서 보셔요. 낱낱이 보셔요. 하나하나 차근차근 두루두루 보셔요. 곰곰이 마음을 써서 본다면 무엇이든 생생하게 알아볼 만하고, 새롭게 느낄 만합니다. 이처럼 보려는 눈이기에 '살피다·살펴보다'입니다. 살아나도록, 살리도록, 살아서 싱그럽게 춤추도록, 하나부터 끝까지 고루, 부드러운 숨결로 살살 볼 줄 아는 눈빛인 '살피다·살펴보다'라고 하겠습니다.

잘 보는 눈빛인 '살피다·살펴보다'이니, "잘 살피다"라 하면 겹말입니다. "새롭도록 하나하나 보면서 잘 알아가는 눈빛"이 '살피다·살펴보다'라고 하겠어요.

그냥 봐서는 잘 알지 못합니다. 슬쩍·살짝 보면 잘 헤아리지 못해요. 얼핏 보았다면 속속들이 느끼지 못합니다. 모두 새롭게 맞아들이겠다는 마음이 되어 두루 보거나 하나하나 보기에 '살피다·살펴보다'입니다. 살살 폅니다. 살리듯 폅니다. 살아나도록 펴요.

* 세다 ㄱ·하얗다
* 세다 ㄴ·셈하다·헤아리다
* 세다 ㄷ·셈여림·세차다·거세다·드세다

머리카락이나 털이 검은빛이었는데 어느새 검은물이 빠지면서 하얀빛으로 나아가곤 합니다. 이때에 '세다'란 말을 써요. "하얀빛이 되다"를 가리키는 '세다'인데, 하얀빛(흰빛)이란 겨울눈빛입니다. 해가 하늘 높이 솟아서 비추는 빛깔도 '하얗다'고 합니다.

나이가 들거나 아프면서 핏기운이 사라질 적에도 '하얗다'란 말을 쓰곤 하는데, 나이가 들거나 아프다고 해서 꼭 나쁘다고 여기지는 않습니다. 아프거나 앓기에 새롭게 일어서거나 나아요. '나아가는' 길목이기에 아프거나 앓아요. 머리카락이나 털이 검은빛에서 흰빛으로 나아가는 길은 얼핏 '늙다'로 볼 만하지만, 곰곰이 보면 슬기롭거나 철든 어른으로 나아가는 길목으로 삼기도 합니다. 새롭게 맞이한다는 뜻에서 '하얗게' 바뀌는 모습이요, 이런 결을 '세다'로 그리는구나 싶어요.

몇이 있는지 '센다'고 합니다. '세다·헤다'는 같은 말씨입니다. "별을 헨다"고 해요. 노래하던 윤동주 님이 남긴 글에 "별 헤는 밤"이 있습니다. 이 '헤다·세다'는 뜻이며 결이 맞물려요. 얼마나 되는가 알고 싶어서 '세고·헤는' 마음입니다. 세는 길을 '세다 + ㅁ' 꼴로 '셈'이라 합니다. 하나씩 짚으면서 알아간다는 '세다'이지요. '속셈·어림셈·꿍꿍이셈'이 있어요. 속으로 짚고, 얼핏 짚고, 꿍꿍이로 짚는 길을 나타냅니다.

서두르지 않기에 하나씩 짚어요. 모두 새롭게 맞이하려는 눈빛이자 마음이기에 차근차근 짚습니다. 새롭게 알아가려고 짚는 모습이나 몸짓을 그리는 '세다·헤아리다'예요. 하나씩 짚으면서 한결 깊고 넓게 알아가고 싶은 '세다·헤아리다'입니다.

또한, 세거나 여린 결을 헤아려 '셈여림'이라 합니다. "힘이 세다"나 "기운이 세다"처럼 써요. 기운이나 힘이 더 있거나 많거나 크다고 할 만하기에 '세다'입니다. 기운이나 힘은 어떻게 더 있거나 많거나 클까요? 자꾸 새로 솟으니 기운이나 힘이 더 있거나 많거나 클 테지요.

새롭게 일어나는 기운이나 힘인 '세다'예요. 바람이며 비가 세차게 쏟아져요. 물결이 거세게 몰아쳐요. 아무리 고되거나 어렵다고 하더라도 드세게 맞서면서 든든하게 나아갑니다.

지키거나 돌보거나 품으려는 마음이 세거나, 무엇을 잘 해내는 센 모습이나 몸짓이란, 늘 새롭게 바라보거나 맞이하면서 스스로 바꾸어 나가는 삶이지 싶습니다. 스스로 일어서겠다는 생각이 없으면 기운이 세지 않아요. 힘이 빠지거나 없는 '여린' 길로 가요.

새롭게 가는 길을 스스로 그립니다. 새록새록 떠올리면서 스스로 웃고 노래합니다. 새삼스레 오늘을 읽고 모레(몰·뭇·멀 + 레·래·애)를 헤아립니다. 서두를 까닭이 없이 온누리를 살펴보아요. 싱그럽게 트인 하늘을 보고, 산뜻하게 피어난 꽃송이 곁에 앉아요. 살갗에 닿은 꽃잎이 속삭이는 이야기에 귀를 기울입니다.

* −새

생기는 빛을 말끝에 놓아 '−새'를 이룹니다. 새롭게 보거나 느끼는 모습인 '−새'입니다. '쓰임새(쓰다 + 새)'나 '짜임새(짜다 + 새)'나 '마음새(마음 + 새)'나 '매무새(매만지다 + 새)'나 '보임새(보다 + 새)'나 '말본새·말품새(말 + 보다·품 + 새)'처럼 씁니다.

셈

하나 | 하다 | 하루 | 하늘 | 해 | 함께 | 하얗다 | 둘 | 이틀 | 둘레 | 돌다 | 셋
사흘 | 세모 | 서다 | 세다 | 넷 | 네모 | -네 | 너 | 나 | 넓다 | 다섯 | 다 | 쉰
닿다 | 다르다 | 담다 | 닫다 | 여섯 | 엿새 | 예순 | 예 | 여기 | 여러 | 일곱
이레 | 일흔 | 일 | 일다 | 이다 | 있다 | 잇다 | 여덟 | 여든 | 여미다
여물다 | 엮다 | 아홉 | 아흐레 | 아흔 | 알 | 알뜰 | 알다 | 아이 | 앞 | 열
열다 | 열쇠 | 열매 | 여리다 | 온 | 온통 | 온갖 | 온누리 | 오다 | 오르다 | 옳다
오롯이 | 오달지다 | 오늘 | 즈믄 | 즐겁다 | 주다 | 짓다 | 골 | 곬 | 곳 | 곧
고루 | 곱 | 곱다 | 잘 | 잘하다 | 자다 | 잠 | 자 | 자랑 | 자위 | 울 | 우리
한울 | 울다 | 웃다 | 움 | 얼

우리나라는 오늘날 두 가지 셈값(숫자)을 씁니다. 하나는 우리말로 '하나·둘·셋·넷·다섯·여섯·일곱·여덟·아홉·열'에 '온·즈믄·골·잘·울'이에요. 다른 하나는 한자말로 '일·이·삼·사·오·육·칠·팔·구·십'에 '백·천·만·억·조'입니다.

　곰곰이 생각해 보면, 우리는 아스라이 먼 옛날부터 '우리말 셈 값'만 썼습니다. 마땅하겠지요? 우리말 셈값은 저마다 어떻게 태어나고 퍼졌을까요? 하나부터 열을 세고, 또 온(100·백)하고 즈믄

(1,000·천)하고 골(10,000·만)하고 잘(100,000,000·억)은 다른 우리말하고 어떻게 잇닿을까요?

* 1·하나·하루
* 하다·하늘·한결
* 해·한·큰·많은·함께
* 나·하얗다

'하나'로 읽는 '1(일·一)'입니다. "하늘은 하나"입니다. 푸른별을 파랗게 감싸는 하늘은 끊긴 곳이 없이 오롯이 하나입니다. 크게 한 덩이입니다. 그래서 '하나·한'을 넣은 '한길'은 '큰길'을 가리킵니다. '하고많다'처럼 쓰는 '하다'는 '많다'를 가리키기도 합니다. 큰 결이니까 많은 결하고 맞닿고, 말끝에 '-하다'로 붙어요.

크고 많은 결은 '함께'로 잇고, '함박·함박꽃·함박눈'처럼 이어요. '함함하다'라든지 '함초롬하다'로 죽죽 잇는 말씨입니다.

하늘은 한덩이로 크게 하나요, '해'도 크게 하나이며, 해가 한 바퀴 돌아 '하루'입니다. 푸른별(지구)이 있는 곳은 '해누리(태양계)'예요. 가장 크면서 가장 많이 비추는 빛으로 뭇별을 보듬습니다.

햇빛은 으레 '하양'으로 가리킵니다. '해맑다·해밝다'는 해를 바라보며 엮는 말씨이고, 한겨울에 눈이 펑펑 쏟아지면서 온누리를 '하얗게' 덮을 적에는 온누리가 그야말로 '하나(한덩이)' 같습니다.

이러한 '하나'는 '한결·한결같다' 같은 자리로도 이어요. 하나인 결이 길면서 곧다는 뜻이에요. '한마음'은 하나인 마음이면서, 하나로 크게 어우러지는 마음입니다. '한몸'은 하나로 뭉치는 몸이면서, 하나로 크거나 많이 쓸 수 있는 힘이자 '함(하다)'입니다.

그리고 '하나 = 하 + 나'인 얼개를 눈여겨봐요. 하늘처럼 크고 넓은 '나(한 사람·개인)'를 가리키기도 하는 '하나'입니다.

* 2·둘·이틀·스물
* 둘레·두르다·두루
* 둥글다·동글다·동그라미
* 돌다
* 너나들이

'둘'로 읽는 '2(이·二)'입니다. 이 셈값은 날을 셀 적에는 '이틀(잇는 날)'이요. '열'을 둘 모으면 '스물'입니다. '둘'이라 할 적에는 '하나 + 하나'일 텐데, 이는 '나 + 나'나 '나 + 너'로 스미는 얼거리입니다. '너나들이'란 낱말은 너랑 나를 드나들 만큼 가까운 사이를 가리켜요. 너랑 나를 가르거나 가리지 않을 만큼 가까운 마음벗이 '너나들이'입니다. 곧, 너랑 나를 두르는 말씨예요.

'둘'이란 하나랑 하나를 두르거나 하나를 다른 하나로 둘러싸는 결입니다. '두르'기에 '둘레'를 보는 결이요, '두루' 볼 줄 아는 결입니다. '두레'를 하는 길이지요.

두르거나 두루 보는 결이란 '둥글'게 가지요. '둥글이·동글이'요

'동그라미'입니다. 빙그르르 '돌아간다(돌다)'고 하지요? 나랑 나를, 또는 나랑 너를 잇는 결이 '둘'입니다.

* 3·셋·사흘·서른·세·석
* 세모·서로·서다·세우다
* 세다·셈·기운세다·힘세다

　'셋'으로 읽는 '3(삼·三)'입니다. 셋을 셀 적에는 "석 달"이나 "세 사람"처럼 '석' 꼴하고 '세' 꼴이 있습니다. 둘을 넘은 셋은 '모'로 잇는 결이에요. '둘'로는 여기에서 저기를 잇는 줄이나 끈이지만, '셋' 부터는 '세모'라는 넓이를 이룹니다.

　'셋'은 '서는' 결을 그립니다. 이 땅에 서면서 '서로' 마주합니다. 스스로 서고, 서로 세웁니다. 나무가 서고, 집을 세웁니다. 든든히 서고 세우니 기운과 힘이 '셉'니다. 여기서 '세 + 다'란 얼개로 '셈·셈하다'로 이어가요. 스스로 서면서 세우는 길을 가만가만 세면서(헤면서·헤아리면서) 새롭게 삶이라는 자리를 엽니다.

* 4·넷·나흘·마흔
* 네·네모·넉·-네·집
* 너·나·너르다·넓다·넉넉하다

　'넷'으로 읽는 '4(사·四)'입니다. 세모에 이은 '네모'입니다. 네모난 결은 '집'을 빗대는 틀이기도 합니다. 우리나라는 집을 세모나 다섯모나 여섯모 꼴로 짓지 않아요. 모든 집을 네모난 꼴로 짓습니다. 부엌이건 칸(방)이건 마루이건 마당이건 다 네모나고 반듯해요.

바야흐로 '넘어'갑니다. 너머로 가요. 넘나들 만큼 '네모나게' 이루는 틀은 '넉넉'하고, 넉넉한 이곳은 넓어요. 마음으로 치면 너그럽습니다. 숨결로 치면 너릅니다. 널리 빛나면서 차오르는 '넷'입니다. 너하고 나는 네모로 이루는 집을 지으면서 새삼스레 넘실넘실 춤춥니다. 동무'네'에 놀러가고, 누구'네'를 돕지요.

너비·나비를 살피고, 넓이를 잽니다. 넉넉하고 낙낙히 넣어 나긋나긋하고, 느긋느긋해요. 네모반듯한 자리란, 바르고 밝게 펴면서 너나없이 나란한 터전입니다.

* 5·다섯·닷새·쉰
* 다·모두·닷
* 닿다·다다르다·담다·닮다·닫다
* 다르다·다루다·다스리다
* 별·쉬·쉽다

'다섯'으로 읽는 '5(오·五)'입니다. 날은 '닷새'라 하고, 다섯을 열 모으면 '쉰'입니다. '닷'으로 줄이기도 하는데, '다'라는 말밑은 '모두' 하고 맞물립니다. 하나도 빠지지 않도록 있는 결이 '다'입니다. 가만히 보면 '다섯모'는 '별'을 가리키는 무늬이기도 합니다. 별무늬는 여러 가지 모 가운데 눈부시게 빛나는 결을 나타내요.

'다·닷'은 '닿'고 '다다르'며 '담'다가 '닮'으면서 '닫'는 결을 그립
니다. 다섯으로 읽는 길은 저마다 '다르'지만, 잇는 '다리'에, 다 '다
룰' 줄 알고, '다스릴' 수 있어요. 반짝이면서 나아갑니다.

'쉰(쉬흔)'은 '쉬·쉽다·수월하다·숲'하고 잇닿습니다. 넉넉한 네
모를 지나 반짝이는 별빛으로 이르면(쉰 살에 이르면) 삶이며 살림
을 수월히 다루거나 다스릴 줄 아는 슬기라고 할 만해요.

* 6·여섯·엿새·예순
* 예·여기·여기다·이·이곳
* 여럿·여러·엿

'여섯'으로 읽는 '6(육·六)'입니다. '여·엿'은 '여기'를 그립니다. 여
기란 '이곳'입니다. '여기'를 줄인 '예'인데, 이곳을 가리키는 '예'는
'옛날·예전'을 가리키는 '예'하고 맞물려요. 여섯 날을 '엿새'라 하고,
여섯을 열 모으면 예순(60)입니다.

'여기'라고 한다면, 흐름 가운데 '오늘'을 나타낼 텐데, 모든 흐름
은 '오늘'이라고 느끼는 때에 곧바로 어제로 갑니다. 오는 흐름은 여
기에서 바로 가는 길로 바뀐달까요.

여섯은 '여러·여럿'를 그리기도 해요. 여기를 그리기에 '여기다
(생각하다)'이기도 합니다. 오늘 이곳에 있기에 생각(여기다)합니다.
오늘 이곳을 살면서 이 하루를 생각(여기다)하면서 살림을 지어요.

* 7·일곱·이레·일흔
* 일·일다·일어나다
* 이다·있다
* 이루다·이르다
* 잇다·이어가다

'일곱'으로 읽는 '7(칠·七)'입니다. 날로 세면 '이레'요, 일곱을 열 곱해 '일흔'이고요. 물결이 '일'듯 '일어나'는 결입니다. 새롭게 '일어서'는 결이에요. 일어나거나 일어서기에 '있'습니다. '일이' 일어나거나 일어서지 않으면 아직 '있'지 않아요.

말을 맺으면서 "무엇'이다'"처럼 써요. '이다'로 '있는' 결이 '일어나'는 흐름을 나타냅니다. 이렇게 있기에 때나 곳이나 일을 '이르'지요. "일곱 시에 이르"고 "옆마을에 이르"며 "아직 너한테는 이른 일이야" 하고 그리기도 해요. 또한 "내가 이른 대로 되었구나"에서는 '말하다'를 가리켜요. '이름 = 이르다'입니다.

어느 때나 곳이나 일이나 말로 '이르'기에 '이루'지요. 일어나서 되는 결입니다. 일어나면서 '잇'습니다. '이어갑'니다. 이 발걸음은 저곳으로 가만히 잇닿아, '익히'고 '읽'습니다.

* 8·여덟·여드레·여든
* 여다·여미다·여물다
* 엮다·여투다

'여덟'로 읽는 '8(팔·八)'입니다. 여덟은 넷을 둘 모은 셈값입니다. 둘을 넷 모았다고도 할 만합니다. '곱'을 이루는 셈값인데, 반듯하게 '여미'는 결을 그립니다. 삶이며 살림을 여미기에 차근차근 '여물'어요. 흐트러지는 곳이 없도록 '엮'습니다. 비거나 새는 데가 나오지 않게끔 '여툽'니다. '여(여다)'가 밑동입니다.

이레를 지나고 일흔을 지난 여드레하고 여든은 무르익는 길목이로구나 싶어요. 삶길이나 살림새나 차곡차곡 여미면서 바야흐로 여물려고 하는 자리라고 할까요. 슬기롭게 엮고 어질게 여투면서 한결 빛나는 결을 그립니다.

* 9·아홉·아흐레·아흔
* 알·알맹이·알차다·알뜰
* 알다·알리다
* 아이·아직·앗·씨앗
* 앞

'아홉'으로 읽는 '9(구·九)'입니다. 아홉 날인 '아흐레'요, 열을 아홉 곱해 '아흔'입니다. '하나'에서 비롯한 셈값은 '열'을 앞둔 막바지입니다. '아직' 열로 맺지 않되, 열까지 오는 동안 숱한 길을 거치고 삶을 누리면서 하나하나 '알'아요. 알기에 '알리'고, 알고 알리는 나누는 살림이니 알뜰합니다. 알맹이라고 할까요. 알차지요. 알뜰하게 지은 걸음걸이는 그동안 일군 뭇숨결을 환하게 '알아내'면서 천천히 맺으려고 합니다. '아침'으로 나아갑니다.

'아이'는 아직 어른이 아닌 몸이라고 하겠으나, 다르게 바라본다면 '아이'는 '앞'으로 새롭게 깨어날 '씨앗'이기도 합니다. 씨앗이 싹이 터서 줄기가 오르고 잎이 나고 꽃이 피고서 알(알갱이)로 맺기까지 즐거이 하루하루 살아내며 뛰놀게 마련입니다.

* 10·열·열흘
* 열다·열리다·열쇠
* 열매
* 여리다

'열'로 읽는 '10(십·十)'입니다. '열'은 '열 + 다'입니다. 비로소 활짝 '엽'니다. 닫힌 곳을 엽니다. 눈을 열고(뜨고), 마음을 엽니다. 생각을 열고 사랑을 열어요.

잠긴 곳을 열기에 '열쇠'예요. 틔웁니다. 틈을 내요. 트인 자리에는 바람도 볕도 빗물이며 샘물도 마음껏 드나들어요. 모든 숨결은 열린 곳으로 고스란히 들어와서 무르익고, 드디어 '열매'로 거듭나요.

열매는 단단할까요? 열매가 딱딱하면 달콤한 숨결을 나누거나 누리지 못해요. 딱딱한 열매라면 덜익은 셈입니다. 열매는 부드러워요. 상냥한 산들바람처럼 '여린' 몸이자 마음입니다. 열리는 열매는 부드럽고 향긋하면서 물빛을 듬뿍 머금습니다. 가만히 보면 '열매'란 '여린' 숨결인 '물살(물살점)'이라고 여길 만합니다.

* 100·온
* 온통·온갖·온누리
* 온몸·온마음
* 오다·올리다·오르다
* 옳다·올바르다·올차다
* 오롯이·오달지다·옹글다

'온'으로 읽는 '100(백·百)'입니다. 열린 마음빛으로 연 열매인 '열'을 '열'씩 모으니 '온'이라는 셈값이에요. 하나부터 열까지 사람·짐승·풀꽃나무가 걸어가는 길을 차근차근 밝힌다면, '온'은 모든 숨붙이를 아우르는 빛살이라고 할 만합니다. '온'은 "비거나 없도록 하지 않고서 있도록 하는, 무엇을 품듯이 한자리에 있도록 하는"을 가리키고, "비거나 없도록 하지 않고서 고르게 있도록 하는, 고르게 차도록 하는, 참하면서 아름다워 아늑한 숨결로 있는"을 가리키기도 합니다.

모든(온) 땅(누리)을 아우르기에 '온누리'입니다. 모든 나라(세계)를 얽기에 '온나라'입니다. 통째로 어우르기에 '온통'입니다. 이것저것 가지가지 어울리기에 '온갖'이에요. 어우러지는 '온몸'으로 마주하기에 무엇이든 해내거나 이룹니다. 얼크러지는 '온마음'으로 다가서기에 사랑이 피어나고 깨어나고 일어나면서 빛납니다.

자, 이리 '와'요. 이리로 오면서 '올리'기로 해요. 하늘로 오를까요, 해가 비추는 해누리(태양계)로 올라갈까요, 뭇별을 어우르는 별누리(우주)로 올라설까요?

넘치지도 모자라지도 않게 가득한 결을 나타내는 '온'이기에, 이 말씨를 바탕으로 '옳다'라는 낱말이 태어나요. '옳다 + 바르다 = 올바르다'이고, '옳다 + 곧다 = 올곧다'입니다.

이러한 숨빛을 잇대어 '올차다'가 깨어나고, '오롯이'나 '오달지다'가 피어납니다. "어느 하나도 빠지거나 모자라지 않도록 가득하다"기에 '오롯이(오롯하다)'입니다. "지내기에 즐겁고 홀로 가볍게 있구나 싶다"기에 '오붓하다'입니다. "술하지 않고 넘치지 않고 참하면서 아름다운 기운이기에 기쁘다"기에 '오달지다'예요. "다른 길이나 수나 생각은 없이 한쪽으로" 가기에 '오직·오로지'요, "길게 지나는 동안"이나 "아주 많은 나날이 지나도록"인 '오래(오래오래)'입니다. 이 '오래·올레'는 "마을에서 골목을 이루는 여러 집 언저리나 길"을 가리키기도 해요. 오롯이 오순도순 오붓하게 어우러지는 마을길이니 '오래'라고 여길 만합니다.

'어느 하나 다치는 데 없이 가득하기에 '옹글다'도 함께 자라납니다. "따뜻한 마음으로 즐겁게 놀거나 지내는 모습"인 '오순도순'이에요. '오는(오다)' 날이기에 '오늘(온날)'입니다. 이 '오늘'이란 "나(내가 있는 곳)한테 있는, 내가 바로 여기에 있는 날. 내가 있는 바로 이곳에 늘 흐르는 날"입니다.

* 1,000·즈믄
* 즐기다·즐겁다
* 주다·지다·짓다
* 물

　'즈믄'으로 읽는 '1000(천·千)'입니다. '열'을 '온'만큼 모았달 수 있고, '온'을 '열'만큼 모았달 수 있는 셈값입니다. 그야말로 놀랍도록 아주 새로운 길을 열어젖히는 즈믄이에요. 우리는 이 즈믄길을 걷는 해, '즈믄해(천년)'를 어마어마하게 바꾸는 길목으로 여깁니다.

　1999라는 해에서 2000으로 넘어서는 해에 태어난 아기를 '즈믄둥이'라 했어요. 지난날 어리숙하게 놓았던 해묵은 앙금이나 찌꺼기는 모두 씻거나 털고서 더없이 빛나는 숨결로 노래하라는 마음을 '즈믄'에 담았지 싶어요.

　노래하는 마음은 '즐거'워요. 스스로 '즐길' 줄 알기에 홀가분(자유)합니다. 즐거운 나는 너한테 빛줄기를 '줍'니다. 너도 나한테 즐거이 빛살을 주니, 둘은 주고받는 동안 맑게 흐르는 물줄기처럼 줄기차게 만나요. '주는' 일은 으레 손으로 합니다. 우리가 손으로 주거니받거니 하기에 '줌'입니다. 손으로 쥐는 '줌·주먹·주머니'요, 손으로 '집(집다)'고서 '짓'습니다. 지어서 살아가는 '집'이고, 이 집에는 '지붕'을 얹고, 지붕이란 '지는(지다)' 결입니다.

　하늘에서 내리는 빗물은 빗소리라기보다 빗노래입니다. 땅을 보드라이 덮으면서 적시는 냇물은 물소리라기보다 물노래예요. 물은 언제나 노래이지 싶습니다. '즈믄'이라는 즐거운 길을 나아가기에 스스로 삶을 '지으'면서 함께 마주합니다.

* 10,000·골
* 곬·곳·곧·길
* 고을·골짜기·멧골
* 고루·골고루
* 곱·곱다
* 머리

'골'로 읽는 '10,000(만·萬)'이에요. 옛사람은 즈믄을 넘은 '골'을 어떻게 읽어냈을까요? 이 셈값은 손가락으로 꼽지 않았으리라 느낍니다. '온'을 '온'으로 '곱'하기에 '골'이에요. 이제는 셈값이 곱으로 껑충껑충 뛰어오릅니다.

'곳곳'을 '곱게' 적시는 냇물은 '골짜기(골)'에서 우렁차게 퍼져요. 깊은 멧골에서 솟고서 골짜기를 거치기에, 숲빛을 품고서 들을 적시고 고을(골·마을)을 싱그러이 보살펴 주는구나 싶어요.

굽이굽이 '고루' 도는 물줄기는 골짜기를 거칠 적에는 매우 빠르지만, 냇물에 이르면 조금 느슨합니다. 갯벌에 가까울수록 느리고, 바다로 '곧게' 뻗어서 너르게 한덩이인 물밭을 이루면 푸른별을 '골고루' 덮으면서 밝게 일렁이는 물결로 반짝입니다.

'골'은 "잇는 길"인 '골목'으로 가고, 이러한 길을 '곬'이라고도 합니다. 우리 머리에서 반짝반짝 생각을 지피는 곳도 '골(뇌)'이라고 해요. 더할 나위 없이 숱하게 생각이 번쩍번쩍 태어나서 흐르는 '골'이기에 한결 큰 셈값을 이룹니다.

* 100,000,000·잘
* 잘하다·잘되다
* 자다·잠
* 자·잣대·자랑
* 자리·자락·자위

'잘'로 읽는 '100,000,000(억·億)'입니다. '골'을 '골'로 '곱'하면서 '잘'을 이루고, '잘하다'나 '잘되다' 같은 자리에 씁니다. 누가 무엇을 '잘한'다면, 셀 길이 없도록 참으로 흐뭇합니다. 반갑게 맞이할 만한 길이요 삶이며 솜씨이고 빛이기에 '잘'이에요.

우리는 '자리'에서 일어나 몸을 움직이면서 놀고 일하고 어울리고 살아가는데, 이제 이부자리를 깔고서 '잠'이 들려고 잠자리를 깔면, 새길을 나서요.

잠을 줄여야 일을 더 잘할까요? 잠을 억지로 줄이면 외려 몸이 훨씬 무겁고 고단하지 않나요? 굳이 줄여야 할 까닭이 없는 잠입니다. 참말로 '잠'을 '잘' 이루어야 몸에 기운이 새롭게 솟아요. 잠들며 쉬어야 누구나 반짝반짝 즐거이 일하거나 놀거나 어우러져요.

삶은 '일어나서 움직이는 자리'하고 '잠들며 쉬는 자리'를 나란히 두기에 '잘' 흐르면서 아름답다고 느껴요. '자랑'할 삶이 아닌 사랑하고 자랄 삶입니다. '자(잣대)'로 죽 긋고서 이래야 하거나 저래야 한다고 가를 일이 없는 살림입니다.

옷자락을 스쳐도 만남길이에요. 노른자위처럼 복판인 '자위'가 아니어도 넉넉합니다. 모든 자리·자락·자위는 저마다 다르게 오늘을 밝히는 바람줄기요, 숲에서는 '잣나무'예요.

* 1,000,000,000,000·울
* 우리·울타리·한울·하늘
* 울다·웃다
* 움·움직이다·움트다
* 얼

'울'로 읽는 '1,000,000,000,000(조·兆)'예요. '잘'을 '골'로 곱한 셈값이라지요. '울'은 '우리'한테 가장 크다고 할 셈값은 아닙니다. 우리말 셈값으로 보자면 '울'에서 맺습니다. 이 '울'은 '우리'를 줄인 말씨이기도 한데, "너하고 나를 아우르는 사람"을 가리키는 이름이자, "삶터를 보듬으려고 둘러싼 곳"을 가리키는 이름입니다.

우리는 '우리나라'에서 '우리말'을 씁니다. 바깥에서 함부로 넘보거나 치지 않게끔 '울타리'를 칩니다. 우리네 옛날 울타리는 사납지 않아요. '바자울'이나 '싸리울'처럼 된바람을 가리되 잔바람이 가볍게 스미면서 포근히 감싸는 노릇입니다.

그리고 '하늘 = 한울'이에요. "하나인 울타리"요 "너랑 나를 가르지 않고 하나인 사람인 우리"인 '한울·하늘'입니다.

'하나'부터 연 셈값은 '울'로 마무르는데, '나'를 가리키기도 하는 '하나'요, '나너·너나'를 가리키기도 하는 '울'입니다. 곰곰이 보면, 우리말 셈값은 '나'랑 '너' 사이를 삶이라는 길로 그려낸 이름이로구나 싶습니다. '너'랑 '나'는 즐겁고 홀가분히 드나드는 '너나들이'라는 사이일 수 있으면서, 땅하고 하늘 사이처럼 까마득히 먼 사이일 수 있되, '하나'에서 '울'로 오니 '한울(하늘)'입니다.

가깝든 멀든 둘(나너·너나)은, 남남이자 남남이 아닙니다. 마음이 없다면 남남이요, 마음이 있으면 너나없는(내남없는) 사이입니다.

이렇게 '나'랑 '너'가 짝을 이루어 하나부터 울에 이르도록 삶을 짓고 누리고 나누기에 '울'기도 하고 '웃'기도 합니다. 숱한 길을 함께 나아가면서 빛나는 '얼'입니다.

함께 '움'직여요. 우리는 저마다 다르면서 새롭게 '움(싹·눈)'입니다. 겨울이 지나고 봄이 오기를 '움'이라는 잠자리에서 꿈으로 그리며 바라다가 살며시 움틀 무렵이면, 서로서로 꽃빛이며 잎빛으로 향긋하고 사랑스레 만날 테지요. 웅크리던 몸을 움직여 봐요. 때로는 울고 때로는 웃으면서 이야기꽃을 피워요. 우리 얼로 온누리를 알차고 아름다이 가꿔요.

알

얼 | 알맹이 | 안 | 알다 | 아늑 | 나락 | 알뜰 | 살 | 나 | 속 | 씨 | 안다
아름 | 사람

아 다르고 어 다른 말이라 했습니다. 틀림없이 '아'랑 '어'는 다릅니다. 그러나 둘은 비슷하지요. 참으로 비슷하지만 달라요. 다시 말하자면, '비슷하다 = 같아 보이지만 다르다'는 뜻이라고 할 만합니다. 아버지하고 어머니는 달라요. 그렇지만 둘은 어버이로서는 같습니다. 같은 어버이로되, '아'버지하고 '어'머니로 달라요.

'알'이란 무엇인가 하고 헤아리면, 아 다르고 어 다른 말씨인 '얼'부터 생각할 만해요. 알하고 얼은 다르지만 닮은 대목이 있어요. 다시 말하자면 '다르'기 때문에 '닮'아요. '같다'고 할 적에는 다를 수도 없지만, 닮지도 않습니다.

곰곰이 보면 '알'은 목숨입니다. 숨결이지요. 또는 목숨이나 숨결이 태어나서 자라는 바탕입니다. 무엇보다도 이 모두를 아우르는 알이에요. 얼도 이러한 느낌을 고루 담으니 비슷하지만 달라요.

얼빠지거나 얼나간 사람이란 '얼'이 없는 모습일 텐데, 이는 '알'

이 없다는, 목숨이나 숨결이라 이를 만한 티가 없다는 뜻이기도 합니다.

* 알·얼
* 알갱이·알맹이·고갱이

알에 다른 말을 붙인 '알갱이'라 하면 더 작은 곳이 떠오릅니다. 알은 목숨이나 숨결을 이루는 바탕이라면, '알갱이'는 이런 알을 이루는 더 작은, 더 깊이 있는 바탕을 가리킵니다. 한자말로 하자면 '물질·입자·결정·정수·요소'를 나타낸다고 할 만합니다. 알을 이루는 바탕인 알갱이라면 더없이 대수롭겠지요. 이러한 결하고 맞물리는 '고갱이'입니다.

고갱이는 한복판에 있는 대수로운 숨결을 가리킵니다. 알갱이로는 한복판이라고는 느끼지 않아요. 알갱이는 대수로운 숨결을 통째로 가리키지요. 고갱이는 알갱이나 알에서 한가운데를 가리킵니다.

'알맹이'는 '알'에서 껍질을 벗긴 속살을 가리켜요. 껍질만 벗긴 모두를 가리킵니다. '알맹이'는 있고 '고맹이'는 없되 '꼬맹이'는 있습니다. '꼬마·꽃·곱다'가 한동아리이듯 '고갱이·꼬맹이'가 어울립니다.

* 알짜·알속

알 하나에서 조금씩 가지를 뻗어 '알짜'나 '알속'을 생각해 봐요. '-짜'는 힘줌말로 붙입니다. 대수로운 숨결이 여럿 있으나, 여기에서 꼭 하나를 빼내어 그야말로 가장 대수로운 숨결을 살핀다고 할 적에 나타내는 '알짜'예요.

알에서 껍데기나 껍질을 벗겨 알맹이라 하고, '알속'을 따로 쓰는데, '알'은 껍데기나 껍질까지 아우르는 낱말이네 하고 어림할 만합니다. '알'이라 할 적에는 속엣것만 나타내지 않는 셈입니다. 겉속이 모두 대수롭다는 뜻입니다. '알속'은 겉을 뺀, 사람으로 치면 옷을 입히지 않은, 맨몸뚱이라는, 또 몸뚱이조차 잊고서 마음을 헤아리는 '알속'인 셈입니다.

* 안·알다·아늑하다

알 한 마디를 파고드니 '안'이 맞물립니다. '안팎'이라 하지요. 속하고 겉을 나타내는 비슷하면서 다른 '안 + 팎(밖·바깥)'입니다. 안은 품는 결입니다. 품고 품어서 태어나라고 하는 결입니다. 태어나면서 피어나고 자라나고 거듭나는 결입니다.

이러한 '안'은 다시 '알'을 헤아리도록, '알-'을 붙인 '알다'를 생각해 보라고 다리를 놓습니다.

'알다·알리다' 두 가지를 쓰는데요, '알 + 이르다/있다/잇다/이다' 얼개입니다. 알에 이르거나 알이 있기에 '알다·알리다'예요. 배우는 길이든, 보는 길이든, 받아들이는 길이든, 바깥이 아닌 속(안)

에 있도록 하기에, 품어서 '내' 것이 되도록 하기에, '알다'이고, 나만 속(안)에 있도록 하거나 품기보다는, 나 아닌 너(남)도 속(안)에 있도록 잇거나 하거나 품으려는 '알리다'이지요.

안으로 품을 적에는 따스하게 하려는 몸짓이에요. 안으로 들어서니, 안에 있도록 품으니, 이때에는 따스하면서 즐겁습니다. 이러한 결을 '아늑하다'고 해요.

* 나락·낟알

서울말로는 '볍씨'라고 흔히 쓰지만, 시골말로는 '나락'이라고 씁니다. '낟알'이란 말도 있지요. '낟'으로 있는 알인 '낟알'인데, '낟'은 '나'하고 맞물립니다. '하나'는 '홀·혼자'로 맞물리니, '나·낟'은 '하나·홀'이기도 한데, '하나·하늘'로 맞물리는 낱말이니 '나 → 낟 → 홀 → 하나 → 하늘 → 거룩·훌륭·아름'으로 잇닿기도 합니다.

예부터 온누리에서는 "씨앗 한 톨에서 모든 일이 비롯한다"고 말합니다. 깊이 우거진 숲도 처음에는 씨앗 한 톨이었어요. 우리 몸도 그렇지요. 숱한 알갱이(세포)가 모여 몸뚱어리가 되는데요, 숱한 몸뚱어리가 되기까지 처음에는 알갱이 하나예요. '낱(나)'이 모여서 '우리(모두·온)'가 되는 셈입니다.

이러한 얼거리이다 보니 나락 한 톨을 함부로 여기지 않은 흙살림입니다. 밥알 한 톨도 마구 흘리지 않도록 건사한 삶이에요. 가난하기에 아끼는 살림이 아닌, 아름답고 거룩하고 훌륭한 빛이 될 숨결인 줄 알기에 고이 모시거나 섬기려고 나락 한 톨을 알뜰살뜰 여미었습니다.

* 알뜰하다·살뜰하다·알뜰살뜰

'알'을 헤아려서 모시는 손길이기에 알뜰합니다. 이와 비슷하지만 다르게 맞물리는 '살뜰'은 '사랑·삶·살림'뿐 아니라 '사람'이라는 결을 품습니다. 알뜰하게 돌볼 줄 안다면 깊이 흐르는 숨결을 생각할 줄 알 테고, 살뜰하게 보살필 줄 안다면 포근하게 감도는 숨빛을 살필 줄 알 테지요.

* 사랑·살·삶·살림

처음에는 작은 알입니다. 이 작은 알에서 비롯하여 뭇목숨이 피어나고 퍼져서 숲으로 나아가는데, 사람이 살아가는 자리에서는 사랑이 퍼져서 보금자리를 이룹니다. 알은 어느새 사랑으로 나아가요. 이 사랑은 '살'로 스며들어 바깥에 나타나고, '화살(살)'처럼 휙 날아가더니, 고스란히 '삶'으로 나타나며, 이 길을 알뜰살뜰 가꾸기에 '살림'입니다.

* 나·바로 나·우리

여러모로 따지자면 '알'에서 비롯하는 목숨 가운데 하나인 '나'일 텐데요, '알'은 처음에 언제나 하나입니다. '하나'라는 길, 또 '나'라는 흐름을 보면, '알 = 나'로 어우러지는 얼개입니다. "바로 나"인 '알'입니다. 나도 알이고 너도 알이란 뜻입니다. 나도 대수롭고 너도 대수로우니, 우리는 모두(온·누구나) 대수롭다는 이야기예요.

* 속알·속알머리·속셈

그런데 '알속'을 뒤집은 '속알'이 되면, 뜻이 확 갈리지는 않으나, 어쩐지 다른 기운이 스며요. '속알머리'에 붙은 '-머리'는 나쁘게 가리키려고 붙이는 말씨는 아닙니다만, '알속'하고 '속알머리'는 달라도 한참 다른 말씨가 되어요.

우리는 누구나 언제나 아름다운 숨결인데, 이 아름다운 숨결을 속에 품는, 다시 말해서 '아름다운 숨결을 알려'고 하는 몸짓에서 벗어나는 자리에 "속알머리 없는 놈"이란 말을 씁니다. 스스로 다 알 만한데 스스로 알 만하지 않은 엉뚱한 길로 가니까 속알머리 없는 모습이 되어요.

속으로 셈하여 속셈일 터이나, 이 속셈은 꿍꿍이를 가리킬 적에도 써요. 남이 모르게 헤아리는 꿍꿍이인데요, 남이 모르게 하는 아름다운 일도 있으나, 남이 모르게 하는 궂은 짓도 있는 터라, '알속'을 뒤집은 '속알'에서 퍼지는 여러 말씨는 '뒤집어서 알지 못하는 결'을 나타내기도 합니다.

* 씨앗·씨알

　씨앗 석 톨을 심어 사람이 누리고 벌레가 누리며 새가 누린다고 했습니다. 혼자 누리는 씨앗이 아닌, 혼자 차지하는 열매가 아닌, 사람·벌레·새가 얼크러지는 살림이라 했습니다.

　이 옛말이자 삶길을 생각해 보면, '사람·벌레·새'가 얼크러지는 자리는 숲입니다. 서울 같은 큰고장이 아닌, 숲을 낀 시골이지요. 또는 숲 한복판에 마련한 보금자리예요.

　그런데 '씨'라는 낱말 하나로도 넉넉히 '새로 태어나서 자라는 숨결'을 가리킬 만한데, 다시 '-앗'이며 '-알'을 붙입니다.

　'씨·시'는 왜 '씨앗·씨알'로 다시 만날까요? '씨앗'도 쓰지만 '시앗'도 씁니다. '시집'이란 말이 있고 '시(媤)'를 한자로 여기곤 하는데, 어느 모로 본다면 소리는 같을 뿐인 '씨·시'가 얽혀 '시집'일 수 있습니다. 사람을 낳는 씨(씨앗·씨물)는 모두한테 있습니다. 사내랑 가시내 모두한테 있는데, 굳이 '사내집'을 '시집·씨집'으로 가리켰습니다.

　또한 나이가 찬 어른한테만 씨가 있지 않아요. 아이한테도 씨가 있어요. 그러나 사람몸에 깃든 씨(씨앗·씨물)를 섣불리 다루면 슬기로이 살림을 사랑하는 숲하고는 동떨어지기 때문에, 철이 들 때까지는 '몸에 있는 씨'를 함부로 밖으로 내보내지 않도록 다스렸습니다. 철이 들어야 비로소 알맞게 씨를 건사하거든요. 몸으로 맺는 씨뿐 아니라, 흙에 묻는 씨도, 우리 삶터 둘레에 있는 뭇숨결(뭇씨)도,

고이 어루만지거나 감싸거나 안는 몸짓이 되라는 마음이 말마디마다 흘러요.

* 안다·껴안다
* 얼싸안다·품다

몸하고 몸이 만나는 씨앗은 몸을 낳습니다. 그런데 씨앗은 몸에만 아니라 마음에도 있어요. 그래서 '마음씨'입니다. 예부터 몸에만 숨결이 있지 않고 마음에도 숨결이 있다고 여겼고 알았으며 느꼈습니다. 잘 생각해 보면 '마음씨·마음결'처럼 '-씨'하고 '-결'을 붙여서, 비슷하면서 다른 마음 낱말을 갈라서 썼어요.

몸하고 몸이 만날 적에 가시내랑 사내를 가르는 몸이 새로 태어난다면, 마음하고 마음이 만날 적에 가시내나 사내로 안 가르는 오롯이 하나인 빛이 깨어납니다. '마음빛'이라 할 텐데, 이 빛이란 바로 '얼'입니다. 바야흐로 '알'이 '얼'로 다시 태어난 말결입니다.

서로 안습니다. 아끼고 싶으니 안아요. 어버이가 아이를 안고, 아이가 어버이를 안지요. 닭이 알을 품는 모습을 그려 봐요. 알을 품는 몸짓이란 포근한 숨결이면서, 이 포근한 숨결이란 언제나 사랑이에요.

몸을 안든 마음을 안든, 언제나 사랑이라는 포근한 숨결이라면, 우리는 아름다운 사람(가시내 또는 사내)이란 몸을 입고 태어납니다. 언제나 사랑으로 포근히 마주하는 눈빛이자 숨결이라면, 우리는 한결같이 새롭게 빛나는 얼을 품는 마음씨요 마음결이 되어요.

이리하여 안는 매무새도 '껴안다'나 '얼싸안다·얼우다'처럼 새삼스레 달리 나타냅니다. 더욱 가까이하고 싶어 껴안습니다. 크게 얼크러지려는 뜻으로 감싸려고 얼싸안습니다.

* 아름답다·아름드리·한아름

마음으로 안거나 품어서 태어나는 얼이란, '바로 나'이고, 오직 하나이며, 아름답지요. 아직 마음으로 안지 않거나 품지 않았으면, 우리는 아직 '나'로 태어나거나 깨어나지 않았으니, 아름답고 자시고 할 겨를이 없어요. 태어나면서 환하게 빛줄기를 뻗으니 눈이 부셔요. '눈부시다'고 하지요. 눈부신 빛살이기에 '아름답다'고 받아들이면서 바라봅니다.

품으로 안으니 포근한 숨결인 사랑이 퍼져요. 나무가 든든하게 자라서 이 땅에 튼튼히 뿌리를 뻗을 적에 줄기가 굵어요. 이러한 나무를 보면 '아름드리'라 하지요. 팔을 벌려 넉넉한 품으로 안을 만한 나무이니 얼마나 아름다운가요.

'한아름'이란 '한 + 아름'인데, 알고 보면 '아름'은 돌고돌아 '하늘·나'로 맞물리니, 힘줌말이라 할 만해요. 비슷하면서 다른 두 말씨를 모둔 '한아름'인데, 한아름 베푸는 손길이란 아주 값지고 반가우며 기쁜 웃음꽃일 테지요.

* 알차다·알맞다·맞춤하다·걸맞다

한아름 내미는 손길에 흐르는 빛이란 참으로 곱습니다. 한아름 담긴 살림은 이모저모 알뜰히 건사한 품이 깃들 뿐 아니라 속속들이 야무져요. '알차다'고 하지요. 알찬 살림을 건네기에 '한아름'이라 할 만해요. 속은 텅 빈, 껍데기만 내밀면서 겉보기에만 우람해 보인다면, 이때에는 '알차다'고 하지 않아요. 덩이가 작더라도 속이 단단하면서 빛나기에 알찹니다.

쓰임새가 그야말로 맞기에 '알맞다'라 합니다. "알이 맞"습니다. 쓸 자리에 제대로 쓰고, 놓을 곳에 제대로 놓으며, 나눌 데에 제대로 나누니 '알맞'지요. 비슷하면서 다르게 '걸맞다'를 써요. 걸고 맞추어 막힘없이 가도록 합니다. '맞다'를 늘려 '맞춤'이라고도 합니다. 맞게 하는 몸짓입니다.

* 사람

우리는 사람이란 모습인 몸을 입고, 사람으로서 마음을 품습니다. '사람'이란 낱말은 깊고 넓게 늘 새로 생각해 볼 만합니다. 이 '사람'을 '알'하고 맞물려서 한 가지를 생각해 보고자 합니다. 우리는 "살아가는 알"입니다. "살아가기에 알다"라 할 만합니다. "살아가며 아름답다"라 할 테고, "살아가는 사이에 알차다"라 하겠지요.

또 무엇을 생각해 볼까요? "살아가는 숨결이 사랑스럽다"고 해도 어울립니다. "사는 숨결이 사랑스러워 슬기롭게 숲으로 새롭다"고 해도 어울릴 테고요.

바라보고서 받아들이는 숨결이기에, 바라보고서 받아들이는 사랑이기에, 바라보고서 받아들이는 사람으로 서지 싶습니다. 알맹이를 알아서 아름답습니다. 스스로 알인 줄 알 뿐 아니라, 너랑 내가 다르면서 비슷하고, 비슷하면서 다른 숨결로 서로 만나기에, 아름답고 사랑스러우며 하늘같아요.

온

온빛 ¦ 온숨 ¦ 온별 ¦ 오롯이 ¦ 옹글다 ¦ 영글다 ¦ 여물다 ¦ 오직 ¦ 올차다
옳다 ¦ 온날 ¦ 오래 ¦ 올 ¦ 올해 ¦ 옷 ¦ 오리다 ¦ 울

국립국어원 낱말책은 "온 : 전부의, 또는 모두의"처럼 풀이하고, "전
부(全部) : 1. 어떤 대상을 이루는 낱낱을 모두 합친 것 2. 어느 한 부
분이 아니라 전체가 다"로 풀이하고, "전체(全體) : 개개 또는 부분
의 집합으로 구성된 것을 몰아서 하나의 대상으로 삼는 경우에 바
로 그 대상"으로 풀이하고, "모두 : 일정한 수효나 양을 기준으로 하
여 빠짐이나 넘침이 없는 전체"로 풀이하고, "다 : 1. 남거나 빠진 것
이 없이 모두"로 풀이합니다.

'온'을 다룬다고 하면서 '전부·전체'란 한자말하고 '모두·다'라는
우리말을 어지러이 뒤섞어요. 온통 뒤죽박죽입니다. 온갖 낱말을
들면서 막상 모든 낱말이 저마다 어떻게 다른가를 낱낱이 가르거
나 제대로 풀이하지 못해요.

'온'은 무엇을 뜻할까요? 이 오랜 낱말은 "1. 비거나 없도록 하
지 않고서 있도록 하는 (무엇을 품듯이 한자리에 있도록 하는) 2. 비
거나 없도록 하지 않고서 고르게 있도록 하는, 고르게 차도록 하는

3. 100을 가리키는 이름"으로 뜻풀이를 바로잡고 추슬러야지 싶습니다.

＊ 100·온

한자로 '백(百)'을 우리말로는 '온'이라 합니다. 모자라지도 넘치지도 않는 결을 가리키는 '온'이에요. 빠지지 않고 더하지 않으면서 빛나는 아름다운 결을, 고스란하게 눈부신 결을 '온'으로 나타냅니다.

＊ 온통·온갖
＊ 온빛·온숨

있는 대로 낱낱이 살피거나 샅샅이 헤아리려는 결을 '온통'으로 그립니다. "온통 제비꽃밭이야"라든지 "온통 사람물결이야"라든지 "온통 하얗게 물든 겨울들"처럼 써요.

들 수 있는 갈래(가지)를 안 빠지도록 살피거나 헤아리려는 결을 '온갖'으로 그려요. "온갖 노래를 즐겁게 들어"라든지 "온갖 사람이 모였구나"라든지 "온갖 일을 새롭게 합니다"처럼 쓰지요.

'온'을 앞말로 삼아 '온빛'을 써 볼까요. 이 땅에 흐르는 빛을 빠지거나 넘치지 않게 모은 '온빛'이란 "아름다우면서 참다운 빛"을 가리킬 만합니다. '온 + 숨'으로 '온숨'을 써 봐요. 들이마시고 내쉬는 숨뿐 아니라, 목숨을 누리는 이웃을 하나하나 보면서 아우르려고 하는 결을 나타낼 테지요.

* 온누리·온나라·온별
* 온몸·온마음

우리가 살아가는 이 별은 '온누리'입니다. 여러 나라를 하나도 안 빼고서 헤아릴 적에는 '온나라'예요. '온누리'라고 할 적에는 우리 별(지구)이란 테두리로도 이곳저곳 헤아리는 결일 뿐 아니라, 우리 별 바깥인 '우주'라는 테두리를 가리키는 말씨이기도 합니다. 어느 목숨붙이도 안 빼고서 아우르려 하기에 '온누리'란 낱말을 쓸 만해요.

밤하늘에 마주하는 별이라면 '온별'일 테지요. 푸른별(지구)을 비롯해 이 별 저 별 하나하나 바라보면서 '온별'을 그립니다.

힘을 낼 적에 '온몸'을 쓰곤 해요. 팔도 다리도 손도 발도 눈코귀입도 그야말로 하나도 안 빠지고 기울이려는 몸짓이기에 '온몸'입니다. 이와 맞물려 '온마음'을 기울여 볼까요. 그야말로 아주 자그마한 마음부터 커다란 마음까지 아우르려는 '온마음'입니다.

온몸을 바쳐서 일해요. 온마음을 들여서 사랑해요. 온몸을 쓰면서 즐겁게 어우러지고, 온마음을 기울이면서 아름답게 손을 잡습니다.

* 오롯이·오달지다·오붓하다
* 옹글다·옹골지다
* 영글다·여물다

‘온’에서 뻗는 ‘오롯이’요 ‘오달지다·오붓하다’입니다. 어느 하나
도 빠지거나 모자라지 않도록 가득하다는 결인 ‘오롯이’입니다. “네
가 오롯이 했구나”라든지 “오롯이 새긴 빛깔이 곱다”처럼 써요. “오
롯이 쓴 글”이란 빈틈이 없을 뿐 아니라, 참하면서 착하다는 결을
드러냅니다. “오롯이 가꾸는 살림”이란 허술하거나 넘치지 않을 뿐
아니라, 참하면서 아름다이 가꾸는 결을 나타내요.

　허술하지 않고 넘치지 않고 참하면서 아름다운 기운이기에 기
뻐서 ‘오달지다’예요. 비슷하게 ‘올지다·오지다’가 있고, “오달지게
돌본 손길”이나 “오지게 매만진 열매”처럼 씁니다. 지내기에 즐겁
고 홀로 가볍게 있구나 싶은 결을 ‘오붓하다’로 가리켜요. ‘오’로 잇
는 말씨는 ‘온’이 말밑이라, 빈틈이 없이 아우르는 결을 나타내기도
하면서 ‘외’로도 잇기에, ‘홀로·혼자’라는 기운을 나란히 담습니다.

　‘온·오·올’에서 ‘옹’으로 이어 ‘옹글다·옹골지다’로 닿아요. 안 다
치고 하나부터 열까지 그대로 있는, 다치지 않으면서 모자라거나
넘치지 않는 결이 ‘옹글다’예요. “옹글게 거둔 열매”나 “옹근 서른
살이다”처럼 씁니다. “매우 옹글게” 있기에 ‘옹골지다’라 하고, ‘옹
골지다’보다 더 센 낱말이 ‘옹골차다’입니다.

　하나도 다치는 데가 없는 결인 ‘옹근’은 ‘영글다’로 이어요. ‘열

매'가 될 적에 '영글다·여물다'라 합니다. 어느 곳도 다치거나 빠지지 않고, 또 넘치지 않으면서 이루는 알맹이로 나아간다는 '영글다'예요. 낟알이나 열매가 딴딴하게 잘 익어 '여물다'이고, "빛이 짙거나 알맞은 때가 되어 제 모습을 모두 드러내다"나 "바탕이 굳고 든든하다"나 "일이나 말을 잘 매듭짓거나 끝마치다"를 나타내는 '여물다'이지요.

'온·오·올·옹'을 뿌리로 삼는 낱말은 "빈틈이 없는"이나 "다 있는"을 나타냅니다. '외'로 있다고 여기는 '외롭다·외톨이'는 '혼·홀'에 '하나'를 나타내는데, 하늘이 바로 하나예요. 하나로(홀로·혼자) 있으면서 다 있고 빈틈이 없이 속이 가득하다(참하다·차다)고 여기는 말결을 '온·오·올·옹'으로 그린다고 여길 만합니다. '하나(홀·혼)'로 있는, 이러면서 '하늘(드넓은 빛)'이라는 기운을 담은 '오'라는 말밑이라고 하겠습니다. '나'라는 숨결이 그저 '나'로 있으면서 빠지거나 넘치지 않는 모습이기에 "나 그대로 = 온 = 참하면서 아름다워 아늑한 숨결"을 그린다고 할 만해요.

* 옳다·올바르다·올곧다
* 오로지·오직
* 올지다·올차다·올벼

이런 말밑을 보고 살핀다면, '바르다'하고 비슷하면서 다른 '옳다'를 헤아릴 만합니다. '바르다 = 밝다·판·반짝·별'이라는 기운을 나타낸다면, '옳다 = 온·오롯이·옹글다·영글다'라는 기운을 나타내요.

그런데 '옳다 + 바르다'로 새말을 엮어 '올바르다'를 써요. 더구나 '옳다 + 곧다'로 새말을 여미어 '올곧다'도 씁니다. 이때에는 비슷하면서 다른 기운을 함께 나타내려는 마음이라고 하겠어요.

오롯하면서 밝게 흐르는 '올바르다'예요. 오롯하면서 곧게(곱게) 흐르는 '올곧다'입니다.

이런 말밑을 바탕으로 '오·외'가 맞닿듯 '오로지·오직'은 이도 저도 아닌 바로 여기에 있는 하나를 가리키려는 말씨입니다. "오로지 배나무 한 그루만 있더라"나 "오직 한 자루만 남았어"처럼 써요. "오로지 네가 하기에 달렸다"나 "오직 너를 그리는 마음"처럼 씁니다.

옹글게 영그는 열매처럼, 열매가 제대로 들어차는 '올차다·올지다'예요. '올벼'는 일찍 여무는 벼를 가리키는 이름인데, 어느덧 '올리다·오르다'로 슬며시 이어가는 말밑입니다. 일찍 여문다고 해도 속이 비면 올벼가 아니에요. 일찍 여물면서도 속이 가득하니, 빈틈이 없으니, 빠지는 데가 없으니, 비로소 올벼랍니다.

＊ 올리다·오르다
＊ 오다·오가다·옮다·옮기다
＊ 찾아오다·데려오다

위쪽으로 가거나 높이 가거나 어느 만한 자리로 가는 결을 '올리다·오르다'로 나타냅니다. 이름이나 자리를 얻을 적에도 "벼슬에 으르다"나 "으뜸자리에 오르다"처럼 써요.

멧골에 오릅니다. 고마운 분한테 기꺼이 올립니다. 공을 뻥 차서 올립니다. 버스를 탈 적에도 '오르다'를 써요.

움직이는 결을 가리키는 '오'는 '오다'가 바탕일 텐데, '가다'는 나(내가 있는 곳)한테서 멀리 움직이는 몸짓이라면, '오다'는 나(내가 있는 곳)한테 가까이 움직이는 몸짓입니다. '나'를 바탕으로 움직이는 결을 살핀달까요. 이쪽으로 찾아와요. 이쪽으로 있도록 데려와요. 나한테 있도록 '옮'지요. 나한테서 다른 곳이나 둘레로 가기에 '옮기'고요. 그리고 오거나 가기에, 오고서 가기에 '오가다'라 합니다. '오고가다'라고도 합니다.

* 온날·오신날
* 오늘·이날·오늘날·요새·요즈음·이즈음
* 오래 ㄱ·오래오래
* 오래 ㄴ·올레길

우리나라는 '부처님 오신날'이 있습니다. '오다 + 시 + 날'인 '오신날'이에요. 단출히 쓰면 '온날'입니다. '오늘'이란 어제도 모레도 아닌, 바로 여기에 있는 날이에요. "나(내가 있는 곳)한테 있는, 내가 바로 여기에 있는 날"이 '오늘'입니다. "오늘 = 이날"이라고 하겠어요. '여기(이곳)'에 있으니 '이 + 날'입니다.

더 생각해 본다면 굳이 '오신날'처럼 '-시-'를 넣기보다는 투박하게 '온날'로 쓸 적에 한결 낫다고 느낍니다. '온날 = 오다 + ㄴ + 날'이기도 하지만, '온날 = 온 + 날'이기도 하니, "온날 : 아름답게 가득하여 빛나는 날"이라는 뜻을 나타낼 만합니다.

그리고 '오늘 = 오 + 날'뿐 아니라 "오늘 = 오 + 늘"로도 읽을 만해요. "내가 있는 바로 이곳에 늘 흐른다"고 할까요. 이런 얼거리이기에 '오늘 + 날 = 오늘날' 같은 낱말을 엮어서 씁니다. 이 하루 앞뒤로 여러 날이나 때를 아우르는 '오늘날'이에요. 비슷하게 '요새·요즈음'을 쓰는데, '오·요'가 맞물리지요. '여기·요기'처럼 써요. 그리고 '요즈음·이즈음'이 맞물리지요. '여기 = 이곳'이기도 하거든요.

그나저나 '오 + 래'로 '오래 ㄱ·오래오래'일 적에는 "때가 길다"를 가리켜요. 또한 제주말 '올레'는 '오래 ㄴ'을 가리켜요. 마을에서 골목을 이루는 여러 집 언저리나 길을 가리키는 이름인 '오래'예요. '오다·오가다'라는 말씨를 헤아린다면 '오래 ㄴ·올레'라는 뿌리를 어림할 만해요.

* 올 ㄱ·오라기
* 올 ㄴ·올해·이해

'오 + ㄹ'인 '올'을 다시 헤아려 봅니다. '올 ㄱ'은 실이나 줄을 이루는 가닥을 가리켜요. '오라기'라는 낱말도 씁니다. '올 ㄱ·오라기'는 '길이'가 있어요. 가느다랗게 엮은 실이나 줄은 '길'어요. "길이가 있다 = 길"입니다. '길게' 가기에 '길'이거든요.

　'올 ㄱ·오라기'를 헤아리기에 '오래 ㄴ·올레'뿐 아니라 '오래 ㄱ· 오래오래'가 맞물리는 수수께끼를 풉니다. 두 '오래'가 소리는 같되 아주 다른 자리에 쓰는 까닭을 풀고 보면, 밑자락에서 만나지요.

　여기에서 '올 ㄴ'하고 얽히는 '올해'를 떠올려 봅니다. 나(내가 있는 곳)부터 헤아리는 '여기'를 가리키는 '올'이기에 '올해 = 이해(바로 여기에서 보내는 해)'랍니다.

＊ 옷

　오늘날 입는 여러 옷은 털이나 가죽으로 짜기도 하지만, 으레 '천'으로 짓습니다. '천'은 실을 짜고 엮어서 얻습니다. 이 천을 새롭게 기워서(깁다) '옷'을 이뤄요. "옷 = 실을 한 오라기씩 엮은 살림"입니다. 우리는 '옷'을 몸에 걸치면서 여기(이곳)에서 오롯이, 오붓이, 아늑히, 포근히 지낼 만합니다. 더위도 추위도 가리는 옷이요, 몸을 깨끗하게 돌보거나 지키는 몫도 하는 옷이에요.

　몸을 새롭게 가꾸거나 빛내는 첫길인 옷이라고 하겠어요. "옷을 걸친다"고도 말을 합니다. "몸에 올리는 입을거리"라고 할 '옷'인 셈입니다.

＊ 오리다·도리다

가위를 써서 동그랗게 자를 적에 '도리다'라고 합니다. 그냥 자를 적에는 '오리다'라 합니다. 오듯이 자른다고 하겠어요. '도리다·동그랗게'라면, '오리다·오도록'인 얼거리예요. '길게' 자르는 '오리다'인걸요.

* 울·울타리
* 올가미·올무
* 한울·하늘
* 우리·우리나라·우리누리

우리말은 늘 ㅏ ㅓ 하고 ㅗㅜ가 맞물려요. '오·올·옹·온'은 '우·울·웅·운'으로 잇닿습니다. 곰곰이 보면 '웃다·울다' 같은 낱말도 '오'부터 헤아릴 만하고, '움·움직이다'로 헤아릴 만해요. 그리고 '오다'를 보면 '움·움직이다'를 바로 알아차리겠지요. '움'은 '움찔하다'로, '옴'은 '옴짝달싹'으로 몸짓을 나타내기도 합니다.

'올'은 '울'하고 이어 볼 만해요. '올차다'처럼 '울·울타리'를 헤아릴 만합니다. '올'은 오로지 하나가 빠지지도 넘치지도 않게 있는 얼거리요, '올가미·올무'나 '옭다·옭아매다'가 있어요. '울'은 빠져서 나가거나 넘쳐서 나가지 않도록 하는 얼거리요, '울타리'가 있습니다.

'오늘'처럼 '하늘'을 생각할 만합니다. '한울'도 한결 깊이 생각해 볼 수 있어요. '오·올'도 닿고 '오·외(하나)'도 닿으니 '한울'은 비슷하면서 다른 낱말을 묶은 얼개입니다. 아무래도 '올바르다·올곧다'처럼 비슷하면서 다른 두 숨결을 한 낱말로 엮어서 새롭게 아우르는 자리를 나타내려고 했다고 느낄 만해요.

'오'는 '우'하고 닮습니다. '우리'라는 말씨는 '온·온빛'이면서 '오롯이·옹글다'를 품습니다. 너하고 나를 아우르는 '우리'이면서, 나(내가 있는 곳)를 새롭게 헤아리는 '우리'이기에, '온·우리'는 가장 빛나는 별처럼 반짝반짝하는 숨결을 가리키는 이름이라고 할 만해요.

우리가 '우리'일 적에는 오롯하면서 옹근 마음을 나타내는 셈이에요. 자랑을 하거나 끼리끼리 뭉치려는 뜻이 아닙니다. 오늘 우리는 '우리나라'란 이름을 흔히 쓰지요. 삶터를 조각조각으로 놓는, 서로 가르거나 쪼개거나 나누려고 하는 뜻을 담은 '나라'란 낱말보다는, 누구나 넉넉히 있는 숨결을 나타내는 '누리'라는 낱말로 바꾸어, '우리누리'를 바라보는 눈길로 거듭나면 그야말로 아름다우리라 생각합니다.

익다

익숙 | 열매 | 열다 | 철들다 | 읽다 | 일다 | 이르다 | 이다 | 있다 | 이기다

이 | 이곳

어두운 곳에 있다가 밝은 곳으로 가면 눈부셔요. 밝은 곳에 있다가 어두운 데로 가면 캄캄해요. 아직 눈이 '익지' 않아 그렇습니다. 처음 해보면 어긋나거나 놓치거나 틀리곤 합니다. 손에 '익지' 않아 그래요. 이때에는 '설익다'라 하지요.

* 익다 ㄱㄴ
* 익히다· 익숙하다

찬찬히 보거나 기다리면서 눈에 익습니다. 해보고 다시 하는 사이에 손에 익습니다. '배우다'는 누가 알려주는 길을 받아들이는 몸짓이라면, '익히다'는 스스로 자꾸 하고 또 하고 마주하면서 몸에 붙거나 스며들도록 하는 일이에요.

우리는 눈이며 손이며 몸이며 마음에 '익히'는데, 풀꽃나무는 씨앗을 맺으려고 열매를 '익혀'요. 열매란, 익은 씨앗입니다. 두고두고

돌보고 건사하는 숨결을 품어서 이제 환하게 빛나는 씨앗이 바로 열매예요. 곰곰이 본다면, 눈이며 손이며 마음이며 머리로 "철을 녹여내어 삶이 되도록 가다듬는" 길이 '익히다'라고 하겠습니다.

'익다 ㄱ'은 낟알이나 열매가 속으로 잘 들어차는 결을 나타냅니다. 맛이 속으로 잘 드는 결이 바탕인데, 낟알이나 열매가 속으로 잘 들어차려면 '해(햇볕)'를 듬뿍 머금어야 합니다. 해를 받아서 알이 차는 결이 '익다 ㄱ'입니다. 이리하여 불을 피워서 먹을거리를 알맞게 다스리는 일도 '익다 ㄱ'으로 나타내지요.

'익다 ㄴ'은 '익다 ㄱ'이 속으로 단단히 들어차는 '참(차다)'을 이루는 동안에 '해(빛볕살)'를 받는 결을 헤아리면서 뜻을 새결로 나눕니다. 오래오래 해를 받아 속으로 알찬 '익다 ㄱ'처럼, 자꾸자꾸 하면서 차근차근 '알아가'는 결인 '익다 ㄴ'입니다. 하다 보니까, 듣다 보니까, 읽다 보니까, 어느새 속으로 '앎(알다)'이 피어나는 결인 '익다 ㄴ'이에요.

아직 몸에 붙지 않기에 익히는데, 어느새 몸에 붙도록 가다듬고 나면, 이제부터 '익숙하다'고 하지요. 익숙하게 볼 줄 압니다. 익숙하게 할 줄 압니다. 익숙하게 다룰 줄 알아요. 익숙하게 풀고 맺으면서 함께하는 마음이 되어요.

예부터 "익은 벼가 고개를 숙인다"고 했어요. 아직 익지 않은 벼는 씨알(씨앗·열매)이 안 굵게 마련이니 가볍답니다. 익은 벼는 씨알이 굵으니 묵직해요. 익지 않으면 촐랑댄다는 뜻이요, 익으면 차분하면서 참하다는 뜻이랍니다. 눈·손·몸·마음·머리에 두루 철을 녹여내어 삶으로 가다듬은 사람이라면 함부로 굴거나 촐싹이지 않아요. 아직 철이 덜 들기에 촐랑질에 촐싹질이랍니다. 들판에서 열매를 바라보며 멋스러이 삶말을 지은 우리 한겨레예요.

* 얼·알·어른·열매·여름
* 씨알(씨 열매)·씨·씨앗

열매는 언제나 씨앗을 품습니다. 새로 싹이 틀 풀꽃나무가 되려고 속에 고즈넉이 씨앗을 품은 달달한 살점을 열매라고 합니다. 사람·새·벌레·짐승한테는 달달한 살점을 내주면서 속에 품은 씨앗을 두루 퍼뜨려 주기를 바라는 풀꽃나무예요. 같이 나누는 마음을 펴는 열매라고 하겠습니다.

그래서 우리 사람살이에서도 열매나 보람을 거두면 기꺼이 이웃하고 나눠요. 이를테면, 내가 힘이 더 세니 무거운 짐을 더 나르거나 여린 동무를 도와요. 나한테 돈이 넉넉히 있으니 가난한 이웃한테 베풀 만해요. 나한테 이름이 있다면 이 이름으로 여러 일을 풀어내도록 앞장설 만하고요.

혼자 즐기는 열매가 아닌 같이 누리는 열매입니다. 이 열매는 '알'이라고도 합니다. 그래서 "씨알 = 씨 열매"예요. 씨이자 열매란 뜻이에요. 이 '알'이 바탕이 되어 '얼'이라 하지요. 우리 몸을 움직이고 우리 마음에 깃든 넋을 돌보는 싱그러운 빛발이 '얼'이랍니다. 이 얼이 찬 사람이 '어른'이니, 어른이란 나이가 많은 사람이 아닌 철이든 사람, 철을 녹여내어 삶으로 가다듬은 사람이에요. '어린이'는 천천히 철이 들면서 슬기롭게 자라서 '얼찬이'인 '어른'으로 뻗어가는 숨결이고요.

네 철 가운데 여름은 바로 열매를 맺는 철입니다. 하늘이 활짝 열려 해가 쏟아지는 이 여름에 열매를 맺어요. 시골에서 흙을 일구어 열매를 거두는 일꾼을 예부터 '여름지기'라 했는데, 다른 이름으로는 '열매지기'랍니다. 멋스럽고 아름다운 이름이에요.

땅을 가꾸어 열매를 거두는 지기가 한켠에 있다면, 삶을 일구어 열매를 거두는 지기가 다른켠에 있어요. 어린이라면 배움살림을 가꾸는 열매지기가 될 만하고, 어린이를 돌보는 어버이라면 집살림을 보듬는 열매지기가 될 만해요. 우리는 저마다 다르면서 반가운 열매지기랍니다.

* 여는 알·열린 단물·마음을 연·철든

그러고 보면 '알(열매)'이란 여는 빛입니다. 열리는 알인 열매는 단물을 품는데, 이 단물이란 철이 들면서 받아들이고 녹여낸 슬기입니다. 받아들여서 녹여낸 슬기를 이웃하고 나눌 적에 서로 반가울 테니 그야말로 '슬기 = 달콤한 삶넋·살림넋'인 셈입니다.

알이 차려면, 얼을 차리려면, 슬기로우려면, 철이 들려면, 언제나 마음을 열어요. 마음을 안 여는데 알이 차거나 얼을 차리거나 슬기롭거나 철이 들지 않습니다. 마음을 활짝 열고 몸도 활짝 열어젖

히면서 새롭게 피어나는 몸짓이기에 어제랑 다른 오늘이 되어 앞
길을 밝히고 싶어요. 거듭날 줄 아는 숨결이라서 '알·얼·슬기·열매'
라고 느낍니다.

* 읽다
* 일다
* 일으키다·일어서다·일어나다

더 생각해 보면 '익다'하고 '읽다'가 맞물립니다. 아직 눈에 익지
않지만 자꾸자꾸 읽다 보니 어느새 눈에 익게 마련입니다. 읽고 읽
어서 익히는 동안 마음에는 새롭게 물결이 일어요.

그래요. '읽'으면서 '익'고 '일어'납니다. 읽으면서 익히니 '일으
킵'니다. 새로 보고 맞아들이려는 마음이자 몸짓이 되어 차근차근
읽는 사이에 우리 스스로 새롭게 피어나는 삶으로 나아가요. 시나
브로 일어섭니다. 마음도 몸도 일어섭니다. 물결이 일어납니다. 어
제까지는 모르거나 못하거나 설익은 흐름을 모두 떨치고서 씩씩하
게 너울거리듯 일어납니다.

"흐름을 살펴서 받아들이거나 녹여내어 삶이 되도록 하기"가
'읽기'이지 싶어요. 읽는 눈썰미가 깊어 곧 익힙니다. 읽는 눈빛이
아직 얕아 익히기까지 오래 걸립니다. 읽는 눈매가 날카로우니 빠
릿빠릿 익히는군요. 읽는 눈길이 모자라서 아직은 익히지 못해요.

* 이르다(말)·이르다(곳)·이르다(때)

    '읽는 눈·익는 마음·일어난 몸' 세 갈래는 어느덧 '이르는' 길에 섭니다. 우리말 '이르다'는 셋으로 다시 나눕니다. 첫째는, 말하는 '이르다'입니다. 둘째는, 곳에 닿는 '이르다'입니다. 셋째는, 때가 되는 '이르다'입니다. 그런데 때를 가리키는 '이르다'는 "드디어 오늘에 이르는구나"처럼 쓰는 하나랑 "아직 일러서 하기는 어렵다"처럼 새롭게 나눠요. 할 만하기에 '이르다'이면서, 설익은 데에서도 '이르다'입니다.

    언뜻 본다면 확 다르구나 싶은 두 가지를 똑같은 '이르다'로 나타내는 셈인데요, 곰곰이 다시 본다면 확 다르면서도 종잇조각 하나만큼만 벌어지기에 똑같은 '이르다'를 다른 자리에 쓰는 셈이기도 합니다. 조금만 더 하면 때가 되거든요. 조금 덜 했기에 때가 아니에요. 아주 조금 마음을 덜 쓰거나 더 쓰는 결에 따라서 두 가지 '이르다·이른'으로 뻗어요.

    찬찬히 읽고서 익히기에 이야기를 이릅니다. 섣불리 읽거나 덜 익혔는데 남한테 일러바침(이릅)니다. 한 걸음씩 내딛다 보니 드디어 그곳에 이릅니다. 한 걸음씩 가다가 언제 닿느냐면서 한숨을 쉬면 그곳에 이르기까지 까마득합니다.

    우리가 가는 길은 다른 듯하면서도 같아요. 바라보는 마음에 따라 갈리지 싶어요. 즐겁게 바라보면 "저만큼 갈 길이 많구나! 힘내자!" 하면서 웃고, 지겹게 바라보면 "저만큼 가야 한다니 힘들구나!" 하면서 풀이 죽습니다.

* 이다‥–이다·이기다
* 있다·움직이다
* 지다·짊어지다·짐·이불
* 잇다·이음·이어가다

우리는 여기에 '있'습니다. 우리는 사람이고 삶이고 사랑이며 숨결입니다. '-이다'라고 하지요. 여기에 이렇게 있는 우리는 삶을 머리에 '이'면서 하루를 나아간다고도 할 만합니다. 어떤 모습으로 있는(이다) 나인지 돌아봅니다. 익히고 싶은지 설익은 채 있으려는지, 아니면 넘으려는지 생각합니다. 읽어내어 알려 하는지, 못 읽고서 헤매려는지 헤아립니다.

해가 집니다. 낮을 밝히던 해가 넘어가면서 모두 잠자리에 깃들려고 합니다. 누구는 고단해서 쓰러지듯 잘 테고, 누구는 살포시 누워서 꿈누리로 갑니다. 그런데 머리에 인 것이 버겁거나 무겁다고 여기면 '짐'입니다. '지다'이지요. 짊어지는 길은 그저 짐을 어깨나 몸에 얹은 모습으로 그치지 않아요. '이기고 지다'라고 하지요. 이때에 '지다'는 '짐'을 무겁게 맞아들여서 꼼짝을 못한다는 결이기도 합니다. 잠들 적에는 '이불(니불)'을 덮는군요.

져도 나쁠 까닭이 없어요. 졌다면 왜 '지는'가를 생각하면 됩니다. 가만히 '이'는 길을 갈 수 있는지, 그저 묵직하게 '지'면서 주저앉으려는지 곰곰이 생각할 노릇이에요.

　우리가 여기에 있으면서, 이곳에서 움직이면서, 이 삶을 익히고 싶은 마음으로 차근차근 읽다 보면, 어느새 온몸에 새물결이 일면서 즐거운 살림길하고 잇게 마련입니다. 무겁게 지면 나가떨어지는 짐더미가 되지만, 노래하듯 즐겁게 이는 눈빛으로 읽고 익혀서 일으키면 '잇는' 손발이 됩니다.

　이어가 볼까요? 서로서로 이으면 어떨까요? 생각을 잇고 사랑을 이어요. 마음을 잇고 넋을 이어요. 두 손을 잇고 두 발도 잇습니다. 혼자 하기에 짐스러워서 힘겹다면 손을 뻗어 동무랑 이웃을 불러요. 우리는 서로 짐을 나누어 '이'면서 사이좋게 나아갈 만해요. 조금은 홀가분하기를 바라요. 어린이는 어버이 손을 타면서 홀가분하게 오늘을 노래하면 됩니다. 어버이는 어린이가 거드는 작은 손길을 받으면서 새삼스레 홀가분히 오늘을 사랑하면 되어요.

＊ 이·이곳·이이·이 사람·여기

　여기에서 익힙니다. 여기에서 읽습니다. 여기에서 사귀고 만나며 어우러집니다. '이' 하나를 생각합니다. 우리말 '나이'는 '나(낳다) + 이'예요. 밥을 잘게 부수어 삼키도록 하는 '이(이빨)'이면서, 소리를 알맞게 갈라서 말도 하고 노래도 부르도록 하는 '이(이빨)'랍니다.

　이 '이'는 사람을 가리키기도 해요. '나이'이면서 '사람'인데다가

'이곳'이기도 한 '이'는 '익다·읽다·일다·이다·있다·잇다'에 '나이·이
이' 같은 말씨를 이루는 바탕이기도 합니다.

우리는 어떤 이가 되면 아름다울까요? 바로 여기에서 함께 생
각해 봐요. 우리는 서로 어떤 이음길을 열면 즐거울까요? 바로 오
늘 이곳에서 같이 마음을 나누어 봐요. 한 걸음씩 뻗듯, 한 가지씩
실마리를 풀고 말길을 열기를 바랍니다.

자리

자다 | 잠 | 잠기다 | 잠그다 | 자맥 | 잠네 | 자라다 | 자 | 잣대 | 젓다

젓가락 | 작대기 | 장대 | 장작 | 장딴지 | 장다리 | 자랑 | 자지 | 쌈지 | 자루

자락 | 잡다 | 자리 | 자위 | 자욱하다 | 무자위 | 잣다 | 자아내다 | 자국

자취 | 잘 | 잘하다 | 잘나다 | 잘못 | 절 | 절하다 | 장이 | 장사 | 잘다 | 작다

잔 | 잔잔 | 장난 | 재미 | 재 | 재다 | 자꾸 | 잦다 | 졸다 | 졸임 | 조림 | 젖다

적시다 | 젖히다 | 젖 | 잣

어릴 적에는 둘레에 어른이 꽤 있었습니다. '어른'이란, 철을 읽고 알며 살피는 분입니다. 나이만 많기에 어른이라 하지 않습니다. 나이가 적어도 '어른스러운' 또래나 언니나 동생이 있어요. 나이가 많으나 철이 없거나 모르는 사람은 '늙은이'라 여겼습니다.

둘레에서는 '어른'하고 '늙은이'라는 낱말을 함께 썼어요. 한자말 '노인'을 그리 달가이 안 여겼어요. 한자말 '노인'은 할아버지하고 할머니를 그저 겉모습으로 뭉뚱그리기만 할 뿐 아니라 '늙은 나이와 몸'이라는 굴레에 묶는다고 여겼어요. 어린이로서 둘레 어른들이 주고받는 말을 가만히 들으며 "그래, 옳아. 어른은 어른이고, 늙은네는 늙은네야. 할머니는 할머니이고, 할아버지는 할아버지인걸. 다 다른 마음결인 분들인데 왜 '노인'이라고 묶으려 하지? 다 다르게 나타내는 우리말이 있잖아?" 하고 혼잣말을 했어요.

철을 읽고 알며 살피는 '어른'들은 말 한 마디를 해도 어쩐지 수수께끼였습니다. 할머니 할아버지 같은 어른도, 또래나 동생이나 언니인 어른도, 우리 살림살이나 둘레 숲이나 풀꽃나무나 하늘이나 해바람비하고 비기는 말을 늘 들려주었어요. 그리고 참말로 수수께끼를 자주 들려주었지요. "밤에 자고 낮에 깨는 이는?" "음, 새?" "아니, 너 같은 어린이지." "엥?" "낮에 자고 밤에 일어나는 이는?" "음, 박쥐?" "아니, 별이지." "응?" 수수께끼는 풀잇말이 하나가 아닙니다. 수수께끼를 들려주는 어른이나 어른스러운 또래는 '삶이나 길을 하나로만 바라보려 하지 말라'는 뜻을 넌지시 짚어 주었다고 느낍니다.

＊ 자다·잠·잠들다
＊ 자장노래

땅거미가 내려앉을 즈음부터 하품을 쏟아내는 어린 저를 바라보는 어른스러운 또래는 "아이들은 얼른 저녁 먹고 발 씻고 이 닦고 자야지. 그래야 잘 자라지." 하며 웃습니다. 이런 말을 하는 동무한테 "너는 아이 아니야? 넌 일찍 안 자?" "나 말고 너를 좀 생각해 봐. 넌 한참 크려고 이렇게 졸리잖아. 아이들은 얼른 자거라." 하고 웃습니다.

마을 할머니 할아버지도 빙그레 웃으면서 "아이들은 오래오래 느긋이 자야 잘 자란단다. 푹 자거라." 하는 말씀을 하면서 노래를 부드러이 들려주어요. 잠을 포근히 누리도록 달래며 부르는 노래를 '자장노래'라 합니다. '자장자장'은 나즈막하면서도 따스한 목소리하고 손길하고 눈길을 담아서 들려주는 가락입니다.

'자다·잠'이란 "몸에서 힘을 빼고 꿈으로 나아가다. 몸을 더는 움직이지 않으려고 힘을 빼면서, 팔다리를 곧게 펴고서 자리에 눕다. 몸을 쓰거나 움직이는 일을 멈추면서 몸에 기운이 새롭게 차오르도록 가만히 눈을 감고서 마음을 차분하게 두다"처럼 풀이를 할 만합니다. 눈을 감고서 몸에서 힘을 다 빼고서 반듯하게 눕기에 '자다'예요. 아무런 힘이 흐르지 않도록 몸을 쉬는 '자다'입니다.

그래서 이런 뜻을 바탕으로 "바람이 자다"나 "물결이 자다"라고도 합니다. 더는 움직이지 않고 가만히 있는 결을 나타내지요. "시끄럽던 골목이 자다"라 할 적에는 들뜨거나 시끄럽거나 북적이다가 이제 더는 없거나 그치거나 멎는 결을 나타내요. 살림살이나 연장이나 기계가 멈출 적에도 '자다'를 넣어 "시계가 자다"처럼 씁니다. "잠든 분"이라 하면, 숨을 멈추고 목숨을 내려놓은 일을 가리킵니다. '죽음'도 '잠'으로 빗댑니다. 머리카락이나 솜이나 이불이 폭 눌릴 적에도 '자다'를 쓰고, 쓰지 않아 묵히는 살림이나 돈도 "잠든 책 좀 깨워서 읽어 보렴"이나 "잠든 돈을 깨워서 쓰자"처럼 가리켜요.

애벌레가 허물벗기나 날개돋이를 할 적에도 '잠'에 듭니다. 개구리나 뱀이나 두꺼비가 겨울나기를 하려고 포근히 깃드는 길도 '잠(겨울잠)'이라고 해요. 이런 모습을 빗대어 "해야 하는 일을 안 하거나, 깨어나야 할 마음을 안 깨우는 몸짓"도 '자다'로 그립니다. "잠든 사람을 깨워 힘껏 일한다"처럼 써요. 일을 하지 않거나 일손이 흐르지 않을 적에도 '자다'를 넣어 "이 마을은 고요히 자는구나"처럼 씁니다. 생각이 깨어나지 않는, 어리석거나 바보스러운 마음인, 배우려는 숨결이 없는 모습을 보면서도 "언제까지 자려 하니? 이제 일어나서 하자!"처럼 쓰고요.

* 잠기다·잠그다 ㄱ
* 잠기다·잠그다 ㄴ

'잠기다·잠그다'는 첫째로, 들어가거나 나가지 못 하도록, 그저 그대로 있으면서 굳거나 단단하도록, 열거나 풀 수 없도록 하는 길로 '자물쇠'입니다. "문을 잠그다"라 하지요. 흐르거나 세거나 빠지거나 퍼지지 않도록 할 적에도 쓰고, "물을 잠그다"라 합니다. 흘러내리거나 풀리지 않거나 떨어지지 않도록 할 적에도 쓰니, "단추를 잠그다"라 해요. 말을 하기 어렵거나 안 하는 모습도 나타내요. "입을 잠그다"라 하는데, "목이 잠기다"라고도 합니다.

둘째로는, 물밑이나 물속으로 들어가는 자리에 써요. "물에 잠겨 안 보여"라 합니다. 깊게 들어가거나 복판에 들어가서 밖에서 안 보이거나 밖으로 나가기 어려울 적에도 써요. "눈밭에 잠겼다"라든지 "빗물에 잠겨서 사라진다"고 합니다. 어떤 기운이 깊이 퍼지거나, 어떤 기운으로 깊이 들어갈 적에도 쓰니, "어둠에 잠긴 마을"이나 "안개에 잠긴다"고 합니다. 이러한 결이 뻗어, 깊고 넓게 마음에 담거나 퍼뜨릴 적에도 써요. "생각에 잠기다"나 "꿈에 잠기다"라 합니다. 그리고 "슬픔에 잠기다"나 "걱정에 잠기다"라 하고, 쓰거나 팔 수 없이 그대로 있도록 할 적에 "돈을 잠가 놓았다"라 하지요.

두 갈래 '잠기다·잠그다'를 보면, 깊게 들어가거나 그대로 굳게 있는 결입니다. '잠'이 드는 결하고 맞물립니다. 몸을 내려놓고서 마음으로 깊이 들어가는 길이 '잠'이거든요.

* 자맥·무자맥
* 잠네

물밑에서 몸·팔다리를 마음껏 놀리거나 헤엄치다가 물밖으로 나오기도 하는 일·짓·결을 '자맥·무자맥'이라고 합니다. 자듯, 잠기듯, 물에 깊이 들어가서 움직이는 '자맥'이에요.

자맥을 하듯 물일을 하는 사람이 '잠네'입니다. 물밑이나 바닷속으로 들어가서 바닷살림을 따거나 훑거나 건지는 일을 하는 '잠 + 네'란, "잠기는 사람"이라는 얼거리예요.

* 자람·자라다

부풀던 솜이 가라앉았기에 ‘자다’라 한다면, 가라앉았거나 가만히 있던 모습이나 몸이 부풀 적에는 ‘자라다’라 합니다. 몸을 쉬거나 내려놓기에 ‘자다’이고, 몸을 마음껏 움직이거나 뻗으며 나아가는 결이 ‘자라다(자라나다)’예요.

　아이들이 푹 자야 잘 ‘자란’고 하는 이야기란, “어리거나 젊은 나날을 보내면서 어른이 되다”를 뜻한다고 할 만합니다. “나무가 높이 자라”고 “이 마을에서 자란 나날”입니다.

　새롭게 나아가는 몸이 되려고 기운을 그러모으는 ‘자다·잠’이니, 실컷 자고 일어나면 힘껏 뛰고 놀고 달리고 일하면서 ‘자람(자람길)’으로 가는 삶입니다. 풀이며 나무가 어느 곳에서 나서 사는 길도 ‘자라다’라 해요. “따스한 고장에서 잘 자라는 나무”라든지 “후박나무가 자라는 바닷마을”처럼 써요.

　일어나서 움직이면 몸뿐 아니라 솜씨나 재주도 늘거나 나아갑니다. “솜씨가 자랐구나”나 “손놀림도 발놀림도 자랐는걸”처럼 써요. 바야흐로 짜임새나 기운이나 힘이 늘거나 높아지거나 나아지니, “큰 마을로 자란다”나 “사랑이 무럭무럭 자란다”나 “꿈이 새록새록 자란다”처럼 씁니다.

＊ 자·잣대
＊ 젓다·젓가락
＊ 작대기·막대기

"길이를 재려고 쓰는 곧고 길며 가느다란 연장"인 '자'입니다. 몸을 쉬려고 반듯하게 눕혀서 '잘' 적에는 '자'처럼 길쭉한 모습입니다. 부쩍부쩍 '자란다'고 할 적에도 '자'처럼 길게 뻗어가는 몸이나 모습입니다.

자로 쓰거나 삼는 대라서 '잣대'입니다. 길이를 재는 '자'이듯, 어떤 일이나 모습을 바라보면서 어떠한가 하고 살피거나 따지거나 헤아리거나 알아보는 바탕이나 틀이나 길이나 금이나 눈을 '잣대'라는 낱말로 빗대곤 해요. "어느 잣대로 보느냐에 따라 달라"라든지 "누구 잣대가 옳을는지는 몰라"처럼 써요.

길쭉한 '자'처럼 '젓'는 구실인 '젓가락'도 길쭉합니다. 다만, 젓가락으로는 재거나 따지거나 살피지 않아요. 젓가락은 어느 하나를 콕 집습니다. '자·잣대'는 어느 하나를 살피거나 따지는 길다란 것이라면, '젓가락'은 어느 하나를 잡거나 집는 것이요, '젓다'라는 낱말로 살살 움직이도록 쓰거나 고루 있도록 섞는 길다란 것을 부리는 몸짓을 나타내요.

'작대기'는 "가늘고 퍽 기다란 것"입니다. '막대기'는 "가늘고 기다랗지만 토막으로 있는 것"입니다. '자'도 '대'도 가늘면서 길다란 결을 밑뜻으로 품습니다.

✳ 장대·장대기·장작
✳ 장치기·바지랑대
✳ 장딴지·장다리·장다리꽃

'장대(장대기)는 "대나무로 여미는 꽤 길면서 단단한 나무"를 가리켜요. '장작'은 "통으로 있는 나무를 땔감으로 쓰려고 가늘고 길게 자르거나 쪼갠 것"을 가리키지요. 장작을 따로 하나만 가리킬 적에는 '장작개비'요, 장작을 쌓으면 '장작가리'요, 장작을 잔뜩 모으면 '장작더미'요, 장작을 하나로 묶으면 '장작단'입니다.

길다란 것인 '자'나 '대'라 할 '장대'를 써서 공을 굴려서 넣는 놀이가 있어요. 영어로는 '하키(hockey)'라 하는데, 우리말로는 '장치기'나 '공치기·얼레공치기'입니다.

빨래를 널 적에 줄을 드리우고는 바지랑대를 받치곤 합니다. '받이'로 쓰는 '장대'인 '바지랑대'입니다. 장대로 받지 않으면 빨랫줄이 꺼지거나 처져서 빨래가 바닥에 닿아 흙이 묻을 뿐 아니라 제대로 안 말라요.

우리 몸을 받치는 곳인 '발'입니다. '발'이 있기에 설 수 있습니다. 발이 몸을 받치는데, 발이 몸을 받치도록 힘을 그러모으는 데가 '장딴지'예요. '종아리'에서 살이 불룩한 뒤쪽인 장딴지가 딴딴할수록 짐을 더 많이 들 수 있고, 더 오래 버틸 수 있고, 더 힘껏 달리거나 걸을 수 있어요.

무·배추·갓에서 길게 올리는 꽃대를 '장다리'라고 해요. 풀은 꽃을 피울 적에 따로 꽃대를 올리곤 하는데, 이 꽃대는 나중에 맺는 씨앗을 널리 퍼뜨리려고 길고 곧게 올라옵니다. 장대처럼 길고 곧은 '장다리'이기에, 키가 껑충 자란 사람을 '장다리·장대'로 빗대기도 합니다.

＊ 자랑

　남이 나를 좋게 보거나 말하거나 마주하기를 바라면서 스스로 드러내려 할 적에 '자랑'이라 합니다. 마치 장다리꽃처럼 피어나서 잘 보기를 바라는 마음이라 하겠지요. 누가 치켜세우기를 바라는 '자랑'이고, 누가 높여 주기를 바라는 '자랑'이에요.

　'자람'은 스스로 높거나 크거나 튼튼하거나 기운차게 오르는 빛이요, '장다리'는 꽃을 피우려고 곧고 길고 곱게 오르는 빛이요, '장대'는 곧고 길며 단단하게 서려는 빛이요, '자'는 곧고 길게 서며 고르게 살피는 빛이라면, '자랑'은 스스로 꽃이라고 여기면서 곱게 보여주고 싶은 빛입니다.

＊ 잠지
＊ 자지·보지
＊ 쌈지

　둘이 아기를 낳으려는 꿈을 품고서 한몸으로 섞을 적에도 '자다·잠자다'라는 말로 가리킵니다. 함께 자면서 씨앗을 품는 자리에서, 사내는 새빛으로 나아갈 아기를 그리는 꽃빛을 앞으로 드러내어 보여주려는 얼거리로 몸이 움직여 '자지'이고, 가시내는 새빛으로 나아갈 아기를 그리는 꽃빛을 포근히 속으로 보듬으면서 품으려는 봄빛인 '보지'입니다.

장대에 장다리 같은 자지요, 보자기에 봄 같은 보지입니다. '-지' 는 '쌈지'라는 낱말에서 보듯, 속으로 건사하는 자리를 가리킬 적에 붙이는 말씨입니다. '쌈지'는 "여러 살림을 가볍게 싸서 들고 다닐 수 있도록 마련한 것. 가볍게 담아서 들고 다니는 작은 주머니"나 "가볍게 곁에 두거나 넉넉히 품은 것을 빗대는 말"을 가리킵니다. 어린 사내한테는 '잠지'라는 낱말로 '자지'를 귀엽게 가리키기도 합 니다.

＊ 자루 ㄱ·보릿자루
＊ 자루 ㄴ·빗자루

깊이 들어가는 '자다·잠기다'이듯, '자루 ㄱ'은 들여놓는 것을 가 리킵니다. "담거나 넣어서 그대로 있거나 나르기 좋도록 하는 것" 인 '자루 ㄱ'이에요. 씨앗을 담거나 낟알을 넣거나 열매를 담아요. 살림이나 연장을 넣기도 합니다. '쌀자루·보릿자루'이지요.

종이나 돈을 담거나 넣을 적에 "한 쪽만 틔우고서 네모나고 납 작하게 마련한 것"을 씁니다. 글월을 담는 '글월자루·글자루'가 있 어요. 한자말로는 '봉투(封套)'라 하지요.

가늘면서 긴 나무인 '자루 ㄴ'입니다. "잡거나 쥐어서 움직이도 록 하는 길다란 것"이나 "손으로 잡거나 쥐도록 대거나 놓거나 붙 인 곳"을 가리킵니다. '자루'를 다루어 커다란 것을 움직입니다. 영 어로 '레버·핸들·스틱'이 '자루'입니다. 이러한 자루는 '빗자루'나 '도

끼자루'나 '낫자루' 같은 살림살이나 연장에서는 '손잡이'를 가리키는 이름이에요.

* 자락

옷이나 천이나 이불에서 "밑을 이루는 넓은 곳"을 '자락'이라고 합니다. "들이며 땅이며 메·산을 이루는 넓은 곳"도 '자락'이라고 해요. '밭자락·멧자락·시골자락'처럼 씁니다.

하늘에서도 넓은 곳이 있으니, "하늘자락을 덮는 새떼"나 "흐르는 구름자락"이나 "폭 덮은 안개자락"처럼 '자락'으로 가리킵니다. 크게 다가오거나 찾아오는 비나 눈이나 바람도 '자락'으로 가리켜요. "눈이 한 자락 뿌려 눈놀이를 실컷 했다"라든지 "바람이 한 자락 불어 더위를 식힌다"처럼 써요.

크거나 길거나 너르게 내놓거나 펴는 노래나 이야기나 춤이나 말도 '자락'으로 가리키지요. "노래 한 자락을 뽑는다"라든지 "춤 한 자락을 펴니 신난다"처럼 씁니다. 문득 느끼거나 다가오는 생각이나 마음도 '자락'으로 가리켜요. "네 생각 한 자락을 읽을게"처럼 씁니다. 끝이 나는 '끝자락'입니다.

* 잡다

손가락을 구부려 손아귀에 있도록 하는 '잡다'입니다. 서로 "손을 잡는다"고 하거나 "줄을 잡는다"고 할 적에는, 놓치거나 빠지지 않도록 하는, 단단히 있도록 하는 결입니다. 그래서 "다른 곳으로 못 가도록 하다"도 '잡다'로 가리켜요. 달아나려고 하기에 '잡는다'고 하지요. 어디에도 못 가도록 하는 결은 "산 채로 손에 넣다"라든지 "밥으로 삼으려고 목숨을 죽이다" 같은 뜻으로 뻗습니다. '고기잡이'나 '쥐잡이'라든지 "돼지를 잡다"처럼 써요.

밥으로 안 삼더라도 "풀을 잡다"라 하면, 논밭에서 여느 풀을 뽑아서 죽이는 일을 가리킵니다. 구르는 공을 '잡는다'고 할 적에는 "움직이는 것을 멈추게 하거나 내 뜻대로 다루다"를 가리켜요. 이런 뜻을 뻗어 "버스를 잡다"나 "택시를 잡다"처럼 쓰고, "날을 잡아 만난다"처럼 써요. "때나 날이나 자리나 이름을 어느 하나로 고르다"도 가리킵니다. "자리를 잡고 만난다"나 "이름을 잡아서 글을 쓴다"처럼 씁니다.

연장을 써서 일을 할 적에도 '잡다'를 씁니다. "손잡이를 잡다"나 "삿대를 잡다"라 하지요. 어떤 일이나 것이나 사람을 맡을 적에도 "볼모로 잡다"처럼 씁니다. 이밖에 "트집을 잡다"나 "갈피를 잡다"나 "논에 물을 잡다"나 "높은 자리를 잡다"나 "한밑천을 잡다"처럼 쓰임새가 넓습니다. 찰칵찰칵 찍는, 그림을 담아내려고 하는, '사진'을 할 적에도 "네가 웃는 모습을 잡았어"처럼 써요.

"가락을 잡아서 노래를 한다"나 "흔들리는 마음을 잡다"나 "불길을 잡다"나 "일머리를 잡아서 나아간다"를 생각해 볼 만합니다. "바지에 주름을 잡다"나 "하루를 잡으면 끝낼 일"이나 "일찍 못 잡아 도졌다"나 "엉뚱한 사람을 잡는다"도 생각해 볼까요. 우리 곁에 깊고 넓게 있도록 하려는 몸짓인 '잡다'요, 곁에서 말끔하게 치우며 '잡다'를 씁니다. 어느 곳에 그대로 오래 있도록 두거나 놓거나 넣거나 얹으며 '잡다'에, 세게 잡아 '거머잡다·움켜잡다'예요.

* 자리

잡아서 있기에 '자리'라고 여길 만합니다. "있거나 일어나거나 이루거나 생기거나 벌어지는 바탕. 살거나 가지거나 누리는 바탕"을 가리키는 '자리'입니다. "집이 있던 자리"나 "슬슬 자리에서 일어난다"처럼 씁니다.

"모여서 있거나 일어나거나 이루거나 생기거나 벌어지도록 하는 바탕"도 가리키지요. "이 자리에서 풀자"나 "웃고 노래하는 자리"처럼 쓰지요. "어떤 일을 하도록 쥐거나 얻거나 받거나 누리거나 가진 높이"를 가리키니, "높은자리라고 자랑한다"나 "그런 자리에서는 올바로 하자"처럼 씁니다.

"어떤 일을 하는 바탕"도 가리켜요. '일자리'처럼 쓰고 "다른 자리로 옮겨서 일하려고"처럼 쓰지요. "몸에서 어떤 일이 있거나 일어나거나 이루거나 생기거나 벌어지고서 남은 무엇"도 가리키니, "여드름이 난 자리"나 "퉁퉁 부은 자리"처럼 써요.

"앉거나 서거나 있을 바탕"을 가리킬 적에는 "이 자리에 앉자"처럼 쓰고, "어떤 일을 하거나 어느 바탕에 있으면 쥐거나 얻거나 받거나 누리는 것"을 가리킬 적에는 "한 자리씩 차지한다"나 "자리를 노리는구나"처럼 씁니다.

"어떤 매무새·솜씨·살림·힘이 있는 사람을 바라는 바탕"도 가리키니, "좋은 자리를 찾는다"나 "이보다 맞는 자리는 없겠지"처럼 써요. "어떤 일·길·살림·바탕이 드러내거나 이루거나 나누는 뜻·몫·것"도 가리키고, "우리나라에서 숲이 어떤 자리인지 생각하자"나 "이 일에서 네 자리는 매우 크단다"처럼 씁니다. 그리고 "셈이 몇으로 있는지 읽는 값"으로도 쓰고, "둘째 자리까지 센다"나 "100은 세 자리요, 10은 두 자리"처럼 쓰니 '자리값'이로군요.

있도록, 하도록, 일어나도록, 살도록, 나아가거나 흐르도록, 모든 것을 펴는 바탕이자 모든 것이 드러나는 바탕을 가리키는 '자리'입니다. '자리'가 있어야 일어나거나 일으키거나 움직이거나 잠자리에 놓는 물은 '자리끼'예요.

* 자위 ㄱ·노른자위·흰자위
* 자위 ㄴ
* 자욱·자욱하다

"있거나 일어나거나 이루거나 생기거나 벌어지는 너른 복판"을 '자위 ㄱ'으로 여길 만합니다. 오늘날에는 '자위'보다 '자리'를 널리 쓰는데, '자위 = 잣는 알맹이'라고 할 수 있어요. 바탕으로 있기에, 이 바탕에서 새롭게 숨결이 깨어나거나 태어나거나 자랍니다. 알

(알맹이)을 자아올리는 바탕인 '자위'라고 하겠어요.

'자위 ㄱ'은 '노른자위·흰자위' 같은 곳에 쓰임새가 남습니다. '자위 ㄴ'은 "무거운 것을 놓거나 무거운 것이 있던" 바탕이나 "배에서 아기가 놀기 앞서까지 있는" 바탕이나 "밤이 다 익을 무렵까지 밤톨이 밤송이에 붙은" 바탕이나 "겨루는 놀이에서, 우리·내가 저쪽한테 틈·모자람·허술함을 안 보이록 지키거나 막는" 바탕을 가리켜요. 다만, 이런 여러 바탕을 '자위 ㄴ'으로 가리키되, 요새는 '자국·자리' 같은 낱말로 이런 쓰임새를 가리키곤 합니다.

곰곰이 보면, '자국·발자국'으로 쓰지만, 예전에는 '자욱·발자욱'으로도 썼습니다. 있거나 지나면서 남은 '자욱(자국)'이듯 무엇이 묵직하게 있으면 '움푹하게(우묵하게)' 남습니다. 고스란히 있으면서 숨결을 잇는 바탕이기에 따로 '자위'라고 합니다. '자리'일 적에도 무엇이 묵직하게 있다가 움푹하게 남을 수 있되, '자리'는 아무 티가 안 남을 적에도 써요. 티가 남을 적에는 '자위'요, '자국(자욱)'이지요.

"안개·김·연기가 짙게 끼어 흐릿하다"를 '자욱하다(자옥하다)'로 가리키는데, 티가 나도록 남는 '자위·자욱'처럼, 짙게 남아서 흐르는 결을 나타내는 '자욱하다'라고 합니다.

* 무자위
* 잣다·자아올리다·자아내다

물을 잣는 연장인 '무자위'입니다. '잣다'는 "솜이나 털을 물레에 걸고 돌려서 가늘고 길게 잇는 가닥인 실을 이루다"를 뜻하고, "옷을 지으려고 실부터 잣는다"처럼 써요. "밑에 있는 물을 쓸 수 있도록 올리다"를 뜻하고, "논에 대려고 바지런히 물을 자았다"처럼 쓰기도 합니다.

'잣다'는 실을 이루거나 물을 올리는 두 가지로 쓴다면, '자아올리다'는 물을 올릴 적에만 씁니다. 그리고 '자아내다'는 숨을 이루는 자리에도 쓰고, 물을 올리는 자리에도 쓰며, "눈물이 흐르거나 나오거나 맺힐 만한 일·말·몸짓을 하다"나 "어떤 마음·느낌이 일어나거나 생길 만한 일·말·몸짓을 하다" 같은 자리에도 쓰지요. 이때에는 "눈물을 자아내는 이야기"나 "우리가 자아낸 일이로구나"처럼 써요.

＊ 자국·자취

'자국'은 '자(자리) + 구(굳다·굽) + ㄱ(가다)' 얼거리로 돌아볼 만합니다. 단단하게 맺는 결을 가리키는 '구(굳다·굽)'처럼 '자국'은 퍽 오래도록 잇거나 고스란히 있는 결을 나타내요.

다른 무엇이 닿거나 묻어서 생기거나 달라지기에 '자국'입니다. "손을 댄 자국"이나 "만진 자국"이나 "빗방울이 떨어진 자국"처럼 써요. 다쳤거나 데거나 부스럼·사마귀가 났는데 이제는 나아서 사라지기에 '자국'이에요. "다친 자국"이고, "불에 덴 자국"입니다.

처음에는 다른 어느 것도 없었으나, 무엇이 나타나거나 지나가거나 닿으면서, 또 생기거나 다치거나 건드리고 난 다음에 남는 '자국'이에요. "마음에 자국으로 남은 이야기"가 있고, "우리 삶에 자국으로 남은 일"이 있게 마련입니다.

'자취'는 '자(자리) + 추(춤·추다) + ㅣ(이·있다)'를 헤아릴 만합니다. 몸짓인 '춤 ㄱ'하고, 높이인 '춤 ㄴ'하고, 허리춤인 '춤 ㄷ'하고, '줌'하고 비슷하되 다른 '춤 ㄹ'이 있어요. 이 '추'는 '추리다·추스르다'로도 뻗는데, '추(춤·추다)'는 움직이거나 흐르는 결이기에 얼핏 설핏 뭔가 남기는 듯하면서도 어느새 사라지거나 없는 결을 나타냅니다. "머물다 간 자국"은 굳어서 남는 모습이라면, "머물다 간 자취"는 흐릿하게 남은 듯하지만 곧 사라지는 모습입니다. 꾹 남기려는 '자국'이라면 스치듯 지나가는 '자취'입니다. 오래 알아볼 만큼 남는 "손을 댄 자국"이요, 냄새나 기운이 남았되 어느새 사라질 "그 사람 손길이 밴 자취"입니다.

이리하여, 가거나 움직인 곳을 이야기할 적에 "어디로 갔는지 자취를 못 찾는다"처럼 쓰지요. '자국'이 있으면 어디로 가거나 움직였는지 곧 알 테지만, '자취'만으로는 알기가 어려울 뿐 아니라, 이내 사라져서 종잡을 수 없곤 합니다.

❋ 발자국·발자취

발로 밟거나 디디거나 다녀서 남은 '발자국'이에요. 사람도 짐승도 새도 '발자국(발자욱)'을 남깁니다. 한 발 두 발 떼거나 나아가는 걸음을 "몇 발자국을 더 가면"처럼 나타냅니다. 우리가 누리는 삶(살다)을 걸음걸이에 빗대기도 하지요. 그동안 살았던 길이나 지나온 나날을 "우리가 걸어온 발자국을 되짚는다"처럼 나타내요. 한자말로 치자면 '역사(歷史)'를 '발자국'으로 가리켜요. '자국'으로 가리키기도 합니다.

'발 + 자국 = 발자국'이듯, '발 + 자취 = 발자취'입니다. 눈으로 보거나 알 수 있도록 '밟'아서 남는 '발자국'이고, 기운이나 냄새나 소리나 느낌은 있되 어느덧 사라지는 '발자취'입니다. "발자취도 없이 지나간 듯하다"라든지 "발자취도 없이 불쑥 나타나다"처럼 쓰지요. '자국·자취'처럼 '발자국·발자취'도, 지나온 나날이나 삶을 가리키기도 하니, "내 발자취를 하나씩 더듬습니다"나 "할아버지가 살아온 발자취를 돌아보았어요"처럼 씁니다.

＊ 잘·잘하다
＊ 잘나다·잘나가다
＊ 잘못

'자 + ㄹ'인 '잘'입니다. 다룰 줄 알거나, 쓸 만하거나, 할 만하거나, 볼 만하거나, 마음에 들 만하기에 '잘'로 나타냅니다. "잘 돌보"고 "잘 해내"고 "잘 입거나 쓰거나 가꿉"니다. 모자라지도 넘치지도 않는 길·결·빛이 '잘'입니다. 한쪽으로 지나치지 않기에 '잘'이에요.

"밥을 잘 했다"라거나 "열매가 잘 익었다"처럼 말합니다. 걱정이나 근심이 없는, 아프거나 다칠 일이 없는, 힘들지 않거나 어렵지 않은 '잘'입니다. "잘 다녀오"고 "잘 자랍"니다. 마음이 차기에 아쉬울 일이 없는 '잘'이요, 있는 그대로 부드럽거나 따뜻한 '잘'이에요. "잘 보낸 하루"이고, "마음을 잘 쓴다"고 합니다.

마음을 다하는 결도, 마음을 깊거나 넓게 쓰면서 안 흔들리고 안 흐트러지는 결도, 섞이거나 어지러운 일이 없는 결도, 다른 데에 마음을 안 쓰는 결도, '잘'이라는 낱말로 나타내요. "잘 봐준다"나 "글씨를 잘 쓴다"나 "잘 알겠다"나 "잘 보면서 간다"고 합니다.

여러모로 보면 '잘'은 좋음이나 싫음이라는 마음이 아닌 결입니다. 어느 자리이거나 무슨 일이 있더라도 스스로 곧고 넉넉하면서 알맞게 나아가는 결인 '잘'입니다. 물이 흐르듯, 노래를 부르듯, 실컷 놀듯, 부드러우면서 따뜻한 기운이 가득할 적에 '잘'을 써요. 힘을 많이 들이지 않으면서도 어렵지 않게 되거나 이루는 결이고, 이러다 보니 볼 만하거나 쓸 만한 결로 잇고, 셈을 할 적에 '100,000,000(억)'을 가리키기도 합니다.

'잘나다(잘 + 나다)'나 '잘나가다(잘 + 나가다)'는 이런 '잘'을 바탕으로 여민 낱말입니다. 막히지도 걸리지도 않고서 곧게 시원스레 뻗듯이 나아가면서 이루기에 '잘나가다'예요. 보기에 훨씬 낫거나 앞선다고 여기거나 느끼는 '잘나다'이지요.

'잘' 하지 못하니 '잘못'입니다. '잘 + 못'입니다. '잘못'은 그야말로 '잘'을 뒤집는 결입니다. 할 만하지 않고, 볼 만하지 않고, 힘만 잔뜩 들어가거나, 곧거나 옳거나 바르지 않을 뿐 아니라, 깊이 생각하지 않고, 앞뒤를 살피지 않고, 알맞지 않고, 익숙하지도 않은 모든 결이 '잘못'입니다.

＊ 절·절하다·절집

'절하다'는 몸을 '접는' 모습입니다. 높이거나 올리려는 마음을 담거나 드러내려고, 윗몸을 가만히 접어서 낮추는 모습을 보이는 일이 '절·절하다'입니다. '잡을(잡다)' 적에는 다룰 줄 알거나 쓸 줄 알거나 알맞게 이루는 '잘'이라면, '접을(접다)' 적에는 높이거나 올리는 결이 드러나는 '절'입니다.

스님이 모인 곳을 으레 '절·절집·절간'이라 하는데, 이 '절집'은 "절을 하는 집"이라 할 만합니다. 높이거나 올리려는 마음을 담거나 드러내는 곳이라고 여길 만하지요. 빌거나 바라는 마음과 뜻을 모으려고 하는 곳이 '절·절집'입니다. 그래서 "마음을 바르거나 곧게 다스리면서 높이거나 올리는 길을 나누거나 펴려는 뜻으로 지어서 스님이 머무는 곳"으로 바라볼 만합니다.

＊ 장이·장사

어떤 재주·솜씨·힘이 있는 사람을 가리키는 말인 '장이'입니다. '장이'는, 무엇을 짓거나 고치거나 그림을 그리는 사람들을 흔히 가리키며, 손으로 어떤 일을 하는 사람을 가리키기도 합니다. 잘 하거나 다룰 줄 알거나, 잡아서 쓰거나 가꾸거나 돌볼 줄 아는 결이라고 할 만하지요.

사거나 팔면서 돈을 얻는 일인 '장사'예요. '장사'는, 값을 붙인 것을 주거나 받는 동안, 이 사이에서 돈을 남기는 일이라고 할 만합니다. 사이를 잘 이으면서 다룰 줄 알기에 '장사'일 테고, 잡아서 자리를 맞추어 오가거나 흐르거나 주고받도록 사이를 이루는 '장사'이며, 장사하는 사람을 '장수'라 합니다.

* 잘다·작다
* 잔·잔손·자잘하다

크기나 부피가 얼마 안 돼 '작다'에, 부피가 얼마 안 돼 '적다'예요. 낟알·열매처럼 둥글며 여느 크기가 아니라 '잘다'에, 가늘어 '잘다'예요. 글씨가 여느 크기가 아니라 '잘다'에, 크게 여길 만하지 않아 '잘다'이고, 작은데 시끄러워 '잔일·잔소리'예요. 작으니 '조그맣다·쪼그맣다'에 '쪽'이며, 길이가 얼마 안 돼 '짧다'요, 작고 짧아 '짜리몽땅'에 '자투리'입니다.

마음을 깊이 쓸 적에는 '촘촘'하거나 '꼼꼼'합니다. 촘촘하거나 꼼꼼하다고 여길 만큼 하나하나 보는 '잘다'도 있어요.

'작다'는 길이·넓이·부피가 어느 만큼 못 미칠 적에 가리킵니다. "키가 작다"나 "집이 작다"나 "마을이 작다"나 "나무가 작다"처럼 씁니다. '잘다'는 "열매가 잘다"나 "모래알이 잘다"나 "소금이 잘다"처럼 쓰니, 둘이 다릅니다.

크게 여길 만하지 않은 일에도 '작다'를 씁니다. 뭔가 마음을 크게 못 쓰거나 안 쓰는 자리에도 '작다'를 쓰고, 이때에는 '작다·잘다'가 맞물립니다. "작은 일이어도 마음을 써서 한다"나 "작은 힘이어도 보탠다"처럼 쓰고, "잔(자잘한) 일이라 해서 허투로 안 한다"처럼 씁니다. "통이 작구나"나 "마음을 작게 쓰니 너그럽지 않구나"라 하고, "어려울 때에는 모르는 척하니 참 잘구나"라 합니다.

첫째로 태어난 아이를 가리키는 '맏이'한테는 '큰-'을 붙여 '큰아이·큰딸·큰아들'이라 하고, '맏이'가 아닐 적에는 '작은-'을 붙여 '작은아이·작은딸·작은아들'이라 합니다. 이때에는 '작다'만 씁니다. 돈이 얼마 안 될 적에는 '작다·잘다'를 나란히 써요. "작은 돈을 보탠다"나 "잔돈을 챙긴다"처럼 씁니다.

'잔'은 '잘 + ㄴ'입니다. '잔(잘은)' 것을 나타낼 적에 앞에 붙이는 말씨예요. 잘게 손이 자꾸 가기에 '잔손'이에요.

'자잘하다'는 '잘다 + 잘다'라 할 만합니다. 여럿이 다 여느 자리에 못 미치기에 '자잘하다'예요. "글씨가 자잘하다"고 하고, "자잘하게 붙였다"고 합니다. "자잘한 솜씨라고 하기에는 눈부신걸"이나 "자잘한 살림이 많다"고 해요.

＊ 잔잔·잔잔하다

'잔잔하다'는 '잔 + 잔'이니, '잘다 + 잘다'를 다르게 나타내는 말씨입니다. '작다·잘다'나 '작고작다·잘고잘다'나 '작디작다·잘디잘다'는 마음이나 몸짓이 여느 만큼 못 미치거나 좁거나 쩨쩨한 결을 나타낸다면, '잔잔하다(잔·잘다 + 잔·잘다)'일 적에는 '차분함·가벼움·부드러움·아늑함·조용함·고요함·느긋함'을 나타냅니다. '작다·잘다'를 작거나 잘게 줄여내거나 깎아내거나 쳐내거나 치워내는 결을 나타내는 '잔잔하다'라고 여길 만합니다. 마치 재우고 재우는 결이라고 할까요. '잠 + 잠'처럼 흐르는, 이러면서 '자면서 자라는' 결을 넌지시 나타내는 결이라고도 하겠습니다.

그래서 "다 잘게 있다. 다 가만히 있다. 다 가라앉거나 소리나 몸짓이 가볍거나 조금만 있다"를 나타냅니다. "바다가 잔잔하다"나 "비바람이 그치고 잔잔하다"처럼 써요. "시끄럽거나 떠들거나 어지러운 기운·소리·모습이 사라지거나 가라앉아서, 가볍고 부드럽게 있거나 지낼 만하다"도 나타내지요. "집안이 잔잔하다"나 "나라가 잔잔하다"처럼 씁니다.

"시끄럽거나 어지럽히는 기운·소리·모습·일이 사라지거나 가라앉아서, 마음을 가볍고 부드럽게 둘 만하다"도 나타냅니다. "마음이 잔잔하다"나 "잔잔한 마음으로 찬찬히 한다"처럼 씁니다. "기운·모습·몸짓이 가볍거나 가라앉아서 깊고 부드럽다. 따뜻하거나 느긋하거나 조용하거나 아늑하다"나 "소리가 가볍고 부드럽다"를 나타내기도 하기에, "서로 잔잔히 웃으며 바라본다"나 "서두르지 않고 잔잔하게 말하면 다 알아들어"처럼 쓰지요.

＊ 장난
＊ 재미

　'장난'은 두 가지로 씁니다. 첫째는 "재미로 하거나 심심해서 하는 짓"이고, "장난으로 한 말이야"나 "장난이라지만 좀 너무했어"처럼 써요. 둘째는 "괴롭고 귀찮게 하는 짓"이고, "자꾸 장난을 치니 싫어"나 "힘든 사람한테 장난을 걸면 나빠"처럼 씁니다.

　'재미'는, 첫째로 "여러 가지가 예쁘게 어울려서 몸이나 마음이 가볍고 밝은 느낌"을 가리켜요. "이야기를 하는 재미"나 "함께 노는 재미"처럼 씁니다. 둘째로 "받거나 얻거나 누리는 나날·날·맛"을 가리킵니다. "요즘은 사는 재미가 없다"처럼 씁니다. 셋째로 "잘 받거나 얻거나 누리는 열매·보람"을 가리키니, "재미가 쏠쏠한 일이야"처럼 씁니다.

＊ 재 ㄱ·잿더미·재거름
＊ 재 ㄴ·새재·싸리재

　두 가지 '재'가 있습니다. '재 ㄱ'은 "불에 타고 바스라지면서 가루로 남은 것"을 가리켜요. 재가 가득하면 '잿더미'입니다. '잿더미'는 "모두 타서 가루로 남듯, 모두 사라지거나 없어져서 하나도 안 남은 것·자리·살림·일"을 빗대기도 합니다. '재 ㄱ'은 "땅심을 북돋우려고 태워서 가루로 낸 것"도 가리켜요. '재거름'이라고도 합니다. 밭에 재·재거름을 내거나 놓아 남새를 키우지요.

'재ㄴ(잿마루)'은 "넘어서 오가는 높이 솟은 땅에 있는 길"이나 "높이 솟은 땅에서 반반하게 있는, 마루를 이룬 곳"입니다. "재를 넘고 내를 건넌다"라 하고, "저쪽 재에 구름이 살포시 앉는다"라 합니다. 높이 있으면서 넘는 길인 '재'를 붙인 '새재'나 '싸리재' 같은 땅이름이 있어요. '새재'는 '조령(鳥嶺)·초점(草岾)'을 일컫는 오랜 땅이름이요, '싸리재'는 '축현(杻峴)'을 일컫는 오랜 땅이름입니다.

* 재다 ㄱ·알아보다
* 재다 ㄴ·재빠르다
* 재다 ㄷ·젠체하다
* 재다 ㄹ·쟁이다
* 재다 ㅁ·채우다

'재다 ㄱ'은 "길이나 높이나 무게나 온도나 빠르기가 어떠한가"나 "할 만한가 아닌가"를 알아보는 길입니다. "길이를 잰다"나 "이리저리 재느라 놓친다"처럼 써요. '재다 ㄴ'은 '재빠르다'로 이으니, "1. 움직임·몸짓이 몹시 빠르다. 서두르면서 빠르다 2. 말을 가볍게 하거나 함부로 하다. 잘 참지 못해서 입을 가볍게 놀리다 3. 빨리 뜨거워지다"를 가리킵니다. "재게 다녀오다"나 "쉬지도 않고 입을 재게 놀린다"나 "물이 재지 않기에 느긋이 기다린다"처럼 씁니다.

'재다 ㄷ'은 '젠체하다·잘난체하다'로 갑니다. "얼굴·겉모습·생김새나 모습·됨됨이·소리·생각·솜씨가 남보다 훨씬 낮거나 좋거나 앞서 보이는 듯이 움직이거나 굴거나 나서다"를 뜻하고, "저렇게 재니까 되레 딱해 보인다"라든지 "지나치게 재는 사람은 싫더라"처럼 써요. '재다 ㄹ'은 '쟁이다'로 가며, 차곡차곡 두는 결이고, '재다 ㅁ'은 '채우다'로 가서 "담배를 재서 피운다"처럼 씁니다.

* 자꾸
* 잦다 ㄱ·자주
* 잦다 ㄴ·잦아들다
* 잦다 ㄷ·잦히다

"여러 벌·판을 똑같이 하면서 이어서" 하기에 '자꾸'라 합니다. "잎이 자꾸 떨어진다"나 "자꾸 넘어진다"처럼 씁니다. "더욱. 그보다 크게"라든지 "어쩔 수 없이 더욱"을 가리키기도 하는 '자꾸'입니다. "자꾸 들어갈수록 길이 좁다"라든지 "자꾸 배가 고픈걸"처럼 쓰고, "얼굴이 자꾸 달아오른다"나 "자꾸 하품이 나온다"처럼 쓰지요.

'잦다 ㄱ·자주'는 "짧은 동안에 잇따라 하거나 있다"를 가리킵니다. "눈이 잦은 날씨"나 "나들이가 잦다"처럼 써요. "요새 자주 보는걸"이나 "자주 주고받았어"처럼 쓰고요.

'잦다 ㄴ·잦아들다'는 "물이 밖으로 날아가거나 속으로 들어가면서 조금씩 사라지다"를 가리켜요. "가뭄이 들어 못물이 잦다"나 "밥물이 덜 잦으니 진밥이네"처럼 씁니다. "무척 뜨거나 세게 일어나거나 넘치던 기운이 더는 이어가지 않다"를 가리키기도 하지요. "들뜨던 마음이 잦아들다"나 "회오리바람이 잦는다"처럼 씁니다. "깊이 들어오다"를 가리키기도 하고, "포근한 기운이 잦아서 이제는 숨을 돌린다"처럼 쓰지요.

'잦다 ㄷ·잦히다(젖다·젖히다)'는 "뒤로 가려고 하다. 뒤로 넘어질 듯하다"를 가리켜요. "아기가 덩실덩실하니까 자꾸 잦는다"나 "등짐이 잦아서 떨어질 듯하다며 바싹 조인다"처럼 씁니다.

* 졸다 ㄱ·졸음·졸리다
* 졸다 ㄴ·졸이다·졸임·졸아들다·쫄다·쫄아들다
* 조리다·조림

'잦다 ㄴ'은 들뜨던 마음이나 돌개바람이 더는 이어가지 않는, '잦아드는' 결을 나타내는데, '졸다 ㄱ'은 이처럼 사그라드는 결을 나타내요. '졸음·졸리다'라고도 하는 '졸다 ㄱ'은 "기운·힘이 빠지면서 어느새 몸을 쓰거나 움직일 수 없는 듯하면서 잠이 들려고 하다. 기운·힘이 빠지면서 쓰러질 듯하면서 잠이 들려고 하다"를 가리킵니다. "졸려서 자려고 한다"처럼 쓰지요. "빛이 힘을 잃어가듯 깜빡깜빡하다가 옅거나 흐리다"를 가리키기도 합니다. "별빛도 조는 새벽"이나 "등불이 다 되었는지 존다"처럼 써요.

'졸다 ㄱ'은 "똑똑히 둘레를 보거나 마음을 깨워서 살피려는 마음이 옅거나 흐리다"나 "둘레가 어떻게 흐르거나 돌아가거나 이루거나 있는가를 제대로 살피거나 느끼지 못하는 채, 어둡거나 흐린 마음·몸짓이다"를 가리키기도 합니다. 이때에는 "자칫 졸다가 놓치 겠어"나 "네가 조는 사이에 다들 앞질렀어"처럼 씁니다.

'졸다 ㄴ'은 북녘에서는 그대로 쓰되, 남녘에서는 '졸임'을 더는 안 쓰고 '조림'으로 갈라서 씁니다. 북녘은 '졸다·졸이다·졸임' 꼴을 하나로 쓰고, 남녘은 '졸다·졸아들다'만 쓰면서 '조림·조리다'를 갈 랐다고 하겠습니다.

'졸다 ㄴ'은 '졸이다·졸임·졸아들다·쫄다·쫄아들 다'처럼 쓴다고 할 텐데, 먼저 "물이 밖으로 날아가거나 속으로 들어가면서 조금씩 사라지다"를 가리키고, "물·양념·기운·맛이 속으로 깊이 들어가도 록 하다(조리다·조림)"를 가리키며, "무척 크거나 세게 일어나는 앞 에서 기운을 내지 않거나 못 하다. 크거나 센 기운 앞에 눌려 스스 로 굽히면서 작은 모습·몸짓이 되다"를 가리키지요. '쫄다·쫄아들 다'는 센말입니다. 졸고 쫄기에 '줄'고 '줄어듭'니다.

이런 세 가지 뜻을 "깜빡하는 바람에 국이 다 졸았어"나 "무를 졸였다"나 "처음부터 꺾이더니 내내 졸았구나"처럼 씁니다.

* 젖다 ㄱ·젖어들다·적시다
* 젖다 ㄴ·젖히다

어느 결에 잠기듯 깊이 들어갈 적에 '젖다 ㄱ·젖어들다'를 써요. 먼저 "물이 들어가거나 남거나, 물을 담거나 묻히다"를 가리킵니다. "비를 맞아 흠뻑 젖었네"나 "젖은 빨래"처럼 쓰지요. "몸짓으로 나타날 만큼 남거나 담거나 붙다. 자꾸·자주 하거나 보거나 들으면서 몸에 남거나 담거나 붙다"를 가리키기도 합니다. "시골살이에 젖었다"나 "바쁜 하루에 젖느라 잊었다"처럼 써요. "어떤 마음·느낌·길·뜻·생각에 깊이 들어가다"를 가리키기도 합니다. "기쁨에 젖은 눈빛"이나 "그리움에 젖은 글"처럼 써요.

"어떤 기운·철·빛·흐름·바람이 깊이 있거나 남거나 나타나다"를 가리키기도 하니, "봄에 젖은 꽃잎"이나 "가을에 젖은 들빛"처럼 씁니다. "어느 빛깔·빛이 깊이 들어가거나 퍼지다. 어느 빛깔·빛이 가득하다"를 가리키기도 하기에, "겨울빛에 젖은 아침"이나 "별빛에 젖어 고요한 밤"처럼 씁니다. "어느 소리·가락·노래가 귀에 오래 남거나 붙다"를 가리키기도 하면서 "귀에 젖은 말소리"처럼 씁니다. 그리고, 젖게 하기에 '적시다'라 합니다.

'젖다 ㄴ'은 '젖히다' 꼴로 흔히 쓰고 "뒤로 가려고 하다. 뒤로 넘어질 듯하다"를 가리켜요. '잦다 ㄷ·잦히다'하고 매한가지입니다. "고개를 젖혀서 본다"처럼 씁니다.

* 젖·젖먹이
* 잣·잣나무·잣나물

깊이 스미거나 남아서 기운을 살리거나 살찌우는 빛나는 물이 있습니다. 잠기듯 젖어들면서 자라나도록 빛나는 물이라고 여길 만합니다. '젖'이란, "아기한테 물려서 몸을 살리고 살찌우는 하얗고 맑은 물. 아기를 낳은 어머니 가슴에서 나온다. 사람과 짐승이 새로 태어난 목숨인 아기·새끼한테 베푸는 살림숨결이 흐르는 물. 가시내하고 사내가 한마음·한몸·한뜻·한사랑이 되어 낳은 아기를 살리는 물"입니다. "아기한테는 젖이 밥"이라고 하지요. 때로는 '젖·젖빛'을 '젖가슴·가슴'을 가리키는 자리에서도 쓰고, "풀줄기·풀잎에서 나오는 하얗고 맑은 물"도 '젖'이라 하곤 합니다. "민들레나 고들빼기를 뜯으면 젖이 나온다"처럼 씁니다.

젖을 먹는 아기를 '젖먹이'라 해요. 그런데 사람이나 뭇짐승이 아기·새끼를 살리는 빛나는 물인 '젖'처럼 숲에서는 모든 숨결을 살리는 빛나는 열매가 있으니 '잣'입니다. 나무가 베푸는 열매 가운데 '잣'은 '숲젖'으로 일컫곤 합니다.

나무로는 '잣나무'가 있으면, 나물로는 '잣나물'이 있어요. 잣나물은 나물 가운데 무척 빛나는 들풀입니다. 사투리로 '곰밤부리'라는 이름이 있고, 일본에서는 이 나물을 '별꽃(ハコベ繁縷)'으로 가리킵니다. 우리가 일본 풀이름을 그대로 받아들여서 쓰기에 나쁠 일은 없지만, '잣나물'하고 '곰밤부리'를 비롯한 여러 사투리가 있습니다. 아무튼, 부드러우면서 깊이 스미는 숨결이 깃든 '잣'입니다.

짬

겨를 | 말미 | 틈 | 새 | 짜다 | 쪼개다 | 쪽 | 쪼가리 | 샛밥 | 새참 | 참 | 차다
한참 | 한동안

일을 하건 놀이를 하건 짬이 있어야 합니다. 다른 무엇을 한창 한
다면 이 놀이도 저 일도 할 수 없어요. '다른 무엇을 하지 않는 때·자
리'가 있기에, 이러한 때하고 자리에서 이 놀이나 저 일을 합니다.

일하는 때에는 놀지 못 합니다. 노는 동안에는 일을 하지 않습
니다. 일하는 자리는 노는 자리이지 않고, 노는 자리는 일을 하는
자리가 아니에요. "빈 때나 자리"가 있기에 어떤 놀이나 일을 합니
다. "빈 때나 자리"란 "이 일과 저 일을 잇는 동안 벌어진 자리"를 가
리킵니다. 이른바 '사이'나 '틈'이라고 할 만합니다.

* 겨를·말미·틈·새

'겨를'은 "어떤 일을 하다가 생각을 다른 데로 살짝 돌릴 만한 짧
은 때."를 가리킵니다. "숨 돌릴 겨를"이나 "이야기를 할 겨를"처럼
씁니다. '겨를'하고 비슷하게 "곁을 두다"처럼 '곁'을 쓰기도 합니다.

가까이에 마음을 기울이는 자그마한 자리인 '곁'입니다.

'말미'는 "어떤 일을 하는 사람이 어떤 일을 살짝 쉬고 다른 일을 하는 때."를 가리켜요. "말미를 얻어 다녀온다"나 "말미가 없어서 못 쉬었어"처럼 써요. '말미'하고 얽힐 만한 '맡다'가 있어요. 어떤 일을 맞아들여서 한다는 '맡다'처럼 '말미'는 다른 일을 맞아들일 수 있는 짤막한 때를 나타냅니다.

'틈'은 첫째로 "막히지 않아 드나들 수 있는 자리. 벌어진 자리. 흐르도록 새로 내는 자리."를 가리킵니다. "틈이 좁아 못 지나간다"나 "여기에 틈이 생겨 바람이 들어와"처럼 쓰지요. 둘째로 "어떤 일을 하다가 다른 일을 하거나 다른 생각을 할 만한 짧은 때."를 가리키니, "놀 틈이 없어"나 "틈을 내어 왔구나"처럼 씁니다. 셋째로 "어떠한 곳에 함께 있는 자리. 어울리는 자리."를 가리켜요. "어른 틈에 끼어서 걷는다"나 "언니들 틈에서 자랐어"처럼 써요. 넷째로 "아직 제대로 없거나 짜이지 않거나 모자란 자리."를 가리키고, "이 틈으로 오면 되겠어"나 "빈틈이 날 때까지 지켜본다"처럼 씁니다.

지나다니거나 오가거나 흐를 수 있도록 벌어진 자리인 '틈'이기에 "무엇을 할 만한 때"를 나타낼 수 있습니다. '쉴틈'이 있어야 숨도 쉬고, 기운도 차립니다. '틈'이란, 새롭게 하거나 일으키는 자리이며, '싹트다·움트다·동트다' 같은 자리로 잇습니다. 조금이라도 벌어져서 드나들 수 있는 자리가 있기에, 바람도 해도 물도 흘러요. 여러 기운이 흐르기에 '틈(트다)' 수 있고, 이렇게 트면서 자리를 새롭게 잡아 가기에 '틀·틀거리(얼개·얼거리)'라고도 합니다.

꽉 막혔다가 확 열린 곳에 가면 "눈앞이 트여 시원하구나!"라든 지 "환하게 트여서 잘 보인다!"처럼 말하기도 합니다.

'사이'를 줄여 '새'라 하고, 첫째로 "어느 한 자리에서 다른 자리 까지."를 가리켜요. "두 집 사이에 냇물이 흘러"나 "두 나무 사이에 꽃을 심지"처럼 씁니다. 둘째로 "어느 때부터 다른 때까지."를 가리 키지요. "봄하고 여름 사이에 놀러갈게"나 "오늘부터 모레 사이에 바람이 세구나"처럼 씁니다. 셋째로 "어떤 일을 할 만한 때."를 가리 킵니다. "쉴 사이 없이 일을 했다"나 "앉을 사이도 없이 바빴어"처럼 써요. 넷째로 "가깝게 붙으면서 벌어진 자리."를 가리킵니다. "머리 카락 사이로 스치는 바람"이나 "책 사이를 뒤지자"처럼 씁니다. 다 섯째로 "서로 알거나 가까이 지내는 사람이나 모습."을 가리키고, "사랑하는 사이라면"이나 "우리 둘 사이에는 허물이 없어"처럼 써 요. 여섯째로 "어떠한 곳에 함께 어울리는 자리."를 가리키니, "거북 한 사람들 사이에서는 말도 안 하지"나 "논밭 사이로 피어난 들꽃" 처럼 씁니다. 일곱째로 "서로 이어지거나 나란히 놓이는 여러 가지 가 있는 모습. 얽힌 모습."을 가리켜요. "꽃과 나비는 함께 반기는 사이"나 "두 나라는 가깝지만 먼 사이"처럼 써요.

'틈'은 '트다·틔우다'로 쓰임새를 뻗는다면, '사이·새'는 '사이좋 다'라든지 '샛길'처럼 쓰임새를 뻗고, 하늘을 날고 땅에 내려앉는 '새'라는 날짐승을 가리키는 이름하고도 만납니다. 곰곰이 보면 새 (멧새)는 하늘하고 땅 '사이'를 오갑니다.

'틈·트다'는 시원하고 환하게 여는 결을 나타내는데, '사이·새'는

'새롭다·새록새록'으로도 뻗어요. 흐르고 만나고 얽히는 자리에서 처음으로 불거지는 길이기에 '새롭다'라 할 만합니다.

* 짬
* 짜다 ㄱ·ㄴ·ㄷ

"두 가지가 마주 붙은 자리"나 "어떤 일을 하다가 다른 일을 하거나 다른 생각을 할 만한 짧은 때"나 "가장자리를 가지런하게 자르려고 뾰족한 끝으로 살짝 찍은 자리"를 '짬'이라 합니다.

"손가락 짬으로 가만히 본다"라든지 "짬이 밭아 못 넣는다"고 해요. "짬을 내어 온다"나 "짬이 없어서 못 온다"고 하지요. "짬을 또렷이 내야 잘 보인다"고도 합니다.

'짜다'가 말밑일 텐데, 책걸상이나 옷칸을 요모조모 맞추어서 세간을 지을 적에 '짜다 ㄱ'을 써요. "모임을 짜서 일을 한다"나 "하루를 잘 짜서 일을 한다" 같은 자리에도 쓰는데, 여러모로 모으거나 살피면서 알맞게 다루는 결을 나타냅니다.

'짜다 ㄴ'은 "물을 짜다"나 "기름을 짜다"처럼 힘껏 비틀거나 누르는 몸짓을 나타내요. "생각을 짜려고 하는데 힘들다"처럼 쓰기도 하니, 온마음을 기울여서 뭔가 헤아리려는 결을 나타냅니다. 그리고 "아무리 짠들 안 된다"처럼 쓸 적에는, 안 될 만한 일을 굳이 힘으로 밀어붙이는 짓, 이른바 억지로 하려는 짓을 나타냅니다.

'짜다 ㄷ'도 있어요. "바닷물이나 소금을 먹는 맛이 나다"를 뜻하고, "너무 짜서 못 먹겠다"처럼 씁니다. "넉넉하지 않게 굴거나 돈을 너무 아끼다"를 뜻하기도 하고, "돈을 안 써서 너무 짜다"처럼 쓰지요. "남한테 쌀쌀맞거나 차갑거나 모질다"도 뜻하며, "너는 이런 일에 너무 짜더라"처럼 씁니다.

무척 애써 '짜내'지요. 요모조모 힘이나 마음을 잔뜩 들여서 내는 '짬'입니다. "벌어진 자리"란 "무엇을 할 만한 자리나 때"이고, 느긋하거나 넉넉하다고는 여기기 어렵고 길지는 않으나, 뭔가 가볍게 할 만 자리나 때입니다.

* 쪼개다
* 쪽·쪼가리

ㅏ 하고 맞닿는 ㅗ로 돌린다면, '짜다·쪼다'가 만나고, '짜개다·쪼개다'를 헤아릴 만합니다. '쪼개다'는 "하나이던 것을 둘이나 여럿이 되도록 하다."를 뜻해요. "장작을 쪼개고 수박을 쪼갠다"처럼 써요. "시간·때·날을 알맞게 나누거나 어떤 일을 하려고 따로 비우다."를 뜻하기도 합니다. "바쁜 틈을 쪼개다"처럼 쓰지요. "알맞거나 알뜰히 쓸 수 있도록 돈을 어느 만큼 따로 두다."도 뜻하고, "달마다 조금씩 쪼갠 돈"처럼 씁니다. "하나이던 곳을 여러 자리가 되도록 하다."도 뜻하며, "마루를 둘로 쪼개어 한쪽에는 책상을 둔다"처럼 씁니다. 그리고 "소리 없이 입을 살며시 벌리고 웃다."를 뜻하고, "쪼개는 모습이더라"처럼 써요.

좁게(쫍게) 파들어 가는 '쪼다 ㄴ'입니다. 새가 콕콕 쫍니다. 마음을 좁게(비좁게·비집고 들어가게) 쓰는 사람은 '쪼다 ㄱ'이에요. '조무래기(쪼무래기)'이지요.

'쪼가리'는 '쪽 + 아리'입니다. "작게 나눈 것"이나 "그리 크게 여길 만하지 않은 것"은 '쪽 ㄱ'입니다. 길을 새하늬마높이나 왼오른이나 위아래로 나눌 적에 어느 하나는 '쪽 ㄴ'이고, 꾸러미를 이룬 종이에서 한 바닥을 따로 세는 '쪽 ㄷ'이에요. '작은' 무엇을 가리키려고 앞에 붙이는 '쪽 ㄹ'이니, '쪽가위'나 '쪽걸상'이나 '쪽집게'입니다. '얼굴'을 달리 가리키는 '쪽 ㅁ'이라 '쪽팔리다'이고, 틀어서 올리는 머리카락은 '쪽 ㅂ'이지요. 파랗게 물들이는 풀은 '쪽 ㅅ'이며, '쪽빛·쪽물(짙파랑)'이에요.

쪼개었기에 '쪽·쪼가리'가 나옵니다. 따로 두는 어느 하나가 '쪽'입니다. 입을 맞추는 소리도 '쪽·쪽쪽'입니다.

＊ 샛밥·새참

우리말을 보면 '아침·저녁'은 '때'를 가리키면서 '밥때'를 더 가리키기도 합니다. 이와 달리 '낮'은 '때'만 가리킬 뿐 '밥때'를 굳이 안 가리킵니다. 우리가 오래도록 이은 살림살이로 보자면, '낮밥'이란 낮에 먹는 밥이면서, 아침하고 저녁 사이에 가볍게 누리는 밥으로 여겼구나 싶습니다. 그래서 '사잇밥·샛밥'처럼 낮밥을 가리켜 왔습니다.

샛밥은 '새참'이라고도 하고, 단출히 '참'이라고도 합니다. '참'은 '아침·저녁'처럼 '때'하고 '밥때'를 나란히 가리킵니다. '짬'은 때만 가리키고, 밥때는 가리키지 않아요. 더 보면, '새참'은 '때'하고 '밥때'를 나란히 가리키고, '샛밥'은 '밥'만 가리킵니다.

그래서 '새참'은 "무엇을 하다가 어느 만큼 쉬거나 그만하거나 내려놓거나 미루면서 누리는 밥·먹을거리·주전부리."하고 "무엇을 하거나 누리거나 펴거나 즐기다가 어느 만큼 쉬거나 그만하거나 내려놓거나 미루는 때."를 나란히 가리킵니다.

* 참 ㄱ·ㄴ·ㄷ
* 차다 ㄱ·ㄴ

벌어진 때나 자리를 가리키는 '겨를·말미·틈·새'는 '짬'하고 '새참'을 이어 '참'으로 흐릅니다. 우리말을 보면 'ㅉ'하고 'ㅊ'가 맞닿기도 하기에, '짬·참'은 맞물리는 뜻이 있는데, '참·차다'는 세 가지로 다르게 쓰곤 합니다.

먼저 '참 ㄱ'은 '참되다·참답다·참하다'하고 하나로 엮습니다. 첫째, "비거나 모자라거나 넘치거나 지나치지 않도록 있는, 빈틈이 없다고 할 만하고, 모자라거나 넘치지 않는 모습·결·빛·기운."을, 그러니까 '가득' 있는 결입니다. 둘째, "어느 쪽으로도 기울지 않고 스스로 있는 모습·결·빛·기운."을, 그러니까 '곧음·바름'을 나타내는 결입니다. 셋째, "스스로 가벼우면서 밝아 마음이 가거나 마음에 드는, 스스로 늘 사랑스레 넉넉히 다스릴 줄 아는 모습·결·빛·기운."을, 그러니까 '즐거움·기쁨'을 그리는 결입니다. 넷째, "넉넉하게 나누어도 늘 새롭게 솟거나 있는, 스스로 가득한 숨결이 되어 넉넉하고 아름답게 나눌 줄 아는 모습·결·빛·기운."을 드러내는 결이요, '흐뭇·푸짐'을 보여줍니다. 다섯째, "봄하고 여름하고 가을하고 애쓴 몸을 고이 쉬면서, 이제까지 쓴 기운이 새롭게 차도록, 그러니까 다 쓴 기운을 새로 채우도록 잠들면서 쉬는 모습·결·빛·기운."을 밝히는 결이고, '꿈'으로 나타나요.

'참 ㄴ'은 첫째 "넉넉하거나 알뜰하거나 아름답거나 크거나 훌륭하거나 반갑거나 옳거나 맞다고 여기면서 하는 말."을 뜻합니다. "참 듣기 좋아"나 "참 훌륭해"처럼 써요. 둘째 "못 느끼거나, 잊거나, 놓치거나, 마음에 두지 않다가, 어느 때에 문득·갑자기 느끼거나 보거나 알거나 떠오르거나 생각나면서 하는 말."을 뜻해요. "참, 바로 오늘인데"처럼 씁니다. 셋째 "안 넉넉하거나 안 알뜰하거나 안 아름답거나 안 반갑거나 안 새롭거나 안 옳거나 안 맞다고 여기면서 하는 말. 안되거나 안타깝거나 딱하거나 어이없다고 느끼거나 여기면서 하는 말."을 뜻합니다. "참 안타까울 뿐이다"처럼 쓰지요. 넷째 "이제까지와는 다르거나 새롭거나 놀랍다고 느끼거나 여기면서 하는 말."을 뜻해요. "참, 고마운 분입니다"처럼 씁니다. 다섯째 "안 하고 싶거나, 멀리하고 싶으면서 하는 말. 싫거나 귀찮거나 성가시다고 느끼면서 하는 말."을 뜻해요. "참, 어떻게 모른 척하냐"처럼 써요.

'참 ㄷ'은 첫째 "무엇을 하거나 누리거나 펴거나 즐기다가 어느 만큼 쉬거나 그만하거나 내려놓거나 미루는 때."를 뜻합니다. "이제 밥을 먹으려는 참"처럼 씁니다. 둘째 "'가볍게 쉬거나 멈추는 때'를 세는 말."을 뜻하지요. "서너 참을 보내면 닿겠지"처럼 씁니다. 셋째 "무엇을 하다가 어느 만큼 쉬거나 그만하거나 내려놓거나 미루면서 누리는 밥·먹을거리·주전부리."를 뜻하고, "참을 좀 마련했어"처럼 씁니다. 넷째 "어디로 가다가 가볍게 쉬거나 머무는 곳."을 뜻하며, "마땅한 참이 있으면 다리를 쉬자"처럼 써요. 다섯째 "무엇을 하는 자리나 때를 가리키는 말."을 뜻하고, "저녁 먹으려는 참에 들었어"처럼 씁니다. 여섯째 "무엇을 하려는 뜻·마음·길·모습·몸짓을 가리키는 말."을 뜻하며, "건너뛸 참이었어"처럼 써요. 일곱째 "어떤 일·몸짓이 이어가는 사이를 가리키는 말."을 뜻하고, "슬슬 걷던 참에 마침 만났어"처럼 씁니다.

소리는 같되 뜻이 갈리는 세 가지 '참'입니다. '참'은 말밑이 '차·차다'예요. '차다'는 둘로 가릅니다.

먼저 '차다 ㄱ'은 "1. 비거나 모자라거나 넘치거나 지나치지 않도록 있다. 더 넣거나 들어갈 만하지 않다. 빈틈이 없다고 할 만하고, 모자라거나 넘치지 않다. (가득하다) 2. 생각·느낌·마음이 어느 한 가지로 있다. 3. 맞아들이거나 받아들일 만하다. 스스로 가벼우면서 밝아 마음이 가거나 마음에 들다. (좋다) 4. 어느 끝·높이·크기만큼 되거나 있다. (어느 만큼 높거나 크거나 많게 있다) 5. 기운·빛·물이 어느 곳에 있다. (크거나 많거나 짙게 있다) 6. 잡거나 세우거나 맞춘 때·날·나이·철이 되다 7. 잡거나 세우거나 맞춘 만큼 되다 (미리 잡은 셈·값·숫자만큼 되다) 8. 동그란 모습이다. (모자라거나 빠진 곳이 없다) 9. 더욱 세거나 짙거나 크거나 많이 있을 적에 힘주어 나타내려고 붙이는 말씨."를 뜻합니다.

다음으로 '차다 ㄴ'은 "1. 온도가 낮은 날씨이다. 2. 살갗에 닿은 것이나 바람이 기운·온도가 낮다. (얼음 같은 것이 닿는 느낌) 3. 사랑스러운 마음이 없다. (쌀쌀하다)"를 뜻합니다. 꽤 차다고 여기기에 '차갑다'라고 합니다.

추위를 나타내는 '차다 ㄴ'일 텐데, 찬 기운이 굳으면 '얼다·얼음'이에요. 얼어붙을 적에는 더도 덜도 아닌 늘 그대로 있는 결이니, '차다 ㄱ'하고도 말빛이 어울립니다.

✽ 한참·한동안

때나 자리를 가리키는 '참'인데, '동안'도 때나 자리를 비슷하지만 달리 나타냅니다. 두 낱말에 '한-'을 앞에 붙이면 쓰임새가 새삼스레 갈립니다.

'한참'은 "1. 좀 길게 지나는 때·시간. 2. 어떤 일이 제법 길게 일어나는 때·시간. 3. 시간·숫자·부피가 어느 것보다 훨씬 넘게."를 뜻해요. "한참 기다린다"라 하면 꽤 길게 기다린다는 이야기입니다. "한참 걸린다"나 "한참 남았다"도 오래 지나야 한다는 이야기예요.

'한동안'은 "시간이 어느 한때부터 다른 한때까지 지나는 결."을 뜻하지요. "한동안 잇는다"나 "한동안 못 봤는데"는 조금은 길다고 여길 만하지만 아주 길지는 않다는 결을 드러냅니다.

참

차다 | **알차다** | **차갑다** | **참답다** | **참하다** | **참새** | **차근차근** | **천천** | **느리다**
처음 | **처럼** | **착하다** | **척하다** | **차림** | **채다** | **찾다** | **참다** | **견디다** | **버티다**
차지다 | **찰떡**

사람은 태어나서 자라는 고장에 따라서 느끼거나 생각하거나 바라
보는 길이 다릅니다. 나무로 우거진 숲에서 태어나서 자라면 나무
가 들려주는 이야기를 품으면서 하루를 누립니다. 논밭이 가득한
들에서 태어나서 자라면 들빛이 물결치는 이야기를 받으면서 하루
를 가꿔요. 바다가 넘실거리는 터에서 태어나서 자라면 파랗게 일
렁이는 물빛이 속삭이는 이야기를 안으면서 하루가 빛나요. 사람
이 가득한 큰고장이나 서울에서 태어나 자라면 사람하고 사람 사
이에 얽히는 실타래나 수수께끼를 들여다보면서 마을이라는 길을
새삼스레 바라보는 하루가 흐릅니다.

　뭇새 가운데 '참새'는 시골에도 서울·큰고장에도 흔합니다. 어
느 곳에서나 쉽게 만나는 참새예요. 다만, 숲에서는 드물어요. 참새
는 숲에서 살기보다는 마을이나 서울·큰고장에서 살려 합니다. 참
말로 남다른 살림길인 참새예요.

숲을 들여다보면 뭇나무 가운데 '참나무'가 가장 **빽빽**해요. 그런데 '참새'로 가리키는 새는 있되, '참나무'로 가리키는 나무는 없어요. 아리송하지 않나요? 게다가, 참나무가 맺는 열매는 '참알'이 아닌 '도토리'입니다. 여기서 더 수수께끼가 있으니, '도토리나무'도 없습니다. 참나무 열매가 도토리인데, 참나무도 도토리도 없다니, 이 무슨 일일까요?

숲에는 갈참나무·졸참나무·물참나무에 상수리나무·떡갈나무·신갈나무가 있습니다. '참나무'란 갈래로 여러 나무를 아울러요. 가만히 보면 모두 다른 나무이지만, 열매나 잎이나 줄기나 가지가 닮았다고 해서 크게 '참나무'라 한답니다. 그리고 이런 여러 갈래 참나무가 맺는 열매를 '도토리'란 이름으로 아울러요. 갈참나무 도토리에, 상수리나무 도토리이고, 떡갈나무 도토리입니다.

＊ 차다 ㄱ·채우다
＊ 가득차다·가득하다
＊ 알차다·올차다

마을에 찬, 가득한 새가 참새입니다. 숲에 찬, 가득한 나무가 참나무입니다. 이 '참·차다'는 '알차다·올차다'나 '기운차다·힘차다' 같은 말로 뻗어요. 알이 차고 올이 찹니다. 기운이 차고 힘이 찹니다.

'많다'하고는 다른 '차다'예요. '넘치다'하고도 다른 '차다'이지요. "너무 많다"가 아닌 '차다'는 스스로 모두 이룬 결을 나타냅니다. 빈틈이 없다고 할 만하고, 모자라거나 넘치지 않는 결이라 할 만합니다. '차오르'기 때문에 둘레에 기쁘게 뻗거나 나눕니다. '찬' 사람이기에 온누리로 즐거이 뻗어요.

"아주 많거나 넉넉하다고 느낄 만큼 있다. 아주 많거나 넉넉하다고 느낄 만큼 있어서 더 넣거나 들어갈 만하지 않다"고 할 적에 '가득하다'라고 해요. '가득차다'는 그야말로 많거나 넉넉하다고 할 적에 힘주어 나타내는 말입니다.

풀과 나무가 욱듯(우그리듯) 넘실거려 '우거지다'에, 크거나 깊어 '거하다'요, 넉넉하거나 '거나하'기에 '건하다'이고, 흐르도록 많아 '흥건하다'입니다. 차곡차곡 차오르는 결입니다.

* 차다 ㄴ
* 찬물·차갑다·추위·춥다

건사하니 늡니다. 고이 품어 찹니다. '차다 ㄱ' 곁에 '차다 ㄴ'는 겨울로 잇습니다. 흩어지려는 물방울을 아울러 덩이로 품어 '얼다·얼음'이니, 얼어붙어서 차고 차갑습니다.

철을 보면, 봄에 싹터 꽃이 피고, 여름에 줄기랑 가지를 뻗어 열매를 맺고, 가을에 넉넉히 거두어 나누면서 갈무리하고, 겨울에 시들며 오래오래 꿈나라로 갑니다. 차올라 차분히 쉽니다.

겨울이란, 꿈(잠)으로 '찬' 때를 가리키는 철이지 싶어요. 봄·여름·가을에 애쓴 몸을 고이 쉬면서, 겹겹이 옷을 두르면서, 이제까지 쓴 기운이 새롭게 차도록, 다 쓴 기운을 새로 채우려고 찬찬히 잠들면서 쉽니다. 겨울 들머리는 바람이 차고, 한겨울이면 오들오들 모질어 차갑습니다. 몹시 차기에 '차갑다'입니다. 찬물에 찬바람에 화들짝 놀라요. 얼른 꿈자리로 갑니다. 고요히 쉬면서 새빛(새기운)을 채울 참입니다.

　고요히 추스르는 추위로 가득한 겨울입니다. 꽁꽁 얼어서 단단한 얼음은 그야말로 가득해서(가득차서) 아무것도 더 들어갈(들어설·들어찰) 수 없습니다. 웅크리기에 비로소 꿈을 그리면서 봄에 움트면서 새롭게 움직일 수 있어요. 가득한 결인 '찬(참·차다)'은 더는 움직이지 않는 몸짓이나 모습이기도 하면서, 가만히 스스로 되돌아보는 꿈길로 나아가면서 새롭게 움트려고 웅크리는 빛을 품는 말씨라고 여길 수 있어요.

* 참·거짓
* 참되다·참답다

　'차다'란 낱말에 ㅁ을 붙여 이름씨로 바꾸면 '참'입니다. '참·거짓'으로 가르지요? 참다운 길하고 거짓스런, 또는 옳지 않은 길을 가르곤 해요. 스스로 가득한 숨결이 되어 넉넉하고 아름답게 나눌 줄 알기에 '참'이란 낱말로 이러한 모습을 가리키는구나 싶습니다. '참'이란 가득한 결이라면, '거짓'이란 겉으로만 있는 결이니 텅 빈 모습입니다. '참'은 가득하기에 넉넉하면서 빛난다면, '거짓'은 겉만 번드르르하고 허울만 있으니 아무런 빛이 없습니다.

참이 되는 '참되다'입니다. 참을 닮는구나 싶어 참대로 나아가는 '참답다'입니다. 즐거우면서 사랑스레 가득가득 스스로 다스릴 줄 알기에 '참'입니다. 어느 쪽으로 기울지 않기에 '참'입니다. 이쪽도 아니고 저쪽도 아닌 길이나 결이 아닌, 스스로 곧거나 바르거나 아름답거나 사랑스러운 길이나 결을 바라보면서 나아가는 '참'이에요.

＊ 참하다
＊ 참말·참말로·참으로

마음이며 생각이 곧게 서면서 바르게 흐르고 사랑스러운 기운이 아름답게 어우러져서 즐겁게 있는 결이나 빛이기에 '참'이니, 믿음직하고 반가운 사람일 적에만 '참하다'고 합니다. 둘레에서 시끄러워도 안 흔들리는 '참한' 사람이에요. 스스로 생각하고 스스로 가꾸고 스스로 돌보면서 살림을 펴고 삶을 누리는 '참한' 사람입니다.

누가 시켜야 하지 않는 '참한' 사람이에요. 아름답구나 싶은 길을 즐겁게 나아가려는 '참한' 벗입니다. 빙그레 웃음짓고 노래하면서 오늘 이 하루를 환하게 맞아들여서 새롭게 빛낼 줄 아는 '참한' 어른입니다.

이리하여 '참말'은 "거짓이 없는, 있는 그대로인 말"이면서 "마음·생각·넋·뜻을 곧게 세우거나 가꾸거나 돌보거나 지으면서 사랑스럽고 아름답고 즐겁게 펴는 말"이라고 할 만합니다.

한자 '정(正)'을 넣은 '정말·정말로' 같은 말씨가 제법 퍼졌는데, '참'이라는 낱말에 서린 결을 헤아려 '참말·참말로·참으로'를 널리 쓴다면 우리 마음에 새빛이 고이 스미리라 생각합니다.

* 참꽃·참깨
* 참새·참나무

사람 곁에 가득하면서 한 해 내내 벌레잡이로 살다가 가을에 이삭이나 낟알을 조금 얻는 새인 '참새'입니다. 예전 시골 흙지기는 허수아비를 가볍게 세워서 참새를 헤아렸어요. 애써 쫓지 않았습니다. 가볍게 타이르면서 이삭하고 낟알을 참새하고 나누었습니다.

사람 곁에 가득하면서 언제나 넉넉히 얻거나 누려 땔감·기둥·세간·살림으로 두루 쓰는 고맙고 반가운 나무인 '참나무'입니다. 숲에 참나무가 가득했기에 지난날 시골사람은 겨울을 포근히 났고, 땔감으로뿐 아니라 집을 짓거나 세간·살림을 짤 적에 이모저모 기쁘게 누렸어요.

많거나 넉넉하기에 쉽게 만나기도 하지만, 많거나 넉넉하기에 누구나 즐겁게 맞아들여요. 봄이면 멧자락에 가득 피는 '참꽃(진달래/짙게 물드는 빛살인 달래)'은 봄밥도 되면서 고운 빛깔이 사람들 마음을 환하게 달래 주었다고 합니다.

요사이는 기름을 가게에서 쉽게 사다가 먹는다지만, 지난날에는 깨나 아주까리나 동백씨나 잣을 짜서 조금씩 얻었어요. 이 가운데 깨(들깨·참깨)는 잎으로 나물을 삼고 열매로 기름을 얻으니 얼마나 사랑스러운 풀이자 나물이었을까요. 참말로 숨을 가득가득 살려 주는 아름다운 들나물인 참깨예요.

* 차근차근·차곡차곡
* 찬찬히·천천히
* 느리다

넉넉하게 퍼지는 숨결을 차근차근 생각해 봅니다. 마음에 차면서 몸을 채웁니다. 넉넉하게 누리는 살림을 차곡차곡 갈무리합니다. 서두르는 빛이 없되 늦추지도 않는 '차근차근'입니다. 모든 자리를 느긋하면서 부드럽게 살피는 '차근차근'이랍니다.

하나씩 넉넉하게 살피면서 빈틈이 없도록 다지며 이루는 결을 나타내는 '차곡차곡'이에요. '차곡차곡' 쌓을 적에는 안 무너져요. 튼튼하고 단단하며 야무집니다. 안 흔들리고 안 흐트러지는 '차곡차곡'입니다.

어느 일을 작은 데까지 하나씩 살피면서 따스한 마음결을 드러내는 '찬찬히(찬찬하다)'입니다. 서두르지 않고 늦추지 않는 결도 스미는 '찬찬히'를 가볍게 들려주는 '천천히'예요. '천천히'는 '느릿느릿'하고 다릅니다. 그냥 '느리게' 하는 몸짓은 '천천히'가 아니에요. 둘레를 요모조모 보면서 반듯하고 따스하고 넉넉히 다루는 몸짓이기에 '찬찬히·천천히'입니다. '느릿느릿(느리다)'은 "서두를 마음이 하나도 없는" 결이에요. 느슨하면서 느긋하기에 '느림'이랍니다.

'느슨하다'는 "1. 잡거나 묶지만, 쉽게 풀 만하거나 힘이 없거나 밑으로 가다 2. 힘이 풀리거나 사라지거나 없어서 잡거나 묶거나 감싸거나 무엇을 하지 못하다 3. 멧줄기가 오르내리기에 까다롭거나 가파르거나 깎아지르지 않다. 멧줄기가 부드럽게 잇다 4. 마음을 단단하거나 딱딱하거나 세거나 갑갑하게 안 두다. 마음을 가두거나 묶거나 잡지 않고, 부드러이 흐르거나 있다 5. 마음·느낌·뜻·생각을 세거나 딱딱하거나 앞서서 드러내지 않다. 마음·느낌·뜻·생각을 가볍거나 부드러이 하다 6. 비거나 쉬거나 숨을 돌릴 만한 틈이 있도록 하다. 차갑거나 어렵거나 힘들도록 묶으려 하지 않다 7. 곧 풀리거나 빠지거나 나오거나 떨어질 듯하게 있다"를 뜻합니다. '느긋하다'는 "1. 모자라거나 아쉽다는 생각이 없을 만한 마음이 되다. 즐겁게 가득한 마음이 되다 2. 바쁘거나 서두르거나 조르거나 다그칠 일이 없는 마음이 되다. 차분하게 있을 만한 마음이 되다"를 뜻하지요. 그러니까 '느리다'는 이 두 가지 결 사이에 있다고 여길 만하거나, 이 두 가지를 가만히 품는 결이라고 할 수 있습니다.

＊ 처음·첫·첨
＊ -처럼

가득 있는 '차다'는 '참'을 거치고 '차근차근·차곡차곡·찬찬히·천천히'를 거쳐 '처음·첫'에 이릅니다. 어떠한 곳이 '처음'인가요? 무엇이든 비로소 태어나거나 싹트거나 생기거나 일어나거나 움직이는 곳이 '처음'일 테지요.

그저 앞자리이기만 한 처음은 아닙니다. '참·찬찬·천천'이란 결을 품은 말씨인 '처음·첫'이에요. 뜻을 짚어 본다면, '처음(첨·첫)'은 "1. 아직 하거나 이루거나 있거나 다루거나 쓰지 않은 것·길·살림·숨결·일·곳·자리·때 2. 가장 빠르거나 높거나 낮거나 좋다고 여기거나 보는 때·곳 3. 아직·여태·이제껏·오늘까지 보거나 만나거나 듣거나 겪지 않은 것·길·살림·숨결·일·곳·자리·때 4. 아직·여태·이제껏·오늘까지 만지거나 건드리거나 손대거나 알거나 보거나 찾거나 쓰거나 움직이거나 바꾸지 않아 그대로 있는 것·길·살림·숨결·일·곳·자리·때. 손을 타거나 다치거나 망가진 적이 없고 알려지지 않은 것·길·살림·숨결·일·곳·자리·때 5. 아직·여태·이제껏·오늘까지 나서거나 하거나 쓰거나 짓거나 펴거나 알리지 않았으나, 바로 이제부터·오늘부터·이곳부터 나서거나 하거나 쓰거나 짓거나 펴거나 알리는 것·길·살림·숨결·일·곳·자리·때"를 가리킵니다.

아직 하지 않거나, 이제부터 비로소 하거나, 여태 알거나 보거나 느끼지 않았거나, 오늘부터 만지거나 마주하거나 다가가거나 짓거나 펴는 결이 '처음(첨·첫)'입니다. 그러니, 애써 하는 일이 잘 안 되거나 안 풀린다면, 너무 어렵거나 까다롭거나 힘들어서 두 손을 들고 싶다면, 이제 도무지 못 하겠구나 싶어서 그만두고 싶으면, '처음'으로 돌아가기로 해요. 다 내려놓아요. 모두 잊어요.

첫자리에서 하나씩 새롭게 살펴봐요. 첫걸음을 천천히 떼기로 해요. 첫선을 차근차근 보이면서 둘레를 봐요. 봄에 피는 꽃을 보고, 겨울에 내리는 눈을 봐요. 살림살이를 처음으로 밝히며 다스리는 '첫밗'을 즐겁게 열어요. 어느덧 우리 걸음걸이는 가벼우면서 상냥하고 환할 테지요.

남'처럼' 되어야 하지 않아요. 나'처럼' 할 뿐입니다. 저마다 다른 우리는 스스로 무엇'처럼' 될 뜻이 아닌, 하늘처럼 바람처럼 바다처럼 숲처럼 나아가면 돼요. 노래처럼 춤처럼 웃음처럼 맞이하면 돼요.

* 착착·척척
* 착하다
* 척하다·체하다

일하는 매무새가 야무지기에 솜씨가 있다고 할 텐데, 솜씨꾼이라면 착착 해낼 테고, 솜씨가 없다면 척척 하지는 않겠지요. 처음부터 착착 하는 사람이 있을 테고, 처음으로 돌아가서 새롭게 해도 척척 못 해내는 사람이 있어요.

착착 해내는 동무를 치켜세워요. 척척 못 하는 스스로 가만히 다독여요. 솜씨가 좋은 이웃을 반갑게 여기고, 솜씨가 모자란 나를 꾸밈없이 아낄 줄 안다면, 우리 마음은 누가 보아도 '착한' 빛살이랍니다. 그냥그냥 남한테 잘해 주기에 '착하다'고 하지 않아요. '참한'

기운으로 차근차근 할 줄 알고, 천천히 하다가 처음으로 돌아가서 새롭게 눈뜨는 넉넉하고 너그러워 즐거운 매무새일 적에 '착하다'입니다.

스스로 넉넉한 마음이기에 남을 속일 까닭이 없는 '착하다'예요. 곱게 부드러이 노래하고 춤추며 웃을 줄 아는 '착하다'예요. 꽃다운 마음입니다. 들풀다운 손길입니다. 나무다운 품입니다. 풀꽃나무답게 살아가는 '착하다'예요.

그런데 ㅏ 하고 ㅓ를 바꾼 '척하다'일 적에는 확 다르군요. "척하다 = 착하지 않은 결"이에요. 꾸밈없고 스스럼없이 빛나는 '착하다'라면, 꾸미면서 스스로 잊거나 잃는 '척하다(체하다)'예요. 스스로 있으면 넉넉하면서 빛나는 '착하다'일 텐데, 겉으로만 좋게 보이려고 하면서 그만 나(스스로)를 잊어서 껍데기만 남는 '척하다(체하다)'입니다.

＊ 차림·차리다·차림새
＊ 챙기다·채다·알아채다·알아차리다

제대로 갖추어서 밥을 먹으려고 '차림'니다. 제대로 갖추어서 옷을 입으려고 '차려'요. 흩어지거나 옅어갈 뻔한 마음을 가만히 추슬러서 빈틈이 없고 넉넉하면서 슬기로운 빛으로 나아가려고 '차리'지요.

잘 해내고 싶은 마음을 '차리다·차림·차림결·차림새'로 나타냅니다. 어떠한가를 알아내기에 "낌새를 차린다"고 하며, '알아차리다·알아채다'라고도 합니다.

앞으로 하거나 갈 일을 헤아려 "떠날 짐을 차리"고 "살림을 차리"고 "가게를 차려"요. 새일을 차근차근 이루려고 마음을 기울입니다. '알아차리다·알아채다'처럼 '차리다·채다·채'가 만나고, '챙기다'로 잇습니다. 길게 대고, 늘어지고, 그릇을 짜고, 팽이를 돌리고, 북을 치고, 집을 가리키고, 결을 나타내는 '채'요, 척척 채듯 짐을 챙기고, 하나씩 챙깁니다.

＊ 찾다

우리는 무엇을 '찾는' 삶일까요? 여기에 없다고 여겨서 두루 알아보는 '찾다'일 테고, 아직 모른다고 여겨 이제부터 알고 싶은 마음이라서 '찾다'일 테지요. 잊거나 잃었다고 여겨 "기운을 찾으"려고 하며 "마음을 찾으"려고 합니다.

아직 모르거나 없다고 여기기에, 이제부터 알거나 곁에 두려 하는 '찾다'란, 천천히(찬찬히) 채우면서 챙기는 길이요, 가만가만 '차도록(차오르도록)' 하는 길입니다. '참(가득함)'으로 나아가려는 몸짓이 '찾다'라고 하겠습니다. 참을 보고 싶으니 '찾아보다'라 하겠지요. 참으로 나아가려 하기에 '찾아나서다'라 할 테고요. 아직은 참이 아니요, 가득한 길하고 먼 줄 느끼거나 알기에 참사람으로 거듭나서 빛나고 싶은 걸음걸이를 '찾다'라는 낱말로 담아낸다고 느낍니다.

처음부터 누구나 '찬' 사람이게 마련이요 '참하'고 '착한' 숨결이에요. 문득 스스로 '덜 찼다'고 여겨서 '참하면서 착한 처음'으로 새롭게 가려고 '찾는'구나 싶어요.

＊ 참다
＊ 견디다·버티다

속으로 가득하여 빈틈도 빈곳도 없이 알차기에 '참'입니다. 이 '참'은 '참다'로 뻗기도 합니다. "속으로 받아들이면서 녹이거나 달래거나 지우는" 몸짓인 '참다'입니다. 눈물도 웃음도 참아요. 참을 적에는 녹여서 사그라듭니다. 앞으로 맞이할 날을 바라보면서 속으로 더욱 다지고 다스리기에 '참다'예요. 몇 해를 참아냅니다. 기나긴 날을 참는 동안 속으로 찬찬히 빛나고 차곡차곡 놓으면서 새삼스레 빛나는 숨결이 태어나요.

겨우겨우 마주하거나 맞서기에 '견디다'입니다. 차디찬 겨울에 쓰러지거나 얼어붙을 수 있지만, 끝까지 기운을 내어 거듭거듭 일어서는 '견디다'예요. 물러나지 않도록 겹겹이 스스로 둘러치면서 더욱 기운을 내고 힘을 모으는 '견디다'입니다. 어디까지 해낼는지 모르나, 마지막 힘과 기운을 내는 때까지 그대로 있으려는, 맞서거나 거스르려는 '견디다'이지요.

마음으로 아낄 줄 아는 깊은 사이를 '벗'이라고 해요. 숲에서 가장 힘찬 짐승을 '범'이란 이름으로 가리킵니다. 어떤 고비나 벼랑이나 수렁이 닥치더라도 그야말로 힘껏 나설 줄 아는 '버티다'라고 하겠습니다. 어려우면 어려울수록 더욱 힘내면서 씩씩하게 마주하면서 이겨내려고 하는 '버티다'예요. '참다'는 속으로 녹이고, '견디다'는 마지막 힘까지 짜낸다면, '버티다'는 온힘을 다해서 이기려고 하는 몸짓입니다. 다부지고 단단한 '버티다'입니다. 밑자리부터 받쳐서 듬직하게 일어서려는 '버티다'예요.

* 찰싹·철썩
* 차지다·찰지다·찰떡·찰밥

　바닷물이 일렁이다가 한꺼번에 크게 덮을 적에 '찰싹' 소리를 낸다고 합니다. 넓으면서 크게 덮는 모습이며 소리를 가리켜요. 누가 등을 '철썩' 때릴 적에는 손바닥을 넓게 펴서 한꺼번에 모두 닿도록 때리는 손짓입니다. '차다 + 싸다'인 얼개엔 '찰싹'이기에 손바닥이 다 닿지 않으면 '찰싹·철썩'이지는 않아요.

　빈틈이 없도록 닿는 '찰싹·철썩'은 잘 달라붙는 모습을 가리키기도 해요. '착·척' 붙기도 해요. 모두 닿듯이 붙는 결이란 '차다'입니다. 잘 붙듯 끈끈한 결을 '차지다·찰지다'로 나타내요. '차지다·찰지다'는 잘 붙는 모습뿐 아니라, 힘이 있고 빈틈이 없는 매무새나 몸짓을 가리키는 자리에도 써요. 넉넉하게 담고 알뜰하게 펴고 환하게 나아갑니다.

　찰진 낟알로 빚은 '찰떡'을 먹어 볼까요? 차진 쌀로 지으면서 팥이랑 밤이랑 대추도 섞는 '찰밥'을 나누어 볼까요? '찰떡'은 먹을거리를 가리킬 뿐 아니라, '찰떡같다'처럼 쓰곤 합니다. 찰싹 붙듯 마음이 맞고, 손발이 맞고, 더없이 믿고 함께 모든 일을 풀거나 헤쳐나갈 수 있는 사이를 나아갑니다.

우리는 '책'을 곧잘 한자 '冊'으로 적곤 하는데, '참·차다'를 돌아보노라면 달리 보입니다. '책'이란, 참답고 참하게 찬찬히 채우면서 살림빛과 사랑길과 삶넋과 사람씨를 챙기면서 착한 손길로 차분히 여미어 차곡차곡 이야기를 재우는 꾸러미이지 싶습니다. 우리는 여태까지 우리 숨빛과 눈길로 우리 발걸음을 차근차근 짚은 적이 없다시피 합니다. 이제라도 마음을 챙기고 생각을 참되이 밝히는 첫걸음을 내딛을 때라고 봅니다.

철

봄 | 보다 | 봉오리 | 봉긋 | 보드랍다 | 여름 | 열다 | 열매 | 가멸다 | 가을
가다 | 갈망 | 건사 | 갈다 | 바꾸다 | 벼리다 | 엎다 | 겨울 | 결 | 곁 | 겹
겨우 | 껴묻다 | 묻다 | 결 | 옆 | 꿈 | 꾸다

낱말책을 펴면 '춘하추동'은 있되 '봄여름가을겨울'은 없습니다. 낱
말책에 '봄가을'하고 '봄여름'은 있으나 '가을겨울'이나 '여름겨울'
도 없어요. 이래저래 엮는 모든 말을 낱말책에 못 담는다지만, 적어
도 '봄여름가을겨울'은 한 낱말로 삼아서 쓸 노릇이라고 생각합니
다. '사계절'뿐 아니라 '네철'도 한 낱말로 삼을 만합니다.

봄이란 어떤 철일까요? 여름하고 가을하고 겨울은 어떠한 숨결
이 흐르는 철일까요? 네 가지 철에 깃든 살림은 무엇일까요? 철마
다 다르게 흐르는 바람이며 볕이며 눈비가 어떻게 얼크러지면서
우리 살림살이가 바뀔까요?

* 봄·보다

먼저 '봄'은 '보다'라는 낱말을 쉽게 떠올릴 만합니다. 새롭게 봄

니다. 새삼스레 봅니다. 처음으로 보고, 돋거나 트려고 보아요. '봄맞이 = 잎맞이'이기도 하고, '꽃샘추위 = 잎샘추위'이기도 합니다. 봄철에는 꽃이 다시 피고 잎이 새로 돋습니다. 바라보는 봄이란, 다시 피는 꽃이랑 새로 돋는 잎을 보고 느끼며 맞이하는 나날이겠지요.

하늘을 보면서 겨울이 스러지는구나 하고 깨닫습니다. 하늘을 보니 제비가 바람을 가르면서 돌아옵니다. 하늘을 보니 해가 차츰 높이 오릅니다. 하늘을 보니 추위가 가시면서 기지개를 켜는 하루가 무르익는구나 싶습니다.

＊ 볼볼·봉오리·봉우리

겨우내 몸을 내려놓고서 알로 지낸 풀벌레가 하나둘 깨어나는 봄입니다. 이 봄이 되니 바야흐로 풀벌레가 볼볼 깁니다. 새삼스레 찾아온 봄을 보면서 우리 볼이 발그레합니다. 피어나는 봄처럼 산뜻하고, 돋아나는 봄처럼 푸릇푸릇합니다.

싹이 트고 움이 트지요. 꽃망울에 잎망울이 맺어요. 잎보다 먼저 꽃이 터지기도 합니다. 세찬 바람이 걷힌 봄을 기뻐하면서 온갖 빛깔 꽃나무가 아름답습니다. 꽃봉오리가 터집니다. 이 봄부터 봉오리가 하나하나 트입니다. 곁에 꽃봉오리가 해사하다(해처럼 하얗고 맑다)면, 둘레에 멧봉우리가 듬직합니다. 꽃봉오리는 따스한 철이 돌아온 하루를 알리고, 멧봉우리 너머로 올라오는 해님은 기지개를 켜는 삶인 줄 밝혀 줍니다.

* 봉긋·방긋·밝다·보드랍다

꽃봉오리를 쓰다듬으며 봉긋봉긋 기운이 납니다. 방긋방긋 웃어요. 방실방실 웃음꽃이 되고, 벙글벙글 웃음잔치를 폅니다. 새로 피고 돋고 자라는 풀꽃나무를 바라보는 이 봄이란, 밝은 철입니다. 밝은 빛을 보기에 봄인 셈입니다.

첫봄에 돋는 봄까지꽃은 꽃이름답게 봄까지 필 뿐, 봄이 저물 즈음에는 가뭇없이 녹아서 흙으로 돌아갑니다. 숱한 봄맞이꽃은 그야말로 봄에만 흐드러져요. 여름해가 높아가는 동안 봄맞이꽃은 문드러집니다. 아직 밤에는 쌀쌀한 바람이 부는 봄철에 기운을 내는 앉은꽃(앉은뱅이꽃)은 우리한테 고맙게 나물이 되면서, 봄빛을 마음으로 받아들이라고 하는 이야기를 속삭입니다.

모든 봄꽃은 밝은 숨빛이면서 맑은 숨결입니다. 봄꽃을 비롯해 숱한 봄잎은 모조리 나물입니다. 봄에 갓 돋는 잎은 풀잎뿐 아니라 나뭇잎도 보들보들하지요. 보드라운 잎을 혀에 얹으며 큼큼 봄내음을 맡습니다. 부드러운 잎을 햇볕에 말리거나 덖어서 한 해 동안 잎물(잎을 우린 물)을 누립니다.

* 여름·열다

둘레가 푸릇푸릇하게 자라나는 빛깔을 보았다면, 어느새 하늘이 새롭게 열리는 철로 접어듭니다. 갖은 봄꽃이 스러진 자리는 온갖 여름꽃이 함초롬히 꽃밭입니다. 앙증맞은 봄꽃이라면 소담스러이 여름꽃입니다. 보들보들 여릿여릿하게 봄잎이라면 푸른 기운이 짙은, 그야말로 짙푸른 여름잎입니다. 매끈매끈 미끈미끈 달라지는 여름날이지요.

첫봄에 흰꽃을 피운 들딸기는 한봄을 지나 늦봄에 빨간알을 맺어요. 봄을 알록달록 물들인 봄나무는 여름으로 접어드니 열매나무로, 과일나무로 탈바꿈(탈 + 바꿈)합니다.

겨울이 스러지고 찾아든 봄부터 해가 조금씩 높아간다면, 여름에는 꼭대기로 오르는, 고빗사위에 이르는 해님입니다. 불볕이라 할 만큼 이 별을 뜨끈뜨끈 달구어 줍니다. 높이 솟은 해는 확 열어젖힌 이 하늘 어디에나 다같이 잘 자라도록 후끈후끈 기운을 나누어 줍니다.

하늘이 열리듯 마음을 엽니다. 트인 하늘처럼 생각을 틔웁니다. 사이사이 빛나고 틈틈이 눈부십니다. 여름철이란 눈부신 하루입니다. 여름날이란 빛나는 오늘입니다. 여름빛이란 아리따운 손길입니다.

＊ 열매·여름지기·열매지기

해랑 비바람이 갈마들면서 온누리를 보듬기에 사람을 비롯한 모든 목숨붙이는 즐겁고 넉넉하게 살아갈 만합니다. 들풀이 들나물이요 들밥입니다. 풋열매는 푸릇한 기운이 흐르고, 풋알은 싱싱한 빛이 감돕니다.

콩 석 알하고 얽힌 옛이야기는 사람·벌레·새가 얼크러진 숲살림을 밝힙니다. 사람 한 알, 벌레 한 알, 새 한 알, 이렇게 나누는 열매라지요. 사람만 누리는 볍씨 한 톨이 아닌, 벌레도 새도 고루 나누어서 누리는 씨나락(씨·씨앗 + 나락)이에요.

새는 봄여름에 벌레잡이로 지내요. 벌레는 바지런히 꽃가루받이를 하고요. 고물고물 기는 애벌레는 잎을 갉다가 새한테 덥석 잡힙니다. 뽕잎을 갉는 누에는 사람한테 누에실을 베풉니다. 누에실은 누에천(비단·緋緞)이 되고 옷으로 피어납니다. 모시는 모시실이 되고 모시옷으로 거듭나고요. 삼줄기는 삼실이 되며 삼옷(삼베옷)으로 이어갑니다. 솜꽃이 피고 지면서 하얗게 솜망울이 맺으면 이 솜을 타서 이불속으로 삼고, 솜을 꼬아 실로 엮어요.

허물벗기를 하며 나비가 되는 애벌레가 없다면 밭도 들도 숲도 모두 시들어요. 배추흰나비가 배춧잎을 갉지만, 배추꽃이 필 적에 '배추꽃가루받이' 노릇을 합니다. 사람 몫만 헤아릴 노릇이 아닌, 벌레 몫을 챙기고, 여기에 새하고 함께할 몫도 살피는 눈길이라면 '슬기롭다'고 합니다. 슬기로운 사람이란 철을 알고 옮기는 사람입니다. 철을 아는 사람이란, '철들다'라는 말처럼, 아이를 거쳐 어른이 되었다는 뜻입니다.

애벌레가 나비로 거듭나듯, 사람은 마음껏 뛰놀면서 자란 끝에 신나게 일할 줄 아는 슬기로운·어진·참한·상냥한·부드러운·넉넉한·가멸진·착한·씩씩한·의젓한·어엿한·믿음직한 몸짓이 되어요. 이러한 몸짓을 다스리기에 '어른'이란 이름입니다. '어른'은 나이만 먹은 사람이 아닙니다. 나이만 먹는다고 할 적에는 '늙다·늙은이'라 합니다. '애늙은이'라는 말처럼, 해가 갈수록 외곬로 고이는 몸짓은 '늙다·낡다'예요. 철을 모르거나 잊으면 모두 '늙거나 낡'습니다.

철든 사람인 어른이기에 씨앗을 다뤄요. 씨앗을 고이 두거나 땅에 묻어요. 씨앗을 뿌리거나 심지요. 씨앗이란 씨알이요, 씨알이란 열매입니다. 씨앗지기는 열매지기이고, 열매지기란 여름지기입니다. 열매일꾼이자 여름일꾼이에요.

＊ 하늘 열리다·해 가득·가멸지다·가멸다·가멸차다

하늘이 열린 여름이기에 열매를 맺습니다. 봄꽃은 여름알이 되고, 여름일꾼이 여름날 묻거나 심은 씨앗은 새로 맞이할 철에 무르익을 터이니, 열린 하늘에서 열린 마음으로 열린 몸짓이 되어 열린 생각으로 열린 살림을 가꾸는 열린 사람은, 해를 가득가득 담거나 나누거나 심거나 묻거나 퍼뜨리면서 가멸진 길을 가요. 가면 손길이요, 가멸찬 집안입니다. 아주 넉넉하도록 많을 적에 '가멸다·가멸차다'라 합니다.

가득가득 일렁이는 해를 맞아들이기에 푸짐푸짐 누리는 열매이고, 이 열매로 우리 살림이 넘실넘실하니 더없이 홀가분하면서 다함께 기뻐요. 벅찬 나날이고, 반가운 하루입니다.

＊ 가을·가다

　허벌난 꽃판하고 잎물결이 어느덧 새모습으로 나아갑니다. 하늘꼭대기에 있던 해가 조금씩 눕습니다. 새로운 철로 갑니다. 돌고 돌아서 갑니다. 뚜벅뚜벅 앞으로 갑니다. 봄을 맞이하고 여름을 지었으니 가을로 가요. 이 가을로 가는 동안 여름나무(열매나무)는 잎을 하나둘 떨굽니다. 열매에 온힘을 모으려고 잎을 조금씩 떨어뜨립니다.

　잎이 말라 가랑잎으로 갑니다. 갈잎은 봄여름에 애쓴 빛으로 나무를 살찌워 주어 꽃이며 열매로 피어났다면, 가지에서 똑 떨어져 뿌리 둘레를 덮을 적에는 지렁이에 쥐며느리에 공벌레에 개미를 끌어당기면서 조금씩 갊으라 합니다.

　가을잎은 땅으로 갑니다. 하늘바라기였던 나뭇가지에서 땅바라기인 나무뿌리로 갑니다. 오래오래 잠들다가 나무줄기를 타고 올라와 허물을 벗고 하늘을 노래하던 매미도 이내 새롭게 짝을 맺어서 다시금 땅에 알을 묻어요. 돌고 돌아서 하늘로 가다가 땅으로 갑니다. 만나고 얽히고 맺다가 또다시 땅속으로 나아가는 길이에요.

＊ 갈망·갈무리

* 간수·건사·간직

새롭게 가노라니 문득 알아차립니다. 이제는 후덥지근한 바람이 아닌 선선한 바람입니다. 화끈하던 볕이 저물려 하면서 스산한 밤으로 갑니다. 아침저녁으로, 또 밤새벽으로 맺던 이슬이 파르르 떨어요. 이 이슬은 머잖아 서리로 바뀔 듯합니다.

어느덧 힘껏 '갈망'을 할 때입니다. '갈무리'를 하는 철입니다. 이다음에 쓰기에 좋도록 차근차근 모아서 놓기에 '갈망·갈무리'입니다. 가을이란 '간직하는' 나날입니다. 가을에는 저마다 살림을 '건사하여' 곧 새로운 철을 맞닥뜨리려고 바삐 뛰어다니는 몸짓입니다. 알뜰살뜰 '간수하'기에 이다음에 즐겁고 넉넉하게 나눠요.

잘 두어서 잇는 '간수'입니다. 오래 잘 두거나, 생각·마음·뜻을 안 잊는 '간직'이에요. 잘 두고 맡고 다루며, 잘 돌보거나 가꾸어 일거리를 이루는 '건사'예요. 아주 넉넉해 '건하다'요, 넉넉히 이끌어 '거느리다'에, 술을 너무 마셔 '거나하다'입니다. 커다란 메나 푸나무가 가득하거나 깊어 '거하다'요, 흐르도록 넘쳐 '흥건하다'예요.

두고두고 쓰려고 갈망합니다. 오래오래 누리려고 갈무리해요. 겨울나기를 즐겁게 하고 싶으니 건사합니다. 겨울 지나면 또 맞아들일 봄에 활짝 웃고 싶어서 간직합니다.

같이 쓰려고 갈망을 해요. 함께 즐기려고 갈무리를 합니다. 서로서로 기쁨을 누리려는 뜻으로 건사하지요. 어깨동무를 하는 두레가 되려고, 너나없이 손잡고서 춤추고 노래하는 잔치마당을 열고 싶어 간직하네요.

* 갈다 ㄱ·바꾸다
* 갈다 ㄴ·벼리다
* 갈다 ㄷ·엎다

  잘 놓고 싶기에 갈무리를 하는 가을에는 새삼스레 땅을 갈아요. 땅을 바꾸지요. 땅을 바꾸는 길입니다. 땅을 갈며 땅심을 북돋우고 싶고, 보리를 뿌려 새봄에 샛노란 물결을 맛보고 싶습니다. 가고, 갈무리하고, 가는(갈아엎거나 바꾸는) 철인 가을입니다. 지붕을 갈아요. 여닫이랑 미닫이에 바른 종이를 갈아요. 푸지게 얻은 가을알로 요모조모 세간을 가는군요. 다가오는 철을 생각하면서 차근차근 바꾸는 하루입니다.
  '갈다'는 세 가지로 씁니다. '갈다 ㄱ'은, 그동안 있거나 쓰던 것을 버리고서 새것을 맞아들이는 일입니다. '갈다 ㄴ'은, 날이 서도록 맞대어서 움직이는 몸짓입니다. '갈다 ㄷ'은, 논밭으로 삼으려고 땅을 파서 밑쪽을 위로 놓고 위쪽이 밑으로 가도록 하는 일입니다. '갈다 ㄱ'은 '바꾸다'하고 비슷하고, '갈다 ㄴ'은 '벼리다'하고 비슷하며, '갈다 ㄷ'은 '엎다'하고 비슷합니다. 밖으로 내보내어 새것이 들어오도록 하는 '갈다 ㄱ·바꾸다'이고, 반짝반짝 빛내는 '갈다 ㄴ·벼리다'입니다. 위아래를 바꾸면서 옛모습을 없애고 새롭게 지으려는 '갈다 ㄷ·엎다'이고요.

땀흘린 보람으로 바꾸어 낸 손빛입니다. 일철에 일손을 거들며 어른 곁에서 어깨너머로 손놀림을 배운 아이들은 솜씨가 달라갑니다. 소꿉놀이를 거쳐 소꿉살림을 알아차립니다. 소꿉밥을 짓고 소꿉잔치를 하던 아이들은 솜씨가 무엇인지 넌지시 깨닫습니다. 이 손으로 스스로 보듬으면서 일어나는 새로운 신바람을 느낍니다.

놀이하는 아이들은 처음에는 놀이노래만 알지만, 일하는 어른 곁에서 듣는 일노래를 슬슬 따라하면서, 슬기로운 손빛으로 손살림을 물려주는 어버이랑 어른 매무새가 묻어난 이야기라는 말밑을 들으면서, 어느새 마음이 한 뼘 두 뼘 큽니다. 몸이 크듯 마음이 크고, 손아귀에 힘이 붙듯 생각에도 힘을 실을 줄 알아요.

* 겨울·결·겹·켜

드디어 겨울입니다. 푸릇푸릇하다가 짙푸른 물결이었고 새파랗게 눈부신 하늘이 가시면서 온통 새하얗게 덮는 겨울입니다. 겹겹이 쌓이는 눈이란, 봄에 보는 꽃눈이나 잎눈하고 다릅니다. 맑고 밝고 환한데다가 속이 깨끗하게 비치는 눈송이를 손바닥으로 받아서 들여다보다가 깜짝 놀랍니다. 어쩜 물방울이 이렇게 멋들어진 무늬로 바뀌었을까요? 시원하게 뿌리는 비구름이 아닌 포근하게 덮는 눈구름이 되면 그지없이 멋진 물조각으로 되는군요.

눈밭 곁에 섭니다. 눈덩이를 뭉치며 차가운 결을 느낍니다. 냇물이나 빗물이나 바닷물이나 샘물은 시원하지만, 얼음이 된 덩어리는 찹니다. 비가 내리는 철에는 시원하지만, 눈이 내리는 철에는 춥습니다. 더운바람은 떠오르지 않습니다. 온통 찬바람입니다. 더위는 생각나지 않습니다. 맨 추위로 가득한 나날입니다.

'겨울'을 줄여 '결 ㄷ'이라고도 합니다. 여럿이 뭉쳐서 이룬 바탕이나, 마음을 이루는 바탕을 '결 ㄱ'이라 하지요. 무엇을 하는 때나 틈이나 짬이나 사이를 '결 ㄴ'이라고도 하는데, '겨를'을 줄인 낱말입니다. 겨울은 무엇이든 뭉치는 철이라 할 '겹'으로 있는 나날입니다. 여럿이 차곡차곡 뭉치거나 쌓이기에 '결 ㄹ·켜'예요. "켜켜에 쌓는다"고 말하며, 쌓이고 쌓여서 오래될 적에 '켜켜묵다(케케묵다)'라 합니다. '켜'하고 맞닿아 '나뭇결'이나 '머릿결'을 가리키는 '결 ㄹ'입니다.

곰곰이 보면, 겨울이란 눈을 뭉치기도 하지만, 추위를 이기려고 몸을 뭉치고, 옷을 겹겹으로 입습니다. 이제는 바깥일을 쉬는 철인 겨울이에요. 비로소 집안에 모두 도란도란 뭉치듯 둘러앉을 짬인 '겨를·결'을 냅니다.

* 겨우·껴입다

"겨울 동안"을 줄여 '겨우내'라 합니다. 우리말 '겨우'는 "힘을 들여서 어렵게" 무엇을 할 적하고, "넉넉하지 못하기에 잘해 보았자 얼마 되지 않"을 적에 써요. "눈길을 겨우 헤쳤다"나 "겨우 이만큼

이네"처럼 씁니다. 비슷한말 '가까스로'는 "애쓰거나 힘써서 어렵지만 어느 만큼 맞출 수 있도록" 할 적하고, "어느 만큼 맞추거나 넘기기에 힘들" 적에 쓰지요. "가까스로 참았다"나 "가까스로 잡았다"처럼 씁니다.

어쩌면 겨울은 '겨우' 견디어 내는 철일는지 모릅니다. 추위를 견디기 어려울 만하거든요. 그래서 이 겨울에는 옷을 두툼하거나 두껍게 껴입습니다. 가을에 얻은 새로운 살림으로 바지런히 지은 나날이었으니, 겨울에는 옹기종기 모이고 두런두런 다가앉아서 그동안 바깥에서 뛰놀고 일하고 살림하던 이야기를 합니다. 아이는 아이대로 놀이살림을 털어놓고, 어른은 어른대로 일살림을 밝힙니다. 아이는 아이답게 노래하고 이야기하고, 어른은 어른스레 노래하고 이야기합니다.

오순도순 주거니받거니 흐르는 말이 포근포근합니다. 도톰히 껴입은 옷은 폭신폭신합니다. 솜을 둔 이불도 폭신하지요. 옷을 입고 또 겹쳐서 입기에 '껴입다'라고 해요. 알을 품는 어미닭이 새로운 숨결로 태어날 병아리를 그리면서 포근한 기운을 오롯이 물려주듯, 봄여름가을에 지은 살림을 겨울에 한가득 누리면서 우리가 이렇게 해낸 솜씨가 얼마나 고마운가를 새록새록 되새깁니다.

∗ 껴묻다·묻다·품다

옷은 껴입는다면, 다른 곳에 슬그머니 낄 적에 '껴묻다'라고 해요. 또는 묻고서 겹으로 묻는다는 '껴묻다'입니다.

여름에는 열매를 바라며 씨앗을 묻었다면, 겨울에는 새봄을 바라며 이야기를 묻습니다. 궁금한 대목을 물어봅니다. 알고 싶은 길을 여쭙니다. 손수 묻은 씨앗이 땅이라는 터에서 뿌리를 내리고 줄기를 올리고 잎을 틔우면서 자라듯, 마음에 묻은 궁금한 생각이 마음밭이라는 자리에서 고루고루 퍼지고 무럭무럭 크면서 모든 실마리를 스스로 알아갑니다. 알고 싶기에 알려 달라면서 하는 말이 '묻다'인데, 겹겹이 되도록 흙이나 여러 가지 사이에 넣어서 안 보이도록 하는 말도 '묻다'예요.

가만 보면, 닭이나 새가 알을 '품는' 몸짓은 '묻는' 몸짓을 닮습니다. 씨앗은 흙이라는 품에 묻혀서 가만히 꿈을 꾸다가 깨어납니다. 알은 어미 품에 푸근하게(포근하게) 묻혀서 꿈을 꾸다가 깨어나요. 푹신푹신 폭신폭신 안는 몸짓인 '품다'예요. 그리고 생각이나 뜻을 마음에 품을 줄 안다면, 마음에 씨앗을 심듯 꿈을 품어 본다면, 앞으로 자라거나 살아가는 길에 한결 의젓하거나 씩씩하겠지요.

봄여름에 묻는 살림이란, 스스로 피어나고 싶은 몸짓입니다. 마음자리에 생각을 묻는 이야기란, 스스로 알아차리면서 나아가려는 눈짓입니다. 따스하게 품는 길을 보여주는 어버이(어미·아비)마냥, 포근하게 품는 손길을 익히는 아이입니다. 겨울에는 품고 묻으면서 겨우살이(겨울나기)를 합니다. 겨우 하나를 알아채도 좋아요. 고작 하나만 깨달아도 돼요. 이 자그마한 한 가지가 새롭게 씨앗이 되어 우리 스스로 일으켜세워요. 아이들은 어버이 곁에서 포근한 숨결을 속으로 품으면서 든든하게 겨울맞이를 하는 나날입니다.

* 곁·옆
* 곁님

　오른쪽이든 왼쪽이든 둘레이든 가까이 있기에 '곁'이나 '옆'이라
합니다. '곁'은 "가까이에서 보살펴 주거나 도와줄 만한" 사람이나
손길을 가리킬 적에도 씁니다. '곁사람'하고 '옆사람'은 어쩐지 달라
요. '곁길·옆길'은 모두 큰길에서 갈린 길이면서, 다르게 빠지는 길
을 가리키는데, '곁눈'이라는 낱말은 "눈길을 모으거나 받는" 결을
나타내고 '옆눈'은 옆으로 난 눈을 나타냅니다. 가슴하고 등 사이 갈
빗대가 있는 쪽은 '옆구리'라 하지요.

　"내 곁에 있어 주렴" 하고 말할 적하고 "내 옆에 있어 주렴" 하고
말할 적은 비슷하면서 다르지요. '곁'은 겹치듯 품는 결을 담는다면,
'옆'은 가까운 자리에 있는 결에서 그칩니다. 이런 얼거리를 살펴본
다면, '곁 + 님' 얼개로 '곁님' 같은 새말을 지을 만합니다.

　우리말을 살피면 '그'라는 낱말 하나로 순이돌이(남녀)를 나타
내요. '그이·저이·이이'라 할 적에도 순이돌이를 아울러서 나타냅니
다. 어머니·아버지나 딸·아들처럼 순이돌이를 가르기도 하지만, 가
시버시(부부)라는 사이일 적에는 서로 허물없이 가리킬 이름으로
'곁님'이란 말을 쓸 수 있습니다. 겨울을 함께 견디며 포근히 새날을
꿈꿀 만한 사이인 곁님이에요. 가시밭길도 꽃길도 나란히 걸어가

면서 삶을 갈무리하고 기쁘게 펼 이야기를 간직하는 두 사람인 곁님입니다.

* 꿈·꾸다

어미닭 품에서 포근히 자라는 알이요 숨결이자 씨앗입니다. 어미닭이 낳은 알에서 조그마한 씨눈이 겹겹이 퍼지면서 새로운 몸을 입습니다. 알이라는 곳에서 자라나는 병아리는 '아아, 어떤 분이 나를 맞이하려고 이렇게 포근히 품었을까?' 하고 생각합니다. '나는 앞으로 어떤 몸을 새로 입고서 이 알을 깨고 나가 바깥자리에서 해바라기로 뛰놀까?' 하고 꿈을 그립니다.

실컷 뛰놀고서 한껏 먹은 아이가 어버이 품에서 잠듭니다. 어버이는 아이를 곱게 품어 주고 토닥토닥 달래면서 자장자장 노래를 합니다. 아이는 꿈결에 어버이 노랫가락이며 목소리를 듣습니다. 아이는 꿈나라에서 어버이 손길이며 마음길을 느낍니다. 이 땅에서는 두 다리로 땅을 박차고 달리며 놀았다면, 꿈누리에서는 사뿐히 하늘로 날아서 구름을 깡총깡총 뛰면서 놀아요. 보금자리에서는 나무를 타고 열매를 따먹으며 놀았다면, 꿈자리에서는 구름을 타고 무지개를 타고 별빛을 타면서 어디로든 마실하는 놀이판입니다.

아직 이루거나 오거나 닿지 않았지만, 앞으로 오리라 여기는 마음인 '꾸다 ㄱ'입니다. 아직 없거나 얻지 못 하였다고 여겨서 미리

받거나 누리려고 하는 '빌다'하고 비슷한 '꾸다 ㄴ'입니다. '빌다'는 '비었다(비다)'는 마음으로 얻기를 바라는 마음이요, '꾸다 ㄴ'은 앞을 바라보고 그리면서 미리 얻으려는 마음입니다.

겨울철이란, 겹겹이 묻은 마음을 새롭게 일으키는 꿈이라는 생각으로 포근히 감싸면서 새봄을 그리는 나날입니다. 겨울날이란, 거듭거듭 이야기하고 노래하고 어울리면서 차가운 눈밭에서 연을 띄우고 얼음을 지치고 눈사람을 굴리고 눈놀이로 짙은땀을 뻘뻘 흘리면서 스스로 활활 타오르는 때입니다.

다 다른 봄여름가을겨울에 맞게, 다 다르게 하루를 살아요. 언제나 새롭게 살림을 보고, 놀이를 찾으며, 일거리를 마련하고, 살림살이를 북돋웁니다. 아이가 어른이 되고, 어른은 어버이가 되며, 어버이는 새삼스레 아이를 품고, 이 아이는 꿈을 그리는 홀가분한 철을 고요히 건사합니다.

철맞이를 합니다. '어른 되기 = 철맞이'입니다. 철있는 사람으로 자랍니다. 나날이, 다달이, 철철이, 해마다, 조금조금 눈을 틔워 해곱게 어깨를 폅니다.

하늘

하나 | 홀 | 해 | 하얗다 | 한겨레 | 놀 | 너울 | 빛나다 | 하찮다 | 한껏 | 함박
한글 | 한새 | 해바라기 | 할머니 | 쪽빛 | 파랗다 | 사름

이야기꽃을 피우려고 여러 고장을 다니면서 몇 가지를 눈여겨보려 합니다. 첫째는 하늘이고, 둘째는 숲이며, 셋째는 풀이고, 넷째는 나무요, 다섯째는 골목에다가, 여섯째는 길바닥입니다. 이다음으로는 그 고장에 마을책집이 있느냐 없느냐를 살펴요.

하늘이 맑은 곳이라면 사람도 새도 벌레도 짐승도 푸나무도 살 만한 고장이라고 느낍니다. 하늘이 매캐하다면 사람도 새도 벌레도 짐승도 푸나무도 살 만하기 어렵겠구나 싶어요. 하늘이 매캐하면서 숲을 가꾸거나 사랑하려는 고장은 없더군요. 하늘빛을 뿌연 잿빛으로 내팽개치면서 풀밭이나 나무를 돌보는 고장도 없어요. 하늘이 온통 먼지구름인 고장치고 골목이나 길바닥을 곱게 보듬는 데도 없어요.

＊ 하느님·하늘님·한울님

한겨레가 쓰는 낱말 가운데 '하느님'은 '하늘님'에서 'ㄹ'이 떨어진 줄 꽤 많이들 압니다. 어느 절집에서는 '하느님'이 아닌 '하나님'으로 쓰면서 '하나뿐인 님'이라는 뜻을 붙이는데, 이렇게 쓸 수도 있겠다고 느끼지만, 조금 더 깊이 헤아려 볼까 싶습니다.

✳ 하나 = 하늘 = 한
✳ 홀·홀가분

'하늘'하고 '하나'는 같은 말밑이자 뜻입니다. 하늘이 하나이고, 하나가 하늘이에요. 이름을 굳이 가른다면, 저쪽이랑 이쪽은 다르다고 여기려는 마음이고, 이쪽이랑 저쪽을 갈라서 남남이 되려는 뜻이곤 해요. 또는, 서로 새로운 길을 가려는 생각일 수 있겠지요.

예부터 '하늘 = 하나'인 바탕을 짚어 본다면, 하늘은 둘이나 셋으로 못 가르거든요. 하늘은 통으로 하나예요. 그러니 '하늘 = 하나'입니다. 하나일 적에는 오롯합니다. 옹글다고도 합니다. '오롯하다·옹글다'는 '온'이란 말에서 갈리는데, '100'을 세는 이름이면서 '모두'를 가리키는 낱말이에요. 우리말 '온누리'는 한자말로 '우주'를 가리키고, 우리말 '온나라'는 한자말로 '전국'을 가리키기도 합니다.

하나란 '1'이면서 '온·모두'를 품습니다. 빈틈이 없기에 모든 것을 나타내요. 이러면서 하나란 '홀'이기도 합니다. '홀'은 홀짝(홀 + 짝)을 말하는 그 홀이면서 '홀로·혼자'하고 맞물려요. 또 '홀'은 '홀가분하다'로 가지를 뻗습니다. '홀가분하다 = 홀로 + 가분하다(가붓하다·가볍다)'입니다. 한자말로는 '자유'를 가리킵니다. 하나로 있기에 모든 것이면서 가볍기에 날갯짓을 할 수 있다는 뜻입니다. 하늘을 이루는 바람을 봐요. 바람은 어떤 무게일까요? 바람과 같은 무게이기에 '가볍다(가분하다)'요, 바람처럼 하늘을 날아다닐 만한 숨결이자 마음이요 몸짓이기에 '홀가분하다'입니다.

자, 홀가분해서, 홀로 가벼워서 날갯짓을 한다면 어디에서 날아오를까요? 바로 하늘입니다. '하나'는 '혼자(홀)'이기에 '가볍게' 날갯짓을 하면서 '하늘'을 누비는 '모든' 숨결을 가리키는 셈입니다.

* 하나인 나

또한 '하나'는 '홑'이지요. '하나 → 홀 → 홑'으로 간다고도 할 텐데, '홑'이란 '낱'을 가리키고, '낱'은 다시 '나'를 가리켜요. '나'로 있기에 '하나'입니다. 네, 가만히 살피면 '하나'라는 낱말은 '하(한) + 나'인 셈입니다. '하늘 + 나(하나인 나) = 하나'라고도 여길 만합니다. 또는 '한'이라는 낱말에서 'ㄴ'은 슬그머니 '나'를 품었다고 할 만해요.

여기에서 우리말을 새삼스레 생각할 만한데요, ㅏ 다르고 ㅓ 다른 우리말이라, '나·너'는 서로 다르면서 같아요. 다시 말해서, 나하고 너라는 사람은 서로 다르지만, 숨결이나 목숨이나 넋이나 빛으로는 같아요. 늘 떨어진 남남이자, 너랑 나는 늘 '우리'로 맞물리는 셈입니다.

* 하늘·하나·한
* 해·하얗다
* 해맑다·해밝다·해사하다

    이 땅에서는 어느 절집을 다니느냐에 따라 '하느님·하나님·한울님'처럼 갈라서 씁니다만, 따지고 보면 다 같은 이름입니다. 우리 절집이랑 너희 절집이 다르다는 티를 내려고 이름을 달리 붙일 뿐이에요. 어느 이름이 낫거나 좋을 수 없습니다. 또한 어느 이름을 쓰든 말밑을 낱낱이 볼 노릇입니다.

    무슨 소리인가 하면, '하느님·하늘님·한울님'이란 바로 "하늘에 있는 님"을 가리키는데, 이 하늘이란 먼먼 저곳이기도 하면서, 바로 우리 스스로(나)이기도 합니다. 구름을 타고 붕 뜬 분이라서 하느님·하늘님·한울님이 아닌, 바로 너도 나도 언제나 누구나 하느님·하늘님·한울님이라는 소리예요.

    하늘은 하나이거든요. 하나는 하늘이고요. 하나는 바로 '하 + 나'라, "하늘인 나"라는 소리입니다.

    우리가 사는 이 별을 비추는 다른 별을 '해'라고 하지요. 이 '해'라는 낱말도 '하늘·하나'에서 가지를 쳤습니다. 다만, 어느 쪽이 먼저라고는 말하기 어려운데, 하늘이 트이면서 해가 떠올랐다고 해야 할 터이니, 나란히 나타나고 한꺼번에 태어난 낱말이라고 여겨야지 싶습니다.

    하늘이 트이고 해가 떠오르면서 온누리는 하얗게 빛납니다. 여기에서 '하얗다'는 '해가 드리우는 빛'을 나타내요. 해처럼 맑아 '해 맑다'이고, 해처럼 밝아 '해밝다'입니다. 해처럼 맑으면서 곱기에 '해사하다'입니다.

* 한겨레
* 놀·노을·노랗다
* 너울

'하늘 = 해 = 하얗다'인 얼개입니다. 이 별에서 바라보는 해는 하나예요. '하늘 = 해 = 하나 = 나 = 하얗다'로도 맞물립니다.

한겨레 옛사람은 어쩜 이렇게 말을 지어서 썼을까요? 마치 장난꾸러기 같습니다. ㅏ 다르고 ㅓ 다른 이 나라 말씨라는 이야기처럼 그야말로 개구진 말놀이를 하는 셈이라고 느껴요.

'한겨레'라는 이름에서 '한'은 '하나 = 나 = 하늘 = 해 = 하얗다'입니다. 한자말로 우리 겨레를 '한민족'이나 '백의민족'으로 나타내곤 하는데, 조선 무렵에 입었다는 흰옷 때문으로만 '백의민족'이라 하지 않습니다. 한겨레는 "하늘에서 내려온 겨레"라는 뜻입니다. 말밑이나 말뜻이 그렇습니다.

"하늘에서 내려온 겨레요, 해를 사랑하는 겨레"입니다. "하늘에서 내려온 겨레이고, 해를 사랑하는 겨레요, 해가 뜰 때처럼 하얗게 빛나"니, 흰옷(흰몸)을 입은 모습으로 보이는 겨레이기도 해요. 또한, 하늘에서 내려온 사람인 '나'인데, '날개'를 달며 '날' 줄 아는 사람이기도 하지요. '흰옷겨레(하얀옷겨레)'라는 오랜 이름에는 '하늘 빛겨레 = 하늘겨레 = 하늘사람 = 해사람'이라는 속뜻이 흐릅니다.

햇빛은 아침·낮·저녁에 따라 달리 느낍니다. 햇빛을 노랗게도 하얗게도 붉게도 말갛게도 보랗게도 그리지요. 어느 쪽만 맞다고 할 수 없습니다. 아침저녁으로 온누리를 노랗게 물들이는 햇빛은 '노을'입니다. '노란' 빛결하고 맞물립니다. '노을'을 줄여 '놀(아침놀· 저녁놀)'인데, 바다에서 크게 일렁이는 물인 '너울'을 줄인 낱말도 '놀'입니다. '하늘놀'하고 '바다놀'은 참으로 닮았어요. 마치 하나 같 습니다. 구름이 잔뜩 일어난 모습을 '구름바다'로 빗대기도 하듯, 하 늘하고 바다에서 퍼지는 '놀(노을·너울)'은 나란히 흐릅니다.

* 빛나다·눈부시다
* 한길·하찮다
* 하고많다·하고하다
* 허구많다·허구헌날 (허구한날)

"아침에 해가 뜰 때하고 같다"는 뜻인 '빛나다'이며, "밤을 물리 치고 새벽을 지나 아침을 맞이하여 해가 떠오를 적에 온누리를 하 얗게 밝히기에 눈을 떠서 보기 어렵다"는 뜻인 '눈부시다'입니다.

'한'은 '크다'나 '많다'도 가리킵니다. '하고많다(하고하다·많고많 다)'란 말씨가 오늘날에도 남았고, '한길'이란 큰길입니다. '하찮다' 는 "하치 아니하다(하지 아니하다)"를 줄인 말입니다. "크거나 많지 않다”나 ‘크거나 많거나 훌륭하거나 대수롭다고 볼 만하지 않다”는 뜻인 ‘하찮다’예요.

‘하고하다’는 ㅏ 하고 ㅓ가 오가면서 ‘허구헌날(허구한날)’로도 써요. 많고도 많은 날이란 뜻이지요. 입말로는 으레 ‘허구헌(허구허다)’ 꼴로 쓰는데, 맞춤길로는 ‘허구한(허구하다)’으로 적어야 옳다고 여깁니다. 북녘에서는 ‘허구많다’도 올림말로 삼습니다.

* 하다

우리말에서 가장 널리 쓰는 낱말은 ‘하다’입니다. 외따로 쓰기도 하고, 다른 말에 붙어 ‘-하다’ 꼴로 씁니다. ‘생각하다·사랑하다’를 받치는 ‘-하다’요, ‘이러하다·저러하다·그러하다’처럼 잇는 ‘-하다’예요.

‘많다’나 ‘크다’를 뜻하기도 하는 ‘하다’인데, ‘움직이다’나 ‘짓다’나 ‘이루다’나 ‘보이다’나 ‘되다’나 ‘쓰이다’나 ‘말하다’를 뜻하거나 나타내는 ‘하다’이기도 해요. 그야말로 웬만한 곳마다 ‘하다’ 한 마디로 살살 생각을 펴면서 이야기를 엮습니다.

너른 하늘은 바람으로 이루고 우리가 마시는 숨이 되어, 우리가 살아가는 바탕이듯, ‘하다’라는 말은 우리가 생각을 펴며 이야기를 누리는 길에 바탕입니다.

* 한가람·한꺼번에·한껏·한바탕·한숨

한가람(한강)이란 큰가람입니다. 큰 냇물이기에 한가람(한강)이에요. '크다'라는 말은 '으뜸·첫째·꼭두'하고 맞물려요. 서울 한복판을 가로지르는 한가람은 '으뜸가는 냇물'이자 '첫째가는 냇물'이라는 뜻을 품기도 합니다.

몰아서 하거나 크게 하거나 같은 때에 확 하기에 '한꺼번에'이고 '한껏'입니다. 어느 자리에서 크게 벌이기에 '한바탕'입니다. "한숨도 못 잤다"라 할 적에 '한 = 1(조금·살짝)'를 뜻하고, "조금도 못 잤다"는 얘기입니다. "한숨을 섞어서 말하다"라 할 적에 '한 = 크다'를 뜻하고, 걱정스럽거나 힘들 적에 숨을 크게 들이마시면서 마음을 다스리려고 하는 몸짓을 나타냅니다.

* 한가운데·한복판
* 함박꽃·함박눈·함박비
* 박꽃·함초롬하다·함함하다

가운데나 복판에서도 바로 콕 짚는 '한가운데·한복판'입니다. 더없이 커다란 꽃이요, 소담스러운 꽃송이인 '함박꽃'입니다. 아주 기쁘기에 크게 '함박웃음'을 짓습니다. 겨울에 눈이 펑펑 쏟아지니 '함박눈'입니다. 엄청나게 퍼붓는 빗물이라면 '물폭탄'이 아닙니다. '함박비'입니다. 엄청나게 몰아치는 바람이라면 '태풍'이 아닙니다. '함박바람'입니다.

돈을 많이 벌고 싶나요? 그러면 '함박돈'을 그리면 돼요. 함박·

함지박인데요, 예부터 한겨레 풀집 지붕에 얹은 '박'은 하얗디하얀 꽃을 피웠습니다. 이 길에서 더 생각을 이을 수 있다면 '함초롬하다'를 그리겠지요. 그냥 고운 빛이 아닌 '함초롬'입니다. 한자말로 하자면 '단정(端整)·단아·침착·우아·유려·고상·고아(高雅)'를 품는 '함초롬'이에요. '함함하다'는 털이 보드라우면서 반드르르 보이는 결을 가리킵니다. 넉넉하고 커다랗게 맺힐 적에도 '함함하다'라 합니다. "고슴도치가 제 새끼를 함함하다고 여긴다"는 옛말이 있고, "새벽 이슬이 함함히 맺혔다"처럼 씁니다.

* 한글·한말
* 한힌샘

  하늘이 내린 글이라는 '천부경'이 있습니다. 얼마나 오래된 글인지 알 길이 없다고 합니다. 하늘이 내렸으니 우리말로 하자면 '하늘글'일 테지요. 한글이 없던 무렵에는 한자를 빌려서 옮겼으니 '천부경'일 텐데, 이제는 한겨레 말씨로 가다듬어 '하늘글'이라 하면 되리라 여겨요.
  오늘 우리는 '한글'이란 이름을 쓰지만, 이 글씨를 처음 지은 분은 한자로 '훈민정음'이란 이름을 붙였습니다. 나랏님이 아랫사람한테 가르치겠다는 뜻인 '훈민정음'이에요. 그 뒤로 오백 해란 나날이 흐른 어느 날, 이 글씨를 '위에서 밑으로 내려보내어 가르치려드는 글'이 아닌, '새로운 터전을 갈고닦아 열면서 사람들 누구나 스스로 기쁘게 일어서도록 북돋우는 글'로 삼도록 해야겠다고 생각한 사람이 나타납니다. 이분은 우리 겨레 이름인 '한겨레'를 바탕으로 '한글'이란 이름을 짓습니다. 이분 이름은 '한힌샘'입니다.

'한힌샘(한흰샘)'이란 이름은 "한 + 힌(흰) + 샘(샘물)"인 얼개입니다. 우리가 먼 옛날부터 쓰던 말을 담는 글에 '한글'이라는 이름을 새로 붙였어요. 우리 겨레 이름이 '한겨레'이거든요. '한겨레'가 '한나라'를 이루어 '함께 어깨동무'를 하면서 '한마음 한뜻'으로 '한사랑'을 펼치는 '하늘빛 숨결'로 아름답게 살아가기를 바라는 뜻을 '한글'이란 이름에 얹었다고 할 만합니다. 그래서, 이 한글을 널리 펴는 징검다리 노릇을 "하나이고 크며 하늘이자 해 같은, 하얗고 맑고 밝은 마음으로, 샘물처럼 싱그럽고 줄기차게 하겠다"는 뜻을 드러낸 '한힌샘'이라 할 만합니다.

한글이란 이름을 짓고서 이 글씨를 널리 퍼뜨리려 애쓴 분이 없었다면, 오늘 우리는 중국처럼 한자를 쓰는 글살이를 했을는지 모릅니다. 또는 일본처럼 글자락에 한자를 잔뜩 뒤섞는 글살림이 되었을는지 모르지요. 또는 글이 없는 뭇나라처럼 알파벳을 받아들였을 수 있어요.

한겨레가 쓰는 말이어서 한글입니다. 하늘 같은 글이고, 하늘을 닮은 글이며, 하늘이 되는 글이지요. 누구나 쉽게 깨쳐서 저마다 생각을 새롭게 깨우는 글입니다. '한'이라는 낱말이 담는 모든 결을 이 이름 '한글'이 품습니다. 이리하여 종이에 새기는 글씨가 '한글'이라면, 우리가 입으로 주고받는 말은 '한말'이라 할 만하다고 생각합니다. 언제나 글에 앞서 말이 있으니, 한글이라면 한말이란 이름이 어울리지요. '한국어'가 아니고 말이지요.

* 한살림·한빛
* 한새·한소

'하늘·하나·한'이라는 얼거리를 두루 읽었다면 '한살림'이란 이름은 더없이 놀랍습니다. 우리가 나아갈 살림길이라면 바로 '한살림'이 될 테니까요. 우리 목숨이라면, 우리 앞길이라면, 우리 모습이라면 '한빛'이란 이름으로 그릴 만해요.

커다란 새라서 '한새'이고, 커다란 소라서 '한소'입니다. 그런데 이 우리말을 억지로 한자로 옮기려 하다가 '황새·황소' 같은 말씨가 퍼졌습니다. '한새'는 누런 깃빛이 아닙니다. 이와 달리 '큰소'인 '한소'는 '누런소(누렁이)'가 많다 보니 '황소(黃-)'처럼 한자를 엉뚱하게 붙이기도 합니다.

요새는 우리나라 소를 '한우(韓牛)'란 한자로 가리키기 일쑤인데, 우리나라 소라면 우리나라 말답게 '한소'로 고쳐야 어울립니다.

* 해바라기·하늘바라기
* 한누리·한넋·한사랑

'해바라기'란 꽃은, 알고 보면 '하늘바라기'인 꽃입니다. '하늘바라기'는 빗물에 기대어 짓는 논을 가리킨다는데, '해바라기'인 논인 셈이에요. 예나 이제나 논밭살림은 하늘바라기에 해바라기입니다. 하늘에 기대어 짓는다기보다, 하늘을 살피고 읽고 사랑하면서 하늘이 나누어 주는 즐거운 기운을 받아서 짓는다고 해야 알맞습니다.

하늘에서 내리는 비가 땅에 스미어 샘물이 되고 냇물이 되어요. 하늘이 비를 뿌려 논밭을 적십니다. 하늘이 햇볕하고 햇빛하고 햇살을 고루 베풀어 논밭을 고맙게 가꿉니다. 그늘진 곳에서는 논밭이 안 되지요.

우리 삶자락은 하늘이며 해가 대수롭습니다. 가만 보면 번쩍터 (발전소)나 빠른길(고속도로)이나 만듦터(공장)나 푸른지붕(청와대)이 아닌, 하늘을 아끼고 해를 사랑할 노릇이에요. 나라일꾼도 잘 뽑아야겠지만, 벼슬아치보다는 하늘빛이 하늘답도록, 햇빛이 해답도록 지키는 살림일 노릇입니다.

크게 하나인 '한누리·한뉘'로 나아가기를 바랍니다. 누구나 하늘 같은 삶을 누리고 헤아리는 '한넋'을 품기를 바랍니다. 서로서로 하늘처럼 아끼고 돌볼 줄 아는 너르면서 깊고 아늑한 사랑인 '한사랑'으로 나아가기를 바라요.

＊ 한아비·할아버지
＊ 한어미·할머니

아버지하고 어머니를 낳은 아버지하고 어머니가 있습니다. 아버지를 낳은 아버지는 커다란 아버지라는 뜻으로 '할아버지(한아비)'요, 어머니를 낳은 어머니는 커다란 어머니라는 뜻으로 '할머니(한어미)'입니다.

할아버지(한아비)를 낳은 아버지라면 '할할아버지(한한아비)'라 하면 어울릴까요? 할머니(한어미)를 낳은 어머니라면 '할할머니(한한어미)'라 할 수 있을까요? 가만히 보면 아이한테 말이나 이름을 가르쳐 주는 어르신은 곧잘 "그래, 나는 '할할아버지'야."라든지 "오냐, 나는 '할할머니'야." 하고 이야기를 합니다. '증조부·증조모' 같은 한자말 이름이 아이한테 어렵기도 하지만, '할·한'을 앞자락에 붙이면서 '앞선' 아비요 어미라는 뜻을 나타내는 셈입니다.

* 쪽빛
* 바다빛·파랗다

곰곰이 보면, 빗물은 바닷물입니다. 바닷물이 아지랑이로 피어올라 구름을 이루고 비를 뿌리지요. 물은 가만히 두면 빛깔이 없다고 하는데요, 너른바다는 쪽빛이라 합니다. 하늘빛을 고스란히 옮긴 쪽빛이라지요. '쪽'이라는 풀빛으로 나타내는 바닷빛인데, 바닷빛이란 하늘빛을 그대로 담았으니 '쪽빛 = 바닷빛 = 하늘빛'입니다.

이러한 결을 이으면 '하늘 = 바다 = 쪽(파랑)'이고, 하늘을 이루는 바람도 '파랑'이라 할 만해요. '파랗다'는 "파랗게 질리다"에서도 쓰는데, 이 '파랑'은 싱싱함이나 싱그러움을 가리켜요. '살다·목숨'을 파랑으로 나타내지요. 그러니까 하늘빛일 적에, 하늘을 바람으로 마실 적에, 맑은 하늘을 등에 지면서 살림을 가꿀 적에, 우리는 늘 튼튼하면서 싱그러운 삶이 된다는 뜻입니다. 논밭을 하늘바라기라고 한 뜻이라면, 해바라기라는 꽃을 아낀 마음이라면, '하늘 = 바다 = 파랑 = 목숨·숨결·빛·넋'이라는 얼거리를 환히 알아차린 옛사람을 그릴 수 있다면, 오늘 우리가 할 일을 넉넉히 짚을 만하리라 여겨요.

＊ 파랗다·푸르다
＊ 사름
＊ 마파람

　그런데 한말(우리말)에서 '파랗다'가 '푸르다'하고 곧잘 섞여요. 둘은 틀림없이 다릅니다만, 다르면서 같은 결이 있어요. 바로 '파란 하늘'을 옴팡 받아들인 들녘이 되기에 '푸른들판'이 되거든요.

　풀이 푸르려면 해를 잘 받아야 합니다. 하늘바라기인 풀이어야 푸릅니다. '푸르다'도 싱싱하거나 싱그러운 숨결이며 목숨이며 빛을 가리켜요. 한겨레 흙살림말 가운데 '사름'이 있는데, 논에 뿌리를 내린 나락이 푸르게 빛나는 결을 가리킵니다. '사름' 같은 낱말하고 얽힌 수수께끼는 이런 실타래를 풀면서 어림할 만합니다. 하늘을 머금은 뭍(땅)에서는 파란 바람을 푸른 푸나무(풀 + 나무)란 옷으로 바꾸어 놓습니다. 푸르기에 풀빛인 풀이기에 싱그러운 뭍이라면, 파랗기에 파랑인 바람이자 하늘이면서 해맑고 해밝고 해곱지요.

'바람'은 '파람'이란 꼴로 바꾸어, '마파람·휘파람'처럼 쓰곤 합니다. 곧 '파람·바람 = 바다 = 하늘'인 얼개요, '하늘'이라는 낱말은 이 별을 골고루 돌고돌면서 모든 숨결이 싱그럽도록 어루만지면서 늘 그대로 오롯이 하나라는 넋을 나타낸다고 할 만합니다.

ㅏ 다르고 ㅓ 다르듯 모두 다른 몸이자 모습이자 목숨이지만, 나하고 네가 '우리'라는 '울타리'에서 하나이듯, 이 별을 이룬 모든 것은 으레 하나라는 대목, 이 수수께끼를 '한겨레'라는 이름으로 태어나서 살아가고 '한말글'이라는 이야기꽃을 펴는 사람들이 '사름'이란 풀빛으로 반짝반짝 함초롬히 이슬빛이 되는 길을 '하늘' 한 마디에서 엿봅니다.

다시금 생각합니다. 빗물은 모두 바닷물이라는 얼개는, '바다 = 비'요, '바닷물·빗물 = 하늘을 이루는 물'이라는 뜻입니다. 말결이나 말밑뿐 아니라, 이 별에서 흐르고 맴도는 얼개를 하나하나 보거나 짚으면 하나같이 맞물리거나 얽힙니다.

우리가 '그냥 우리말'이 아닌 '한겨레 한말글'을 찬찬히 보고 읽고 느껴서 생각할 줄 안다면, 우리 마음은 하늘처럼 되고, 바람처럼 되며, 바다처럼 되고, 푸나무·풀꽃나무처럼 되다가, 바야흐로 숲이라는 사람이 되어 슬기롭게 사랑이 되겠구나 싶습니다. 오늘 우리가 쓰는 말이 하늘말이 되고, 오늘 우리가 마주하는 서로서로 하늘

사람이며 하늘벗이며 하늘동무이며 하늘지기가 되면 아름답겠지요. 하늘글을 쓰고, 하늘말을 하면서, 하늘꽃을 건네고, 하늘살림을 꾸리는 하늘집을 보금자리로 가꾼다면 더없이 기쁘겠어요.

우리는
우리말을 아직 모릅니다만

우리말 '자'가 있습니다. 낱말로 '자'가 있고, 말밑에 '자'가 깃든 낱말이 있습니다. 여러 '자'를 헤아리던 어느 날 다음처럼 짤막하게 글한 자락을 쓴 적이 있습니다.

스스로 잘났다고 여겨 사람들 앞에서 내세우려 할 적에는 '자랑'입니다. 스스로 차곡차곡 배우고 익혀서 어제와 다르게 새롭게 피어난다고 할 적에는 '자람'입니다. 말끝 하나로 '자랑책'으로 콧대가 높을 수 있고, '자람책'으로 밑자락을 받치는 어깨동무로 갈 수 있습니다. 말 한 마디는 '빚(천 냥 빚)'이 될 때가 있으나, '빛(천 냥 꽃돈)'이 될 때가 있습니다. 왜 읽느냐고 묻는다면 "나날이 다시 배우면서 새롭게 깨닫는 하루를 누리려고 합니다." 하고 여쭙니다. 왜 쓰느냐고 묻는다면 "언제나 다시 쓰면서 새롭게 짓는 살림을 가꾸려고 합니다." 하고 얘기해요. 잣나무·잣나물은 들숲에서 젖(살림물) 노릇을 합니다. 잣도 자랑도 자람도 '자'가 바탕입니다. 길이나 높이를 살피는 '잣대

(자)'일 텐데, 겉으로 드러내어 앞세우면 '자랑'이고, 속으로 추스르며 마음을 보면 '사랑'으로 가면서 '자라납'니다. 자라며 사랑하려고 쓰고 읽는 오늘입니다. 밤새 꿈밭을 누비려고 '잠'자리에 들면서 마음을 달래고 밝힙니다. '작게' 속삭입니다. '잘' 해내기보다는 살림살이를 손수 '다잡'으면서 돌보려고 합니다. 곁에 있는 아이를 바라보며 노래합니다. "자, 우리 함께 이 길을 춤추면서 걸어가 볼까?"

'자'로 여는 '자랑·자람(자라다)'은 말끝 하나가 다르면서 뜻하고 결이 확 다릅니다. 숲에서 빛나는 '잣나무'는 숲에서 '젖줄' 같은 숨결인 나무라고 합니다. '잣 = 젖'이라고 하는데, 받침을 바꾼 '젓다'는 물살을 헤치고 나아가는 결을 가리킵니다.

따로 놓고 보면 모두 다르기만 한 낱말일 테지만, 하나하나 짚으면서 그러모아 다시 바라보면 어쩐지 뜻이며 결이 잇닿습니다.

우리글 한글을 으레 '소리글(소리를 담는 글)'로 여기는데, 우리글 한글은 '소리뜻글(소리하고 뜻을 담는 글)'이나 '뜻소리글(뜻하고 소리를 담는 글)'로 여길 만하다고 느낍니다. 우리글뿐 아니라 이웃글(외국 문자)도 뜻뿐 아니라 소리를 함께 담게 마련이요, 소리에다가 뜻을 나란히 담게 마련입니다. 왜냐하면 모든 말소리에는 마음소리가 흐르고, 마음소리를 담는 말소리를 옮긴 글씨이기에, 글은 소리랑 뜻을 아우를 수밖에 없습니다.

우리가 쓰는 한글에는 우리가 살아오면서 짓고 가꾼 살림과 사랑을 소리하고 뜻으로 나누어서 나란히 담습니다. 우리말을 차근차근 짚어 본다면, 우리 삶터에서 흐르는 숱한 소리·노래·가락을 비롯하여 마음·뜻·꿈을 사랑스럽게 숲빛으로 읽을 만합니다.

낱말풀이를 하면서, 올림말을 그러모으면서, 비슷한말을 가르면서, 겹말을 가누면서, 말밑(어원)를 캐면서, 아직 우리나라는 삶말(삶을 담은 말·생활어)부터 제대로 건사하지 않은 채 낱말책을 섣불리 서둘러서 내놓았다고 깨달았습니다. 지난날에는 일제강점기였던 탓에, 해방 뒤에는 피비린내(한국전쟁)란 북새통을 치르면서, 끔찍한 잿더미가 지나간 자리에서는 하루빨리 배움마당을 일으켜세우려고, 서슬퍼런 수렁(군사독재)을 지나 들물결(민주화운동)을 거치는 동안 더 빨리 배움밭을 키우려고 하다가, 그리고 돈(경제성장)을 앞세우고 누리바다(인터넷세상)가 춤추면서, 정작 우리말을 우리말답게 갈무리해서 담고 나누는 길을 등지거나 지나쳤어요. 요새는 한물결(한류)이라 떠들썩한데 'K-팝'만 북돋울 뿐, 막상 한말·한글은 뒷전이에요.

낱말책 하나는 서둘러 못 냅니다. 아무리 짧아도 스무 해나 서른 해를 차분히 건사할 노릇입니다. 낱말지기(사전편집자)는 스무 해나 서른 해는 가볍게 낱말을 하나하나 매만지고 가다듬고 돌보면서 낱말꾸러미를 여밉니다. 웬만하면 쉰 해를 느긋이 돌아보면서 삭여야 하고, 아름답고 알차게 여미려면 이백 해는 넉넉히 들여야 합니다. 이런 길을 느긋이 천천히 보내어야 비로소 우리말이 꽃으로 피어나는 살림을 얻고, 우리말꽃이라는 살림빛을 이룬 바탕에서 우리글꽃(한국문학)이 환하게 퍼지겠지요.

빨리빨리 뭘 이루거나 해내야 할까요? 가장 쉽다고 여길 만한 낱말 하나가 어떤 뜻풀이요 쓰임새요 숨결이요 밑자락인가를 모조리 놓친 채 '학습효과·의사소통·문해력'만 내세운다면, 모래밭에 잿더미를 올리는 셈 아닐까요?

전쟁을 푸른별에서 걷어내려면 평화를 살아낼 노릇인데, '평화'가 어떤 하루요 삶이며 살림이자 사랑인 줄 모른다면 '전쟁 반대'를 이뤄내더라도 정작 평화가 싹트지 못 합니다. 우리는 일제강점기하고 군사독재란 굴레에서 벗어났지만 '우리말로 우리 삶·살림·사랑·숲을 펴는 길'이 무엇인지 아직 하나도 모르는 쳇바퀴 같습니다.

'우리말'이란 무엇일까요? 우리가 지은 살림살이를 담은 말이란 무엇일까요? "정확한 표현"이나 "고유한 토박이말"이나 "세계화 시대의 4차산업"이나 "입시공부나 학습효과"나 "문해력 향상"이 아닌, 그저 수수하게 '말글넋'을 차분히 돌아보고 익혀서 눈빛을 밝히는 길에 어진 낱말책 하나를 곁에 놓는 어린이하고 어른이 늘어나기를 바랍니다. 그리고 어진 낱말책 하나를 여미기까지 걸릴 서른 해나 쉰 해를 기꺼이 지켜보면서 이바지하는 나라(정부)가 되기를 바랍니다.

1984년부터 혼자서 한 톨씩 여민 낱말꾸러미가 이제 이만큼 왔습니다. 이다음 낱말꾸러미를 헤아리는 하루입니다. 이 수수한 꾸러미를 읽어 주셔서 고맙습니다.

곁에는 '말밑 꾸러미(어원사전)'를 두기도 하고, 여느 낱말책을 두기도 하지만, 우리 살림·삶을 다루는 책을 나란히 둡니다. 말은 하늘에서 똑 떨어지기보다는, 우리가 이 별에서 살아가는 자리에서 살림을 가꾸면서 스스로 지으니까요. 모든 말은 삶자리에서 살림을 일구면서 사랑을 나누는 수수한 시골사람이 숲을 품으면서 지었습니다. 이리하여 숲하고 얽힌 낱말이나 숲을 다루는 낱말에서 말밑을 하나하나 찾아내거나 헤아리곤 합니다.

풀이름이나 나무이름이나 벌레이름뿐 아니라 '돌·불·물·비'가 무엇이요, '바다·바람·하늘'하고 얽힌 과학이나 역사나 문학에서도 말밑을 찾아내는 실마리를 엿보기도 합니다. 오늘날 우리나라에서 쓰는 숱한 배움말(학술용어)은 일본이 한자로 엮었습니다. 우리로서는 총칼에 억눌리던 무렵(일제강점기) 일본사람이 온갖 이웃말(영어를 비롯한 외국말)을 어떻게 받아들이고 살피고 다루어 한자로 엮었는가 하는 결을 살피는 사이에서도, 우리가 예부터 썼고 오늘 쓰며 앞으로 쓸 말을 바라보는 수수께끼하고 실마리를 찾기도 합니다.

이웃나라 일본에서 서양 배움길(학문)과 살림길(문화예술)을 받아들이면서 여민 일본 한자말을 짚으면서, 또 이 일본 한자말을 일찍부터 우리말로 풀거나 옮긴 여러 글자락과 책을 헤아리면서도 오래도록 이 땅에서 쓴 말결과 말빛을 어림할 때가 있습니다.

우리가 쓰는 말은 어느 한 곳에만 있지 않습니다. 이를테면 '국어학'이나 '국어국문학'에만 머물지 않는 말입니다. 아이를 낳아 돌보는 어버이가 수수하게 살림을 짓는 자리부터 말이 깨어나고 태어나고 퍼져서 오늘날까지 흐릅니다. 이 대목을 알아챈 여러 이슬떨이는 '민요·민담'이라는 이름으로 '시골 할매·할배'한테서 삶말을 귀여겨듣거나 담아내곤 했습니다. 《한국 구비문학대계》나 《뿌리 깊은나무 민중자서전》도 삶말을 어림하거나 살피는 고마운 밑책이었습니다. 우리 터전을 이루는 온갖 갈래 갖은 말씨를 담아내어 이야기를 풀어낸 숱한 책도 조그맣게 생각씨앗을 일깨우거나 알려주는 어진 길잡이 노릇을 합니다.

이오덕 어른은 어린이가 제 삶을 손수 쓰도록 글쓰기를 북돋았습니다. 둘레 어른한테 길들거나 물들지 않은 채 스스로 마음과 생각을 펴는 어린이 글자락도 우리말이 흘러온 수수한 삶빛과 살림빛과 사랑빛을 알려주는 실마리가 되었습니다. 그야말로 '삶말 찾기'와 '말밑 찾기'에 이바지하지 않은 책이란 없다고 여길 만합니다. 모든 책은 저마다 다르게 이바지하면서 문득문득 일깨우거나 '어느 낱말이 태어나고 자라서 흐른 자취'를 알뜰살뜰 보여주곤 합니다.

'곁에 둔 책'으로 삼지는 못 하지만, 나라 곳곳을 다니면서 마주한 사람들이 입으로 들려준 사투리도 고마운 밑넋으로 삼았습니다. 낱말책이나 책에 미처 안 실린 사투리가 아직 고을마다 퍽 많습니다. 책을 읽지 않거나, 새뜸(신문)을 읽지 않거나, 손전화를 가까이하지 않으면서 들숲바다를 품는 작은 이웃님들 눈빛과 말빛은 언제나 새록새록 반짝이는 얼이로구나 하고 느낍니다. 아직은 남녘만 돌아다닐 수 있을 뿐인데, 북녘을 고루고루 누비면서 여러 고장 이웃님을 마주하면서 목소리로 사투리를 듣는 날을 맞이할 수 있다면, 우리 삶말과 말밑을 한결 넓고 깊게 짚으면서 찾아내어 갈무리할 만하리라 생각합니다.

'곁에 둔 책'을 죽 그러모아서 적어 볼까 하다가 그만두었습니다. 곁책(참고도서)이 엄청나게 많더군요. 우리말꽃(국어사전)을 새로 여미면서 곁에 둔 책이 무엇인지 책이름만 밝히려 해도 꾸러미로 두툼하겠더군요. 나중에 "낱말책을 짓는 길에 곁에 둔 책" 이야기를 엮겠습니다. 저는 전남 고흥에서 "말꽃 짓는 책숲(사전 짓는 서재도서관)"을 꾸립니다. 곁책이 궁금하시면 고흥마실을 해보십시오.

책은 그저 책입니다. 책 한 자락은 저마다 뜻깊되, 책에 너무 기울거나 얽매이지 않을 적에 비로소 삶말과 말삶을 하나로 엮는 마음길을 추스르리라 생각합니다. 《말밑 꾸러미》 끝에 "찾아보기 ㄱㄴㄷ 숨은말 살피기"를 붙입니다. 이 꾸러미에 어떤 '숨은말'이 깃들었는지 낱말만 살펴보아도 문득문득 "아, 이렇게 여러 낱말이 얽히는구나!" 하고 알아차리실 수 있습니다.

431. 717.
- 가운뎃날 121.
- 가위 121. 413. 546. 627.
- 가위바위보 546.
- 가을 121. 191. 209. 409.
  549. 681. 700.
- 가을걷이 72. 410.
- 가을들 391.
- 가을맛 372.
- 가을알 702.
- 가을잎 409. 700.
- 가장 28. 72. 92. 97. 121.
  413. 417. 421. 448. 458.
  461. 592. 605.
- 가장자리 28. 419. 421.
- 가져가다 141. 419.
- 가져오다 419.
- 가죽(갗) 135. 210. 238.
  328. 446. 568.
- 가죽신 135. 238. 446.
- 가지 ㄱ(나무) 147. 170.
  414. 584. 609. 700.
- 가지 ㄴ(갈래) 209. 296.
  414. 574. 619.
- 가지가지 600.
- 가지다(갖다) 121. 137.
  419.
- 가지런 98. 109. 374. 488.
- 가짓말(가짓부리) 237.
  558.
- 가파르다 432.
- 각시 26. 461.
- 간수 226. 701.
- 간직 226. 701.
- 간질이다(간질간질) 50.
  374. 564.
- 간추리다 318.
- 갇히다 34. 254. 361. 485.

- 갈고닦다(갈닦다) 265.
  327. 416. 476. 500. 718.
- 갈다 ㄱ(바꿈) 23. 175. 416.
  702.
- 갈다 ㄴ(벼림) 175. 307.
  416. 497. 702.
- 갈다 ㄷ(엎음) 23. 175. 416.
  540. 702.
- 갈대 409.
- 갈대빗자루 486.
- 갈래 170. 385. 414. 437.
  476. 619.
- 갈리다 225. 402. 424. 612.
  634. 707.
- 갈마들다 292. 697.
- 갈무리(갈망) 121. 214.
  409. 701.
- 갈수록 55. 145.
- 갈아치우다 416.
- 갈아엎다 702.
- 갈잎 409. 700.
- 갈잎나무 409.
- 갈치(칼치) 207.
- 갈팡질팡 392
- 갈피 289.
- 갉다 193. 358. 472. 564.
  700.
- 감 ㄱ(쓸) 414.
- 감 ㄴ(감나무) 414. 427.
  456. 553.
- 감감하다 415. 563.
- 감기다 417.
- 감다 ㄱ(닫다) 27. 314. 415.
  470. 562. 640.
- 감다 ㄴ(감쌈) 34. 192. 417.
- 감다 ㄷ(씻) 27. 417. 562.
- 감다 ㄹ(돌다) 417.
- 감돌다 194. 312. 404. 480.

698.
- 감싸다 105. 136. 148. 167.
  212. 220. 279. 291. 328.
  374. 417. 421. 479. 547.
  560. 570. 605. 614. 709.
- 감추다 24. 415.
- 감치다 417.
- 감칠맛 417.
- 갑갑하다 34. 415. 518.
- 갑자기(갑작스레) 152.
  166. 307. 538. 675.
- 값 259. 550.
- 값지다 309. 461. 518.
- 갓 ㄱ(메) 26. 66. 161. 290.
  412. 418. 422.
- 갓 ㄴ(쓰다) 26. 412.
- 갓 ㄷ(막) 147. 372. 403.
  412. 475.
- 갓난아기(갓난이) 412.
- -강 576.
- 갖(갖바치) 238.
- 갖신 446.
- 갖은 385. 697.
- 갖추다 315. 530. 689.
- 갗 210. 568.
- 같 239.
- 같다 34. 116. 151. 239.
  256. 387. 607. 712.
- 같이 34. 107. 170. 212.
  221. 631. 701.
- 갚다 121.
- 개구리 157.
- 개구쟁이(개구지다) 304.
  323. 714.
- 개나리 553.
- 개미(개야미·가야미) 71.
  317. 335. 562. 700.
- 개비 645.

- 깜짝 307.
- 깡총깡총 708.
- 깨 46. 685.
- 깨끗하다 110. 300. 486. 577.
- 깨다 7. 470. 483.
- 깨닫다 7. 297. 470. 703.
- 깨뜨리다 470.
- 깨물다 86. 188.
- 깨바심 357.
- 깨어나다 32. 49. 105. 232. 469. 482. 599. 614. 695.
- 깨우다 719.
- 깨지다 357.
- 깨치다 719.
- 꺼내다 193. 350.
- 꺼리다 266. 471. 486.
- 꺼지다 645.
- 꺾다(꺾이다) 48. 138. 196. 307. 404. 416. 444. 532.
- 껍데기 66. 209. 271. 470. 482. 609. 689.
- 껍질 209. 388. 393. 609.
- 껑충 603.
- 껴묻다 212. 705.
- 껴안다 212. 615.
- 껴입다 212. 705.
- 꼬다 249. 386. 445. 698.
- 꼬드기다 249 457.
- 꼬라지(꼬락서니) 252. 452.
- 꼬리 181. 189. 208. 250. 438. 456.
- 꼬리물다 251.
- 꼬리치다 250.
- 꼬마 182. 254. 456. 608.
- 꼬맹이 608.
- 꼬물꼬물 182. 312. 472.

- 527.
- 꼬박(꼬박꼬박) 448.
- 꼬불꼬불(꾸불꾸불· 꼬부랑·꾸부렁·꼬부장· 꾸부정) 437. 448.
- 꼬이다(꼬여들다) 249. 445. 457.
- 꼬장꼬장 445.
- 꼬챙이 456.
- 꼬치 456.
- 꼬투리 251.
- 꼭 ㄱ(딱) 196. 291. 459. 609.
- 꼭 ㄴ(반드시) 207. 460.
- 꼭 ㄷ(마치) 460.
- 꼭 ㄹ(힘껏) 456. 460.
- 꼭꼭 460. 503.
- 꼭대기 92. 461. 697.
- 꼭두 28. 92. 461. 717.
- 꼭두각시 461
- 꼭두머리 85. 92. 97. 190. 461.
- 꼭두새벽 461.
- 꼭두서니 461.
- 꼭뒤 461.
- 꼭지 456. 460.
- 꼭짓물 312.
- 꼰대 254. 445.
- 꼴 114. 124. 251. 451. 483. 530. 552.
- 꼴사납다 251.
- 꼴찌 182. 252. 438. 456.
- 꼼꼼(꼼꼼하다) 415. 545. 550. 658.
- 꼼지락 527.
- 꼼짝 113. 140. 438. 635.
- 꼽다 603.
- 꼿꼿하다(꼿꼿이) 445.

- 456.
- 꽁꽁 51. 346. 546. 682.
- 꽁무니 359.
- 꽁지(꼬랑지) 181. 250. 456.
- 꽂다(꽂히다) 112. 181. 252. 441. 456.
- 꽃 49. 112. 182. 253. 438. 456. 608. 695. 720.
- 꽃가루 466.
- 꽃가루받이 71. 337. 466. 698.
- 꽃길 707.
- 꽃꿀 450.
- 꽃내음 126.
- 꽃누리 441. 484.
- 꽃눈 51. 148. 260. 481.
- 꽃다발 112.
- 꽃다지 561.
- 꽃답다 254. 494. 689.
- 꽃대 283. 456. 509. 522. 535. 645.
- 꽃망울 50. 73. 424. 482. 515. 547. 695.
- 꽃무늬 98. 135.
- 꽃방울 490.
- 꽃밭 441. 697.
- 꽃별 441.
- 꽃보라 559.
- 꽃봉오리 424. 547. 695.
- 꽃빛 126. 254. 260. 300. 481. 606. 646.
- 꽃샘바람 49.
- 꽃샘추위 49. 695.
- 꽃송이 50. 73. 126. 284. 438. 467. 478. 560.
- 꽃술 144.
- 꽃신 135.

- 나들목 223. 534.
- 나들이 81. 313.
- 나라 143. 262. 320. 485. 628.
- 나라일꾼 721.
- 나라지기 93.
- 나락 72. 209. 309. 610. 698. 723.
- 나란(나란하다) 33. 80. 98. 132. 183. 257. 296. 349. 430. 468. 476. 518. 595. 604. 707. 727.
- 나랏님 718.
- 나래 465.
- 나래춤 476.
- 나루 466.
- 나루터 495.
- 나르다 113. 130. 185. 196. 466. 546.
- 나름(나름대로) 144.
- 나막신 135.
- 나머지(말끝) 131. 357. 438. 473.
- 나무 64. 94. 135. 414. 467. 515. 576. 647.
- 나무꽃 64. 438. 467.
- 나무라다 62. 539.
- 나무뿌리 700.
- 나무숲 126. 166.
- 나무줄기 42. 53. 147. 284. 360. 700.
- 나물 370. 685. 696.
- 나뭇가지 67. 170. 414. 700.
- 나뭇결 704.
- 나뭇잎 64. 143. 471. 554. 696.
- 나뭇잎빛 554.
- 나방 464.

- 나부터 471.
- 나비 ㄱ(날다) 56. 464. 698.
- 나비 ㄴ(너비) 595.
- 나쁘다 237. 304. 365. 240. 437. 452. 463.
- 나쁜말 262. 290.
- 나서다 115. 182. 314. 468. 604.
- 나아가다 58. 67. 78. 107. 117. 133. 142. 182. 192. 214. 258. 293. 314. 327. 408. 419. 444. 469. 589. 633. 690. 700.
- 나오다 53. 99. 124. 149. 177. 256. 266. 470. 534.
- 나울나울(나울거리다) 64. 643.
- 나위 604.
- 나이(낳이) 53. 67. 120. 188. 258. 329. 369. 515. 589. 636. 699.
- 나이테 53. 515.
- 나잇값(나잇살·낫값·낫살) 53.
- 나즈막(나지막) 252. 436. 571. 640.
- 나타나다 54. 141. 256. 266. 713.
- 나타내다 96. 125. 171. 243. 552.
- 나풀거리다 394.
- 낙낙하다 411. 595.
- 낚다 95.
- 낚시 308.
- 난날(나온날) 52.
- 난때 52.
- 난해(난해달날) 52.
- 낟알 72. 209. 357. 388.

- 428. 610. 630. 684.
- 낟알가루 399.
- 날 ㄱ(나날) 55. 63. 121. 436. 465. 474. 624.
- 날 ㄴ(날것) 56. 466.
- 날 ㄷ(칼) 56. 206. 307. 465. 702.
- 날개 56. 107. 257. 319. 465. 495. 574. 714.
- 날개돋이 468. 475. 564. 640.
- 날개붙이 319.
- 날개춤 476.
- 날갯빛 468.
- 날갯짓 309. 466. 712.
- 날것 56. 466.
- 날다 55. 63. 257. 266. 465. 564. 581. 714.
- 날도둑 56.
- 날뛰다 63. 309.
- 날래다 465.
- 날렵하다 465.
- 날바닥 56.
- 날밤 56.
- 날숨 133. 313.
- 날실씨실 401.
- 날쌔다 465.
- 날씨 436. 466.
- 날씬하다 465. 475.
- 날아가다 63. 467. 611.
- 날아다니다 266. 467. 712.
- 날아오르다 63. 108. 157. 285. 320. 405. 469. 712.
- 날읽기 119.
- 날짐승 670.
- 날카롭다 56. 175. 465. 633.
- 낡다 56. 225. 416. 699.
- 남(남남) 107. 144. 164.

- 닐다 140.
- 늬 102. 320.
- 닝큼 102.
- 니 102.
- 니르다 185. 259.
- 니름 259.
- 니불 635.
- 님 116. 143. 181. 190. 259. 266. 471. 707. 713.
- 님금 181.
- 님배곰배 182.
- 닛다 185.
- 닢 143.
- ㄷ 85. 449.
- -다 90. 102. 111. 189. 382. 419. 491. 505. 512.
- 다 ㄱ(다들) 59. 113. 151. 278. 349. 441. 480. 491. 500. 536. 595. 622. 692.
- 다 ㄴ(닷) 595.
- 다가가다 50. 135.
- 다가서다 275.
- 다가앉다 705.
- 다같이 275. 546. 697.
- 다그치다 132. 538.
- 다니다 483.
- 다다르다 177. 185. 278. 427. 495. 596.
- 다닥다닥 518.
- 다독이다(다독다독) 173. 202. 315. 497. 549. 688.
- 다듬다(다듬이) 298. 419. 437. 497.
- 다듬잇돌 496.
- 다람쥐 192.
- 다루다 141. 184. 206. 499. 596. 613. 647. 671. 699.
- 다르다(다른) 29. 34. 75.

- 111. 170. 185. 239. 256. 265. 278. 327. 414. 433. 470. 494. 500. 582. 596. 607. 633. 679. 712. 724.
- 다른결 632.
- 다리 192 596
- 다리다(다리미) 383. 498.
- 다리를 놓다 609.
- 다리통 431.
- 다리품 550.
- 다릿심 334. 398. 423.
- 다만(다문) 253. 505. 608.
- 다발 112.
- 다부지다 217. 329. 387. 455. 692.
- 다사롭다 273.
- 다섯 595.
- 다섯동무(다섯또래) 69.
- 다섯모(닷모) 595.
- 다소곳하다 273.
- 다솜(다솜하다) 274.
- 다스리다 44. 132. 143. 265. 278. 296. 327. 389. 403. 419. 486. 499. 596. 630. 691.
- 다시 319. 332. 501. 580. 613. 695.
- 다시금 505. 700. 724.
- 다음 73. 184. 278. 468. 502.
- 다음날(담날) 184. 278. 502.
- 다음달(담달) 184. 278. 502.
- 다음말 505.
- 다음해(담해) 184. 278. 502.
- 다지다(다짐) ㄱ(땅·마음)

- 314. 503. 691.
- 다지다(다짐) ㄴ(칼질) 504.
- 다치다 93. 486. 504.
- 다투다 196.
- 다하다 460. 551. 656. 692.
- 다함께 275. 700.
- 닥치다 692.
- 닦다 327. 416. 499.
- 닦달 132.
- 닦아세우다 500.
- 단(묶음) 645.
- 단단하다 37. 80. 88. 276. 282. 399. 414. 443. 470. 490. 503. 516. 630. 641. 653. 692.
- 단맛 450.
- 단물 632.
- 단출하다 79. 484. 624.
- 닫다 ㄱ(닫아걸다) 185. 277. 378. 494. 505. 596.
- 닫다 ㄴ(발) 294. 494. 505.
- 달 74. 119. 294. 504.
- 달갑다 64. 519. 638.
- 달걀꼴 128. 252.
- 달개비 556.
- 달거리 295.
- 달구다 45. 323. 697.
- 달길(달셈·달읽기) 119.
- 달다 ㄱ(맛) 294. 427. 493.
- 달다 ㄴ(매다) 110. 257. 280. 294. 320. 414. 460. 493.
- 달다 ㄷ(불) 493. 558.
- 달다 ㄹ(재다) 493.
- 달다 ㅁ(바라다) 493.
- 달달 ㄱ(맛) 294. 428. 493. 631.
- 달달 ㄴ(매다) 294. 493.

- 마실 *139.*
- 마실동무 *68.*
- 마을 *72. 139. 279. 337. 368. 484. 525. 603. 679.*
- 마을길 *601.*
- 마을말 *7. 8.*
- 마을살이 *551.*
- 마음(맘) *187. 264. 270. 283. 298. 322. 333. 350. 357. 368. 420. 517. 527. 543. 606. 706.*
- 마음결 *307. 397. 418. 520. 614.*
- 마음그릇 *44.*
- 마음길 *29. 405. 580.*
- 마음껏 *138. 266. 294. 371. 467. 525. 698.*
- 마음꽃 *520.*
- 마음눈 *482. 520.*
- 마음밭 *315. 520. 585. 706.*
- 마음벗 *593.*
- 마음보 *519.*
- 마음빛 *162. 257. 520. 600. 614.*
- 마음새 *520. 590.*
- 마음소리 *154. 322. 349.*
- 마음쓰다 *156.*
- 마음씨(마음씨앗) *397. 519. 614.*
- 마음자리 *357. 706.*
- 마음차림 *300.*
- 마음품 *550.*
- 마주(마주하다) *115. 275. 331. 476. 518. 545. 691.*
- 마주보다 *255. 545.*
- 마주잡다 *80.*
- 마지막 *51. 85. 89. 253. 438. 492. 536. 691.*

- 마치 *117. 227. 265. 460. 482. 581. 714.*
- 마치다 *89. 145. 380.*
- 마파람 *322. 556. 724.*
- 막 ㄱ(갓) *85. 147. 412.*
- 막 ㄴ(막되다) *85. 240.*
- 막내 *85. 254.*
- 막다(막히다) *86. 139. 184. 278. 330. 350. 383. 402. 445. 494. 516.*
- 막다르다 *448.*
- 막대(막대기) *288. 644.*
- 막바로 *33. 332.*
- 막바지 *253. 598.*
- 막상 *238. 618.*
- 막힘없다 *616.*
- 만나다 *31. 193. 331. 469. 518. 533. 606.*
- 만남길 *605.*
- 만들다 *540.*
- 만듦터 *721.*
- 만지다 *109. 138. 436. 542. 560.*
- 많다 *47. 86. 96. 123. 129. 166. 227. 245. 321. 330. 373. 383. 524. 592. 680. 715.*
- 맏- *85. 526. 659.*
- 맏이 *84. 659.*
- 말 ㄱ(말하다) *43. 123. 126. 162. 178. 187. 262. 322. 331. 349. 350. 368. 433. 525. 574. 597. 634. 714.*
- 말 ㄴ(마을) *368. 525.*
- 말 ㄷ(들짐승) *368. 525.*
- 말 ㄹ(놀이) *509. 526.*
- 말 ㅁ(부피) *526.*
- 말 ㅂ(풀) *526.*

- 말 ㅅ(큰) *526.*
- 말갛다 *325. 520. 553. 715.*
- 말결 *65. 189. 257.*
- 말괄량이 *323.*
- 말굽 *446.*
- 말그릇(말그루) *44.*
- 말글 *187.*
- 말글넋 *729.*
- 말길 *637.*
- 말꼴 *175. 334. 398.*
- 말꽃 *354.*
- 말끔하다 *284. 397. 485. 499. 650.*
- 말끝 *86. 204. 434. 491. 592.*
- 말놀이 *714.*
- 말다(둘둘) *431.*
- 말다툼 *347.*
- 말랑말랑(말캉말캉) *185. 372. 427. 442. 523. 571.*
- 말랑몸 *449.*
- 말리다 ㄱ(옷) *287. 475.*
- 말리다 ㄴ(둘둘) *448.*
- 말미 *669.*
- 말밑 *64. 86. 90. 115. 151. 348. 728.*
- 말밥 *703.*
- 말벌 *526.*
- 말본새(말품새) *590.*
- 말빛 *162. 369. 433.*
- 말살림 *161.*
- 말삶 *732.*
- 말소리 *126. 350. 437. 525. 727.*
- 말씀 *270.*
- 말씨 *28. 65. 97. 159. 186. 292. 317. 347. 382. 433. 459. 520. 714.*

- 먹다 *258. 316. 473. 699.*
- 먹보 *548.*
- 먹어치우다 *193.*
- 먹을거리 *122. 206. 316.*
  428. 456. 630. 674.
- 먹이(먹다) *171. 316. 329.*
  473.
- 먹잇감 *473.*
- 먼길 *135.*
- 먼먼 *109. 431. 713.*
- 먼발치 *70.*
- 먼저 *93. 117. 182. 227.*
- 먼지 *110. 11. 271. 333.*
  486.
- 먼지구름 *710.*
- 멀 *590.*
- 멀거니(멀뚱멀뚱) *93. 217.*
- 멀다(멀어지다) *28. 76. 93.*
  106. 187. 250. 348. 388.
  418. 455. 463. 606.
- 멀대 *217.*
- 멀리 *83. 106. 126. 317.*
  429. 495. 512. 624.
- 멀리하다 *348. 471. 675.*
- 멀잖다(멀지않다) *25. 123.*
- 멀쩡하다 *38. 238. 390.*
- 멈추다 *59. 352. 408. 473.*
  495. 570. 640. 649. 676.
- 멋(멋스럽다) *30. 330. 631.*
- 멋들어지다 *703.*
- 멋모르다 *296.*
- 멍 *93. 547.*
- 멍울 *94. 173. 281. 487.*
  547.
- 멍청하다 *93. 426.*
- 멍하다 *93.*
- 멎다 *640.*
- 메(멧자락) *26. 30. 90. 96.*

290. 412. 422. 450. 547.
- 메기다 *93.*
- 메다 *90. 546.*
- 메마르다 *47. 240. 312.*
- 메아리 *91.*
- 멧갓 *26. 422. 547.*
- 멧골 *42. 58. 91. 168. 450.*
  458. 603. 624.
- 멧길 *90.*
- 멧나물 *90.*
- 멧노래 *91.*
- 멧더미 *96. 344.*
- 멧돼지 *516.*
- 멧마실 *91.*
- 멧마을 *90.*
- 멧봉우리 *94. 172. 450. 547.*
  695.
- 멧사람 *90. 413.*
- 멧살림 *91.*
- 멧새 *91. 574. 670.*
- 멧숲 *91.*
- 멧울림(산울림) *91.*
- 멧자락 *26. 90. 139. 172.*
  307. 648.
- 멧줄기 *42.*
- 멧집 *90.*
- 멸치 *95.*
- 몇 *210.*
- 모 ㄱ(뾰족) *68. 99. 224.*
  241. 247. 440. 452. 508.
  531. 567. 594.
- 모 ㄴ(싹) *100. 223. 533.*
- 모금 *314.*
- 모나다 *247. 508. 531. 548.*
- 모내기 *100. 223. 533.*
- 모두(모든) *99. 124. 133.*
  212. 268. 330. 345. 415.
  431. 480. 491. 500. 528.

536. 595. 600. 610. 692.
  711.
- 모듬(모두다) *94. 147. 260.*
  279. 490. 539.
- 모듬결 *268.*
- 모래놀이터 *154.*
- 모레 *183. 590. 624.*
- 모르다 *84. 120. 156. 185.*
  392. 480. 538. 563. 612.
  729.
- 모름지기 *325.*
- 모서리 *531.*
- 모습 *31. 99. 264. 451. 529.*
  616.
- 모시 *223. 400. 526. 534.*
  698.
- 모시다 *181. 611.*
- 모으다(모이다·뭉다) *68.*
  94. 106. 121. 149. 218. 279.
  337. 410. 457. 491. 508.
  536. 539. 584. 619. 691.
  701.
- 모이 *316.*
- 모임 *223. 416.*
- 모자라다 *390. 416. 535.*
  619.
- 모조리 *72. 258. 492. 536.*
- 모질다 *672. 682.*
- 모처럼 *532.*
- 모퉁이 *99. 532.*
- 목 *100. 134. 223. 440. 533.*
- 목돈 *362.*
- 목숨 *134. 171. 264. 314.*
  470. 528. 534. 607. 723.
- 목숨붙이 *31. 148. 314. 555.*
  620. 698.
- 목줄기 *360.*
- 몫(모가치) *100. 116. 193.*

- 받치다 *44. 130. 136. 180. 189. 287. 457. 496. 513. 557. 645. 692. 716.*
- 받침 *153. 207. 402. 446.*
- 발 ㄱ(몸) *130. 135 192. 245. 314. 405. 645. 655.*
- 발 ㄴ(살림) *113.*
- 발가락 *130. 192.*
- 발가숭이(발가벗다) *558.*
- 발갛다 *191. 323. 377. 414. 521. 558.*
- 발걸음 *409. 495.*
- 발굽 *446.*
- 발그레 *559. 695.*
- 발그스름 *144. 461. 559.*
- 발길 *92.*
- 발바닥 *192. 314. 374.*
- 발소리 *244.*
- 발싸개 *135.*
- 발자국 *314. 655.*
- 발자욱 *314. 655.*
- 발자취 *655.*
- 발톱 *446.*
- 발판 *192. 245.*
- 발품 *219. 550.*
- 밝다 *57. 73. 103. 105. 299. 385. 436. 490. 521. 558. 581. 587. 595. 622. 696.*
- 밝히다 *23. 155. 204. 217. 253. 268. 304. 377. 521. 558. 605. 715.*
- 밟다 *130. 136. 251. 314. 397. 503. 534. 655.*
- 밤 ㄱ(때) *27. 48. 103. 204. 294. 415. 418. 464. 562. 583.*
- 밤 ㄴ(나무) *102. 104.*
- 밤낮 *107. 292.*

- 밤눈 *103.*
- 밤빛 *27. 103. 294. 418. 564.*
- 밤새(밤사이) *104.*
- 밤새벽 *701.*
- 밤알 *104.*
- 밤하늘 *97. 104. 203. 620.*
- 밥 *44. 68. 96. 112. 124. 128. 144. 191. 209. 316. 356. 388. 426. 508. 583. 667. 673. 689.*
- 밥고리(밥동고리) *584.*
- 밥그릇 *125. 191.*
- 밥동무 *68.*
- 밥때 *673.*
- 밥살림 *74. 209. 309. 411. 426. 504. 549. 577.*
- 밥술 *129.*
- 밥심(밥힘) *316.*
- 밥쓰레기 *193.*
- 밥알 *428. 610.*
- 밧줄 *42. 360.*
- 방글(방글방글) *133.*
- 방긋(방긋방긋) *696.*
- 방실(방실방실) *696.*
- 방울 ㄱ(물) *89. 381. 489. 521. 567.*
- 방울 ㄴ(쇠) *490.*
- 방울지다 *45. 490.*
- 밭 *105. 180. 288. 315. 317. 376.*
- 밭다 *317. 362.*
- 밭자락 *648.*
- 배 ㄱ(몸) *420. 509.*
- 배 ㄴ(바다) *130. 180. 411. 466.*
- 배곯다 *38. 462.*
- 배내 *472.*

- 배냇옷(배냇저고리) *297. 472.*
- 배롱나무(배롱빛· 배롱꽃빛) *552.*
- 배부르다 *378.*
- 배우다 *68. 117. 157. 186. 224. 266. 298. 327. 428. 472. 500. 527. 584. 609. 629.*
- 배움동무 *68.*
- 배움말 *730.*
- 배움밭 *728.*
- 배움살림 *632.*
- 배움터 *25. 117.*
- 배추 *431. 698.*
- 뱃사람 *74.*
- 뱃속 *571.*
- 뱃속아기 *423.*
- 뱅뱅 *385.*
- 버겁다 *635.*
- 버리다 *702.*
- 버티다 *145. 413. 645. 692.*
- 벅차다 *131. 141. 253. 397. 700.*
- 번개 *307.*
- 번거롭다 *128.*
- 번드르르 *683.*
- 번들(번들번들) *307. 501.*
- 번듯하다 *145.*
- 번지다 *558.*
- 번쩍(번쩍이다) *32. 307. 413. 604.*
- 번쩍터 *721.*
- 번하다(번히) *305.*
- 벌 ㄱ(땅) *80. 337.*
- 벌 ㄴ(날개) *337.*
- 벌 ㄷ(셈) *130.*
- 벌거숭이(벌거벗다) *558.*

- 벌겋다 *558.*
- 벌나비 *71. 253.*
- 벌다(벌이) *337.*
- 벌떡 *108. 401.*
- 벌레 *337. 465. 698.*
- 벌레받이 *71.*
- 벌레잡이 *684. 698.*
- 벌리다 *290. 396. 550.*
- 벌이다(벌어지다) *23. 41. 76. 200. 337. 412. 581. 668. 674.*
- 벌판 *80. 337. 395.*
- 범 *691.*
- 벗(버시) *30. 66. 161. 691.*
- 벗다(벗기다) *209. 415. 558.*
- 벗삼다 *423. 571.*
- 벗어나다 *518.*
- 벙글(벙글벙글) *696.*
- 베(베옷) *310. 571.*
- 베끼다 *311. 579.*
- 베다 ㄱ(베개) *310.*
- 베다 ㄴ(베어내다·베어물다) *56. 209. 310.*
- 베틀 *534.*
- 베풀다 *297. 311. 345. 373. 555. 571. 61. 698. 721.*
- 벼 *209. 223. 309. 345. 356. 388. 533. 549. 553. 585. 623. 630.*
- 벼다 *310.*
- 벼락 *32. 306. 474.*
- 벼랑 *307. 691.*
- 벼루 *308. 416.*
- 벼르다 *308. 532.*
- 벼리 *308.*
- 벼리다 *207. 307. 702.*
- 벼슬 *309.*

- 벼슬길 *25.*
- 벼슬아치 *62. 82. 161. 721.*
- 벼알빛 *554.*
- 벼짓기 *309. 388.*
- 별 *97. 103. 263. 306. 440. 490. 504. 515. 563. 584. 595. 622.*
- 별내 *97.*
- 별누리 *601.*
- 별무늬 *595.*
- 별무리 *97.*
- 별바라기 *106. 317.*
- 별밤 *475.*
- 별빛 *104. 203. 271. 306. 316. 475. 501. 563. 596.*
- 별잔치 *104.*
- 볍씨 *209. 388. 610. 698.*
- 볏 ㄱ(닭) *309.*
- 볏 ㄴ(보습) *309.*
- 볏모 *533.*
- 병아리 *705.*
- 볕 *73.*
- 보 *497. 519. 542. 546. 560.*
- -보 *548.*
- 보금자리 *83. 194. 201. 413. 441. 474. 490. 585. 611. 708.*
- 보내다 *56. 197. 465. 543. 554. 626. 643.*
- 보늬 *102. 104.*
- 보다(보이다·보여주다) *23. 119. 130. 148. 186. 201. 238. 262. 273. 288. 301. 314. 369. 430. 466. 480. 497. 518. 529. 541. 560. 588. 694. 716.*
- 보드랍다(보들보들) *116. 307. 329. 374. 456. 519.*

- *546. 696. 718.*
- 보듬다 *86. 194. 201. 288. 314. 413. 497. 519. 542. 560. 605. 632. 646. 697. 703.*
- 보따리 *545. 560.*
- 보라 ㄱ(보랗다·보랏빛) *191. 323. 559. 715.*
- 보라 ㄴ(뭉치) *559.*
- 보람 *142. 168. 560. 631. 661. 703.*
- 보리 *549. 702.*
- 보릿자루 *647.*
- 보살피다 *135. 201. 288. 542. 560. 603. 611.*
- 보아주다 *201. 252. 507. 530. 544.*
- 보얗다(보얀) *548. 559.*
- 보임새 *590.*
- 보자기 *288. 519. 545. 560. 647.*
- 보잘것없다 *580.*
- 보조개 *362. 559.*
- 보지 *288. 546. 646.*
- 보태다 *211. 237. 587.*
- 보퉁이 *545. 560.*
- 보풀(보푸라기) *378.*
- 복복 *488.*
- 복작(복닥) *246. 301.*
- 복판 *122. 222. 289. 301. 413. 420. 431. 441. 605. 641. 651. 717.*
- 볶다 *45. 96.*
- 볶음밥 *45.*
- 볼 *323. 362. 377. 559. 695.*
- 볼꼴(볼썽·볼품) *452. 530.*
- 볼꼴사납다(볼꼴없다·볼썽사납다·볼썽없다·

볼품사납다·볼품없다) 251.
452. 530.
- 볼록 123. 301. 460.
- 볼만하다 530.
- 볼볼 695.
- 볼우물 362. 559.
- 봄 48. 147. 288. 371. 430.
519. 542. 549. 560. 606.
647. 681. 694.
- 봄가을 339. 374. 478.
- 봄겨울 582.
- 봄까지꽃 696.
- 봄꽃 696.
- 봄내 59.
- 봄내음 696.
- 봄노래 51.
- 봄맞이 695.
- 봄맞이꽃 48. 696.
- 봄맞이철 48.
- 봄밥 684.
- 봄빛 50. 646.
- 봄여름 698.
- 봄여름가을겨울 694. 709.
- 봄철 126. 695.
- 봄풀 374.
- 봉긋(봉긋봉긋) 90. 96.
377. 696.
- 봉오리 377. 424. 547. 695.
- 봉우리 26. 172. 422. 547.
- 봐주다 201. 252. 544.
- 뵈 310.
- 부글부글 457.
- 부드럽다(부들부들) 125.
133. 157. 185. 221. 280.
307. 328. 371. 400. 415.
435. 510. 548. 560. 571.
599. 640. 685.
- 부디 518.

- 부딪히다(부딪치다) 91.
519.
- 부뚜막 206.
- 부랴부랴(부랴사랴) 558.
- 부럽다(부러워하다) 378.
586.
- 부르다 ㄱ(소리) 69. 116.
144. 153. 174. 185. 351.
404.
- 부르다 ㄴ(몸) 185. 378.
- 부르르 166.
- 부릉부릉 224. 350.
- 부리 361.
- -부리 40.
- 부리나케(불이 나게) 558.
- 부리다 144. 338. 397. 644.
674.
- 부산하다 302.
- 부서지다(부수다) 39. 504.
565. 636.
- 부스러기 141. 193. 209.
380. 565.
- 부스럼 392. 653.
- 부시다 577.
- 부아 335.
- 부엌 206. 577.
- 부질없다 162.
- 부쩍 115. 312. 644.
- 부추기다 249.
- 부침개 109.
- -부터 93. 503. 606.
- 부풀(부푸러기) 378.
- 부풀다 35. 378. 514. 643.
- 부피 35. 42. 358. 378. 523.
- 북돋우다 50. 60. 107. 116.
139. 202. 215. 294. 313.
377. 385. 486. 493. 542.
551. 567. 702.

- 북새(북새통) 302. 431.
- 북적(북적이다) 92. 302.
337. 476.
- 붇다 35. 378.
- 불 35. 206. 377. 521. 558.
661.
- 불같다 379.
- 불거지다 262. 585.
- 불그스름 559.
- 불기운 447.
- 불길 377. 558.
- 불꽃 403.
- 불다 ㄱ(불어나다) 35. 378.
- 불다 ㄴ(바람) 49. 133.
- 불덩이 323.
- 불러모으다 72.
- 불룩하다 645.
- 불볕 697.
- 불빛 377.
- 불쑥 94.
- 불씨 377.
- 불타다 323.
- 붉다 314. 484. 558. 715.
- 붐비다 302.
- 붓 35. 130. 308. 377.
- 붓다 35. 109. 377. 432.
- 붓바치 62.
- 붕 713.
- 붙다(붙이다) 35. 77. 106.
176. 280. 342. 378. 417.
429. 472. 496. 518. 629.
692. 732.
- 붙잡다 88.
- 비 ㄱ(빗물) 41. 50. 109.
153. 250. 312. 325. 384.
485. 522. 721.
- 비 ㄴ(마당비) 110. 384.
486.

- 삶터 *65. 72. 105. 318. 338. 525. 628.*
- 삼 ㄱ(풀) *310. 400. 422. 432. 526. 571. 698.*
- 삼 ㄴ(아기) *423. 571.*
- 삼다 ㄱ(끈) *88. 135. 238. 423. 446. 571.*
- 삼다 ㄴ(벗) *101. 115. 200. 211. 290. 423. 571.*
- 삼베 *571. 698.*
- 삼풀 *571.*
- 삽 *130. 298.*
- 삽차 *226.*
- 삿갓 *26. 422.*
- 삿대(상앗대) *130.*
- 상냥하다 *65. 248. 281. 333. 374. 427. 434. 477. 497. 544. 599. 688.*
- 상큼하다 *286. 328. 569.*
- 샅 *574.*
- 샅샅이 *432. 486. 545. 574. 619.*
- -새 *520. 590.*
- 새 ㄱ(날다) *72. 194. 319. 336. 375. 405. 476. 574. 670. 698. 706.*
- 새 ㄴ(새로) *31. 50. 120. 132. 319. 336. 476. 502. 574. 581. 671. 695.*
- 새 ㄷ(사이) *199. 319. 336. 476. 538. 574. 581. 670.*
- 새것 *23. 702.*
- 새근새근 *219. 375. 436. 478.*
- 새기다 *160. 366.*
- 새기운 *426.*
- 새길 *27. 148. 182. 418. 456. 470. 564. 582. 604.*
- 새까맣다(새카맣다) *418. 563.*
- 새끼 ㄱ(아이) *220. 289. 375. 516. 667.*
- 새끼 ㄴ(새끼줄) *42. 249. 360.*
- 새녘(샛녘·샐녘) *102. 319. 336. 524. 581.*
- 새눈 *148.*
- 새다 ㄱ(빠짐) *129. 581.*
- 새다 ㄴ(새벽) *319. 465. 581.*
- 새뜸 *732.*
- 새록새록 *36. 51. 118. 298. 313. 319. 476. 505. 553. 581. 590. 671. 705.*
- 새롭다 *31. 50. 83. 116. 120. 141. 147. 199. 274. 319. 336. 393. 408. 421. 476. 487. 501. 524. 564. 574. 579. 582. 590. 633. 671. 691.*
- 새말 *293. 623.*
- 새모습 *111. 313. 700.*
- 새몸 *476.*
- 새물결 *636.*
- 새받이 *71.*
- 새벌 *336.*
- 새벽 *117. 189. 319. 461. 465. 559. 563. 583. 715.*
- 새벽빛 *517.*
- 새봄 *372. 559. 702.*
- 새빛 *31. 103. 148. 286. 298 422. 470. 490. 585. 646. 682.*
- 새빨갛다 *294. 323. 558.*
- 새삶 *105.*
- 새삼(새삼스럽다) *51. 67.*
- *286. 319. 439. 476. 490. 516. 565. 581. 590. 702.*
- 새소리 *350.*
- 새숨 *105. 133. 148. 565.*
- 새숲 *346.*
- 새싹 *147. 561.*
- 새알 *470.*
- 새알심 *399.*
- 새앙쥐(생쥐) *192.*
- 새우다 *319.*
- 새움 *149.*
- 새일 *29. 590.*
- 새재 *662.*
- 새집 *393.*
- 새참 *583. 674.*
- 새철 *560.*
- 새파랗다 *557. 703.*
- 새하느마높(새하마높) *102. 318. 556. 581. 673.*
- 새하얗다 *104. 703.*
- 새힘 *426.*
- 샘 ㄱ(샘물) *50. 101. 116. 326. 489. 586. 719.*
- 샘 ㄴ(샘내다·샘바리) *49. 586.*
- 샘님 *116.*
- 샘솟다 *50. 104. 116. 166. 324. 373. 585.*
- 샛길 *670.*
- 샛노랗다 *309. 702.*
- 샛바람 *322. 336.*
- 샛밥(사잇밥) *583. 673.*
- 샛별 *319. 336. 584.*
- 생각(생각하다) *57. 84. 151. 155. 186. 254. 266. 350. 430. 519. 527. 561. 579. 596. 604. 611.*
- 생각길 *405.*

- 시집 *613.*
- 시치미 *401.*
- 시침 *401.*
- 시커멓다 *428.*
- 시큰둥 *404. 587.*
- 시키다 *115. 144. 269. 404. 579.*
- 시퍼렇다 *557.*
- 식다(식히다) *403. 412.*
- 신 ㄱ(발) *136. 446.*
- 신 ㄴ(기쁨) *136. 296.*
- 신가락 *137.*
- 신나다 *59. 105. 133. 136. 154. 294. 324. 412. 483. 699.*
- 신다 *136.*
- 신맛 *403.*
- 신명 *136. 296.*
- 신바람 *136. 296. 554. 703.*
- 신발 *136.*
- 싣다 *137. 144. 184. 335. 400. 587. 703.*
- 실 ㄱ(옷) *26. 41. 58. 128. 139. 224. 312. 400. 411. 422. 474. 526. 571. 653.*
- 실 ㄴ(마을) *139. 526.*
- 실금 *41.*
- 실리다 *137. 144. 400.*
- 실마리(실머리) *217. 251. 353. 401. 474. 524. 706. 731.*
- 실뭉치 *401.*
- 실바늘 *400.*
- 실어나르다 *380.*
- 실오라기 *423. 526. 626.*
- 실치 *95.*
- 실컷(싫도록) *586. 643. 656. 708.*

- 실타래 *342. 401. 433. 679. 723.*
- 싫다 *49. 72. 145. 241. 266. 347. 396. 402. 443. 487. 586.*
- 심 *137. 316. 334. 398. 404. 423. 526.*
- 심다 *27. 105. 138. 267. 334. 399. 526. 699.*
- 심부름 *144. 404.*
- 심심하다 *144. 395. 661.*
- 심줄 *138.*
- 심통 *425.*
- 싱겁다 *153. 402.*
- 싱그럽다 *28. 51. 104. 117. 133. 139. 220. 329. 335. 371. 401. 434. 486. 555. 587. 723.*
- 싱싱하다 *139. 335. 401. 486. 587. 698. 723.*
- 싶다 *106. 132. 138. 212. 402. 518.*
- 싸게(싸게싸게) *570.*
- 싸다 ㄱ(감싸다) *135. 148. 209. 545. 569. 692.*
- 싸다 ㄴ(누다) *148. 570.*
- 싸다 ㄷ(빠름) *148. 570.*
- 싸다 ㄹ(값) *148. 570.*
- 싸리울 *605.*
- 싸리재 *662.*
- 싹 *100. 148. 223. 481. 606. 695.*
- 싹눈 *478.*
- 싹싹 *111. 485.*
- 싹트다 *32. 83. 149. 424. 487. 533. 543. 585. 669. 687. 729.*
- 쌀(쌀알) *209. 356. 388.*

- *428. 692.*
- 쌀쌀맞다 *672.*
- 쌀쌀하다 *677. 696.*
- 쌀자루 *647.*
- 쌈지 *647.*
- 쌓다 *94. 96. 157. 211. 222. 276. 336. 457. 487. 645. 685. 704.*
- 써없애다 *227.*
- 썩 *530. 566.*
- 썩다 *39. 139. 401. 462.*
- 썰다 *206. 513.*
- 썰렁하다 *339.*
- 쏘다(쏘아붙이다) *152.*
- 쏘이다(쐬다) *442.*
- 쏟다(쏟아지다·쏟아붓다) *35. 152. 165. 396. 473. 550. 563. 590. 632. 717.*
- 쏠(쏠물) *153.*
- 쏠리다 *152. 165. 444.*
- 쏠쏠하다 *154. 661.*
- 쏴(쏴아아) *152.*
- 쑥 *99.*
- 쓰다 ㄱ(다룸) *115. 141. 226. 297. 322. 390. 451. 504. 527. 540. 716.*
- 쓰다 ㄴ(글) *315.*
- 쓰다 ㄷ(옷) *412.*
- 쓰다듬다 *329. 419. 497. 574. 696.*
- 쓰러뜨리다 *225.*
- 쓰러지다 *197. 404. 453. 469. 635.*
- 쓰레기 *486.*
- 쓰임새 *225. 241. 341. 431. 590. 616.*
- 쓱쓱 *114.*
- 쓸고닦다 *485.*

432. 459. 497. 520. 562.
571. 619. 630. 656.
- 안감 399.
- 안개 410. 652.
- 안다(안기다) 100. 169.
202. 219. 274. 279. 294.
375. 421. 472. 546. 560.
576. 614.
- 안쪽 81. 137. 192. 288.
398.
- 안치다 209.
- 안팎 239. 296. 609.
- 앉다 297.
- 앉은꽃(앉은뱅이꽃) 696.
- 않다 76. 112. 132. 142.
238. 248. 292. 383. 404.
435. 457. 505. 607. 641.
656. 668.
- 알 32. 67. 89. 160. 173.
253. 267. 270. 290. 296.
301. 312. 346. 368. 375.
400. 424. 470. 492. 568.
573. 598. 607. 614. 631.
698.
- 알갱이 231. 270. 573. 599.
608.
- 알거지 237.
- 알다(알리다·앎) 23. 32. 51.
119. 186. 267. 270. 296.
350. 383. 424. 545. 598.
609. 616. 630.
- 알뜰(알뜰살뜰) 217. 273.
298. 369. 419. 598. 611.
616. 701. 731.
- 알려주다 412. 477.
- 알록달록 73. 546. 697.
- 알맞다 47. 62. 77. 109.
132. 139. 238. 273. 345.

402. 444. 526. 616. 630.
656.
- 알맞춤 362.
- 알맹이 122. 337. 360. 368.
450. 573. 598. 608. 651.
- 알밤 573.
- 알속 609.
- 알쏭달쏭 217.
- 알아가다 408. 481. 630.
706.
- 알아내다 32. 598.
- 알아듣다 347.
- 알아보다 32. 214. 427. 471.
480. 495. 545. 690.
- 알아차리다(알아채다) 32.
151. 228. 347. 412. 474.
690. 701. 723.
- 알짜 368. 609.
- 알차다 47. 145. 154. 215.
301. 386. 426. 460. 598.
616. 630. 680. 691.
- 앓다 37. 145. 589.
- 앓아눕다 140.
- 암 32. 160. 270. 424. 573.
- 암수 160.
- 암술 163. 466.
- 암컷 73. 163.
- 앗 295. 613.
- 앗다 551.
- 앙금 417. 486. 602.
- 앙증맞다 697.
- 앙탈 357.
- 앞 85. 93. 121. 157. 160.
180. 189. 214. 228. 408.
461. 599. 646. 690. 708.
- 앞글씨 128.
- 앞길 720.
- 앞날 415.

- 앞뒤 77. 182. 292.
- 앞머리 181.
- 앞서다 722. 656.
- 앞세우다 159. 348.
- 앞자락 722.
- 앞자리 687.
- 앞장서다 30. 53. 189. 631.
- 앞쪽 451.
- 애늙은이 699.
- 애벌레 464. 472. 564. 640.
698.
- 애쓰다(애써) 72. 108. 198.
392. 416. 444. 483. 672.
700. 705.
- 야들야들 501.
- 야무지다 217. 223. 277.
359. 450. 534. 546. 616.
688.
- 야물다 223.
- 야물차다 486.
- 얄궂다 62. 509.
- 얇다 128. 328. 465. 546.
575.
- 얌전하다 323. 435.
- 얕다 359. 633.
- 얕은바다 320.
- 얘기 126. 297. 331. 349.
- 어 368. 469.
- 어귀 451.
- 어그러지다 39.
- 어긋나다 347.
- 어깨 167.
- 어깨동무 31. 53. 68. 73.
82. 161. 190. 298. 338. 346.
483. 546. 701. 719.
- 어깨너머 703.
- 어깨짐 546.
- 어느 80. 87. 116. 214. 246.

214. 268. 315. 378. 441.
483. 546. 564. 587. 605.
643. 660. 697. 726.

- 자락 83. 168. 311. 605.
  648. 726.
- 자람결(자람새) 168.
- 자람길 643.
- 자람마디 168.
- 자랑 167. 288. 353. 546.
  605. 646. 726.
- 자루 ㄱ(담다) 290. 647.
- 자루 ㄴ(작대) 110. 511.
  540. 647.
- 자르다(잘라내다) 56. 206.
  361. 450. 465. 627. 645.
- 자리 28. 93. 102. 181. 195.
  201. 259. 302. 338. 364.
  413. 430. 441. 452. 473.
  604. 650.
- 자리값 651.
- 자리끼 651.
- 자맥 642.
- 자물쇠 641.
- 자빠지다 453.
- 자아내다 653.
- 자아올리다 653.
- 자욱 652.
- 자욱하다(자옥하다) 652.
- 자위 ㄱ(바탕) 122. 338.
  441. 605. 651.
- 자위 ㄴ(자국) 122. 652.
- 자잘하다 110. 356. 487.
  659.
- 자장노래(자장자장) 640.
  708.
- 자주 37. 102. 476. 663.
- 자지 288. 546. 646.
- 자질구레하다 353. 356.

390.

- 자취 119. 174. 259. 388.
  518. 654.
- 자칫 304.
- 자투리 356. 658.
- 작다 28. 36. 95. 130. 156.
  182. 192. 203. 212. 217.
  251. 254. 282. 289. 353.
  358. 369. 376. 381. 400.
  411. 432. 472. 504. 513.
  547. 564. 580. 608. 611.
  636. 647. 658. 673. 685.
- 작대(작대기) 130. 288.
  546. 644.
- 작은박 123.
- 작은아이 659.
- 잔 659. 660.
- 잔꾀 248.
- 잔돈 659.
- 잔돌 141.
- 잔디밭 374.
- 잔뜩 95. 126. 165. 245.
  294. 373. 375. 525.
- 잔바람 605.
- 잔소리 353. 658.
- 잔손 659.
- 잔일 658.
- 잔잔(잔잔하다) 660.
- 잔치 483. 701.
- 잘 ㄱ 24. 37. 47. 88. 129.
  138. 164. 168. 195. 215.
  246. 302. 402. 414. 428.
  499. 530. 544. 548. 560.
  588. 604. 622. 630. 646.
  655. 692. 701.
- 잘 ㄴ(100000000) 604.
  656.
- 잘나다(잘나가다) 656.

726.

- 잘난체(잘난척) 404. 662.
- 잘다 95. 440. 636. 658.
- 잘되다 533. 604.
- 잘못(잘못하다) 77. 365.
  386. 393. 509. 544. 656.
- 잘하다 116. 604. 656. 688.
- 잠(잠들다·잠자다) 27. 81.
  104. 232. 243. 418. 441.
  464. 473. 533. 564. 604.
  635. 640. 646. 660. 681.
  700.
- 잠기다(잠그다) ㄱ(단단)
  641.
- 잠기다(잠그다) ㄴ(물) 145.
  641. 665.
- 잠꼬대 436.
- 잠네 642.
- 잠보 548.
- 잠자리(밤) 104. 604.
- 잠재우다 49.
- 잠지 647.
- 잠집 473.
- 잡다 130. 192. 196. 214.
  644. 648.
- 잡아먹히다 473.
- 잡아채다 369. 411.
- 잣 289. 667.
- 잣나무 289. 605. 667. 726.
- 잣나물 561. 667.
- 잣다 122. 522. 534. 653.
- 잣대 441. 605. 644.
- 장난 304. 661.
- 장난꾸러기 204. 714.
- 장다리(장다리꽃) 76. 509.
  645.
- 장대(장대기) 130. 288.
  535. 645.

- 짝 ㄷ(꿰미) *342.*
- 짝(짝짝) ㄹ(붙음) *6306.*
  342.
- 짝(짝짝) ㅁ(줄) *342.*
- 짝(짝짝) ㅂ(맛) *342.*
- 짝 ㅅ(미끌) *342.*
- 짠 *134.*
- 짤막하다 *669.*
- 짧다 *48. 207. 451. 460.*
  513. 658. 663. 668. 671.
- 짬 *134. 671. 674. 704.*
- 쩌렁쩌렁 *165. 281. 351.*
  405.
- 쩍(쩍쩍) *306. 342.*
- 쩨쩨하다 *446. 660.*
- 쪼가리 *673.*
- 쪼개다 *201. 361. 523. 645.*
  672.
- 쪼그라들다 *361. 378.*
- 쪼그맣다 *658.*
- 쪼다 ㄱ(사람) *361. 673.*
- 쪼다 ㄱ(콕) *72. 361. 673.*
- 쪼무래기 *361. 673.*
- 쪼이다(쬐다) *410.*
- 쪽 ㄱ(조각) *107. 361. 559.*
  658. 673.
- 쪽 ㄴ(곳) *23. 87. 92. 180.*
  189. 230. 249. 277. 292.
  301. 362. 397. 496. 537.
  673. 683.
- 쪽 ㄷ(바닥) *102. 361. 673.*
- 쪽- ㄹ(작은) *361. 658. 673.*
- 쪽 ㅁ(얼굴) *673.*
- 쪽 ㅂ(머리카락) *673.*
- 쪽 ㅅ(풀·물) *673. 722.*
- 쪽 ㅇ(소리) *549. 673.*
- 쪽가위 *361. 673.*
- 쪽걸상 *673.*

- 쪽김치 *361.*
- 쪽물 *673.*
- 쪽빛 *673. 722.*
- 쪽집게 *673.*
- 쪽쪽 *558. 673.*
- 쪽틈 *362.*
- 쪽팔리다 *673.*
- 쫄다(쫄아들다) *665.*
- 쫄래쫄래(쭐래쭐래) *68.*
  359.
- 쫓다 *684.*
- 쫙 *455.*
- 쭈글쭈글 *383*
- 쭈뼛쭈뼛 *152.*
- 쭉쭉 *46. 168.*
- 찌꺼기 *380.*
- 찌다 *523.*
- 찌들다 *462.*
- 찌르다 *462.*
- 찌르르 *474.*
- 찌우다 *516.*
- 찌푸리다 *462.*
- 찍다 *130. 452. 649.*
- 찔레나무 *413.*
- 찡그리다 *538.*
- 찧다 *109.*
- ㅊ *385.*
- 차갑다 *50. 339. 346. 402.*
  521. 528. 672. 677. 682.
  709.
- 차곡차곡 *101. 130. 157.*
  266. 336. 374. 427. 448.
  457. 499. 537. 544. 598.
  663. 681. 685. 691. 704.
- 차근차근 *121. 130. 132.*
  214. 268. 297. 326. 332.
  343. 357. 390. 410. 416.
  459. 498. 543. 588. 598.

  600. 630. 685. 690. 701.
- 차다 ㄱ(가득) *37. 72. 238.*
  345. 386. 431. 469. 518.
  613. 622. 630. 676. 680.
  692.
- 차다 ㄴ(추위) *677. 681.*
  704.
- 차다 ㄷ(발) *244. 539. 624.*
- 차돌 *37.*
- 차림(차리다·차림새) *93.*
  200. 269. 314. 373. 392.
  472. 632. 689.
- 차마 *473.*
- 차분하다 *39. 105. 132. 202.*
  403. 434. 477. 517. 630.
  660. 681.
- 차오르다 *136. 233. 345.*
  402. 517. 595. 640. 681.
  690.
- 차지(차지하다) *285. 420.*
  613.
- 차지다 *692.*
- 차츰(차츰차츰) *99. 104.*
  225. 263. 323. 409. 504.
  585. 695.
- 착(착착) *417. 688. 692.*
- 착하다 *38. 162. 433. 462.*
  621. 689.
- 찬무대 *521.*
- 찬물 *682.*
- 찬바람 *48. 73. 682. 704.*
- 찬손 *111.*
- 찬찬히(찬찬하다) *65. 126.*
  132. 147. 240. 352. 392.
  475. 497. 544. 629. 660.
  685. 724.
- 찰떡 *692.*
- 찰떡같다 *693.*

- 하늘말 *724.*
- 하늘바라기 *700. 720.*
- 하늘벗 *70.*
- 하늘비 *325. 478.*
- 하늘빛 *105. 222. 313. 322. 430. 473. 556. 719. 722.*
- 하늘사람 *715.*
- 하늘살림 *725.*
- 하늘숨 *314.*
- 하늘자락 *648.*
- 하늘집 *725.*
- 하늬(하늬녘) *102. 104. 320.*
- 하늬바람 *322.*
- 하다 ㄱ(짓) *132. 141. 153. 186. 198. 220. 249. 257. 332. 349. 390. 402. 562. 593. 702. 716.*
- 하다 ㄴ(많) *125. 562. 592. 715.*
- -하다 ㄷ(말끝) *249. 505. 592. 716.*
- 하루(하루하루) *28. 41. 55. 119. 189. 270. 321. 346. 423. 465. 473. 592. 599. 625. 679.*
- 하룻내 *59.*
- 하얀꽃 *294.*
- 하얀빛 *588.*
- 하얗다(하양) *49. 97. 104. 480. 561. 589. 592. 667. 714.*
- 하얘지다 *561.*
- 하찮다(하치 아니하다· 하지 아니하다) *352. 580. 715.*
- 하품 *395. 639.*
- 하하 *394.*

- 한 *36. 121. 128. 218. 260. 320. 355. 390. 411. 468. 592. 615. 712. 719.*
- 한가득 *96. 105. 126. 705.*
- 한가람(큰가람) *389. 717.*
- 한가운데 *137. 302. 399. 608. 717.*
- 한가위 *121. 413. 487.*
- 한가을 *121.*
- 한걸음 *319.*
- 한겨레 *128. 321. 389. 446. 456. 566. 631. 714. 719.*
- 한겨울 *50. 592. 682.*
- 한결 *37. 55. 77. 135. 221. 312. 372. 383. 412. 431. 488. 592. 598. 604. 627.*
- 한결같다 *231. 297. 425. 444. 455. 592. 615.*
- 한곳 *87.*
- 한글 *389. 718. 727.*
- 한길 *223. 246. 389. 439. 445. 592. 715.*
- 한꺼번에 *165. 537. 692. 717.*
- 한껏 *708. 717.*
- 한끗 *424.*
- 한나라 *321. 719.*
- 한넋 *721.*
- 한뉘(한누리) *321. 484. 721.*
- 한덩이 *36. 149. 261. 280. 378. 390. 522. 592.*
- 한동아리 *77. 202. 421. 449. 508. 559.*
- 한동안 *583. 678.*
- 한두 *95. 142.*
- 한들한들 *106. 578.*
- 한뜻 *223. 719.*

- 한마음 *31. 69. 223. 292. 355. 593. 719.*
- 한말(우리말) *719.*
- 한말글(우리말글) *724.*
- 한몫 *222.*
- 한몸 *223. 268. 289. 429. 470. 593. 646.*
- 한물결 *728.*
- 한바탕 *717.*
- 한복판 *48. 91. 301. 389. 399. 608. 717.*
- 한봄 *697.*
- 한빛 *157. 720.*
- 한사랑 *69. 289. 721.*
- 한살림 *720.*
- 한새(큰새) *720.*
- 한소(큰소) *720.*
- 한숨 ㄱ(하나도) *717.*
- 한숨 ㄴ(큰) *634. 717.*
- 한아름 *169. 615.*
- 한우리 *172. 261.*
- 한울 *167. 260. 281. 337. 390. 606. 627.*
- 한울타리 *281. 337.*
- 한자리 *491. 600.*
- 한집 *171.*
- 한쪽 *246. 298. 342. 404. 437. 485.*
- 한참 *356. 464. 495. 564. 612. 639. 677.*
- 한창 *253.*
- 한켠 *632.*
- 한통속 *432.*
- 한힌샘(한흰샘) *719.*
- 할거리 *177.*
- 할머니(한어미) *638. 722.*
- 할아버지(한아비) *638. 722.*

꽃말 — 꽃으로 끝내어 씨앗으로 삼고픈 말

《새로 쓰는 말밑 꾸러미 사전》은 2016년 여름부터 첫글을 여미고서 2025년 봄에 드디어 훌훌 떠나보냅니다. 몸글(본문)은 2022년에 진작 끝냈으나, 글손질을 하느라 이태 남짓 흘렀습니다. 처음에는 "나 (ㄴ + ㅏ) : '나'라는 낱말은 이러저러하다" 얼거리로 《말밑 꾸러미》(어원사전)를 엮을까 싶었으나, 한창 두 아이를 돌보며 집안일을 도맡는 살림을 짓는 동안 마음을 바꾸었습니다. 날마다 하루 내내 아이를 돌보고 이야기를 하며 삶과 살림과 사랑과 숲을 나누면서 배우고 가르치다 보니, 딱딱한 틀로 꾸리는 낱말책은 그리 이바지하지 않겠구나 싶더군요. 그저 '-다'로 끝맺는 말씨로 여밀 《말밑 꾸러미》는 나중에 새로 엮기로 하고, 먼저 '이야기로 풀어내는 어원사전'부터 있어야겠다고 여겼습니다. '-다'로 끝맺는 '학술논문' 같은 낱말책이라면 '국어학 성과'는 될는지 몰라도, 우리 집 아이들부터 읽을 수 없을 뿐 아니라, 여러 이웃어른하고 나눌 수 없겠구나 싶더군요. 이런 뜻도 있기에 곁책(참고도서)이 무엇인지 굳이 채워 넣지 않았습니다. 아니, 곁책 꾸러미만 얼추 150쪽 남짓 여미다가 그만두었습니다. 철수와영희 출판사에서도 그 많은 곁책을 다 밝히기보다는 덜어내는 길이 《말밑 꾸러미》를 널리 읽히기에 낫다고 보았습니다.

이 《말밑 꾸러미》는 손바닥과 발바닥으로 엮었습니다. 저는 여태까지 두바퀴(자전거)와 두다리(운전면허증 없는 대중교통과 도보)로만 살아왔고, 앞으로도 이처럼 살아갈 마음입니다. 들숲바다와 풀꽃나무와 해바람비를 알려면 맨몸으로 다가설 노릇이고, 온나라 고을말을 듣고 새기고 익히려면 마땅히 맨몸으로 걸어다닐 일입니다. 그리고 온나라 고을말을 헤아리려고 등짐을 커다랗게 짊어지고 다니며 마을책집에서 곁책을 사들여서 시골 보금자리로 나릅니다. 그나저나 굳이 맨 마지막 쪽에 '꽃말'을 보탭니다. 왜 '꽃말'이라는 이름을 붙였는지는, 이 꾸러미를 1쪽부터 791쪽까지 살핀 분이라면 넉넉히 알아챘겠지요. 꼬리에 붙이는 꽃말이란, 새롭게 첫발로 내딛는 씨앗말입니다. 이 꾸러미를 한벌만 읽고서 덮지 않으시기를 바라요. 꾸준히 되읽고 되새기면서 우리 모두 다 다르게 꽃글을 일구는 씨앗말을 마음과 삶터와 살림집에 두루 심는 이웃님을 기다립니다. 고맙습니다.

움츠리다 — 움질거리다 움질.움찔 — 옥매듭
옴무 옥좌다 옴매다
올가미 옥이다
옥다 — 옥다 옥다 오순도순
움켜쥐다
움키다
우물쩍 (슬쩍)
우물쭈물 움큼 우그러지다 욱다 얼크러지다. 엄다 오망졸망
우그리다 욱이다
구덩당 우거지 욱여넣다 아울리다. 어울리다 울렁
우물우물 움푹 아우르다. 어우르다
움푹 우리다 울먹
웅덩이 지붕 움직이다 우려내다 우거지다 (우가지다)
움막 우러나. 우러나오다 우글 (바글)
움. 움뜨다 (두레. 풀었게) 기두리 우둘투둘
볼우물 우물 울컥 우럭부럭
보조개 우묵 울타리 울바자
우리 — 울 한울. 한울타리
외르르 웅크리다
우르르 웅성거리다 울어 울컥 (왈칵)울카닥 울꺽고
우글우글 웅엉 울라다울다 — 우레 (천둥) 울컹
우지직 우두커니 오리 이웃 — 웃다 울보 우렁차다 하늘
오래나무 자오리 웃보 우습다 우렁우렁
오다 오늘 웃기다 울 (하+나) — 하나
몰 — 옷 거룻 비웃다 우람 하나ㅣ
옴.옴.온 가룻 — 웃.위.우 유세 (-람:보람.가람.바람) 하나ㄹ (많)
한가운데 가운데.가위 (남.웨)
한가운데 쪽두 우두머리. 울긋불긋
올라다 곡지 우듬지 우쭐 울컹 두르릉
올치다 우뚝 '웃.윗'사람 - 위쪽 으쓱 우르렁다 (중부르다)
옭다 오뚝 '웃.윗'길 으스대다
오뚜기 우렬하다 (아련)
알.씨앗 우러러보다 우멍가시리
씨앗 으뜸다 우러르다 우무 우수수
알다 웃자라다 우엉 우우거리다 우중충
웃돈 윗몸 우정 (뿌러)
우두리 으어른 윗니
오른 (바른) — 오르다 — 올라가다 윗도리
윗물
왼 — 외 - 오이.참외
외다 — 외치다 — 외마디 — 외동.외둘 — 외상

큰소리 · 큰손
큰불 · 큰창자
큰비 · 큰엄마
큰아이 · 큰아빠
큰집 · 큰키
큰치마
큰절
큰일
큰마음
큰말
큰아들
큰딸
큰길

치칙·축축 ─ 쿡쿡·국국   ㅋ↔ㄲ
겅겅·껑껑 ─ 깡깡 ......   ㅊ
쩡쩡·껑껑

키득·키들
지록·   시키다

밀치다
소리치다·다그치다·닥치다
설치다·판치다·되치다

치받다·치르덕
치밀다·치대다
치우다 축군
치근
축
축하다

돌이키다
일으키다
가리키다

몰아치다
물결치다
가르치다

치르다

계승 정독
제께울어
정례
들이켜다

켜 ─ 켜다 ─ 키다 ─ 치다 ─ 치우다
켜레기 (기지개)(나무)
치다거리
치마   소치기·말치기·닮치기
치렁처렁
처렁
기우다·까다 ─ 기어들다

켤... 켜 쌀켜·겹·거듭·곱·겹절
겨울 크다 ─ 키우다   키다리
영   크녑다   키읏

큰집하다 커다랗다   키·키재기(몸)
크녹새   키·키질(연장·낟알)
징   키·키잡이(배·길)
징겅다리
잘다 짙은근 짓궂다·짓궂다
짖다 짓궂다·짓궂다
짓다   지·   기·기르다
짓 ─ 지르다
지다·잘다 지름·지름길
자우다·짓다 길마(걸마)
집   기운껏
집   기울이다   기운
     기울다   기운치다
     기웃기웃

길진들 ─ 길낢잡이·길잡이
(출검충)   길바닥·길손길품
김다·기우다
김다
길김이
기름
길장(옷단)
길거리·길가·길눈
길목·길동목

김써다
김빼지다

기와
김(아지랑이)   깃 ─ 기척   길이(길다)
김(바닷것)
김(겁질틀)→김매기 깃든다   길비(돈)
김(열김에) 깃서·기스락   길쌈(옷)
깃털·기러기   기슭 기침

길나다
길든다

한길
(깊이)

길길·길길
(솟고나뜀)

김치

기둥

기다리다
기어 기다
기대다   기어가다 기다랗다
기대서다 기어오르다 길다랗다·길죽
기대앉다   기어든다 길다랗다
기르다
길쭉
길치다
길어지다

길이길이
(두고두고·오래오래)
긴긴
긴말·긴소리
긴옷·긴꼬리